VERÖFFENTLICHUNGEN
DES
MITTELEUROPÄISCHEN WIRTSCHAFTSVEREINS
HEFT II.

DIE MEISTBEGÜNSTIGUNGS-KLAUSEL.

EINE ENTWICKELUNGSGESCHICHTLICHE STUDIE UNTER BESONDERER BERÜCKSICHTIGUNG DER DEUTSCHEN VERTRÄGE MIT DEN VEREINIGTEN STAATEN VON AMERIKA UND MIT ARGENTINIEN.

VON

Dr. L. GLIER,

SEKRETÄR DES MITTELEUROPÄISCHEN WIRTSCHAFTSVEREINS IN DEUTSCHLAND.

MIT EINEM VORWORT
VON

Prof. Dr. JULIUS WOLF,

GESCHÄFTSFÜHRENDEM VIZEPRÄSIDENTEN DES MITTELEUROPÄISCHEN WIRTSCHAFTSVEREINS IN DEUTSCHLAND.

BERLIN
DRUCK UND VERLAG VON GEORG REIMER
1905.

Vorwort.

Nahe an ein halbes Jahrhundert haben jetzt die handelspolitischen Abmachungen der europäischen Staaten im Zeichen der „reinen" Meistbegünstigung gestanden. Sie mag zu ihrer Zeit ein Fortschritt gewesen sein. Es ist mit Recht betont worden, daß es für den ausführenden Staat häufig wichtiger sei, daß er auf dem dritten Markte nicht ungünstiger behandelt werde als ein anderer, wie daß er niedrigere statt höhere Zölle zahle. Sicher ist aber, daß diese unbedingte Meistbegünstigung gleichzeitig Wirkungen gezeitigt hat, die als erfreulich nicht bezeichnet werden können. Indem sie die hochschutzzöllnerischen Staaten im allgemeinen in den Genuß der gleichen Begünstigungen setzte wie die Staaten niedriger Zölle und des nackten Freihandels, ja letzteren Staaten eher die schlechtere Behandlung angedeihen ließ, hat sie dazu geführt, daß

1. hochschutzzöllnerische Staaten keinen Anlaß sahen, mit ihren Zöllen herunterzugehen, daß

2. Staaten mittleren Zollschutzes sich aufgefordert fühlten — da sie die gleichen Vorteile bei höheren Zöllen erlangen konnten, wie bei niedrigeren — ihre Zollmauern eher zu erhöhen als abzutragen, hat auch dabei mitgewirkt

3. daß ein förmlicher Wettlauf unter den Staaten in der Richtung einer Erhöhung der Zölle entstand, und hat schließlich

4. verursacht, daß der Staat des absoluten Freihandels, Großbritannien, sich inmitten der schutzzöllnerischen Welt immer mehr als der Betrogene zu fühlen begann und, da bei 0 % Zoll keine bessere Behandlung zu erlangen war als bei 50 % Zoll (vom Werte der Waren), den Freihandel selbst, das nationale britische Handelssystem, in Frage stellte.

Jeder Kenner der Handelsgeschichte weiß, daß die unbedingte Meistbegünstigung derart zu Erscheinungen geführt hat, die seinerzeit nicht vorausgesehen und entfernt nicht gewünscht worden waren. Leichthin Jedermann gewährt, über die Welt hin nur so ausgestreut, an „Würdige" und „Unwürdige" hingegeben, die dem einen Kontrahenten gewährten Vorteile automatisch auf zehn und zwanzig andere übertragend, hat sie einen förmlichen Preis auf „Unwürdigkeit", d. h. auf Hochschutzzoll und Tarifvertragsfeindlichkeit gesetzt.

Nur zu begreiflich ist darnach, daß ein Verein, der auf dem handelspolitischen Gebiete tätig werden will und einen Programmpunkt wie den folgenden:

Die Meistbegünstigung als solche will der Mitteleuropäische Wirtschaftsverein nicht in Frage stellen, aber ernsthaft prüfen, ob ihre Gewährung nicht an die Forderung zu knüpfen sei, daß gewisse Zollmaxima auch vom Ausland nicht überschritten werden oder, wenn das der Fall, dann auf anderem Gebiete Gegenleistungen gewährt werden (Reziprozitätsverträge), — eine Forderung, die Aussicht auf Annahme nur dann hat, wenn eine Anzahl Staaten in ihr zusammenstehen, —

sich als eine seiner Aufgaben gesetzt hat, damit beginnt, das System der unbedingten Meistbegünstigung und die

Möglichkeiten seiner Modifikation der ernstesten Prüfung zu unterwerfen.

Die vorliegende Untersuchung kommt, um dieses eine Ergebnis vorwegzunehmen, zu dem Schlusse, daß neben die reine Meistbegünstigung, so wie bisher angewandt, die „Reziprozität" als gleichwertiges und unter Umständen überlegenes Vertragsprinzip zu setzen sei.

Die Reziprozität ist das spezifisch amerikanische Handelsvertragssystem, die unbedingte Meistbegünstigung das europäische. Daß wir auch hier von den Amerikanern zu lernen vermögen, zeigt die nachfolgende Darstellung aufs deutlichste. Freilich darf dabei die Reziprozität nicht dem — von gelehrten und nicht gelehrten Volkswirten Europas häufig gehegten — Mißverständnis anheimfallen, als ob sie identisch mit Retorsion, Retaliation, etwa auch gleich offenem Zollkrieg sei. Die Reziprozität ist alles dies genau so wenig wie die sogenannte reine Meistbegünstigung. Sie ist im Unterschied zu dieser „bedingte Meistbegünstigung". Wenn Staat A nur unter der Bedingung, daß Staat B ihm die gleiche oder gleichwertige Vergünstigung gewährt wie der Staat C, die letzterem gewährten Zugeständnisse auf B erstreckt, wenn sie dem Staate B also nicht ohne weiteres aus dem Titel der Meistbegünstigung zuteil werden, so ist ein Fall der bedingten Meistbegünstigung d. h. der Reziprozität gegeben.

Reziprozität ist Belastung der zwei Schalen der handelspolitischen Wage mit gleichem Gewicht. Diejenigen, welche die Fahne der Reziprozität aufpflanzen, wollen, daß an Stelle eines oft unvernünftigen „Geschenksystems" in der Handelspolitik das „Geschäftssystem" trete — Leistung um Gegenleistung —, wie es die kaufmännisch nicht unerfahrenen Nordamerikaner allezeit geübt haben, ohne durch die unbedingte Meistbegünstigung des „Kontinents, des alten“ an der Richtigkeit ihres Verfahrens je irre geworden zu sein.

Hat die Handelspolitik Europas während der letzten fast fünf Dezennien im Zeichen der wahl- und bedingungslos gewährten reinen Meistbegünstigung gestanden, eines menschlich vielleicht rühmlichen, geschäftlich aber nicht selten verfehlten handelspolitischen „Idealismus“, so soll das neue Jahrhundert, das den „Realismus“ ja auch sonst auf seine Fahne schreibt, der Reziprozität als gleichberechtigtem Prinzip den Weg bahnen. Kein neues Dogma wird also an Stelle eines anderen gesetzt, aber ein anderer handelspolitischer Mechanismus zur Wahl gestellt neben dem bisher fast allein angewandten!

Man hat in Europa bisher die Reziprozität nicht nur nicht verwendet, man hat sie vielfach mißverstanden, und das hat zur Folge gehabt, daß den Reziprozitätsstaaten gegenüber Mißgriff um Mißgriff begangen wurde und die Handelspolitik europäischer Staaten ihnen gegenüber widerspruchsvoll hin und her schwankte, unter Umständen dem amerikanischen Prinzip sogar ratlos gegenüberstand. Aufschluß über das Prinzip zu geben und zu bewirken, daß ein derartiger Zustand nicht wiederkehre, ist eine der Absichten des vorliegenden Buches.

Wenn es nach dem Vorgesagten eine heute verlorene Kenntnis wieder ausgräbt und weiteren Kreisen zu vermitteln sucht, so geschieht das selbstverständlich „Niemandem zuliebe noch zuleide“, rein aus dem Bewußtsein der übernommenen Pflicht heraus, jener gegenüber dem eigenen Lande und etwa auch schon jener gegenüber dem Staatenkreis, für welchen der Verein zu wirken unternommen hat. Die Arbeit wurzelt von Anfang bis zu Ende in tatsächlichen Feststellungen, denen ein Studium von weit mehr als einem halben Tausend Handelsverträgen zu Grunde liegt.

1905 ist handelspolitisch ein Kometenjahr. Nach Erledigung der Tarifverträge steht die Neuregelung unseres Vertragsverhältnisses mit den Staaten des amerikanischen Kontinents, weiter mit Großbritannien und den britischen Kolonien bevor. Die zu treffenden Vertragsabschlüsse — insbesondere mit amerikanischen Staaten — können aber schlechterdings nicht in einer das Interesse der deutschen Volkswirtschaft voll befriedigenden Weise erfolgen, wenn nicht vorher Wesen und Inhalt der Reziprozität und der Reziprozitätsverträge, die teils mit uns, teils zwischen den Staaten, mit denen wir Verträge schließen sollen, und anderen Staaten laufen, festgestellt worden ist. Indem der Verein diese Schrift herausgibt, kommt er also auch der handelspolitischen Aufgabe des Tages entgegen. Wenn man bedenkt, daß durch die Tarifverträge mit Österreich-Ungarn, Rußland, Italien, Belgien, Rumänien, der Schweiz und Serbien (das durch die unkündbare Meistbegünstigung mit uns verbundene Frankreich einbegriffen) nur knapp zwei Fünftel des deutschen Außenhandels eine direkte Regelung erfahren, daß also für gut die Hälfte desselben die Vertragsgrundlage noch geschaffen werden muß, wird man die Wichtigkeit der hier vorbereiteten Aufgabe ermessen können.

Eine Verantwortung, die sich auf den Inhalt erstrecken würde, übernimmt der Verein indes weder für das Buch, noch für dieses Vorwort. Indem er die Arbeit der Öffentlichkeit übergibt, legt er sie gleichzeitig den Verhandlungen einer Amerika-Kommission, die zwecks Beratung einer besseren Ausgestaltung unseres Vertragsverhältnisses mit den amerikanischen Staaten niedergesetzt werden wird, als „Material“ zugrunde.

Februar 1905.

Dr. Julius Wolf.

Inhaltsangabe.

I.

Die noch geltenden deutschen Reziprozitätsverträge und Fragen ihrer Auslegung.

Das deutsche Reich steht zur Zeit mit mehr als dreißig Ländern der Erde in Handelsvertragsbeziehungen. Kein Staat hat sich je in ein derartiges Netz von Tarif- und Meistbegünstigungs-Verträgen eingesponnen wie Deutschland.

Einige dieser Verträge sind schon sehr alten Datums. Aus dem Nachlasse des Zollvereins z. B. hat das Deutsche Reich einen Handelsvertrag geerbt, welcher noch heute zu Kraft besteht, den Vertrag mit der Argentinischen Konföderation vom 19. September 1857. Er ist, der damaligen Gepflogenheit entsprechend, kein unbedingter, sondern ein bedingter Meistbegünstigungsvertrag, ein Vertrag mit der Reziprozitätsklausel. Kontroversen sind aus diesem Abkommen unseres Wissens bisher noch nicht erwachsen; wohl aber hat es schon zu einem Vorstoß der Vertreter landwirtschaftlicher Interessen gegen die Regierung geführt; man hat auf die Kündigung dieses „Meistbegünstigungsvertrages" gedrungen.

Andere, noch ältere Verträge bestehen zwischen Preußen und den Seeuferstaaten einerseits und den Vereinigten Staaten von Amerika andrerseits; sie datieren aus den Jahren 1827, 1828 und 1847 und gelten, obwohl seinerzeit nur von den Hansastädten, Preußen und Mecklenburg abgeschlossen, nach Ansicht der Reichsregierung heute für das ganze deutsche Reich. Auch diese Verträge enthalten die Reziprozitätsklausel. Während uns aber der alte Reziprozitätsvertrag mit Argentinien noch in keinerlei Streitigkeiten mit dem Gegenkontrahenten verwickelt hat, sind uns aus dem Vertrage

Preußens mit der Union, — wir nennen ihn in der Folge vielfach kurz den deutsch-amerikanischen Vertrag, — deren in Menge erwachsen. Man kann getrost behaupten, daß wir mit keinem von den vielen Ländern der Welt, mit denen wir handelspolitische Abmachungen getroffen haben, so viel Zank und Streit wegen Auslegung und Erfüllung der Vertragsbestimmungen erlebten als mit den Vereinigten Staaten von Amerika.

Unsere Handelsbeziehungen zur Union sind gegenwärtig durch das Abkommen vom 10. Juli 1900 geregelt. Dieses Abkommen ist jedoch für Deutschland so unbefriedigend und unvorteilhaft, daß es unmöglich als Dauerzustand angesehen werden kann. Staatssekretär Graf Posadowsky hat auch im Reichstage erklärt, daß die derzeitige Regelung der handelspolitischen Beziehungen zwischen Deutschland und der Union als Provisorium und Notbehelf zu betrachten sei, als solcher schon daran erkennbar, daß man nur eine vierteljährliche Kündigungsfrist statt der sonst gebräuchlichen jährlichen vereinbarte. „Wir regelten im Interesse des internationalen Handelsfriedens, wenn ich so sagen darf, vorläufig die Frage derart, daß die Vereinigten Staaten uns die Konzessionen zugestanden, die sie Frankreich gemacht hatten, und daß wir ihnen dafür unseren Konventionaltarif gaben, ein Abkommen, welches jederzeit mit 3 Monaten kündbar ist.“ (Reichstagssitzung v. 14. Jan. 1903.)

Zufolge Abschnitt I des Abkommens vom 10. Juli 1900 genießt die Union in Deutschland alle Tarifvorteile, welche aus den zwischen Deutschland einerseits und Rußland, Österreich-Ungarn, Belgien usw. andrerseits abgeschlossenen Handelsverträgen der Jahre 1891—1894 fließen. Wenn nun in nächster Zeit, — nehmen wir an vom 1. Januar 1906 ab, — an Stelle der oben genannten Verträge neue treten, so entfällt damit die Grundlage für diese Abmachung. Dann wird der heißumstrittene Vertrag aus dem Jahre 1828, der noch nicht gekündigt ist und deshalb nach Ansicht der Reichsregierung noch zu Recht besteht, wieder die Grundlage unserer handelspolitischen Beziehungen zur Union abgeben. Mit ihm aber wird eine Reihe von Streitfragen wieder erwachen, die sich an ihn knüpften, vor allem die Frage, **in welchem Umfange wurde die Meistbegünstigung vereinbart? Sind die beiden Vertragsteile berechtigt,**

von einander die bedingte oder die unbedingte Meistbegünstigung zu verlangen?

Es dürfte unter diesen Umständen des Interesses nicht entbehren, die einschlägigen Verhältnisse zu erörtern, auch den argentinischen Vertrag wegen seiner verwandten Struktur dabei heranzuziehen und diese Erörterung selbst auf eine kurze Entwicklungsgeschichte der Meistbegünstigungsklausel aufzubauen.

* * *

Die uns hier besonders interessierenden Abschnitte des preußisch-amerikanischen Vertrages vom 1. Mai 1828 lauten im Urtext (die deutsche Sprache ist bei der Abfassung unberücksichtigt geblieben), wie folgt:

Artikel V.

No higher or other duties shall be imposed on the importation into the United States of any article the produce, or manufacture of Prussia, and no higher or other duties shall be imposed on the importation into the Kingdom of Prussia of any article the produce or manufacture of the United States, than are or shall be payable on the like article being the produce or manufacture of any other foreign country. Nor shall any prohibition be imposed on the importation or exportation of any article the produce or manufacture of the United States, or of Prussia, to or from the ports of the United States, or to or from the ports of Prussia, which shall not equally extend to all other nations.

Il ne sera imposé d'autres ni de plus forts droits sur l'importation dans les Etats-Unis, des articles provenant du sol ou de l'industrie du Royaume de Prusse; il ne sera imposé d'autres ni de plus forts droits sur l'importation dans le Royaume de Prusse des articles provenant du sol ou de l'industrie des Etats-Unis, que ceux qui sont ou seront imposés sur les mêmes articles provenant du sol ou de l'industrie de tout autre pays étranger. De même, il ne sera imposé sur l'importation ou sur l'exportation des articles provenant du sol ou de l'industrie des Etats-Unis ou du Royaume de Prusse, à l'entrée ou à la sortie des ports des Etats-Unis, ou de ceux du Royaume de Prusse, aucune prohibition qui ne soit pas également applicable à toute autre nation.

Artikel IX.

If either Party shall hereafter grant to any other nation any particular favor in navigation or commerce, it shall immediately become

Si l'une des Parties contractantes accorde par la suite, à d'autres nations quelque faveur particulière en fait de commerce ou de navigation,

common to the other party, freely, where it is freely granted to such other nation, or on yielding the same compensation, when the grant is conditional.

cette faveur deviendra aussitôt commune à l'autre Partie, qui en jouira gratuitement, si la concession est gratuite, ou en accordant la même compensation, si la condition est conditionelle.

Die Gesetzessammlung für die preußischen Staaten hat diese Bestimmungen wie folgt übersetzt:

Artikel V. „Auf den Eingang der Erzeugnisse des Bodens oder des Kunstfleißes des Königreiches Preußen in die Vereinigten Staaten und auf den Eingang der Erzeugnisse des Bodens oder Kunstfleißes der Vereinigten Staaten in das Königreich Preußen sollen weder andere noch höhere Abgaben gelegt werden als diejenigen, welche auf dieselben Artikel, wenn sie Erzeugnisse des Bodens oder des Kunstfleißes irgend eines anderen fremden Landes, gelegt sind oder gelegt werden möchten."

Artikel IX. „Wenn von einem der kontrahierenden Teile in der Folge anderen Nationen irgend eine besondere Begünstigung in betreff des Handels oder der Schiffahrt zugestanden werden sollte, so soll diese Begünstigung sofort auch dem anderen Teile mit zugute kommen, welcher dieselbe, wenn sie ohne Gegenleistung zugestanden ist, ebenfalls ohne eine solche, wenn sie aber an die Bedingung einer Vergeltung geknüpft ist, gegen Bewilligung derselben Vergeltung genießen wird."

Die Auslegung des preußisch-amerikanischen Vertrages vom Jahre 1828 bereitet nun insbesondere in der Richtung Schwierigkeiten, als man fürs erste nicht leicht eine befriedigende Erklärung über das Verhältnis von Art. V zu Art. IX zu finden vermag.

Der einfachste Weg wurde früher von der Reichsregierung eingeschlagen, welche die Meinung vertrat, die Art. V und IX legten zusammen die unbeschränkte Meistbegünstigung fest, welche sonach den Art. IX als nicht vorhanden ansah. Der Wortlaut des Abkommens, der Geist, aus dem heraus der Vertrag geboren wurde, die Zeit, in welcher er entstanden ist, und noch verschiedene andere Momente mußten von vorne herein und ohne weiteres eine derartige Interpretation als unmöglich erscheinen lassen. Wenn die Amerikaner die glatte Meistbegünstigung stipulieren wollten, sind sie anders zu Werke gegangen als bei dem mit Preußen im Jahre 1828 abgeschlossenen Vertrag.

Eine andere Auffassung — die offizielle amerikanische — geht denn auch dahin, daß der Vertrag die unbedingte Meistbegünstigung nur pro praeterito,[1]) nicht aber auch pro futuro[1]) festgelegt habe. „Im Moment des Vertragsabschlusses allerdings gestehen sich die beiden Staaten ohne Weiteres die Meistbegünstigung zu. Nach Art. IX tritt dafür aber „in der Folge“ das Prinzip der Gegenseitigkeit.“ (Calwer, Die Meistbegünstigung der Vereinigten Staaten von Nordamerika S. 17.)

Deutschland hat, wenn wir die Erklärungen des Staatssekretärs Graf Posadowsky richtig deuten, sich jetzt die amerikanische Auslegung zu eigen gemacht. Ob mit Recht oder Unrecht, soll hier des Näheren noch nicht erörtert werden.

Wir begnügen uns vielmehr, dem Leser vorläufig eine Frage vorzulegen: Wenn man in Art. V des Vertrages die Meistbegünstigung nur für Zugeständnisse, die man in früheren Verträgen machte, festlegen wollte, was nach der offiziellen amerikanischen Erklärung der Fall gewesen ist, — wozu hat man dann in Art. V die Wendung: „than are, or shall be payable“ gebraucht? Weshalb wurde hier in Art. V die Meistbegünstigung auch für Zugeständnisse der Zukunft festgelegt, wenn man sie nur für die Vorteile aus der Vergangenheit normieren wollte? Wenn wirklich Art. V **überhaupt** eine Meistbegünstigung in dem Sinne festgelegt hat, daß der eine Vertragsteil an dritte Staaten gemachte Zollzugeständnisse unentgeltlich für sich in Anspruch nehmen kann, hat er dies dann nicht sowohl pro futuro wie pro praeterito getan?

Ähnlich aber wie im amerikanischen Vertrag vom Jahre 1828 bleibt auch in unserem argentinischen „Meistbegünstigungsver-

---

[1]) Wir gebrauchen die Ausdrücke: Meistbegünstigung „pro praeterito“ und „pro futuro“ im Anschluß an die Erklärungen des Staatssekretärs Graf Posadowsky in der Sitzung des Reichstags vom 15. Januar 1903, die wir an einer anderen Stelle im Wortlaut geben werden. Meistbegünstigung „pro praeterito“ bedeutet die Gewährung von Vergünstigungen, deren sich ein dritter Staat im Augenblicke des Vertragsabschlusses bereits erfreut, die also aus früheren Verträgen hergeleitet werden können, während die Meistbegünstigung „pro futuro“ die Vergünstigungen im Auge hat, welche aus später abzuschließenden Verträgen fließen.

trag“ die Frage nach der Natur der dort vereinbarten Meistbegünstigung offen. Wir haben, wie zu Eingang erwähnt, diesen Vertrag mit der Argentinischen Konföderation vom Jahre 1857 aus dem Nachlaß des Zollvereins übernommen. In diesem Vertrag, der eine dem deutsch-amerikanischen verwandte Struktur aufweist, wird nun vereinbart (Art. IV):

„Es sollen auf die Einfuhr von Natur- und Gewerbeerzeugnissen der Länder eines der vertragenden Teile in die des anderen Teiles keine höheren oder anderen Abgaben als diejenigen gelegt werden, welche von gleichartigen Natur- oder Gewerbeerzeugnissen anderer Länder gegenwärtig oder künftig zu entrichten sind.“

Dem Sinne nach dürfte dieser Art. IV des argentinischen Vertrages das Gleiche besagen wie Art. V des deutsch-amerikanischen Vertrages. Können wir nun, der amerikanischen Auffassung folgend, annehmen, auch in diesem Art. IV unseres argentinischen Vertrages sei die unbedingte Meistbegünstigung nur pro praeterito stipuliert? Es verbietet sich diese Annahme von selbst wegen des Wörtchens „künftig“. Sie verbietet sich aber auch wegen des Art. III, welcher die Reziprozität in folgender Form festlegt:

„Die beiden Teile kommen dahin überein, daß jede Begünstigung und Befreiung, sowie jedes Vorrecht und jede Immunität in Handels- und Schiffahrtsangelegenheiten, welche einer derselben den Untertanen oder Bürgern einer anderen Regierung, eines anderen Volkes oder Staates gegenwärtig bereits zugestanden hat oder künftig zugestehen möchte, bei Gleichheit des Falles und der Umstände auf die Untertanen und Bürger des anderen Teils ausgedehnt werden soll, und zwar unentgeltlich, wenn das Zugeständnis an jene andere Regierung, Volk oder Staat unentgeltlich gemacht worden, oder gegen Leistung einer entsprechenden Ausgleichung, wenn das Zugeständnis bedingungsweise erfolgt ist.“[1])

---

[1]) Der vollständige spanische Originaltext sagt:

Art. III. Las dos partes contratantes convienen en que cualquier favor exencion, privilejio ó inmunidad que una de ellas haya concedido ó conceda mas adelante en punto de commercio ó navegacion á los súbditos ó ciudadanos de cualquier otro Gobierno, Nacion ó Estado, será extensivo en igualidad de casos y circunstancias a los súbditos y ciudadanos de la otro parte contratante gratuitamente, si la concesion en favor de ese otro Gobierno, Nacion ó Estado ha sido gratuita ó por una compensacion equivalente si la concesion fuese condicional.

Hier wird also ganz klar und deutlich ausgesprochen, daß auch Vergünstigungen aus früheren Verträgen, daß auch die Meistbegünstigung pro praeterito besonders zu erkaufen ist. Mit einer der amerikanischen Auslegung analogen Interpretation des Art. IV des Vertrages zwischen Argentinien und dem Zollverein läßt sich also hier nicht operieren, trotzdem dieser Art. IV fast wörtlich, dem Sinne nach aber vollständig, mit dem Art. V des Vertrages zwischen Preußen und der Union vom Jahre 1828 übereinstimmt. Art. IV kann (ganz abgesehen von seinem eigenen klaren Wortlaut) im Hinblick auf Art. III die glatte Meistbegünstigung pro praeterito nicht festgelegt haben, wie solches nach amerikanischer Auffassung bei Art. V des preußischen Vertrages der Fall gewesen sein soll, weil Art. III des argentinischen Vertrages ausdrücklich sagt, daß nach keiner Richtung hin, weder für die Vergangenheit noch für die Zukunft, eine Generalisierung von Vergünstigungen erfolgen dürfe. Welchen Sinn hat aber dann Art. IV, der (wir wiederholen das) weder die unbedingte Meistbegünstigung pro futuro noch auch pro praeterito festgelegt haben kann, gehabt?

Es ist der Mühe wert, sich mit dieser Frage zu befassen; denn der Vertrag zwischen Argentinien und dem Zollverein gilt noch. Dabei müssen wir aber auch wieder auf die Frage nach dem Zusammenhang zwischen Art. V und IX des preußisch-amerikanischen Vertrages vom Jahre 1828 zurückkommen, weil dieser preußisch-amerikanische Vertrag im Hinblick auf die verwandte Struktur

---

Art. IV. No se impondran ningunos otros ni mayores derechos en los territorios de qualquiera de las dos partes contratantes á la importacion de los articulos de produccion natural, industrial ó fabril, de los territorios de la otra parte contratante que los que se pagan ó pagaren por iguales articulos de cualquier otro pais estranjero [„anderer Länder“ sagt der deutsche Originaltext]: ni se impondran otros ni mas altos derechos en los territorios de cualquiera de las partes contratantes, á la exportacion de cualquier articulo a los territorios de la otra, que los que se pagan ó pagaren por la exportation de iguales articulos, á cualquier otro pais estranjero: ni se impondrá prohibicion alguna á la importacion ó exportacion de cualesquiera articulos, de produccion natural, industrial ó fabril de los territorios de la una de las partes contratantes à los territorios ó de los territorios de la otra, que no se extendian tambien á iguales articulos de cualquier otro pais estranjero. [„Jedes anderen Landes“ sagt hier der deutsche Originaltext.]

geeignet erscheinen muß, ein Licht auch auf den argentinischen Vertrag und die Erklärung des Verhältnisses zwischen Art. III und IV zu werfen; und umgekehrt.

Material für die Erkenntnis des Verhältnisses zwischen den mehrfach genannten Artikeln unseres amerikanischen und argentinischen Vertrages an der Hand einer Studie über die Entwickelungsgeschichte der Meistbegünstigungsklausel zu beschaffen, soll die Aufgabe der nachfolgenden Darstellung sein. Aus alten Reziprozitäts-Verträgen soll Stückchen für Stückchen zusammengesucht werden, das für die Erkenntnis des Inhaltes und der Natur der zitierten Abmachungen von Wert sein möchte. In einer sammlerischen Kleinarbeit soll, immer im Hinblick auf unsere noch geltenden Reziprozitätsverträge, der Grund für die Beantwortung der Frage gelegt werden:

Was war das Wesen der in unseren amerikanischen und argentinischen Verträgen niedergelegten Meistbegünstigung?

Es sollen die Verträge nach Ländergruppen zusammengestellt und daraufhin untersucht werden, ob sich in ihnen Material für eine Darstellung der Geschichte der Meistbegünstigungsklausel findet. Denn darüber ist sich der Leser wohl schon bei der Lektüre der beiden Verträge klar geworden, daß die Meistbegünstigung von 1828 und 1857 bis jetzt eine Entwicklung durchgemacht hat, daß man bei der Festlegung der Meistbegünstigungsklausel in unseren amerikanischen und argentinischen Verträgen von ganz anderen Gesichtspunkten ausgegangen sein muß, als dies in Verträgen jüngeren Datums der Fall ist. Wenn wir also zu einer Erkenntnis der wahren Natur jener Verträge gelangen wollen, so gilt es, die jetzige Auffassung vom Begriff „Meistbegünstigung" abzustreifen, die Verträge durch die Brille des handelspolitischen Zeitgeistes zu lesen, aus dem sie geboren wurden, kurz: uns in den Gedankengang der Zeit vor 1860 zurückzuversetzen. Zu diesem Ende werden wir möglichst viele Verträge, welche eine ähnliche Struktur zeigen wie die zwei hier besonders interessierenden, und die

zwischen amerikanischen Staaten untereinander,
zwischen amerikanischen und europäischen Staaten,
zwischen europäischen Staaten untereinander

zustande kamen, auf die symptomatischen Erscheinungen zu prüfen haben, um daraus ein System zu gewinnen und dann unter Zugrundelegung desselben eine Erklärung der strittigen Bestimmungen unserer alten Reziprozitätsverträge geben zu können.

Vielleicht gelingt es uns dann, dem amerikanischen Vertrag vom Jahre 1828 neue Seiten abzugewinnen und in ihm doch eine ganz geeignete Grundlage für die Regelung unserer Handelsbeziehungen zur Union zu finden. Vielleicht können wir dann aber auch an dem argentinischen Vertrag neue Eigenschaften entdecken, die zu sehen der Wandel in den mit der Meistbegünstigung verbundenen Anschauungen uns bisher verhindert hat.

II.

Inhalt des Meistbegünstigungsanspruchs.

Was besagt der Begriff „Meistbegünstigung"? Was bedeutet eine Vereinbarung: Die Einfuhr aus dem Staate A ist im Staat B auf dem Fuße der meistbegünstigten Nation zu behandeln?

Schraut (System der Handelsverträge und der Meistbegünstigung, 1884, S. 30) definiert die Meistbegünstigung als die Gewährung eines Rechtsanspruches, welche der Natur der Sache nach in der Regel gegenseitig erfolgt und durch die für den zusichernden Teil die Verpflichtung entsteht, den anderen Teil für die in dem Vertrage genannten oder nicht genannten Gegenstände unverzüglich und ohne weiteres an jeder Begünstigung, jedem Vorrecht und jeder Ermäßigung der Eingangs-, Ausgangs- und Durchfuhrzölle teilnehmen zu lassen, welche er einem dritten Staat eingeräumt hat oder einräumen wird. „Der Staat, welchem die Meistbegünstigung zugesichert ist, hat hiernach neben dem eigenen Recht auf Genuß der ihm direkt gewährten Konzessionen auch das abgeleitete Recht auf Mitgenuß der einem anderen Staat, sei es infolge eines Handelsvertrages oder auf autonomen Wege, eingeräumten Vorteile."

Diese Erklärung der „Meistbegünstigung" reicht heute, im Zeitalter der glatten Meistbegünstigung, völlig aus; sie wird aber dem Begriff der Meistbegünstigung in früheren Verträgen nicht vollauf gerecht.

An alte Verträge gelegt, ist mit bezug auf diese Begriffserklärung insbesondere zu bemerken, daß sie nur auf die eine Hälfte des Meistbegünstigungsanspruches hinweist. Sie gedenkt nur des Mitgenusses an Herabminderungen des Zolles, des Mitgenusses an Konzessionen am autonomen Tarif. Nun enthält die Meistbegünstigung aber in Wahrheit zwei Stipulationen, von denen die eine heute allerdings weniger praktisch ist, aber trotzdem zum Begriff gehört.

Die Meistbegünstigung gibt nicht nur, wie die obige Definition sagt, ein Anrecht auf Minderungen des Generaltarifes, sondern verpflichtet auch die Vertragsteile dazu, die Waren des anderen Vertragsteiles nicht höher zu verzollen, als zum Generaltarif. Die Meistbegünstigung hat heute noch eine positive und eine negative Seite. Negativ besagt sie, daß die Waren dritter Staaten nicht günstiger behandelt werden dürfen, als die des Gegenkontrahenten; daß man sie also mindestens zu den Sätzen des Generaltarifes einlassen muß. Diese negative Seite wurde früher ebenso stark betont wie die positive, d. h. daß den Waren der Vertragsteile auch alle Zollminderungen zuteil werden müssen, deren sich dritte Staaten erfreuen.

Wenn der Staat A dem Staat C einen Nachlaß an den Sätzen seines Generaltarifes z. B. auf Roheisen gewährt, so kommt auf Grund der unbedingten Meistbegünstigung dieser Anspruch auch dem Staate B zugute. Wenn der Staat A auf Roheisen überhaupt keinen Zollnachlaß gewährt, so hat der Staat B auf Grund der Meistbegünstigung den Anspruch, daß sein Roheisen zu den Sätzen mindestens des Generaltarifes eingelassen wird; ihm gegenüber dürfen keine über den allgemeinen Tarif hinausgehenden Sätze erhoben werden.

Dieses zweite Moment, daß der meistbegünstigte Staat zum mindesten Anspruch auf die Sätze des Generaltarifes hat, keine höheren Sätze als die in diesem enthaltenen zu zahlen braucht, wird heute beim Begriff der Meistbegünstigung meist übersehen, da man eben die Gewährung der Sätze des Generaltarifes als etwas Selbstverständliches betrachtet. Für die Interpretation älterer Verträge aber darf man dieses Moment für keinen Fall außer acht lassen. Hätte man sich diese zwei Seiten der Meistbegünstigung immer vor Augen gehalten, so dürfte eine ganze Reihe von Mißhelligkeiten, die zwischen Deutschland und der Union aus dem Vertrage 1828 erwuchsen, vermieden worden sein. Denn nicht zuletzt hat eine nicht erschöpfende Deutung des Begriffes „Meistbegünstigung“ dazu geführt, daß wir in den Art. V unseres Vertrages mit der Union die ganze Meistbegünstigung hineinlegten, während nur ein Teil des Begriffes dortselbst eine Regelung erfuhr.

Die Meistbegünstigung gibt also ein Anrecht

1. auf alle Tarifminderungen,
2. mindestens aber auf die Sätze des allgemeinen Tarifs.

Wenn der Staat A dem Staate B keine direkten Zollzugeständnisse, sondern nur die Meistbegünstigung einräumt, so kann der Staat A seine Zölle — im Gegensatz zu einem Tarifvertrag — vollkommen autonom regeln, herauf- und herabsetzen, wie es ihm beliebt. Der Staat B hat keinerlei Anrecht auf einen für eine Anzahl Jahre festen, unabänderlichen Zoll. Er kann in diesem Falle nur verlangen, daß man ihm keine besonderen, über den allgemeinen Satz hinausgehenden Sätze macht, daß andere Staaten genau so schlecht behandelt werden müssen wie er.

Diese Doppelnatur der Meistbegünstigung kommt in einer ganzen Reihe von Verträgen, deren wir verschiedene sogleich anführen wollen, deutlich zum Ausdruck.

A. Im Vertrag zwischen der Schweiz und der Union vom Jahre 1850 erklären die beiden Staaten (Art. VIII), sie wollten sich „auf dem Fuß der meistbegünstigten Nation“ behandeln, „wie in den folgenden Artikeln erläutert ist“:

Art. IX. „Keiner der kontrahierenden Teile kann für die Einfuhr, Ausfuhr und Durchfuhr der natürlichen oder industriellen Erzeugnisse des anderen höhere Zölle noch andere Gebühren erheben als auf solche, die aus irgend einem Lande außerhalb seiner gegenwärtigen Grenzen kommen, gelegt sind oder gelegt werden.“

Art. X. „Um den in Art. VIII vorgesetzten Zweck besser zu erreichen, verpflichtet sich jeder der kontrahierenden Teile, keiner Nation, keinem Nationenvereine, keinem Staate und keiner Gesellschaft bezüglich des Handels eine Vergünstigung zu gestatten, ohne daß der andere Teil nicht auch unmittelbar in den Genuß derselben gesetzt würde.“

Art. IX behandelt hier die eine Seite des Begriffes „Meistbegünstigung“: es dürfen auf die gegenseitige Einfuhr keine höheren Zölle erhoben werden, als auf die Einfuhr aus irgend einem anderen Lande. Es wird aber dann in Art. X zur Vervollständigung des Begriffes auch noch gesagt, daß man der gegenseitigen Einfuhr auch alle Zollminderungen angedeihen lassen müsse, daß sie so günstig behandelt werden müsse wie die aus irgend einem Lande. Jetzt erst ist der Begriff erschöpft.

Diese schon im Text des Vertrages erkennbare Doppelnatur der Meistbegünstigung erfährt eine weitere Beleuchtung in der Botschaft, mit welcher der schweizerische Bundesrat den eben angezogenen Vertrag s. Z. veröffentlichte, und wo es hieß: Als Ausgleichung der Befugnisse, die Zölle zu erhöhen (Art. IX), bezieht sich der Art. X auf deren Herabsetzung.

Auch in dieser Botschaft spiegelt sich also ganz deutlich die Zergliederung der „Meistbegünstigung" in ihre zwei Teile wieder.

B. Diese findet sich nicht minder im Vertrag zwischen Frankreich und Toskana vom 15. Februar 1853:

Art. V. „Indem die beiden hohen kontrahierenden Teile sich das Recht vorbehalten, ihre allgemeinen Tarife in einer Weise zu modifizieren, wie sie dies für angemessen erachten, machen sie sich jedoch gegenseitig anheischig, während der ganzen Dauer des gegenwärtigen Vertrages die in direkter Fahrt aus dem einen der beiden Länder in das andere auf ihren beiderseitigen Schiffen ein- und ausgeführten verschiedenen Erzeugnisse mit keinen anderen oder höheren Abgaben als denjenigen zu belegen, welche gegenwärtig oder künftig ähnlichen aus irgend einem anderen europäischen Staate eingeführten oder nach irgend einem dieser Staaten bestimmten Gegenstande auferlegt werden; und jede Begünstigung, jede Befreiung oder jedes Vorrecht, welches von einem der hohen kontrahierenden Teile irgend einem europäischen Staate zugestanden worden, soll sofort und von Rechtswegen auch auf den anderen Teil ausgedehnt werden."

Klar und deutlich wird hier gesagt, daß die beiden Staaten trotz des gegenseitigen Meistbegünstigungsanspruches das Recht haben, ihre Generaltarife beliebig auszugestalten, daß also der Gegenkontrahent auf Grund seines Meistbegünstigungsanspruches fürs erste nur Anspruch auf die Sätze dieses gegenwärtigen oder künftigen Generaltarifes hat. Ihm gegenüber dürfen aber auch nur diese Sätze, keine höheren, in Anwendung gebracht werden. In zweiter Linie aber kommen ihm auch etwaige Minderungen des Generaltarifes, die einem dritten Staate gegenüber vorgenommen werden, zugute.

C. In dem Vertrag zwischen Belgien und Großbritannien vom 23. Juli 1862 heißt es:

Art. XIV. „Weder der eine noch der andere der hohen kontrahierenden Teile darf auf Waren, Erzeugnisse des Bodens oder der Industrie des anderen Teiles andere oder höhere Eingangsabgaben legen, als diejenigen, welche jetzt oder künftig auf dieselben Waren, wenn solche von irgend einem anderen fremden Lande kommen, gelegt sind oder gelegt werden.

Jeder der beiden Teile verpflichtet sich, den anderen an jeder Begünstigung, Bevorrechtung oder Herabsetzung in den Ausfuhrzolltarifen der in dem gegenwärtigen Vertrag erwähnten oder nicht erwähnten Artikel teilnehmen zu lassen, die der eine von beiden einer dritten Macht einräumen möchte. Überdies verpflichten sie sich, gegeneinander keine Abgaben oder Einfuhr- oder Ausfuhrverbote eintreten zu lassen, die nicht gleichzeitig auf die anderen Nationen Verwendung finden."

D. Um, wie für die fünfziger Jahre des vorigen Jahrhunderts, auch für die sechziger zwei Beispiele zu geben, verweisen wir auf die Art. II und IV des Vertrages zwischen dem Zollverein und Italien vom 8. Mai 1868, wo gesagt wird:

Art. II. „Die Boden- und Gewerbeerzeugnisse des einen der hohen vertragenden Teile, welche in die Ländergebiete des anderen eingeführt werden, sollen daselbst, seien sie zum Verbrauch, zur Lagerung, zur Wiederausfuhr oder zur Durchfuhr bestimmt, der nämlichen Behandlung unterliegen und sollen keinen höheren oder anderen Abgaben unterworfen werden als die Erzeugnisse der in dieser Hinsicht am meisten begünstigten Nation."

Art. IV. „Jede Begünstigung, jedes Vorrecht und jede Ermäßigung in dem Tarif der Eingangs- und Ausgangsabgaben, welche einer der hohen vertragenden Teile einer dritten Macht gewähren möchte: werden gleichzeitig und bedingungslos dem anderen zuteil werden."

Dieser Vertrag sowohl wie der unter C. gegebene bezeugen wieder den Doppelinhalt, der dem Begriff der Meistbegünstigung zu eigen ist. Beide Verträge betonen die Doppelnatur der Meistbegünstigung; beide Verträge zergliedern den Begriff in zwei Teile, Anspruch in erster Linie mindestens auf die Sätze des Generaltarifes; in zweiter Linie auf etwaige Minderungen dieses allgemeinen Tarifs.

Um endlich auch noch für die siebziger Jahre ein Beispiel zu geben, erwähnen wir

E. den Vertrag zwischen den Niederlanden und dem Oranje-Freistaat vom 14. November 1874, dessen Art. II besagt:

„Die Boden- und Industrieerzeugnisse des Königreiches der Niederlande und seiner Kolonien, woher sie auch kommen mögen, und alle aus diesem Königreich oder dessen Kolonien kommenden Handelswaren ohne Unterschied des Ursprungs sollen im Oranje-Freistaat auf demselben Fuß, und ohne anderen oder höheren, wie auch immer benannten Abgaben unterworfen zu sein, zugelassen werden, wie die gleichartigen Erzeugnisse der meistbegünstigten fremden Nation . . .

Die beiden hohen kontrahierenden Teile gewährleisten einander gleicherweise die Behandlung der meistbegünstigten fremden Nation in allem, was die Durchfuhr und Ausfuhr betrifft."

Art. III. „Jede Tarifermäßigung, jede Vergünstigung, jede Befreiung, welche einer der hohen kontrahierenden Teile den Untertanen, den Boden oder Industrieerzeugnissen einer dritten Macht zugestehen wird, soll unverzüglich und unbedingt auf den anderen dieser hohen Teile ausgedehnt werden."

Genug vorerst der Belege, deren wir im Laufe der nachfolgenden Untersuchungen gelegentlich noch weitere geben werden!

In allen vorstehend erwähnten Verträgen der fünfziger, sechziger und siebziger Jahre, die wir unter tunlichster Abwechselung der Parteien ausgewählt haben, um das Bewußtsein von der dem Begriffe Meistbegünstigung zugrunde liegenden Doppelnatur als ein früher allgemeines zu kennzeichnen, treten die zwei Seiten der Meistbegünstigung zutage. Es wird betont, daß erstens kein Sondertarif für die Einfuhr aus dem Gebiete des einen Kontrahenten gemacht werden darf, der höher wäre als der für die Einfuhr aus irgend einem anderen Lande geltende Tarif; und zweitens, daß alle Minderungen des Tarifes, die einem dritten Staate gewährt werden, auch dem Gegenkontrahenten zugute kommen.

Dieser Doppelinhalt im Begriff der Meistbegünstigung geht allerdings, wie schon gedacht, in den Verträgen der neueren Zeit öfter verloren; daß die meistbegünstigte Nation ein Anrecht auf die Sätze des Generaltarifes hat, ist jetzt so selbstverständlich geworden, daß man dieses Moment bei der Formulierung der Meistbegünstigungsklausel gewöhnlich unter den Tisch fallen läßt. In früheren Verträgen, in einer Zeit, da man für jedes Land sozusagen einen eigenen Tarif machte, war solches weniger selbstredend. Die meistbegünstigte Nation hatte, wie in manchen älteren Verträgen klipp und klar gesagt wird, fürs erste nur Anspruch auf den Generaltarif. Was man sich von diesem durch einen dritten Staat abhandeln ließ, mußte wegen der damals gebräuchlichen Übung der bedingten Meistbegünstigung auch von der meistbegünstigten Nation besonders erkauft werden. Damals war es also nichts weniger als überflüssig, den primären Anspruch auf die Sätze des Generaltarifes ausdrücklich zu vereinbaren.

Wenn also die Definition Schrauts auch auf ältere Verträge anwendbar sein soll, so muß die Feststellung, daß die meistbegünstigte Nation zum Mindesten Anspruch auf den Generaltarif hat, auch noch Platz in ihr finden.

Daß die Gewährung der Meistbegünstigung, wie Schraut weiter sagt, in der Regel gegenseitig erfolgt, ist richtig. Es werden uns jedoch im Verlauf unserer Darstellung ein paar Dutzende von Verträgen begegnen, in denen die Meistbegünstigung eine einseitige war.

Daß die Vergünstigungen dem Gegenkontrahenten „ohne Weiteres“ zuteil würden, ist eine Ungenauigkeit der Schrautschen Definition, — vorausgesetzt, daß Schraut, der, wie schon gedacht, anscheinend seiner Begriffserklärung die unbedingte Meistbegünstigung von heute zugrunde legt, die bedingte Meistbegünstigung überhaupt als „Meistbegünstigung“ gelten läßt. Hunderte von Verträgen sind abgeschlossen worden, in denen der Mitgenuß der an dritte Staaten gewährten Vergünstigungen von einer Gegenleistung abhängig gemacht war. Dies war von 1825—1860 weitaus die Regel. Wenn nun solches nach 1860 zur Ausnahme geworden ist, so durfte Schraut bei der Veröffentlichung seines „Systems“ im Jahre 1884 dies Moment vielleicht doch nicht übergehen, da auch nach dem Jahre 1884 noch mancher Handelsvertrag unterzeichnet worden ist, in welchem die Meistbegünstigung eine bedingte war, und da außerdem im Jahre 1884 und heute noch Verträge aus früherer Zeit (für Deutschland z. B. noch der preußische Vertrag mit der Union vom Jahre 1828, auch die der Seeuferstaaten mit der Union und der Vertrag des Zollvereins mit Argentinien) liefen, welche alle die bedingte Meistbegünstigung enthielten.

Unbekannt war es Schraut gewiß nicht, daß man früher die bedingte Meistbegünstigung stipulierte. Er sagt (System S. 40):

„Ein weiterer wichtiger Punkt der Meistbegünstigung bezieht sich darauf, daß die auf Grund derselben erwachsenden Vorteile dem Berechtigten zumeist sofort, bedingungslos und ohne Gegenleistung zustatten kommen soll. In älteren Verträgen findet sich jedoch öfter eine teilweise Einschränkung dieses Grundsatzes." Dieses „öfter" zeigt, daß der Autor die Vereinbarung der bedingten Meistbegünstigung in den älteren Verträgen auf ihre Häufigkeit ganz bedeutend unterschätzt. Dieses „öfter" ist die Regel gewesen.

Wenn Schraut endlich als Muster für die bedingte Meistbegünstigung den Vertrag zwischen den Niederlanden und dem Zollverein vom 31. Dezember 1851 anführt und das in einer Schrift, die im Jahre 1884 gedruckt wurde, so hätte er etwas moderner sein und auf die Reziprozitätsverträge, welche deutsche Staaten noch zu Ende der fünfziger Jahre abgeschlossen haben, verweisen sollen, vor allem aber auf die deutschen Reziprozitätsverträge, die damals noch in Geltung standen. Und das waren eben die Verträge mit der Union und mit Argentinien.

In Schrauts Definition ist auch eine Modifikation der Meistbegünstigung nicht angedeutet, die berufen zu sein scheint, dereinst eine große Rolle zu spielen. Sie deutet nicht an, daß es meistbegünstigte Staaten erster und zweiter Ordnung gibt, daß es in einer Reihe von Verträgen heißt: Die vom Staate A dem Staate B eingeräumten Zugeständnisse fallen nicht unter die allgemeine Meistbegünstigung.

Die vorgebrachten Ausstellungen an der Schrautschen Definition der Meistbegünstigung, die nicht so sehr den Mängeln derselben vom Standpunkt der heutigen Übung als vielmehr der Anwendbarkeit der Begriffserklärung auf frühere Verträge gelten, lassen den Leser wohl schon ahnen, daß man an das Studium der alten Verträge nicht mit dem Meistbegünstigungsbegriff herantreten darf, der uns jetzt geläufig ist, wenn man zu einem richtigen Verständnis der Abmachungen jener früheren Zeit gelangen will.

III.

Die Meistbegünstigung vor dem Auftreten der Reziprozitätsklausel.

Abmachungen handelspolitischer Natur waren im 18. Jahrhundert verhältnismäßig selten. Die Staaten waren wirtschaftlich unter sich noch nicht so verwoben wie heute; infolgedessen machte sich auch das Bedürfnis, den Handelsbeziehungen von Land zu Land eine gesicherte, rechtliche Grundlage zu geben, noch nicht in dem Grade geltend wie jetzt. Traf man aber Abmachungen, so bildete die Festlegung der Handelsfreiheit, d. h. der Befugnis der Kaufleute des einen Staates, nach dem anderen Staate Handel treiben und sich zu diesem Zweck dort aufhalten zu dürfen, und die Festlegung des Rechtes auf Ernennung von Konsuln, sowie Bestimmungen über die Schiffahrt weitaus den Hauptinhalt der Verträge.

Jedoch auch Verabredungen über die Eingangszölle auf die Waren finden sich im 18. Jahrhundert schon, natürlich entfernt nicht in dem Umfange, wie dieses in der zweiten Hälfte des 19. Jahrhunderts der Fall war. Es sei erinnert an den Vertrag zwischen Portugal und England aus dem Jahre 1703 über die Wollzölle einerseits und die Weinzölle andererseits (Methuen-Vertrag); ferner an die verschiedenen Verträge Englands mit Danzig (1706), Hamburg (1719) und Bremen (1731) über die Eingangs zölle auf Heringe usw. Sogar ein nordafrikanisches Gemeinwesen, Marokko, verstand sich Spanien gegenüber im Jahre 1799 zu Minderung der Zölle auf ein Dutzend Artikel.

Wir erinnern weiter an den großen englisch-französischen Handelsvertrag aus dem Jahre 1786, welcher für beide Teile die Eingangszölle gleichheitlich normierte bei Quincailleriewaren, Kurzwaren, Möbel, Baumwoll- und Leinenwaren, Modeartikel, Porzellan,

Glas usw. (Eden-Vertrag). Wir erinnern an den russisch-sizilischen Vertrag aus dem Jahre 1787, welcher die Zölle auf Wein, Kaviar, Juchten usw. festlegte; an den russisch-großbritannischen Vertrag vom Jahre 1793, welcher die russischen Textilzölle band, usw. Kurzum, es existierten schon damals Verträge mit Vereinbarungen über die Eingangszölle für Waren, wie auch Zollkriege den Staaten schon geläufig waren.

Wenn man ferner vielfach der Meinung Ausdruck gibt, daß die Meistbegünstigung in der uns jetzt geläufigen Form, also die unbedingte, ohne Gegenleistung zu gewährende Meistbegünstigung, eine Errungenschaft des 19. Jahrhunderts sei, und daß sie zum ersten Male im Cobden-Vertrag zur Anwendung gelangte, so ist auch das ein Irrtum. Schon dem 18. Jahrhundert war die Meistbegünstigung geläufig; sie konnte aber bei der verhältnismäßig geringen Anzahl von Handelsverträgen überhaupt und von Tarifverabredungen im besonderen nicht zu jener Bedeutung gelangen, welche ihr heute innewohnt.

Die — unbedingte — Meistbegünstigung wurde z. B. festgelegt in dem Vertrage zwischen Großbritannien und der Stadt Danzig aus dem Jahre 1706:

Art. XII. Abs. 2. For what remains; if any greater privileges, which any wise respect to persons, ships, or goods of foreigners at Dantzic, shall be hereafter granted to any foreign nation, the British subjects shall in the like manner fully enjoy the same for themselves, their ships and commerce;

sowie in dem Vertrage zwischen England und Spanien aus dem Jahre 1715:

Art. V. The said subjects shall be used in Spain in the same manner as the most favoured nation, ... and all the rights, privileges, ... which shall be granted ... to any nation whatever, shall likewise be granted and permitted to the said (British) subjects; the same shall be granted, ... to the subjects of Spain in the Kingdoms of his Britannic Majesty.

Portugal und Dänemark vereinbarten die Meistbegünstigung im Vertrag vom 26. September 1766, wie folgt:

Art. I. Que Sa Majesté très-fidèle d'une part, promet et s'engage de faire non seulement jouir les sujets de sa Majesté le Roi de Danemarck dès à présent tant pour leurs personnes que pour leur pêche, et pour tout autre genre de denrées et de marchandises qui, du Nord, peuvent être apportées, et qui ne sont pas expressément defendues et regardées comme contrebande en Portugal (telles que le sont les lainifices) de tous les droits, immunités, priviléges, et avantages dont ils peuvent être susceptibles, sans contrevenir aux traités de commerce antérieurs faits par Sa Majesté très-fidèle avec d'autre puissances; mais elle s'oblige aussi formellement, qu'aucune autre nation n'obtiendra à l'avenir par aucun nouveau traité quelque préférence dans l'étendue de ses dits états sur les sujets du Roi de Danemarc, pour le commerce qui est propre aux uns et aux autres.

Von einer unter Bedingungen zu gewährenden Begünstigung ist in den drei hier zitierten Verträgen noch keine Rede; es ist vielmehr die unbedingte[1]) Meistbegünstigung stipuliert. Wohl aber können wir schon Spuren einer zeitlichen Einschränkung der Meistbegünstigung wahrnehmen. Der Vertrag zwischen Großbritannien und Danzig, ebenso wie der zwischen England und Spanien und der zwischen Dänemark und Portugal kennen nur eine Meistbegünstigung pro futuro. Die Meistbegünstigung gilt für

„greater privileges, which shall be hereafter granted" (Großbritannien und Danzig),

„privileges, which shall be granted" (England und Spanien)

und „sans contrevenir aux traités de commerce antérieurs faits" (Dänemark und Portugal).

Vorteile aus früheren Verträgen wurden also durch diese Meistbegünstigung nicht berührt. Diese bezog sich vielmehr nur auf die Zukunft, d. h. hatte nur die Vergünstigungen, die aus künftigen Verträgen flossen, zum Gegenstand. Natürlich kamen auch Ausnahmen davon vor. Eine solche stellte z. B. die spanische königliche Verordnung (Real Orden) vom 17. April 1792 dar, welche für den spanisch-dänischen Handel eine zwar zeitlich (jedoch nicht territorial) unbeschränkte Meistbegünstigung statuierte:

---

[1]) Unter bedingter Meistbegünstigung verstehen wir jene, deren Genuß von der Anbietung einer Gegenleistung abhängt. Eine Meistbegünstigung kann aber unbedingt und trotzdem noch nicht glatt sein; sie kann nämlich in räumlicher und zeitlicher Hinsicht Beschränkungen unterliegen.

Unsere Terminologie ist also folgende:

Bedingte und unbedingte Meistbegünstigung, je nachdem eine Gegenleistung von nöten ist oder nicht, um den Gegenkontrahenten in den Genuß der dritten Staaten gewährten Vergünstigungen zu setzen;

beschränkte oder unbeschränkte Meistbegünstigung, je nachdem ihrer Geltung räumliche, zeitliche oder andere Grenzen gezogen sind;

glatte Meistbegünstigung, wenn sie weder bedingt noch beschränkt ist.

...... se trate al Pavellon y embarcaciones de commercio Daneses del mismo modo que à la Francesas, Olandesas, é Imperiales en quanto à los registros, manifestos y adeudos, y sus terminos en los Puertos y aduanas de estos Reynos; debiendo gozar las Espanolas en los puertos y Aduanas de Dinamarca, y en el estrecho del Sund, las mismas gracias en la substancia y en el modo que las disfruta la Nacion mas favorecida segun S. M. Danesa lo tiene ofrecido ......

Auch das neunzehnte Jahrhundert kannte zuerst noch die unbedingte, ohne Gegenleistung zu gewährende Meistbegünstigung; für gewöhnlich aber nur mehr in Verträgen der europäischen Staaten untereinander. Wo die Vereinigten Staaten der eine Vertragsteil waren, tauchte meistens schon die bedingte Meistbegünstigung auf. Aus den verschiedenen Verträgen, wo sich zu Anfang des neunzehnten Jahrhunderts noch die unbedingte Meistbegünstigung findet, greifen wir, — in dem Streben, eine gewisse Mannigfaltigkeit der einzelnen Vertragsteile bei Aufzählung der Verträge walten und so den Leser die Verbreitung der Meistbegünstigung ahnen zu lassen, — den Vertrag zwischen den Beiden Sizilien und Großbritannien vom 26. September 1816 heraus, dessen Artikel IV lautete:

Promette in oltre S. M. il Re delle Due Sicilie, che il commercio brittannico in generale, ed i sudditi britannici che l'eserciteranno, saranno trattati in tutti i suoi Stati sullo sterso piede delle nazioni le più favorite, non solamente riguardo alle persone ed alle proprietà de' detti sudditi britannici, ma ben anche per ogni articolo de quale essi fanno commercio, e per le imposizioni o altri pesi pagabili su' detti articoli, o su'legni co'quali sei farà l'importazione.

Ähnlich wie eine Reihe Verträge aus dem achtzehnten Jahrhundert (s. S. 18) enthielt auch dieser sizilisch-großbritannische Handelsvertrag Tarifbindungen:

S. M. Siciliana promette di accordare ...... una diminuzione del dieci per cento sull' ammontare delle imposizioni pagabili, secondo le tariffa vigente il primo di gennajo 1816, sulla totalità delle mercanzie o prodotti del Regno Unito della Gran Brettagna e dell' Irlanda, sue colonie, possessione e dipendenze, que sarrano immessi negli Stati de S. M. Siciliana, guista il tenore dell' articolo 4 della presente convenzione.

Jedoch wurde ausdrücklich festgelegt, daß diese Bindungen keinen Ausnahmecharakter zugunsten Englands tragen sollten; Sizilien konnte auch anderen Nationen den Genuß derselben verstatten:

Ben intenso che nulla di quanto contemplato in questo articolo possa impedire al Re delle Due Sicilie di accordare, se gli aggrada, una simile deminusione d'imposizioni ad altre nazioni.

Auch der Vertrag zwischen Preußen und Dänemark vom Jahre 1818 enthielt die völlig glatte Meistbegünstigung:

Art. III. Les avantages des nations les plus favorisées accordés selon l'article précédent aux sujets respectifs, s'etendent de même aux marchandises et aux vaisseaux des sujets des deux hautes Puissances contractantes.

Ebenso der Vertrag zwischen Großbritannien und Schweden vom 18. März 1826:

Art. IX. The High Contracting Parties engage that all articles the growth, produce, or manufacture of their respective dominions, shall be subject to no higher duties, upon their admission from the one country into the other, than are paid by the like articles, the growth, produce or manufacture of any other foreign country; .... and, generally, that in all matters and regulations of trade and navigation, each of the High Contracting Parties will treat the other upon the footing of the most favoured nation.

Ein Beispiel für eine territoriale Einschränkung der Meistbegünstigung haben wir schon oben (S. 21) gegeben. Wir finden eine solche auch in dem Geheimvertrag zwischen Frankreich und Hamburg (1. April 1769). Als Inhalt der „Rechte der meistbegünstigten Nation" gelten hier hauptsächlich die Vergünstigungen, welche in Frankreich die holländische und in Hamburg die englische Nation genießt und genießen wird.

Pour prévenir les difficultés qui pourroient s'elever au sujet de l'interpretation des termes de nation la plus favorisée employés dans l'article V[1]) et autres du traité aujourd'hui conclu entre la France et la ville de Hambourg, il a été convenu expressément que tous les sujets du Roi seront traités à Hambourg sur le même pied que la nation angloise, comme nation pour tout ce qui regarde le commerce en général et la navigation; sans préjudice néanmoins des conventions particulières expressément énoncées dans le présent traité, s'il y en avoit qui excédassant les privilèges de la dite nation angloise. Il a été convenu de même que les Hambourgeois jouiront dans les ports de

[1]) Dieser Art. V lautete:

Les Bourgeois et Sujets de Hambourg ne seront tenus de payer pour leur marchandises et denrées, tant à l'importation en France, qu'à l'exportation, d'autres, ni plus grands droits, que ceux, que payera la nation du Nord la plus favorisée. Quant à leurs personnes, biens meubles et immeubles, et denrées de consommation pour leurs maisons en France, ils ne seront tenus de payer d'autres, ni de plus grands droits, contributions ou charges, que ne

France des mêmes avantages et priviléges dont jouit ou jouira la nation hollandoise, comme nation, sans préjudice néanmoins des concessions qui leur sont nommément faites par le présent traité, et qui pourroient excéder ceux qui sont accordés aux Hollandois.

Zurückblickend auf die bisher gegebenen Formulierungen der Meistbegünstigungsklausel können wir feststellen: keine einzige von ihnen zeigt Ähnlichkeiten mit jener, die wir in den deutschen Verträgen mit der Union und mit Argentinien finden. Hier ist von einer nach Umständen mit Gegenleistungen verbundenen Meistbegünstigung die Rede; hier finden wir eine Unterscheidung zwischen Konzessionen, die umsonst und unter Anbietung von Äquivalenten gemacht werden. Dort finden wir nirgends eine derartige Vereinbarung.

Richtig ist, daß man im achtzehnten Jahrhundert und zu Anfang des neunzehnten stellenweise in die Meistbegünstigungsklausel ein einschränkendes Moment hineintrug; man zog der Meistbegünstigung manchmal in zeitlicher und räumlicher Hinsicht Grenzen. Aber eine Unterscheidung zwischen bedingter und unbedingter Meistbegünstigung wurde noch nirgends gemacht. Dieses Moment wurde in den Begriff „meistbegünstigte Nation" vielmehr erst hineingetragen von dem Augenblick ab, da die Diplomatie der Vereinigten Staaten von Amerika ihren ersten Versuch auf handelspolitischem Gebiete unternahm.

Die unbedingte Meistbegünstigung war die Meistbegünstigung des achtzehnten Jahrhunderts. Es ist also ein Irrtum, wenn z. B. Grunzel (System der Handelspolitik S. 469) sagt: „In den Handelsverträgen, welche die europäischen Staaten im Laufe des 18. und in der ersten Hälfte des 19. Jahrhunderts unter sich abschlossen, finden wir nur ganz vereinzelte Anklänge an die Meistbegünstigung", und wenn er, auf den am 20. Juni 1766

---

payeront les propres et naturels Sujets de Sa Majesté. Les mêmes dispositions auront lieu dans la Ville de Hambourg, à l'égard des Sujets du Roi, c'est á dire, que pour ce qui regarde le fait de la Navigation et du Commerce, ils y seront traités, comme la nation la plus favorisée, et qu'à l'ègard de leurs personnes, de leurs contributions, de leurs biens meubles et immeubles, et des denrées de consommation pour leurs maisons, ils seront traités, comme les propres Sujets et Bourgeois de la même Ville.

zwischen Rußland und Großbritannien abgeschlossenen Vertrag exemplifizierend, wo in Art. III sogar der technische Ausdruck vorkomme: les matelots, passagers et vaisseaux, tant Britanniques que Russes . . . seront reçus et traités comme la nation la plus favorisée, meint: „Derartige Zugeständnisse bildeten jedoch eine Seltenheit."

Schon im Hinblick auf die im Vorstehenden gegebenen Beispiele für die Vereinbarung der Meistbegünstigung in Verträgen aus dem 18. Jahrhundert sowie aus den ersten Jahrzehnten des 19. Jahrhunderts, vollends dann im Hinblick auf die später (Abschnitt X) noch zu gebenden möchten wir glauben, daß Grunzel das Vorkommen der Meistbegünstigungsklausel in den gedachten Zeiten denn doch stark unterschätzt hat. Wir haben bisher als Vertragsteile bei Abmachungen über die Anwendung des Prinzips der Meistbegünstigung gefunden: Großbritannien, Danzig, Spanien, Portugal, Dänemark, Beide Sizilien, Preußen, Schweden, Frankreich und Hamburg; durch die im Abschnitt X zu erwähnenden Verträge werden noch Rußland, Marokko und Mecklenburg dazukommen. Wenn wir nun aus einer Zeit, die noch kein sonderliches Bedürfnis für handelspolitische Abmachungen fühlte, eine derartige bunte Zusammenstellung von Anhängern des Prinzips der unbedingten Meistbegünstigung zu geben vermögen, — wir führten dabei nur Beispiele an, wollten nicht erschöpfend sein, — so glauben wir, daß man nicht von einer „Seltenheit derartiger Zugeständnisse" reden darf.

Im Gegenteil: wir konnten so vieler handelspolitischer Abmachungen des 18. Jahrhunderts mit der Meistbegünstigungsklausel habhaft werden, daß wir glauben, man dürfe das 18. Jahrhundert als das Jahrhundert der unbedingten Meistbegünstigung bezeichnen.

IV.

Der erste Reziprozitätsvertrag.[1]

Die Amerikaner gingen bei der durch sie bewirkten Umformung der Meistbegünstigung von dem Grundsatze aus, daß derjenige, welcher etwas erhalte, auch etwas geben, und nicht in vager Form nur versprechen solle. Sie kamen infolge dessen zu einer Verneinung der bis dahin geübten unbedingten Meistbegünstigung. Sie stellten als Prinzip auf, daß eine besondere Vergünstigung besonders zu erkaufen sei, daß die Meistbegünstigungsklausel nicht dazu dienen solle, einer Nation ohne Gegenleistung handelspolitische Vorteile zu verschaffen, die eine andere Nation mit einer Reihe von Konzessionen habe erkaufen müssen. Mit anderen Worten: die Meistbegünstigung dürfe nicht dazu dienen, Konzessionen schlechthin zu generalisieren. Unter Zugrundelegung der „most perfect reciprocity and equality" schlossen sie im Jahre 1778 einen Handelsvertrag mit Frankreich ab und vereinbarten dort als Art. II:

> The Most Christian King and the United States engage mutually not to grant any particular favour to other nations, in respect of commerce

---

[1]) Man kann zwei Arten von Reziprozitätsverträgen unterscheiden: solche, welche nur die Verabredung der Meistbegünstigung in bedingter Form, d. i. die Reziprozitätsklausel einhalten, und solche, welche nur Vereinbarungen über einzelne Positionen des beiderseitigen Tarifs treffen, ohne die unbedingte oder bedingte Meistbegünstigung zu stipulieren. Diese letzteren (Beispiele dafür im Abschnitt XII) gelten bei den Amerikanern als die eigentlichen reciprocity treaties.

Wir bezeichnen im Laufe unserer Darstellung die erstere Art als generelle Reziprozitätsverträge oder Reziprozitätsverträge schlechthin, die letztere als spezifizierte Reziprozitätsverträge.

and navigation, which shall not immediately become common to the other party, who shall enjoy the same favour, freely, if the concession was freely made, or on allowing the same compensation, if the concession was conditional.

Weiterhin lautete Art. III:

The subjects of the Most Christian King shall pay in the ports, havens roads, countries, islands, cities or towns of the United States, or any of them, no other or greater duties or imposts, of what nature soever they may be, or by what name soever called, than those which the nations most favoured are or shall be obliged to pay.

Art. IV stipulierte das Gleiche für die Amerikaner und lautete mutandis mutatis genau so wie Art. III.

Mit diesen Artikeln nun stellen die Amerikaner der Auslegung eine fürs erste nicht leicht zu lösende Aufgabe. Denn Art. II und III stehen anscheinend mit einander in Widerspruch. Auf der einen Seite sagt man: die Franzosen sind in der Union, — wie umgekehrt die Amerikaner in Frankreich, — meistbegünstigt; auf der anderen Seite wird vereinbart: wenn ein Vertragsteil einer anderen Nation eine Vergünstigung gewährt, so kann der andere dieselbe nicht ohne weiteres in Anspruch nehmen, sondern erst nach Darbietung einer entsprechenden Gegenleistung. Wer nur Art. III und IV liest, wird sagen: die Vertragsteile vereinbarten die glatte Meistbegünstigung. Man kann das aber nicht behaupten, da Art. II einer derartigen Auslegung stracks zuwiderläuft. Wie können wir nun eine Übereinstimmung der beiden Artikel erzielen?

Wir haben eine offizielle Erklärung der amerikanischen Regierung zu Artikel V des preußischen Vertrages (s. S. 5). Versuchen wir, diese auf den vorliegenden Vertrag anzuwenden!

Wer Art. II des französisch-amerikanischen Vertrages mit Art. IX des preußisch-amerikanischen Vertrages vom Jahre 1828 vergleicht, wird eine weitgehende Übereinstimmung der Texte konstatieren können. Wer ferner Art. III und IV des französisch-amerikanischen Vertrages mit Art. V des preußisch-amerikanischen Vertrages vom Jahre 1828 vergleicht, ist fürs erste geneigt, zu sagen, die beiden Artikel besagten im wesentlichen das Gleiche.

Solches als zutreffend angenommen, würde also der dem Art. IX des preußischen Vertrages entsprechende Art. II des französischen die Meistbegünstigung de futuro, der dem Art. V des preußischen Vertrages entsprechende Art. III des französischen Vertrages die Meistbegünstigung de praeterito regeln. Damit wäre dann der Widerspruch gelöst.

Ist aber eine derartige Interpretation möglich? Sie ist es nicht! Es lautet der Ausdruck in Art. III des französischen Vertrages nicht „which the nations most favoured are obliged to pay", sondern „are or shall be obliged to pay". Die in Art. III und IV vereinbarte Meistbegünstigung geht also auch auf die Zukunft. Und dann: den Artikel III des französischen Vertrages eine Regelung der Meistbegünstigung für die Vergangenheit treffen zu lassen, wäre Widersinn. In der Union konnte es damals nur eine meistbegünstigte Nation de futuro geben. Der Vertrag vom Jahre 1779 war ja der erste Handelsvertrag, den die Union schloß. Sie konnte noch keiner Nation eine Vergünstigung verliehen haben; sie trat vielmehr zum ersten Mal überhaupt einer fremden Nation gegenüber; es gab also gar keine meistbegünstigte Nation de praeterito.

Art. III des französischen Vertrages dadurch in eine Harmonie mit Art. II zu bringen, daß man sagt: dort war die Meistbegünstigung de praeterito, hier die de futuro gemeint, eine derartige Interpretation läßt sich nicht aufrecht halten; sie zerschellt am Wortlaut und an den tatsächlichen Verhältnissen. Mit einer der Auslegung des preußischen Vertrages durch die amerikanische Regierung analogen Interpretation läßt sich also hier nichts anfangen.

Aber wie soll man die beiden Artikel in Einklang bringen? Wir glauben eine Einigung läßt sich durch den Nachweis erzielen, daß die „meistbegünstigte Nation" in derartigen Reziprozitätsverträgen etwas anderes bedeutet hat, als was wir heute mit dem Begriff verbinden.

Welcher Artikel in diesem ersten amerikanischen Handelsvertrag enthält denn eigentlich die Meistbegünstigungsklausel? Gibt Art. II oder Art. III bezw. IV den Meistbegünstigungsanspruch in dem Sinne, daß der Gegenkontrahent die an dritte Staaten gewährten Zollminderungen verlangen kann?

Wer nur Handelsverträge aus den letzten Jahrzehnten des 19. Jahrhunderts gelesen hat, wird sagen: Art. III bezw. Art. IV stipulieren die Meistbegünstigung. Denn hier sei niedergelegt, daß die gegenseitigen Untertanen bei der Wareneinfuhr keine anderen oder höheren Abgaben irgend welcher Art zu zahlen brauchen, als die Angehörigen der „meistbegünstigten“ Nation.

In Wahrheit liegt die Sache so, daß Art. II die Meistbegünstigungsklausel enthält. Dort steht, daß die an dritte Nationen zu gewährenden Vorteile in Handels- und Schiffahrtssachen dem anderen Teile zugute kommen sollen. Damit hat man die generelle Regel gegeben; Art. III und IV sind nur Details, bezw. Schlußfolgerungen.

Man hat aber in Art. II noch mehr festgelegt als nur die Meistbegünstigung an und für sich; man hat dort auch generell die Modalitäten ihrer Anwendung vereinbart und unterschieden zwischen Vergünstigungen, die dem Gegenkontrahenten umsonst und solchen, die ihm nur gegen Gewährung bestimmter Gegenleistungen zuteil werden sollen. Der ganze Art. II gibt mithin angesichts des von der damaligen Übung abweichenden Inhalts der hier normierten Meistbegünstigung zugleich auch eine Erklärung dessen, was die Vertragsteile im vorliegenden Falle unter „Meistbegünstigung“ verstanden haben wollten; er gibt eine Erläuterung dieses Begriffes.

Frei ins Deutsche übertragen sagt Art. II des ersten amerikanischen Handelsvertrags: Meistbegünstigung ist die unentgeltliche Gewährung von an dritte Staaten gegebenen unentgeltlichen Vorteilen und die entgeltliche Gewährung von an dritte Staaten gegebenen entgeltlichen Vorteilen an den Gegenkontrahenten.

Stimmt diese Definition? Wir wollen wegen der grundlegenden Bedeutung der Frage sogleich die Probe darauf machen, und der Leser mag entschuldigen, wenn wir zu diesem Zwecke hier einen großen Sprung vollführen und ihm zwei Verträge vorlegen, die etwa ein halbes und ein ganzes Jahrhundert nach dem hier zur Erörterung stehenden französischen Vertrag von der Union abgeschlossen worden sind, die also aus einer Zeit stammen, wo die Idee der Reziprozität schon eine Durcharbeitung erfahren hatte.

1. In dem Vertrag der Union mit Costa-Rica (1851) wurde die Meistbegünstigungsklausel in Art. III wie folgt formuliert:

„**Da** es die Absicht der beiden hohen Vertragsteile ist, sich durch die vorausgehenden Artikel zur gegenseitigen Behandlung auf dem Fuße der meistbegünstigten Nation zu verpflichten, **so** ist hiermit zwischen ihnen verabredet, daß jede Begünstigung, Bevorrechtigung oder Abgabenbefreiung irgend welcher Art in Sachen von Handel und Schiffahrt, welche einer der Vertragsteile den Untertanen und Bürgern irgend eines anderen Staates bereits zugestanden hat oder später zugestehen möchte, auf die Untertanen und Bürger des anderen kontrahierenden Teiles ausgedehnt werden soll; unentgeltlich, wenn die Begünstigung dieser anderen Nation unentgeltlich war, oder gegen eine möglichst gleichwertige Leistung, die durch gegenseitige Übereinkunft festzustellen ist, wenn die Begünstigung unter Bedingungen erfolgt sind."

In Art. IV heißt es dann, daß auf die Einfuhr der gegenseitigen Erzeugnisse keine höheren Zölle gelegt werden sollen, als auf die Einfuhr von Erzeugnissen irgend eines anderen fremden Landes.[1])

---

[1]) Der englische Originaltext dieses heute noch zu Recht bestehenden Vertrages zwischen der Union und Costa Rica vom 10. Juli 1851 lautet:

Art. III. It being the intention of the two high contracting parties to bind themselves, by the preceding articles, to treat each other on the footing of the most favored nation, it is hereby agreed between them, that any favor, privilege or immunity whatever, in matters of commerce and navigation, which either contracting party has actually granted, or may hereafter grant, to the subjects or citizens of any other State, shall be extended to the subjects or citizens of the other high contracting party, gratuitously, if the concession in favor of that other nation shall have been gratuitous; or in return for compensation as nearly as possible of proportionate value and effect, to be adjusted by mutual agreement, if the concessions shall have been conditional.

Art. IV. No higher or other duties shall be imposed on the importation into the territories of the United States of any article being of the growth, produce or manufacture of the Republic of Costa Rica, and no higher or other duties shall be imposed on the importation into the territories of the Republic of Costa Rica, of any articles being the growth, produce or manufacture of the territories of the United States, than are or shall be payable on the like articles, being the growth, produce or manufacture of any other foreign country; nor shall any other or higher duties or charges be imposed in the territories of either of the high contracting parties, on the exportation of any articles to the territories of the other, than such as are or may be payable on the exportation of the like articles to any other foreign country, nor shall any prohibition be imposed upon the exportation or importation of any articles, the growth, produce or manufacture of the territories of the United States, or of the Republic of Costa Rica, to or from the said territories of the United States, or to or from the Republic of Costa Rica, which shall not equally extend to all other nations.

Es ist von Wert, hier auch gleich festzustellen, daß offizielle Publikationen der amerikanischen Regierung (vgl. „Treaties and Conventions concluded between the United States of America and other Powers since July 4, 1776“ — Senate Executive Documents, 48th Congress 2d Session, Doc. 47; Washington 1889; oder „Compi-

---

Wir lassen im Verlauf unserer weiteren Darstellung die Vereinbarungen über Ausfuhrzölle und Ausfuhrverbote aus den Texten der zu zitierenden Verträge gewöhnlich weg.

Mancher Leser wird nun begierig sein zu erfahren, wie die Vereinbarungen lauten, auf welche in Art. III dieses costa-ricanischen Vertrages Bezug genommen ist als auf solche, in denen die Kontrahenten ihre Absicht, „to bind themselves to treat each other on the footing of the most favored nation“ verlautbart haben.

Diese Artikel lauten:

Art. I. There shall be perpetual amity between the United States and their citizens on the one part, and the Government of the Republic of Costa Rica and its citizens on the other.

Art. II. There shall be, between all the territories of the United States and the territories of the Republic of Costa Rica a reciprocal freedom of commerce. The subjects and citizens of the two countries, respectively, shall have liberty, freely and securely, to come with their ships and cargoes to all places, ports and rivers in the territories aforesaid, to which other foreigners are or may be permitted to come; to enter into the same, and to remain and reside in any part thereof, respectively; also to hire and occupy houses and warehouses for the purposes of their commerce; and, generally, the merchants and traders of each nation, respectively, shall enjoy the most complete protection and security for their commerce; subject always to the laws and statutes of the two countries respectively.

In like manner, the respective ships of war and post-office packets of the two countries shall have liberty, freely and securely, to come to all harbors, rivers and places to which other foreign ships of war and packets are or may be permitted to come, to enter into the same, to anchor, and to remain there and refit; subject always to the laws and statutes of the two countries respectively.

By the right of entering the places, ports and rivers mentioned in this article, the privilege of carrying on the coasting trade is not understood; in which trade, national vessels only of the country where the trade is carried on are permitted to engage.

Die Artikel enthalten nach unseren heutigen Begriffen ziemlich nebensächliche Vereinbarungen, aus denen wir für keinen Fall die Absicht der Parteien, einander auf dem Fuße der meistbegünstigten Nation zu behandeln, herauslesen würden. Die Amerikaner scheinen hier die Meistbegünstigung mit der Handelsfreiheit verwechselt zu haben.

lation of Treaties in Force", House of Representatives, 55th Congress 3 Session, Doc. 276. Washington 1899) Bestimmungen, wie sie der Art. III dieses costaricanischen Vertrages enthält, als „Most favored Nation" bezeichnen, während der Inhalt von Abmachungen wie in Art. IV mit „no discrimation in duties on imports" oder „no discrimation in duties on account of nationality of imports" angegeben wird.

2. In dem Vertrag der Union mit Japan vom 22. November 1894 lautet Art. XIV:

The High Contracting Parties agree that, in all that concerns commerce and navigation, any privilege, favor or immunity which either High Contracting Party has actually granted, or may hereafter grant, to the Government, ships, citizens, or subjects of any other State, shall be extended to the Government, ships, citizens, or subjects of the other High Contracting Party, gratuitously, if the concession in favor of that other State shall have been gratuitous, and on the same or equivalent conditions if the concession shall have been conditional; it being their intention that the trade and navigation of each country shall be placed, in all respects, by the other upon the footing of the most favored nation.[1])

In Verträgen der Union, die 80 und 120 Jahre nach dem ersten französisch-amerikanischen Vertrag vom Jahre 1778 geschlossen worden sind, begegnen wir also dem gleichen Gedankengang wie in dem ersten Vertrage. Weil es die Absicht der Parteien ist, sich gegenseitig als meistbegünstigte Nation zu behandeln, deshalb kommen die von der einen Partei dritten Staaten umsonst gewährten Vergünstigungen der anderen Partei umsonst, die von der einen Partei dritten Staaten gegen Gewährung von Gegenleistungen zugebilligten Vergünstigungen der anderen Partei gegen entsprechende Äquivalente zugute. Für jeden Fall muß also bei der „Meistbegünstigung" darauf gesehen werden, ob die vom anderen Vertragsteil anzusprechende Vergünstigung dritten Staaten unter lästigem Titel gewährt war oder nicht. Diese Unterscheidung gehört nach amerikanischer Auffassung zum Wesen der Meistbegünstigung in demselben Grade, wie sie nach der heute in Europa herrschenden Anschauung nicht dazu gehört. Im Gegensatz zu den oben ge-

[1]) Die Japaner wechseln ihre Anschauung über den Begriff der Meistbegünstigung von Fall zu Fall. Bald sagen sie, die Bedingungslosigkeit gehöre zum Begriff Meistbegünstigung, bald die Bedingtheit.

gebenen Verträgen der Union sagt z. B. der Vertrag Großbritanniens mit Italien vom 15. Juni 1883 (Art. XI) und mit Griechenland vom 20. November 1887 (Art. X).

Die vertragenden Teile kommen darin überein, daß in allen den Handel und die Schiffahrt betreffenden Angelegenheiten alle Vorrechte, Begünstigungen oder Befreiungen, welche einer derselben den Untertanen oder Bürgern irgend eines anderen Staates bewilligt oder künftig bewilligen möchte, unmittelbar und unbedingt auf die Untertanen oder Bürger des anderen vertragenden Teiles ausgedehnt werden, indem es ihre Absicht ist, daß der Handel und die Schiffahrt eines jeden Landes durch das andere in jeder Beziehung auf dem Fuß der meistbegünstigten Nation gestellt werde.[1])

* * *

Kehren wir nach dieser Abschweifung von der Erörterung des ersten amerikanischen Reziprozitätsvertrages wieder zu diesem selbst zurück!

Wir glauben aus dem ersten amerikanischen Handelsvertrag und aus solchen, die 80 und 120 Jahre später liegen, festgestellt zu haben, — und werden dafür an anderen Stellen noch weiteres Material beibringen, —

1. daß die amerikanische Meistbegünstigung sich schon im ersten amerikanischen Handelsvertrag auf ganz andere Voraussetzungen gründete, als die Meistbegünstigung, die man damals anderwärts übte, — s. darüber Abschnitt III, — und die man für gewöhnlich auch heute übt.

Wir glauben aber auch schon Material gewonnen zu haben, welches darauf schließen läßt,

2. daß man bei amerikanischen Verträgen die Vereinbarung über die Meistbegünstigung, sofern sie ein Anrecht auch auf Tarifminderungen gibt, in anderen Artikeln zu suchen hat, als in jenen, in welchen wir, die wir eine andere Auffassung von der Meistbegünstigung zum Studium alter Verträge mitzubringen pflegen, als die diesen eigentlich zugrunde liegende, sie suchen möchten. In den Artikeln, aus denen wir fürs

---

[1]) Daß, wie in einem Teile von Verträgen ausdrücklich verlautbart, früher auch in Europa das Setzen einer Bedingung zum Begriffe „Meistbegünstigung" gehörte, dafür Beispiele unten.

Erste die Meistbegünstigung, das Anrecht auf den Mitgenuß an dritten Staaten zugestandenen Tarifminderungen herauslesen, steckt sie in Reziprozitätsverträgen nicht drinnen.

Eine Definition der Meistbegünstigung im amerikanischen Sinn haben wir auf Grund des Art. II des amerikanisch-französischen Vertrages vom Jahre 1778 oben (S. 28) zu geben versucht. Wir haben, in einer Digression, an zwei weiteren, aus ganz verschiedenen Zeiten stammenden, mit ganz anderen Staaten vereinbarten Verträgen die Probe auf die Richtigkeit der Begriffsbestimmung gemacht. Reicht nun das bisher gewonnene Material aus, um die Art. II und III des französisch-amerikanischen Vertrages vom Jahre 1778 in Einklang miteinander bringen zu können? Ja.

Nicht im Art. III und IV des Vertrages steckt die Meistbegünstigungsklausel, sondern im Art. II. Wenn dann, nachdem man Wesen und Begriff der Meistbegünstigung festgelegt hat, Art. III und IV von der „meistbegünstigten“ Nation sprechen, und wenn in diesen Artikeln gesagt wird: die Franzosen und Amerikaner dürfen auf die gegenseitige Wareneinfuhr keine höheren Abgaben erheben, als auf die der „meistbegünstigten Nation,“ so bezieht sich dies auf den in Art. II vereinbarten Meistbegünstigungsbegriff. Art. III und IV, die, wie gezeigt, nur die Meistbegünstigung pro futuro zum Gegenstand haben konnten, lauteten also in voller Ausführung des Gedankens wie folgt: Die Angehörigen der einen Nation sollen künftig in den Häfen, Ankerplätzen usw. keinerlei höhere Abgaben bezahlen, als die von der meistbegünstigten Nation zu entrichtenden; und zwar kommen, wenn die dieser von einem Vertragsteil zu gewährenden Vergünstigungen umsonst gewährt werden, dieselben auch dem anderen Vertragsteil umsonst zu, wenn aber gegen Entgelt, dann nur gegen Gewährung eines Äquivalentes.

Wir sehen, die Artikel passen jetzt gut zusammen; der eine ist eine Erläuterung des anderen; ein Widerspruch ist nicht mehr vorhanden.

In den neueren Verträgen, — einige Beispiele wurden schon auf S. 14 und 15 gegeben; wir fügen hier den unterm 1. April (20. März) 1889 zwischen Griechenland und Italien vereinbarten Vertrag noch an, — wird die Meistbegünstigung (Art. XIX) zumeist wie folgt vereinbart:

„Ein jeder der hohen vertragschließenden Teile verpflichtet sich, den anderen Teil an jeder Vergünstigung oder jeder Ermäßigung der Eingangs- und Ausgangsabgaben, sowie an jeder sonstigen Freiheit oder jedem Zugeständnis, welche er einer dritten Macht bewilligt hat oder künftig bewilligen möchte, sofort, bedingungslos und ohne weiteres teilnehmen zu lassen.“

Hier wird jede einem dritten Staate gewährte Konzession sofort, ohne weiteres und bedingungslos auf den Gegenkontrahenten übertragen. Im Gegensatz zu dieser Auffassung kann die Gegenpartei in amerikanischen Verträgen eine einem dritten Staate gewährte Vergünstigung sofort, bedingungslos und ohne weiteres nur dann in Anspruch nehmen, wenn sie dem dritten Staate umsonst zuteil wurde. Hat aber der dritte Staat sie gegen eine Konzession seinerseits erhalten, so muß der andere Vertragsteil ein Äquivalent anbieten. Bietet er nun dieses Äquivalent, und ist es als solches angenommen, so ist er völlig meistbegünstigt, — bis der andere Vertragsteil den Status seiner äußeren Handelsbeziehungen wieder ändert und einen anderen Staat wieder besser stellt.

A covenant to give privileges granted to the most favored nation only refers to gratuitous privileges, and does not cover privileges granted on the condition of a reciprical advantage. (Wharton International Law Digest, Vol. II, § 205). Dieser Grundsatz ist in fast allen amerikanischen Handelsverträgen zum Ausdruck gebracht.

Nach der europäischen Auffassung von heute ist, — um eine Analogie aus der Jurisprudenz anzuwenden, die allerdings die Sache nicht vollständig erschöpft, — die Meistbegünstigung eine Bring-, nach amerikanischer Auffassung eine Holschuld.

Daran aber, daß wir dieser, von der uns heute geläufigen Auffassung von der Meistbegünstigung abweichenden amerikanischen Anschauung s. Z. nicht Rechnung trugen, krankt unser handelspolitisches Verhältnis zur Union seit nunmehr fast 10 Jahren.

V.

Weitere Reziprozitätsverträge aus der ersten Zeit (1783–1816).

Der zweite Reziprozitätsvertrag der Vereinigten Staaten kam mit Schweden zustande (3. April 1783). Er bestimmte:

Art. II. The King and the United States engage mutually not to grant hereafter any particular favour to other nations in respect to commerce and navigation which shall not immediately become common to the other party, who shall enjoy the same favour freely, if the concession was freely made, or on allowing the same compensation, if the concession was conditional.

Art. III. The subjects of the King of Sweden shall not pay in the ports etc. wie Art. III des französisch-amerikanischen Vertrages vom Jahre 1778 s. S. 26.

Art. IV. The subjects and inhabitants of the said United States shall not pay usw. (mutatis mutandis wie Art. III).

Die hier festgelegte Vereinbarung der bedingten Meistbegünstigung — Art. II vereinbart laut „Treaties and Conventions, P. 1043, die „most favored nation" — wich von der im französisch-amerikanischen Vertrag vom Jahre 1778 normierten Formel ab.

Wer sich die Mühe nimmt, die Fassung des Artikels II des schwedischen Vertrages mit der des Art. II des französischen (s. S. 25) zu vergleichen, findet, daß sie fast wörtlich übereinstimmen, daß man aber im schwedischen Vertrag noch das Wörtchen „hereafter" eingefügt hat, wozu man im französischen keine Veranlassung hatte, weil es für diesen ersten Vertrag der Union andere Vergünstigungen dritter Staaten als „hereafter" zu gewährende nicht geben konnte. Der in Art. II hier sowohl wie dort näher erläuterte Meistbegünstigungsbegriff galt nur für die Zukunft.

Wie gedachte man's aber zu halten mit Vergünstigungen, die von den Amerikanern einem anderen Staat, z. B. Frankreich (1778) oder den Niederlanden, mit denen die Amerikaner im Jahre 1782 einen Vertrag geschlossen hatten, (näheres darüber weiter unten), schon verliehen waren?

Art. III und IV des schwedischen Vertrages scheinen geeignet, über diese Frage Aufschluß zu geben. Dort heißt es: die beiderseitigen Untertanen sollen in den Häfen usw. keine anderen oder höheren Zölle und Abgaben irgend welcher Art und Benennung zahlen „als die, welche die meistbegünstigten Nationen zu zahlen **haben** oder zu zahlen haben **werden**" („than those which the most favoured nations are or shall be obliged to pay"). Weiterhin: die beiderseitigen Untertanen sollen sich in Handel und Wandel und Schifffahrt „all der Rechte, Freiheiten, Vorrechte, Befreiungen und Ausnahmen erfreuen, deren sich die besagten Nationen erfreuen oder erfreuen **werden**" — („and they shall enjoy all the rights, liberties, privileges, immunities und exemptions in trade, navigation and commerce which the said nations do or shall enjoy").[1])

Sowohl bezüglich der im Augenblick des Vertragsabschlusses bereits gewährten, als der in Zukunft dritten Nationen noch zu gewährenden Vergünstigungen galt also, daß sie seitens des einen Vertragsteiles dem andern einzuräumen sind. Dabei gilt für die Zukunft die in Art. II vereinbarte Modifikation der Meistbegünstigung: man habe künftig jeweils zu unterscheiden zwischen umsonst und unter lästigem Titel gewährten Vergünstigungen. Und damit haben wir auch die Beantwortung der oben gestellten Frage: pro praeterito gilt die unbedingte, pro futuro die bedingte Meistbegünstigung. Wenn es also in Art. III und IV hieß: auf die gegenseitige Wareneinfuhr würden keine höheren Zölle erhoben „than those, which the most favoured nations are or shall be obliged to pay", so galt für die Wendung „most favoured nations" eine doppelte Auslegung. So lange die Kontrahenten an dem zur Zeit des Vertragsabschlusses

---

[1]) Man beachte die Festlegung der Meistbegünstigung nach zwei Seiten: einmal keine höheren Zölle; — dann Teilnahme an allen Vorrechten, Befreiungen und Ausnahmen.

bestehenden Status ihrer Handelsbeziehungen nichts änderten, war die glatte Meistbegünstigung gemeint; änderten sie etwas daran, indem sie dritten Staaten Konzessionen machten, so trat die Meistbegünstigung mit der Klausel in Kraft.

Im Jahre 1785 (10. September) kam als dritter Reziprozitätsvertrag der Union der mit Preußen zustande. Er bestimmte in Art. II:

The subjects[1]) of His Majesty the King of Prussia may frequent all the coasts and countries of the United States of America, and reside and trade there in all sorts of produce, manufactures, and merchandize; and shall pay within the said United States no other or greater duties, charges, or fees whatsoever, than the most favoured nations are or shall be obliged to pay; and they[1]) shall enjoy all the rights, privileges, and exemptions in navigation and commerce which the most favoured nation does or shall enjoy; submitting themselves nevertheless to the laws and usages there established, and to which are submitted the citizens of the United States, and the citizens and subjects of the most favoured nations.

Art. III bestimmte Gleiches für die Amerikaner.

Die in den vorstehenden Art. II und III vereinbarte Meistbegünstigung bezog sich auf „navigation and commerce“ und wird in Art. IV näher erläutert wie folgt:

More especially each party shall have a right to carry their own produce, manufactures, and merchandize in their own or any other vessels to any parts of the dominions of the other, where it shall be lawful for all the subjects or citizens of that other freely to purchase them; and thence to take the produce, manufactures, and merchandize of the other, which all the said citizens or subjects shall in like manner be free to sell them, paying in both cases such duties, charges, and fees only as are or shall be paid by the most favoured nation.

Die so durch Art. IV gegebene Interpretation des Art. II läßt keinen Zweifel darüber aufkommen, daß man dort auch die Einfuhrzölle und nicht etwa nur die Besteuerung des Gewerbebetriebes der gegenseitigen Untertanen regeln wollte.

In dem Ausdruck „navigation and commerce“ waren offensichtlich die Zölle inbegriffen.

---

[1]) Die Meistbegünstigung bezüglich der Einfuhrzölle wird hier nicht an die Waren, sondern an die Personen geknüpft. Wir lenken im Hinblick auf später noch zu gebende einschlägige Erörterungen schon hier die Aufmerksamkeit des Lesers auf diesen Punkt.

Solches schon hier festzustellen, ist von Wert deswegen, weil gelegentlich seitens der Reichsregierung die Meinung vertreten wurde (s. die Erklärungen des Staatssekretärs v. Bülow in der Reichstagssitzung vom 11. Februar 1899), daß der Ausdruck „navigation and commerce" in Art. IX des Vertrages vom Jahre 1828 sich nicht auf die Zölle beziehe, die Frage der Zölle vielmehr in Art. V des gleichen Vertrages erschöpfend geregelt sei. Wir glauben, daß sich diese Auffassung nicht aufrecht erhalten läßt. Hier, im ersten preußisch-amerikanischen Vertrag, ist eine solche sicher unangängig. Gleiches gilt u. E. aber auch, — Details behalten wir uns für später vor, — für den dritten preußischen Vertrag mit der Union.

In Art. XXVI des amerikanisch-preußischen Vertrages vom Jahre 1785, — eine systematische Anordnung vermißt man im ersten preußisch-amerikanischen Vertrage ebenso wie im dritten vom Jahre 1828, — folgt dann die Reziprozitätsklausel:

If either party shall hereafter grant to any other nation any particular favour in navigation or commerce, it shall immediately become common to the other party, freely, where it is freely granted to such other nation, or on yielding the compensation, where such nation does the same.

Hier schillerte also der Begriff most favoured nation in Art. II ebenso wie im schwedischen Vertrag, je nachdem die Parteien nach Abschluß des Vertrages Änderungen an ihrem handelspolitischen Status vornahmen oder nicht.

Der zweite Reziprozitätsvertrag Preußens mit der Union (1799) war in bezug auf die uns hier speziell interessierenden Artikel eine bloße Abschrift des ersten.

Der zweite Reziprozitätsvertrag Schwedens mit der Union vom Jahre 1816 änderte an der Reziprozitätsklausel des ersten Vertrages nichts; diese blieb ausdrücklich (Art. XII) bestehen. Hingegen besagte Art. II des Vertrages vom Jahre 1816 in Abänderung der Art. III und IV des Vertrages vom Jahre 1783 folgendes:

No other or higher duties, imposts, or charges, whatsoever, shall be imposed on the importation into the territories of His Majesty the King of Sweden and Norway, of the produce or manufactures of the United States, nor on the importation into the United States of the produce or manufactures of the territories of His Majesty the King of Sweden and Norway, than those to which the same articles would be subjected in each of the two countries, respectively, if these articles were the growth, produce, or manufacture, of any other country.

Sagt nun Art. II des schwedischen Vertrages vom Jahre 1816 genau das gleiche wie Art. III und IV des ersten schwedischen Vertrages vom Jahre 1783?

Eines ist sicher: Der Wortlaut hier und dort weicht ganz bedeutend von einander ab. Aber, so wird man einwenden, der Sinn der Artikel stimmt überein!

Wir möchten einstweilen ein Fragezeichen hinter diese Behauptung setzen. Wir werden ihr näher treten, wenn wir die Interpretation des preußisch-amerikanischen Vertrages, mit dessen Artikel V der Art. II dieses schwedisch-amerikanischen Vertrages übereinstimmt, in Abschnitt XIII, geben. Schon hier aber sei bemerkt, daß sehr viel dafür spricht, daß man in Art. II des Vertrages den Generaltarif gemeint hat, nicht aber die Meistbegünstigung in dem Sinne, daß man auf grund dieses Artikels auch Anspruch auf alle, dritten Staaten gemachten Tarifminderungen erheben konnte.

In den Jahren 1815 und 1816 kam auch je ein Vertrag der Union mit Algier zu stande, dessen Artikel I besagte:

There shall be, from the conclusion of this treaty, a firm, perpetual, inviolable and universal peace and friendship between the President and citizens of the United States of America, on the one part, and the Dey and subjects of the Regency of Algiers, in Barbary, on the other, made by the free consent of both parties, and on the terms of the most favored nations; and if either party shall hereafter grant to any other nation any particular favor or privilege in navigation or commerce, it shall immediately become common to the other party; freely, when freely it is granted to such other nations, but when the grant is conditional, it shall be at the option of the contracting parties to accept, alter or reject such conditions, in such manner as shall be most conducive to their respective interests.

Der nächste Reziprozitätsvertrag der Union kam mit Columbien (3. Oktober 1824) zustande. Mit ihm begann die Eroberung Südamerikas für den Gedanken der Reziprozität. Näheres darüber im folgenden Abschnitt.

Zurückblickend auf die bisher erwähnten Handelsverträge der Union können wir feststellen, daß letztere in der Zeit von 1778 bis 1816 mit drei europäischen Staaten (mit Frankreich 1778, mit

Preußen 1785 und 1799, mit Schweden 1783 und mit Schweden-Norwegen 1816) und mit einem nordafrikanischen Gemeinwesen sechs Verträge abgeschlossen hat, die alle eine Einschränkung der Meistbegünstigung durch die Reziprozitätsklausel enthielten. Denn darüber, daß ein Vertrag, welcher den Mitgenuß der an dritte Staaten gewährten Vergünstigungen von dem Anbieten von Gegenleistungen abhängig macht, kein glatter Meistbegünstigungsvertrag ist, wie eine Zeit lang die deutsche Regierung glaubte, kann wohl keine Meinungsverschiedenheit mehr bestehen.

Was können wir nun aus den bisherigen Ausführungen für das Wesen der Reziprozität lernen? Folgendes:

Die Amerikaner sind im Grunde keine Gegner der völligen Meistbegünstigung. Jedem Staat wird die **Möglichkeit** eröffnet, sich die Vorteile und Vergünstigungen zu verschaffen, die dritten Staaten gewährt sind; aber nicht kostenlos. Dem von der Union proklamierten Reziprozitätsgedanken lag es an sich ferne, ein Differentialzollsystem zu schaffen. Im Gegenteil! Wenn wir die Preamble der zwei Verträge lesen, in denen die Reziprozität zuerst proklamiert wurde, — (Verträge mit Frankreich und Schweden), — so finden wir als Grundgedanken der Abmachung angegeben:

to fix in an equitable and permanent manner the rules which ought to be followed relative to the correspondence and commerce which the two parties desire to establish between their respective countries, states and subjects.

Als das beste Mittel dazu wird bezeichnet:

the most perfect equality and reciprocity,

wodurch man folgenden Zweck erreichen will:

to avoid all those burthensome preferences which are usually sources of debate, embarrasement and discontent.

Also keine Vorzugsbehandlung! Das Reziprozitätssystem wurde vielmehr sozusagen erdacht, um den Preferentialzöllen Abbruch zu tun.

Zwar will man, so heißt es in der Preamble weiter, jeder Partei die Freiheit lassen:

to make, respecting commerce and navigation, those interior regulations which it shall find most convenient to itself .... founding the advantage of commerce solely upon reciprocal utility and the juste rules of free intercourse.

Als allgemeine Norm aber wird aufgestellt:

reserving withal to each party the liberty of admitting at its pleasure other nations to a participation of the same advantages.

Wenn man also vielfach der Meinung Ausdruck verleiht, die Reziprozitätsklausel müsse unbedingt zur Differenzierung führen, so ist dem entgegenzuhalten, daß diese Differenzierung durchaus nicht im Wesen der Reziprozität begründet ist und keine Folgeerscheinung ihrer Anwendung sein muß. Sie kann es werden, wenn der Gegenkontrahent darauf verzichtet, Äquivalente für den Mitgenuß der dritten Staaten eingeräumten Vergünstigungen anzubieten, (s. den Schluß des Art. I des Vertrages der Union mit Algier auf S. 39); aber sie muß es nicht. Im Gegenteil: die erste Verlautbarung der Reziprozitätsidee war eine Verlautbarung gegen das Differenzialzollsystem. Jeder Nation sollte, wie schon erwähnt, die Möglichkeit geboten werden, im Lande des Gegenkontrahenten sich all der Vorteile zu erfreuen, die ein dritter Staat genießt. In letzter Linie ist also die Reziprozität keine Verneinung des Meistbegünstigungsprinzips, sondern nur eine Modifikation desselben. Der Unterschied zwischen Reziprozität und glatter Meistbegünstigung besteht praktisch darin, daß letztere alle Zugeständnisse kritiklos generalisiert und an alle Welt verteilt, während der Reziprozitätsstaat sagt: alle Welt kann bei mir meistbegünstigt werden; die Gegenkontrahenten können sich aller Vorteile erfreuen, die dritten Staaten zugestanden worden sind, sobald sie sich entschließen, gleichwertige Gegenleistungen anzubieten.

Most perfect equality and reciprocity! Vollkommenste Billigkeit und Gegenseitigkeit! Wie weit man ursprünglich in dieser Richtung ging, wie gewissenhaft man die gegenseitigen Konzessionen auf die reciprocity prüfte, dafür ein charakteristisches Beispiel.

Im Entwurf zum ersten Vertrag der Union mit Frankreich vom Jahre 1778 fanden sich die folgenden, bei der Ratifikation aber in Wegfall gekommenen Bestimmungen:

Art. XI. It is agreed and concluded that there shall never be any duty imposed on the exportation of the melasses that may be taken by the subjects of any of the United States from the islands of America which belong or may hereafter appartain to His Most Christian Majesty.

Art. XII. In compensation of the exemption stipulated by the preceding article, it is agreed and concluded that there shall never be any duty imposed on the exportation of any kind of merchandize which the subjects of His Most Christian Majesty may take from the countries and possessions, present or future, of any of the thirteen United States, for the use of the islands which shall furnish melasses.

Weil die Melasse, die von Amerikanern aus den in Amerika belegenen französischen Inselgebieten ausgeführt werden könnte, niemals mit einem Ausfuhrzoll belastet werden darf, soll „als Gegenleistung für diese Ausnahmestellung“ auf Waren, die von den Vereinigten Staaten nach diesen amerikanisch-französischen Inselgebieten gehen, ebenfalls kein Ausfuhrzoll gelegt werden dürfen.

VI.

Reziprozitätsverträge süd- und mittel-amerikanischer Staaten. (1825–1860.)

Wie oben (S. 39) bereits angedeutet, begann die Eroberung Süd- und Mittel-Amerikas für den Gedanken der Reziprozität mit dem Handelsvertrag zwischen der Union und Columbien vom 3. Oktober 1824. Ihm sind fast zwei Dutzend Verträge zwischen süd- und mittel-amerikanischen Staaten einerseits und der nord-amerikanischen Union andrerseits gefolgt; aber nie wurde in diesen Verträgen etwas anderes vereinbart als die Reziprozität. Auf die einschlägigen Verhältnisse einigermaßen einzugehen, erheischt der Umstand, daß ehedem auch eine große Anzahl von Verträgen zwischen süd- und mittel-amerikanischen Staaten einesteils und deutschen Staaten anderenteils zustande kam, sowie daß wir heute noch einen Vertrag mit Argentinien aus jener Zeit laufen haben.

Wir wollen vor allem eine Liste der Reziprozitätsverträge geben, die zwischen der Union und süd- und mittel-amerikanischen Staaten geschlossen wurden.

Die Union vereinbarte die Reziprozität in den Verträgen mit

a) Columbien, vom 3. Oktober 1824;[1] Neu-Granada, vom 12. Dezember 1846;[2] Venezuela, vom 20. Januar 1836[3] und 27. August 1860;[4] Ecuador, vom 13. Juni 1839;[5]

b) Brasilien, vom 12. Dezember 1828;[2]

---

[1]) Abgelaufen im Jahre 1836.

[2]) Noch in Kraft.

[3]) Für 1851 von Venezuela gekündigt.

[4]) Für 1870 von Venezuela gekündigt.

[5]) Im Jahre 1891 von Ecuador gekündigt.

c) Argentinien, vom 27. Juli 1853;[1])
d) Paraguay, vom 4. Februar 1859;[1])
e) Chile, vom 16. Mai 1832;[2])
f) der Peru-Bolivianischen Konföderation, vom 30. November 1836;[3]) Bolivien, vom 13. Mai 1858;[1]) Peru, vom 26. Juli 1851[4]) und vom 6. September 1870;[5])
g) der Federation of Centralamerica, vom 5. Dezember 1825;[6]) Costa Rica, vom 10. Juli 1851;[1]) Guatemala, vom 3. März 1849;[7]) Honduras, vom 4. Juli 1864;[1]) Nicaragua, vom 21. Juni 1867;[1]) San Salvador, vom 2. Januar 1850[8]) und 6. Dezember 1870;[1])
h) Mexiko, vom 5. April 1831;[9])
i) der Dominikanischen Republik, vom 8. Februar 1867;[10])
k) Hayti, vom 3. November 1864.[1])

Ein großer Teil dieser Verträge besteht noch zu Recht; für den Handelsverkehr zwischen weitaus dem größten Teil von Süd- und Mittel-Amerika einerseits und Nordamerika andrerseits gilt also heute noch das Prinzip der bedingten, nicht der unbedingten Meistbegünstigung.

Aus diesen Verträgen nun wollen wir einige herausgreifen, vor allem auch unter dem Gesichtspunkte, die von der Union gegebene Interpretation des Art. V des preußischen Vertrages auf ihre Stichhaltigkeit zu prüfen.

Die Union hat erklärt, die Vereinbarung in Art. V des preußisch-amerikanischen Vertrages: auf die gegenseitige Wareneinfuhr sollen keine anderen oder höheren Zölle gelegt werden, als auf die Einfuhr der gleichen Artikel „of any other foreign country“ zu zahlen sind oder zu zahlen sein werden, — enthalte zwar die glatte Meistbegünstigung pro praeterito, aber in Hinblick auf Art. IX des gleichen Vertrages nicht auch pro futuro.

---

[1]) Noch in Kraft.
[2]) Im Jahre 1890 von Chile gekündigt.
[3]) Erloschen mit Auflösung der Konföderation im Jahre 1839.
[4]) Gekündigt von Peru für 1863.
[5]) Gekündigt von Peru für 1886.
[6]) Abgelaufen im Jahre 1838.
[7]) Im Jahre 1874 von Guatemala gekündigt.
[8]) Ersetzt durch den Vertrag vom Jahre 1870.
[9]) Gekündigt von Mexiko im Jahre 1881.
[10]) Gekündigt von Domingo im Jahre 1898.

Wir glauben, daß eine derartige Erklärung unhaltbar ist, und suchen das durch eine Gegenüberstellung der entsprechenden Abmachungen des preußisch-amerikanischen Vertrages vom Jahre 1828 und irgend eines Vertrages der Union mit einem süd- oder mittelamerikanischen Staat, z. B. mit Nicaragua zu beweisen.

Preußen 1828.	Nicaragua 1867.
Art. V. No higher or other duties shall be imposed on the importation into the United States of any article, the produce or manufacture of Prussia, and no higher or other duties shall be imposed on the importation into the Kingdom of Prussia, of any article the produce or manufacture of the United States, than are or shall be payable on the like article being the produce or manufacture of any other foreign country.	Art. IV. No higher or other duties shall be imposed on the importation into the territories of the United States of any article being the growth, produce, or manufacture of the Republic of Nicaragua, and no higher or other duties shall be imposed on the importation into the territories of the Republic of Nicaragua, of any article being the growth, produce or manufacture of the United States, than are or shall be payable upon the like articles being the growth, produce or manufacture of any other foreign country.
Art. IX. If either party shall hereafter grant to any other nation any particular favor in navigation or commerce, it shall immediately become common to the other party, freely, where it is freely granted to such other nation, or on yielding the same compensation, when the grant is conditional.	Art. III. It being the intention of the two high contracting parties to bind themselves by the two preceding articles to treat each other on the footing of the most favored nations, it is hereby agreed between them, that any favor, privilege, or immunity whatever, in matters of commerce and navigation, which either contracting party **has actually granted,** or may grant hereafter, to the subjects or citizens of any other State, shall be extended to the subjects or citizens of the other contracting party gratuitously, if the concession in favor of that other nation shall have been gratuitous, or in return for a compensation, as nearly as possible of a proportionate value and effect, to be adjusted by mutual agreement, if the concession shall have been conditional.

Art. IV des nicaraguanischen Vertrages vom Jahre 1867 stimmt dem Wortlaut und dem Sinne nach vollständig mit Art. V des preußischen Vertrages überein, welcher zufolge der Erklärung der Washingtoner Regierung die unbedingte Meistbegünstigung pro praeterito vereinbart. Bei der völligen Übereinstimmung der Texte aber ist anzunehmen, daß diese Erklärung wohl auch für Art. IV des nicaraguanischen Vertrages gilt.

Ist solches möglich? Kann Art. IV des nicaraguanischen Vertrages die glatte Meistbegünstigung pro praeterito enthalten? Niemals! Denn Art. III dieses Vertrages sagt ausdrücklich, daß alle, die bereits gewährten und die noch zu gewährenden, Vergünstigungen in Handel und Schiffahrt, also auch Zollvergünstigungen pro praeterito, besonders zu erkaufen sind.

Wenn nun aber die Erklärung der Regierung in Washington zu Art. IV des Vertrages von Nicaragua nicht paßt, dann kann sie wohl auch für Art. V des preußischen Vertrages nicht gelten. Denn dieser kann schwerlich etwas anderes besagen wollen, als der Art. IV des nicaraguanischen Vertrages, mit dem er wörtlich übereinstimmt.

Man lese den Art. III des Vertrages der Union mit Nicaragua nochmals durch, und halte ihn dann gegen Art. IV. Wenn man wirklich in diesem Art. IV beabsichtigt hätte, irgendwie die Meistbegünstigung zu regeln, wenn wirklich Art. IV die glatte Meistbegünstigung pro praeterito enthalten haben sollte, was für Zölle wären denn aus dieser „Meistbegünstigung" geflossen, nachdem man laut Art. III alle, sowohl die in der Vergangenheit als in der Zukunft liegenden Vergünstigungen besonders erkaufen mußte? Auf welche Zölle gibt denn eine „Meistbegünstigung" Anspruch, die kein direktes Recht weder auf bereits gewährte noch künftig zu gewährende Zollminderungen einräumt? Doch nur auf die Sätze des — Generaltarifes. Hier die Differenzierungen zu verhüten, das allein dürfte der Zweck des Art. IV des nicaraguanischen Vertrages und damit auch des Wort für Wort mit ihm übereinstimmenden Art. V des preußischen Vertrages gewesen sein.

Wir wollen noch einen zweiten derartigen Vergleich anstellen. Es lautete im Vertrag des Zollvereins mit Argentinien (19. Septbr. 1857)

Art. III:

„Die beiden Teile kommen dahin überein, daß jede Begünstigung und Befreiung, sowie jedes Vorrecht und jede Immunität in Handels- und Schifffahrtsangelegenheiten, welche einer derselben den Untertanen oder Bürgern einer anderen Regierung, eines anderen Volkes oder Staates gegenwärtig bereits zugestanden hat oder künftig zugestehen möchte, bei Gleichheit des Falles und der Umstände auf die Untertanen und Bürger des anderen Teiles ausgedehnt werden soll, und zwar unentgeltlich, wenn das Zugeständnis an jene andere Regierung, Volk oder Staat unentgeltlich gemacht worden, oder gegen Leistung einer entsprechenden Ausgleichung, wenn das Zugeständnis bedingungsweise erfolgt ist."

Art. IV:

„Es sollen auf die Einfuhr von Natur- und Gewerbeerzeugnissen der Länder eines der vertragenden Teile in die des anderen Teiles keine höheren oder anderen Abgaben als diejenigen gelegt werden, welche von gleichartigen Natur- oder Gewerbeerzeugnissen anderer Länder gegenwärtig oder künftig zu entrichten sind. Auch soll in den Ländern keines der vertragenden Teile die Ausfuhr irgend welcher Gegenstände in die Länder des anderen Teils mit anderen oder höheren Zöllen und Abgaben, als mit denjenigen belegt werden, welche bei der Ausfuhr gleichartiger Gegenstände nach anderen fremden Ländern zu entrichten sind; ebensowenig soll die Einfuhr oder Ausfuhr irgend welcher Gegenstände, die das Natur- oder Gewerbeerzeugnis der Länder eines der vertragenden Teile

der Union mit Argentinien (27. August 1853)

Art. III:

The two high contracting parties agree that any favor, exemption, privilege or immunity whatever, in matters of commerce or navigation, which either of them has actually granted, or may hereafter grant, to the citizens or subjects of any other government, nation or state, shall extend, in identity of cases and circumstances to the citizens of the other contracting party, gratuitously, if the concession in favor of that other government, nation or state shall have been gratuitous or, in return for an equivalent compensation, if the concession shall have been conditional.

Art. IV:

No higher or other duties shall be imposed on the importation into the territories of either of the two contracting parties, of any article, of the growth, produce or manufacture of the territories of the other contracting party, than are or shall be payable on the like article of any other foreign country; nor shall any other or higher duties or charges be imposed in the territories of either of the contracting parties on the exportation of any article to the territories of the other, than such as are or shall be payable on the exportation of the like article to any other foreign country; nor shall any prohibition be imposed upon the importation or exportation of any article of the growth, produce or manufacture of the territories of either of the contracting parties, to or

sind, aus oder nach den Ländern des anderen Teiles mit einem Verbot belegt werden, welches nicht gleichmäßig auch auf die gleichartigen Erzeugnisse jedes anderen fremden Landes Anwendung findet.“

from the territories of the other, which shall not equally extend to the like article of any other foreign country.

Wenn man diese Texte vergleicht, so könnte man versucht sein zu glauben, der eine sei die Übersetzung des andern, es handle sich um einen und denselben Vertrag; so sehr passen die Originaltexte der Verträge, die Argentinien mit dem Zollverein und der Union abgeschlossen hat, aufeinander.

Nun vergleiche man einmal den jeweiligen Art. IV dieser Verträge mit dem Art. V des preußisch-amerikanischen Vertrages vom Jahre 1828.

Englischer Originaltext.

No higher or other duties shall be imposed on the importation into the United States, of any article, the produce, or manufacture of Prussia; and no higher or other duties shall be imposed on the importation into the Kingdom of Prussia, of any article, the produce or manufacture of the United States, than are, or shall be payable on the like article, being the produce or manufacture of any other foreign country.

Übersetzung der Gesetzessammlung für die preußischen Staaten.

„Auf den Eingang der Erzeugnisse des Bodens oder des Kunstfleißes des Königreiches Preußen in die Vereinigten Staaten und auf den Eingang der Erzeugnisse des Bodens oder Kunstfleißes der Vereinigten Staaten in das Königreich Preußen sollen weder andere noch höhere Abgaben gelegt werden als diejenigen, welche auf dieselben Artikel, wenn sie Erzeugnisse des Bodens oder des Kunstfleißes irgend eines anderen fremden Landes, gelegt sind oder gelegt werden möchten.“

Der Text zeigt, von den durch die Verschiedenheit der Vertragsteile bedingten Modifikationen abgesehen, eine völlige Überstimmung des Art. V des preußisch-amerikanischen mit dem Art. IV des deutsch-argentinischen und argentinisch-amerikanischen Vertrages. Wenn nun die Interpretation des Art. V des preußisch-amerikanischen Vertrages vom Jahre 1828 durch die Union richtig wäre, wenn dieser für beide Teile die glatte Meistbegünstigung pro praeterito festgelegt hätte, so müssten auch die Art. IV der Verträge Argentiniens mit der Union und mit dem Zollverein, die das Gleiche wie der Art. V des amerikanisch-deutschen Vertrages besagen, die glatte Meistbegünstigung pro praeterito festgelegt haben.

Diese Schlußfolgerung ist im Hinblick auf die völlige Übereinstimmung des Textes der Artikel eine ganz natürliche.

Können aber die Art. IV der Verträge Argentiniens mit der Union und dem Zollverein die glatte Meistbegünstigung pro praeterito enthalten haben? Ebensowenig wie der vorhin berührte Vertrag Nicaraguas mit der Union! Denn beide Male ist im Art. III ausdrücklich vereinbart, daß nicht nur künftig zu gewährende Zollvergünstigungen, sondern auch solche aus früheren Verträgen, daß auch Vorrechte, „welche einer (der beiden Vertragsteile) gegenwärtig bereits zugestanden hat“ „which either of them has actually granted“, „que una de ellas haya concedido“, besonders zu erkaufen sind.

Wenn aber auch die Konzessionen pro praeterito besonders zu erkaufen sind, kann dann Art. IV der argentinischen Verträge die glatte Meistbegünstigung pro praeterito enthalten haben? Nein!

Wir wiederholen die oben, bei der Erörterung des Vertrages der Union mit Nicaragua, schon gestellte Frage: Wenn man wirklich willens war, durch den Art. IV der argentinischen Verträge irgendwie die Meistbegünstigung zu regeln, wenn wirklich Art. IV dieser Verträge die glatte Meistbegünstigung enthalten haben sollte, was hätte denn diese „glatte Meistbegünstigung“ für Rechte verliehen, nachdem man in Art. III jeweils festgelegt hatte, daß alle, nicht nur die in der Zukunft zu gewährenden, sondern auch die in früheren Verträgen bereits gewährten Vergünstigungen besonders zu erkaufen sind? Auf welche Zollsätze hat man auf Grund dieser „glatten Meistbegünstigung“ Anspruch, wenn die in der Vergangenheit und Zukunft liegenden, anderen Staaten bereits gewährten und noch zu gewährenden Zollvorteile von der glatten Meistbegünstigung ausdrücklich ausgeschlossen werden? Was blieb denn da in Zollsachen für die „glatte Meistbegünstigung“ anders übrig als die Sätze des Generaltarifs?

Schon jetzt dürfte die Behauptung gerechtfertigt sein, daß Art. IV des deutsch-argentinischen (und damit auch der völlig gleichlautende Art. V des deutsch-amerikanischen Vertrages) die „glatte“ Meistbegünstigung auch pro praeterito nicht enthielt in dem Sinne, daß man auf Grund dieser Artikel die Zollvergünstigungen an dritte Staaten aus früheren Verträgen hätte in Anspruch nehmen können.

Bieten so die Verträge der Union mit den süd- und mittelamerikanischen Staaten reiches Material zur Beleuchtung der Bestimmungen unserer noch laufenden Reziprozitätsverträge, so liefern sie auch einen wertvollen Beitrag für die Erkenntnis des Wesens der Reziprozität überhaupt, insofern sie betonen, daß kein Staat, der mit einem anderen Lande im Reziprozitätsverhältnis steht, durch ein **ausschließliches** Tarifzugeständnis an dritte Staaten geschädigt werden dürfe. Es heißt z. B. in dem Vertrag der Union mit Columbien vom 3. Oktober 1824 Art. II:

The United States of America and the Republic of Colombia desiring to live in peace and harmony with **all** the other Nations of the earth, by means of a policy frank and equally friendly with **all**, engage mutually not to grant any **particular** favor to other nations, in respect to commerce and navigation, which shall not immediately become **common** to the other party, who shall enjoy the same freely if the concession was freely made, or an allowing the same compensation if the concession was conditional.[1])

Aus dieser in Verträgen der Union sowohl wie anderer Länder immer wiederkehrenden Formel ergibt sich die für das Wesen der Reziprozität hochbedeutsame Schlußfolgerung, daß, von besonders vereinbarten Einschränkungen abgesehen,[2]) ein Reziprozitätsstaat allen seinen Gegenkontrahenten die Möglichkeit geben **muß**, sich die Konzessionen zu verschaffen, die er dritten Staaten gemacht hat. Er darf, wenn nicht eine diesbezügliche Einschränkung der Reziprozität vereinbart wird, einem dritten Staate keine Preferentialzölle einräumen, keine Zölle gewähren, in deren Genuß sich zu setzen dem Gegenkontrahenten verwehrt ist. Der Reziprozitätsstaat wünscht mit allen Nationen der Erde auf

---

[1]) Ebenso die Verträge mit Neu-Granada 1846, Venezuela 1836, Ecuador 1839, Brasilien 1828, Chile 1832, mit der Peru-Bolivianischen Konföderation 1836, mit der Föderation von Zentralamerika 1825, mit Guatemala 1849, San Salvador 1850 und 1870, mit Haiti 1864.

[2]) Eine derartige territoriale Einschränkung ist z. B. vereinbart worden in dem Vertrag der Union mit Brasilien (Art. II: „It is understood however that the relations and conventions which now exist, or may hereafter exist between Brazil and Portugal shall form an exception to this article“).

gleich gutem und freundschaftlichem Fuße zu stehen (equally friendly with all); und da die Vorzugsbehandlung eines dritten Staates offenbar diesem Grundsatze der gleich guten Behandlung aller Nationen widerstreiten würde, so muß der Reziprozitätsstaat, wie im zweiten Teil der zitierten Klausel ausgesprochen ist, einem dritten Staate die Möglichkeit geben, auf irgend eine Weise (Anbieten einer gleichwerten Gegenleistung) sich in den Genuß der Vergünstigung des dritten Staates zu setzen.

Taktisch ergibt sich also für alle jene Staaten, die mit einem anderen Staat im Reziprozitätsverhältnis stehen, die Notwendigkeit, ihm niemals von vorne herein die glatte Meistbegünstigung zu gewähren, aus dem einfachen Grund, weil sie sonst kein Mittel mehr haben, die einem dritten Staate gewährte „particular favor", für den Fall, daß diese „concession conditional" war, gegen eine gleichwertige Kompensation sich zu erkaufen. Wir Deutsche sind der Union gegenüber in diesen Fehler verfallen; und daraus resultiert unser unbehagliches handelspolitisches Verhältnis zu dieser.

* *
*

Unter dem Einfluß der von Nordamerika ausgehenden Reziprozitätsidee bauten auch die südamerikanischen Staaten ihre Handelsbeziehungen untereinander auf dem Prinzip der Gegenseitigkeit auf. So heißt es z. B. in dem Vertrag zwischen Uruguay und Brasilien vom 12. Oktober 1851:

Art. II. „Die beiden hohen vertragenden Teile sind in dem Wunsche, den Handel und die Schiffahrt der respektiven Länder auf den Fuß einer vollkommenen Gleichheit und wohlwollenden Reziprozität zu stellen, übereingekommen, daß die diplomatischen und konsularischen Agenten, die Untertanen, Bürger, Schiffe und Natur- oder Gewerbe - Erzeugnisse beider Länder gegenseitig in dem anderen alle Rechte, Exemptionen und Freiheiten genießen sollen, die der meistbegünstigten Nation gewährt sind oder künftig zugestanden werden, und daß diese Konzession unentgeltlich sein soll, wenn sie es für diese Nation ist oder sein wird, oder gegen dieselbe Gegenleistung gewährt wird, wenn die Konzession eine bedingte sein sollte.[1]"

[1]) Dies ist einer der seltenen Fälle, daß man Alles auf die Reziprozität stellte, daß man auch die staatsrechtliche Stellung der gegenseitigen Unter-

Gleiches besagt der Art. VI des Vertrages zwischen Brasilien und der Argentinischen Konföderation vom 7. März 1856 und der Art. XI des Vertrages zwischen Peru und Brasilien vom 6. April 1856.

Der Vertrag zwischen Ecuador und Neu-Granada vom 9. Juli 1856 beschränkte — im Gegensatz zu den sonstigen Verträgen südamerikanischer Staaten untereinander — die Geltung der Reziprozität wieder auf die Zukunft.

Art. XXII: „Falls künftig einer der vertragenden Teile in Bezug auf Handel und Schiffahrt einer anderen Nation irgend eine besondere Vergünstigung bewilligt, so soll diese Begünstigung unverweilt auf den anderen Teil ausgedehnt werden, und zwar unentgeltlich, wenn die Bewilligung unentgeltlich, oder gegen dieselbe Gegenleistung, wenn dieselbe bedingungsweise erfolgt ist."

Als letzten Vertrag der südamerikanischen Staaten untereinander erwähnen wir den unterm 20. April 1857 zwischen Peru und Guatemala zustande gekommenen:

Art. II. „Jedes Vorrecht und jede Begünstigung, welche einer der beiden vertragenden Freistaaten in Schiffahrts- und Handelsangelegenheiten einer anderen Nation zugesteht, soll auch auf den anderen Freistaat ausgedehnt werden, und zwar ohne Gegenleistung, wenn jenes Zugeständnis in dieser Art stattgefunden hat, oder vermittelst einer angemessenen Entschädigung, wenn eine solche ausbedungen gewesen ist."

Art. III. „Die Abgaben und Auflagen für die Waren, welche in eines oder aus einem der beiden respektiven Länder nach dem andern ein- oder ausgeführt werden, sollen die nämlichen sein, welche von den Gegenständen anderer Nationen zu zahlen sind, da die peruanischen Waren in Guatemala und die von Guatemala in Peru in allem so behandelt werden sollen, wie die der meistbegünstigten Länder, ohne daß solche mit besonderen Lasten oder Verboten belegt werden können."

Dieser Art. III ist von Wert für die Erkenntnis des Wesens der Reziprozität und auch für die Erklärung des Art. V des preußisch-amerikanischen Vertrages. Es heißt in diesem Artikel, daß die Zölle, welche die Waren der meistbegünstigten Länder zu entrichten hätten, sich als keine besonderen Lasten im Vergleich zu den Zöllen auf die Waren anderer Nationen darstellen dürfen.

---

tanen, die Befugnisse der Konsuln mit der equality and reciprocity maß, während dies sonst nur bei der Schiffahrt und den Zöllen geschah.

Die Zollbehandlung der Waren der meistbegünstigten Nation läuft hier darauf hinaus, daß neben den Sätzen des Generaltarifs keine Surtaxes erhoben werden dürfen. Es ist in dem Artikel aber nicht gesagt, daß die Waren ohne weiteres auch aller Vergünstigungen und Zollminderungen teilhaftig würden, die anderen Nationen zugestanden werden. Derartige Bevorrechtigungen und Vergünstigungen müssen vielmehr, wenn unter lästigem Titel gewährt, laut Art. II besonders erkauft werden. Art. III enthielt also nicht die glatte Meistbegünstigung bezüglich der Zölle, sondern bestimmte nur, daß zum Schaden der gegenseitigen Einfuhr keine Differenzierung im Generaltarif vorgenommen werden dürfe.

* * *

Unsere bisherigen Ausführungen zusammenfassend können wir sagen, daß bis zum Jahre 1860 die süd- und mittelamerikanischen Staaten in ihren handelspolitischen Abmachungen untereinander und mit der Union grundsätzlich auf dem Boden der Reziprozität standen. Sie machten darin auch bei Verträgen mit europäischen Staaten keine Ausnahme. Reziprozitätsverträge kamen zustande zwischen

1. Peru und Belgien (16. Mai 1850) und Peru und Großbritannien (10. April 1850).
2. Bolivien und Belgien (31. März 1850 und 25. Februar 1860).
3. Ecuador und Großbritannien (29. Januar 1853).
4. Columbien und den Niederlanden (1. Mai 1829);[1] Neu-Granada und Frankreich (18. April 1840); Neugranada und Sardinien (18. August 1847).

---

[1]) Hier ist die Fassung der Reziprozität eine überaus klare. Art. IV besagt folgendes:

Zijne Majesteit der Koning der Nederlanden vergunt aan de Republiek van Columbia, dat derzelver ingezetenen mede vriyheid van vaart en handel hebben zullen op alle Hoogstderzelfs bezittingen buiten Europa, in gelijker voege, als volgens de algemeene beginselen van Hoogstdeszelfs koloniaal stelsel, aan eenige andere natie vergund is, of worden zal; wel verstaande, dat, zoo t'enniger tijd, in dit opzigt, aan eene andere vreemde natie, ten gevolge van nieuwe vergunningen, ten behoeve van de Nederlandsche vaart en handel, grootere vooregten mogten worden toegekend, de burgers van Columbia bevoegd zullen zijn, om dezelfde vooreegten voor zich in te roepen, zoodra hunne Regering in evenredige vergunningen ten behoeve van gezegde vaart en handel zal hebben bewilligd.

(Su magestad el Rey de los Paises Bajos concede á la Republica de Colombia que sus habitantes tengán tambien libertad de navegacion y comercio

5. Venezuela und Dänemark (26. März 1838) und Schweden (23. April 1840).
6. Brasilien und den Niederlanden (20. Dezember 1828).[1])
7. Uruguay und Belgien (16. September 1853).
8. Paraguay und Frankreich, Sardinien, Großbritannien (4. März 1853).
9. Argentinien und Sardinien (22. September 1855).
10. Mexiko und den Niederlanden (15. Juli 1827), Spanien (28. Dezember 1836) und Österreich (30. Juni 1842).
11. Costa Rica und Großbritannien (27. November 1849), Spanien (10. Mai 1850) und den Niederlanden (12. Juli 1852).
12. Nicaragua und Belgien (27. März 1849) und Spanien (25. Juli 1850).

---

en todas sus posesiones situadas fuera de Europa, del mismo modo que, segun los principios generales de su sistema colonial, se permite ò se permitiere á qualquiera otra Nacion, bien entendido que si alguna vez'legasen á concederse mayores privilegios en este punto á otra Nacion en consequencia de nuevas concesiones á favor de la navegacion y comercio de los Paises Bajos, los Ciudadanos de Colombia tendran derecho de reclamar los mismos privilegios luego que su Gobierno haya consentido en hacer á dicha navegacion y comercio concesiones equivalentes.)

[1]) Ursprünglich scheint Brasilien kein Anhänger der Gegenseitigkeit gewesen zu sein. Im Vertrag mit Frankreich vom 8. Januar 1826, — d. h. in einem Vertrage, der fast drei Jahre vor dem mit der Union (12. Dezember 1828) geschlossen wurde, findet sich keine Andeutung von einer Reziprozität.

Art. XIV. Tous les produits, marchandises et articles quelconques qui sont de production, manufacture et industrie des sujets et territoires de S. M. T. C. importés de ports de France pour ceux de Brésil, tant en navires françois que, brésiliens, et dépêchés pour la consommation, paieront généralement et uniquement les mêmes droits que paient ou viendroient à payer les sujets de la nation la plus favorisée, conformément au tarif général des douanes.

Il est convenu, qu'en parlant de la nation la plus favorisée, la nation portugaise ne devra pas servir de terme de comparaison, même quand elle viendroit à être privilégiée au Brésil en matière de commerce.

Art. XX. Tous les produits et marchandises de production et manufacture des territoires de chacune des hautes parties contractantes, qui seront dépêchés de leurs ports respectifs pour la ré-exportation ou le transportement, paieront reciproquement dans les dits ports, les mêmes droits que paient ou viendroient à payer les sujets de la nation la plus favorisée.

Auch im Vertrag Brasiliens mit Österreich vom 17. Juni 1827 findet man noch keine Anklänge an den Reziprozitätsgedanken.

Art. VI. Toutes les denrées, marchandises, et articles quelconques, qui sont de production, de manufacture, ou de l'industrie des sujets et territoires de S. M. l'Empereur d'Autriche et expediés des ports de l'Autriche pour la consommation, pourront être librement importés dans tous et chacun des ports de l'Empire du Brésil, étant consigné à qui que ce soit sans être assujettis à des droits d'importation différens ou plus élevées, que ceux que payent à présent, ou viendroient à payer par la suite pour les mêmes denrées, marchan-

13. Guatemala und Belgien (12. April 1849)[1]) und den Niederlanden (22. März 1856).

14. Dominikanische Republik und Großbritannien (6. März 1850), den Niederlanden, Dänemark (26. Juli 1852).

15. Haiti und Frankreich (12. Februar 1838).

In diesem Zusammenhange sei endlich auch gedacht der Verträge zwischen

16. dem Königreich der Hawaiinseln und Großbritannien (10. Juli 1850) und Schweden-Norwegen (1. Juli 1852).

17. der Republik Liberia und Großbritannien (21. November 1848), Belgien (29. März 1859) und Dänemark (31. Mai 1860).

Wir haben bei den bisherigen Ausführungen absichtlich die Verträge zwischen süd- und mittelamerikanischen Staaten mit

---

dises et articles, les sujets de la nation la plus favorisée, en conformité du tarif général des douanes, qui à cette fin, sera promulgué dans tous les ports du Brésil, dans lesquels des douanes sont ou seroient établies.

Il est convenu, qu'en parlant de la nation la plus favorisée au Brésil, la nation portugaise ne devra pas servir de terme de comparaison, même quand elle viendroit à être privilégiée au Brésil en matière de commerce.

Art. VIII. En réciprocité des articles précédens toutes les denrées, marchandises et articles quelconques du produit des manufactures ou de l'industrie des sujets et territoires de S. M. l'Empereur du Brésil, importés directement pour la consommation dans les ports de l'Autriche, ne payeront aucun autre droit que ceux que payent ou viendroient à payer les mêmes articles, importés de la même manière par les sujets de la nation la plus favorisée.

Art. XI. Les deux hautes parties contractantes conviennent, que leurs sujets jouiront dans leurs territoires et états respectifs de tous et chaque franchise, privilége, et exemption qui seroient concédés pour le commerce et la navigation à une autre nation quelconque, devant être entendu, que ces conditions favorables seront de suite et de droit (unbedingte Meistbegünstigung!) réciproquement concédées indépendamment de toute autre stipulation quelconque, comme si elles avoient été expressément déclarées dans le présent traité.

[1]) Art. XXV. „In allem, was die Zoll- und Schiffahrtsabgaben angeht, versprechen sich die beiden hohen vertragsschließenden Teile gegenseitig, keine Begünstigung, Bevorrechtung, Befreiung einem anderen Staate zu gewähren, welche nicht auch ebenso auf ihre Untertanen oder Bürger Anwendung findet, und zwar unentgeltlich, oder gegen dieselbe Gegenleistung oder deren gleichen Wert, wenn die Bewilligung eine bedingte war.

Weder der eine noch der andere der beiden hohen vertragenden Teile soll den Boden- und Industrieerzeugnissen des anderen Landes, welche durch die Häfen eingehen, andere oder höhere Zölle als diejenigen auferlegen, welche der Einfuhr oder Wiederausfuhr der gleichen, aus irgend einem anderen fremden Lande kommenden Waren auferlegt werden."

deutschen Gebieten außer acht gelassen. Wir holen sie jetzt nach; und der Leser mag schon hier, aus der bloßen Übersicht, ersehen, welch starken Rückhalt die Idee der Reziprozität seinerzeit auch in Deutschland hatte.

Es kamen zustande Verträge:

1. Zwischen Brasilien und Preußen (9. Juli 1827). Der Art. VIII lautete im Originaltext:

Tous les produits, marchandises et articles quelconque, qui sont de production, manufacture et industrie des sujets et territoires d'une des Hautes Puissances contractantes, importés directement ou indirectement des états de cette Puissance dans les états de l'autre tant en navires Prussiens que Brésiliens, paieront généralement et uniquement les mêmes droits, que paient ou viendroient à payer les sujets de la nation la plus favorisée, conformément au tarif général des douanes.

Im Gesetzblatt für die preußischen Staaten wurde diese Bestimmung wie folgt übersetzt:

„Alle Erzeugnisse, Waren und Artikel jedweder Art, welche der Produktion, Manufaktur und Industrie der Untertanen und Gebieten einer der hohen kontrahierenden Mächte angehören, und auf direktem oder indirektem Wege aus den Staaten dieser Mächte in die Staaten der anderen, sowohl auf preußischen als auch auf brasilianischen Schiffen eingeführt werden, sollen einzig nur dieselben Abgaben bezahlen, welche die Untertanen der begünstigsten Nation in Gemäßheit des Allgemeinen Zolltarifes entrichten oder künftig entrichten werden."

Ein Zusatzartikel vom 18. April 1828[1]) besagt ferner:

L'intention bien sincère des Hautes Puissances contractantes étant de donner toute la liberté possible au commerce par l'adoption d'un système de parfaite réciprocité, basée sur des principes equitables, on est convenu, que tous les avantages de navigation et de commerce, qui sont ou seront concédés par une des Hautes Puissances contractantes à une ville, nation ou à un état quelconque, à l'exception de la nation Portugaise, seront de fait et de droit accordés aux sujets de l'autre de la même manière que si ces concessions étoient insérées mot à mot dans le traité susmentionnée, en observant toutefois les conditions sous lesquelles ces avantages auroient été concédés.

was an gedachter Stelle wie folgt übersetzt wurde:

---

[1]) S. den Eingang der Anmerkung S. 54. Im ursprünglichen Vertrag war also der Reziprozität kein Raum verstattet. Der Vertrag Brasiliens mit der Union vom 12. Dezember 1828, zu dem damals die Vorverhandlungen gepflogen worden sein mögen, warf aber schon seinen Schatten; und so vereinbarte man in einem Nachtrag die Reziprozität.

„Da es die aufrichtige Absicht der hohen kontrahierenden Mächte ist, durch Annahme eines Systems völliger auf billigen Grundsätzen beruhenden Gegenseitigkeit dem Handel alle möglichen Freiheiten zu gewähren, so ist man übereingekommen, daß alle Schiffahrts- und Handelsvorteile, welche von einer der beiden hohen kontrahierenden Mächte irgend einer Stadt, einer Nation oder einem Staate, mit Ausnahme der portugiesischen Nation, bewilligt seien oder künftig bewilligt werden sollten, hierdurch auch den Untertanen der anderen Macht ebenso, als ob diese Vorteile in den oben gedachten Vertrag wörtlich aufgenommen wären, jedoch unter der Bedingung, unter welcher ihre Bewilligung erfolgt war, zugestanden sein sollten.“

2. Zwischen Brasilien und den Hansastädten (17. November 1827).

3. Zwischen Mexiko und Preußen (18. Februar 1831).

4. Zwischen dem Königr. Sachsen und Mexiko (4. Oktober 1831).

5. Zwischen Mexiko und den Hansastädten (7. April 1832). Hier lautete Art. XII:

Ferner ist festgesetzt und verabredet worden, daß, welche Vorrechte und Befreiungen auch der am meisten begünstigten Nation in Handels- und Schiffahrtsangelegenheiten gewährt sein mögen, oder künftig gewährt werden mögen, dieselben Vorrechte und Befreiungen als den Staatsangehörigen der hohen kontrahierenden Teile und ihren Besitztümern erteilt angesehen werden sollen, daß jedoch die Bedingungen der Reziprozität, welche sie voraussetzen, erfüllt werden.

6. Zwischen den Hansastädten und Venezuela (27. Mai 1837).

7. Zwischen den Hansastädten und Guatemala (25. Juni 1847), dem (am 10. März 1848) auch Costa-Rica beitrat.

8. Zwischen den Hansastädten und Neu-Granada (3. Juni 1854).

9. Zwischen Bremen und der Dominikanischen Republik (12. Mai 1855). Der Artikel VII dieses Vertrages lautete:

Da beide Staaten übereingekommen sind, sich gegenseitig auf dem Fuße der meistbegünstigten Nation zu behandeln, so verpflichten sie sich formell, in allem, was Handel und Schiffahrt betrifft, die Befreiungen, Erleichterungen oder Vorrechte irgend welcher Art, welche einer dritten Nation gewährt sind oder künftig gewährt werden möchten, sofort auch auf Bremische, bezw. Dominikanische Bürger auszudehnen und zwar unentgeltlich, oder gegen Leistung einer tunlichen und verhältnismäßigen Entschädigung, je nachdem die Einräumung zugunsten des dritten eine unentgeltliche war oder an eine Gegenleistung geknüpft worden ist.

Weitere Verträge kamen zustande zwischen

10. den Hansastädten und Liberia (29. Mai 1855).
11. dem Zollverein und Mexiko (10. Juli 1855).
12. Uruguay und dem Zollverein (23. Juni 1856).
13. dem Zollverein und der Argentinischen Konföderation (19. September 1857).
14. Paraguay und dem Zollverein (1. August 1860.)
15. Chile und dem Zollverein (1. Februar 1862).

Bezüglich der Texte der einschlägigen Verträge verweisen wir auf den Anhang zn diesem Abschnitt.

* * *

Wir haben vorstehend aus der Zeit von 1827—1860 vier Dutzend Reziprozitätsverträge zwischen süd- und mittelamerikanischen Staaten einerseits und europäischer Staaten andrerseits erwähnt und zum Teil auszugsweise mitgeteilt, ohne damit behaupten zu wollen, daß die von uns gegebene Liste eine vollständige sei. Wenn man die geringe Zahl von unbedingten Meistbegünstigungsverträgen dagegen hält, welche in den gleichen Zeitraum fallen, (näheres darüber siehe Absch. X), so wird man nicht umhin können zu sagen, daß die Reziprozität das leitende Prinzip bei den handelspolitischen Abmachungen zwischen Südamerika und Mittelamerika einerseits und Europa sowohl wie der Union andrerseits in der Zeit etwa von 1825 bis 1860 gewesen ist.

Was können wir aber für die Erkenntnis und Bedeutung des Wesens der Reziprozität aus den verschiedenen Bestimmungen der angezogenen Verträge lernen?

Indem wir Bezug nehmen auf die bereits auf S. 50 ff. gegebenen Erläuterungen, lenken wir hier vor Allem die Aufmerksamkeit des Lesers auf den preußisch-brasilianischen Vertrag (S. 56), der klar und deutlich sagt: Die meistbegünstigte Nation zahlt fürs Erste die Sätze des Generaltarifes; aber auch nur diese; es dürfen also keine Surtaxes erhoben werden. An dritte Staaten gewährte besondere Zollnachlässe fallen aber der meistbegünstigten Nation nicht ohne weiteres zu. Diese müssen vielmehr — laut Zusatzartikel — besonders erkauft werden.[1])

Klar und deutlich definiert auch Art. VII des Vertrages zwischen der Stadt Bremen und Domingo (S. 57 Z. 9) den Meistbegünstigungsanspruch dahin, daß der Gegenkontrahent nur dann in den Genuß der dritten Staaten unter lästigem Titel gewährten Zugeständnisse gelange, wenn er Äquivalente anbiete, einen Satz, den auch Art. XVII des Vertrages zwischen den Hansastädten und Mexiko (S. 57 Z. 5) mit wünschenswerter Deutlichkeit zum Ausdruck bringt.

Die Verträge der südamerikanischen Staaten betonen fast immer, daß die Reziprozität sowohl bezüglich der Zugeständnisse aus der Vergangenheit als der Zukunft gelten solle; daß nach keiner Richtung hin die Meistbegünstigung eine unbedingte sei, während die nordamerikanische Union manchmal nur die Zukunft unter die Herrschaft der Reziprozität stellt.

Großbritannien und Peru z. B. vereinbarten in Art. III des Vertrages vom 10. April 1850:

„Die beiden hohen Vertragsteile kommen hiermit überein, daß jede in Handels- und Schiffahrtsangelegenheiten den Untertanen oder Bürgern irgend

---

[1]) Ähnlich wie der Vertrag zwischen Brasilien und Preußen sagt der zwischen Brasilien und den Niederlanden vom 20. Dezbr. 1828 in Art. II:

Toutes les productions, marchandises ou effets de commerce quelconques provenant du sol, des manufactures ou de l'industrie des sujets et territoires de l'une des hautes parties contractantes, ou de tout autre pays quelconque, favorisé au Brésil par des Traités, importés directement ou indirectement dans des navires Brésiliens ou Danois dans les ports de l'autre, payeront en général et uniquement les mêmes droits, que payent ou payeront les sujets de la nation la plus favorisée conformément à la „Pauta geral" des douanes.

L'intention bien sincère des hautes parties contractantes étant de donner toute la liberté possible au commerce par l'adoption d'un système d'une parfaite réciprocité fondée sur des principes justes, on est convenu, que tous les avantages de navigation et de commerce, qui sont ou qui seront concedées par une des hautes parties contractantes à une ville, une nation ou un Etat quelconque seront de fait et de droit concedés aux sujets de l'autre, en observant toutefois les conditions auxquelles ils seront soumis.

Hier ist die Reziprozität Brasilien schon völlig geläufig und in den eigentlichen Vertragstext aufgenommen, im Gegensatz zum preußischen Vertrag, wo man sie in einem Zusatzartikel vereinbarte. Siehe auch die Anmerkungen auf S. 54 und 56.

eines anderen Staates jetzt oder künftig bewilligte Begünstigung, Bevorrechtigung oder Befreiung auch auf die Untertanen oder Bürger des anderen vertragschließenden Teiles ausgedehnt werden soll, und zwar unentgeltlich usw.

Gleiches bestimmten, von den schon berührten Verträgen Argentiniens usw. abgesehen, die Verträge zwischen Peru und Belgien vom Jahre 1860 (Art. XXI), der Vertrag zwischen Ecuador und Großbritannien (Art. IV), Frankreich und Neu-Granada,[1]) Paraguay und Sardinien (Art. III), den Niederlanden und Costa Rica (Art. IV), Guatemala und den Niederlanden (Art. III), der Dominikanischen Republik und Großbritannien (Art. VI), der Dominikanischen Republik und den Niederlanden (Art. III), der Dominikanischen Republik und Dänemark (Art. VII), Haiti und Frankreich (Art. III), Hawai und Schweden-Norwegen (Art. III), Liberia und Großbritannien (Art. VII), Belgien, und Dänemark (Art. VIII), Frankreich und Chile (Art. XXVIII), Sardinien und Neu-Granada (Art. XXII), Spanien und Costa Rica (Art. XVII), Brasilien und den Hansastädten (Art. VIII), den Hansastädten und Mexiko (Art. XVIII), Bremen und Domingo (Art. VII), den Hansastädten und Liberia (Art. VI), Uruguay und dem Zollverein (Art. XIII).

Nun fragen wir zum dritten Male: wenn z. B. in Art. III des Vertrages Sardiniens mit Paraguay gesagt wird:

„Die beiden hohen kontrahierenden Teile kommen dahin überein, daß jede Begünstigung, jedes Vorrecht, und jede Freiheit in allem, was den Handel und die Schiffahrt betrifft, welche der eine der beiden hohen kontrahierenden Teile gegenwärtig den Bürgern oder Untertanen jeder anderen Nation zugestanden hat, oder künftig zugestehen wird, in gleichen Fällen und unter den gleichen Umständen auf die Bürger und Untertanen des anderen Teiles ausgedehnt werden soll und zwar unentgeltlich, wenn das Zugeständnis zugunsten dieses anderen Staates unentgeltlich

---

[1]) Art. I. Les agens diplomatiques et consulaires, les citoyens de toute classe, les navires et les marchandises des Etats de Sa Majésté le Roi des Français jouiront de plein droit, dans la Republique de la Nouvelle Grenade, des franchises, privilèges et immunités quelconques, consentis ou à consentir en faveur de la nation la plus favorisée . . et ce gratuitment etc. Ein weiteres Beispiel für die in der Anmerkung auf S. 51 bereits erwähnte Ausdehnung der Reziprozität auf alle Materien des Vertrages.

geschehen ist, oder gegen eine angemessene Vergütung, wenn das Zugeständnis ein bedingtes gewesen ist;"

und wenn es dann in Art. IV heißt:

„Keinerlei Handelsartikel, welche Natur- oder Fabrikerzeugnisse der beiden kontrahierenden Staaten sind, sollen bei der Ein- und Ausfuhr mit anderen oder höheren als denjenigen Abgaben belegt werden, welche die gleichnamigen Artikel, sofern sie Natur- oder Fabrikerzeugnisse anderer fremder Länder sind, zu zahlen haben;"

wir fragen: was könnte denn das für eine glatte Meistbegünstigung in Art. IV gewesen sein, nachdem in Art. III ausdrücklich gesagt worden ist, daß jede Begünstigung und jedes Vorrecht „in allem, was Handel und Schiffahrt betrifft", sei solches pro praeterito oder pro futuro gewährt, besonders zu erkaufen sei? Zu was für Zöllen konnte man auf Grund der in Art. IV vereinbarten „Meistbegünstigung" Waren einführen? Doch nun zu den Sätzen des Generaltarifs!

Wenn aber, — und damit kommen wir zur „Moral" aus diesen Feststellungen, — wenn zwischen Argentinien und dem Zollverein bezw. Deutschland nur eine bedingte Meistbegünstigung gilt, wenn Art. IV, welcher jetzt als Rechtsgrundlage für die Gewährung unseres Minimalzolles für Weizen an Argentinien anzusehen ist, die Meistbegünstigung in dem Sinne, daß man die einem dritten Staat gemachten Zollzugeständnisse ohne Gegenleistungen beanspruchen kann, nicht enthielt, **mit welchem Recht gelangt heute der argentinische Weizen zum Satz von 3 ½ M. zu uns herein?** Nur gegen Gewährung adäquater Begünstigungen brauchten wir den Argentiniern diejenigen Zölle auf Weizen usw. zu gewähren, die wir auf Grund von Gegenleistungen den Österreichern, Russen usw. gemacht haben. Hat Argentinien derartige Äquivalente angeboten?

Unseres Erachtens hat man dem Art. III des argentinisch-deutschen Vertrages nicht jene Bedeutung beigelegt, die er hat; Argentinien kann den 3 ½ M.-Zoll für Weizen nur beanspruchen, wenn es Gegenleistungen anbietet. Umgekehrt aber hat man aus Art. IV etwas herausgelesen, die glatte Meistbegünstigung, die nicht darin steht, im Hinblick auf Art. III nicht darin stehen kann.

* * *

Wenn nun Art. IV unseres argentinischen Vertrages die Meistbegünstigung nicht vereinbarte, was will er denn dann eigentlich besagen? Aus welchem Grunde wurde er in den Vertrag aufgenommen?

Wir haben bereits im Abschnitt II darauf hingewiesen, daß der uns jetzt geläufige Begriff der Meistbegünstigung nicht als Maßstab an alte Verträge gelegt werden darf. Wir haben ausgeführt, daß Schrauts Begriffserklärung der Meistbegünstigung für ältere Verträge nicht ausreicht, haben weiterhin bemerkt, daß das zweite Moment, daß nämlich die Einfuhr aus dem meistbegünstigten Staat zum mindesten Anspruch auf die Sätze des Generaltarifs hat, keine höheren Sätze als die in diesem enthaltenen zu zahlen braucht, heute beim Begriff der Meistbegünstigung gewöhnlich übersehen wird, da man eben die Gewährung der Sätze des Generaltarifes als etwas Selbstverständliches betrachte, und haben schließlich gesagt: „Für die Interpretation älterer Verträge aber darf man dieses Moment für keinen Fall außer acht lassen."

Wir haben im argentinisch-deutschen Vertrag die Probe auf diese unsere Darlegungen.

„Im Begriffe des Gleichbegünstigungszwanges ist zugleich der Gleichbenachteiligungszwang mit Rücksicht auf andere [Staaten] enthalten, was sich freilich nur auf nicht ausdrücklich gebundene oder auf vorbehaltene Dinge beziehen kann. Dies wird gewöhnlich dahin formuliert, gegeneinander keinerlei Zölle oder Einfuhr- und Ausfuhrverbote aufzustellen, welche nicht gleichzeitig auf jede andere Nation Anwendung finden." (Oncken im Handw. d. Staatsw. IV. S. 1073.)

Der Art. IV unseres argentinischen Vertrages spricht (und das Gleiche gilt für Art. V des preußisch-amerikanischen Vertrages) diesen im Begriff der Meistbegünstigung liegenden Gleichbenachteiligungszwang mit Rücksicht auf andere Staaten aus. Er regelt also zwar die negative Seite des Begriffes, nicht aber die positive, nicht den Gleichbegünstigungszwang. Er sagt mit anderen Worten: Ausfuhrverbote haben generell zu ergehen; Einfuhrverbote müssen ebenfalls generell erlassen werden. Endlich sind auch alle Erhöhungen und Herabsetzungen der Sätze des Generaltarifes generell vorzunehmen. Wenn also Argentinien den Deutschen die Einfuhr oder Ausfuhr erschweren will, so haben diese Erschwerungen allen Nationen gegenüber gleichheitlich stattzufinden. Wenn Argentinien der deutschen Einfuhr und Ausfuhr Hindernisse bereitet, so ist Argentinien gezwungen, die gleiche Benachteiligung bei allen anderen Staaten eintreten zu lassen.

Dieses zu verlautbaren ist Aufgabe des Art. IV unseres argentinischen Vertrages gewesen. Durch ihn (und ebenso durch Art. V des preußisch-amerikanischen Vertrages) ist also, — wir wiederholen dies, — die negative Seite der Meistbegünstigung geregelt worden. Die Regelung der positiven Seite, d. h. des Anspruches auf die einer dritten Nation gewährten Begünstigungen aber ist in Art. III (bezw. in Art. IX unseres Vertrages mit der Union) erfolgt, und zwar in bedingter Weise.

Die Meistbegünstigung in dem uns heute geläufigen Sinne, d. i. die Gewährung des Rechtsanspruches, den anderen Teil für die in dem Vertrag genannten oder nicht genannten Gegenstände an jeder Begünstigung, jedem Vorrecht und jeder Ermäßigung der Eingangs-, Ausgangs- und Durchfuhrzölle teilnehmen zu lassen, welche er einem dritten Staat eingeräumt hat oder einräumen wird, diese Seite der Meistbegünstigung ist also in unserem argentinischen Vertrag anderswo zu suchen als da, wo wir sie heute zu suchen geneigt sind.[1]) Sie findet sich in Art. III; nicht in Art. IV.

---

[1]) Man beachte in dieser Hinsicht auch die Fassung der Meistbegünstigungsklausel in der Convention provisoire d'amitié, de commerce et de navigation entre la France et l'Etat de la Nouvelle-Grenade. (Signée à Bagota le 14 Novembre 1832.)

Art. I. Les Agents Diplomatiques et Consulaires, les Citoyens de toute classe, les Navires et les marchandises de tous les Etats et Possessions de Sa Majesté le Roi des Français, jouiront de plein droit, dans la Nouvelle-Grenade, de tous les privilèges, franchises et immunités consentis ou à consentir en faveur de toute autre Nation ou de toutes autres Nations quelconques; et réciproquement les Agents Diplomatiques et Consulaires, les Grenadins de toute classe, les navires et les marchandises de l'Etat de la Nouvelle Grenade, jouiront de plein droit, dans tous les Etats et Possessions de Sa Majesté le Roi des Français, de tous les privilèges, franchises et immunités consentis ou à consentir en faveur de toute autre Nation ou

Ein klassischer Beweis für die Richtigkeit der vorstehenden Behauptungen ist aus dem Art. XXV des Vertrages zwischen Guatemala und Belgien zu erbringen. Dort wird im ersten Abschnitte (den Text s. S. 55, Anm. 1) gesagt, daß, was Zoll- und Schiffahrtsabgaben angehe, die Vertragsteile bezüglich der Begünstigungen, Bevorrechtigungen und Befreiungen einen Unterschied zwischen unentgeltlich und entgeltlich gewährten Konzessionen zu machen gedächten; daß der Mitgenuß an den einem dritten Staate gewährten Begünstigungen durch eine eventuelle Gegenleistung bedingt sei. Dies ist die positive Seite der Meistbegünstigung. Die zweite Seite, der Gleichbenachteiligungszwang mit Rücksicht auf andere Staaten, die negative Seite des Begriffes,

---

de toutes autres Nations quelconques. Il est bien entendu que ces concessions auront lieu gratuitement si elles sont faites gratuitement à une autre ou à d'autres Nations, ou qu'elles auront lieu avec la même compensation si elles sont réciproques ou conditionnelles.

Fast wortwörtlich stimmt damit die Fassung der Klausel im Abkommen zwischen Venezuela nnd Frankreich vom 11. März 1833 überein.

Im Vertrag zwischen Spanien und Mexiko vom 28. Dezember 1836 hieß es in Art. V:

Les sujets de S. M. catholique et les citoyens de la république mexicaine seront considérés, pour la perception des droits à raison des produits, effets et marchandises qu'ils importeront dans les territoires des hautes parties contractantes, ou en exporteront sous leur pavillon respectif, comme ceux de la nation la plus favorisée, excepté dans les cas où, pour se procurer des avantages réciproques, les hautes parties conviendront de concessions mutuelles qui tourneront au bénéfice des deux pays.

Wie die Verträge Japans und Nicaraguas mit der Union (s. S. 31 und 45), so betonen auch Verträge zwischen europäischen und amerikanischer Staaten: „**Da es** die **Absicht** der beiden vertragschließenden Teile ist, sich zu verpflichten, einander auf dem Fuße der meistbegünstigten Nation zu behandeln, **so** sind sie übereingekommen, daß jede Begünstigung in Hinsicht auf Handel und Schiffahrt, die einer der kontrahierenden Teile jetzt oder in Zukunft den Untertanen und Bürgern irgend eines anderen Staates verleiht, auch auf die Untertanen oder Bürger des anderen Teiles ausgedehnt werden, und zwar unentgeltlich, usw.

So z. B. der Vertrag zwischen Guatemala und den Niederlanden; Großbritannien und Ecuador; Costa Rica einerseits und den Niederlanden und Großbritannien andererseits; Domingo einerseits und Bremen, Großbritannien, Dänemark und den Niederlanden andererseits; Liberia einerseits und Großbritannien, Belgien, Dänemark und den Hansastädten andererseits.

ist geregelt worden im zweiten Abschnitt des Art. XXV, welcher sagt, daß auf die gegenseitige Einfuhr keine höheren Zölle gelegt werden dürfen als auf die Einfuhr der entsprechenden Artikel aus irgend einem anderen fremden Lande, d. h. daß andere Staaten genau so schlecht zu behandeln sind wie der Gegenkontrahent.

Die gleich scharfe Betonung der zwei Seiten der Meistbegünstigung findet sich im Vertrag zwischen Belgien und Uruguay vom Jahre 1856, Art. XXI:

„Hinsichtlich aller Zoll- und Schiffahrtsabgaben versprechen die hohen kontrahierenden Teile sich gegenseitig, daß jede Begünstigung, jedes Privilegium und jede Befreiung, die einem anderen Staate gewährt wird, sich auch sofort auf ihre beiderseitigen Bürger erstreckt[1]) und zwar unentgeltlich, wenn das zugunsten eines anderen Staates gemachte Zugeständnis“ usw.

ebenso im Vertrag zwischen Bolivien und Belgien vom 17. August 1860, Art. XXI:

„Gleichmäßig ist vereinbart, daß alle Begünstigungen oder Befreiungen, die von einem der vertragenden Teile den Untertanen eines anderen Staates[1]) in Zollsachen eingeräumt sind oder zugestanden werden möchten, auf die Bürger[1]) des anderen Teiles ausgedehnt werden sollen, und zwar unentgeltlich, wenn das Zugeständnis zugunsten des anderen Staates ein unentgeltliches ist“ usw.

und im Vertrag zwischen Peru und Belgien vom 16. Mai 1850, Art. XXI:

„In allem, was die Zoll- und Schiffahrtsabgaben betrifft, versprechen sich die hohen vertragenden Teile gegenseitig, keinem anderen Staate irgend eine Begünstigung, ein Vorrecht oder eine Befreiung zu bewilligen, welche nicht auch augenblicklich auf ihre Untertanen[1]) übergeht und zwar unentgeltlich,“ usw.

Nachdem man so in diesen Verträgen festgelegt hat, daß die Begünstigungen, Privilegien und Befreiungen in Zollsachen dem Gegenkontrahenten umsonst oder gegen Entgelt zuteil werden, je nachdem man einem dritten Staat dieselben unentgeltlich oder unter lästigem Titel überlassen hat (Gleichbegünstigungszwang), folgt jedesmal noch eine Abmachung des Inhalts, daß auf die gegenseitige Einfuhr keine höheren Zölle gelegt werden, und daß keine

[1]) Man knüpft die Zollermäßigungen an die Bürger statt an die Waren.

Einfuhr- und Ausfuhrverbote ergehen dürfen, die nicht auch die Einfuhr und Ausfuhr of any other foreign country treffen; daß also der Gegenkontrahent zum mindesten Anspruch auf die Sätze des Generaltarifes hat, daß also alle Staaten so schlecht behandelt werden müßten wie er selbst (Gleichbenachteiligungszwang).

Dort ist also die positive, hier die negative Seite des Begriffes „Meistbegünstigung“ geregelt.

Wir bescheiden uns, die Erörterungen über den Zusammenhang zwischen Art. III und Art. IV unseres argentinischen Vertrages (und damit auch zwischen Art. V und IX unseres Vertrages mit der Union) vorläufig zu beschließen. Schon die bisherigen Darlegungen aber dürften ausreichen, um zu zeigen, daß ein großes Mißverständnis obwaltet hat, wenn man annahm, zwischen Deutschland und Argentinien (und ebenso zwischen Deutschland und der Union) bestünde das Verhältnis der unbedingten Meistbegünstigung, wenn man glaubte, Art. IV (bezw. Art. V) enthielte den Gleichbegünstigungszwang.

* * *

Wir nehmen nunmehr den Faden unserer Darstellung der Entwickelungsgeschichte der Meistbegünstigung wieder auf.

Nachdem wir uns darüber klar geworden sind, was der Art. IV unseres argentinischen Vertrages (und damit auch der Wort für Wort mit ihm übereinstimmende Art. V des preußisch-amerikanischen Vertrages vom Jahre 1828) besagen will, gedenken wir hier am Schluß des Abschnittes verschiedener Verträge, deren Erörterung wir eigentlich an den Anfang hätten stellen sollen, die wir aber erst hier bringen, weil man erst jetzt, nach Kenntnisnahme der Darlegungen über die Meistbegünstigungsklausel in Reziprozitätsverträgen, nach Kenntnisnahme von Beispielen für die Zergliederung des Begriffes „Meistbegünstigung“, der in diesen Verträgen beliebten Formulierung der Meistbegünstigungsklausel völlig gerecht werden dürfte.

Wir haben auf Seite 39 eines Vertrages zwischen der Union und Columbien vom 3. Oktober 1824 gedacht und daran die Bemerkung geknüpft: „Mit ihm begann die Eroberung Südamerikas für den Gedanken der Reziprozität“.

Sind die süd- und mittelamerikanischen Staaten von allem Anfang an Anhänger der Reziprozität gewesen? Das uns zugängliche Material gestattet den Schluß, daß die süd- und mittelamerikanischen Staaten fürs erste dem Reziprozitätsgedanken nicht zuneigten.

Indem wir auf die Verträge Brasiliens mit Frankreich vom 8. Januar 1826 und mit Österreich vom 17. Juni 1827 (Anmerkung 1 S. 54) und ebenso auf den ursprünglichen Text des Vertrages Brasiliens mit Preußen vom 9. Juli 1827 (s. S. 56) zurückverweisen, stellen wir folgendes fest:

Die gedachten drei Verträge sprachen immer davon, daß der Gegenkontrahent in Brasilien Anspruch habe auf die Behandlung als nation la plus favorisée, conformément au tarif général des douanes. D. h. mit anderen Worten: man vereinbarte die Meistbegünstigung, aber nicht in ihrem ganzen Umfang, sondern nur nach der negativen Seite hin. Man vereinbarte nicht den Gleichbegünstigungszwang, sondern nur den Gleichbenachteiligungszwang gegenüber anderen Staaten. In all diesen Verträgen hieß es, daß die gegenseitigen Einfuhren den Sätzen des Generaltarifes, aber auch nur diesen, unterworfen werden dürften. Die positive Seite der Meistbegünstigung war in den Verträgen Brasiliens mit Frankreich und mit Österreich auf der brasilianischen Seite völlig unberücksichtigt geblieben; in den Vertrag mit Preußen aber war sie nachträglich zwar aufgenommen worden, jedoch in bedingter Form. Brasilien war also anscheinend fürs erste kein Anhänger der Reziprozität.

Und die anderen, damals bereits souveränen süd- und mittelamerikanischen Staaten? Soweit unser Material reicht, glauben wir sagen zu können, daß diese es fürs erste genau so hielten wie Brasilien. Auch sie haben zwar die Meistbegünstigung festgelegt, aber nur nach der negativen Seite hin. Sie kannten fürs erste nur einen Gleichbenachteiligungszwang, aber keinen Gleichbegünstigungszwang.

Im Vertrag zwischen Großbritannien und den Vereinigten Provinzen am Rio de la Plata vom 2. Februar 1825 — und ebenso im Vertrag zwischen Kolumbien und Großbritannien vom 18. April 1825 — hieß es z. B. in Art. IV:

No higher or other duties shall be imposed on the importation into the territories of His Britannick Majesty, of any articles of the growth, produce, or manufacture of the United Provinces of Rio de la Plata, and no higher or other duties shall be imposed on the importation into the said United Provinces, of any articles of the growth, produce, or manufacture of His Britannick Majesty's dominions, than are or shall be payable on the like articles, being the growth, produce, or manufacture of any other foreign country; nor shall any other or higher duties or charges be imposed, in the territories or dominions of either of the contracting parties, on the exportation of any articles to the territories or dominions of the other, than such as are or may be payable on the exportation of the like articles to any other foreign country; nor shall any prohibition be imposed upon the exportation or importation of any articles the growth, produce, or manufacture of his Britannick Majesty's dominions, or of the said United Provinces, which shall not equally extend to all nations.[1])

Im Hinblick auf die klare Sprache der brasilianischen Handelsverträge glauben wir annehmen zu dürfen, daß auch dieser Vertrag nicht die ganze Meistbegünstigung enthielt, sondern nur die negative Seite derselben. Gleiches gilt von den mit Art. IV der oben gedachten britischen Verträge übereinstimmenden Abmachungen zwischen Großbritannien und Mexiko vom 26. Dezember 1826, dem auch

---

[1]) Der spanische Originaltext des Vertrages zwischen Kolumbien und Großbritannien vom 18. April 1825 lautete:

No se impondrán otros ó mas altos derechos á la importacion en los territorios de Colombia de cualesquiera articulos del producto natural, producciones, ó manufacturas de los dominios de Su Magestad Británica; ni se impondrán otros ó mas altos derechos á la importacion en los territorios de Su Magestad Británica, de cualesquiera articulos del producto natural, producciones, ó manufacturas de Colombia, que los que se pagan, ó pagaren, por semejantes articulos, cuando sean producto natural, producciones, ó manufacturas de cualquier otro pais estrangero; ni se impondran otros o mas altos derechos ó impuestos, en los territorios ó dominios de cualquiera de las partes contratantes, á la esportacion de cualesquier articulos para los territorios ó dominios de la otra, que los que se pagan, ó pagaren, por la esportacion de iguales articulos para cualquier otro pais estrangero. Ni se impondrá prohibicion alguna á la exportacion ó importacion de cualesquier articulos del producto natural, producciones, ó manufacturas de los territorios, ó de los dichos dominios de Su Magestad Británica, que no se estiendan igualmente á todas las otras naciones.

Hannover am 20. Juni 1827 beitrat. Ebenso für den Vertrag zwischen Mexiko und Dänemark vom 19. Juli 1827.[1])

In Summa: In Süd- und Mittelamerika hatte die Reziprozität, die von der Union zum ersten Male im Jahre 1778 mit Frankreich vereinbart worden war, im Anfang anscheinend keine Anhänger. Hier lag scheinbar die Tendenz einer Entwickelung zur unbedingten Meistbegünstigung vor. Nun kam im Jahre 1824 der Vertrag zwischen der Union und Kolumbien, im Jahre 1825 der Vertrag zwischen der Union und der Konföderation von Zentralamerika, im Jahre 1828 der Vertrag zwischen der Union und Brasilien, im Jahre 1831 der zwischen der Union und Mexiko zustande; und von da ab scheint sich das Rad der Entwickelung auf die Seite der bedingten Meistbegünstigung, i. e. der Reziprozität, gelegt zu haben. Die Union scheint Süd- und Mittelamerika für ihre Idee im vollen Sinn des Wortes „erobert" zu haben.

Wie wir in einem der folgenden Abschnitte darlegen werden, ist in Europa die Entwickelung ebenso verlaufen. Die europäischen Staaten waren fürs erste Anhänger der unbedingten Meistbegünstigung. Dann aber gewann die Union die europäischen Staaten für den Gedanken der Reprozität. Seit 1860 ist dann Europa wieder einseitig ins Lager der unbedingten Meistbegünstigung abgeschwenkt.

Sollte nicht wieder eine Zeit kommen, die das eine tun, das andere aber nicht lassen zu wollen erklärt? die sich, im Verkehr mit gewissen Staaten, wieder für die bedingte Meistbegünstigung entscheidet?

---

[1]) Art. VIII. Il ne sera imposé ni d'autres droits, ni des droits plus élevés sur l'importation dans les Etats Unis du Mexique, des productions naturelles ou de l'industrie du Dänemark, que ceux que paient à présent, ou paieront à l'avenir les autres Nations pour les mêmes articles, et le même principe sera observé à l'égard de l'exportation: On ne fera aucune prohibition relativement à l'importation ou l'exportation d'aucun article de commerce réciproque des 2 Parties Contractantes sans l'étendre également a toutes les autres Nations.

Anhang zu Abschnitt VI.

Reziprozitätsverträge zwischen amerikanischen Staaten und deutschen Gebieten.

In der Sitzung des Reichstags vom 14. bezw. 15. Januar 1903 hat Staatssekretär Graf Posadowsky erklärt:

„Wir waren der Ansicht, daß durch § 5 in Verbindung mit § 9 dieses alten preußischen Vertrages, dessen Rechtsgültigkeit für das Deutsche Reich 1885 anerkannt wurde, zwischen dem Deutschen Reiche und den Vereinigten Staaten von Amerika ein unbedingtes Meistvergünstigungsverhältnis bestände. .... Wenn hier eine Äußerung des früheren Staatssekretärs des Auswärtigen Amts, Freiherrn von Marschall, in dieser Beziehung wiederholt ist, so stammt diese Äußerung aus einer Zeit, wo die deutsche Reichsregierung noch diese Auffassung hatte, und keine Ereignisse eingetreten waren, die klarstellten, daß die Regierung der Vereinigten Staaten eine andere Auffassung über das Recht der allgemeinen Meistbegünstigung hegte. Darauf kam der Dingleytarif. ....

Auf Grund desselben schloß die Regierung der Vereinigten Staaten mit Frankreich zwei verschiedene Abkommen ab. ... Auf Grund unserer Auffassung von dem Inhalt und Wert der allgemeinen Meistbegünstigung verlangten wir daraufhin von den Vereinigten Staaten, daß diese der französischen Regierung auf Grund der Section III des Dingley-Tarifs gewährten Konzessionen auch der deutschen Regierung eingeräumt würden. Bei dieser Gelegenheit kam indeß die abweichende staatsrechtliche Auffassung der Regierung der Vereinigten Staaten zu unserer Kenntnis, nämlich die Auffassung, daß Konzessionen, welche von der amerikanischen Regierung auf Grund der Meistbegünstigungsklausel eingeräumt wurden, sich immer (?) nur auf die Konzessionen pro praeterito bezögen, daß aber Konzessionen, die später einem dritten Staat gegen Gegenkonzessionen seitens der amerikanischen Regierung eingeräumt seien, ... auch durch neue Konzessionen seitens des anderen Vertragsstaates erworben werden müßten.“

Dem gegenüber sei bemerkt, daß die amerikanische Interpretation der Meistbegünstigungsklausel uns Deutschen eigentlich bekannt sein mußte. Hat es doch Zeiten — vor kaum einem Menschenalter — gegeben, wo die zum jetzigen Gebiet des Deutschen Reiches gehörigen Staaten gar keine andere Meistbegünstigung vereinbart haben, als die bedingte, wo die amerikanische Auffassung von der Meistbegünstigung uns Deutschen ebenso geläufig war wie den Amerikanern selbst.

Wir beweisen dies damit, daß wir im nachfolgenden die einschlägigen Texte aus achtzehn Verträgen geben, welche im ersten und zweiten Drittel des vorigen Jahrhunderts zwischen deutschen Gebieten und amerikanischen Staatswesen zustande gekommen sind.

A. Verträge des Zollvereins.

1. Mit Mexiko vom 10. Juli 1855.

Art. XV. „Sollte einer der kontrahierenden Teile in der Folge anderen Nationen irgend eine besondere Vergünstigung in Beziehung auf Handel oder Schiffahrt zugestehen, so soll diese Begünstigung sofort auch dem anderen Teile zugute kommen, welcher dieselbe ohne Gegenleistung, wenn das Zugeständnis ohne eine solche erfolgt ist, oder aber unter Gewährung derselben Vergeltung, an welche das Zugeständnis geknüpft ist, genießen soll."

2. Mit Uruguay vom 23. Juni 1856.

Art. III. „Zwischen und unter den Untertanen und Bürgern der kontrahierenden Teile soll gegenseitige Freiheit des Handels und der Schiffahrt bestehen, und die Untertanen sollen in den Häfen, Reeden, Plätzen und Städten in jedem der kontrahierenden Staaten ohne Ausnahme keine anderen oder höheren Abgaben, Taxen oder Auflagen, unter welcher Benennung sie auch bestehen mögen, zu entrichten haben, als diejenigen, welche daselbst von den Untertanen und Bürgern der begünstigsten Nation (de la nacion mas favorecida) gezahlt werden und die Untertanen und Bürger der kontrahierenden Teile sollen dieselben Rechte, Privilegien, Freiheiten, Begünstigungen, Immunitäten und Befreiungen in Handels- und Schiffahrtsangelegenheiten genießen, die in dem einen oder anderen der kontrahierenden Staaten den Untertanen oder Bürgern der begünstigsten Nation zugestanden sind oder künftig zugestanden werden möchten.

Es sollen von Erzeugnissen des Zollvereins bei deren Einfuhr zur See oder zu Lande in die orientalische Republik oder von Erzeugnissen der letzteren bei deren Einfuhr zur See oder zu Lande in den Zollverein keine höheren Zollabgaben oder Auflagen erhoben werden, als die Abgaben oder Auflagen, welche von Waren derselben Art, die das Erzeugnis irgend eines anderen Landes sind, (que el que pagaren las mercaderias de la misma especie y productos de cualquiera otra nacion), oder von da eingeführt werden, zur Erhebung kommen.

Die Staaten des Zollvereins und die orientalische Republik del Uruguy machen sich hiermit anheischig, alle den Untertanen oder Bürgern eines anderen Staates gewährten oder künftig zu gewährenden Begünstigungen, Vorrechte oder Abgabenbefreiungen in Handels- und Schiffahrtsangelegenheiten [und dazu gehören auch Zollvergünstigungen] ohne Verzug auf die Untertanen des anderen kontrahierenden Teiles auszudehnen, und zwar unentgeltlich, wenn das Zugeständnis zugunsten des anderen Staates unentgeltlich erfolgt ist, oder gegen Gewährung einer Entschädigung von möglichst gleichem Wert, in dem Fall, daß das Zugeständnis ein bedingtes war."

3. Mit der Argentinischen Konföderation vom 17. Septbr. 1857. Text s. S. 6.

4. Mit Paraguay vom 1. August 1860.

Art. III. „Die beiden hohen kontrahierenden Teile kommen hierdurch dahin überein, daß alle Begünstigungen, Privilegien oder Befreiungen jeder Art, die in Handels- oder Schiffahrtsangelegenheiten jeder der beiden Vertragenden gegenwärtig den Bürgern oder Untertanen eines anderen Staates eingeräumt hat oder später einräumen wird, unter gleichen Verhältnissen und Umständen auf die Bürger des anderen vertragenden Teiles Anwendung finden sollen und zwar unentgeltlich, wenn das Zugeständnis zugunsten des anderen Staates unentgeltlich erfolgt oder unter Entrichtung einer Gegenleistung von gleichem Werte, wenn das Zugeständnis ein bedingtes war."

Art. VIII. „Die Untertanen der Zollvereinsstaaten sollen in dem Freistaate Paraguay die nämlichen Einfuhr- und Ausfuhrabgaben zahlen, welche von paraguayischen Bürgern nach dem gegenwärtig bestehenden oder künftig zu erlassenden Gesetzen zu zahlen sind. Ebenso sollen diese letzteren in den Staaten des Zollvereins diejenigen Abgaben zahlen, welche für die Untertanen dieser Staaten gegenwärtig bestehen oder künftig bestehen werden."

5. Mit Chile vom 1. Februar 1862.

Art. III. „Es soll kein Artikel, welcher Boden- oder Gewerbeerzeugnis der Republik Chile ist, andere oder höhere Zölle bei der Einfuhr in die Staaten des Zollvereins, und es soll kein Artikel, welcher Boden- oder Gewerbeerzeugnis der Zollvereinsstaaten ist, andere oder höhere Zölle bei der Einfuhr in die Gebiete der Republik Chile gelegt werden, als jetzt oder künftig von den gleichen Artikeln, welche die Boden- oder Gewerbeerzeugnisse irgend eines fremden Landes sind, entrichtet werden.

Ebenso sollen keine andere oder höhere Zölle oder Abgaben in den Besitzungen oder Gebieten eines der vertragenden Teile auf die Ausfuhr irgend eines Artikels nach den Besitzungen oder Gebieten des anderen gelegt werden, als diejenigen, welche jetzt oder künftig auf die Ausfuhr des gleichen Artikels nach irgend einem anderen fremden Lande gelegt werden."

Art. VI. „Die Staaten des Zollvereins und die Republik Chile kommen dahin überein, daß jede Begünstigung, jedes Vorrecht und jede Befreiung in Handels- oder Schiffahrtsangelegenheiten, welcher einen von ihnen den Untertanen oder Bürgern irgend eines anderen Staates gegenwärtig bereits zugestanden hat oder zugestehen möchte, bei Gleichheit des Falles und der Umstände auf die Untertanen oder Bürger des anderen Teiles ausgedehnt werden soll, und zwar unentgeltlich, wenn das Zugeständnis zugunsten jenes anderen Staates unentgeltlich gemacht ist, oder gegen Gewährung einer Entschädigung von möglichst gleichem Wert, wenn das Zugeständnis bedingungsweise erfolgt war."

B. Verträge des Königreichs Preußen.

1. mit der Union vom Jahre 1785.
2. mit der Union vom Jahre 1799.

(Bezüglich des englischen Textes dieser Verträge s. S. 37.)

Der französische Text lautete:

Art. II. Les sujets de S. M. le Roi de Prusse pourront fréquenter toutes les côtes et les pays des Etats Unis de l'Amérique, y resider et trafiquer en toutes sortes de productions, manufactures et marchandises, et ne payeront d'autres ni de plus forts impôts, charges ou droits dans les dits Etats-Unis, que ceux que les nations les plus favorisées sont ou seront obligées de payer, et ils jouiront de tous les droits, privilèges et exemptions dans la navigation et le commerce, dont jouit ou jouira la nation la plus favorisée, se soumettant néanmoins aux loix et usages y établis, et aux-quels sont soumis les Citoyens des Etats-Unis et les Citoyens et sujets des nations les plus favorisées.

Art. IV. En particulier chacune des deux nations aura le droit d'importer ses propres productions, manufactures et marchandises, à bord de ses propres bâtimens, ou de tel autre, dans toutes les parties des Domaines de l'autre, où il sera permis à tous les sujets et citoyens de l'autre nation de les acheter librement, comme aussi d'y charger les productions, manufactures et marchandises de l'autre, que tous les dits sujets ou citoyens auront la liberté de leur vendre en payant dans l'un et l'autre cas tels impôts, droits et charges seulement, que ceux qui sont ou seront payés par la nation la plus favorisée.

Art. XXVI. Lorsque l'une des deux Parties contractantes accordera dans la suite quelque faveur particulière en fait de navigation ou de commerce à d'autres nations, elle deviendra aussitôt commune à l'autre Partie contractante et celle-ci jouira de cette faveur gratuitement, si la concession est gratuite, ou en accordant la même compensation si la concession est conditionnelle.

3. mit Brasilien vom 9. Juli 1827. Text s. S. 56.
4. mit der Union vom 1. Mai 1828. Text s. S. 3.
5. mit Mexiko vom 18. Februar 1831.

Art. IV.

Es sollen in den mexikanischen Häfen für die Einfuhr oder Ausfuhr von Waren jeder Art auf preußischen Schiffen, und ebenso in dem Königreiche Preußen für die Einfuhr oder Ausfuhr von Waren auf mexikanischen Schiffen, keine andere oder höhere Abgaben erhoben werden, als diejenigen, welche von denselben Waren, wenn solche auf Schiffen der begünstigtesten Nation dort ein- oder aus-

Il ne sera payé dans les ports du Mexique pour l'importation ou l'exportation de quelque marchandise que ce puisse être, par les bâtimens prussiens, ni dans le Royaume de Prusse, pour l'importation ou l'exportation de marchandises par des bâtimens mexicains, aucuns droits autres ou plus élevés, que ceux que ces mêmes marchandises ont ou auront à payer dans les pays respectifs, lorsqu'elles sont importées

geführt werden, gegenwärtig zu entrichten sind, oder künftig zu entrichten sein werden.

ou exportées par des navires de la nation la plus favorisée.

Art. VI.

Es sollen in dem Königreich Preußen auf die mexikanischen Erzeugnisse des Bodens oder des Kunstfleißes, und ebenso in den vereinigten Staaten von Mexiko auf die Erzeugnisse des Bodens und des Kunstfleißes Preußens keine andere oder höhere Eingangsabgaben als die, welche von anderen Nationen für dieselben Gegenstände gegenwärtig zu entrichten sind oder künftig zu entrichten sein werden, gelegt, auch soll derselbe Grundsatz in betreff der Ausfuhr beobachtet werden.

Dans le Royaume de Prusse il ne sera imposé sur les productions naturelles ou industrielles du Mexique, ni dans les Etats-unis du Mexique sur les productions du sol ou de l'industrie de la Prusse, aucuns droits autres ou plus élevés d'importation, que ceux, que sur ces mêmes articles, d'autres nations payent en ce moment, ou payeront par la suite, avec l'observation du même principe à l'ègard de l'exportation.

Art. XIII.

... Die diplomatischen Agenten und Konsuln Mexikos in den Staaten Seiner Majestät des Königs von Preußen werden aller derjenigen Prärogative, Freiheiten und Vorrechte teilhaftig sein, welche den in gleichem Range stehenden Agenten der begünstigtesten Nation zustehen oder noch ferner eingeräumt werden möchten.

... Les agens diplomatiques, et consuls du Mexique, dans les États de Sa Majesté le Roi de Prusse, jouiront de toutes les prérogatives, exemptions et immunités, qui sont ou seront accordées ultérieurement aux agens du même rang de la nation la plus favorisée.

Art. XIV.

Sollte einer der kontrahierenden Teile in der Folge andern Nationen irgend eine besondere Begünstigung in Beziehung auf Handel oder Schiffahrt zugestehen, so soll diese Begünstigung sofort auch dem andern Teile mit zugute kommen, welcher derselben ohne Gegenleistung, wenn das Zugeständnis ohne eine solche erfolgt ist, oder aber unter Gewährung derselben Vergeltung, an welche das Zugeständnis geknüpft ist, genießen soll.

Si l'une des Parties contractantes accorde par la suite à d'autres nations quelque faveur particulière en fait de commerce ou de navigation, cette faveur deviendra aussitôt commune à l'autre Partie, qui en jouira gratuitement si la concession est gratuite, ou en accordant la même compensation si la concession est conditionnelle.

* * *

Wir haben aus diesem mexikanisch-preußischen Vertrag mehr Artikel herausgehoben, als wir für unseren Zweck eigentlich nötig hatten. Weshalb? Um den Leser etwas in den Sprachgebrauch der Reziprozitätsverträge einzuführen, ein Thema, über das wir uns aus Mangel an Raum nicht allzuweit auslassen können.

Wir glauben bemerkt zu haben, daß man etwa seit 1826 in den Reziprozitätsverträgen den Ausdruck „meistbegünstigte Nation" bei den Abmachungen über die Zölle (Art. V des preußisch-amerikanischen Vertrages vom Jahre 1828; Art. VI des preußisch-mexikanischen Vertrages; Art. IV des Vertrages zwischen dem Zollverein und Argentinien) vermied, während man ihn bei den Vereinbarungen über die Flaggenzölle (Art. IV des vorliegenden Vertrages) und über die Stellung der Konsuln (Art. XIII) ruhig anwandte.

Warum tat man nun solches nicht auch bei den Abmachungen über die Warenzölle? Weil man die glatte Meistbegünstigung nicht im vollen Umfang, sondern nur nach der negativen Seite hin festlegen wollte.

Wir begegnen allerdings in verschiedenen Verträgen bei Abmachungen über die Zölle dem Ausdruck „meistbegünstigte Nation"; z. B. im Vertrag Mexikos mit Chile vom 7. März 1831.

Art. VIII. No se impondrán otros, ni mas altos derechos por razon de toneladas, fanal...., á los buques de cada una de las partes contratantes, en el territorio de la otra, que los que actualmente pagan, ó en lo sucesivo pagaren ... los buques de la Nacion mas favorecida. ...

Art. IX. No se pagarán otros, ni mas altos derechos en los Puertos Mejicanos por la importacion ó esportacion de cualesquiera mercancias en buques Chilenos, sino los que se paguen, ó en adelante se pagaren, en los mismos Puertos de Méjico por los buques de la Nacion mas favorecida. ...

Art. X. No se impondrán otros, ni mas altos derechos á la importacion en la Republica de Méjico de los productos naturales, ó de la industria de Méjico, que los que pagan actualmente, ó en lo sucesivo pagaren, los mismos articulos de la Nacion mas favorecida. ...

Ebenso hieß es im Vertrag zwischen Sardinien und Neu-Granada vom 18. August 1847:

Art. VIII. „In keinem Falle dürfen in beiden Ländern höhere oder andere Eingangsabgaben auf irgend einen Artikel, das Erzeugnis des Bodens oder des Gewerbefleißes von Neu-Granada und der sardinischen Staaten gelegt werden, als für dergleichen Artikel von der meistbegünstigten Nation gegenwärtig gezahlt werden oder künftig gezahlt werden möchten."

Weder der eine noch der andere der beiden Verträge aber enthält die Reziprozitätsklausel.

Wir sind, wie schon bemerkt, diesem Sprachgebrauch in älteren Verträgen in etwas nachgegangen und haben, bis auf ganz wenige Ausnahmen, gefunden, daß alle Reziprozitätsverträge aus den ersten sechs Jahrzehnten des vorigen Jahrhunderts um den Ausdruck „meistbegünstigte Nation" bei den Abmachungen über die Zölle herumgingen, während sie bei anderen Materien diesen Ausdruck ruhig gebrauchten; daß aber Verträge ohne Reziprozitätsklausel auch bezüglich der Zölle anstandslos die Behandlung auf dem Fuß der meistbegünstigten Nation vereinbarten. Wandte man aber wirklich einmal den Ausdruck „meistbegünstigte Nation" in Reziprozitätsverträgen auf die Zölle an, so erklärte man ihn alsbald dahin, daß die Meistbegünstigung mit der Klausel gemeint sei.

* * *

C. Vertrag Sachsens mit Mexiko vom 4. Oktober 1831, ratifiziert am 30. Juni 1832.

Art. II.

Il ne sera imposé sur l'importation dans les Etats-Unis Mexicains, et réciproquement sur celle dans le Royaume de Saxe, des articles provenant du sol ou de l'industrie de l'autre pays, de plus forts droits que ceux qui sont ou seront imposés sur les mêmes articles provenant du sol ou de l'industrie de tout autre pays étranger.

No se impondrán en los E. U. Mexicanos, ni en el Reino de Saxonia reciprocamente sobre los géneros que provengan del suelo ó la industria del otro pais derechos de importacion mas erecidos que los que se han impuestos ó se impondrán sobre los mismos géneros que provengan del suelo ó la industria de qualquier otro pais estrangero.

Art. III.

Les deux parties s' accordent réciproquement la faculté d'avoir dans leurs places de commerce respectives des Consuls, ou Vice-Consuls, Agens, et Commissaires de leur choix, qui jouiront des mêmes privilèges et pouvoirs dont jouissent ceux des nations les plus favorisées.

Las dos partes se conceden reciprocamente la faculdad de tener en sus plazas de Comercio respectivos Consules ó Vice-Consules, Agentes, ó Comisarios de su eleccion, que gozarán de los mismos privilegios y poderes de que gozan los de las naciones mas favorecidas.

Art. VI.

Si l'une des parties contractantes accorde par la suite à d'autres nations quelque faveur particulière en fait de commerce ou de navigation, cette faveur deviendra aussitôt commune à l'autre partie, qui en jouira aux mêmes conditions.

Si una de las partes contractantes concediere en lo succesivo á otras naciones algun favor particular en materia de comercio ó navegacion, este favor se hará immediatemente comun á la otra Parte, que disfrutará de el bajo las mismas condiciones.

D. Vertrag Hannovers mit der Union vom 10. Juni 1846.

Art. VI. „Es sollen keine höheren oder anderen Abgaben auf die Einfuhr in die Vereinigten Staaten von Artikeln, welche Erzeugnisse des Bodens oder des Gewerbefleißes des Königreiches Hannover oder seiner Fischerei sind und keine höheren oder anderen Abgaben auf die Einfuhr in das Königreich

Hannover von Artikeln, welche Erzeugnisse des Bodens und des Gewerbefleißes der Vereinigten Staaten und ihrer Fischerei sind, gelegt werden als diejenigen, welche von der Einfuhr derselben Gegenstände, welche Erzeugnisse des Bodens, des Gewerbefleißes oder der Fischerei irgend eines anderen Landes sind, zu entrichten sind oder zu entrichten sein werden."

Art. VII. „Die hohen vertragenden Teile verpflichten sich gegenseitig, anderen Nationen in Ansehung der Schiffahrt und der Zollabgaben keine besonderen Begünstigungen zu verleihen, die nicht auch sofort dem anderen Teil zugute kommen, welcher dieselben unentgeltlich genießen soll, wenn die Verleihung unentgeltlich erfolgt; oder gegen Bewilligung einer möglichst gleichkommenden Vergütung, wenn die Verleihung gegen Bedingungen geschehen war."

E. Verträge der Hansastädte.

1. Mit Brasilien vom 17. November 1827.

Art. VIII lautete wie folgt:

Le commerce et la navigation entre le Brésil et les ports Anséatiques jouiront dans l'un ou l'autre pays, sans attendre une Convention additionnelle à cet égard, de tous les priviléges et avantages, qui sont ou qui seront par la suite accordés à quelque autre nation favorisée, en remplissant toutefois les conditions de reciprocité qu'ils supposent. (S. Anm. auf S. 54, 56 und 59.)

Il est entendu, que les priviléges qu'on a accordés ou qu'on accordera à la nation Portugaise, ne serviront point de terme de comparaison. De même les effets de la même Convention ne s'étendront au Portugal, à moins qu'il n'y aurait des traités particuliers à cet égard.

2. Mit den Vereinigten Staaten vom 20. Dezember 1827.

Art. II. No higher or other duties shall be imposed on the importation into the United States of any article, the produce or manufacture of the free Hanseatic republics of Hamburg, Lubeck and Bremen, and no higher or other duties shall be imposed on the importation into either of the said republics of any article, the produce or manufacture of the United States, than are or shall be payable on the like article being the produce or manufacture of any other foreign country.

Art. IX. The contracting parties desiring to live in peace and harmony with all the other nations of the earth, by means of a policy frank and equally friendly with all, engage mutually not to grant any particular favor to other nations in respect of commerce and navigation, which shall not immediately become common to the other party, who shall enjoy the same freely, if the concession was freely made, or on allowing the same compensation, if the concession was conditional.

Bezüglich der Handelstätigkeit der beiderseitigen Untertanen gebraucht dieser Vertrag anstandslos die Wendung von der meistbegünstigten Nation, die er bei den Zöllen vermied.

Art. VI. It is likewise agreed, that it shall be wholly free for all merchants, commanders of ships and other citizens of both parties, to manage themselves their own business, in all the ports and places subject to the jurisdiction of each other, as well with respect to the consignment and sale of their goods and merchandize, by wholesale or retail, as with respect to the loading, unloading and sending of their ships; submitting themselves to the laws, decrees and usages there established, to which native citizens are subjected, they being in all these cases to be treated as citizens of the republic in which they reside, or at least to be placed on a footing with the citizens or subjects of the most favored nation.

3. Mit Mexiko vom 7. April 1832, In Art. XVII dieses Vertrages wurde vereinbart:

„Ferner ist festgesetzt und verabredet worden, daß, welche Vorrechte oder Befreiungen auch der am meistbegünstigten Nation in Handels- und Schiffahrtsangelegenheiten gewährt sein mögen, oder künftig gewährt werden möchten, dieselben Vorrechte und Befreiungen als den Staatsangehörigen der hohen kontrahierenden Teile und ihren Besitztümern erteilt angesehen werden sollen, daß jedoch die Bedingungen der Reziprozität, welche sie voraussetzen, erfüllt werden.“

4. Mit Venezuela vom 27. Mai 1837.

Art. III.

Die Bürger der kontrahierenden Republiken, welche im Gebiete des anderen Teiles verweilen oder reisen, genießen in betreff ihrer Personen oder Güter, sowie der Ausübung ihrer Gewerbe und ihrer Religion desselben Schutzes, derselben Garantien, Rechte und Vorrechte, wie sie den Bürgern oder Untertanen der am meisten begünstigten Nation gewährt sind oder werden möchten.

Les citoyens des républiques contractantes qui résideraient ou voyageraient dans le territoire de l'autre, jouiront, quant à l'exercice de leur religion et de leur industrie, de la même protection et des mêmes garanties, droits et priviléges qui sont ou seraient accordés par la suite aux citoyens ou sujets de la nation la plus favorisée.

Art. X.

Es sollen weder in den Gebieten der Hanseatischen Freistaaten, noch in denen der Republik Venezuela andere oder höhere Abgaben irgend einer Art oder Benennung bei der Einfuhr oder Wiederausfuhr von Produkten oder Fabrikaten des einen oder anderen Landes erhoben werden, als von den gleichen Produkten oder Fabrikaten jeder anderen Nation jetzt oder künftig entrichtet wird.

Il ne sera payé dans les territoires des républiques anséatiques et de la république de Vénézuéla d'autres ou de plus forts droits, quelle qu'en soit, à la réexportation de tous les articles de la production naturelle ou manufacturée de l'un ou de l'autre pays, que ceux qui se paient ou paieraient sur des articles semblables de la production naturelle ou manufacturée de quelqu'autre nation que ce soit.

Art. XII.

Die hanseatischen Freistädte und die Republik Venezuela verpflichten sich wechselweise, einer dritten Nation in bezug auf Handel und Schiffahrt keinerlei Vorzüge gewähren zu wollen, welche nicht sofort auch dem einen oder anderen der hier kontrahierenden Teile zugestanden würden, und deren sich die letzteren werden unbedingt oder unter Leistung der nämlichen Entschädigung zu erfreuen haben, je nachdem die Einräumung an Bedingungen geknüpft worden war oder nicht.

Les républiques anséatiques et la république de Vénézuéla s'obligent réciproquement à n'accorder à d'autres nations aucune faveur particulière en fait de commerce ou de navigation, qui ne devienne immédiatement commune à l'une ou l'autre partie, laquelle en jouira librement si la concession était faite librement, ou accordera la même compensation si la concession était conditionnelle.

Art. XXI.

Die diplomatischen Agenten beider Teile genießen der nämlichen Begünstigungen, Freiheiten und Vorrechte, welche von einer oder der andern der kontrahierenden Republiken den diplomatischen Agenten der begünstigsten Nationen eingeräumt sind oder künftig eingeräumt werden möchten.

Les agens diplomatiques des deux parties jouiront des mêmes faveurs, immunités, exemptions et privilèges qui sont ou seraient accordés par la suite par l'une ou l'autre des républiques contractantes aux agens diplomatiques de la nation la plus favorisée.

Wieder gebraucht man in diesem Vertrag sowohl wie in dem sub Z. 2 den Ausdruck „meistbegünstigte Nation" bezüglich der Bürger und Konsuln; aber nicht bezüglich der Warenzölle.

5. Mit Guatemala vom 25. Juni 1847.

Art. XI. „Es sollen weder in den Gebieten der hanseatischen Freistaaten noch in denen der Republik Guatemala andere oder höhere Abgaben irgend einer Art oder Benennung bei der Einfuhr oder Wiederausfuhr von Produkten oder Fabrikaten des einen oder anderen Landes erhoben werden, als von den gleichen Produkten oder Fabrikaten jeder andern Nation jetzt oder künftig entrichtet werden."

Art. XIII. „Die hanseatischen Freistaaten und die Republik Guatemala verpflichten sich wechselweise, dritten Nationen in bezug auf Handel und Schiffahrt keinerlei Vorzüge gewähren zu wollen, welche nicht sofort auch dem einen oder andern der hier kontrahierenden Teile zuteil würden und deren sich die letzteren dann unbedingt oder unter Leistung der nämlichen Entschädigung zu erfreuen haben, je nachdem die Einräumung an Bedingungen geknüpft worden war oder nicht."

6. Mit Neu-Granada vom 3. Juni 1854.

Art. XIII. „Die hanseatischen Republiken und die Republik von Neu-Granada verpflichten sich gegenseitig, anderen Nationen in bezug auf Handel und Schiffahrt keine besonderen Vorzüge zuzugestehen, welche nicht sofort dem einen oder dem anderen Teil ebenfalls zugestanden werden, welcher dann solcher Vorzüge unentgeltlich teilhaftig wird, falls das Zugeständnis unentgeltlich gemacht werden sollte, oder aber unter Leistung desselben Ersatzes, falls das Zugeständnis an Gegenleistungen gebunden wäre."

7. Vertrag Bremens mit der Dominikanischen Republik vom 12. Mai 1855.

Art. VII. „Da beide Staaten übereingekommen sind, sich gegenseitig auf dem Fuße der meistbegünstigten Nation zu behandeln, so verpflichten sie sich formell, in allem, was Handel und Schiffahrt betrifft, die Befreiungen, Erleichterungen oder Vorrechte irgend welcher Art, welche einer dritten Nation gewährt sind oder künftig gewährt werden möchten, sofort auch auf bremische bezw. dominikanische Bürger auszudehnen und zwar unentgeltlich, oder gegen Leistung einer tunlichen und verhältnismäßigen Entschädigung, je nachdem die Einräumung zugunsten des Dritten eine unentgeltliche war oder an eine Gegenleistung geknüpft worden ist."

8. Vertrag zwischen den Hansastädten und der Republik Liberia vom 29. Mai 1855.[1]

Art. VI. „Da es in der Absicht der beiden vertragschließenden Teile liegt, sich durch den gegenwärtigen Vertrag zu verpflichten, einander auf dem Fuße der meistbegünstigten Nation zu behandeln, so wird hiermit unter ihnen verabredet, daß jede Begünstigung, jedes Vorrecht oder jede Befreiung, welche einer der vertragschließenden Teile in Handels- und Schiffahrtsangelegenheiten jetzt oder künftig den Bürgern oder Untertanen irgend eines anderen Staates gewähren sollte, auf die Bürger des anderen vertragsschließenden Teiles ausgedehnt werden soll und zwar unentgeltlich, wenn die Konzession zugunsten dieses anderen Staates unentgeltlich gewesen sein sollte, oder gegen eine nach beiderseitigem Einverständnis festzustellende Vergeltung von möglichst gleichem Wert und gleicher Wirkung, wenn die Vergünstigung eine bedingte war."

F. Vertrag zwischen Mecklenburg-Schwerin und der Union vom 9. Dezember 1847,

dessen Art. VI besagte:

„Es sollen keine höheren oder anderen Abgaben auf die Einfuhr in die Vereinigten Staaten usw." wie oben Hannover.

Art. VII. „Die hohen kontrahierenden Teile verpflichten sich gegenseitig, anderen Nationen in Ansehung der Schiffahrt und der Zollabgaben" usw. wie oben Hannover.

* * *

Wir haben im vorstehenden achtzehn Verträge auszugsweise gegeben, welche in der Zeit von 1825 bis 1860 zwischen jetzt zum Deutschen Reich

[1]) Bevollmächtigter von Libera war Gerard Ralston, „Bürger der Vereinigten Staaten von Nordamerika, zurzeit in Großbritannien wohnhaft".

gehörigen Gebieten einerseits und den verschiedensten Staaten des amerikanischen Kontinents andererseits abgeschlossen worden sind. Ob die Aufzählung eine vollständige ist, lassen wir dahingestellt; sie dürfte aber genügen, den Charakter der Übung der Meistbegünstigung in dem berücksichtigten Zeitraum zu kennzeichnen. Auch nicht in einem einzigen von den Verträgen ist die glatte Meistbegünstigung stipuliert; in allen wird vielmehr:

1. der Mitgenuß an dritten Staaten gewährten Vergünstigungen lästigen Titels abhängig gemacht von der Einräumung entsprechender Gegenkonzessionen; und zwar gilt solches teils für alle Zollvergünstigungen, sowohl diejenigen, welche aus früheren als aus künftigen Verträgen fließen, teils nur für solche, welche auf Grund von Zuwendungen aus künftigen Verträgen erwachsen können;

2. daneben aber wird auch der anderen Seite der Meistbegünstigung, des Gleichbenachteiligungszwanges gedacht und vereinbart, daß, wenn ein Staat die Einfuhr und Ausfuhr erschweren will, er die diesbezüglichen Vorschriften allen Staaten gegenüber zur Anwendung zu bringen hat.

Wir geben zu, daß sich in unserem preußisch-amerikanischen Vertrag durch das Auseinanderreißen zusammengehörender Vereinbarungen Schwierigkeiten für die Interpretation boten; aber man mußte trotzdem den Sinn derselben ganz klar erfassen im Hinblick auf die stattliche Reihe von Verträgen, die zwischen Preußen usw. einerseits und verschiedenen Staaten Südamerikas, Mittelamerikas und der Union andererseits zustande gekommen sind.

Mit dem besten Willen kann man also nicht umhin zu sagen, daß die Überraschung der Reichsregierung über die Interpretation unseres Vertrages durch die Union sowohl wie die des Reichstages, wo die eingangs abgedruckte Erklärung des Staatssekretärs „Unruhe“ erregte, völlig unbegründet war. Wir durften uns von den Amerikanern gar nicht über die Natur unseres Vertrages vom Jahre 1828 aufklären lassen, und brauchten das auch nicht, weil wir an der Hand von fast zwei Dutzend anderer von deutschen mit amerikanischen Staaten geschlossener Reziprozitätsverträge diese Aufklärung uns selbst ausgiebigst und nach jeder Richtung zu beschaffen in der Lage waren.

VII.

Reziprozitätsverträge zwischen der Union und europäischen Staaten.

In Abschnitt IV haben wir festgestellt, daß die Union bis zum Jahre 1816 Reziprozitätsverträge abgeschlossen hatte mit Frankreich, Schweden, Preußen, Schweden-Norwegen und Algier. Im Jahre 1828 kam der dritte Vertrag der Union mit Preußen zu stande, über den wir uns schon verbreitet haben und weiterhin noch verbreiten werden. Ihm folgten noch Handelsverträge der Union mit folgenden europäischen Staaten:

1. mit Österreich (27. August 1829);[1]

2. mit der Ottomanischen Pforte (1830). Dieses war ein glatter Meistbegünstigungsvertrag; aber die Meistbegünstigung war keine beiderseitige. Die Union war schrankenlos meistbegünstigt in der Türkei, aber nicht umgekehrt. Unter solchen Umständen kann man es begreifen, daß sich die Union zur glatten Meistbegünstigung bekannte;

3. mit Rußland (1832);[1]

4. mit Griechenland (1837);[1] ein Vertrag ohne Reziprozitätsklausel, aber deshalb u. E. noch kein glatter Meistbegünstigungsvertrag;

5. mit Sardinien (1838);[2]

6. mit den Niederlanden (1839); dieser Vertrag war mehr ein Schiffahrtsvertrag als ein Handelsvertrag;[1]

7. mit Hannover (1840);[3]

8. mit Portugal (1840);[4]

9. mit Belgien (1845);[5]

---

[1]) Noch in Kraft.

[2]) Gegenstandslos geworden durch den unter Z. 17 erwähnten mit Italien abgeschlossenen Vertrag.

[3]) Ersetzt durch den Vertrag vom Jahre 1846 unter Z. 11.

[4]) Gekündigt im Jahre 1890.

[5]) Gekündigt im Jahre 1858.

10. mit Beiden Sizilien (1845);[1])
11. mit Hannover (1846);[2]) Text s. Anhang zu Absch. VI;
12. mit Mecklenburg-Schwerin (1847);[3]) Text s. Anhang zu Absch. VI;
13. mit den Niederlanden (1852), mehr ein Schiffahrts- als ein Handelsvertrag;[4])
14. mit Beiden Sizilien (1855);[5])
15. mit Belgien (1858);[6])
16. mit der Hohen Pforte (1862), ein glatter Meistbegünstigungsvertrag, der aber die glatte Meistbegünstigung nur zugunsten der Union enthielt;[7])
17. Italien (1871);[4])
18. mit Belgien (1875);[4])

Soweit nichts anderes vermerkt, enthielten diese Verträge sämtlich die Reziprozitätsklausel. Eine gedrängte Übersicht über die Formulierung derselben in den verschiedenen Verträgen findet sich im Anhange zu diesem Abschnitt.

Genau so wie bei der Erörterung der Verträge der Union mit den süd- und mittel-amerikanischen Staaten sehen wir auch hier, daß eine ganze Reihe zum Teil recht alter Reziprozitätsverträge der Union noch gilt, daß auch heute noch ein großer Teil des Verkehrs zwischen der Union und Europa (Schweden-Norwegen, Deutschland, Belgien, Italien, Österreich-Ungarn, Rußland) sich auf der Basis der bedingten Meistbegünstigung vollzieht.

Aus diesen Verträgen greifen wir, nachdem wir uns in Abschnitt VI bereits eingehend über die Reziprozitätsverträge der Union mit süd- und mittel-amerikanischen Staaten und im Zusammenhang damit über das Wesen der Reziprozität verbreitet haben, behufs näherer Erörterung nur mehr zwei heraus.

1. Der Vertrag der Union mit Griechenland vom 22. (10.) Dezember 1837 enthält keine Reziprozitätsklausel. Dies ist um so auffallender, als doch die Vereinigten Staaten die entschiedensten

[1]) Ersetzt durch den unter Z. 14 erwähnten Vertrag.

[2]) Gegenstandslos geworden durch die Vereinigung Hannovers mit Preußen.

[3]) Gilt noch.

[4]) Noch in Kraft.

[5]) Gegenstandslos geworden durch die Einverleibung Neapels in das Königreich Italien.

[6]) Gekündigt im Jahre 1875.

[7]) Angeblich gekündigt.

Vertreter der Reziprozität sind, und auch Griechenland so leicht keine Gelegenheit versäumte, um die Reziprozität zu stipulieren (Vertrag mit Österreich vom Jahre 1835, Schweden-Norwegen 1836, Preußen 1839, Belgien 1840, Sachsen 1841, Niederlande 1843, Hansastädte 1843, Dänemark 1846, Sardinien 1851).

In dem griechisch-amerikanischen Vertrag nun finden sich in Art. VII und VIII Bestimmungen, welche fürs erste als glatte Meistbegünstigung aufgefaßt werden möchten. Es lautete:

Art. VII.

The two high contracting parties engage not to impose upon the navigation between their respective territories, in the vessels of either any tonnage or other duties of any kind or denomination, which shall be higher or other than those which shall be imposed on every other navigation, except that which they have reserved to themselves, respectively, by the fifth article of the present Treaty.

Les deux hautes parties contractantes s'engagent à ne pas établir sur la navigation entre leurs territoires respectivs, par les bâtimens de l'une ou de l'autre des droits de tonnage ou autres de quelque espéce ou dénomination que ce soit, plus hauts ou autres que ceux qui seront établis sur toute autre navigation, excepté celle qu'elles se sont respectivement reservée par l'article cinque du présent Traité.

Art. VIII.

There shall not be established in the Kingdom of Greece, upon the products of the soil or industry of the United States of America, any prohibition or restriction of importation or exportation, nor any duties of any kind or denomination whatsoever unless such prohibitions or restrictions and duties shall likewise be etablished upon articles of a like nature, the growth of any other country.[1])

Il ne pourra pas être etabli dans les Etats unis d'Amérique, sur les productions du sol ou de l'industrie de la Grèce, aucune prohibition ou restriction d'importation ou d'exportation, ni aucuns droits, de quelque espéce ou dénomination que ce soit, qu'autant que ces prohibitions ou restrictions et ces droits seraient également etablis sur les objects de même nature provenant de tout autre contrée.[1])

Ein zwingender Grund, bei Griechenland von der bedingten Meistbegünstigung abzugehen, lag, wie bereits erwähnt, für die Union kaum vor. Warum sollte die Union Griechenland gegenüber auf ihren Grundsatz, nur die bedingte Meistbegünstigung zu stipulieren, verzichtet haben? einem Lande gegenüber, welches selbst ein überzeugter Träger dieser Idee war?

---

[1]) Ein Schulbeispiel für die Formulierung der negativen Seite der Meistbegünstigung.

Es waren also alle Voraussetzungen gegeben, die unbedingte Meistbegünstigung nicht zu vereinbaren. Hat man sie denn auch wirklich vereinbart? Nein! Denn die Wendung: es sollen auf die gegenseitige Einfuhr keine höheren Zollabgaben gelegt werden als auf die gleichen Artikel aus irgend einem anderen fremden Lande, — hat eben die Meistbegünstigung nicht bedeutet in dem Sinne, daß sie einen Anspruch auf den Mitgenuß der Zollminderungen gab. Sie drückt vielmehr nur die eine Seite der Meistbegünstigung aus, den Gleichbenachteiligungs- (nicht Gleichbegünstigungs-) zwang gegenüber anderen Staaten.

2. Der andere uns hier besonders interessierende Vertrag kam mit Portugal im Jahre 1840 zustande. Er enthielt u. a. folgende Vereinbarungen:

Art. III. No higher or other duties shall be imposed on the importation into the Kingdom and possessions of Portugal of any article the growth, produce, or manufacture of the United States of America and no higher or other duties shall be imposed on the importation into the United States of America of any article the growth, produce, or manufacture of the Kingdom and possessions of Portugal, than such as are or shall be payable on the like article being the growth, produce, or manufacture of any other foreign country.

Provided however, that nothing contained in this article shall be understood, or intended, to interfere with the stipulation entered into by the United States of America, for a special equivalent, in regard to French wines, in the convention made by the said States and France, on the fourth day of July, in the year of our Lord one thousand eight hundred and thirty-one; which stipulation will expire, and cease to have effect, in the month of February, in the year of our Lord one thousand eight hundred and forty-two.

Art. VIII. It is mutually understood that the foregoing stipulations do not apply to ports and territories, in the Kingdom and possessions of Portugal, where foreign commerce and navigation are not admitted; and that the commerce and navigation of Portugal directly to and from the United States of America and the said ports and territories are also prohibited.

But Her Most Faithful Majesty agrees that, as soon as the said ports and territories, or any of them, shall be opened to the commerce or navigation of any foreign nation, they shall, from that moment, be also opened to the commerce and navigation of the United States of America, with the same privileges, rights, and favors as may be allowed to the most favored nation, gratuitously, if the concession was gratuitously made, or on allowing the same compensation or an equivalent if the concession was conditional.

Art. XIII. If either party shall hereafter grant to any other nation any particular favor in navigation or commerce, it shall immediately become common to the other party, freely, where it is freely granted to such other nation, or on yielding the same compensation or an equivalent, quam proximè, where the grant is conditional.

Wir werden später noch eines an den Louisiana Cession-Vertrag sich anknüpfenden Streites über die Bedeutung des Ausdruckes „most favoured nation" und seiner Erledigung durch den Vertrag vom Jahre 1830 zu gedenken haben. Dieser letztere Vertrag nun brachte den französischen Weinen eine Zollvergünstigung, welche im vorstehenden Art. III des Vertrages zwischen Portugal und der Union ausdrücklich als auf die portugiesischen Weine nicht anwendbar erklärt wird.

Warum enthielten nun die Amerikaner den Portugiesen die Zollvergünstigungen auf Weine vor, die sie den Franzosen gewährt hatten? Waren sie so wichtig? Im Februar 1842 liefen, wie der Text des Vertrages selbst sagt, die französischen Vergünstigungen ab. Die Ratifikationen des Vertrages zwischen Portugal und der Union wurden am 23. April 1841 ausgetauscht. Höchstens für zehn Monate hätten also die Portugiesen sich der Vergünstigung mit erfreuen können. War es angesichts dieser kurzen Frist wirklich nötig, einen Differentialzoll für Wein, der doch die Portugiesen verstimmen mußte, zu schaffen? Nein. Warum tat man's aber doch?

Es werden Gründe prinzipieller Natur gewesen sein, die solches veranlaßten; vor allem der Gedanke, daß man keine Konzession, die ein Staat unter lästigem Titel von der Union erworben hatte, umsonst an einen anderen Staat verschenken wollte, gleichgültig ob diese Konzession in der Vergangenheit oder Zukunft lag. Daß dieser Gedanke in den Amerikanern lebendig war, lesen wir aus der Wendung heraus: „the stipulation entered into for a special equivalent". Weil man amerikanischerseits die französischen Weine gegen ein besonderes Zugeständnis seitens Frankreichs bei der Verzollung begünstigte, fielen sie aus der Meistbegünstigung pro praeterito heraus. Welche Schlüsse können wir daraus ziehen?

Die Reziprozitätsklausel des portugiesisch-amerikanischen Vertrages sagte: If hereafter usw. Man vereinbarte also die Reziprozität für die Zukunft. Da aber auch die glatte Meistbegünstigung pro praeterito die Gewährung einer „special favour“ einbegriffen hätte, welche s. Z. gegen ein „special equivalent“ gegeben worden war, so trug man kein Bedenken, dieses in einem früheren Vertrag gewährte Zugeständnis nicht nur nicht der Reziprozität zu unterwerfen, sondern überhaupt von jedweder Meistbegünstigung auszuschließen.

Nehmen wir an, eine Vereinbarung wie die in Art. III Abs. 1 des Vertrages zwischen Portugal und der Union — dieser Absatz stimmt mit Art. V des preußisch-amerikanischen Vertrages vom Jahre 1828 fast wörtlich überein —, habe wirklich pro praeterito die glatte Meistbegünstigung enthalten, was machten denn die Amerikaner aus dieser glatten Meistbegünstigung pro praeterito? Sie rissen das, was wirklich eine Vergünstigung bedeutete, heraus; sie sagten, daß die an eine dritte Nation „for a special equivalent“ gewährten Zollminderungen nicht darunter fielen; sie beschnitten die Meistbegünstigung derart, daß sie nur mehr den Generaltarif zum Inhalt hatte, — praktisch dasselbe Ergebnis, zu dem wir anderweitig, im Wege der Schlußfolgerung aus anderen Verträgen, theoretisch, gelangt sind.

Wenn die Union auch nur im entferntesten im Jahre 1828 an Preußen Vorteile aus früheren Verträgen zu vergeben gehabt hätte, so wäre — nach dem Beispiele Portugals — dort auch der Vorbehalt gemacht worden, daß diese „for a special equivalent“ in früheren Verträgen gewährten Vergünstigungen auf Preußen keine Anwendung fänden; daß der Art. V nicht dergestalt interpretiert werden dürfe, daß Vergünstigungen pro praeterito auf Grund desselben in Anspruch genommen werden könnten.

Wir haben in Abschnitt VI Gelegenheit gehabt zu zeigen, was es mit der Verabredung: no higher or duties shall be imposed usw. in Reziprozitätsverträgen für eine Bewandtnis hat. Unsere Darlegungen werden hier vollauf bestätigt; der Vertrag zwischen der Union und Portugal sagte klipp und klar: die obige Formel bezieht sich nicht auf vertragliche Tarifermäßigungen.

Anhang zu Abschnitt VII.

Formulierung der Reziprozitätsklausel in den Handelsverträgen der Union.

Wir haben in den verschiedenen Verträgen der Union, aus denen wir Auszüge gegeben haben, eine nicht immer übereinstimmende Formulierung der Reziprozität gefunden. Um nun den Leser eine Übersicht über die verschiedenen Modalitäten gewinnen zu lassen, sei folgende Zusammenstellung gegeben, in der, da es galt, Typen zu gewinnen, natürlich manche Feinheit verloren ging.

A.

The two high contracting parties agree that any favor, exemption, privilege or immunity whatever, in matters of commerce or navigation, which either of them has actually granted or may hereafter grant, to the citizens or subjects of any other government, nation or state, shall extend, in identy of cases and circumstances to the citizens of the other contracting party, gratuitously, if the concession in favor of that other government, nation or state, shall have been gratuitous; or in return for an equivalent compensation, if the concession shall have been conditional.

No higher or other duties shall be imposed on the importation into the territories of either of the two contracting parties of any article of the growth, produce or manufacture of the territories of the other contracting party, than are, or shall be payable on the like article of any other foreign country.

So wurde die Reziprozität festgelegt in den Verträgen der Union

a) mit der Argentinischen Konföderation 1853 (Art. III und IV),
b) mit Costa Rica 1851 (Art. III und IV),[1]
c) mit Hayti 1864 (Art. II und XIII),
d) mit Honduras 1864 (Art. III und IV)[1],
e) mit Liberia 1862 (Art. IV und VI),[1]
f) mit Nicaragua 1867 (Art. III und IV),[1]
g) mit Paraguay 1859 (Art. III und IV).
h) mit Japan 1894 (Art. XIV).[1]

---

[1]) Hier findet sich die Formel: It being the intention of the two high contracting parties to bind themselves . . . to treat each other on the footing of the most favoured nation.

B.

No higher or other duties shall be imposed on the importation into the United States of any article the produce or manufacture of . . . and no higher or other duties usw.

If either party shall hereafter grant to any other nation any particular favor in navigation or commerce, it shall immediately become common to the other party, freely, where it is freely granted to such other nation, or on yielding the same compensation, when the grant is conditional.

Diese Fassung der Reziprozität wurde beliebt in den Verträgen der Union:

a) mit Österreich-Ungarn 1829 (Art. V und IX),
b) mit Bolivien 1858 (Art. II und VI),
c) mit Portugal 1840 (Art. III und XIII),
d) mit Preußen 1785 und 1799 (Art. XXVI)[1]) 1828 (Art. V und IX),
e) mit Rußland 1832 (Art. VI und XI),
f) mit Sardinien 1838 (Art. VI und IX).
g) mit Schweden 1816 (Art. III und IV; II),
h) mit Venezuela 1860 (Art. IX).

C.

The two high contracting parties hereby bind, and engage themselves not to grant any favor, privilege, or immunity whatever, in matters of commerce and navigation, to other nations, which shall not be immediately extended also to the citiziens of the other contracting party, who shall enjoy the same gratuitously if the concession shall have been gratuitous, or on giving a compensation as nearly as possible of proportionate value and effect, to be adjusted by mutual agreement, if the concession shall have been conditional.[2])

No higher or other duties shall be imposed etc.

Diese Fassung, die weder ein „hereafter" noch ein „has actually granted or may hereafter grant" kennt, wurde angewandt in den Verträgen der Union

a) mit Brasilien. 1828 (Art. II und V);
b) mit Centralamerika, 1825 (Art. II und V);
c) mit Chile, 1832 (Art. II);
d) mit Columbien, 1824 (Art. II und III);
e) mit Neu-Granada, 1846 (Art. II und V);

---

[1]) Die Vereinbarung: no higher or other duties usw. fehlte hier. Den Text dieser zwei Verträge s. S. 37.

[2]) In einer Anzahl der nach diesem Schema gearbeiteten Verträge findet sich die Formel „desiring to live in peace and harmony with all the other nations of the earth, by means of a policy franc and equally friendly with all.

Über die Bedeutung dieser Formel und die Verträge, in welche sie Aufnahme fand, s. S. 50.

f) mit Dänemark, 1826 (Art. I und IV);[1]
g) mit Ecuador, 1839 (Art. II und VI);
h) mit Frankreich, 1778 (Art. II und III);[2]
i) mit Guatemala, 1849 (Art. II und V);
k) mit Hannover, 1846 (Art. VI und VII);
l) mit den Hanseatischen Republiken, 1827 (Art. II und IX);
m) mit Italien, 1871 (Art. VI und XXIV);
n) mit Mecklenburg, 1847 (Art. VI und VII);
o) mit Mexiko, 1831 (Art. II und IV);[3]
p) mit Peru-Bolivien, 1836 (Art. II);[4]
q) mit Peru, 1851 (Art. III und VI); 1870 (Art. III und VI);
r) mit Salvador, 1850 (Art. II und V); 1870 (Art. II und V);
s) mit Schweden, 1783 (Art. II und III);[2]
t) mit Beiden Sizilien, 1845 (Art. I);
u) mit Venezuela, 1836 (Art. II und VI).

In weitaus der Mehrzahl der Verträge der Union hat also keine Vereinbarung über den Zeitpunkt des Inkrafttretens der Reziprozität Platz gefunden. Man hat ganz neutral stipuliert, not to grant any favor ... to other nations which shall not be immediately extended to .... the other contracting party, ... gratuitously .... or on giving a compensation .... Man stipulierte die Reziprozität generell; sie galt für die Zugeständnisse aus Verträgen der Vergangenheit und der Zukunft. Die Formel C besagt u. E. genau dasselbe wie die Formel A.

In Verträgen mit der Reziprozitätsklausel nach Schema A und C findet sich neben der Reziprozitätsklausel noch eine Vereinbarung des Inhalts, daß die beiden Vertragsteile die gegenseitige Einfuhr mit keinen höheren Zöllen belegen wollten „than are or shall be payable on the like article of any other foreign country“. Da laut Reziprozitätsklausel alle Vergünstigungen an dritte Staaten besonders zu erkaufen sind, so konnte sich diese Abmachung auf nichts anderes beziehen als darauf, daß man gegenseitig mindestens die im Augenblick des Vertragsabschlusses und künftighin geltenden Sätze des Generaltarifes auf die Einfuhr anwenden werde.

In weitaus der größten Zahl der Fälle (in 30 von 39 Verträgen) hat man die Geltung der Reziprozität auf die Vergangenheit sowohl als die

[1]) Hier wurde betont, daß die Parteien der Abmachung die Idee zu grunde legten: Desiring to live in peace and harmony usw.

[2]) Die Vereinbarung: No other higher duties usw. fehlte hier; statt deren wurde eine Festsetzung beliebt, die man auf S. 25 bezw. 35 nachlesen mag.

[3]) Hier lautete der Eingang von Art. II: The United States of America and the United Mexican States, designing to take for the basis of their agreement the most perfect equality and reciprocity engage mutually usw.

[4]) Ohne die Verabredung: No higher or other duties.

Zukunft erstreckt.[1]) Die Vereinbarung: no other or higher duties usw. konnte von vorneherein hier nicht die glatte Meistbegünstigung pro praeterito bedeutet haben.

Aber auch in den acht Verträgen, in denen man die Reziprozität auf die Zukunft beschränkte, hat diese Vereinbarung nicht besagen wollen, daß man dem Gegenkontrahenten glattweg den Mitgenuß der aus früheren Verträgen fließenden Vergünstigungen verstatten wollte. Solches anzunehmen verbietet sich

1. wegen des Wortlautes der Vereinbarung „than are or shall be payable" (s. S. 5);

2. wegen der Tatsache, daß dieselbe Vereinbarung in anderen Verträgen sich nur auf den Generaltarif bezogen haben kann;

3. im Hinblick auf das Vorgehen der Union Portugal gegenüber (Vertrag vom Jahre 1840), wo klar und deutlich gesagt ist, daß man aus der Abmachung: no other or higher duties usw. keine Schlußfolgerungen auf den Mitgenuß von aus früheren Verträgen fließenden Vergünstigungen lästigen Titels herleiten dürfe.

Darnach scheint die Erklärung der Regierung der Union, Art. V des preußisch-amerikanischen Vertrages habe die glatte Meistbegünstigung pro praeterito stipuliert, unhaltbar zu sein.

D.

In all that relates to duties of customs and navigation, the two high contracting parties promise, reciprocally, not to grant any favor, privilege or immunity to any other State, which shall not instantly become common to the citizens and subjects of both parties respectively; gaatuitously, if the concession or favor to such other State is gratuitous, and on allowing the same compensation or its equivalent if the concession is conditional.

Neither of the contracting parties shall lay upon goods proceeding from the soil or the industry of the other party, which may be imported into its ports, any other or higher duties of importation or re-exportation than are laid upon the importation and re-exportation of similar goods coming from any other foreign country.

Diese mustergültig klare Fassung der Meistbegünstigungsklausel findet sich in den Verträgen der Union mit Belgien (1845 Art. XV; 1858 Art. XIII; 1875 Art. XIII).

[1]) An der Hand dieser Aufstellung überprüfe man auch die vom Staatssekretär Graf Posadowsky im Reichstag abgegebene Erklärung, daß auf Grund der amerikanischen Auffassung von der Meistbegünstigungsklausel immer nur Konzessionen pro praeterito umsonst eingeräumt würden. In weitaus der größten Anzahl von Fällen hat die Union die Konzessionen pro praeterito sowohl wie pro futuro der Reziprozität unterstellt.

VIII.

Reziprozitätsverträge europäischer Staaten untereinander.

Die von den Vereinigten Staaten von Amerika in die Meistbegünstigungsklausel eingefügte Unterscheidung zwischen entgeltlichen und unentgeltlichen Zugeständnissen ist den Handelsverträgen der Union von allem Anfange an eigentümlich gewesen. Sie fand in allen Abmachungen Platz, welche der Norden Amerikas mit dem Süden schloß (s. Abschnitt VI), ebenso aber auch in denen, die zwischen dem Norden und Süden Amerikas einerseits und Europa andererseits (s. Abschnitt VI und VII) zustande kamen. Es drang so seit den zwanziger Jahren des vorigen Jahrhunderts die Idee der Reziprozität immer stärker von Amerika nach Europa hinüber und zog schließlich auch die handelspolitischen Abmachungen der europäischen Staaten untereinander in ihren Bannkreis.

In Europa hatte, wie schon an einigen Beispielen gezeigt,[1]) während des 18. Jahrhunderts die unbedingte Meistbegünstigung die Herrschaft inne gehabt. Solches traf auch noch für die zwei ersten Jahrzehnte des 19. Jahrhunderts zu, die allerdings infolge der napoleonischen Kriege wenig Handelsverträge zeitigten. Mit den dreißiger Jahren aber wandte sich das Blatt.

Der Verkehr von einem Lande zum anderen war im Steigen begriffen; die Volkswirtschaften wurden untereinander immer mehr verflochten; das Bedürfnis zu vertraglichen Abmachungen handelspolitischer Natur stieg. Diesen Abmachungen aber legte man jetzt immer den Gedanken der Reziprozität in Form der bedingten Meistbegünstigung zugrunde; und so ging denn angesichts des Umstandes,

---

[1]) S. S. 19ff.; weitere Belege in Abschnitt X.

daß — erstens — früher Handelsverträge an sich ziemlich spärlich gewesen waren, und daß — zweitens — jetzt außer den europäischen Staaten auch eine Reihe überseeischer Länder für die Handelspolitik in Betracht kamen, mithin die Möglichkeit mannigfachster Vertragskombinationen sich ergab, mit einem Male ein förmlicher Regen von Reziprozitätsverträgen über die Welt nieder.

Wir wollen im nachfolgenden den Reziprozitätsverträgen europäischer Staaten untereinander einige Erörterungen widmen. Der größeren Übersicht halber betrachten wir sie sozusagen von drei Hauptstandorten aus: wir wählen Rußland als Vertreter für den Osten, Sardinien für den Süden, die Zollvereinsstaaten für das Zentrum Europas. Verträge, die wir durch diese Anordnung nicht berühren, und die uns doch erwähnenswert scheinen, gruppieren wir für sich.

A. Rußland.

Rußland lehnte es früher öfters ab, die Meistbegünstigung dergestalt auf die Eingangszölle auszudehnen, daß dritten Staaten gewährte Zollherabsetzungen dem Gegenkontrahenten überhaupt zugute kamen. Das Prinzip der Meistbegünstigung auf die steuerrechtliche und sonstige Stellung der gegenseitigen Untertanen sowie auf die Schiffahrt anzuwenden, dazu ließ es sich allenfalls herbei; nicht aber auch dazu, die Meistbegünstigung für die Zölle gelten zu lassen.

So hieß es z. B. im Vertrag zwischen Frankreich und Rußland vom 11. Januar 1787:

Art. IV. Les deux Puissances contractantes accordent à leurs sujets respectifs, dans tous les pays de leur domination où la navigation et le commerce sont permis, les droits, franchises et exemptions, dont y jouissent les nations Européennes les plus favorisées.

Art. X. Les sujets des hautes Parties Contractantes payeront pour leurs marchandises, les douanes et autres droits fixés par les tarifs actuellement en force, ou qui existeront à l'avenir dans les Etats respectifs.

Gleiches besagte der Vertrag Rußlands mit den Beiden Sizilien vom 17. Januar 1787 (Art.V), und Rußlands mit Portugal vom 20. Dezember gleichen Jahres (Art. VI).

Die Waren der meistbegünstigten Nation hatten also laut dieser Bestimmungen bei der Einfuhr nach Rußland fürs erste nur

Anspruch auf den Generaltarif. Von einer Gewährung der dritten Staaten gemachten Zugeständnisse an den Gegenkontrahenten war keine Rede.

Auch im ersten Viertel des neunzehnten Jahrhunderts wollte Rußland von einer Meistbegünstigung in bezug auf die Herabsetzung der Zölle oftmals nichts wissen. Als Beleg dafür diene die Tatsache, daß in dem im Jahre 1825 zwischen Rußland und Preußen zustande gekommenen Vertrage die glatte Meistbegünstigung für Zollkonzessionen ausdrücklich ausgeschlossen wurde.

Art. IX. Die Einfuhr aller Handelsgegenstände aus den Staaten der beiden hohen kontrahierenden Mächte wird nach den allgemeinen Bestimmungen der jedesmaligen, während der Dauer des gegenwärtigen Vertrages in den respektiven Staaten bestehenden Abgabenerhebungsrolle behandelt werden. Was dagegen in besonderen, bereits geschlossenen oder noch zu schließenden Verträgen von der einen oder der anderen Seite einer dritten Macht zugestanden werden dürfte, kann aus diesem Grunde nicht in Anspruch genommen werden."

Im Jahre 1832 (18. (6.) Dezember) kam zwischen diesem, bezüglich der Ausdehnung der Meistbegünstigung auf die Minderung der Zölle so widerspenstigen Rußland und der Union ein Vertrag zustande, welcher u. a. folgende Artikel enthielt:

Art. VI. No higher or other duties shall be imposed on the importation into the United States of any article the produce or manufacture of Russia, and no higher or other duties shall be imposed on the importation into the Empire of Russia of any article the produce or manufacture of the United States, than are or shall be payable on the like article being the produce or manufacture of any other foreign country. Nor shall any prohibition be imposed on the importation or exportation of any article the produce or manufacture of the United States or of Russia, to or from the ports of the United States, or to or from the ports of the Russian Empire, which shall not equally extend to all other nations.

Art. XI. If either party shall hereafter grant to any other nation any particular favor in navigation or commerce, it shall immediately become common to the other party, freely, where it is freely granted to such other nation, or on yielding the same compensation, when the grant is conditional.

Ein Vergleich dieser beiden Artikel mit den Artikeln V und IX des amerikanisch-preußischen Vertrages vom Jahre 1828 tut dar, daß die Artikel wörtlich übereinstimmen. Nach der Deutschland seitens der Union gewordenen offiziellen Erklärung zu Art. V unseres Vertrages hätte also Art. VI des russisch-amerikanischen Vertrages, auf den man die Deutschland gewordene Erklärung wegen der Übereinstimmung der Texte ohne weiteres übertragen kann, die — glatte — Meistbegünstigung pro praeterito festgelegt, dergestalt, daß alle vor Abschluß des Vertrages anderen Staaten gewährten Vergünstigungen den Kontrahenten umsonst und ohne Gegenleistung zuteil geworden wären, während für künftige derartige Zugeständnisse — if either party shall hereafter grant — die bedingte Meistbegünstigung gelten sollte.

Angenommen, diese Deutung des russisch-amerikanischen Vertrages, die sich, wir wiederholen das, auf eine amtliche Erklärung der Washingtoner Regierung stützt, wäre richtig: hätte damit nicht Rußland seine eben noch in dem mit Preußen geschlossenen Vertrag (1825) bezüglich der Meistbegünstigung vertretene Anschauung völlig gewechselt? Bisher verfocht es, — der nur 7 Jahre vorher abgeschlossene Vertrag mit Preußen führt in dieser Hinsicht eine überaus klare Sprache, — den Grundsatz, daß es bezüglich der Zollminderungen keine Meistbegünstigung gelten lassen wolle. Und nun geht es im Vertrag mit der Union nicht nur auf die bedingte Meistbegünstigung ein, (was noch zu verstehen wäre), nein, es gibt der Union so weit nach, daß es pro praeterito die glatte Meistbegünstigung stipulierte.

Rußland hätte damit seine Front völlig gewechselt. Ist solches ohne weiteres anzunehmen? Wir glauben nicht daran, daß es eine derartige Schwenkung vornahm, weil wir — entgegen der offiziellen amerikanischen Interpretation — in den Abmachungen des Art. VI des russisch-amerikanischen Vertrages keine Meistbegünstigung bezüglich der Minderung der Zölle entdecken können, sondern glauben, man habe in diesem Artikel — Treaties and Conventions P. 935 sagen, daß Art. VI „no discriminating duties on account of nationality of imports“ festgelegt habe, — nur vereinbaren wollen, daß in den beiderseitigen allgemeinen Tarifen keine generelle Differenzierung zu Ungunsten der beiderseitigen Einfuhr stattfinden dürfe, eine Ansicht, für die wir sogleich aus Reziprozitätsverträgen Rußlands mit europäischen Staaten Material beizubringen Gelegenheit haben werden.

Mancher Leser wird angesichts dieser Ankündigung geneigt

sein zu fragen: Inwiefern dient eine Erörterung des russisch-amerikanischen Vertrages oder eine solche der russischen Reziprozitätsverträge mit europäischen Staaten zur Klarstellung unserer Handelsbeziehungen zur Union?

Es gilt, wie schon im Eingange unserer Darstellung bemerkt, Material zur Erkenntnis des Gedankengangs zu gewinnen, den man früher beim Abschluß von Handelsverträgen verfolgt hat, in einer Reihe von Verträgen gemeinsame Züge festzustellen, und so die Grundlage für den Schluß zu legen: weil man es dort so gehalten hat, spricht eine große Wahrscheinlichkeit dafür, daß man es auch hier so gehalten wissen wollte. Dabei legen wir vor allem Wert darauf, derartiges Material für die Erklärung des Art. V unseres Vertrages mit der Union zu sammeln, um herausfinden zu können, was dieser Artikel, welcher in der Übersetzung der Gesetzessammlung für die preußischen Staaten lautet:

„Auf den Eingang der Erzeugnisse des Bodens oder des Kunstfleißes des Königreiches Preußen in die Vereinigten Staaten und auf den Eingang der Erzeugnisse des Bodens oder des Kunstfleißes der Vereinigten Staaten in das Königreich Preußen sollen weder andere noch höhere Abgaben gelegt werden, als diejenigen, welche auf dieselben Artikel, wenn sie Erzeugnisse des Bodens oder des Kunstfleißes irgend eines anderen fremden Landes, gelegt sind oder gelegt werden möchten," —

und der, was wir schon mehrfach hervorhoben, nicht gut die volle Meistbegünstigung festgelegt haben kann, eigentlich besagte. Dieses Material muß aber um so wertvoller und beweiskräftiger sein und einen um so zwingenderen Schluß verbürgen, je bunter die Kombination der Parteien ist, welche an den einzelnen Verträgen beteiligt waren, und je länger der Zeitraum ist, für welchen wir gleichartige Gedanken festzustellen vermögen. Wenn wir nur in den Verträgen einer einzigen Macht immer dieselbe Idee fänden, so wäre nicht viel bewiesen; ebenso auch dann nicht, wenn wir den Gedanken immer nur in den Verträgen des einen Staates mit einem ganz bestimmten anderen Staate fänden. Ganz anders aber ist die Sache, wenn wir sehen, daß der Staat A sowohl wie der Staat B und der Staat C immer einem und demselben Gedankengang folgten, und daß dies in einer möglichst bunten Kombination der Vertragsparteien geschah.

Diese Copia von immer wechselnden Bildern zu geben und so unsere Argumentation tunlichst hieb- und stichfest zu machen, das ist der Grund, warum wir hier auch die russischen Reziprozitätsverträge erörtern.

Rußland schloß u. A. mit folgenden Ländern Europas während der hier zur Erörterung stehenden Periode (1845—1860) Handelsverträge ab:

1. Mit den Niederlanden vom 13. (1.) September 1846.

Art. XI. „In den Staaten des einen der hohen vertragenden Teile sollen die Erzeugnisse des Bodens oder der Industrie des anderen Teiles mit keinen anderen oder höheren Einfuhrabgaben belegt werden, als denjenigen, welche dieselben Artikel, wenn sie aus anderen Ländern herrühren (provenant d'autres pays), gegenwärtig entrichten oder in der Folge entrichten werden.

Die hohen vertragenden Teile verpflichten sich gegenseitig, den Untertanen irgend eines anderen Staates in Sachen des Handels, der Zölle und der Schiffahrt keine Begünstigung, noch Privileg, noch Freiheit zuzugestehen, welches nicht in gleicher Weise und zu derselben Zeit auf die Untertanen des anderen vertragenden Teiles ausgedehnt würde, und zwar unentgeltlich, wenn das Zugeständnis unentgeltlich ist, oder vermittelst eines möglichst gleichartigen Ersatzes oder Äquivalentes, wenn das Zugeständnis an eine Bedingung geknüpft ist."

2. Mit Frankreich vom 16. (4.) September 1846.

Art. VII. „Auf die Einfuhr irgend einer Ware, das Erzeugnis des Bodens oder des Gewerbefleißes des russischen Reiches, in die Staaten Seiner Majestät des Königs der Franzosen sollen keine anderen oder höheren Abgaben, und auf die Einfuhr irgend einer Ware, das Erzeugnis des Bodens oder des Gewerbefleißes der Staaten Seiner Majestät des Königs der Franzosen in die Staaten Seiner Majestät des Kaisers aller Reußen sollen keine anderen oder höheren Abgaben gelegt werden, als diejenigen, mit welchen ähnliche Artikel, das Erzeugnis des Bodens oder des Gewerbefleisses, irgend eines anderen fremden Landes betroffen sind oder sein werden."

Art. X. „Wenn in der Folge einer der beiden hohen vertragenden Teile anderen Nationen in betreff des Handels oder der Schiffahrt eine besondere Begünstigung bewilligt, so soll dieselbe dem Handel oder der Schiffahrt des anderen vertragenden Teiles unverzüglich zugute kommen, und zwar ohne Gegenleistung, wenn sie unentgeltlich bewilligt war, oder gegen dieselbe Vergeltung oder Gegenleistung, wenn das Zugeständnis bedingt war."

3. Mit Belgien vom 14. Februar 1850 und 9. Juni 1858.

Art. VII. „Es werden auf alle Boden- und Gewerbeerzeugnisse des russischen Reiches bei deren Einfuhr in das Königreich Belgien keine anderen oder höheren Zölle gelegt werden, und es werden auf alle Boden- und Gewerbeerzeugnisse des Königreichs Belgien keine anderen oder höheren Zölle bei der Einfuhr in das russische Reich gelegt werden als diejenigen, welche jetzt oder künftig von ähnlichen Boden- und Gewerbeerzeugnissen jedes anderen fremden Landes erhoben werden."

Art. XIII. „Wenn in der Folge einer der vertragsschließenden Teile in Handels- und Schiffahrtsangelegenheiten anderen Nationen irgend eine besondere Begünstigung einräumen sollte, so soll diese Begünstigung unverzüglich auch dem anderen Teile zugute kommen, welcher sich derselben, wenn die Vergünstigung unentgeltlich bewilligt worden ist, unentgeltlich, wenn die Vergünstigung eine bedingte ist, gegen dieselbe Gegenleistung oder ein anderes Äquivalent erfreuen soll."

4. Mit Griechenland vom 12. Juni 1850. Die Art. VI und VII dieses Vertrages stimmen mit dem Art. VII und XIII des eben erwähnten belgisch-russischen Vertrages vom 14. Februar 1850 überein.

5. Mit Portugal vom 28. Februar 1851.

Art. X lautet hier wie Art. XI des Vertrages mit den Niederlanden.

6. Mit Frankreich vom 14. (2.) Juni 1857.

Art. XIV. „Die beiden hohen Kontrahenten versprechen sich gegenseitig, in allem, was Zölle und Schiffahrtsabgaben betrifft, keinem anderen Staate irgend ein Vorrecht oder eine Begünstigung oder Befreiung einzuräumen, ohne daß diese nicht auch, und zwar von demselben Augenblicke an, auf ihre resp. Untertanen ausgedehnt würde, und zwar unentgeltlich, wenn das Zugeständnis zugunsten des anderen Staates unentgeltlich ist, und gegen die nämliche Gegenleistung oder dasselbe Äquivalent, wenn das Zugeständnis ein bedingtes gewesen ist."

7. Mit Österreich vom 14. (2.) September 1860.

Art. XII. „In Allem, was sich auf den Handel und die Schiffahrt bezieht, versprechen die beiden hohen kontrahierenden Teile einander gegenseitig, keine Privilegien, Vergünstigungen oder Befreiungen einem anderen Staate zuzugestehen, ohne sie in demselben Augenblicke auch auf die beiderseitigen Untertanen auszudehnen und zwar unentgeltlich, wenn das Zugeständnis zugunsten des anderen Staates ein unentgeltliches ist, und gegen dieselbe oder eine entsprechende Entschädigung, wenn das Zugeständnis ein bedingtes ist.[1])"

---

[1]) „Zur Vermeidung jedweder irrtümlichen Interpretation" wurde in Art. XX ausdrücklich festgestellt, daß die Sonderbestimmungen, welche den Handelsverkehr Rußlands mit den Königreichen Schweden und Norwegen und Österreichs mit den Staaten des Deutschen Bundes und des Deutschen Zollvereins regeln oder in Zukunft regeln werden, und welche sich auf entsprechende Zugeständnisse oder Bundesverhältnisse beziehen, in keinem Falle zugunsten des zwischen den beiden hohen kontrahierenden Teilen bestehenden Handels- und Schiffahrtsverkehrs angeführt werden dürfen.

Hier liegt wieder ein Beispiel für die territoriale Einschränkung der Meistbegünstigung vor, ein Thema, welches eine Abhandlung für sich bedingt.

Wir haben die vorstehenden Übersetzungen der Vertragstexte dem preußischen Handelsarchiv entnommen, womit — leider — keine Gewähr für deren Güte geboten ist. Die Übersetzungen sind mit Mängeln behaftet.

In Art. VII der russisch-belgischen Verträge heißt es z. B. in der Übertragung, daß die beiderseitige Wareneinfuhr mit keinen höheren Zöllen belastet werden dürfe, als mit jenen, „welche jetzt oder künftig von ähnlichen Boden- und Gewerbeerzeugnissen jedes anderen fremden Landes erhoben werden.“ Der französische Text spricht von „tout autre pays étranger“; die Übersetzung ist hier richtig, sie gibt Wortlaut und Sinn des französischen Originales getreu wieder.

In der Übersetzung des französisch-russischen Vertrages vom Jahre 1846 aber heißt es, daß die beiderseitige Wareneinfuhr mit keinen höheren Zöllen belastet werden dürfe, als denjenigen, „mit welchen ähnliche Artikel, das Erzeugnis des Bodens oder des Gewerbefleißes irgend eines anderen fremden Landes betroffen sind oder betroffen sein werden“. Der französische Text spricht hier, genau so wie im Art. VII des russisch-belgischen Vertrages, von „tout autre pays étranger“. Weshalb nur hat das preußische Handelsarchiv denselben französischen Text verschieden übersetzt? Ist es denn gleich, ob man sagt: die gegenseitige Wareneinfuhr zahlt die Zölle, die auf die Waren aus irgend einem anderen fremden Lande gelegt sind: oder ob man sagt: die gegenseitige Wareneinfuhr wird mit den Zöllen belastet, die auf die Einfuhr aus jedem anderen fremden Lande ruhen? Erstere Wendung könnte — nach Umständen — die glatte Meistbegünstigung bedeuten. Und die letztere?

Wenn man festlegt, daß die gegenseitige Wareneinfuhr den Zöllen unterliegt, die auf die Wareneinfuhr „aus jedem anderen fremden Lande“ zu entrichten sind, — hat man damit die Meistbegünstigung vereinbart dergestalt, daß man auch ein Anrecht auf Tarifminderungen hat, die einem dritten Staat zugestanden werden? Heute — ja! In der Zeit der Reziprozitätsverträge — schwerlich! Die Zölle, die auf die Wareneinfuhr „aus jedem anderen fremden Lande“ — ohne weiteren Zusatz — zu entrichten sind, bedeuteten damals nicht die Sätze eines ermäßigten Tarifs, sondern die generell, für „jedes Land“ geltenden Sätze des allgemeinen Tarifes.

Wir wollen das an der Hand einiger Stellen aus den gedachten russischen Reziprozitätsverträgen näher erläutern.

Im französischen Originaltext des Vertrages zwischen Rußland und Frankreich (1857) heißt es:

Art. XIV. En tout ce qui concerne les droits de douane et de navigation, les deux hautes parties contractantes se promettent réciproquement de n'accorder aucun privilége, faveur ou immunité à un autre état, qu'il ne soit aussi et à l'instant étendu à leurs sujets respectifs, gratuitement si la concession en faveur de l'autre état est gratuite, et moyennant la même compensation ou l'équivalent si la concession a été conditionelle.

Die Festlegung, daß die beiderseitige Wareneinfuhr zu den Zollsätzen eingehen könne, die auf die Wareneinfuhr aus irgend einem, richtiger aus „jedem“ fremden Lande zu entrichten sind, hat man sich hier völlig geschenkt; ein dem Art. V des preußisch-amerikanischen Vertrages entsprechender Artikel fehlt hier, — der beste Beweis dafür, daß ein derartiger Artikel alles andere denn ein Anrecht auf Zollminderungen enthielt; sonst hätte man ihn im russisch-französischen Vertrag schwerlich missen wollen.

Im Vertrag Rußlands mit Frankreich (1846) und mit Belgien (1850) sprach man von Zöllen, die „tout autre pays étranger“ zu entrichten habe. War damit so ohne weiteres jedes meistbegünstigte Land gemeint? Nein! Außer den schon oben berührten Momenten spricht gegen eine derartige Annahme vor allem noch der Umstand, daß die Unterhändler die Wendung von der „meistbegünstigten“ Nation in den Vertragstext hineingeschrieben haben, wo immer sie die meistbegünstigte Nation wirklich im Auge hatten. So sagte z. B. der Art. IV des französisch-russischen Vertrages vom Jahre 1857 ganz deutlich:

Les produits du sol et de l'industrie des états de sa majesté l'empereur de toutes les Russies jouiront, à leur importation dans les colonies françaises,[1]) de tous les avantages et faveurs qui sont actuellement ou seront par la suite accordés aux produits similaires de toute autre nation européene **la plus favorisée.**

---

[1]) Bezüglich der Kolonien hat man auch in anderen Reziprozitätsverträgen des öfteren die unbedingte Meistbegünstigung vereinbart.

„Toute autre nation“ wird hier ausdrücklich als „la plus favorisée“ bezeichnet. Wenn man bei sonstigen Abmachungen über die Zölle unter „tout autre pays“ das „meist begünstigte“ Land begriffen hätte, so hätte man es ganz gewiß gesagt, genau so wie man in Art. IV und auch an anderen Stellen der Verträge die meistbegünstigte Nation ausdrücklich nannte, sobald man sie im Auge hatte.

Ein drittes Moment für unsere Annahme, daß man in den Art. VII des belgisch-russischen Vertrages und des französisch-russischen Vertrages die Meistbegünstigung nicht festgelegt hat, dergestalt, daß diese Artikel einen Anspruch auch auf Zollminderungen enthielten, ist dieses:

Der Art. I des französisch-russischen Vertrages vom Jahre 1857 sagt:

Il y aura réciproquement pleine et entière liberté de commerce et de navigation pour les bâtimens et les sujets des hautes parties contractantes dans tous les ports de leurs domaines respectifs où la navigation est actuellement permise ou sera permise à l'avenir aux navires de toute autre nation étrangère.

Was heißt das? Unseres Erachtens hat man damit sagen wollen: die beiderseitigen Schiffe dürfen die für die Schiffahrt aller fremden Nationen offenen Häfen anlaufen. Hätte Frankreich das Anlaufen eines sonst der fremden Schiffahrt verbotenen Hafens ausnahmsweise den Schiffen einer bestimmten Nation (gegen Gewährung einer anderweitigen Vergünstigung) erlaubt, allen anderen Nationen aber verwehrt, so hätte Rußland schwerlich für seine Schiffe das Anlaufen in diesem Hafen auf Grund des Art. I fordern können. Im Gegenteil: laut Art. XIV mußte diese Vergünstigung besonders erkauft werden. Nur in jenen französischen Häfen, die der Schiffahrt jeder fremden Nation zugänglich waren, wo die fremde Schiffahrt generell erlaubt war, da konnten die russischen Schiffe auf Grund Art. I den Zutritt verlangen.

Der Ausdruck: „toute autre nation étrangère“ hatte in diesem Artikel ganz gewiß nicht den Sinn „meistbegünstigte Nation“. Man wollte vielmehr in Art. I nur die Anwendung der für alle Länder insgemein geltenden Vorschriften auch für das Anlaufen der Häfen durch die beiderseitige Handelsflotte vereinbaren.

War es nun bezüglich der Zölle anders? Bedeutete hier die Vereinbarung, daß auf die beiderseitige Wareneinfuhr keine anderen

Zölle gelegt werden sollen, als die für die Einfuhr aus „tout autre pays étranger" geltenden, die Meistbegünstigung im Sinne eines Anrechtes auf Zollvergünstigungen? Nein! Auch damit wollte man nur sagen: Für die Höhe der Zölle auf die gegenseitige Wareneinfuhr gelten prima facie die für alle Länder maßgebenden Vorschriften d. i. die Sätze des Generaltarifes.

Artikel wie der VII. im französisch-russischen Vertrag vom Jahre 1846 und wie der VII. im belgisch-russischen Vertrag sind u. E. inhaltlich vollständig identisch mit Artikel X des eingangs (S. 93) erwähnten französisch-russischen Vertrages vom Jahre 1787, welcher besagte, daß die französischen Waren bei ihrer Einfuhr nach Rußland — und umgekehrt — die jeweils geltenden Sätze des Generaltarifes („tarif actuellement en force") zu zahlen hätten. Von einem irgendwie gearteten Meistbegünstigungsanspruch auch auf Zoll**minderungen** war in dem Art. VII dieser Reziprozitätsverträge keine Rede.

Ein letzter Grund, welcher uns die Annahme nahe legt, daß mit den Zöllen, die auf die Einfuhr aus „jedem anderen Lande" oder aus „anderen Ländern" erhoben werden, kein etwaiger Konventionaltarif oder Minimaltarif gemeint war, und daß man damit die volle Meistbegünstigung nicht aussprechen wollte, ist folgender: Wenn man in Art. XI Abs. 1 des russisch-niederländischen Vertrages, — man lese ihn auf S. 97 nach, — die glatte, unbedingte, uneingeschränkte Meistbegünstigung bezüglich der Zölle festzulegen beabsichtigt hätte, wäre es nicht höchst überflüssig gewesen, in Abs. 1 eine derartige Bestimmung zu treffen, um sie durch Abs. 2, der die bedingte Meistbegünstigung ausdrücklich auch bezüglich der Zölle festlegte, sogleich wieder aufzuheben? Man könnte uns einwenden, daß der Abs. 2 die Erläuterung des Abs. 1 gab. Aber wir sehen in Abs. 1 nichts, was einer Erläuterung bedürfte; und dann macht uns der Abs. 2 viel mehr den Eindruck einer Festlegung für sich, einer neuen Vereinbarung, denn den einer Erläuterung zu Abs. 1.

Aus mancherlei Gründen kommen wir also zu dem Schluß, daß in diesen russischen Verträgen eine Vereinbarung des Inhalts, die gegenseitige Wareneinfuhr unterliege den Zöllen, die auf die Waren aus „jedem anderen fremden Lande" erhoben werden, nicht gut die glatte Meistbegünstigung bedeutet haben kann, sondern daß man damit den Generaltarif als prima facie für die Verzollung maßgebend zu vereinbaren beabsichtigte. Und solches paßt auch zur früheren Haltung Rußlands in dieser Frage.

Rußland hatte also lange nicht die scharfe Schwenkung in seiner Anschauung über die Ausdehnung der Meistbegünstigung auch auf Zollminderungen vollzogen, die es angesichts des Vertrages mit der Union fürs erste vollzogen zu haben scheint. Nach wie vor hielt es am Generaltarif als dem maßgebenden Faktor des Verzollungsgeschäftes fest.

Für die Verträge Rußlands mit Frankreich aus dem Jahre 1846 und mit Belgien vom Jahre 1850 standen uns die französischen Originaltexte zur Verfügung. Für die russischen Verträge mit Griechenland (1850) und mit Portugal (1851) konnten wir der Originaltexte leider nicht habhaft werden. Eine Nachprüfung der Übersetzung auf ihre Richtigkeit war uns also unmöglich. Wenn wir also bezüglich der einschlägigen Texte der Verträge Portugals und Griechenlands auf andere Verträge verwiesen haben, so legten wir diesem Hinweis den Wortlaut der Übersetzungen im preußischen Handelsarchiv zugrunde, die allerdings, wie gezeigt, nicht immer einwandsfrei sind. In der Übersetzung des griechisch-russischen Vertrages vom Jahre 1850 spricht z. B. das Handelsarchiv wieder von „irgend einem anderen fremden Lande“, wo vermutlich im französischen Originaltext „tout autre pays étranger“ stand.

Wir haben bisher sieben Handelsverträge Rußlands erwähnt. In allen ist zweifellos eine Verabredung über die Meistbegünstigung getroffen worden; die Meistbegünstigung aber wurde immer in einer Form stipuliert, die von der heutigen ganz entschieden abweicht. Zu diesen sieben Reziprozitätsverträgen nun gesellt sich als achter russischer Vertrag aus dieser Periode der mit Großbritannien vom 12. Januar 1859 (31. Dezember 1858), welcher deswegen hier von besonderer Wichtigkeit ist, weil er aus dem Rahmen der sonstigen Verträge Rußlands herausfällt, die glatte Meistbegünstigung festlegt und so Material für interessante Vergleiche bietet. Er enthielt in Art. X folgende Abmachung:

„Ihre Britische Majestät verspricht, daß in allem, was den Handel und die Schiffahrt angeht, die Untertanen S. M. des Kaisers aller Reußen in den Britischen Staaten und Besitzungen alle Privilegien, Begünstigungen und Immunitäten genießen sollen, die gegenwärtig oder künftighin Ihre Britische Majestät den Untertanen oder Bürgern irgend einer anderen Macht gewähren; und S. M. der Kaiser aller Reußen, von dem Wunsche beseelt, die Handelsbeziehungen der beiden Länder zu begünstigen und auszudehnen, verspricht seinerseits, daß alle Privilegien, alle Begünstigungen oder Immunitäten irgend einer Art, welche Seine Kaiserliche Majestät gegenwärtig oder künftighin etwa hinsichtlich des Handels und der Schiffahrt den Untertanen oder Bürgern irgend eines anderen Staates gewährt, auf die Untertanen Ihrer Britischen Majestät ausgedehnt werden sollen."

Dieser russisch-großbritannische Vertrag enthält nirgends die Reziprozitätsklausel. Nirgends findet sich eine Verabredung, daß man zwischen entgeltlich und unentgeltlich gewährten Vergünstigungen unterscheiden müsse, und daß demgemäß der Gegenkontrahent nach Umständen Gegenleistungen anbieten müsse, um in den Besitz der dritten Staaten gewährten Vergünstigungen zu gelangen. Dieser russisch-britische Vertrag ist also ein glatter Meistbegünstigungsvertrag gewesen und stand insofern in einem schroffen Gegensatz zu den sonst von Rußland befolgten Grundsätzen; im schroffen Gegensatz insbesondere auch zu der früher Großbritannien gegenüber beobachteten Haltung, wie sie im Vertrag vom 11. Januar 1843 zum Ausdruck kam, wo es hieß:

Art. II. Les vaisseaux et sujets des hautes parties contractantes jouiront, par le présent traité, réciproquement de tous les avantages, immunités et priviléges, dans les ports de leurs Etats respectifs et leurs possessions, dont jouissent présentement la navigation et le commerce des nations les plus favorisées; l'objet en étant d'assurer, dans le royaume uni et les possessions britanniques, aux vaisseaux et sujets russes, les avantages pleins et entiers de navigation et de commerce accordés par les lois existantes, réglemens, ordonnances ou traités à des puissances étrangères, ou qui pourraient être accordés à l'avenir. Et LL. MM. la reine du royaume uni de la Grande-Bretagne et d'Irlande et l'empereur de toutes les Russies s'engagent réciproquement à n'accorder aucunes faveurs, priviléges ou immunités quelconques, en matière de commerce et de navigation, aux sujets ou citoyens d'aucun autre Etat qui ne soient en même temps accordées aux sujets de l'autre des hautes parties contractantes, gratuitement, si la concession en faveur de l'autre Etat à été gratuite, ou en donnant, en autant qu'il sera possible de le faire, la même compensation ou le même equivalent, dans le cas où cette concession aura été conditionelle.

* * *

Wenn wir nunmehr die Schlußfolgerung aus unseren bisherigen Darlegungen ziehen dürfen, so ergibt sich folgendes: Rußland und Belgien, bezw. die Niederlande, Frankreich usw. legten in ihren Handelsverträgen den Abmachungen bezüglich der Zölle folgenden Gedankengang zugrunde:

1. Die Produkte des einen Vertragsteiles zahlen fürs erste bei der Einfuhr in das Land des anderen Vertragsteiles jetzt und künftig keine höheren Zölle, wie die gleichen Produkte aus jedem anderen fremden Lande, d. i. sie zahlen die Sätze des allgemeinen Tarifes.

2. Macht nun einer der Kontrahenten „in Sachen des Handels und der Schiffahrt", oder deutlicher „in Sachen des Handels, der Zölle und der Schiffahrt" einer anderen Nation künftighin (oder überhaupt; denn in verschiedenen Verträgen wird kein Unterschied zwischen Zukunft oder Vergangenheit gemacht) Zugeständnisse, so werden diese auf den Gegenkontrahenten ausgedehnt.

3. Solches geschieht aber nur dann, wenn der Gegenkontrahent sich zu gleichwertigen Gegenleistungen versteht.

Wenn man die so herausgeschälten Grundgedanken der russischen Reziprozitätsverträge sich immer gegenwärtig hält, so ergibt sich beim Durchlesen der Verträge eine ganz logische Aufeinanderfolge der Bestimmungen. Man gewahrt in diesen keinen Widerspruch mehr.

Im französischen Vertrag vom Jahre 1846 und ebenso im belgischen Vertrag vom Jahre 1850 und 1858 ist im Art. VII von Zöllen die Rede, welche jetzt oder künftig von Boden- und Gewerbeerzeugnissen jedes anderen fremden Landes erhoben werden, während Art. X (bezw. XIII) von künftigen Vergünstigungen spricht, welche nach Umständen mit Gegenleistungen zu erkaufen sind. Würde Art. VII jeweils die glatte Meistbegünstigung haben festlegen wollen, so wäre ein unlösbarer Widerspruch mit den nachfolgenden Artikeln vorhanden gewesen. Denn in Art. VII wäre, wie schon für den französisch-niederländischen Vertrag, wo der Widersinn besonders kraß wäre, auseinander gesetzt, festgestellt worden, daß jetzt und künftig die unbedingte Meistbegünstigung gilt, während doch in Art. X bezw. XIII gesagt war, daß in der Folge keine unbedingte Meistbegünstigung gilt. Zuerst hätte man gesagt, in Zukunft gilt die unbedingte Meistbegünstigung, und einige Artikel später: in Zukunft gilt die bedingte Meistbegünstigung. Daß man solches im Ernste wollte, ist kaum anzunehmen. Eine derartige Unlogik darf man den Unterhändlern nicht unterschieben.

Sobald man sich aber entschließt, in den jeweiligen Art. VII die ganze Meistbegünstigung nicht hineinzulegen, sondern in seinen Bestimmungen nur die Festlegung des Generaltarifes, des Gleichbenachteiligungszwanges gegenüber anderen Staaten zu erblicken, entfällt der Widerspruch. Dann wird folgendes vereinbart: Im Augenblick des Vertragsabschlusses wird die Wareneinfuhr den Sätzen des jetzt oder künftig geltenden allgemeinen Tarifes unterworfen. Sobald aber an diesen Tarif — in seiner jetzigen oder künftigen Gestalt — in der Folge Abschläge zugunsten einer dritten Nation vorgenommen werden, hat der Gegenkontrahent unter Anbietung gleichwertiger Leistungen ein sofortiges Anrecht auf dieselben.

Jetzt ist der Widerspruch beseitigt.

B. Sardinien.[1]

Dieses Land schloß Reziprozitätsverträge

1. mit dem Kirchenstaat vom 3. Juli 1847 und vereinbarte darin:

Art. VI. „Im Kirchenstaat sollen die Erzeugnisse des Bodens oder des Kunstfleißes des Königreiches Sardinien und in diesem letzteren die Erzeugnisse des Bodens oder des Kunstfleißes des Kirchenstaates keinen anderen oder höheren Abgaben unterworfen werden, als denjenigen, welche auf dieselben aus anderen Ländern herstammenden Gegenstände gelegt sind. In Gleichem sollen keine Erzeugnisse des Bodens oder des Kunstfleißes der Staaten des hl. Stuhles oder des Königreiches Sardinien beim Eingang in oder bei der Ausfuhr aus den Häfen beider Länder mit einer Erschwerung oder einem Verbote der Ein- oder Ausfuhr belegt werden, welche nicht gleichmäßig auf alle anderen Nationen Anwendung findet."

Art. XI. „Der Handelsstand des einen Landes soll in dem Gebiete und den Häfen des anderen aller der Handels- und Schiffahrtsbegünstigungen

---

[1]) Über die Gründe, weswegen wir uns hier auch mit den sardinischen Reziprozitätsverträgen befassen, s. oben S. 96 Dazu kommt, daß wir später (Abschnitt IX) eine Darstellung des Tarifvertragsystems geben, das Sardinien zu Anfang der fünfziger Jahre schuf, und das eine Kenntnis der Haltung Sardiniens gegenüber dem Reziprozitätsgedanken im allgemeinen voraussetzt.

teilhaftig sein, deren sich gegenwärtig die Angehörigen irgend eines anderen Landes daselbst zu erfreuen haben.

Wenn in Zukunft einer der hohen kontrahierenden Teile einer anderen Nation in Ansehung des Handels und der Schiffahrt eine besondere Begünstigung einräumt, so soll diese Begünstigung unverzüglich dem anderen Teile zugute kommen, und zwar ohne Entgelt, wenn die Begünstigung unentgeltlich erteilt, oder gegen dieselbe Vergütung oder ein anderes Äquivalent, wenn das Zugeständnis an eine Bedingung geknüpft war."

Wir konnten des Originaltextes für diesen Vertrag nicht habhaft werden, und müssen uns sonach damit bescheiden, unseren Erörterungen die vorstehende Übersetzung des Vertrages im preußischen Handelsarchiv zugrunde zu legen.

Art. VI enthält u. E. auch hier, genau so wie die entsprechenden Artikel der bereits erörterten russischen Reziprozitätsverträge, nicht die Vereinbarung, daß die unbedingte Meistbegünstigung bezüglich der Zölle gelten solle, sondern die Vereinbarung, daß die gegenseitige Wareneinfuhr zu behandeln sei wie die Einfuhr aus anderen Ländern. Nun kann aber eine Vereinbarung dieser Art nicht die Meistbegünstigung enthalten, weil der Ausdruck „andere Länder" nicht so ohne weiteres besagt, daß dies die meistbegünstigten Länder sind.

Wenn man ferner den zweiten Satz des Art. VI ins Auge faßt, so gewahrt man dort einen Parallelismus zu den Vereinbarungen, die im ersten Satz des Artikels getroffen werden. Der zweite Satz besagt, daß Ein- und Ausfuhr-Erschwerungen und -Verbote der beiden Kontrahenten generell zu gelten haben, und durch den einen Vertragsteil nicht einseitig zu Ungunsten des anderen Vertragsteiles erlassen werden können. Wenn ein Ein- und Ausfuhrverbot in Kraft gesetzt wird, so muß es „gleichmäßig auf alle anderen Nationen Anwendung finden". Dieser, die Verallgemeinerung von Ein- und Ausfuhrverboten festlegende Satz wird eingeleitet durch die Worte: In Gleichem. Dadurch wird u. E. angedeutet, daß die Festlegungen des ersten Satzes von derselben Natur und Beschaffenheit sind, wie die im zweiten; und daraus ergibt sich die weitere Schlußfolgerung, daß der erste Satz die Zölle im Auge hatte, welche für alle anderen Nationen, also generell, gelten. Mit anderen Worten: es wurde im ersten Satz vereinbart, daß in den Generaltarifen keine verschiedenen Sätze für die beiderseitige

Einfuhr normiert werden können: das Gleichbenachteiligungsprinzip gegenüber anderen Staaten.

Was dann den Art. XI betrifft, so legt er für Vergünstigungen pro praeterito, für Vorteile aus früheren Verträgen die unbedingte Meistbegünstigung fest; für die Zukunft aber die bedingte.

2. Mit Portugal vom 17. Dezember 1850.

Art. IV. „Es sollen der gesetzlichen Einfuhr der Boden- und Industrieerzeugnisse des Königreichs Sardinien nach dem Königreich Portugal, einschließlich der Azoren, der Insel Madeira und Porto Santo keine anderen oder höheren Abgaben, und der Einfuhr der Boden- und Gewerbserzeugnisse des Königreichs Portugal in seine Gebiete und Besitzungen keine anderen und höheren Abgaben auferlegt werden, als diejenigen, welchen jetzt oder künftig dieselben Boden- oder Gewerbserzeugnisse der meistbegünstigten Nation unterliegen."

Art. X. „Die hohen vertragsschließenden Teile sind übereingekommen, daß der eine künftig anderen Nationen in betreff des Handels und der Schiffahrt keinerlei Vorrechte, Begünstigungen und Befreiungen bewilligen wird, die nicht auch unverweilt auf die Untertanen des anderen ausgedehnt werden, und zwar unentgeltlich, wenn die Bewilligung eine unentgeltliche, oder gegen eine gerechte und angemessene Gegenleistung in Ermangelung eines gleichen Wertes, wenn die Bewilligung eine bedingte war.

Es wird ausdrücklich verabredet, daß, falls eine der beiden Regierungen einem anderen Staat für seine Boden- oder Gewerbserzeugnisse Zollermäßigungen bewilligen oder demselben andere besondere Vorteile oder Begünstigungen des Handels und der Schiffahrt infolge eines Handels- und Schiffahrtsvertrages und in Erwiderung der seitens des anderen Staates gewährten Zollermäßigungen, Vorteile oder Begünstigungen einräumen sollte, die andere der beiden Regierungen für den Handel und die Schiffahrt ihrer Nationalen dieselben Vorteile und Begünstigungen nur dann verlangen kann, wenn sie in Ermangelung gleicher Vorteile von derselben Ausdehnung und Gattung Äquivalente oder Gegenleistungen anbietet, welche vermöge besonderer Abkommen zwischen den beiden Regierungen gehörig festzustellen sind.

Es versteht sich, daß diese Gegenleistungen von seiten Sardiniens nur dann zu gewähren sind, wenn diese Vorteile oder Begünstigungen andere oder größere als diejenigen sind, welche Sardinien schon jetzt dem Handel und der Schiffahrt Portugals einräumt."

Dieser portugiesisch-sardinische Vertrag ist ähnlich zu interpretieren, wie der schwedisch-amerikanische Vertrag aus dem Jahre 1783 (s. S. 34). Art. IV spricht hier, abweichend von dem sonstigen

Text der Verträge, nicht davon, daß auf die gegenseitige Einfuhr keine höheren Tarife Anwendung fänden denn die, welchen die Einfuhr aus „jedem anderen fremden Lande" unterliegt. Er gebraucht vielmehr den Ausdruck „meistbegünstigte Nation" und sagt, daß diese Behandlung als meistbegünstigte Nation jetzt und künftig stattfinden solle. Dieser Behandlung auf dem Fuße der meistbegünstigten Nation wird aber in Art. X für die künftigen Zugeständnisse einer Modifikation unterworfen. Es wird dort ausdrücklich festgesetzt, daß für die künftig anderen Nationen in betreff des Handels und der Schiffahrt zu gewährenden Vorrechte, Begünstigungen und Befreiungen die Reziprozität gelten solle, d. h. daß künftig zwischen unentgeltlichen und nur auf Grund von Gegenleistungen zu gewährenden Konzessionen ein Unterschied gemacht werden müsse. Und im besonderen wird hierbei auf Zollermäßigungen, welche der eine Vertragsteil einem dritten Staat einräumen sollte, exemplifiziert. Derartige „in Erwiderung der seitens des dritten Staates gewährten Zollermäßigungen gemachte Konzessionen können nur dann verlangt werden, wenn die andere Partei Äquivalente oder Gegenleistungen anbietet, welche vermöge eines besonderen Abkommens festzustellen sind".

3. Mit Griechenland vom 9. März 1851.

Art. XXI. „Wenn durch einen nachträglichen Vertrag einer der beiden vertragsschließenden Teile in Handels- und Schiffahrtsangelegenheiten nachmals einer anderen Nation eine besondere Begünstigung gewähren sollte, so soll diese Begünstigung unverweilt dem anderen Teile zufallen und zwar unentgeltlich, wenn solche unentgeltlich, oder gegen dieselbe Gegenleistung oder deren Gleichwert, wenn die Bewilligung eine bedingte war."

Der italienische Text lautete:

Se pel tratto successivo, e d' ora in poi, l' una delle dette Alte Parti contraenti accordasse qualche speciale favore ad un' altra Nazione in punto di commercio e di navigazione, questo favore serà immediatamente acquistato dall' altra Parte, la quale lo godrà senza peso di specie alcuna, se fu accordato gratuitamente all' altra Nazione, o accordato lo stesso compenso od un equivalente, se la concessione è stata condizionale.

Diesem vorauf ging ein Art. VII folgenden Inhaltes:

Non saranno imposti altri o maggiori diritti sopra l' importazione in Sardegna degli articoli provegnenti dal suolo o dall' industria de Grecia, e non saranno imposti altri o maggiori diritti sopra la importazione in Grecia degli articoli provegnenti dal suolo o dall' industria di Sardegna, se non che quelli che sono, o saranno imposti sopra gli stessi articoli provegnenti dal suolo, o dall' industria d' ogni altro Paese estero: del paro non sarà imposto sulla importazione, o sulla esportazione degli oggetti provegnenti dal suolo, o dall' industria di Sardegna o di Grecia sia all' entrata che alla sortita dai porti Sardi o dai porti Greci veruna prohibizione che non sia egualmente applicabile a qualunque altra Nazione.

Im preußischen Handelsarchiv (1852, 1) wurde wie sonst „toute autre nation" so auch hier „ogni altro Paese estero" mit „irgend einem anderen fremden Land" statt „jedem anderen fremden Land" übersetzt; das „qualunqe altra Nazione" aber mit „anderen Nationen", während es doch besser mit „was für einer anderen Nation nur immer", d. h. „allen anderen Nationen" gegeben werden könnte.

Weitere Beispiele für die (bedingte) Meistbegünstigung in den Verträgen zwischen Sardinien und Frankreich, dem Zollverein (1851), Belgien und Großbritannien werden wir später noch kennen lernen. Wir setzen einstweilen nur hierher

d) den Art. XI des Vertrages zwischen Großbritannien und Sardinien vom Jahre 1851, welcher besagte:

„In allem, was die Zoll- und Schiffahrtsabgaben angeht, verpflichten sich die beiden hohen vertragsschließenden Teile, daß alle Privilegien, Begünstigungen oder Befreiungen, welche jeder von ihnen irgend einem anderen Staate einräumen sollte, sogleich auch auf ihre Untertanen ausgedehnt werden sollen, unentgeltlich, wenn die Bewilligung zugunsten des anderen Staates unentgeltlich erfolgt ist, oder gegen eine, nach gegenseitiger Übereinkunft festzusetzende, in Wert und Wirkung möglichst gleiche Gegenleistung, wenn die Bewilligung eine bedingte ist."

Auf eine Bestimmung, daß die gegenseitige Wareneinfuhr den Zollsätzen unterliege, welche auf die Wareneinfuhr aus „irgend einem (besser jedem) anderen fremden Lande" zu entrichten sind, hat man hier verzichtet, ein Beweis dafür, daß ein derartiger Artikel ein im Laufe der Entwicklung ziemlich selbstverständlich gewordenes Postulat aufstellte, für keinen Fall aber ein Anrecht auf Zollminderungen enthielt. Sonst hätte man ihn wohl nicht ausgemerzt.

e) und die Art. XI und XII aus dem Vertrag Sardiniens mit dem Zollverein vom 23. Juni 1845.

Art. XI. „Auf die Einfuhr der Erzeugnisse des Bodens oder des Kunstfleißes der Staaten des Zollvereins in die sardinischen Staaten, und auf die Einfuhr der Erzeugnisse des Bodens oder des Kunstfleißes der sardinischen Staaten in die zum Zollverein gehörigen Staaten sollen weder andere noch höhere Abgaben gelegt werden, als diejenigen, welche auf dieselben Artikel, wenn sie das Erzeugnis des Bodens oder des Kunstfleißes irgend eines anderen fremden Landes, gelegt sind oder gelegt werden möchten.....

In dem Falle jedoch, wenn einer der beiden vertragenden Teile einem anderen Staate Herabsetzungen der Eingangszölle auf dessen Erzeugnisse des Bodens oder des Kunstfleißes, oder der Ausgangszölle auf dessen Ausfuhr, infolge eines Handelsvertrages oder einer besonderen Übereinkunft und in Vergeltung von Zollherabsetzungen oder anderen Begünstigungen, die von diesem anderen Staate gewährt sind, bewilligt haben möchte, oder noch bewilligen würde, kann der andere der beiden hohen vertragenden Teile dieselben Vorteile nicht in Anspruch nehmen, es sei denn, daß er dafür Äquivalente darbietet, welche den Gegenstand einer besonderen Vereinbarung bilden werden."

Art. XII. „Wenn in der Folge einer der hohen vertragenden Teile anderen Nationen hinsichtlich des Handels oder der Schiffahrt irgend eine andere besondere Vergünstigung bewilligen möchte, soll diese Begünstigung alsbald auch auf den Handel und die Schiffahrt des anderen vertragenden Teiles Anwendung finden, welcher dieselbe unentgeltlich genießen soll, wenn die Bewilligung unentgeltlich geschehen ist, oder gegen Gewährung derselben oder einer äquivalenten Vergeltung, wenn für die Bewilligung etwas bedungen ist."

Der zweite Abschnitt des Art. XI bestimmt hier ausdrücklich daß jede Herabsetzung der Eingangszölle auf Grund eines Handelsvertrages, um in der uns jetzt geläufigen Terminologie zu sprechen, daß die Anwendung des Konventionaltarifes dem Gegenkontrahenten nicht ohne weiteres zuteil wird, sondern daß die bewilligten und noch zu bewilligenden Abschläge, (der französische Text spricht von Zollherabsetzungen und anderen Begünstigungen, welche der eine Vertragsteil einem dritten Staate „aurait accordé ou accorderait") vom Generaltarif besonders zu erkaufen sind.

Der Art. XII legt solches — zum Teil in Wiederholung der Abmachungen des Absatzes 2 des Art. XI — speziell für die Zukunft nochmals fest. Man hat also die Reziprozität in Zollsachen hier sowohl auf die Gegenwart als auf die Zukunft bezogen.

Ein Vergleich des Abschnittes 1 von Art. XI mit Art. V des preußisch-amerikanischen Vertrages tut ohne weiteres dar, daß die Texte dieser Abschnitte übereinstimmen; ebenso steht es mit Art. IX des preußisch-amerikanischen Vertrages und Art. XII des Vertrages zwischen Sardinien und dem Zollverein. Nach der von der amerikanischen Regierung gegebenen Erklärung zu Art. V des preußisch-amerikanischen Vertrages würde man also — angesichts der Übereinstimmung der Texte — sagen müssen, daß auch Art. XI Abs. 1 des sardinischen Vertrages die unbedingte Meistbegünstigung pro praeterito festlegte, eine Behauptung, die bezüglich des deutsch-amerikanischen Vertrages wegen des „are or shall be payable" etwas gezwungen erscheint, und die auch beim sardinischen mit Rücksicht auf die Wendung „gelegt sind oder gelegt werden möchten" absolut nicht angängig ist.

Nehmen wir aber trotzdem an, die amerikanische Auffassung sei richtig und Art. XI Abs. 1 des Vertrages zwischen Sardinien und dem Zollverein habe ebenso wie Art. V des deutsch-amerikanischen Vertrages die unbedingte Meistbegünstigung festgelegt: was könnte der Inhalt dieser Meistbegünstigung bezüglich der Zölle gewesen sein? Hätte man auf Grund dieses Artikels beanspruchen können, daß die an dritte Staaten gewährten Zollminderungen dem Gegenkontrahenten zugestanden werden müssen? Schwerlich! Denn in Absatz 2 des Art. XI des sardinischen Vertrages wird ausdrücklich statuiert, daß die dritten Staaten gewährten Zollkonzessionen besonders erkauft werden sollen; und zwar sowohl die vor Abschluß des Vertrages gewährten, als die nach Abschluß des Vertrages zu gewährenden. Hätte es da einen Sinn gehabt, im ersten Abschnitt des Art. XI zu sagen: Die Kontrahenten behandeln sich bezüglich der Einfuhrzölle auf der ganzen Linie als glattweg meistbegünstigt; und im Abschnitt 2 desselben Artikels zu bestimmen, daß alle, sowohl die in der Vergangenheit als der Zukunft liegenden Zollermäßigungen besonders erkauft werden müssen? Man hätte ja im zweiten Satz das aufgehoben, was man im ersten Satz festgesetzt hatte.

Wir stünden also, wenn Art. XI Abschnitt 1 des sardinischen Vertrages die glatte Meistbegünstigung pro praeterito, welche man nach der Ansicht der Amerikaner in diese Bestimmung hineinzulegen hätte, enthielte, in der Tat vor einem psychologischen

Rätsel, das zu lösen nicht leicht wäre, dessen Lösung insbesondere auch durch den Text, der ausdrücklich von Abgaben spricht, „welche auf die Einfuhr aus irgend einem anderen fremden Land gelegt sind oder gelegt werden möchten", der also, wenn er **überhaupt** die unbedingte Meistbegünstigung festgelegt hätte, sie doch offenbar sowohl für die Zukunft als für die Vergangenheit normiert hätte, noch erschwert wird. Um all diese Widersprüche aber kommen wir herum, sobald wir den ersten Abschnitt des Art. XI dahin interpretieren, daß er den Gleichbenachteiligungszwang gegenüber anderen Staaten normierte, eine Auslegung, die angesichts der Feststellung, daß auf die gegenseitige Einfuhr fürs erste die Zölle erhoben würden, welche auf die Boden- und Industrieerzeugnisse jedes anderen fremden Landes gelegt sind, als logisch und völlig ungezwungen gelten muß.

C. Zollverein.

Der Zollverein vereinbarte in der Zeit von 1839—1860 eine Reihe von Handelsverträgen, in denen die Meistbegünstigung stipuliert wurde; mit geringen Ausnahmen[1]) immer in der bedingten Form. Wir erwähnen an dieser Stelle:

a) Eine Reihe von interessanten Abmachungen bietet schon der erste Vertrag des Zollvereins mit den Niederlanden vom 21. Januar 1839, der u. a. folgendes bestimmte:

Art. II. „Seine Majestät der König der Niederlande werden fortfahren, ohne anderweite Gegenleistung die Erzeugnisse des Bodens und des Kunstfleißes der Staaten des Zoll- und Handelsvereins bei ihrer Einfuhr in die niederländischen Kolonien alle diejenigen Vorteile und Begünstigungen genießen zu lassen, welche den Erzeugnissen des Bodens und des Kunstfleißes irgend der begünstigsten europäischen Nation jetzt zugestanden sind, oder in Zukunft zugestanden werden möchten.[2])"

---

[1]) Darüber in Abschnitt X.

[2]) Sa Majesté le Roi des Pays-Bas continuera à faire jouir, sans équivalens ulterieurs, les produits du sol et de l'industrie des Etats de l'association de douanes et de commerce, à leur importation dans les Colonies Nerlandaises, de tous les avantages et faveurs, qui sont actuellement ou qui seraient par la suite accordés aux produits du sol et de l'industrie de toute autre Nation Européenne [der deutsche Text ist nicht genau!] la plus favorisée.

Art. IX. „Die hohen kontrahierenden Teile erklären, daß sie die im gegenwärtigen Vertrag gegenseitig gemachten Zugeständnisse [1]) als verabredet betrachten, um in deren ganzem Zusammenhang als Vergeltungen für durch solche Verträge erworbene Vorteile zu dienen, und daß sie mithin jene Zugeständnisse in Erwiderung dieser Vorteile eingeräumt haben, jedoch sich vorbehalten, dieselben auch anderen Staaten mit oder ohne Gegenleistungen zu bewilligen, oder auch sogar deren Anwendung allgemein eintreten zu lassen. [2])"

Art. X. „Sollte einer der hohen kontrahierenden Teile in der Folge irgend einem anderen Staate andere oder größere Begünstigungen zugestehen, als die in dem gegenwärtigen Vertrag vereinbarten, so sollen dieselben Begünstigungen auch dem anderen Teile zugute kommen, welche derselbe, wenn das Zugeständnis ohne Vergeltung gemacht ist, ebenfalls ohne eine solche, wenn dasselbe aber an die Bedingung einer Gegenleistung geknüpft ist, gegen Bewilligung einer Vergeltung genießen wird, die in diesem Falle den Gegenstand einer besonderen Übereinkunft zwischen den hohen kontrahierenden Teilen ausmachen wird. [3])"

Der Zollverein war in den holländischen Kolonien unbedingt meistbegünstigt; die Meistbegünstigung brauchte hier in

---

[1]) Die Niederlande verstanden sich zu Zollnachlässen auf Wein in Fässern und Flaschen, Getreide, Bruch- und behauene Steine, Nutz- und Bauholz, Zeuge, Gewebe und Bänder aus Seide, Strümpfe und Strumpfwirkwaren, Spitzen und Tülle, Messer und Kurzwaren. Der Zollverein gewährte Zollnachlässe auf Butter, Käse, Rindvieh (50 p. c.), Lumpenzucker „zum Gebrauche der Siedereien in den Staaten des Zoll- und Handelsvereins und unter amtlicher Kontrole dieser Verwendung" (50 p. c.), raffinierten Zucker, Reis. Eine weitere Bindung von Zollsätzen wurde vereinbart in Art. V des Vertrages:

„Die Staaten des Zoll- und Handelsvereins werden die durch den gegenwärtigen Tarif festgesetzten Eingangsabgaben von nachbenannten Artikeln: Kaffee, Tabak, roh und fabriziert, Gewürze, Tee, Heringe, Saatöl und Branntwein aller Gattung, für die Einfuhr dieser Artikel aus den Niederlanden, sowohl zur See, als auch zu Lande und stromwärts, nicht erhöhen.

[2]) Les Hautes Parties contractantes déclarent envisager les concessions faites de part et d'autre dans le présent traité, comme ayant été stipulées pour servir dans leur ensemble d'équivalens des avantages acquis par le même Traité, et en consequence, n'avoir consenti aux dites concessions qu'en retour de ces avantages, qu'elles se reservent toutefois d'accorder avec ou sans equivalens à d'autres Etats, ou bien même d'en rendre l'application générale.

[3]) Art. X. Si une des Hautes Parties contractantes accordait par la suite à quelque autre Etat des faveurs en matière de commerce ou de douane,

bezug auf künftige Erleichterungen nicht besonders erkauft zu werden; jede Erleichterung fiel hier dem Zollverein kostenlos zu; und andererseits doch nicht unentgeltlich, da eben die freie Gewährung auch der künftigen Erleichterungen im Verkehr zwischen dem Zollverein und den niederländischen Kolonien als Gegenleistung für die an das Mutterland gemachten Konzessionen galt. Die sämtlichen niederländischerseits gewährten Konzessionen waren „in ihrem ganzen Umfange“ die Gegenleistung für die Zugeständnisse des Zollvereins. Mit anderen Worten: Die unentgeltliche Meistbegünstigung des Zollvereins in den niederländischen Kolonien hatte anderen Ländern gegenüber das Gesicht einer entgeltlichen Meistbegünstigung, mußte also von anderen Ländern nach Umständen den Niederlanden wieder besonders abgekauft werden.

b) Der Handelsvertrag mit dem Königreich Beider Sizilien vom 17. Mai 1847 enthielt folgende Abmachungen:

Art. XII. „Auf Erzeugnisse des Bodens oder des Gewerbefleißes der Staaten der hohen vertragenden Teile, ob sie zur See oder zu Lande von dem einen in den anderen eingeführt werden, soll weder eine andere oder höhere Zollabgabe, noch eine sonstige Abgabe gelegt werden, als diejenige, welche auf dieselben Erzeugnisse gelegt ist, die von einem anderen Lande (de quelque autre pays que ce soit) eingeführt werden . . . .“

Art. XIII. „Wenn in der Folge einer der beiden hohen vertragenden Teile anderen Nationen hinsichtlich des Handels oder der Schiffahrt irgend eine besondere Vergünstigung bewilligen möchte, soll diese Begünstigung alsbald auch auf den Handel und die Schiffahrt des anderen vertragenden Teiles Anwendung finden, welcher dieselben unentgeltlich genießen soll, wenn die Bewilligung unentgeltlich geschehen ist, oder gegen Gewährung derselben oder einer äquivalenten Vergütung, wenn für die Bewilligung etwas bedungen ist.“

Enthielt dieser Art. XII die glatte Meistbegünstigung, wenigstens für die aus früheren Verträgen fließenden Vorteile und Zollvergünstigungen? In Art. XIV hieß es:

„Es ist unter den hohen vertragenden Teilen vereinbart, daß alle Erzeugnisse des Bodens und des Gewerbefleißes der Staaten des Zoll-

---

autres ou plus grandes que celles convenues par le présent Traité, les mêmes faveurs deviendront communes à l'autre Partie, que en jouira gratuitement, si la concession est gratuite ou en donnant un équivalent, si la condicion est conditionelle, en quel cas l'équivalent sera l'object d'une convention spéciale entre les Hautes Parties contractantes.

vereins, welche auf direktem Wege in die Häfen des Königreiches Beider Sizilien durch Schiffe des Zollvereins oder durch Schiffe Beider Sizilien eingeführt werden, einen Nachlaß von 10 % auf die durch den Zolltarif angeordneten Zölle für die ganze Dauer des gegenwärtigen Vertrages genießen sollen.

Man ist ebensowohl dahin einverstanden, daß die Zollvereinsstaaten zufolge der Bestimmungen des gegenwärtigen Vertrages alle Tarifermäßigungen mit zu genießen haben werden, welche anderen Nationen und namentlich Frankreich bewilligt worden sind.

Und um hierfür eine Gegenleistung zu gewähren, machen Seine Majestät der König von Preußen sowohl für sich als im Namen der anderen Mitglieder des Zollvereins sich verbindlich, für die Dauer des gegenwärtigen Vertrages die z. Z. für Öl in Fässern bestehenden Eingangsabgaben um 20 % zu ermäßigen. [Von 1⅔ Taler auf 1⅓ Taler per Zentner.]

Und außerdem erklären Seine Majestät der König von Preußen, daß die Vorschriften der Kabinetsordre vom 20. Juni 1822, welche die Schiffe der Nationen, von denen die preußischen Schiffe und ihre Ladungen nicht auf demselben Fuß behandelt werden wie die nationalen Schiffe oder die Schiffe der meistbegünstigten Nation, außerordentlichen Flaggengeldern unterwerfen ..... ferner nicht mehr auf die Schiffe Beider Sizilien anwendbar sein sollen, vorausgesetzt, daß diese Schiffe auf direktem Wege aus einem der Häfen des Königreiches Beider Sizilien nach einem der preußischen Häfen kommen, oder daß sie aus einem preußischen Hafen mit der direkten Bestimmung für den Hafen des Königreiches Beider Sizilien ausgehen."

Wenn irgend etwas geeignet sein sollte, den Glauben, man habe in Art. XII die unbedingte Meistbegünstigung pro praeterito vereinbart, zu erschüttern, so ist es dieser Art. XIV.

Wenn Art. XII die unbedingte Meistbegünstigung hinsichtlich der aus früheren Verträgen fließenden Vorteile vereinbart hätte, dann war Art. XIV Abs. 1 überflüssig. Denn der 10prozentige Zollnachlaß für auf nationalen Schiffen oder solchen des Gegenkontrahenten eingeführte Waren war in Sizilien nichts neues; derartiges stand schon in mindestens vier Verträgen, die vor dem 27. Januar 1847 zustande gekommen waren.[1])

Ganz abgesehen davon aber, was hat man aus diesen sowie

---

[1]) Nämlich in den Verträgen mit Großbritannien 29. April 1845; Frankreich 14. Juni 1845; Dänemark 13. Januar 1846; Österreich 4. Juli 1846; vermutlich auch mit Rußland 25. September 1845.

den in Abs. 2 gedachten Konzessionen gemacht, die doch auf Grund der in Art. XII angeblich verabredeten glatten Meistbegünstigung dem Zollverein ohne weiteres hätten zufallen sollen? Sizilien heischte dafür eine Gegenleistung, wie auch der Zollverein die Vergünstigungen, die er früher anderen Nationen zugewendet hatte (Abs. 4), sich besonders abkaufen ließ. Eine eigentümliche „unbedingte Meistbegünstigung"!

c) Eine Reihe interessanter Bestimmungen enthielt wieder der Vertrag zwischen dem Zollverein und den Niederlanden vom 31. Dezember 1851.

Art. XXVIII. „Die Produkte des niederländischen Fischfanges und die Erzeugnisse jeder Art der niederländischen Kolonien, welche in den Zollverein eingeführt werden, gleichviel ob die Einfuhr direkt aus diesen Kolonien oder über Häfen und Handelsplätze der Niederlande, zur See, auf Flüssen, Kanälen oder anderen Binnengewässern oder zu Lande stattfindet, sollen weder anderen noch höheren Abgaben unterworfen werden als denjenigen, mit welchen die gleichartigen Erzeugnisse irgend einer anderen meistbegünstigten Nation belegt sind, oder in Zukunft belegt werden möchten. Jede Ermäßigung der Eingangsabgaben des Zollvereins für **diese Gegenstände**, gleichviel, ob dieselbe eine allgemeine ist, oder zugunsten irgend einer Nation eintritt, soll sofort, von Rechts wegen und **ohne Gegenleistung** auf die gleichartigen Erzeugnisse der niederländischen Kolonien Anwendung finden."

Art. XXIX. Die Erzeugnisse jeder Art des Bodens oder des Gewerbefleißes der Staaten des Zollvereins, welche in die Niederlande eingeführt werden, gleichviel, ob die Einfuhr zur See, auf Flüssen, Kanälen oder anderen Binnengewässern oder zu Lande stattfindet, sollen weder anderen, noch höheren Abgaben unterworfen werden, als diejenigen, mit welchen die gleichartigen Erzeugnisse irgend einer anderen meistbegünstigten Nation belegt sind oder in Zukunft belegt werden möchten. Jede Ermäßigung der Eingangsabgaben der Niederlande, gleichviel, ob dieselbe eine allgemeine ist, oder zugunsten einer anderen Nation eintritt, soll sofort, von Rechts wegen und **ohne Gegenleistung** auf die gleichartigen Erzeugnisse des Bodens und des Gewerbefleißes der Zollvereinsstaaten Anwendung finden."

Art. XXXII. „Die Erzeugnisse jeder Art des Bodens und des Gewerbefleißes der Zollvereinsstaaten, welche, gleichviel woher, in die niederländischen Kolonien eingeführt werden, sollen weder andere noch höhere Abgaben entrichten, als diejenigen, welche die gleichartigen Erzeugnisse irgend einer anderen meistbegünstigten Nation jetzt oder in Zukunft zu entrichten haben. Jede in dieser Beziehung oder in betreff der Ausfuhr von kolonialen oder anderen Erzeugnissen, dem Handel im allgemeinen oder irgend einer anderen Nation **insbesondere** zugestandene Begünstigung soll sofort, von Rechts wegen und **ohne Gegenleistung** dem Zollverein zufallen.

Von dieser Regel findet nur eine Ausnahme in betreff derjenigen Begünstigungen statt, welche den asiatischen Nationen für die Einfuhr der Erzeugnisse ihres Bodens und ihres Gewerbefleißes oder für ihre Ausfuhr bewilligt sind oder in Zukunft bewilligt werden möchten."

Art. XXXIII. „Wenn einer der vertragenden Teile in der Folge einem anderen Staate in Beziehung auf Handel oder auf Zölle andere oder größere, als die in dem gegenwärtigen Vertrag vereinbarten Begünstigungen gewähren sollte, so werden dieselben Begünstigungen auch dem anderen Teile zugute kommen, welcher dieselben unentgeltlich genießen soll, wenn die Bewilligung unentgeltlich geschehen ist, in welchem Falle die Gegenleistung zum Gegenstande eines besonderen Übereinkommens zwischen den vertragenden Teilen gemacht werden soll."

Wir haben bereits an die Wiedergabe des Vertrags zwischen dem Zollverein und den Niederlanden vom Jahre 1839 verschiedene Bemerkungen über seine Natur und Bedeutung geknüpft und tragen in dieser Hinsicht hier noch einiges nach.

In Artikel IX jenes Vertrages behielten sich die Parteien das Recht vor, die gegenseitig gemachten Zugeständnisse einem anderen Staate „mit oder ohne Gegenleistung zu bewilligen oder sogar deren Anwendung allgemein eintreten zu lassen". Sehr interessant für die Geschichte der Meistbegünstigung! Das, was Großbritannien tat, als es nach Abschluß des Vertrages mit Frankreich im Jahre 1860 die sämtlichen Zollvergünstigungen, welche es diesem Lande gewährt hatte, zu einem Bestandteile seines General- — nicht Konventional- — Tarifes machte und so die sämtlichen an Frankreich gewährten Zollvergünstigungen generalisierte, dieser Gedanke war also in den dreißiger Jahren schon anderweitig wach geworden. Die Vertragsstaaten hatten hier freie Hand, mit den einander gemachten Konzessionen zu tun, was sie wollten. Bezeichnend aber war es, daß man sich beiderseits dieses heute selbstverständliche Recht ausdrücklich gewähren ließ. Es war eben ein ungewöhnliches Verfahren, einem Lande Zollvergünstigungen zu verstatten, ohne sich dafür eine Gegenleistung gewähren zu lassen.

Recht charakteristisch ist auch der erste Satz des Art. IX des angezogenen Vertrages, „daß die im gegenwärtigen Vertrag gemachten Zugeständnisse als verabredet gelten, um in ihrem ganzen Zusammenhange als Vergeltungen für die im gleichen Vertrage eingetauschten Vorteile zu gelten". Solches war deshalb von Wert, weil nun kein Staat, mit dem die Niederlande im Reziprozitätsverhältnis standen, aus dem Vertrage der Niederlande mit dem Zollverein einen unentgeltlichen Vorteil für sich ableiten konnte mit der Begründung, ein Teil der an den Zollverein gewährten Vergünstigungen werde ohne Gegenleistung gewährt. Namentlich konnte ein derartiges Recht nicht aus dem dem Zollverein in den niederländischen Kolonien auch für die Zukunft „sans équivalens ultérieurs" zugesprochenen Mitgenuß anderer Vergünstigungen hergeleitet werden. (Siehe auch die oben auf S. 114 und 115 gegebenen Erläuterungen.)

Der Vertrag der Niederlande mit dem Zollverein vom Jahre 1851 stipulierte — ähnlich wie der später noch näher zu erläuternde Vertrag zwischen Belgien und Sardinien aus dem gleichen Jahre — teils die bedingte, teils die unbedingte Meistbegünstigung. Die Erzeugnisse der niederländischen Kolonien und die Erzeugnisse des niederländischen Fischfanges sind im Zollvereinsgebiet unbedingt meistbegünstigt. „Sofort, von Rechts wegen und ohne Gegenleistungen" flossen ihnen alle dritten Staaten gewährte Vergünstigungen zu. Die Erzeugnisse des Zollvereins genießen bei ihrer Einfuhr nach Holland ebenfalls die unbedingte Meistbegünstigung. Jede Ermäßigung der Zölle, „gleichviel, ob dieselbe eine allgemeine ist oder zugunsten einer anderen Nation eintritt, soll von Rechts wegen und ohne Gegenleistung auf die Erzeugnisse des Zollvereins Anwendung finden". Das Gleiche gilt für die Einfuhr der Produkte der Zollvereinsstaaten in die niederländischen Kolonien. Der Artikel XXXIII aber wird mit seiner Stipulation der Reziprozität „in Beziehung auf Handel oder auf Zölle" in der Hauptsache nur mehr für die Einfuhr der Niederlande nach den Gebieten des Zollvereins praktisch gewesen sein. Denn die deutsche Einfuhr nach den Niederlanden stand (Artikel XXIX) im allgemeinen unter der unbedingten Meistbegünstigung.

D.

Die unter A bis C aufgeführten Reziprozitätsverträge Rußlands, Sardiniens und des Zollvereins werden mit ihrer bunten Folge der Gegenkontrahenten den Leser wohl schon überzeugt haben, daß die Idee der Reziprozität bis 1860 fast allen Staaten Europas geläufig war. Es sei verstattet, das Bild mit einigen Strichen noch zu vervollständigen, indem wir noch für vier Staaten, soweit nicht schon erwähnt, einige Reziprozitätsverträge geben; und zwar für Belgien und die Niederlande als zentraleuropäische Staaten, und für Portugal und Sizilien als Vertreter des Westens und Südens.

1. Belgien schloß Verträge:

a) mit Griechenland vom 25. September 1840 und

b) mit Frankreich vom 17. November 1849 und 7. Februar 1850. Art. IX bezw. XII dieser Verträge lautete:

En tout ce qui concerne les droits de douane et de navigation, les deux parties contractantes se promettent réciproquement de n'accorder aucune faveur, privilége ou immunité à un autre Etat, sans qu'il ne soit aussi à l'instant étendu à leurs sujets respectifs, gratuitement, si la concession etc.

c) Mit den Niederlanden vom 26. September 1851.

Dieser Vertrag zählt wohl mit zu den interessantesten Tarifabmachungen, die je zustande gekommen sind. Wir werden an einer anderen Stelle näher darauf eingehen.

d) Mit Griechenland vom 5. Juni 1856:

Art. VII. „Die Regierungen der hohen Kontrahenten kommen gegenseitig überein, daß jedes Mal, wenn die eine von ihnen den Untertanen oder Produkten einer anderen Nation irgend einen Vorteil hinsichtlich des Handels oder der Schiffahrt bewilligen wollte, dieser Vorteil sofort auch für die Untertanen und Industrieprodukte des anderen Kontrahenten gelten soll, und zwar unentgeltlich, wenn die Konzession usw."

2. Die Niederlande vereinbarten Verträge:

a) mit Griechenland vom 22. (10.) Februar 1843:

Art. IX. Les produits du sol et de l'industrie de la Grèce jouiront, à leur importation dans les colonies néerlandaises, de tous les avantages et faveurs, qui sont actuellement, ou qui seraient par la suite, accordés aux produits du sol et de l'industrie de toute autre nation européene la plus favorisée.

Art. X. Chacune des hautes parties contractantes s'oblige à n'accorder, en matière de commerce, de douane et de navigation, ni faveurs, ni priviléges, ni franchises aux sujets de quelque autre Etat qui ne seront pas également et dans le même temps étendus aux sujets de l'autre partie contractante, et ce gratuitement si la concession au profit de cet autre Etat est gratuite, ou moyennant une compensation equivalente, aussi exact que possible, si la concession est conditionelle.

b) Mit Österreich vom 29. Dezember 1855:

Art. XV. „Die Erzeugnisse des Bodens und der Industrie des einen der beiden Staaten oder seiner Kolonien oder Besitzungen sollen in dem anderen Staate oder in seinen Kolonien oder Besitzungen keine anderen noch höheren Ein-, Aus- und Durchfuhrgebühren entrichten, als die Erzeugnisse irgend einer anderen meistbegünstigten Nation; und wenn einer der hohen kontrahierenden Teile in der Folge einem Staate spezielle Begünstigungen in dieser Beziehung gewähren würde, so soll die gleiche Begünstigung auch dem anderen Teile zugestanden sein, und zwar unentgeltlich, wenn das Zugeständnis ein unentgeltliches oder gegen ein Äquivalent, wenn das Zugeständnis ein bedingtes ist."

3. Das Königreich Beider Sizilien negotiirte Verträge

a) mit Frankreich vom 14. Juni 1845:

Art. VI. Il y aura liberté réciproque de commerce et de navigation entre la France et le royaume des Deux-Sicilies. Les produits du sol ou de l'industrie de l'un des deux pays importés de l'un dans l'autre, soit par mer, soit par terre seront taxés, de la même manière que les mêmes produits importés de quelque autre pays que ce soit, et ne seront soumis à aucun droit de douane ou impôt différent ou plus élevé.

S. M. le Roi des Francais et S. M. le Roi de royaume de Deux-Sicilies s'obligent à n'accorder, aux sujets ou citoyens d'aucune autre puissance, en matière de commerce et de navigation, aucun privilége, aucune faveur ou immunité, sans les étendre en même temps au commerce et à la navigation de l'autre pays: gratuitement, si la concession a été faite à titre gratuit, et moyennant une compensation équivalente, autant que possible, si la concession a été faite à titre onéreux.

Ebenso lautete:

b) Art. V des Vertrages mit Dänemark vom 13. Januar 1845,

c) während der Vertrag mit Österreich vom 4. Juli 1846 besagte:

Art. IV. „Die Erzeugnisse des Bodens und der Industrie des einen der beiden Länder sollen, wenn sie zur See oder zu Lande aus dem einen in das andere eingeführt werden, in derselben Art taxiert werden, wie die aus irgend einem anderen Lande eingeführten Gegenstände gleicher Art, und sollen keiner verschiedenen oder höheren Zoll- oder Durchfuhrgebühr oder einer anderen Auflage unterworfen werden.

Seine Majestät der Kaiser von Österreich und Seine Majestät der König beider Sicilien verpflichten sich, den Untertanen oder Angehörigen keiner anderen Macht in Handels- oder Schiffahrtssachen ein Privilegium zu gewähren usw.", wie Art. VI des sub a erwähnten Vertrages Siciliens mit Frankreich.

Genau so lautete

d) im Vertrag mit Toscana vom 10. März 1853 Art. IV und

e) im Vertrag mit Spanien vom 26. März 1856 Art. IX, während

f) im Vertrag mit den Niederlanden vom 17. November 1847 folgendes vereinbart wurde:

Art. IX. „Alle von den hohen kontrahierenden Teilen in Angelegenheiten des Handels oder der Schiffahrt anderen Mächten zugestandenen Vorrechte oder Befreiungen sollen gleichmäßig ihren beiderseitigen Untertanen zustehen.

Sollten jedoch diese Vorrechte, Begünstigungen oder Befreiungen anderen Nationen auf Grund eines lästigen Titels zugestanden sein, so sollen die hohen kontrahierenden Teile dieselben ebenfalls nur gegen Gewährung einer durch gemeinschaftliche Übereinkunft festzusetzenden gleichartigen Vergütung für ihre Untertanen in Anspruch nehmen können."

4. Portugal war unseres Wissens derjenige europäische Staat, welcher als erster mit einem anderen europäischen Staat einen Reziprozitätsvertrag schloß, und zwar:

a) mit Großbritannien am 19. Februar 1810.

Art. II. There shall be reciprocal liberty of Commerce and Navigation between and amongst the respective subjects of the two High Contracting Parties, in all and several the Territories and Dominions of either. They may trade, travel, sojourn, or establish themselves, in all and several the Ports, ... Provided, however, that it be thoroughly understood that any place belonging to either of the two High Contracting Parties, which may hereafter be opened to the Commerce of the subjects of any other country, shall thereby be considered as equally opened, and upon correspondent terms, to the subjects of other High Contracting Party, in the same manner as if it had been expressly stipulated by the present Treaty. And His Britannic Majesty, and His Royal Highness the Prince Regent of Portugal, do hereby bind and engage themselves not to grant any favour, privilege, or immunity in matters of Commerce and Navigation, to the subjects of any other State, which shall not be also at the same time respectively extended to the subjects of the High Contracting Parties, gratuitously if the concession in favour of that other State should have been gratuitous, and on giving, quam proxime, the same compensation or equivalent, in case the concession should have been conditional.

b) Portugal und Frankreich vereinbarten im Vertrag vom 9. März 1853:

Art. IX. „Es soll auf die in gesetzlichem Wege bewirkte Einfuhr der Warenartikel, welche von dem französischen Boden oder der französischen Industrie herrühren, in das Königreich Portugal und in seine Besitzungen, wo der fremde Handel gegenwärtig erlaubt ist oder künftig erlaubt werden sollte, keine anderen oder höheren Abgaben gelegt werden, und ebenso soll in den Häfen Frankreichs und in den Häfen seiner Besitzungen auf die aus dem Boden oder der Industrie des Königreichs Portugal und seiner Besitzungen herrührenden Artikel bei der Einfuhr keine anderen oder höheren Abgaben gelegt werden, als diejenigen, die gegenwärtig auf die nämlichen Artikel, welche von dem Boden oder der Industrie der meistbegünstigten Nation herrühren, gelegt sind oder künftig gelegt werden."

Man möchte glauben, daß dies ganz gewiß ein unbedingter Meistbegünstigungsvertrag gewesen sei. Er war es aber nicht; denn in Art. XX wurde vereinbart:

„In allem, was die Zoll- und Schiffahrtsabgaben betrifft, versprechen sich die hohen kontrahierenden Teile gegenseitig, keinem anderen Staate irgend ein Vorrecht, eine Begünstigung oder Befreiung zuzugestehen, welche nicht gleichzeitig auch auf ihre beiderseitigen Untertanen ausgedehnt würde, und zwar unentgeltlich, wenn das Zugeständnis zugunsten jenes anderen Staates unentgeltlich ist, oder gegen Gewährung der nämlichen Vergeltung oder eines Equivalentes, wenn das Zugeständnis ein bedingtes gewesen ist."

* * *

Wir lassen es bei dieser Aufzählung von Reziprozitätsverträgen von europäischen Staaten unter sich bewenden. Wir haben zwar nur der Verträge Rußlands, Sardiniens, des Zollvereins, Belgiens, der Niederlande, Beider Sizilien und Portugals mit anderen europäischen Staaten gedacht und sind da nicht ganz erschöpfend gewesen; aber auch dies dürfte ausreichen, um eine Charakterisierung der Epoche zu ermöglichen.

Hat schon Abschnitt VI und VII mit der stattlichen Anzahl von zwischen amerikanischen und europäischen Ländern negoziierten Reziprozitätsverträgen beim Leser den Eindruck erwecken müssen, daß die Reziprozität in der Zeit etwa von 1825—1860 der leitende Gedanke in der Handelspolitik fast der gesamten Welt war, so muß dieser Eindruck durch die im Abschnitt VIII gegebene Übersicht über die Verträge europäischer Staaten untereinander noch verstärkt werden. In erster Linie aber waren es in Europa die heute im Deutschen Reich geeinten Staaten, welche den Reziprozitätsgedanken pflegten, wie aus dem hier folgenden Anhang sich zur Genüge ergibt.

Anhang zu Abschnitt VIII.

Reziprozitätsverträge deutscher Staaten mit anderen europäischen Staaten.

Wir haben in einem Anhang zum Abschnitt VI eine Übersicht über die Verträge gegeben, die bis 1860 zwischen mittel- und südamerikanischen Staaten einerseits und heute zum Deutschen Reich gehörigen Gebieten andrerseits abgeschlossen wurden.

Als Gegenstück geben wir hier eine Zusammenstellung der Reziprozitätsverträge, die zwischen heute zum Deutschen Reich gehörigen Gebieten einerseits und europäischen Staaten andrerseits in der Zeit von 1837—1860 zustande kamen.

1. Der Vertrag zwischen Preußen und den Niederlanden vom 3. Juni 1837 enthielt Tarifvereinbarungen und bestimmte:

Art. V. „Wenn einer der hohen kontrahierenden Teile in der Folge" usw.

Art. XII. „Die hohen kontrahierenden Teile erklären, daß sie die in gegenwärtigem Vertrage gegenseitig gemachten Zugeständnisse als verabredet betrachten, um in ihrem ganzen Zusammenhange" usw. wie der Vertrag des Zollvereins Art. IX S. 114.

2. Der Vertrag zwischen Preußen und Griechenland vom 31. Juli 1839 bestimmte in seinem Artikel IX und XI was folgt:

Art. IX. „In den preußischen Häfen sollen auf die Erzeugnisse des Bodens oder des Kunstfleißes Griechenlands, keine Verbote, Beschränkungen der Ein- und Ausfuhr, oder Abgaben irgend einer Art oder Benennung gelegt werden dürfen, als insoweit diese Verbote, Beschränkungen und Abgaben ebenso auch auf die gleichartigen Gegenstände, welche aus irgend einem anderen Lande (provenant de toute autre contrée) herkommen, gelegt werden. Umgekehrt usw."

Art. XI. „Man ist darin einverstanden, daß in dem Falle, daß die eine der beiden Regierungen infolge eines förmlichen Vertrages, gegen Zusicherung einer entsprechenden Verminderung der Abgaben oder anderer besonderer Handelsvorteile, die Abgaben von den rohen oder verarbeiteten Erzeugnissen eines anderen Landes ermäßigen oder diesem andere Vorteile oder Erleichterungen (wie z. B. solche, von denen in den Artikeln IX und X die Rede ist) zugestehen würde, die andere der den Vertrag eingehenden Regierungen die nämliche Abgabenverminderung für ihre Einfuhr in die Staaten der ersteren oder die nämlichen Vorteile und Erleichterungen für den Handel ihrer Untertanen nur dann soll in Anspruch nehmen können, wenn sie dieselben Abgabenverminderungen oder dieselben anderen Vorteile anbietet, auch erst in dem Augenblick in den Genuß jener treten soll, wo sie diese sichergestellt, oder, sofern sie dergleichen nicht von eben dem Umfange derselben Art vorschlagen könnte, eine angemessene Gegenleistung dafür gewährt haben wird. Jedenfalls würde darüber eine besondere Übereinkunft zwischen beiden Regierungen zu treffen sein."

3. Genau dasselbe bestimmten Art. II und IV des Vertrages zwischen dem Königreich Sachsen und Griechenland vom 24. (12.) Mai 1841.

4. Der Vertrag zwischen Griechenland und den Hansastädten vom 12. Juni (31. Mai) 1843 vereinbarte u. a. folgendes:

Art. IX. „Die hanseatische Republik und das Königreich Griechenland verpflichten sich gegenseitig, keiner anderen Nation in Handels- oder Schiffahrtsangelegenheiten irgend eine Begünstigung einzuräumen, welche nicht sofort auch dem anderen Kontrahenten zuteil wird, und zwar so, daß, wenn die Begünstigung eine freie war, der letztere ihrer ebenfalls frei teilhaftig wird, wogegen er, wenn die Konzession eine bedingte war, dieselben oder andere passende Gegenleistungen zu bewilligen hat, so daß der Tausch der beiden kontrahieren-Staaten gleiche Vorteile verspricht."

5. Preußen und Portugal vereinbarten im Vertrag vom 20. Febr. 1844:

Art. IV. „Auf die Einfuhr der Erzeugnisse des Bodens oder des Kunstfleißes des Königreichs Preußen ins Königreich Portugal, und auf die Einfuhr des Bodens oder des Kunstfleißes des Königreichs Portugal und seiner Gebietsteile und Besitzungen ins Königreich Preußen, sollen weder andere noch höhere Abgaben gelegt werden, als diejenigen, welche auf dieselben Artikel, wenn sie Erzeugnisse des Bodens und des Kunstfleißes irgend eines anderen fremden Landes sind, gelegt sind oder gelegt werden möchten."

Art. XII. „Die hohen kontrahierenden Teile sind übereingekommen, daß keiner von ihnen in Zukunft anderen Nationen in Beziehung auf den Handel und die Schiffahrt irgend welche Privilegien, noch irgend welche Begünstigungen oder Befreiungen gewähren will, welche nicht ebenfalls und sofort auch auf die Untertanen des anderen Teiles in Anwendung gesetzt würden, und zwar unentgeltlich, wenn die Bewilligung unentgeltlich geschehen ist, oder, wenn letztere gegen ein Äquivalent stattgehabt hat, gegen Gewährung desselben Äquivalentes, oder in dessen Ermangelung, einer billigen und angemessenen Vergeltung.

„Insbesondere ist man darüber einverstanden, daß in dem Falle, wo die eine der beiden Regierungen einem anderen Staate infolge eines Handelsvertrages oder einer besonderen Übereinkunft, und zur Vergeltung gewisser von diesem anderen Staate gewährten Abgabenermäßigungen, Vorteile oder Begünstigungen, auch ihrerseits Ermäßigungen der Abgaben auf dessen Erzeugnisse des Bodens oder des Kunstfleißes bewilligen, oder demselben andere Vorteile oder besondere Begünstigungen in Beziehung auf Handel und Schiffahrt zugestehen sollte, die andere der beiden Regierungen dieselben Vorteile und Erleichterungen nur dann für den Handel und die Schiffahrt ihrer Untertanen soll in Anspruch nehmen können, wenn sie, in Ermangelung gleicher Vorteile von derselben Art und Ausdehnung, Äquivalente und Vergeltungen anbietet, welche durch ein besonderes Übereinkommen zwischen den beiden Regierungen gehörig festzustellen sein würden." [1])

6. Im Vertrag zwischen Hannover und Großbritannien vom 22. Juli 1844 lautete Art. VII:

„Seine Majestät der König von Hannover und Ihre Majestät die Königin des Ver. Königreichs von Großbritannien und Irland verpflichten sich gegenseitig, den Untertanen irgend eines anderen Staates keine Verminderung von Abgaben, noch Vergütungen, Vorrechte oder Freiheiten zu bewilligen, welche nicht gleichfalls und zu der nämlichen Zeit auf die Untertanen des hohen kontrahierenden Teiles ausgedehnt werden, und zwar unentgeltlich" usw.

7. Mit Belgien kam im selben Jahre (1. September 1844) ein Vertrag des Zollvereins zustande.

Art. XIV. „Wenn einer der hohen vertragenden Teile in der Folge einem anderen Staate irgend eine besondere Begünstigung in Beziehung auf die Schiffahrt gewähren sollte, so wird diese Begünstigung auch dem anderen Teile zu statten kommen, welcher dieselbe ohne Entgelt genießen soll" usw.

8. Der Vertrag zwischen Portugal und Württemberg vom 15. Okt. 1845 enthielt folgende Vereinbarung:

Art. IV. „Die hohen kontrahierenden Teile sind übereingekommen, daß keiner von ihnen in Zukunft anderen Nationen in Beziehung auf den Handel irgend ein Vorrecht noch irgend eine Begünstigung oder Befreiung gewähren wolle, welche nicht auch und sofort auf die Untertanen des anderen Teiles in

---

[1]) Art. XII. Les Hautes Parties contractantes sont convenues, que l'une n'accordera à l'avenir à d'autres nations, par rapport au commerce ou à la navigation, aucuns privilèges, ni aucunes faveurs ou immunités, qui ne soient aussi, et à l'instant, étendus aux sujets de l'autre, gratuitement si la concession a été gratuite, ou avec une juste et convenable compensation à défaut d'équivalent, si la concession a été conditionelle.

Il est entendu particulièrement, que dans le cas ou l'un des deux Gouvernements accorderait à un autre Etat des diminutions de droits sur ses produits du sol ou de l'industrie, ou lui concéderait d'autres avantages ou faveurs spéciales en fait de commerce et de navigation, à la suite d'un traité de commerce ou d'une convention speciale, et en compensation des diminutions de droits, avantages ou faveurs accordés par cet autre Etat, l'autre des deux Gouvernements ne pourra demander les mêmes avantages et facilités pour le commerce et la navigation de ses sujets qu'en offrant, à défaut de pareils avantages de même étendue et qualité, des équivalents ou compensations à assurer dûment par un arrangement particulier entre les deux Gouvernements.

Anwendung gesetzt würde, und zwar unentgeltlich, wenn die Bewilligung unentgeltlich geschehen ist, oder wenn letztere gegen ein Äquivalent stattgehabt hat, gegen Gewährung desselben Äquivalents, oder in dessen Ermangelung einer angemessenen Vergeltung. Insbesondere ist man darüber einverstanden, daß in dem Falle, wo die eine der beiden Regierungen einem anderen Staate infolge eines Vertrages oder einer besonderen Übereinkunft" usw. wie oben unter Ziffer 5.

9. Zwischen Sardinien und Oldenburg kam am 21. April 1846 ein Vertrag zustande, welcher bestimmte:

Art. XI. Il ne pourra être imposé, par l'une des hautes parties contractantes, au commerce et à la navigation de l'autre, aucun droit nouveau ou plus élevé, ni aucune entrave ou restriction quelconque, qui ne soient appliques également, et dans la même mesure, au commerce et à la navigation de tout autre pays.[1])

Si l'une des hautes parties contractantes accorde par la suite à quelque autre Etat des faveurs en matière de douane ou de navigation autres ou plus grandes que celles stipulées dans la présente convention, les mêmes faveurs deviendront communes à l'autre partie, qui en jouira gratuitement si la concession est gratuite usw.

10. Sardinien und die Hansastädte vereinbarten am 29. April 1851 einen Vertrag mit folgendem Art. X:

„Es darf von keinem der hohen kontrahierenden Teile die Schiffahrt und der Handel des anderen mit irgend einer neuen oder höheren Abgabe, noch mit irgend einem Hindernis oder einer Beschränkung beschwert werden, welche nicht die nationale Schiffahrt und den nationalen Handel, sowie den Handel und die Schiffahrt jeder anderen Nation in gleicher Weise und in demselben Maße trifft.[1])

Alle Begünstigungen, welche von einem der hohen kontrahierenden Teile der Schiffahrt und dem Handel einer fremden Nation gewährt worden, oder in Zukunft gewährt werden mögen, sollen von Rechtswegen und ipso facto der Schiffahrt und dem Handel des anderen hohen kontrahierenden Teiles zuteil werden, und zwar ohne Gegenleistung" usw.

11. Mecklenburg-Schwerin und Sardinien schlossen am 28. Januar 1853 einen Vertrag und vereinbarten in Art. X das Gleiche, was in Art. X des Vertrages zwischen Sardinien und den Hansastädten (s. Nr. 10) enthalten war.

12. Im Art. XIV des Vertrages zwischen dem Zollverein und Belgien vom 1. September 1854 finden wir einen alten Bekannten wieder:

„Wenn einer der hohen vertragenden Teile in der Folge einem anderen Staate irgend eine besondere Vergünstigung auf die Schiffahrt gewähren sollte,

---

[1]) Sehr prägnante Fassung des Prinzips des Gleichbenachteiligungszwanges. Genau dasselbe wie dieser Abschnitt sagt aber Art. V unseres amerikanischen und Art. IV unseres argentinischen Vertrages.

so wird diese Begünstigung auch dem anderen Teile zustatten kommen, welcher dieselbe ohne Entgelt genießen soll" usw.

13. Art. XIII des Vertrages zwischen den Hansastädten und dem Königreich Beider Sizilien vom 27. Dezember 1855 lautete:

„Sollte einer der beiden hohen kontrahierenden Teile künftig einer anderen Macht irgend ein Vorrecht, eine Gunst oder Befreiung in Handels- oder Schiffahrtsangelegenheiten gewähren, so sollen dieselben Vorrechte unverzüglich dem anderen Teile zustehen, und zwar ohne Vergütung" usw.

14. Auch Mecklenburg stiftete einen Beitrag zur Reziprozität. Der Art. XIII des Vertrages mit dem Königreich Beider Sizilien vom 31. Dezember 1857 besagte:

„Es ist vereinbart, daß wenn einer der beiden hohen kontrahierenden Teile künftig an die anderen Mächte irgend ein Vorrecht, eine Gunst oder Befreiung in Handels- oder Schiffahrtsangelegenheiten gewähren möchte, dieselben Vorzüge unverzüglich dem anderen Teile zustehen sollen, und zwar ohne Vergütung, wenn das zugunsten eines solchen anderen Staates gemachte Zugeständnis unentgeltlich gewährt worden, oder wenn das Zugeständnis an eine Gegenleistung gebunden war, gegen dasselbe oder gegen eine, soweit tunlich, nach Wert und Wirkung damit in Verhältnis stehende Gegenleistung, welche durch Übereinkunft festzustellen ist."

* * *

Wir waren in der Lage, eine Reihe von Verträgen zwischen heute zum deutschen Reich gehörigen Gebieten und

a) amerikanischen Staaten im Anhang zu Abschnitt VI — 21 an der Zahl — zu geben, in denen nicht die unbedingte Meistbegünstigung, sondern die bedingte stipuliert war; desgleichen

b) mit europäischen Staaten, 17 im Ganzen, in denen ebenfalls fast ausnahmslos die bedingte Meistbegünstigung festgelegt wurde.

Daß dieses Material nicht ausgereicht hat, um die deutsche Reichsregierung von allem Anfang an über die wahre Natur unseres Vertragsverhältnisses mit der Union aufzuklären, ist eine Erscheinung, für die man vergebens eine Erklärung sucht.

IX.

Die Reziprozität als Grundlage von Tarifverträgen, insbesondere des sardinischen Tarifvertragssystems (1850—52).

Die Reziprozität oder Gegenseitigkeit hatte, — wir glauben solches auf Grund des Studiums von mehreren hundert Handels- und Schiffahrts-Verträgen sagen zu dürfen, — ursprünglich auf einem anderen Gebiete Anwendung gefunden als auf dem der Warenzölle: auf dem Gebiete des Schiffahrtswesens. Alle Staaten waren im 17. und 18. Jahrhundert Schifffahrtsschutzzöllner und bestrebt, fremde Flaggen von ihren Küsten und ihrem Handel fern zu halten. Wie heute die Schutzzollpolitik danach strebt, der nationalen Industrie den heimischen Markt zu reservieren, genau so hielt man es früher mit der Schiffahrt. Einen Niederschlag dieses Bestrebens finden wir in dem zuweilen auch heute noch geltenden Verbot der Beteiligung fremder Flaggen an der Kabotage. Allerwärts wollte man das Heran- und das Wegbringen der Waren der nationalen Schiffahrt vorbehalten. Zur vollendetsten Ausbildung ist diese Schiffahrtsschutzzollpolitik wohl in der britischen Navigationsakte gediehen.

In diese Schiffahrtsschutzzollmauer nun schoß man mit Hilfe der Reziprozität eine Bresche. Man vereinbarte zuerst, daß die fremde Flagge sich überhaupt an der Einfuhr und Ausfuhr von Waren beteiligen durfte. In der Folge ging man dazu über, die fremde Flagge von allen den Lasten zu befreien, welche ihr zugunsten der eigenen Flagge auferlegt waren, und sie schließlich für direkte und indirekte Fahrt der nationalen Flagge gleichzustellen.

Wie sahen solche auf der Reziprozität aufgebaute Schiffahrtsverträge aus? Es genüge, wenn wir hier ein Beispiel geben.

Der Schiffahrts- und Handels-Vertrag zwischen Preußen und Großbritannien vom 2. April 1824 bestimmte in Art. I:

„Vor und nach dem ersten Mai dieses Jahres sollen die in den Häfen des Vereinigten Königreichs Großbritannien und Irland ein- und aus denselben auslaufenden Preußischen, ingleichen die in Preußische Häfen ein- und aus diesen Häfen auslaufenden Englischen Schiffe keinen anderen oder höheren Abgaben oder Lasten, welcher Art diese immer seyn mögen, unterworfen werden als solchen, mit denen Nationalschiffe bei ihrem Eingange in die beiderseitigen Häfen oder bei ihrem Abgange aus denselben jetzt belegt sind, oder künftig belegt werden möchten.“

Art. II bestimmt, daß, was an Erzeugnissen der beiderseitigen Gebiete auf inländischen Schiffen in die und aus den Häfen des anderen Landes eingeführt und ausgeführt wird, auch durch die Schiffe des Gegenkontrahenten ein- und ausgeführt werden kann.

Art. III bestimmt, daß alle aus nichtbritischen Gebieten stammenden Waren, deren Einfuhr nach Preußen auf englischen Schiffen erlaubt sei, auf diesen nach Preußen eingeführt werden dürfen zu denselben Zöllen, als wenn sie auf preußischen Schiffen eingeführt würden. Und umgekehrt.

Art. IV endlich besagte:

„Alle Güter, Waren und Gegenstände des Handels, deren Einbringung in die Häfen des einen oder des anderen Staates erlaubt ist, sollen gleichen Abgaben unterworfen seyn, jene Güter, Waren und Gegenstände des Handels mögen auf Schiffen des anderen Staates oder auf inländischen eingeführt werden, wie denn auch für alle, gesetzlich aus den beiderseitigen Häfen auszuführende Güter, Waren und Gegenstände des Handels die nämlichen Prämien, Rückzölle und Vorteile gewährt werden sollen, diese Ausführung geschehe nun auf Schiffen des anderen Staates oder auf inländischen.“

Die Schiffahrt war also das erste Gebiet, wo das Prinzip der Reziprozität allgemein zur Anwendung gelangte. Die Durchführung selbst bereitete keine allzu große Schwierigkeiten. Meistens bekam der eine Kontrahent ganz genau das Gleiche, was er selbst gab. Es ereignete sich verhältnismäßig selten, daß der eine Teil noch eine kleine „Zuwage“ auf anderem Gebiete geben mußte, um die für seine Schiffahrt im Lande des Gegenkontrahenten erlangten Vorteile in ein Gleichgewicht mit den der anderen Seite zu bewilligenden Konzessionen zu bringen. Um auch ein Beispiel für derartige Ausgleichungen zu geben, führen wir einige Bestimmungen aus dem Vertrag zwischen Frankreich und Toskana vom 15. Februar 1853 an:

Art. XIV. „Um die in den vorstehenden Artikeln stipulierten Schiffahrts- und Zollzugeständnisse so genau als möglich zu vervollständigen und ins Gleichgewicht zu bringen, wird außerdem vereinbart:

1. Daß die französischen Schiffe, welche in der Fahrt zwischen Toskanischen Häfen und Algerien gehen, aus- und einwärts genau ebenso behandelt werden sollen, wie die toskanischen Schiffe in der Fahrt zwischen Algerien und dem Großherzogtum.

2. Daß das Tonnengeld von 4 Franken pro Tonne, welches gegenwärtig in den algerischen Häfen von den in der direkten Fahrt von Toskana mit den französischen Besitzungen des nördlichen Afrika verwandten Schiffen erhoben wird, auf 2 Franken herabgesetzt und während der ganzen Dauer des gegenwärtigen Vertrages nicht wieder erhöht werden soll; und daß diese Abgabe, nachdem solche einmal in einem algerischen Hafen gezahlt worden, in den anderen Häfen, in welchen das Schiff zur Vervollständigung seiner Löschung oder Beladung einlaufen möchte, nicht nochmals gefordert werden solle.

3. Daß während desselben Zeitraumes das Bau- und Brennholz, die Faßstäbe, die Holzkohlen und Baumaterialien toskanischen Ursprungs bei der direkten Einfuhr aus Toskana in Algerien und unter nationaler oder toskanischer Flagge die Abgabenfreiheit behalten sollen, welche sie bisher genossen haben.“ [1])

Von dem ursprünglichen Verwendungsgebiet, dem Schiffahrtswesen, übertrug man in der Folge die Idee der Reziprozität auf die Warenzölle und kleidete sie hier in das Gewand der bedingten Meistbegünstigung.

Es war nun von Anfang an klar, daß ihre Handhabung hier viel mehr Schwierigkeiten bereiten mußte als bei der

---

[1]) Art. XIX lautete: „In allem, was die Befugnisse, Vorrechte und Freiheiten der beiderseitigen Konsuln betrifft, machen die hohen kontrahierenden Teile sich anheischig, diese innerhalb einer möglichst kurzen Frist zum Gegenstande einer besonderen Konvention zu machen; bis dahin aber wird vereinbart, daß die gedachten Konsuln, Vizekonsuln und Kanzler beziehentlich in den beiden Ländern die Vorteile aller Art genießen sollen, welche denen der meistbegünstigten Nation gegenwärtig zugestanden sind oder künftig zugestanden werden; das alles aber, selbstverständlich, unter der Bedingung der Reziprozität.“

Das ist wieder einer der verhältnismäßig seltenen Fälle, in denen man auch die Stellung der Konsuln unter die Reziprozität brachte.

Schiffahrt. Da sagte man gewöhnlich: Wir lassen eure Schiffe an unserer Einfuhr und Ausfuhr sich beteiligen. Wollt ihr es auch so mit unseren Schiffen halten? — Oder: wir stellen eure Schiffe unseren nationalen Schiffen gleich, wenn ihr dasselbe tun wollt. Bei den Zöllen war es nun anders. Bei der Schiffahrt standen sich gleichartige Leistungen gegenüber; mit denen aber konnte man bei den Zöllen nicht viel anfangen. Wenn z. B. Belgien zu Sardinien gesagt hätte: Ich lasse dein Eisen oder deine Wollwaren zu einem um so und so viel Prozent ermäßigten Zollsatze herein, wenn du es mit meinem Eisen und meinen Wollwaren ebenso hältst, so wäre damit Sardinien nicht viel gedient gewesen; es führte ja kein Eisen und keine Wollwaren nach Belgien aus, sondern Südfrüchte, Öl, Wein, Marmor usw. Hier handelte es sich also bei der Durchführung der Reziprozität darum, nicht gleichartige, sondern gleichwertige Leistungen ausfindig zu machen.

Die ersten Reziprozitätsverträge sprachen noch von Vergünstigungen, die mit derselben Gegenleistung, mit der sie der dritte Staat erworben habe, vom anderen Vertragsteil zu erkaufen seien.[1]) Es liegt nahe, anzunehmen, daß durch eine derartige Vereinbarung den Handelsverträgen mit der Reziprozitätsklausel eine große Schwerfälligkeit angehaftet habe, da es eben außerordentliche Schwierigkeiten bereiten mußte, immer die gleiche Gegenleistung zu gewähren, die der dritte Staat geboten hatte. Diese Erwägung mag dazu geführt haben, in den späteren Reziprozitätsverträgen nicht so sehr die gleiche, als eine gleichwertige Gegenleistung zur Bedingung des Mitgenusses an den dritten Ländern gewährten Vergünstigungen zu machen.

Nun wird man aber sagen, daß trotzdem noch die Reziprozitätsklausel ein schwerer Hemmschuh für Tarifverträge gewesen sein müsse. Dieses Bedenken aber ist, wie sogleich an praktischen Beispielen gezeigt wird, unbegründet.

Auf der anderen Seite ist aber hervorzuheben, daß die Reziprozitätsklausel, geschickt ausgenutzt, ein ganz vorzügliches

---

[1]) Siehe die Texte der Reziprozitätsverträge der Union mit Frankreich, Schweden und Preußen in Abschnitt IV und V.

Mittel war, um widerstrebende Staaten zu Zollkonzessionen zu zwingen; und wir möchten glauben, daß man mit der Reziprozitätsklausel — gemessen an der Beschaffenheit der damaligen Tarife — günstigere Handelsverträge zu erlangen vermochte, als dies unter dem Regime der unbedingten Meistbegünstigung je der Fall war.

Besehen wir uns einmal die praktische Anwendung der Reziprozitätsklausel! Als Beispiel mögen die Tarifverträge dienen, die Sardinien mit einer Reihe europäischer Staaten zu Anfang der fünfziger Jahre des 19. Jahrhunderts abgeschlossen hat.

Sardinien hatte, wie weitaus die Mehrzahl der europäischen Staaten in der ersten Hälfte des vorigen Jahrhunderts, seinen Handelsverträgen die Reziprozitätsklausel einverleibt. Einiges darüber wurde schon in Abschnitt VIII unter B gesagt. Es waren auf dieser Grundlage Verträge zustande gekommen zwischen Sardinien und

den Vereinigten Staaten, vom 26. Oktober 1838,
Schweden und Norwegen, vom 28. November 1839,
den Niederlanden, vom 24. Januar 1842,
Dänemark, vom 14. August 1843,
den Hansastädten, vom 18. Juli 1844,
dem Zollverein, vom 23. Juni 1845,
Hannover, vom 11. August 1845,
Rußland, vom 12. Dezember 1845,
Neapel, vom 7. Februar 1846,
Oldenburg, vom 14. Mai 1846.

Im Jahre 1843 (28. August) hatte Sardinien mit Frankreich einen kleinen Tarifvertrag geschlossen. Ersteres erwirkte sich Erleichterungen für seine Ausfuhr nach Frankreich von Rindvieh, Reis, Bleiweiß und frischen Tafelfrüchten; letzteres für seine Ausfuhr nach Sardinien von Branntwein, Modeartikeln und Porzellan.

Man ging dann, nachdem man den Vertrag vom Jahre 1843 zweimal prolongiert hatte, im Vertrag vom 5. November 1850 daran, den Kreis der Zollvergünstigungen um einiges zu erweitern. Im Art. XII wurde festgelegt:

Der Präsident der französischen Republik willigt ein:

1. Die im Zollgesetz vom 9. Juli 1845 für das über die Landgrenze nach Frankreich eingeführte sardinische Vieh bewilligte ausnahmsweise Vergünstigung aufrecht zu erhalten und die Zahl der zur Eingangsab-

fertigung befugten Zollämter in dem Grenzbezirk zwischen der Brücke von Beauvoison und dem mittelländischen Meere zu vermehren.

2. Dieselbe zollamtliche Behandlung auf das an der Küste des mittelländischen Meeres eingeführte sardinische Vieh auszudehnen.

3. Den gegenwärtigen Zollsatz für den Eingang von Reis über die Landgrenze um ein Viertel zu ermäßigen.

4. Diesen ermäßigten Zollsatz auf die Einfuhr von Reis zur See sowohl nach Frankreich als nach Algerien auszudehnen.

5. Den gegenwärtigen Zollsatz für die Einfuhr frischer Früchte um ein Sechstel zu ermäßigen und die gegenwärtigen Zölle auf Bleiweiß nach Maßgabe des Gesetzes vom 9. Juni 1845 aufrecht zu halten.

6. Den Eingangszoll auf Maultiere auf 6 Frcs. pro Kopf zu ermäßigen.

7. Den Zoll von 2 Frcs. pro Kopf für die nach Sardinien ausgeführten Tiere dieser Gattung aufzuheben.

8. Den Eingangszoll für kleine rohe Felle aufzuheben.

9. Den Eingangszoll von geschnittenen, aber nicht gefaßten Korallen um ein Fünftel herabzusetzen.

10. Den gegenwärtigen Zoll von den über die Landgrenze beider Staaten nach Frankreich eingeführten, in Sardinien fabrizierten reinen Seidengazen um 14 p. c. zu ermäßigen.

11. Den Eingangszoll von marinierten Fischen für die sardinische Flagge für 100 kg auf 100 Frcs., für die französische Flagge auf 93 Frcs. zu ermäßigen.

Dagegen verpflichtet sich S. M. der König von Sardinien:

A. Die verschiedenen gegenwärtig auf den zur See oder zu Land eingeführten französischen Branntweinen lastenden Zölle, und zwar für Branntwein von mehr als 22 Grad auf 30 Frcs., für geringhaltigeren auf 18 Frcs. pro Hektoliter zu ermäßigen.

B. Die Zollsätze von den französischen Weinen aller Art, welche zur See unter nationaler oder unter französischer Flagge, oder auf der Var-, Rhone- und Alpengrenze nach den sardinischen Staaten eingeführt werden, folgendermaßen zu ermäßigen: für mehr als 20 Frcs. werte Weine auf den festen Zollsatz von 14 Frcs. pro Hektoliter; für Weine in Flaschen auf 30 Cts. pro Flasche und Weine von geringerer Güte auf 10 Frcs. pro Hektoliter.

C. Den Eingangszoll von Modewaren von 20 auf 15 Frcs. pro Kilogramm Nettogewicht, außer dem Wertzoll von 8 p. c., zu ermäßigen.

D. Den Zollsatz von farbigem oder vergoldetem Porzellan von 50 auf 30 Frcs., und von weißem Porzellan auf 25 Frcs. zu ermäßigen.

E. Einen gleichmäßigen Eingangszoll von 6 Frcs. pro Kopf für Maultiere festzusetzen und hinsichtlich dieser Tiere alle Ausgangszölle aufzuheben.

F. Die gegenwärtigen Ausfuhrzölle für kleine rohe Felle, nämlich: für Lammfelle pro 100 kg auf 10 Frcs., für Ziegenfelle auf 30 Frcs. herabzusetzen.

G. Den gegenwärtigen Eingangszoll von Leder und zubereiteten Häuten um ein Drittel und von Sämischleder um die Hälfte zu ermäßigen und den Ausgangszoll von roher Seide auf 1 Frc. und 50 Cts. herabzusetzen.

H. Den Zoll für Papier ohne Ende zum Färben auf 30 Frcs., für bearbeitete Glaswaren auf 15 Frcs. herabzusetzen, und den Zoll auf schwarze Liter- und Halbliterflaschen um die Hälfte zu ermäßigen.

I. Den Eingangszoll für Posamentierarbeiten von reiner Seide von 20 auf 15 Frcs. herabzusetzen.

K. Den Zoll von dem Elixier der großen Carthause beim Eingang zu Lande aufzuheben."

Wenn man sich gegenwärtig hält, daß dieser Tarifvertrag im Jahre 1850 abgeschlossen wurde, daß er aus einer Zeit stammte, in welcher die Zolltarife noch nicht so durchgebildet und detailiert waren, wie dies heute der Fall ist, daß man also mit der Abmachung über eine Position des Tarifes einen viel größeren Kreis von Waren traf, so muß man zugeben, daß dieser Tarifvertrag eine ganze Anzahl recht erheblicher Zollminderungen gebracht hat. Rechnet man hinzu, daß in dem Vertrag noch verschiedene Abmachungen betreffend Schiffahrt- und Tonnengelder[1]) enthalten

---

[1]) Und zwar lautet der hier einschlägige Artikel XIII:

„Um so genau wie möglich die Zoll- und Schiffahrtsbewilligungen der vorgedachten Artikel zu vervollständigen und auszugleichen, ist man außerdem übereingekommen:

1. daß die zwischen den sardinischen Häfen und Algerien fahrenden französischen Schiffe in Sardinien in jeder Hinsicht auf gleichem Fuß behandelt werden sollen, wie diejenigen französischen Fahrzeuge, welche in direkter Fahrt zwischen den französischen und sardinischen Häfen gehen;

2. daß die Tonnenabgabe von 2 Frcs. pro Tonne, welche gegenwärtig in den Häfen von Algerien von den den direkten Verkehr Sardiniens mit den französischen Besitzungen in Nordafrika vermittelnden sardinischen Schiffen erhoben wird, während der Dauer des gegenwärtigen Vertrages nicht erhöht werden soll;

3. daß für dieselbe Zeit das Bau- und Brennholz, das Stabholz, Reifholz, die Holzkohlen und Baumaterialien bei direkter Einfuhr aus Sardinien nach Algier unter nationaler oder sardinischer Flagge die bisherige Befreiung genießen sollen."

waren, so wird man sich der Erkenntnis nicht verschließen dürfen, daß der Vertrag dem Handel zwischen Sardinien und Frankreich Vorschub zu leisten geeignet war.[1])

Der vorstehende Tarifvertrag mit Frankreich war die Grundlage, auf welcher Sardinien in der Folge sein System von Handels-(Tarif-)Verträgen aufbaute. Den mit Frankreich abgeschlossenen Vertrag wußte Cavour, der Inhaber von drei Portefeuils (Marine, Ackerbau und Handel), in der Folge sehr geschickt gegen Frankreich auszuspielen. Dieses war wohl den sardinischen Wünschen nicht soweit entgegengekommen, als Cavour gehofft hatte; infolgedessen war auch Cavour etwas zugeknöpft geblieben. Er hätte den Franzosen vermutlich recht gerne größere Konzessionen gemacht; — daß er solches wollte und konnte, bewies er bei Belgien; — aber die Franzosen gaben anscheinend das nicht her, was er haben wollte, und so legte er seiner Freigebigkeit Zügel an.

Um so bewilligungsfreudiger war er aber, als er den Handels- und Schiffahrtsvertrag mit Belgien vom 24. Januar 1851 abschloß. Er gewährte den Belgiern Zollnachlässe auf Metalle, Eisen, Waffen, Glas und Kristallwaren, Porzellan, Papier, Leder, Bücher, Wollgarne und Wollgewebe, Zucker, Baumwollgarne und Baumwollgewebe, alles Artikel, in denen Frankreich mit Belgien konkurrierte. Mit Rücksicht auf den Umfang und die Höhe der Konzessionen sei es verstattet, diesen Teil des Vertrages in extenso hier zum Abdruck zu bringen. Vielleicht bekehrt sich dann auch Mancher von dem zur fable convenue gewordenen Glauben, die Epoche der Tarifverträge habe erst mit dem Cobden-Vertrag begonnen, während doch Cavour für Sardinien schon in den Jahren 1850—52 ein mustergültiges Tarifvertragssystem geschaffen hat.

Artikel XII. „Es werden folgende belgische, nach den sardinischen Staaten eingeführte Waren bei ihrem Eingang in diese Staaten sich nachfolgender Zollermäßigungen erfreuen:

[1]) Die Einfuhr Frankreichs aus Sardinien betrug im Durchschnitt der Jahre 1837/46 77,45 Mill. Fr., die Ausfuhr Frankreichs nach Sardinien betrug im gleichen Zeitraum durchschnittlich 39,5 Mill. Fr.

Für die Jahre 1846/49 wird der Durchschnitt angegeben für
die Einfuhr mit 77,50 Mill. Fr.,
die Ausfuhr „ 49,13 „ „

A. Zink, in Blechen, Stangen oder Blöcken, gewalztes Zink; Ermäßigung um die Hälfte der gegenwärtigen Zölle.

B. Kupfer, in Stücken, Rosetten (Garkupfer), Branntweinböden, in Platten, verarbeitetes und nicht mit Eisen beschlagenes; dieselbe Ermäßigung.

C. Eisen, einfache verarbeitete Gußwaren, Schienenstühle für Eisenbahnen Frcs. 8.— (anstatt Frcs. 15); Gußwaren in Verbindung mit anderen Metallen Frcs. 12.— (anstatt Frcs. 25.—); Eisen von erster Fabrikation, Eisenbahnschienen Frcs. 10.— (anstatt Frcs. 16.—); von zweiter Fabrikation Frcs. 15.— (anstatt Frcs. 30.—); in Verbindung mit anderen Metallen Frcs. 20.— (anstatt Frcs. 40.—); Anker, Kanonen Frcs. 10.— (anstatt Frcs. 20.—); Werkzeuge Frcs. 12.50 (anstatt Frcs. 25.—); Nägel aller Art, Bolzen etc. Frcs. 12.50 (anstatt Frcs. 25.—); Wagenfedern und dergl. Frcs. 30.— (anstatt Frcs. 60.—); Schrauben aller Art Frcs. 12.50 (anstatt Frcs. 25.—); Eisendraht Frcs. 10.— (anstatt Frcs. 20.—) pro 100 kg.

D. Waffen, blanke aller Art, Ermäßigung um die Hälfte; Jagdgewehrläufe Frcs. 1.— (anstatt Frcs. 2.—) das Stück; Pistolenläufe Fr. —.35 (anstatt Frcs. —.75) das Stück.

E. Glas- und Kristallwaren; nicht eingerahmte Spiegel jeder Größe Frcs. 25.— (anstatt Frcs. 60.—); Kristalle jeder Art Frcs. 15.— (anstatt Frcs. 40.—); Spiegel- und Fensterscheiben Frcs. 15.— (anstatt Frcs. 25.—); verarbeitetes Glas jeder Art Frcs. 15.— (anstatt Frcs. 18.—); Flaschen von einem Liter und darüber, Halbeflaschen, Demijohns ohne Unterschied der Größe, sogenannte Fiaschi; Ermäßigung um die Hälfte.

F. Porzellan; farbiges oder vergoldetes Frcs. 30.— (anstatt Frcs. 50.—); weißes Frcs. 25.—; gewöhnliches irdenes Geschirr Frcs. 3.— (anstatt Frcs. 4); Fayence, weiße Frcs. 8.— (anstatt Frcs. 12.—); alte, vergoldete oder farbige Frcs. 12.— (anstatt Frcs. 20.—).

G. Papier; weißes aller Art Frcs. 30.— (anstatt Frcs. 50.—); buntes oder mit Goldschnitt Frcs. 40.— (anstatt Frcs. 65.—); bedrucktes, gezeichnetes oder bemaltes für Tapeten Frcs. 50.— (anstatt Frcs. 100.—); Löschpapier Frcs. 20.— (anstatt Frcs. 50.—); grobes zum Einschlagen Frcs. 10.— (anstatt Frcs. 20.—).

H. Bücher; roh und broschiert Frcs. 30.— (anstatt Frcs. 50.—); gebunden Frcs. 60 (anstatt Frcs. 100.—).

I. Leder und zubereitete Häute Frcs. 66.66 (anstatt Frcs. 100.—); Sämischleder Frcs. 75.— (anstatt Frcs. 150.—).

K. Wollen- und Haargarne jeder Art, weiß oder roh Frcs. —.60 (anstatt Frcs. 1.10); gefärbte Frcs. —.80 (anstatt Frcs. 1.60).

L. Wollengewebe, gewalkte oder ungewalkte, im Werte von Frcs. 10.— pro Meter und darüber, und ähnliche wie Kaschmir etc. Frcs. 3.— das Kilogramm (anstatt Frcs. 3.30, unter Wegfall der 10 p. c.

vom Werte), auf weniger als Frcs. 10.— pro Meter geschätzt Frcs. 2.— (anstatt Frcs. 4.50); Teppiche und Decken von Kratzwolle, Abfall und Tuchenden Frcs. 1.— (anstatt Frcs. 2.—); von jeder anderen Beschaffenheit Frcs. 1.— (anstatt Frcs. 3.—).

M. Raffinierter Zucker aller Art Frcs. 25.— (anstatt Frcs. 45.—).

N. Gebrochener oder gehechelter Flachs, Ermäßigung um die Hälfte.

O. Flachs- und Hanfgarngewebe jeder Art, rohe oder gebleichte, mit Baumwolle oder Wolle vermischte, rohe gebleichte oder mit gebleichten Garnen vermischte, dieselbe Ermäßigung; Spitzen aller Art, dieselbe Ermäßigung.

P. Baumwollengarn, unter No. 20 Frcs. 0.20 (anstatt Frcs. 0.90); von No. 20 bis No. 40 Frcs. 0.40 (anstatt Frcs. 0.90); von No. 40 bis No. 60 Frcs. 0.60 (anstatt Frcs. 0.75); von höherer No. Frcs. 0.75; Zwirn jeder Art Frcs. 0.75 (anstatt Frcs. 1.20); gebleichter oder gefärbter jeder Art Frcs. 0.80 (anstatt Frcs. 1.80).

Q. Baumwollengewebe, auch wenn gemischt mit Leinen oder Wolle, glatte, geköperte oder auf andere Art fabrizierte, rohe, gebleichte, bunte oder gefärbte, bedruckte etc., Ermäßigung um die Hälfte.

R. Stockfisch, Ermäßigung um 25 p. c."[1])

In Summa: Die sardinischen Zölle wurden für die belgischen Produkte um 30—50 p. c., manchmal auch noch stärker, ermäßigt.[2])

Mit Frankreich hatte, wie wir oben sahen, Sardinien einen Handelsvertrag abgeschlossen, der in seinen Zollreduktionen auch

[1]) Cavour glaubte offenbar, den Belgiern mit seinen Herabminderungen in den Zöllen mehr gegeben zu haben, als diese ihm leisteten. Infolgedessen holte er noch einen Vorteil für die sardinische Schiffahrt herein. Art. XIII des Vertrages lautete:

„Um die oben gedachten Zoll- und Schiffahrtsbegünstigungen so genau als möglich auszugleichen, bewilligt Se. Majestät der König der Belgier den sardinischen Schiffen die Erstattung des niederländischerseits nach § 3 Art. IX des Vertrages vom 19. April 1839 erhobenen Scheldezolles."

[2]) Belgien verstand sich zu bedeutenden Reduktionen seiner Zölle für folgende sardinische Produkte: Käse, Anchovis, Vermicelli (3 statt 7 Frcs.), eingemachte Früchte (75 p. c. Zollnachlaß), Zitronen, Mandeln, Haselnüsse, Olivenöl, Weine (70 p. c.), frische Pflanzen, Sämereien, Korallen, Marmor (50 p. c.), Bleiweiß, rohe Seide (99 p. c.), Seidensammet, Seidengaze (50 p. c.), Troddeln und Gallons (50 p. c.).

Davon, daß Sardinien bereits einen Tarifvertrag mit Frankreich abgeschlossen hatte, stand im Vertrag Sardiniens mit Belgien kein Wort. Man sucht vergebens nach einer Bezugnahme auf diesen Vertrag und nach einer Bestimmung, wonach die aus ihm erfließenden Vorteile auch Belgien zugute kämen.

nicht im entferntesten an die in dem eben skizzierten belgischen heranreichte. Hätte nun seinerzeit Sardinien den Franzosen die unbedingte Meistbegünstigung gewährt, so wären natürlich sämtliche an Belgien gemachte Konzessionen auch an Frankreich gefallen, ohne daß Sardinien einen Cent Zollnachlaß von Frankreich erhalten hätte. Nun aber hatten Frankreich und Sardinien statt der unbedingten Meistbegünstigungsklausel die Reziprozitätsklausel in den Vertrag vom 5. November 1850 hineingeschrieben.[1]) Den Franzosen war also die Möglichkeit, so ohne weiteres die Zollvergünstigungen, die Sardinien an Belgien gewährt hatte, einzustreichen, genommen. Wenn sie derselben teilhaftig werden wollten, so mußten sie neue Konzessionen anbieten.

Aber auch wenn Sardinien den Franzosen di an Belgien gewährten Konzessionen nachträglich ohne weiteres einzuräumen Neigung gehabt hätte, so wäre ihm das nicht möglich gewesen. Denn der Art. XXII des belgisch-sardinischen Vertrages besagte, daß die einer- und andrerseits durch den Vertrag bewilligten Zollermäßigungen anderen Ländern nur gegen Äquivalente besonders eingeräumt werden durften. Und Art. XXIX ließ sich dahin vernehmen, daß, falls einer der hohen vertragschließenden Teile, im Wege einer gesetzlichen Anordnung, die Anwendung der belgischerseits hinsichtlich von Öl, Wein, Marmor, Früchten und sardinischerseits hinsichtlich der Erzeugnisse von Eisen, Glas und Kristall, der Wollen- und Leinengewebe eingeräumten Begünstigungen verallgemeinern wollte, derjenige Teil, welcher sich für ver-

[1]) Art. XIV. „In allem, was die Zoll- und Schiffahrtsabgaben anlangt, versprechen sich die beiden hohen vertragsschließenden Staaten gegenseitig, keinem anderen Staate irgend ein Privileg, eine Begünstigung oder Befreiung einzuräumen, welche nicht auch augenblicklich auf ihre beiderseitigen Untertanen, und zwar unentgeltlich, wenn die Vergünstigung dem anderen Staate unentgeltlich, und gegen dieselbe Gegenleistung oder dasselbe Äquivalent, wenn die Begünstigung bedingungsweise gewährt worden, ausgedehnt werden."

Der Art. XV dieses Vertrages brachte die Bindung des ganzen Tarifes: „Die hohen vertragschließenden Teile verpflichten sich gegenseitig, während der ganzen Dauer des gegenwärtigen Vertrages, sowohl von den im gedachten Vertrage aufgezählten Produkten, als überhaupt von den Boden- und Gewerbeerzeugnissen der beiden Staaten .... die Zölle nicht zu erhöhen".

letzt erachten sollte, binnen sechs Monaten das Recht habe, den Vertrag zu kündigen.[1]) Weder im Wege eines speziellen Vertrages, noch in Form eines Konventionaltarifes konnte also Sardinien die an Belgien gemachten Konzessionen so ohne weiteres den Franzosen einräumen. Sardinien und Belgien hatten sich vielmehr expressis verbis verpflichtet, die einander gegen wichtige Zugeständnisse eingeräumten Vorteile nicht zu generalisieren.

Und wie hielten sie es nun mit der Meistbegünstigung? Sie stilisierten diese sehr fein wie folgt (Art. XXII):

„Wenn in der Folge einer der beiden hohen vertragschließenden Teile irgend einer anderen Nation hinsichtlich der in dem Vertrage benannten Gegenstände größere Vorteile einräumen sollte, so werden diese Vorteile dem anderen Teil ohne weiteres gemeinsam.“

Also die glatte Meistbegünstigung!

Ja; aber nur für die in dem Vertrage benannten Gegenstände. D. h. wenn Belgien oder Sardinien auf ein Produkt, für das in dem belgisch-sardinischen Vertrag eine Verabredung über den Zoll getroffen worden war, den Satz in einem anderen Vertrag wiederum herabsetzte, so wurde diese Zollminderung ohne weiteres auch dem Gegenkontrahenten zuteil. Betraf aber die Zollminderung einen in dem belgisch-sardinischen Vertrag nicht berührten Artikel, so trat die Reziprozität in Wirkung. Der eben angezogene Art. XXII fuhr nämlich fort:

„Wenn andere Begünstigungen in Handels- und Schiffahrtsangelegenheiten seitens eines der beiden Staaten irgend einer anderen Nation eingeräumt werden, so werden dieselben Begünstigungen dem anderen Staate zuteil, welcher sich derselben unentgeltlich erfreuen soll, wenn die Bewilligung unentgeltlich ist oder dieselbe eine von dem letzteren schon auf Grund des gegenwärtigen Vertrages eingeräumte Bewilligung betrifft, und gegen ein Äquivalent, wenn die Bewilligung eine bedingte ist.“

Man sieht, wie schön Cavour hier die Meistbegünstigung abgetönt hat. Es war wirklich eine „feine Nuance“, die er hier in den Vertrag hineinbrachte.

---

[1]) Beide Artikel waren wohl auf Betreiben Sardiniens, das Grund hatte, Frankreich gegenüber möglichst spröde zu sein, in den Vertrag hineingekommen. Belgien wenigstens war sehr nachsichtig, als man die ihm gemachten Konzessionen auch anderen Staaten, vor allem Großbritannien (s. darüber S. 141) zugute kommen ließ.

Sehr geschickt handhabte er nun diesen belgischen Vertrag gegen Frankreich.

Am 27. Februar 1851 schloß er vorerst einen Vertrag mit England, setzte dieses — offenbar im Einverständnis mit Belgien — in den Mitgenuß der letzterem Lande gemachten Zugeständnisse, und sicherte dafür Sardinien die aus der Beschneidung der alten englischen Navigationsakte fließenden Vorteile.[1]) Art. XI dieses sardinisch-großbritannischen Vertrages besagte:

„In allem, was die Zoll- und Schiffahrtsabgaben angeht" usw. S. oben S. 102.

Es ist indes ausdrücklich verabredet worden, daß die in dem Vertrag vom 24. Januar 1851 sardinischerseits Belgien eingeräumten Zollermäßigungen ...... vom 1. Juni 1851 ab in Erwiderung der Sardinien durch den gegenwärtigen Vertrag eingeräumten Vorteile auf Großbritannien ausgedehnt werden sollen."

Cavour hetzte also den Franzosen außer den Belgiern auch noch die Engländer als bei der Einfuhr nach Sardinien bevorzugte Konkurrenten auf den Hals. Es gab jetzt schon zwei Länder, die nicht an Sardinien grenzten, und doch für eine ganze Reihe wichtiger Industrieprodukte niedrigere Zölle genossen als das benachbarte Frankreich, das damit in Gefahr zu geraten drohte, den sardinischen Markt immer mehr zu verlieren. Und dieses alles durch Anwendung der Reziprozität, der bedingten Meistbegünstigung, statt der unbedingten!

Damit war aber das Rüstzeug Cavours noch nicht erschöpft. Er jagte auch die Industrien des Zollvereins hinter den Franzosen her, indem er mit dem Zollverein den Vertrag vom 20. Mai 1851 schloß, dabei aber wieder gegen den Zollverein selbst die

---

[1]) Aus der Preamble des Vertrages: „Se. Majestät der König von Sardinien und Ihre Majestät die Königin der Vereinigten Königreiche von Großbritannien und Irland haben ... beschlossen, durch einen Vertrag ihren Völkern gegenseitig die aus den beiden Gesetzen, deren eines in Großbritannien unter dem 26. Juni 1849 behufs Modifizierung der Navigationsakte, und das andere in dem Sardinischen Staate behufs Abschaffung der Differenzialzölle erlassen worden ist, fließenden Vorteile in ihrem ganzen Umfange und allen ihren Folgen zu sichern."

Der Schwerpunkt des Vertrages lag also hier in den Abmachungen über die Schiffahrt.

Reziprozität ausspielte, die in dem Vertrag mit diesem vom 23. Juni 1845 festgelegt worden war. (S. oben S. 110.)

Der Zollverein wollte natürlich seine Produkte in Sardinien nicht schlechter behandeln lassen, als die aus Belgien und Großbritannien stammenden; die glatte Meistbegünstigung, welche ihm die Früchte des belgisch-sardinischen Handelsvertrages kostenlos in den Schoß geworfen hätte, war aber zwischen ihm und Sardinien nicht stipuliert; er mußte, wenn er dieser Vorteile teilhaftig werden wollte, besondere Konzessionen machen. Zu diesen verstand er sich denn auch; und so kam die Additionalkonvention vom 20. Mai 1851 zum Handels- und Schiffahrtsvertrag vom 23. Juni 1845 zustande:

Art. I. „Seine Majestät der König von Preußen, sowohl für Sich als auch im Namen der übrigen Mitglieder des Deutschen Zoll- und Handelsvereins, verpflichtet Sich:

1. die gegenwärtig für sardinischen Reis bei seinem Eingange in die Staaten des Zollvereins bestehenden Zölle
   a) für geschälten Reis von 2 Rthlr. auf 1 Rthlr. pro Zentner,
   b) für ungeschälten Reis von 2 Rthlr. auf $\frac{2}{3}$ Rthlr. oder 20 Sgr. pro Zentner zu ermäßigen;
2. die Zölle aufzuheben, welche bisher von dem Baumöl erhoben wurden, das in Fässern aus den sardinischen Staaten eingeführt wird und beim Eingang in die Staaten des Zollvereins einen Zusatz von Terpentinöl erhält."

Art. II. „Seine Majestät der König von Sardinien willigt darin, die sardinischerseits Frankreich, Belgien und Großbritannien mittelst der mit diesen Mächten abgeschlossenen Verträge vom 5. November 1850, 24. Januar und 27. Februar 1851 gewährten Zollermäßigungen vom 1. Juni 1851 an auch auf die Staaten des Zollvereins auszudehnen."

Jetzt hatte Frankreichs Industrie in Sardinien drei Konkurrenten, die alle besser gestellt waren als Frankreich; und jetzt gab Frankreich auch klein bei. Cavour setzte ihm die Pistole auf die Brust: entweder niedrigere Einfuhrzölle für sardinisches Kleinvieh und sardinische Früchte — oder die französischen Industrieprodukte bleiben draußen! Alsbald kam folgender Nachtrag vom 20. Mai 1851 zum französisch-sardinischen Handelsvertrag vom 5. November 1850 zustande:

Art. 1. „S. M. der König von Sardinien verpflichtet sich, vom 1. Juni d. J. ab den aus Frankreich nach Sardinien direkt eingeführten französischen Boden- und Gewerbeerzeugnissen die in den mit Belgien unter dem 24. Januar und mit Großbritannien unter dem 27. Februar 1851 abgeschlossenen Verträgen verabredeten Zollermäßigungen zuteil werden zu lassen.

S. M. der König von Sardinien verpflichtet sich außerdem, von demselben Zeitpunkte ab, die Zölle zu ermäßigen:

1. von den aus Frankreich eingeführten Seidengeweben nach folgendem Verhältnisse:

Seidengewebe (von 20 Frcs.) auf 15 Frcs.; Gewebe aus Seide und Floretseide (von 12 Frcs.) auf 8 Frcs.; seidene und floretseidene Knöpfe (von 8 Frcs.) auf 6 Frcs.; gemischte Knöpfe (von 5 Frcs.) auf 3 Frcs.;

2. von den aus Frankreich eingeführten Büchern nach folgendem Verhältnisse:

Eingebundene Bücher von weißem Papier (von 65 Frcs.) auf 35 Frcs.; eingebundene gedruckte Bücher (von 60 Frcs.) auf 35 Frcs.; broschierte gedruckte Bücher (von 30 Frcs.) auf 18 Frcs."

Art. 3. „Der Präsident der französischen Republik, in Erwiderung dieser Vorteile,[1]) verpflichtet sich seinerseits zu ermäßigen:

1. um ein Fünftel oder 20 p. c. die gegenwärtigen Zölle von Wollvieh und Ziegen, welche aus Sardinien nach Frankreich, sei es über die Küste des mittelländischen Meeres, sei es auf dem Landwege in den zwischen der südlichen Grenze des Departement de l'Ain und dem Mittelmeere belegenen Steuerbezirk eingeführt werden, dergestalt, daß die gegenwärtigen Zölle von 5 Frcs. für jedes Stück Wollvieh, Hammel, Widder und Schafe, und von 1 Frcs. 50 Cts. für jedes Stück Böcke und Ziegen und von 30 Cts. für jedes Lamm auf bezw. 4 Frcs., 1 Frcs., und 20 Cts. ermäßigt werden;

2. um ein Fünftel oder 20 p. c. die Zölle von frischen, aus den sardinischen Staaten stammenden Tafelfrüchten."

* * *

Man sieht aus dieser Darstellung, wie wohl sich die Reziprozitätsklausel in ein Handelsvertrags-System einfügen läßt, und welche vorzügliche Wirkungen man mit ihr zu erzielen vermag.

Cavour verstand es, die Register der Reziprozität zu ziehen. Er legte sich bei den Belgiern fest und brachte mit Hülfe der Belgier, (denen er übrigens die Konzessionen vorenthielt, die er zuerst Frankreich gemacht hatte), der Engländer und der Deutschen (die ihm die an Belgien gemachten Konzessionen wieder besonders

---

[1]) Siehe die Reziprozitätsklausel auf S. 139 Anmerkung.

abkaufen mußten), die Franzosen, denen er primär nur die bedingte Meistbegünstigung gewährt hatte, dahin, daß diese ihre Vieh- und Fruchtzölle herabsetzten.

So war Frankreich schließlich doch auf Grund von entsprechenden Gegenleistungen in Sardinien zur „meistbegünstigten Nation“ aufgerückt. Wirklich? Weder Frankreich noch Belgien, noch Großbritannien, noch der Zollverein waren in Sardinien „meistbegünstigt“ in dem uns geläufigen Sinne. Keiner der Staaten[1]) hatte einen Anspruch auf die Vergünstigungen, welche künftig Sardinien einer fünften und sechsten Nation einräumte. Nirgends stand in den Verträgen, daß die oben genannten Staaten einen glatten Anspruch auf Tarifzugeständnisse hätten, die Sardinien künftig gewährte.

Der Genuß der Meistbegünstigung war vielmehr immer auf bereits erfolgte Konzessionen beschränkt. Für die Zukunft galt — die Reziprozität. Es kamen also z. B. die Vergünstigungen, welche Sardinien der Schweiz gewährte (Vertrag vom 8. Juni 1851),[2]) den obigen Ländern nicht ohne weiteres zugute; ebensowenig die im Vertrag vom 18. Oktober 1851 mit Österreich vereinbarten. Wer diese beanspruchen wollte, mußte neue Konzessionen machen. Sardinien hatte also immer wieder ein Pressionsmittel.

Trotz der verklausulierten Meistbegünstigung, — wir sagen vermittels derselben, — hat also schon in den Jahren 1850 bis 1852 Sardinien ein Netz von Tarifverträgen ausgeworfen, das sich allerdings von dem später (1860) von Frankreich geschaffenen

---

[1]) Mit Ausnahme Belgiens, s. oben S. 140, Art. XXII; aber auch hier war die Meistbegünstigung pro futuro z. T. wieder bedingt. Belgien, Großbritannien und Zollverein hatten ferner kein Anrecht auf die Konzessionen, die Sardinien im Zusatzabkommen vom 20. Mai 1851 an Frankreich gemacht hatte. Wenn sie dieser teilhaftig werden wollten, waren ihrerseits neue Konzessionen von nöten.

[2]) Hier streckte Sardinien die Waffen; die Schweiz erlangte die unbedingte Meistbegünstigung. Art. IX des Vertrages besagt:

„Die beiden Regierungen verpflichten sich gegenseitig, ihre Gewerbeerzeugnisse mit keinen weiteren oder höheren Gebühren zu belegen, als denjenigen, welche die am meisten begünstigte Nation für ihre Waren und gleichartigen Produkte bei deren Einfuhr zu bezahlen hat“.

Die Schweiz scheint ein unerbittlicher Gegner der bedingten Meistbegünstigung gewesen zu sein. Sie war auch einer der wenigen Staaten, welche von der Union die unbedingte Meistbegünstigung erlangten.

wesentlich dadurch unterschied, daß man sardinischerseits den Generaltarif durch die Zollermäßigungen, die man den Vertragsstaaten gewährt hatte, nicht alterieren ließ, keinen Konventionaltarif schuf, immer den Generaltarif den Abmachungen zu Grunde legte, und sich auch für gewöhnlich auf die unbedingte Meistbegünstigung nicht einließ, vielmehr immer Mittel in der Hand behielt, um auf die Gegenkontrahenten einen Druck üben zu können.

* * *

Sardinien dehnte in der Folge das Netz seines Tarifvertragssystems noch aus durch die Verträge:

a) mit den Niederlanden vom 24. Juni 1851.

Art. XII. „Sardinien bewilligt dem Königreich der Niederlande die in dem Vertrage vom 24. Januar 1851 zwischen Sardinien und Belgien verabredeten, in der Anlage A.[1]) aufgeführten Zollermäßigungen, ferner die an Frankreich mittels der Konvention vom 20. Mai 1851 hinsichtlich der Seidengewebe und der Bücher zugestandene Zollermäßigung, und außerdem für holländischen Käse eine Ermäßigung von einem Viertel des gegenwärtigen Tarifsatzes.

In Erwiderung dessen bewilligen die Niederlande dem Königreich Sardinien die Frankreich und dem Königreich Beider Sizilien in den niederländischerseits unter dem 25. Juli 1840 und dem 17. November 1847 geschlossenen Verträgen enthaltenen, in der Anlage B[2]) aufgeführten Eingangszollermäßigungen für Wein und Olivenöl und außerdem eine Ermäßigung von einem Viertel des gegenwärtigen Tarifsatzes von

[1]) Haben wir nicht zum Abdruck gebracht, weil die einschlägigen Zugeständnisse Sardiniens an Belgien oben schon in extenso aufgezählt sind.

[2]) „Die nachfolgenden aus den sardinischen Staaten stammenden und nach den Niederlanden eingeführten Waren sollen, gleichviel unter welcher Flagge diese Einfuhr erfolgt, und aus welchem Hafen die Waren kommen, bei ihrem Eingang in dieses Königreich die nachstehenden Zollermäßigungen genießen:

Die gegenwärtig in Niederländisch-Indien für sardinische Weine in Fässern oder in Flaschen bestehenden Zölle werden auf die Hälfte herabgesetzt.

Die sardinischen Weine in Fässern sind bei ihrem Eingang in die niederländischen Häfen in Europa zollfrei, und für die Flaschenweine werden die gegenwärtigen Zölle um $^3/_5$ ermäßigt.

Die Olivenöle genießen eine Ermäßigung von 50 Cents des gegenwärtigen Tarifsatzes.

Früchten, in Zucker eingemachten Früchten, Citronat, Vermicelli und anderen ähnlichen Teigarten.

Die Zollermäßigungen von den in den Anlagen A und B aufgeführten Gegenständen sollen als vom 1. Juni 1851 zugestanden angesehen und der bis zu diesem Zeitpunkt erhobene Mehrbetrag der Zölle soll erstattet werden.“

Art. XIII. „Die beiden hohen vertragsschließenden Teile machen sich verbindlich, daß in allem, was die Schiffahrts- und Zollabgaben anlangt, jedes Privilegium, jede Begünstigung oder Befreiung, welche einer derselben irgend einem anderen Staate einräumen sollte, unverweilt auch ihren beiderseitigen Untertanen zuteil werden soll und zwar unentgeltlich, wenn die Bewilligung zugunsten des anderen Staates eine unentgeltliche war, oder gegen Gewährung einer so viel als möglich im Wert und Wirkung gleichen, nach gemeinsamem Übereinkommen festzusetzenden Gegenleistung, wenn die Bewilligung eine bedingte war.

Dasselbe soll stattfinden hinsichtlich derjenigen Begünstigungen oder Befreiungen, welche die hohen vertragsschließenden Teile irgend einem anderen Staate hinsichtlich der Warenbeförderung auf den jetzt oder künftig in den betreffenden Staaten erbauten Eisenbahnen bewilligen sollten.“

b) Mit Österreich vom 18. Oktober 1851.

Art. XIV. „Die hohen kontrahierenden Teile sind über folgende Zollbegünstigungen und -ermäßigungen übereingekommen:

I. Von seiten Österreichs.

1. Der Einfuhrzoll für gemeine Weine von Piemont bei der Einfuhr über eines der Zollämter an der an die sardinischen Staaten anstoßenden österreichischen Grenze, welcher gegenwärtig auf 10 österreichische Lire 70 Cents für jedes metrische Quintal sporco bestimmt ist, wird auf 7 österreichische Lire für das metrische Quintal sporco herabgesetzt.

2. Der Einfuhrzoll auf Reis in Hülsen, nun auf $4^1/_2$ österreichische Lire für das metrische Quintal netto bestimmt, wird auf $1^1/_2$ österreichische Lire herabgesetzt.

3. Der Einfuhrzoll auf Jungvieh von ein bis zwei Jahren, nun auf 6 österreichische Lire für das Stück bestimmt, wird auf $1^1/_4$ österreichische Lire herabgesetzt.

4. Alle Zollermäßigungen oder -rückerstattungen, oder andere Begünstigungen für Warenein-, -aus- oder -durchfuhr, welche anderen Staaten rücksichtlich des Handels auf dem Seewege, über die Freihäfen oder die Zollinie zwischen dem lombardisch-venetianischen Königreich und den anderen italienischen Staaten bewilligt worden waren, werden auch Sar-

dinien für den Verkehr über die österreichisch-sardinische Grenze bewilligt.[1])

II. Von seiten Sardiniens.

1. Alle Zollbegünstigungen und -ermäßigungen, welche von der sardinischen Regierung mittels ihrer Verträge mit Frankreich vom 5. November 1850 und 20. Mai 1851, mit Belgien vom 24. Januar 1851, mit England vom 27. Februar 1851, mit Griechenland vom 31. März 1851,[2]) mit den Staaten des Zollvereins vom 20. Mai 1851, mit der schweizerischen Eidgenossenschaft vom 5. Juni 1851,[2]) mit den Niederlanden vom 24. Juni 1851 oder mittels anderer Verträge den von den bezüglichen Ländern herkommenden Waren bewilligt worden sind, werden in derselben Art für die gleichen aus dem österreichischen Kaiserreich kommenden Waren bewilligt und angewandt, sei es, daß sie in Sardinien auf dem Seewege oder auf dem Fluß- und Landwege eingeführt werden.

2. Der Einfuhrzoll für Decken von Abfallwolle, Tuchabschnitten und Tuchenden, in dem Vertrage mit Belgien auf einen Franc für das Kilogramm bestimmt, wird auf 50 Centimes ermäßigt.

3. Der Einfuhrzoll für einfache Zuggeschirre, nun auf 100 Fr. für 100 kg bestimmt, wird auf 75 Fr. und jener für verzierte Zuggeschirre, nun auf 150 Fr. für 100 kg bestimmt, auf 110 Fr. ermäßigt.

4. Der Einfuhrzoll für Kinderspiel- und Krämereiwaren aus Holz wird von 50 Fr. für 100 kg auf 40 Fr. ermäßigt.

5. Die gegenwärtig bestehenden Einfuhrzölle auf Käse, Sattler- und Riemerwaren, Lederhandschuhe, Gewebe, Knopfmacher und Posamentierarbeiten jeder Gattung, Möbel, Hüte, musikalische Instrumente, Wagen und Federn, und Waggons für den Reisenden, Sonnen- und Regenschirme, Messing, Blei, Packfong, Quecksilber, Gold- und Silberarbeiten, Edelsteine, echte Perlen und Granate, Marmore in Platten, in Kaminen oder gehauen oder modelliert oder in anderer Weise bearbeitet, Geschirre, Gläser und Kristalle, auch wenn sie nicht schon [durch diesen Artikel] festgestellt sind, werden auf die Dauer des gegenwärtigen Vertrages für die österreichische Provenienz nicht erhöht werden.“

---

[1]) Außerdem wurden die Zölle auf Fische, Schal- oder sonstige Wassertiere, frisches und kandiertes Obst, Schlachtvieh, Pferde, Maultiere und Esel, frische und trockene Hülsenfrüchte, gemeines und edles Werkholz, Seifen, Parfümerien mit Einschluß von wohlriechenden Wassern, Bittererde und Braunsteine, rohe Häute, Glasplatten und Bücher gebunden.

[2]) Haben wir hier nicht wiedergegeben, um die Darstellung zu kürzen.

10*

Art. XV. „Wenn in Zukunft die Kaiserliche Regierung anderen Staaten Zollermäßigungen oder Rückerstattungen oder andere Begünstigungen für die Warenein-, -aus- und -durchfuhr hinsichtlich des Verkehrs auf dem Seewege, und namentlich über die Freihäfen, über die Zollinie zwischen dem lombardisch-venezianischen Königreich und den anderen italienischen Staaten bewilligen sollte, werden alle diese Ermäßigungen, Rückerstattungen oder Begünstigungen von selbst und unentgeltlich Sardinien für den Verkehr über die österreichisch-sardinische Grenze bewilligt werden.

Dafür werden alle Zollermäßigungen oder Rückerstattungen oder andere Begünstigungen für die Warenein-, -aus- und -durchfuhr, welche die sardinische Regierung in Zukunft anderen Staaten bewilligen sollte, von selbst und unentgeltlich dem Kaiserreich Österreich bewilligt werden.

In keinem Falle werden daher die über die österreichisch-sardinische Grenze ein- oder ausgeführten Waren im österreichischen Zollgebiete höheren oder anderen Zöllen unterliegen als denjenigen, welchen den auf dem Seewege oder über die Grenze zwischen dem lombardisch-venezianischen Königreich und den anderen italienischen Staaten ein- oder ausgeführten Waren auferlegt werden."

c) Mit Schweden (Zusatz zum Vertrag vom 28. November 1839) vom 25. Januar 1852.

Art. I. „Vom 1. Mai 1852 ab sollen Eisen, Kupfer und getrocknete und gesalzene Fische aller Art aus dem Ver. Königreich von Schweden und Norwegen hinsichtlich der Zollentrichtung bei der Einfuhr nach den Staaten Seiner Majestät des Königs von Sardinien den gleichen Erzeugnissen jedes anderen meistbegünstigten Landes gleichgestellt werden."

Art. II. „Infolgedessen sollen die Großbritannien mittelst des Vertrages vom 27. Februar 1851 für die im vorangehenden Artikel gedachten Erzeugnisse bewilligten Zollermäßigungen, wie solche in der Anlage zu gegenwärtiger Übereinkunft angegeben sind, auf dieselben Erzeugnisse des Ver. Königreichs von Schweden und Norwegen ausgedehnt werden; ebenso soll jede Zollermäßigung, welche künftig sardinischerseits für diese Gegenstände bewilligt werden sollte, auf diejenigen von schwedischer oder norwegischer Provenienz gleichfalls ausgedehnt werden."

Art. III. „In Erwiderung dieser Vorteile verpflichtet sich Seine Majestät der König von Schweden und Norwegen seinerseits, alle Boden- und Gewerbserzeugnisse des Königreichs Sardinien den Boden- und Gewerbserzeugnissen derjenigen Nation gleichzustellen, welche in Schweden und Norwegen die günstigste Behandlung genießt, dergestalt, daß die Boden- und Gewerbserzeugnisse Sardiniens keine anderen oder höheren Zölle entrichten, als dieselben Erzeugnisse irgend eines anderen Landes.“ [1])

Art. IV. „Kraft desselben Grundsatzes sollen die den Erzeugnissen anderer Nationen bei der Einfuhr in Schweden und Norwegen durch frühere Verträge eingeräumten Begünstigungen und Zollermäßigungen gleichzeitig auf dieselben Erzeugnisse aus den sardinischen Staaten ausgedehnt werden; wie auch diese Erzeugnisse an allen denjenigen irgend einer anderen Nation künftig in Zoll- oder Schiffahrtsangelegenheiten bewilligten Begünstigungen teilnehmen sollen.“ [2])

Art. V. „Seine Majestät der König von Schweden und Norwegen verpflichtet sich außerdem, keinesfalls während der Dauer der gegenwärtigen Konvention auf die Boden- und Gewerbserzeugnisse des Königreichs Sardinien die Zuschlagsabgaben (Surtaxes) zur Anwendung zu bringen, welche auf Grund der in Schweden und Norwegen bestehenden Gesetzgebung den Erzeugnissen anderer Staaten auferlegt werden könnten.“

* * *

Ein zweiter großer Tarif-Vertragsstaat der Reziprozitätsperiode, — gemessen an den damaligen Verhältnissen, — war Belgien. Es schloß Tarifverträge mit Frankreich am 16. Juni 1842, mit Spanien am 25. Oktober 1842, mit dem Zollverein am 1. September 1844, mit den Niederlanden am 29. Juli 1846, mit Beiden Sizilien am 15. April 1847 und mit den Niederlanden am 20. September 1851. Nachdem wir uns schon bei Sardinien des näheren über die Stellung der Reziprozität in Tarifverträgen verbreitet haben, können wir uns hier bei Belgien kürzer fassen.

I. Der Vertrag mit Frankreich vom 16. Juli 1842. Ursprünglich auf die Dauer von vier Jahren geschlossen, wurde er durch das Abkommen vom 13. Dezember 1845 mit Modifikationen erneuert und galt bis 1852.

---

[1]) Ausdrücklich werden hier wieder die Begünstigungen, die „irgend einem anderen Lande“ zugestanden werden, betont. Ein Beitrag für die Doppelnatur des Begriffes „Meistbegünstigung“, deren man sich früher schärfer bewußt war als jetzt!

[2]) Hier ist als „irgend ein anderes Land“ ausdrücklich wieder dasjenige bezeichnet, welches die günstigste Behandlung in Schweden und Norwegen genießt.

Die Franzosen erhöhten im Jahre 1842 ihre Zölle auf Produkte der Leinenindustrie. Der belgischen Ausfuhr nach Frankreich nun die alten Zölle zu erhalten, war Hauptzweck dieses Vertrages[1]), wogegen Belgien eine Erleichterung für die Einfuhr französischer Weine und Seidengewebe zugestand.[2])

II. Der Vertrag mit Spanien vom 25. Oktober 1842.

Dieser Vertrag setzte den Zoll für belgische Gewebe aus Hanf und Leinen bei der Einfuhr nach Spanien auf 20% vom Wert fest, und sicherte außerdem den gedachten Produkten Belgiens die Meistbegünstigung.[3])

---

[1]) Art. I. Les droits d'entrée en France sur les fils et tissus de lin ou de chanvre importés de Belgique par les bureaux situés d'Armentières à la Malmaison, près Longwy, inclusivement, seront rétablis tels qu'ils existaient avant l'ordonnance du Gouvernement français du juin 1842, et les droits d'entrée en Belgique sur la frontière limitrophe des deux pays seront maintenus tels qu'ils existent actuellement, sans que ces différens droits puissent être augmentés, de part ni d'autre, avant l'expiration du present traité.

Si, au contraire, les droits d'entrée en France sur les fils et tissus de lin ou de chanvre provenant de Belgique venaient à être réduits, une réduction semblable serait immédiatement introduite dans le tarif belge sur les mêmes articles de provenance française, de façon que les droits fussent uniformes des deux côtés à la frontière limitrophe. Enfin, dans le cas où les droits d'entrée en France sur les fils et tissus de lin ou de chanvre importés par des frontières autres que celle limitrophe viendraient à être réduits de plus d'un sixième au dessous de ceux fixés par l'ordonnance du 26 juin 1842, le Gouvernement de Sa Majesté le Roi des Français, s'engage à abaisser aussitôt, et dans la proportion de cet excédant de réduction, les droits d'entrée sur les fils et tissus importés par la frontière limitrophe de telle façon qu'il y ait toujours, au moins, la proportion de trois à cinq entre les droits existant à cette dernière frontière et ceux existant aux frontières françaises.

[2]) Art. II brachte eine Minderung der belgischen Weinzölle. Der Text stimmt mit den diesbezüglichen Abmachungen im Vertrag Belgiens mit Spanien überein. (S. Anm. 1 S. 151.)

Ferner verpflichtete sich Belgien: „à reduire de vingt pour cent le droit actuel d'entrée sur les tissus de soie venant de France, sans que ce droit ainsi réduit puisse être augmenté, ni que les tissus de soie de toute autre provenance puissent, en aucun cas, être soumis en Belgique à des droits quelconques plus favorables que ceux appliqués aux tissus français pendant la durée de la présente convention.

[3]) Art. II. Le tarif des douanes d'Espagne existant actuellement sera modifié, en faveur de la Belgique, de la manière suivante:

1° Les tissus de chanvre et de lin compris dans la première classe de

Dafür bekam Spanien die Zollreduktion, die durch Vertrag vom 16. Juli 1842 den französischen Weinen zuteil geworden war: 50 Cents pro Hektoliter in Fässern und 2 Francs pro Hektoliter in Flaschen. Um 66²/₃ % wurden ferner herabgesetzt: die belgischen Zölle auf Olivenöl, Orangen, Zitronen, Feigen, Rosinen, Mandeln, Nüsse usw., gleichgültig, ob frisch oder getrocknet.[1])

---

ce tarif, fabriqués en Belgique et comptant, à la chaîne, depuis douze fils inclus jusqu'à dixhuit fils inclus, par quart de pouce espagnol, seront évalués à 1600 réaux vellon per quintal espagnol, et le droit d'entrée établi sur cette évaluation sera le droit actuel de 20 p. 100.

2º Les mêmes tissus comptant, à la chaîne, de dixneuf fils inclus à vingt-six fils inclus, par quart de pouce espagnol, seront évalués à 4770 réaux vellon par quintal espagnol.

3º Les mêmes tissus comptant, à la chaîne, de vingt-sept fils inclus à vingt-neuf fils, par quart de pouce espagnol, seront évalués à 6629 réaux vellon.

4º Les tissus de lin et de chanvre croisé de toute espèce, de fabrication belge, compris dans la troisième classe du tarif des douanes d'Espagne actuellement en vigeur, seront évalués: la première espèce, dont la largeur ne dépasse pas une vare, à 1700 réaux vellon par quintal espagnol, et la deuxième espèce, ayant plus d'une vare de largeur, à 2400 réaux, également par quintal espagnol.

Les droits ci-dessus stipulés seront appliqués aux tissus de chanvre et de lin de fabrication belge, quelque soit le mode d'importation en Espagne, et quelle que soit la frontière, par la quelle ils seront importés, et ces droits ne pourront donner lieu au payement d'aucune taxe accessoire ou additionnelle autre ou plus élevée que celles actuellement perçues et fixées dans le tarif espagnol.

Il est entendu que pendant la durée du présent traité, les droits aux quels sont assujettis en Espagne les tissus de lin et de chanvre de fabrication belge, désignés au présent article, ne pourront être augmentés, et que les tissus de lin et de chanvre de toute autre sorte, indiqués ou non dans la présente convention, de toute autre provenance étrangère, ne seront soumis en Espagne à des droits quelconques plus favorables que ceux acquittés par les mêmes tissus provenant de Belgique.

[1]) Art. III. En retour des concessions ci-dessus accordées, le gouvernement de S. M. le Roi des Belges prend les engagements suivants:

1º Par application de l'art. 2 de la loi du 6 Août 1842, seront étendues aux vins d'Espagne, les réductions de droits stipulées en faveur de vins de France, dans la convention de commerce conclue entre la Belgique et la France, et signée à Paris le 16 Juillet dernier, et par conséquant, les droits d'entrée sur les vins d'Espagne directement importés sur mer, sous pavillon belge ou espagnol, seront réduits à 50 cent par hectolitre pour les vins en

Zwar wurde durch Art. V des Vertrages den Vertragsteilen das Recht gegeben, auch anderen Ländern die entsprechenden Vergünstigungen einzuräumen, jedoch konnte dann die andere Partei, wenn sie sich durch diese Ausdehnung der Konzession benachteiligt fühlte, den Vertrag binnen sechs Monaten kündigen. [1])

Die Franzosen hatten in Belgien eine Zollminderung für ihre Weine und Seidenwaren erlangt. Gegen eine entsprechende Gegenleistung gewährte man nun auch belgischerseits den Spaniern die ermäßigten Weinzölle und, statt der Minderung der Seidenzölle, die für Spanien ohne Wert waren, eine solche für Südfrüchte.

Von einer Gratisweggabe der Vergünstigungen, wie sie wohl heute auf Grund des Systems der unbedingten Meistbegünstigung stattgefunden hätte, war also keine Rede. Die Leistung auf der einen Seite war bedingt durch eine solche auf der anderen.

---

cercles, et à 2 francs par hectolitre pour les vins en bouteilles, et le droit d'accise maintenant existant sur ces vins, sera réduit de 25 p. 100, bien entendu que, pendant la durée de la présente convention, ces droits de douane et d'accise, ainsi réduits, ne pourront être-élevés.

2º Le droit de douane actuellement existant, sera réduit des deux tiers sur l'huile d'olive d'origine espagnole, quelqu'en soit l'usage ou la destination, et directement importée par la mer sous pavillon belge ou espagnol.

3º Sera également réduit de deux tiers, le droit actuel d'entrée en Belgique sur les oranges, les citrons, les figues, les raisins, les amandes, les noix, les noisettes et tous les fruits verts et secs non spécialement tarifés, produit du sol d'Espagne, et directement importés par mer sous l'un des deux pavillons.

Il est entendu que, pendant la durée de la présente convention, les vins, les huiles d'olives et les fruits ci-dessus désignés, d'aucune autre provenance étrangère, ne seront soumis en Belgique à des droits quelconques plus favorables que ceux acquittés par les mêmes articles, produits du sol de l'Espagne, et des îles adjacentes, et directement importés par mer, sous pavillon belge ou espagnol.

4º Le transit vers l'Allemagne, des vins, des huiles et des fruits mentionnés dans cette convention sera libre, et ces articles ne seront soumis à aucun droit de transit.

[1]) Art. V. Chacune des hautes parties contractantes pourra accorder à une ou plusieurs autres puissances les avantages stipulés dans le présent traité.

Dans le cas où l'une des parties ferait usage de ce droit, celle dont les produits pourraient avoir à suffrir de cette extension, aura la faculté de résilier la présente convention, aprés en avoir prévenu l'autre partie six mois à l'avance.

III. Spanische und französische Weine waren also in Belgien beim Verzollungsgeschäft bevorzugt; deutsche waren benachteiligt. Belgien war aber bereit, auch diese an der Reduktion teilnehmen zu lassen, wenn man deutscherseits zu entsprechenden Zugeständnissen bereit war. So kam der Vertrag mit dem Zollverein vom Jahre 1844 (1. September) zustande, welcher u. A. folgende Bestimmungen enthielt:

Art. XIX. „Das Eisen belgischen Ursprungs soll beim Eingange in die Staaten des Zollvereins über die Landgrenze zwischen beiden Ländern zugelassen werden wie folgt:

a) Das unter Lit. A im Tarif des Zollvereins bezeichnete Eisen (Roheisen, Brucheisen usw.) mit einer Ermäßigung von 50 vom 100 auf die mit dem 1. September 1844 eingetretenen allgemeinen Abgaben.

b) Das unter Lit. B des gedachten Tarifs bezeichnete Eisen zu dem Satz von einem Taler, sieben und einem halben Silbergroschen vom Zentner, das heißt mit einer Ermäßigung von 50 vom 100 auf die mit dem 1. September 1844 eingetretene Zollerhöhung.

c) Die anderen Gattungen façonniertes, verarbeitetes oder unverarbeitetes Eisen, Eisenwaren jeder Art, welche unter den folgenden Kategorien desselben Tarifs begriffen sind, zu den durch diesen Tarif festgesetzten allgemeinen Abgabensätzen.

Man ist übereingekommen, daß, wenn die Eingangsabgaben auf die verschiedenen Kategorien von Eisen und Eisenwaren erhöht werden sollten, diese Erhöhung sich während der Dauer des gegenwärtigen Vertrages nicht auf die aus Belgien kommenden Gegenstände erstrecken wird, und daß, wenn im Gegenteil die Abgaben ermäßigt werden sollten, diese Ermäßigung auf die gedachten Gegenstände in der Weise Anwendung finden wird, daß den belgischen Erzeugnissen dieselbe Begünstigung auf das Eisen der ersten und zweiten Kategorie und die Gleichheit der Behandlung bei der Einfuhr für das verarbeitete oder nichtverarbeitete Eisen der übrigen Kategorien gewährt wird."

Art. XX. „Die in dem Zollverein bestehenden Ausgangsabgaben auf Wolle sollen in Beziehung auf die für Belgien bestimmte Wolle um die Hälfte ermäßigt werden."

Art. XXI. „Die in dem Zollverein bestehenden Eingangsabgaben für Käse belgischen Ursprungs sollen um 50 vom 100 ermäßigt werden."

Art. XXII. „Die Eingangsabgaben für Wein aus dem Zollverein sowohl zu Lande als zur See sollen auf 50 Centimen per Hektoliter für Wein in Fässern und auf 2 Franken per Hektoliter für Wein in Flaschen ermäßigt, und außerdem soll die gegenwärtig für diesen Wein bestehende Akzise um 25 vom 100 vermindert werden.

Die gegenwärtig in Belgien bestehenden Eingangsabgaben für Seidenwaren aus dem Zollverein sollen um 50 vom 100 für in dem Zollverein erzeugte Seidenwaren ermäßigt werden.“

Art. XXIII. „Während der Dauer des gegenwärtigen Vertrages dürfen die in solcher Weise ermäßigten Eingangs- und Ausgangsabgaben nicht erhöht werden, und es versteht sich, daß der Wein und Seidenwaren jedes anderen Ursprungs als die, welche aus dem Zollverein kommen, nicht günstigeren Abgaben irgend einer Art in Belgien unterworfen werden dürfen als die, welche auf Wein und Seidenwaren aus dem Zollverein Anwendung finden.“

Art. XXIV. „Die sogenannten Nürnberger Waren, welche in dem belgischen Zolltarif unter der Kategorie „Mercerie“ begriffen sind, sollen im gedachten Tarif besonders aufgeführt werden, mit einer Eingangsabgabe von 5 vom 100 vom Wert.

Die in Belgien bestehenden Eingangsabgaben auf Modewaren, welche aus dem Zollverein herrühren, sollen auf den Satz von 10 vom 100 vom Wert wieder hergestellt werden . . . .

Werkzeuge und Instrumente von Eisen und Stahl, welche aus dem Zollverein herrühren, sollen beim Eingange in Belgien keinen höheren Abgaben, als gegenwärtig bestehen, unterworfen werden.

Eben dasselbe ist in Beziehung auf Baumwollwaren jeder Art und desselben Ursprungs verabredet.

Mineralwasser aus dem Zollverein ist frei von Eingangsabgaben in Belgien.“

IV. Dann kam ein Vertrag zwischen den Niederlanden und Belgien vom 29. Juli 1846 zustande. Er brachte für die Niederlande eine bedeutende Verminderung der Eingangszölle nach Belgien, vorausgesetzt, daß die Waren unter belgischer oder niederländischer Flagge eingingen. Wir heben unter den Zollermäßigungen hervor:

	Belgischer Gen.-Tar. Frcs.	Belgischer Vertragstarif Frcs.
Kaffee aus Ostindien bis zu einem Quantum von 7000000 kg	15,50	9,99
Tabak (100 kg)	17,50	15,00
Hölzer aus d. Zollv.-Gebiet, mit der Säge nicht bearb., Schiffsbauholz (1000 kg)	5,00	2,00
„ mit der Säge bearbeitet (1000 kg)	12,00	9,00
Arrak und Rum in Fässern (100 kg)	8,00	6,50
Baumwolle, mit Wolle gemischt, (Coton en laine) aus Surinam	2,25	1,70
Spezereiwaren (100 Frcs.)	18,00	15,00
Pfeffer und Piment (100 kg)	19,00	17,00

	Gen.-Tar. Frcs.	Vertragstarif Frcs.
Ratang	3,00	2,50
Stockfisch	3,00	2,50
Tee	100,00	60,00
Hanf	3,50	2,00
Fette und Talg	3,50	2,00
Fischtran (hl)	16,00	14,00
Palmenöl	3,50	2,50
Rohzucker aus Ostindien	4,25	2,50

Die Zölle auf Fische wurden für beide Länder einheitlich festgesetzt; ebenso die auf Bier in Fässern (10 Frcs. 60 Cts. bezw. 5 Fl. pro Hektoliter).

Im Art. XXI wurden die Vergünstigungen der Produkte Belgiens bei der Einfuhr in die Niederlande geregelt. Im einzelnen sei folgender Minderungen gedacht:

	Niederländischer Gen.-Tar.	Vertragstarif
Strumpfwaren, Spitzen, Tülle	6%	5%
Gegerbtes Leder	10,00 Fl.	8,00 Fl.
Eisen, Utensilien aus Schmiedeeisen, gewalzt, mit anderen Metallen nicht verbunden (Äxte, Schaufeln, Hacken, Hämmer)[1]	6%	2%
Schlüssel	1,50 Fl.	0,75 Fl.
Garn von Leinen	15%	12%
Kurzwaren, Messerschmiedewaren	6%	3%
Möbel	10%	8%
Papier, gefärbt	8,00 Fl.	3%
Tapeten	10%	6%
Papier, alles andere	8,00 Fl.	6,00 Fl.
Spielkarten	10,00 Fl.	6,00 Fl.
Gewebe aus Baumwolle, gebleicht, gefärbt	6%	4%
Leinengewebe, gebleicht	3%	1%
Leinengewebe gefärbt, bedruckt	6%	3%
Glas, Fensterglas	1,50 Fl.	6%
„ farbiges	3,00 Fl.	6%
„ Spiegel, nicht belegt	8%	6%
„ „ belegt[2]	10%	6%

[1]) Le régime de la nation la plus favorisée est assuré à la Belgique, pour les autres spécialitiés de l'article de fer.

[2]) Il est convenu, que la Belgique partagera, de plein droit, tout régime plus favorable dont jouirait une autre nation quelconque, en ce qui concerne les glaces etamées et non etamées.

Art. XXIII brachte hinwieder den Niederländern Vergünstigungen in Belgien. Es zahlten:

	Belgischer Gen.-Tar. Frcs.	Vertragstarif Frcs.
Stiere, Ochsen, Kühe	0,10	0,07
Junge Stiere, Kälber	0,10	0,05
Widder und Schafe	0,15	0,09
Käse	10,60	7,00
Grobes Wollzeug, Coatings, Kerseys, Calmouks usw.	160,00	63,50

Art. XXIV endlich sprach neben der Reziprozität aus, daß die Konzessionen dieses Vertrages nicht verschleudert werden dürften.[1])

V. Daß französische, spanische und deutsche Weine sowie spanische Südfrüchte in Belgien zollbegünstigt waren, veranlaßte Sizilien, die gleichen Begünstigungen für seine Produkte zu bedingen. So kam der Vertrag Belgiens mit Beiden Sizilien zustande, der folgende Artikel enthielt:

Art. V. „S. Majestät der König der Belgier und S. Majestät der König Beider Sizilien verpflichten sich, keiner anderen Macht hinsichtlich des Handels und der Schiffahrt ein Vorrecht, eine Begünstigung oder eine Befreiung zu gewähren, ohne dieselbe gleichzeitig auf den Handel und die Schiffahrt des anderen Landes auszudehnen, und zwar unentgeltlich, wenn die Bewilligung unentgeltlich geschehen ist, und gegen eine gemeinschaftlich zu vereinbarende möglichst äquivalente Vergeltung, wenn die Bewilligung auf Grund eines lästigen Titels gewährt ist.“

Art. VI. „Es ist ausdrücklich vereinbart, daß, der Bestimmung im vorhergehenden Art. V gemäß, keine Privilegien, Erlasse oder Rückzölle von einem der hohen vertragenden Teile während der Dauer des gegenwärtigen Vertrages einem dritten Staat gewährt werden sollen, ohne gleichmäßig dem anderen Teil gewährt zu werden, und zwar unentgeltlich, wenn das Zugeständnis unentgeltlich gemacht worden war, und gegen dieselbe Gegenleistung oder eine gemeinschaftlich zu vereinbarende Vergeltung, wenn es an eine Bedingung geknüpft war.

---

[1]) Art. XXIV. Les reductions de droits, concédées de part et d'autre par le traité ne seront accordées specialement à d'autres pays que moyennant des équivalens.

Si par la suite, l'un des deux hautes parties contractantes accorde à une autre nation quelconque de plus grands avantages relativement aux objects dénommés dans le traité, ces avantages deviendront, de plein droit, communs à l'autre partie.

Infolgedessen, sowie in Gemäßheit des Art. V und des folgenden Art. VIII[1]) erklären S. M. der König Beider Sizilien, daß während der Dauer des gegenwärtigen Vertrages:

1. die zugunsten der Schiffe Beider Sizilien bestehende Ermäßigung von 10% auf die durch den Zolltarif angeordneten Zölle gleichmäßig auf in belgischen Handelsschiffen direkt aus Belgien in die Staaten S. M. des Königs Beider Sizilien eingeführte Erzeugnisse des Bodens und des Gewerbefleißes von Belgien Anwendung finden soll;

2. die Abgabenermäßigungen, welche Frankreich bewilligt sind, namentlich diejenigen, welche in Gemäßheit des letzten am 14. Juni 1845 zwischen S. M. und S. M. des Königs der Franzosen abgeschlossenen Vertrages, sowie der am 18. Oktober desselben Jahres zu Neapel vollzogenen Verhandlung für gewisse Erzeugnisse des französischen Gewerbefleißes bewilligt sind, auf dieselben Erzeugnisse des belgischen Gewerbefleißes ausgedehnt, und überdies die Eingangsabgaben im Königreich Beider Sizilien, wie solche gegenwärtig im Zolltarif festgesetzt sind, für Gewehre und Pistolen ermäßigt werden sollen, und zwar: die Abgaben für Gewehre von 5 auf 3 Duc. für das Stück, und die Abgaben für Pistolen von 1 Duc. 80 Gr. auf 1 Duc. 20 Gr. für das Stück, unbeschadet jedoch der im Königreich Beider Sizilien in betreff der Einfuhr von Schußwaffen bestehenden Gesetze.

Es soll überdies, als eine besondere Ausnahme zugunsten Belgiens, ohne daß jedoch durch diese Ausnahme die im letzten Satz des Art. V enthaltenen Vereinbarungen derogiert würden, die Abgabe auf in Belgien verfertigte Maschinen und mechanische Vorrichtungen, es mögen dieselben aus vollständigen Apparaten oder aus einzelnen Teilen bestehen, einschließlich der Lokomotiven und deren Zubehör, um 20% ermäßigt werden, ohne daß die solchergestalt ermäßigte Abgabe während der Dauer des gegenwärtigen Vertrages erhöht werden darf.

Si' dautres faveurs, en matière de commerce ou de douane, sont concédées par l'un des deux Etats à quelque autre nation, les mêmes faveurs seront partagées par l'autre Etat, qui en jouira gratuitement, si la concession est gratuite, et en donnant un equivalent si la concession est conditionelle, auquel cas l'equivalent sera l'object d'une convention spéciale entre les deux Etats.

[1]) Art. VIII lautete: „Alle Erzeugnisse des Bodens und des Gewerbefleißes von Belgien, welche gesetzlich in die Häfen des Königreichs Beider Sizilien eingeführt werden dürfen und direkt aus Belgien auf belgischen Schiffen dorthin gelangen, sollen weder höhere noch andere Abgaben entrichten, als wenn sie direkt unter der Flagge Beider Sizilien eingeführt wären.

Und in Erwiderung sollen alle Erzeugnisse des Bodens und des Gewerbefleißes des Königreichs Beider Sizilien, welche gesetzlich usw."

Andererseits erklären S. M. der König der Belgier, in Gemäßheit der Vereinbarungen in den Art. V und VIII des gegenwärtigen Vertrages:

1. daß alle bei der Einfuhr in Belgien zugunsten der einheimischen Flagge bestehenden besonderen Differenzialzölle, soweit solche die Einfuhr von Erzeugnissen des Bodens oder des Gewerbefleißes des Königreichs Beider Sizilien betreffen, welche direkt aus diesem Lande eingehen, ingleichen der Differenzialzoll von 10%, dessen sich die belgische Flagge bei der Einfuhr solcher Artikel erfreut, hinsichtlich deren ein besonderer Differenzialzoll nicht besteht, gleichmäßig auf in sizilianischenSchiffen direkt in Belgien eingeführte Erzeugnissen des Bodens oder des Gewerbefleißes des Königreichs Beider Sizilien Anwendung finden sollen;

2. daß die gewissen Erzeugnisse des Bodens oder des Gewerbefleißes des Zollvereins, Frankreichs und der Niederlande auf Grund der Verträge vom 1. September 1844, vom 13. Dezember 1845 und vom 29. Juli 1846 bei der Einfuhr in Belgien bewilligten Abgabenermäßigungen auf dieselben vom Boden oder Gewerbefleiße des Königreichs Beider Sizilien herstammenden Erzeugnisse ausgedehnt werden und in Anwendung kommen sollen.

Infolge der vorstehenden Bestimmungen und der Vereinbarungen im Art. V des gegenwärtigen Vertrages soll die Eingangsabgabe von Wein in Fässern, welcher im Königreich Beider Sizilien erzeugt ist, von 2 Francs auf auf 50 Cts. für das Hektoliter, und diejenige von Wein in Flaschen von 12 auf 2 Francs für das Hektoliter ermäßigt werden.

Die Verbrauchssteuer von denselben Weinen, sowohl in Fässern als in Flaschen soll von 28,85 Francs auf 17,89 Francs für das Hektoliter ermäßigt werden.

Und die Zollabgaben von nachstehenden Gegenständen, welche aus dem Königreich Beider Sizilien herstammen und direkt aus diesem Königreich auf sizilianischen Schiffen in Belgien eingeführt werden, werden wie folgt ermäßigt:

Die Abgabe von Schwefel von 60 Cts. auf 0,01 Cts. für 100 kg.
Die Abgabe von Rosinen von 10 Francs auf 8 Francs für 100 kg.
Die Abgabe von Mandeln von 17 Francs auf 14 Francs für 100 kg.
Die Abgabe von Zitronen, Limonen und Apfelsinen von 20 Francs auf 14 Francs für 100 Francs Wert.
Die Abgabe von Haselnüssen von 5,50 Francs auf 4 Francs für 100 kg.
Diejenige von Sumach von 75 Cts. auf 10 Cts. für 100 kg.

Es soll überdies als eine besondere Ausnahme zugunsten des Königreichs Beider Sizilien, ohne daß jedoch durch diese Ausnahme den im letzten Satz des Art. V enthaltenen Vereinbarungen derogiert würde, die Abgabe von Olivenöl (Speiseöl), von Olivenöl zum Fabrikationsgebrauch, von Zitronen, Limonen und Apfelsinen, und von Haselnüssen um 20%

ermäßigt werden, ohne daß die solchergestalt ermäßigten Abgaben während der Dauer des gegenwärtigen Vertrages erhöht werden dürfen."

Art. XII. „Abweichend von dem vorstehenden Artikel und von Art. V des gegenwärtigen Vertrages ist vereinbart, daß der im Art. VI der am 13. Dezember 1845 von Frankreich mit Belgien abgeschlossenen Konvention zugunsten des französischen Salzes festgelegte Abzug für Abfall und Raffinierung dem Salze Beider Sizilien nicht gewährt werden soll."

VI. Der Vertrag Belgiens mit den Niederlanden vom Jahre 1851 zählt mit zu den interessantesten Tarifverträgen aller Zeiten, und so erscheint es uns gerechtfertigt, ihn hier etwas eingehender zu behandeln. Er brachte (Art. XIV) einer Reihe von Produkten[1]) bei der Einfuhr nach Belgien unter belgischer oder niederländischer Flagge

a) diejenigen Tarifsätze, zu welchen die unter belgischer Flagge von dem meistbegünstigten Orte und in der meistbegünstigten Weise direkt erfolgenden Einfuhren zugelassen wurden;

b) ferner für Baumwolle diejenigen Zollsätze der Einfuhr unter fremder Flagge, welche die nächstniedrigen nach denen des belgischen Generaltarifs waren.

c) Art. XVIII sicherte Belgien in den niederländischen Kolonien die Behandlung als unbedingt meistbegünstigte Nation.

---

[1]) Bauholz, gesägt und ungesägt; Branntwein; Arrak und Rum; Geniever und Liköre aller Art in Fässern; Kakaobohnen; Catechu und Terra Japonica; Zimmet und Cassia lignea; Pott-, Perl- und Weid-Asche; Hanf, roher, einschließlich Bananenstengel und Bast, Aloe, Manillahanf, Phormium tenax und andere nicht besonders tarifierte Faserstoffe; Hörner und Hornspitzen; Pferdehaare, rohe; Felle und Häute; Leimleder; Kupfererz; Gewürze: Muskatenblüte, Muskatnuß, Nelken, Mutternelken, und andere nicht besonders tarifierte; Zinn, rohes; Walfischbarten; Ingwer, trocken und eingemacht; Teer; Ölsamen: Raps, Rübsamen, Hanf-, Lein-, Sesam-, Leindotter- und alle anderen ölhaltigen, nicht besonders tarifierte Sämereien mit Ausnahme der Rigaer Säeleinsaat; Fettwaren, Talg, Schweineschmalz etc.; Palm-, Kokosnuß-, Butterbaum-Öl; Fischtran, Erzeugnis fremder Walfisch-, Seehunds-, Pottfisch-Fischerei; Lebertran; Indigo; Marmor, roher und in Blöcken und Platten; Honig; Blei, roh oder in Masseln und Bruch; Fische fremder Fischerei: Heringe, Austern, Hummern und Stockfisch; Pfeffer und Piment; Harze, nicht besonders tarifierte; Rattang, Rohr und Bambus, exotische; Hufe und Klauen, Abfall, von Pferden und anderem Vieh; Salpeter, roh; Reifen, feste: Sumach (Rinde, Blätter und Stengel); Terpentinöl; Tee.

„Den belgischen Untertanen und den belgischen Boden- und Gewerbserzeugnissen sollen in den niederländischen Kolonien alle Begünstigungen zuteil werden, welche jetzt oder künftig den Untertanen und den Boden- und Gewerbserzeugnissen jedes anderen meistbegünstigten europäischen Staates bewilligt werden.

Die belgische Flagge soll in diesen Kolonien die günstigste Behandlung genießen, welche nach der niederländischen Gesetzgebung auf dieselbe Anwendung finden kann.

Die Erzeugnisse der niederländischen Kolonien sollen in Belgien alle Begünstigungen genießen, welche jetzt oder künftig den gleichen Erzeugnissen eines jeden anderen Landes unter denselben Bedingungen der Einfuhr, außer der Gleichstellung der Flaggen, bewilligt werden."

d) Art. XIX sicherte verschiedenen Erzeugnissen der Fischerei beider Staaten bei ihrer gegenseitigen Einfuhr die gleichen Zölle zu.

„Die Einfuhrzölle von den nachbenannten Erzeugnissen der nationalen Fischerei, welche aus dem einen der beiden Staaten in den andern unter belgischer oder niederländischer Flagge eingeführt werden, sind folgendermaßen festgestellt:

		Belgien Fr.	Niederlande Fl.
Anchovis, frische, gesalzene, geräucherte oder getrocknete	100 kg	4,00	1,90
Frische Schellfische bis zu einem jährlichen Gesamtbetrage von 1500000 kg, nämlich:			
Gewöhnliche Fische, wie Rochen, Plattfische, Störe	100 kg	5,00	2,40
Feine Fische, wie Steinbutten, Bartfische, Solen, Kabeljau, Weißlinge, Seestinte etc.	100 kg	9,00	4,25
Stockfisch in Salzlake oder trocken gesalzen, bis zu einem jährlichen Betrage von 2500 Tonnen,	Tonne	10,00	4,70
Sardellen, geräucherte	1000 Stück	4,00	1,90

Der Einganszoll in Belgien von Hering in Salzlake oder trocken gesalzen, welcher aus den Niederlanden unter belgischer oder niederländischer Flagge eingeführt wird, wird auf 6 Francs pro Tonne ohne Unterschied der Jahreszeit festgesetzt."

e) Art. XXI brachte für eine Reihe wichtiger Artikel gleichförmige Zölle bei der Einfuhr von dem einen Staat in den andern.

„Die nachbenannten Erzeugnisse, deren belgischer oder niederländischer Ursprung in der unter den beiden Regierungen zu verabredenden Weise gehörig nachgewiesen wird, sollen beim Eingang aus einem der beiden Staaten in den anderen, einem **gleichförmigen**, folgendermaßen festgestellten Tarif unterworfen werden:

		Belgien Fr.	Niederlande Fl.
Bier in Fässern	hl.	5,25	2,50[1])
in Flaschen, wovon 116 oder mehr auf 1 hl gehen	100 Flaschen	5,75	2,75[2])
in Selterwasserkrügen von 1,2 l oder weniger	100 Krüge	6,25	3,00[3])
Spielkarten, in Spielen oder in Blättern	100 kg	12,75	6,00[4])
Bleiweiß	100 kg	3,00	1,40[5])
Hanf, gehechelt	100 kg	3,00	1,40[6])
Eisennägel	100 kg	1,50	0,75[7])
Felle, gegerbt und zugerichtet, nicht besonders tarifiert	100 kg	12,75	6,00[8])
Hopfen		frei[9])	
Flachs, gehechelt	100 kg	5,00	2,40[10])
Bücher, in flämischer oder holländischer Sprache, gebunden, kartoniert oder broschiert	100 kg	2,00	1,00[11])
Möbel	ad valorem	8%[12])	
Papier aller Art, ohne Unterschied, mit Ausnahme der Pappe	ad valorem	5%[13])	
Seife, hart oder weich	100 kg	9,50	4,50[14])
„ parfümiert	100 kg	15,75	7,50[15])
Stearin	100 kg	8,50	4,00[16])
Glaswaren, Flaschen, gewöhnliche	100 Stück	2,00	1,00[17])
„ Fensterglas aller Art und Glasziegel	ad valorem	5%[18])	
„ Kristall, glatt und weiß und nicht geschliffen	100 kg	6,25	3,00[19])
„ Kristall, vergoldet, farbig, geschliffen oder belegt (avec application)	100 kg	12,75	6,00[20])

---

[1]) Allgemeiner Tarif: Fl. 7,50. [2]) Allgemeiner Tarif: Fl. 8,25.
[3]) Allgemeiner Tarif: Fl. 9,50. [4]) Allgemeiner Tarif: Fl. 10,—.
[5]) Allgemeiner Tarif: Fl. 2,50. [6]) Allgemeiner Tarif: Fl. 2,—.
[7]) Allgemeiner Tarif: Fl. 1,50. [8]) Allgemeiner Tarif: Fl. 10,—.
[9]) Allgemeiner Tarif: Fl. 0,60. [10]) Allgemeiner Tarif: Fl. 3,50.
[11]) Allgemeiner Tarif: Fl. 10,—. [12]) Allgemeiner Tarif: Fl. 20,—.

[13]) Allgemeiner Tarif: Papier von allen Arten, es sei weiß, grau oder gefärbt, buntes und Notenpapier, gleichfalls Registerpapier weiß und liniiert; die 100 kg 8 Fl., Tapeten-, Kartuschen-, grünes Pack- und blaues Zuckerpapier: 10% vom Werte; Kartonnage- und Kartenpapier: 3% vom Werte.

[14]) Allgemeiner Tarif: Fl. 6,—. [15]) Allgemeiner Tarif: Fl. 10,—.
[16]) Allgemeiner Tarif: Fl. 8,—. [17]) Allgemeiner Tarif: Fl. 2,—.
[18]) Allgemeiner Tarif: 100 kg Fl. 1,50.
[19]) Allgemeiner Tarif: Fl. 4,—. [20]) Allgemeiner Tarif: Fl. 8,—.

Es versteht sich, daß der im gegenwärtigen Tarif festgestellte gemeinsame Tarif nicht durch Ausfuhrprämien, Drawbacks (Rückzölle) oder ähnliche Maßregeln geändert werden kann. Diese Bestimmung findet auch auf die in den Art. XXII und XXIV festgestellten Zölle Anwendung."

Art. XXII legte für eine Reihe belgischer Artikel die Eingangszölle nach den Niederlanden fest.

Art. XXIV tat das Umgekehrte.

Art. XXII. „Die Eingangsabgaben in den Niederlanden von den nachbenannten belgischen Erzeugnissen werden wie folgt festgestellt:

Scheidewasser (Salpetersäure), 100 kg Fl. 1,00[1]),
Schwefelsäure, 100 kg 10 Cts.[2]),
Schiefer, 1000 Stück 10 Cts.[3]),
Strumpfwaren, Spitzen und Tülle, ad valorem 4%[4]),
Hüte, seidene auf Filz, Stück 25 Cents[5]),
Eisen, verarbeitet, und Utensilien von geschmiedetem, geschlagenem oder gewalztem Eisen, ohne Verbindung mit anderem Material, darin einbegriffen Hacken, Schaufeln, Spaten, Spitzhacken, Hauen, Hämmer und Rechen, einschließlich der hölzernen Stiele, sowie Schrauben aller Art, ad valorem 2%[6]).

Die Behandlung der meistbegünstigten Nation wird Belgien für die übrigen Eisenwaren zugesichert.

Garn von Flachs, Hanf und Werg zum Nähen und alle andere nicht besonders tarifierte, 100 kg Fl. 10,—[7]).
Kram- und Messerschmiedewaren, ad valorem 3%[8]),
Porzellan, nicht vergoldet, 100 kg 6%[9]),
Gewebe, Tücher und Stoffe von Baumwolle, roh, gebleicht, gefärbt oder bedruckt, ad valorem 4%[10]),
Gewebe und Stoffe von Wolle, Tuche, Casimir und andere Tuche und Casimire ersetzende Stoffe, wie Bukskin, Cuir de laine, Zephyrtuch etc., 100 kg Fl. 30,—[11]),
Alle anderen Wollenstoffe, rein oder gemischt, wovon 6 m 1 kg oder mehr wiegen, 100 kg Fl. 30,—[12]);
Gewebe, Tücher und Stoffe von Flachs, Hanf oder Werg, roh,

---

1) Allgemeiner Tarif: Fl. 2,50.
2) Allgemeiner Tarif: Fl. 0,75.
3) Allgemeiner Tarif: Fl. 1,50.
4) Allgemeiner Tarif: 6%.
5) Allgemeiner Tarif: Fl. 0,50.
6) Allgemeiner Tarif: 6%.
7) Allgemeiner Tarif: Fl. 15,—.
8) Allgemeiner Tarif: 6%.
9) Allgemeiner Tarif: Fl. 12,—.
10) Allgemeiner Tarif: 6%.
11) Allgemeiner Tarif: Fl. 45,—.
12) Allgemeiner Tarif: Fl. 34,—.

gebleicht, gefärbt oder bedruckt, aller Art mit Ausnahme der Zwilche, genannt Beddetyk, ad valorem 1%[1]).

Gewebe, Bänder und Waren aller Art von Seide, 1 kg Fl. 2,—[2]),

Die Stoffe aus Baumwolle und Wolle ohne andere Beimischung, deren Kette nur aus Baumwolle besteht und wovon 6 m 1 kg oder mehr wiegen, sind den Baumwollengeweben gleichgestellt[3]).

Gemischte Stoffe aus Baumwolle, Seide, Flachs oder Hanf — ohne Beimischung von Wolle — werden nach demjenigen Stoff klassifiziert, welcher dem Gewichte nach in der Mischung überwiegt[4]).

Glaswaren, Spiegelgläser, belegt und unbelegt, ad valorem 6%[5]).

Belgien wird hinsichtlich der Spiegelgläser von Rechts wegen an jeder irgend einer anderen Nation gewährten günstigeren Behandlung teilnehmen.

Für Steinkohlen wird Belgien die Behandlung der meistbegünstigten Nation zugesichert."

Art. XXIII. „Die Ausgangszölle von Herdasche, welche aus den Niederlanden nach Belgien über die Zollämter der Nachbargrenze ausgeführt wird, wird von 50 auf 5 Cents pro Tonne von 1 cbm oder von 10 hl ermäßigt."

Art. XXIV. „Die Eingangszölle in Belgien von den nachbenannten niederländischen Erzeugnissen werden, wie folgt, festgestellt:

Teppiche von Kuhhaaren, ad valorem 10%,

Coatings, Calmucks, Düffel, Beiderwand, Fries, Kerseys, Boys, Decken und andere dicke und schwere wollene Gewebe derselben Art, 100 kg 63 Francs 50 Cts.

Käse, 100 kg 7 Francs.

Stangen, tannene, aus dem Herzogtum Limburg, nicht über 70 cm am Zopfende dick, welche auf der Maas oder dem Seitenkanal direkt aus dem Herzogtum eingeführt werden, ad valorem 6%.

Sämereien, außer Ölsämereien, zur Hälfte des gegenwärtigen Zolles.

Cerealien aus dem Herzogtum Limburg, zu ein Viertel des allgemeinen Tarifsatzes bis zu einem jährlichen Betrage von 12 Mill. Kilogramm, deren Einfuhr über die belgischen Zollämter von Fouron-St.-Martin, Mouland und Lixhe (aus der Maas oder dem Seitenkanal) mit 750000 kg pro Quartal über das letztgedachte Amt, und mit 1125000 kg über jedes der beiden anderen Ämter erfolgen wird.

---

1) Allgemeiner Tarif: roh und gebleicht 3%, gefärbt oder gedruckt 6%.
2) Allgemeiner Tarif: 6%.
3) Allgemeiner Tarif: 100 kg Fl. 34,—.
4) Allgemeiner Tarif: 6%.
5) Allgemeiner Tarif: Spiegelgläser 8%, Spiegelgläser, belegt 10%.

Wenn am 10. des dritten Monats eines jeden Quartals die Einfuhr über das eine oder das andere dieser Ämter nicht zwei Drittel des angewiesenen Betrages erreicht, so soll die Differenz auf die anderen Ämter übertragen werden; die Gesamtmenge der über das Maas- oder Kanal-Amt jährlich einzuführenden Cerealien darf niemals mehr als 3 000 000 kg betragen.

Art. XXIV gab dem Vertrag wieder seinen eigentlichen Wert. Er lautete:

„Die im gegenwärtigen Vertrage einer- und andererseits zugestandenen Zollermäßigungen sollen anderen Ländern nur gegen Aquivalente besonders bewilligt werden.

Wenn einer der hohen vertragenden Teile irgend einer anderen Nation hinsichtlich der in diesem Vertrage genannten Gegenstände größere Vorteile einräumen sollte, so kommen diese Vorteile von Rechtswegen auch dem anderen Teile zu.

Wenn andere Begünstigungen in Handels- und Schiffahrtsangelegenheiten von einem der beiden Staaten irgend einer anderen Nation zugestanden werden, so sollen dieselben Begünstigungen dem anderen Staate zuteil werden, und zwar unentgeltlich, wenn die Bewilligung eine unentgeltliche ist, oder gegen ein Äquivalent, wenn die Bewilligung eine bedingte ist, in welchem Falle das Äquivalent den Gegenstand einer besonderen Übereinkunft zwischen den beiden Staaten bildet, unbeschadet jedoch der im Artikel XVIII getroffenen Abreden."

* *
*

Belgien war, wie aus diesen Darlegungen ersichtlich, ein ausgesprochener Tarifvertragsstaat; auf der anderen Seite aber auch ein Anhänger der Reziprozität. Man kann eben ganz gut beides miteinander vereinigen. Insbesondere sei nochmals darauf verwiesen, wie geschickt Belgien es verstanden hat, seine ursprünglich den französischen Weinen gemachten Konzessionen gegen Spanien, den Zollverein und Sizilien auszuspielen. In unseren Tagen wäre vermutlich diese zuerst Frankreich gemachte Konzession den anderen Staaten gratis in den Schoß gefallen, während Belgien damit von anderen Staaten anderweitige Zugeständnisse herauszuholen vermochte.

Als dritter Tarifvertragsstaat sei das Königreich Beider Sizilien erwähnt. Nur andeutungsweise sei in dieser Hinsicht folgendes ausgeführt:

Seit 1816 hatten Großbritannien sowohl wie Frankreich im Gebiete des Königreichs Beider Sizilien eine handelspolitische

Sonderstellung inne. Sie gaben diese durch die Verträge vom Jahre 1845 auf. Großbritannien begnügte sich damit, im Vertrage vom 19. April die unbedingte Meistbegünstigung zugestanden zu erhalten[1]) und sich eine zehnprozentige Minderung der sizilischen Eingangszölle auszubedingen.[2])

Dabei ward aber der ausdrückliche Vorbehalt gemacht, daß damit keinerlei Sonderstellung Großbritanniens im Königreich Beider Sizilien begründet werden dürfe.[3])

Frankreich vereinbarte mit Sizilien im Vertrag vom 14. Juni 1845 die Reziprozität (Art. VI s. S. 121). Als Abstandszahlung für seine früheren Sonderrechte bedang es sich aus (Art. XIII):

1. der Zoll auf bemaltes und vergoldetes Porzellan wird um die Hälfte heruntergesetzt.

2. Gleiches geschieht für Glas und Kristallwaren, mit Ausnahme der Fensterscheiben.

3. Um ein Drittel werden die Zölle herabgesetzt auf Waren aus Similor (Prinzmetall), Bronze, Messing, Kupfer, bemalt, lackiert oder vergoldet; auf Pendulen, Kandelaber, Ketten, Rosetten, Wappenschilder usw.

---

[1]) Art. VI. ... Les deux souverains s'engagent à ce que les sujets de toute autre puissance ne jouiront de quelque faveur ou privilège sans que cette faveur ou ce privilège soient étendus aux sujets de l'une des puissances contractantes.

[2]) Art. XIV. Et S. M. le roi des Deux-Siciles promet, de son côté, que, pendant la durée du présent traité, les sujets de S. M. britannique continueront à jouir d'une réduction de 10 pour 100 sur les droits résultant des tarifs de douanes, pour la totalité des produits du royaume uni de la Grande-Bretagne et d'Irlande, ses colonies, possessions et dépendances, qui pourront être importés dans ses dominions royaux; et les sujets de S. M. britannique ne paieront aucun droit plus fort que ceux que pourraient payer les sujets et citoyens des autres nations sur les mêmes marchandises et produits conformément aux termes de l'article VI du présent traité et selon les principes établis par cet article.

[3]) Il est expressément entendu que rien de ce qui est convenu dans cet article ne pourra empêcher ou restreindre la faculté de S. M. le roi des Deux-Siciles de conserver à ses sujets la jouissance d'une semblable réduction de 10 pour 100 sur les droits de douane, et de l'accorder, s'il lui plaît, à d'autres nations, comme aussi de les mettre à cet égard sur le même pied que la Grande-Bretagne, et d'apporter, dans tous les temps, aux tarifs de douanes de ses royaux domaines, les changemens qu'elle croira opportuns.

4. Um die Hälfte werden ermäßigt die Zölle auf Modeartikel, Strumpfwaren, Hüte, Shawls, Halstücher, Haare, Federn, Blumen, Mantillen, Spitzen usw.

5. Um die Hälfte wird vermindert der Eingangszoll auf Tapeten und Goldpapier.

6. Um ein Drittel wird herabgesetzt der Zoll auf farbiges und Lackleder.

7. Um fünf Zwölftel wird der Zoll ermäßigt für Goldwaren.

8. Um die Hälfte auf Crêpes und Schleier.[1])

Diese Vergünstigungen fielen natürlich auch an Großbritannien (s. S. 165 Anm. 1). Damit hatte sich das Königreich von den früheren Abmachungen, die eine Sonderstellung zweier Mächte in seinen Ländern begründeten, losgekauft. Nun begann es mit dem zehnprozentigen Abschlag seiner Eingangszölle und den anderen Vergünstigungen zu „schachern".

Zuerst verhandelte es mit Dänemark. Im Vertrag vom 13. Januar 1846 sicherte es sich die unbedingte Meistbegünstigung für seine Schiffahrt, insbesondere im Sund und Belt,[2]) und gab dafür — „par compensation des faveurs accordées par les articles XIV et XV" — die zehnprozentige Minderung seiner Eingangszölle an Dänemark.

---

[1]) Art. XII. S. M. le roi du royaume des Deux-Siciles promet, en outre, que, pendant la durée du présent traité, toutes les marchandises et tous les produits du royaume de France, de ses colonies, possessions et dépendances qui seront importés dans ses domaines royaux par bâtimens français ou par bâtimens des Deux-Siciles, jouiront d'une réduction de dix pour cent sur les droits établis par le tarif des douanes. Les Français ne payeront pas des droits supérieurs à ceux qui, sur les mêmes marchandises et produits, pourront être payés par les sujets ou citoyens de toute autre nation, aux termes, toutefois, des stipulations de l'article VI du présent traité (s. S. 121), et conformément aux principes établis dans le dit article.

[2]) Art. XIV. Les navires de commerce siciliens seront admis aux colonies de S. M. le roi de Danemarck, y compris les îles de Ferow, d'Islande et le Groenland, aux mêmes conditions qu'y sont admis aujourd'hui ou qu'y seront admis par la suite les navires de commerce de toute autre nation favorisée.

Art. XV. Les navires des Deux Siciles et leur cargaisons paieront aux passages du Sund, des Belts et du Canal de Holstein, les mêmes droits qu'ils payent actuellement ou qu'y paieront à l'avenir ceux des nations les plus favorisées, et ils y seront traités sur le même pied que les navires des dites nations.

Dann verhandelte man mit Österreich. Durch Vertrag vom 4. Juli 1846 wurde diesem die zehnprozentige Minderung der sizilischen Zölle eingeräumt, wogegen Österreich (Art. IX) sich verpflichtete, daß das Dekret vom 8. November 1845, laut welchem „die Handelsschiffe fremder Nationen, welche keinen Handelsvertrag mit Österreich haben, nach dem 1. März 1846 einer Tonnengebühr von 1 Fl. Konventions-Münze bei ihrem Einlaufen in die österreichischen Häfen unterworfen sind, in keiner Weise weder auf den direkten Handel noch auf die Schiffahrt des Königreiches Beider Sizilien Anwendung finden solle, insofern man sich an die in dem Art. VII[1]) des gegenwärtigen Vertrages festgesetzten Bestimmungen hält".

Außerdem wurde der österreichische Eingangszoll auf sizilische Weine von 7 Gulden 30 Kr. per Quintal auf 2 Gulden herabgesetzt.[2])

---

[1]) Dieser Artikel lautete: „Die österreichischen Schiffe sollen bei ihrer Ankunft in den Häfen der Staaten S. M. des Königs Beider Sizilien, und umgekehrt die sizilianischen Schiffe, welche in die Häfen S. M. des Kaisers von Österreichs laufen, in beiden Ländern bei ihrem Eintreffen, während ihres Aufenthaltes und bei ihrem Auslaufen auf dem gleichen Fuß mit den einheimischen Schiffen in Allem behandelt werden, was die Tonnen-, Lootsen-, Hafen-, Leuchtturm-, Quarantaine-, Arsenal- und Patentgebühren und andere Auflagen betrifft, welche .... bezahlt werden, so oft diese direkt aus einem der Häfen des Kaisertums Österreich in einen der Häfen der Länder S. M. des Königs Beider Sizilien, oder aus einem der Häfen des Königreiches Beider Sizilien in einen der Häfen des Kaisertums Österreich mit Ladung einlaufen, für jede Art der Reise aber, wenn sie blos Ballast führen."

[2]) „S. M. der Kaiser von Österreich willigen ein, während der ganzen Dauer des gegenwärtigen Traktats, den auf der Einfuhr von Wein aus dem Königreich Beider Sizilien in die k. k. Staaten haftenden Zoll von 7 Gulden 30 Kreuzern für den österreichischen Zentner, welcher dem Betrage von 7 Ducati 35 Gran. für den neapolitanischen Cantajo entspricht, auf 2 Gulden für den neapolitanischen Cantajo herabzusetzen, wenn nur aus den Schiffspapieren die direkte Provenienz derselben aus den Häfen des Königreiches Beider Sizilien hervorgeht.

Ihrerseits erklären S. M. der König Beider Sizilien, daß während der Dauer des gegenwärtiges Vertrages die zehnprozentige Reduktion von den aus dem Zolltarif hervorgehenden Gebühren, welche die Königliche Flagge genießt, gleicherweise auf die Erzeugnisse des Bodens und der Industrie der Staaten S. M. des Kaisers von Österreich, welche mit österreichischen Handelsschiffen aus den Staaten S. K. K. M. in jene S. M. des Königs eingeführt werden, ausgedehnt werden soll."

Über die Verträge zwischen dem Zollverein und Sizilien vom 27. Januar 1847 und zwischen Belgien und Sizilien vom 15. April 1847 s. S. 115 und 157. Hier setzten sich die Kontrahenten in den glatten Mitgenuß aller bereits gewährten Vergünstigungen.

Ein weiterer Staat, mit dem das Königreich Beider Sizilien ins Benehmen trat, waren die Niederlande. Im Vertrag vom 17. November 1847 wurde vereinbart:

Art. VII. „Die Erzeugnisse des Bodens und des Kunstfleißes der beiden Länder und der niederländischen Kolonien, welche aus Häfen der Niederlande in Europa eingehen, sollen bei der Einfuhr zur See oder zu Lande keine anderen oder höheren Eingangs- und Durchgangsabgaben zu entrichten haben, als diejenigen, welche von den nämlichen Erzeugnissen bei deren Einfuhr aus irgend einem anderen Lande zu entrichten sind.

Alle Waren des Königreichs der Niederlande, welche aus einem der niederländischen Häfen in Europa unter heimischer Flagge ins Königreich Beider Sizilien, oder aus einem Hafen des Königreichs Beider Sizilien unter heimischer Flagge in einen der genannten Häfen des Königreichs der Niederlande eingeführt werden, sollen gegenseitig derselben Befreiungen, Erstattungen, Prämien oder anderer Begünstigungen teilhaftig werden und der Entrichtung keiner anderen Abgaben ... unterworfen sein, als wenn die Einfuhr unter einheimischer Flagge erfolgte. ...

Damit waren die niederländischen Waren, wenn unter niederländischer Flagge eingeführt, in den Besitz der zehnprozentigen Zollminderung gelangt, die man bereits anderweitig vergeben hatte. In Art. VIII wurde vereinbart:

„Da das Königreich Beider Sizilien Kolonien nicht besitzt und infolgedessen der Grundsatz völliger Gegenseitigkeit, welcher dem gegenwärtigen Vertrage zur Grundlage dient, auf dieselben nicht angewendet werden kann, so ist unter den hohen kontrahierenden Teilen vereinbart, daß in Erwiderung der nach Maßgabe des Art. VII stattfindenden Zulassung aller aus niederländischen Häfen eingehenden Erzeugnisse des Bodens und Kunstfleißes der niederländischen Kolonien in das Königreich Beider Sizilien, Olivenöl und gereinigter Schwefel, welcher auf Schiffen des einen oder des anderen Teiles direkt in niederländische Häfen eingeführt werden, eine Ermäßigung von 50 % der in dem Zolltarif festgesetzten Abgaben genießen sollen.“

Ähnlich wie Großbritannien und Frankreich hatte früher auch Spanien eine Vorzugsstellung im Gebiete des Königreiches Beider Sizilien innegehabt. Es verzichtete darauf im Vertrag vom 26. März 1856.

Sizilien gestand zu (Art. X), daß „alle Waren und Erzeugnisse des Königreichs Spanien sowohl der Halbinsel und anliegenden Inseln als der überseeischen Besitzungen, welche in spanischen oder sizilienischen Schiffen nach seinen Besitzungen eingeführt werden, eine Ermäßigung von 10% an den im Zolltarif festgesetzten Zöllen genießen".

In Art. XI löste dann Sizilien die alten Vorrechte Spaniens ab.

„Es ist zwischen den hohen vertragenden Teilen verabredet, daß für die Dauer des gegenwärtigen Vertrages Seine Majestät der König des Königreichs Beider Sizilien sich verpflichtet hat, Spanien als Kompensation der Privilegien, welche dasselbe auf Grund des Vertrages vom Jahre 1817 genießt, [u. a.] die nachstehenden Tarifermäßigungen zu bewilligen:

Zucker	von Dos	15,—	auf Dos	9,—	per Cantajo
Kaffee	„	12,—	„	10,—	„
Jungfernwachs oder schwarzes	„	15,—	„	10,—	„
„ verarbeitetes	„	27,—	„	18,—	„
Honig	„	6,—	„	5,—	„
Blei in Mulden oder Blöcken	„	2,50	„	1,70	„
„ verarbeitetes	„	5,—	„	4,—	„
Wein in Flaschen	von Grannos	12,—	auf Grannos	8,—	
Kupfer in Mulden oder Blöcken	von Dos	6,50	auf Dos	5,—	„
„ in Platten und Blechen	„	10,—	„	7,70	„
„ Bruch	„	5,—	„	3,85	„
Sardellen, gesalzen	„	1,70	„	1,20	„
Anchovien	„	3,50	„	2,50	„
Cigarren von der Insel Cuba oder den Philippinen	Grannos	90,—	pro Libra à 12 Onzas.		

* * *

Als vierten Tarifvertragsstaat aus der Reziprozitätsperiode nennen wir endlich noch das Königreich der Niederlande. Daß es mit Belgien zwei Tarifverträge großen Stiles schloß (im Jahre 1846 und 1851) haben wir oben schon erwähnt. (S. S. 154 ff. und 159 ff.) Außerdem vereinbarte es Tarifverträge

a) mit dem Zollverein am 21. Januar 1839.

Die beiderseitigen Konzessionen hier des näheren aufzuzählen, unterlassen wir, da man sich von denselben leicht aus der Gesetzessammlung für die königlich preußischen Staaten (1839 Seite 113ff.) Kenntnis verschaffen kann.[1])

b) Die in dem Art. I^{C} dem Zollverein gemachten Konzessionen wurden dem Königreich der Niederlande von der Schweiz wieder durch einen besonderen Vertrag vom 21. September 1840 abgekauft (Art. I),[2]) wofür die Schweiz sich verpflichtete, die niederländischen Waren mit keinen höheren Zöllen als den Sätzen des eben in Kraft befindlichen Generaltarifes zu belegen.[3])

c) Als Konkurrent in den in den Niederlanden zollbegünstigten Stoffen und Bändern aus Seide, Strumpfwaren, Spitzen, Tüllen, Kurzwaren etc. aus dem Zollverein und aus der Schweiz kam auch Frankreich in Betracht, welches sich diese Zollvergünstigungen durch den Vertrag vom 25. Juli 1840 von den Niederlanden erkaufte. Die Niederlande verpflichteten sich außerdem, französische Weine und Branntweine in Fässern vollständig zollfrei eingehen zu lassen, und die Zölle auf Flaschenweine usw. um 40 % zu erniedrigen, ferner die Zölle auf weißes Porzellan denen für Fayence gleichzustellen usw.[4]) Dafür minderte Frankreich seine Zölle auf holländischen Käse und Bleiweiß.[5])

* * *

[1]) Siehe auch die allgemeine Inhaltsangabe der gegenseitigen Konzessionen auf Seite 114 Anm. 1.

[2]) Art. I. Sa Majesté le Roi des Pay-Bas consent à admettre à l'importation, tant par mer que par terre et sur les rivières, sous contrôle et avec certificats d'origine, les produits de l'industrie suisse ci-dessous nommés:

1° Etoffes, tissus et rubans de soie, aux taux de 2 florins des Pays-Bas par livre des Pays-Bas (kilogramme).

2° Bas et bonneterie, dentelles et tulles, aux taux de 5 p. % de valeur.

3° Coutellerie et mercerie (d'après les spécifications du tarif néerlandais actuel), au taux de 3 p. % de la valeur.

Art. II. Sa Majesté le Roi des Pays-Bas fera jouir les produits du sol et de l'industrie suisse, à leur importation dans les colonies néerlandaises, de tous les avantages et faveurs qui sont actuellement ou qui seraient, par la suite, accordés aux produits du sol et de l'industrie de toute autre nation européenne la plus favorisée.

[3]) Art. III. La Confédération suisse consent à admettre, tant par terre que par eau, les marchandises importées des Pays-Bas, aux taux de droits actuels, et exemptes de tous droits, autres ou plus élevés que ceux actuellement existans.

[4]) Art. X. Voulant se donner des gages de leur désir mutuel d'étendre et de

Wir haben an der Hand von mehreren Tarifverträgen aus der Zeit vor 1860 gezeigt, wie man in der gedachten Periode die einem Staate gewährten Tarifkonzessionen anderen Staaten gegen-

---

faciliter les relations commerciales entre les deux pays, les hautes parties contractantes ont convenues, dans ce but, des stipulations suivantes:

§ 1er. Sa Majesté le Roi des Pays-Bas consent:

1° A affranchir de tout droit de douane, à l'entrée dans ses Etats d'Europe, les vins, eaux-de-vie et esprits de France en cercles;

Et à réduire de trois cinquièmes pour les vins en bouteilles, et de moitié pour les eaux-de-vie et esprits aussi en bouteilles, les droits d'entrée (celui sur le verre compris), lorsque les dits vins, eaux-de-vie et esprits, tant en cercles qu'en bouteilles, seront importés par mer sous l'un ou l'autre des deux pavillons; et par terre, et par les fleuves et rivières spécifiés en l'art. 8, sous pavillon quelconque;

2° A abaisser comme suit, en faveur des produits français ci-dessous dénommés, à leur importation par toutes les voies précitées et sous tout pavillon, les droits d'entrée actuellement établis par le tarif général, savoir:

De 4 à 2 florins par livre néerlandaise, sur les étoffes, tissus et rubans de soie;

De 10 à 5 pour cent de la valeur sur la bonneterie, la dentelle et les tulles;

De 10 à 3 pour cent de la valeur sur la coutellerie et la mercerie;

De 10 à 6 pour cent de la valeur sur les papiers de tenture;

D'un quart du chiffre actuel sur les savons de toute nature: le tout suivant les spécifications du tarif néerlandais;

3° A admettre à l'entrée par les dites voies, la porcelaine blanche et autre que dorée aux mêmes droits que la faïence;

Et la verrerie aux droits perçus à l'importation par le Rhin, et en tous cas, au droit le plus modéré qui serait fixé pour un point d'importation quelconque;

4° A faire jouir, pendant toute la durée du présent traité, les bateaux français, ainsi que leur chargement sur les fleuves et voies navigables indiqués à l'art. VIII, de toute exemption, réduction et faveur quelconque des droits de douane, de navigation, des droits fixes etc. qui sont actuellement accordés, soit aux bateaux et chargemens néerlandais, soit à ceux de tout autre Etat riverain, sans préjudice de faveurs plus grandes, qui, si elles venaient à être accordées à d'autres, nationaux ou étrangers, profiteraient aussi gratuitement à la France.

[5]) § 2 En retour des concessions ci-dessus accordées, S. M. le Roi des Français consent:

1° A réduire d'un tiers les droits sur les fromages de pâte dure et la céruse (carbonate de plomb pur ou mélangé) de fabrication néerlandaise, et directement importés par mer sous l'un des deux pavillons;

2° A admettre pour la consommation intérieure du royaume, aux taux établis pour les provenances des entrepôts d'Europe sous pavillon français, les

über im einzelnen verwertete. Man gab sie nicht leichtherzig weg, sondern suchte sie jeweils dazu zu benützen, den Gegenkontrahenten zur Herabsetzung seiner Zölle zu bestimmen. Die Reziprozität läßt sich also ganz gut mit einem Tarifvertragssystem vereinbaren, und wir glauben, daß es auch heute manchmal wohl angezeigt wäre, diese alte Praxis vor dem Jahre 1860 ab und zu wieder hervorzusuchen.

Eines steht für uns fest: man hat in den Tarifverträgen vor 1860 die Meistbegünstigung in alle möglichen Formen zu gießen versucht, sie viel feiner gehandhabt als heute.

Man vereinbarte bald die bedingte Meistbegünstigung; bald vereinbarte man die unbedingte Meistbegünstigung; beschränkte sie aber hinwieder „auf die im Vertrag erwähnten Artikel". Ein drittes Mal hinwieder vereinbarte man die unbedingte Meistbegünstigung im Verkehr mit den Kolonien. Ein viertes Mal gewährte der eine Staat die unbedingte Meistbegünstigung auf der ganzen Linie, während der andere Staat sich nur zur Gewährung der bedingten Meistbegünstigung verstand.

Ganz besonders aber sei hier noch der Umstand hervorgehoben, daß die Staaten damals **bedingte und unbedingte Meistbegünstigungsverträge zur gleichen Zeit laufen hatten.** Solches sich vor Augen zu halten ist von Wert wegen der Erklärung des Wörtchens „unentgeltlich" in der Reziprozitätsklausel. Näher darauf einzugehen und die entsprechenden Schlußfolgerungen daraus zu ziehen, behalten wir uns für einen späteren Abschnitt vor.

---

marchandises spécifiées à l'article XII de la loi du 28 avril 1816, importées sous pavillon de l'un des deux pays par la navigation du Rhin et de la Moselle, et par les bureaux de Strasbourg et de Sierck;

Sa Majesté le Roi des Français se réservant, d'ailleurs, expressément le droit d'étendre cette faveur au pavillon de tels autres Etats qu'elle jugera convenable de désigner par la suite.

Art. XI. Les concessions faites de part et d'autre dans le présent traité ayant été consenties à titre d'ensemble et d'équivalent aux avantages réciproquement acquis par le même traité, les hautes parties contractantes se sont néanmoins réservé d'admettre à la participation aux dites concessions, soit en totalité, soit en partie seulement, avec ou sans équivalens, d'autres Etats, et même d'en rendre l'application générale.

Si l'une des hautes parties contractantes accordait, par la suite, etc.

X.

Unbedingte Meistbegünstigungsverträge in der Reziprozitätsperiode (1830—1860).

In Abschnitt III dieser Darstellung haben wir zu zeigen versucht, daß im 18. Jahrhundert sowohl wie in den ersten Jahrzehnten des 19. Jahrhunderts die unbedingte Meistbegünstigung in der Handelspolitik das Feld beherrschte. Wir haben das 18. Jahrhundert als das Jahrhundert der unbedingten Meistbegünstigung bezeichnet. Den dort gegebenen Belegen fügen wir hier zur Vervollständigung des Bildes und zur weiteren Stütze für unsere Behauptung noch einige an, die wir mit Rücksicht darauf, daß dort hauptsächlich Verträge aus dem Anfange und Ende des 18. Jahrhunderts gewählt sind, aus den sechziger und siebziger Jahren des Jahrhunderts wählen.

So kam z. B. zwischen Großbritannien und Schweden ein Vertrag vom 5. Februar 1766 zustande, in dem es (Art. II) hieß:

Les sujets des deux Puissances jouiront réciproquement, dans les royaumes, ports, rades, rivières etc. de l'une et de l'autre, des tous les droits, avantages et immunités, dont jouissent ou pourront jouir ci-après les nations les plus favorisées, excepté dans le cas contenu dans le 3. Article du traité préliminaire de commerce conclu entre les couronnes de Suede et de France, le 14./25. Avril 1741, concernant les droits à payer dans le port de Wismar.

Aus dem gleichen Jahre stammt ein Vertrag zwischen Rußland und Großbritannien vom 20. Juni, dessen Art. III lautete:

... et les matelots, passagers et les vaisseaux, tant Britanniques que Russes (quoique parmi leurs équipages il se trouve des sujets de quelque autre Nation étrangère) seront reçus et traités comme la Nation la plus favorisée.

Art. IX. Les sujets des Hautes Parties contractantes ne payeront pas plus de droits pour l'entrée et la sortie de leurs marchandises, qu'en payent les sujets des autres Nations.

Art. XXIV. .... Et en tout ce qui regarde les impôts et les droits payables pour l'entrée et la sortie des marchandises en général les sujets de la Grande Brétagne seront toujours considerés et traités comme la Nation la plus favorisée.

Dieser russisch-großbritannische Vertrag ist wieder ein Beleg für die Doppelseite der Meistbegünstigung und für die Notwendigkeit, dieser bei der Auslegung alter Verträge Rechnung zu tragen. Man legt zweierlei fest: einmal, daß die gegenseitige Einfuhr keine höheren Zölle zu bezahlen braucht als die Sätze des Generaltarifes, daß man also ihr gegenüber keine Zuschläge erheben wird;[1]) (Art. IX) und sodann, daß auch etwaige Abweichungen vom Generaltarif nach unten hin, alle Zollminderungen der beiderseitigen Einfuhr[2]) zu gute kommen. (Art. XXIV.)

Im Vertrag zwischen Dänemark und Marokko vom Jahre 1767 hieß es:

Art. VIII. Les sujets[1]) du Roi de Danemarc ne payeront aucun droit ni taxe dans les marchés plus que les autres nations, et si jamais il arrivoit que l'Empereur de Maroc vint à favoriser quelque autre nation chrétienne sur les droits d'entrée et de sortie, les Danois jouiront du même privilège.

Wiederum begegnen wir den zwei Seiten der Meistbegünstigung; zuerst legt man fest: die Dänen zahlen keine höheren Zölle als „die anderen Nationen", d. i. die des Generaltarifes; dann: wird einer Nation eine Vergünstigung erteilt, so wird diese auch auf die Dänen erstreckt.

Frankreich und Mecklenburg verabredeten im Jahre 1779 (Art. separé IV des Abkommens vom 18. September):

Le Sérénissime Duc, voulant donner au Roi une marque de sa résolution où il est de ne favoriser aucune nation au préjudice de la nation Françoise promet que les denrées et les manufactures de la France et de ses colonies, ne payeront pas dans les états en venant des pays et états de la domination de sa Majésté par des vaisseaux François, d'autres ni plus grands droits que les denrées et manufactures de même espèce ne payent, lorsqu'elles y sont apportées par des navires d'une autre nation étrangère quelconque et la plus favorisée.

Art. III. Les sujets Russes en Danemarc, et les sujets Danois en Russie seront constamment regardés et traités, comme les nations les plus favorisées.

Art. V. Les sujets commerçans des deux hautes Parties contractantes payeront, pour leurs marchandises, les douanes et les droits fixés dans les États respectifs par les tarifs, qui existent on qui existeront à l'avenir.

---

[1]) „Les sujets ne payeront pas . . ." Man knüpft also die Meistbegünstigung wieder an die Personen, statt an die Waren.

[2]) Wieder knüpft man die Begünstigung an die Untertanen statt an die Waren: En tout ce, qui regarde les impôts pour l'entrée les sujets seront considéres etc.

Je mehr nun im zweiten und dritten Jahrzehnt des 19. Jahrhunderts die von Amerika herüberdringende Reziprozitätsidee in Europa an Boden gewann, desto seltener wurde die unbedingte Meistbegünstigung; die Phalanx der Reziprozitätsstaaten wurde immer dichter.

Zu einer völlig geschlossenen aber hat sie sich nicht ausgestaltet. Sie wies vor allem da einige Lücken auf, wo England stand, das ab und zu, auch im Zeitalter der Reziprozität, die unbedingte Meistbegünstigung in Zollsachen vereinbarte. Und ebenso hielten auch die nordischen Staaten bis zu einem gewissen Grade an der alten Formel fest.

Von sonderlicher Bedeutung waren allerdings die Verträge, in denen in diesem Zeitraum die unbedingte Meistbegünstigung vereinbart wurde, nicht. Und außerdem ist große Vorsicht in der Charakterisierung der Verträge selbst geboten. Was man in der Reziprozitätsperiode fürs erste als unbedingte Meistbegünstigungsverträge bezeichnen möchte, sind bei näherem Hinsehen vielfach Reziprozitätsverträge gewesen.

Frankreich vereinbarte einen Meistbegünstigungsvertrag z. B. mit Liberia (17. April 1852). In Art. IX wurde abgemacht:

„Da es in der Absicht der beiden vertragschließenden Teile liegt, sich durch den gegenwärtigen Vertrag zur gegenseitigen Behandlung auf dem Fuße der meistbegünstigten Nation zu verpflichten, so wird hiermit unter ihnen verabredet, daß jede Begünstigung, jedes Vorrecht, oder jede Befreiung, welche einer der vertragschließenden Teile in Handels- oder Schiffahrtsangelegenheiten oder aus irgend einer anderen Ursache jetzt oder künftig den Bürgern oder Untertanen irgend eines anderen Staates gewähren sollte, auf die Bürger des anderen vertragschließenden Teiles ausgedehnt werden soll.“

Der Vertrag enthielt hier, bei den Abmachungen über die Behandlung auf dem Fuße der meistbegünstigten Nation, also da, wo man direkt darauf lauert, keinen Reziprozitätsvermerk und könnte deshalb fürs erste als unbedingter Meistbegünstigungvertrag gelten.

Nun darf man aber nicht übersehen, daß am 21. April 1852 ein Zusatzvertrag zustande kam, in dem es hieß:

„Falls Vorteile oder Vorrechte in Handelsangelegenheiten den Bürgern einer anderen Nation bewilligt werden sollten, so sollen dieselben in gleicher Weise den Bürgern der vertragschließenden Teile zugestanden werden, und zwar unentgeltlich usw."

Zuerst als glatter Meistbegünstigungsvertrag gedacht, ist die Abmachung also doch ein Reziprozitätsvertrag geworden.

Im Vertrag zwischen Venezuela und Frankreich vom 15. März 1843 besagt Art. VIII:

Le commerce français dans la republique de Vénézuéla, et le commerce vénézuélien en France, seront traités, sous le rapport des droits de douane, tant à l'importation qu'à l'exportation, comme celui de la nation étrangère la plus favorisée.

Dans aucun cas, les droits d'importation imposés en France sur les produits du sol ou de l'industrie du Vénézuéla, et dans le Vénézuéla sur les produits du sol ou de l'industrie de la France, ne pourront être autres ou plus élevées que ceux auxquels sont ou seront soumis les mêmes produits de la nation la plus favorisée.

Genau so wie dieser Artikel lautete Art. XI des Vertrages zwischen Frankreich und Neu-Granada vom 28. Oktober 1844, in welchem dem obigen Text noch folgender Satz angefügt wurde:

..... En résumé, le commerce français dans la Nouvelle-Grenade, et le commerce Grenadien en France, seront traités, sous tous les rapports et dans tout le cas, comme celui de la nation la plus favorisée.

Gleiches besagten Art. XI des Vertrages zwischen Frankreich und Neu-Granada vom 15. Mai 1856, Art. VIII des Vertrages zwischen Frankreich und den Sandwich-Inseln vom 29. Oktober 1857 und Art. IX des Vertrages zwischen Frankreich und Ecuador vom 6. Juni 1834 und zwischen Frankreich und Honduras vom 22. Februar 1856.

Frankreich und Chile schlossen am 15. September 1846 einen Vertrag, der folgenden Artikel enthielt:

Art. VIII. „Der französische Handel in Chile und der chilenische Handel in Frankreich, sei es Einfuhr oder Ausfuhr, soll, was die Zollabgaben betrifft, so behandelt werden, wie der der am meisten begünstigten fremden Nation.

In keinem Falle sollen die in Frankreich auf die chilenischen Ackerbau- und Fabrikprodukte und die in Chile auf französische Ackerbau- und Fabrikprodukte gelegten Einfuhrzölle andere oder höhere sein als die, welche der am meisten begünstigten Nation für dieselben eingeführten Produkte jetzt oder künftig auferlegt werden. Derselbe Grundsatz soll bei der Ausfuhr beobachtet werden."

Sind diese Abmachungen als unbedingte Meistbegünstigungsverträge zu charakterisieren? Schwerlich! Wenn man auch fürs erste glattweg die Behandlung auf dem Fuße der meistbegünstigten Nation vereinbarte, so kam das „dicke Ende" gewöhnlich noch nach. So hieß es z. B. in dem Vertrag Frankreichs mit Chile in Art. XXVIII:

„Unter den beiden kontrahierenden Parteien wird noch förmlich festgesetzt, daß, unabhängig von vorstehenden Stipulierungen, die diplomatischen und Konsular-Agenten, die Untertanen aller Klassen, die Schiffe und die Ladungen des einen oder anderen Staates die Freiheiten, Befreiungen von Abgaben und Vorrechte genießen sollen, welche bereits zugunsten der am meisten begünstigten Nation gewährt sind oder gewährt werden möchten; und zwar unentgeltlich, wenn die Gewährung unentgeltlich ist, und mit derselben Vergütung, wenn die Gewährung bedingt ist."

Gleiches gilt von dem Vertrag zwischen Neu-Granada und Frankreich vom 15. Mai 1856; Frankreich und Guatemala vom 8. März 1848, Frankreich und Costa Rica vom 12. März 1848; Frankreich und Honduras vom 22. Februar 1856. Die „Meistbegünstigung" gab eben damals nur ein Anrecht auf die Sätze des Generaltarifes; die Abschläge von diesem aber waren besonders zu erkaufen. Man muß also sehr vorsichtig zu Werke gehen, wenn man einen Vertrag aus jener Zeit als glatten Meistbegünstigungsvertrag bezeichnen will.

Demnach können auch die Verträge Perus mit Frankreich (1861) und Venezuelas mit Italien (19. Juni 1861), welche zuerst sagen, daß der gegenseitige Handel unter dem Gesichtspunkte der meistbegünstigten Nation sich vollzieht,[1]) dann aber die Reziprozi-

---

[1]) Peru und Frankreich:

Art. VIII. „In keinem Falle dürfen die in Frankreich auf Erzeugnisse jedweder Art des Bodens und der Industrie Perus gelegten Eingangsabgaben und umgekehrt, andere oder höhere seien als diejenigen, welchen die gleichartigen Erzeugnisse der meistbegünstigten Nation unterworfen sind. ... Kurz, der französische Handel in Peru und der peruanische Handel in Frankreich soll in allen Fällen und in allen Beziehungen wie der der meistbegünstigten Nation behandelt werden."

Italien und Venezuela:

Art. VIII. „Ferner sollen in den betreffenden Häfen von der Ein- und Ausfuhr der Boden- und Industrieerzeugnisse der beiden vertragenden Länder

tät stipulieren[1]), nicht als unbegünstigte Meistbegünstigungsverträge gelten.

Klipp und klar als unbedingter Meistbegünstigungsvertrag stellt sich hingegen der Vertrag zwischen Holland und Großbritannien vom Jahre 1837 dar:

Art. I. „Die Untertanen der beiden Souveräne sollen gegenseitig in den Häfen, Ankerplätzen, Rheden, Städten, Flecken und Orten in beiden Reichen keine anderen und höheren Abgaben, Steuern und Lasten zahlen als diejenigen, die daselbst durch die Untertanen der am meisten begünstigten Nation entrichtet werden, und die Untertanen von jeder der beiden hohen kontrahierenden Parteien sollen dieselben Rechte, Vorrechte, Freiheiten, Begünstigungen, Befreiungen und Privilegien in Betreff des Handels und der Schiffahrt genießen, welche den Untertanen der am meisten begünstigten Nation in jedem Königreiche zugestanden sind oder später zugestanden werden möchten. Keine Mauthabgabe oder eine andere Belastung soll auf Güter, die Erzeugnisse eines der Reiche sind, bei der Einfuhr zur See oder zu Lande aus einem Reiche ins andere gelegt werden, höher als die Belastungsabgabe, die auf dergleichen Güter gelegt ist, wenn dieselben das Erzeugnis irgend eines anderen Landes sind oder aus solchen eingeführt werden, und Seine Majestät der Niederlande und Ihre Majestät die Königin des vereinigten Königreiches Großbritannien und Irland verbinden

---

höhere Abgaben als diejenigen, welche von den nämlichen Artikeln, sofern sie von dem Boden und dem Gewerbefleiß der meistbegünstigten Nation herrühren, zur Erhebung kommen, nicht erhoben werden."

[1]) Peru und Frankreich:

Art. XLVII. „Unabhängig von den früheren Vereinbarungen kommen die beiden hohen vertragenden Teile dahin überein, daß die diplomatischen Agenten .... die Untertanen oder Bürger jeder Klasse, die Kriegs- und Handelsschiffe und die Waren des einen der beiden Staaten in dem anderen aus eigenem Recht die zu Gunsten der meistbegünstigten Nation eingeräumten oder einzuräumenden Freiheiten, Privilegien und Befreiungen aller Art genießen sollen und zwar unentgeltlich, wenn das Zugeständnis usw."

Italien und Venezuela:

Art. XXVI. „Zwischen den beiden hohen vertragenden Teilen wird ausdrücklich verabredet, daß, unabhängig von den vorhergehenden Vereinbarungen, die .... Schiffe und Waren des einen der beiden Staaten in dem anderen, ohne weiteres die Freiheiten, Vorrechte und Begünstigungen aller Art genießen sollen, welche den meistbegünstigten Nationen bereits zugestanden sind oder in der Folge noch zugestanden werden sollten, und zwar unentgeltlich, wenn das Zugeständnis unentgeltlich gemacht worden ist, oder gegen eine entsprechende Vergütung, wenn das Zugeständnis gegen eine solche stattgefunden hat."

und verpflichten sich hiermit, keine Begünstigung, Vorrecht oder Befreiung in Handels- und Schiffahrtsangelegenheiten den Untertanen irgend eines anderen Staates zugestehen zu wollen, die nicht ebenfalls und zu gleicher Zeit auf die Untertanen der anderen hohen kontrahierenden Partei soll ausgedehnt werden, damit nicht, falls die Begünstigung zu Gunsten eines anderen Staates unentgeltlich ist gegeben worden oder gegen eine Entschädigung oder ein möglichst genaues Aequivalent, auf solche Art die Begünstigung bedingungsweise zugestanden werde.

Mit Abessinien verabredete Großbritannien in Art. IV des Vertrages vom 2. November 1849:

His Majesty of Abyssinia engages to grant to the subjects of Her Britannic Majesty, and to the produce and commerce of her dominions all favours, privileges, advantages or immunities, either as regards duties, imposts, or charges, or in any other respect whatsoever, which His Majesty of Abyssinia has already granted, or may hereafter grant to the subjects, produce, or commerce of any other foreign country.

Zu einem unbedingten Meistbegünstigungsvertrag gelangte England außer mit Sizilien (s. S. 165) auch mit Rußland. Wie bereits in Abschnitt VIII dargelegt, war Rußland ein ausgesprochener Reziprozitätsstaat. Im Vertrag v. 5. Jan. 1859 (31. Dez. 1858) mit England aber wurde die unbedingte Meistbegünstigung vereinbart (s. S. 103).

Eifrige Verfechter der unbedingten Meistbegünstigung waren, wie schon bemerkt, auch die nordischen Staaten, die zwar die bedingte Meistbegünstigung nicht rundweg ablehnten (Reziprozitätsverträge Schwedens, Norwegens und Dänemarks s. auf S. 35, 38, 54, 55, 121), aber doch ab und zu die unbedingte Meistbegünstigung einfließen ließen. Den Handelstraktat zwischen Preußen und Dänemark vom 17. Juni 1818 haben wir bereits früher (S. 22) erwähnt. Dann kam zwischen Großbritannien und Schweden am 18. März 1826 ein Vertrag zustande, dessen Art. IX lautete:

..... en général, que, dans tout ce qui concerne le commerce et la navigation, chacune des hautes parties contractantes traitera l'autre sur le pied de la nation la plus favorisée.

Gleiches besagte der Art. V des Vertrages zwischen Schweden und Bremen vom 1. Mai 1840, während Art. VII des Vertrages zwischen Schweden-Norwegen und Mecklenburg-Schwerin vom 10. Oktober 1846 und zwischen Schweden-Norwegen und Lübeck vom 14. September 1852 lauteten:

„Die hohen kontrahierenden Teile verpflichten sich, die Ausfuhrartikel, Produkte des Bodens oder der Industrie der respektiven Territorien, bei der Einfuhr von dem einen Lande in das andere, mit keinen höheren oder anderen Abgaben zu belegen, als die nämlichen Artikel, Produkte des Bodens oder der Industrie irgend eines anderen fremden Landes, desgleichen die Einfuhr oder Ausfuhr der beiderseitigen Boden- oder Industrieerzeugnisse von einem der respektiven Länder in das andere mit keinerlei Verboten zu belegen, ohne solches Verbot gleichzeitig auf jede andere Nation zu erstrecken.

In allem, was den Handel betrifft, wird jeder der hohen kontrahierenden Teile von dem anderen auf dem Fuße der begünstigtsten Nation behandelt werden."

Daß Sardinien und die Schweiz im Vertrag vom 8. Juni 1851 die glatte Meistbegünstigung vereinbarten (Art. IX) und ebenso Sardinien und Österreich im Vertrag vom 18. Oktober 1851 wurde bereits auf Seite 144 erwähnt. Dessen, daß man in verschiedenen Verträgen partiell (für die im Vertrage benannten Artikel) die unbedingte Meistbegünstigung stipulierte, geschah ebenfalls schon Erwähnung. Angesichts des Umstandes, daß man zu Anfang der Fünfziger auf eine Zollunion zwischen dem Zollvereinsgebiet und Österreich hinarbeitete, darf es uns auch nicht wundern, im Vertrag vom 19. Februar 1853 folgenden Artikel zu finden:

Art. II. „Hinsichtlich des Betrages, der Sicherung und der Erhebung der Eingangs-, Ausgangs- und Durchgangs-Abgaben dürfen von keinem der beiden kontrahierenden Teile dritte Staaten günstiger als der andere kontrahierende Teil behandelt werden. Jede dritten Staaten in diesen Beziehungen eingeräumte Begünstigung ist daher ohne Gegenleistung dem anderen kontrahierenden Teile gleichzeitig einzuräumen."

Zur Vervollständigung des Bildes müssen wir endlich auch jener Verträge gedenken, welche eine Reihe von Großmächten mit der Hohen Pforte schlossen, und in denen dem Großherrn insofern übel mitgespielt wurde, als man sich von der Türkei zwar die glatte Meistbegünstigung einräumen ließ, sie aber der Türkei nicht gewährte, und insofern das Institut der Kapitulationen wieder aufleben ließ.

Schon im Jahre 1840 war ein Vertrag zwischen dem Zollverein und der Hohen Pforte vom 22. (10.) Oktober zustande gekommen, dessen Art. I wie folgt lautete:

„Die Untertanen und die Erzeugnisse des Bodens und der Industrie von Preußen und den übrigen Staaten des Handels- und Zollvereins, sowie die preußischen Schiffe sollen von Rechts wegen im Ottomanischen Reiche die Ausübung und den Genuß aller der Vorteile, Privilegien und Freiheiten haben, welche den Untertanen, den Erzeugnissen des Bodens und der Industrie und den Schiffen jeder anderen meistbegünstigten Nation zugestanden sind oder in der Folge zugestanden werden möchten."

Der Art. I des unterm 1. September 1841 zwischen der Pforte und den Hansastädten abgeschlossenen Vertrages besagt dasselbe. Man nahm immer von der Türkei, ohne zu geben.

Soweit wir feststellen konnten, ist es der Ottomanischen Pforte nur einmal, Portugal gegenüber (Vertrag vom 20. März 1843), gelungen, die Reziprozität zugesichert zu erhalten.

Art. XII. Les hautes parties contractantes s'engagent à ce que toutes les faveurs, privilèges et exemtions en fait de commerce ou de navigation, accordés après ce traité aux sujets d'une autre puissance par une des hautes parties contractantes de ce traité, seront également accordés aux sujets de l'autre haute partie contractante. Cette concession sera gratuitement accordée, dans le cas qu'elle soit ainsi accordée à cette autre nation; mais si cette concession avait été accordée par une des parties contractantes à une autre nation quelconque, moyennant une retribution ou un équivalent elle sera également accordée aux sujets de l'autre haute partie contractante moyennant, quam proxime, la rétribution ou l'equivalent stipulé.

Zu einem förmlichen System wurde die Politik des „non do, ut des" der Pforte gegenüber ausgebildet im Jahre 1861, als Frankreich am 29. April 1861 dem Großherrn einen Vertrag zur Unterzeichnung vorlegte, in dessen Art. I vereinbart wurde:

„. . . . Man ist ferner ausdrücklich einverstanden, daß die Rechte und Privilegien und Freiheiten, welche die Hohe Pforte den Untertanen und der Schiffahrt irgend einer anderen fremden Macht gegenwärtig zugesteht oder künftig zugestehen möchte, in gleicher Weise den französischen Untertanen und Schiffen zugestanden sein sollen, so daß sie zur Ausübung und zum Genuß derselben berechtigt sind."

Dieser Abmachung folgten die Verträge der Türkei mit Großbritannien vom 29. April 1861, mit Italien vom 10. Juli 1861, mit Belgien vom 10. Oktober 1861, mit Schweden-Norwegen vom 21. Februar 1862, mit Dänemark und mit den Niederlanden vom 25. Februar 1862, mit Rußland vom 22. Januar 1862, mit dem Zollverein vom 20. Mai 1862, mit den Hansastädten vom 27. September 1862, die immer die glatte Meistbegünstigung einseitig festlegten, immer nahmen, ohne zu geben.

Daß Bruder Jonathan dem Sultan gegenüber ebenfalls auf das sonst so hoch gehaltene Prinzip der Reziprozität verzichtete, als es galt, die glatte Meistbegünstigung zu nehmen, aber nicht zu geben, wurde bereits auf Seite 83 erwähnt.

Dieser geringe Respekt, welchen die Türkei den Gegenkontrahenten einzuflößen vermochte, und welcher diese bestimmte, von der Türkei zu fordern, aber nicht zu gewähren, war der Hohen Pforte mit China, Siam und Japan gemeinsam, denen gegenüber die europäischen Mächte sich ebenfalls in der Rolle der Nehmenden, aber nicht der Gebenden gefielen. So z. B. hat sich Rußland im § 11 des Handelstraktates vom 1. Juli 1858 von China folgende Zusicherung geben lassen:

„Alle politischen, Handels- und anders gearteten Rechte und Vorzüge, welche die meistbegünstigten Nationen in der Folge von der chinesischen Regierung erlangen können, werden zu gleicher Zeit ohne weitere Unterhandlungen von russischer Seite über diesen Gegenstand auch Rußland erteilt."

Ähnliches besagte der Vertrag zwichen Frankreich und China vom 24. November 1858, während sich der Zollverein im Vertrag vom 2. April 1861 von China folgendes versprechen ließ:

Art. XXXX. „Die kontrahierenden Teile kommen überein, daß den deutschen Staaten und ihren Untertanen volle und gleiche Teilnahme an allen Privilegien, Freiheiten und Vorteilen zustehen soll, welche von Seiner Majestät dem Kaiser von China der Regierung oder den Untertanen irgend einer anderen Nation gewährt sind oder noch gewährt werden mögen. Unverzüglich sollen alle Veränderungen im Tarif oder in den Bestimmungen über Zölle, Tonnen- und Hafengelder, Einfuhr, Ausfuhr und Transit, welche zugunsten irgend einer anderen Nation getroffen werden, sobald sie in Ausführung kommen, unmittelbar und ohne besonderen Vertrag auch auf den Handel aus und nach den deutschen Staaten und auf die ihnen zugehörigen Kaufleute, Reeder und Schiffer anwendbar sein."

Siam mußte den Briten die unbedingte Meistbegünstigung einräumen, ebenso den Dänen (15. September 1859)[1]) und Hol-

[1]) Art. XXIII. „Der dänischen Regierung und den dänischen Staatsangehörigen wird die freie und gleiche Teilnahme an allen Privilegien zugestanden, welche seitens der siamesischen Regierung der Regierung, den Bürgern oder Untertanen irgend einer anderen Nation bisher bewilligt sind oder noch bewilligt werden möchten."

ländern (17. Dezember 1860); Japan den Portugiesen (Art. XXIII des Vertrages vom 3. August 1860), und Russen (19. August 1858), ohne dafür ihrerseits in Großbritannien bezw. Dänemark, Holland, Portugal und Rußland meistbegünstigt zu werden.

Aus dieser Zeit stammt auch der Meistbegünstigungsvertrag zwischen dem Zollverein und Persien vom 25. Juni 1857, der aber insofern etwas aus dem eben skizzierten Milieu herausfällt, als man hier bezüglich der Meistbegünstigung die „do, ut des“ Politik befolgte.

Art. V. „Die von den resp. Untertanen der hohen vertragenden Teile eingeführten oder ausgeführten Waren sollen in den Staaten der hohen vertragenden Teile sowohl beim Eingang als beim Ausgang in den Staaten der hohen vertragenden Teile die Zölle der von den Kaufleuten und Untertanen der meistbegünstigten Nation eingeführten oder ausgeführten Waren und Erzeugnisse entrichten; und es soll unter keiner Bedingung und unter keinem Vorwand weder in den Staaten des Zollvereins noch in Persien irgend eine außerordentliche Abgabe gefordert werden können.“

* * *

Zurückblickend auf die vorstehend gegebenen unbedingten Meistbegünstigungsverträge können wir in Vervollständigung unserer Darlegungen in Abschnitt VIII sagen: mit winzigen Ausnahmen fand sich in der Reziprozitätsperiode nicht so leicht ein Staat zur Gewährung der glatten Meistbegünstigung bereit. Man war meist nicht für schrankenlose Gewährung der Meistbegünstigung zu haben. Man hielt fast ausnahmslos an der Reziprozität fest und forderte als Bedingung des Mitgenusses an den einem dritten Staaten gewährten Vorteilen, daß man diese Vergünstigungen durch besondere, gleichwertige Gegenleistungen sich erkaufe.

Mit dem Augenblick, da England zum Freihandel überging, änderte sich die Sache.

XI.

Glatte Meistbegünstigungs-Verträge der Union.

Vielfach kann man die Behauptung hören, daß die Vereinigten Staaten sich nie dazu herbeigelassen hätten, die „Meistbegünstigung" bezüglich der Zölle zu vereinbaren, sondern immer nur die „Reziprozität". Zur Vermeidung von Mißverständnissen sei wiederholt bemerkt, daß Meistbegünstigung und Reziprozität keine sich ausschließenden Begriffe sind, daß vielmehr die Reziprozität nur eine Modifikation in der Übung der Meistbegünstigung darstellt, daß sie, wenn völlig durchgeführt, zur glatten Meistbegünstigung führt.

Im übrigen haben die Amerikaner auch die unbedingte Meistbegünstigung in verschiedenen Verträgen vom Anfange an festgelegt.

Vor allem in einer Reihe einseitiger Meistbegünstigungsverträge.

Solche wurden vereinbart zwischen der Union und

1. Marocco im Jahre 1787 und am 16. September 1836:

Art. XIV. The commerce with the United States shall be on the same footing as is the commerce with Spain, or as that with the most favored nation[1]) for the time being; and their citizens shall be respected and esteemed, and have full liberty to pass and repass our (des Sultan von Morocco) country and seaports whenever they please without interruption.

2. dem Sultan von Muscat (Zanzibar) am 21. Septbr. 1833:

Art. IV. The American citizens shall pay no other duties on export or import, tonnage, license to trade, or other charge whatsoever, than the nation the most favored[1]) shall pay.

3. Japan am 31. März 1854:

Art. IX. It is agreed that if at any future day the Government of Japan shall grant to any other nation or nations privileges and advantages which are not herein granted to the United States and the citizens thereof, that these same privileges and advantages shall be granted likewise to the United States and to the citizens thereof, without any consultation or delay.

---

[1]) S. Anm. auf S. 185.

4. China am 18. Juni 1858:

Art. XV. .... The tariff of duties to be paid by citizens of the United States, on the export and import of goods from and into China, shall be the same as was agreed upon at the treaty of Wanghia, except so far as it may be modified by treaties with other nations; it being expressly agreed that citizens of the United States shall never pay higher duties than those paid by the most favored nation.[1])

Art. XXX. The contracting parties hereby agree that should at any time the Ta Tsing Empire grant to any nation, or the merchants or citizens of any nation any right, privilege or favor, connected either with navigation, commerce, political or other intercourse, which is not conferred by this treaty, such right, privilege and favor shall at once freely inure to the benefit of the United States, its public officers, merchants and citizens.

5. Egypten am 16. November 1884.

Every right, privilege or immunity that the Egyptian Government now grants, or that it may grant in future, to the subjects or citizens, vessels, commerce and navigation of whatsoever other foreign power, shall be granted to citizens of the United States, vessels, commerce and navigation, who shall have the right to enjoy the same.

6. dem Kongostaat, am 24. Januar 1891.

Art. XI. The United States shall enjoy in the Independent State of the Congo as to the import duties, all the advantages accorded to the most favoured nation.[1])

It has been agreed besides:

1. That no differential treatment nor transit duty can be established.

2. That, in the application of the tariff régime which will be introduced, the Congo State will apply itself to simplify as far as possible, the formalities and to facilitate the operations of commerce.

Soweit wir festzustellen vermochten, haben diese sechs Verträge heute noch Geltung.

Außer den Fällen, wo die Vereinigten Staaten einseitig die glatte Meistbegünstigung für sich bedangen, sie aber dem Gegenkontrahenten vorenthielten, haben sie sich auch noch in einigen anderen Fällen dazu verstanden, für beide Teile die unbedingte Meistbegünstigung von vorneherein zu vereinbaren. Richtig ist aber, daß sie an Verträgen, die von allem Anfang an die glatte Meistbegünstigung enthielten, niemals eine besondere Freude gehabt haben. Sie verleugneten das eine Mal, daß man die unbedingte Meistbegünstigung

[1]) Gilt auch hier die auf S. 34 erwähnte Definition Whartons von der Meistbegünstigung? Schwerlich! Hier wollten die Amerikaner zweifellos unter most favored nation die unbedingte Meistbegünstigung verstanden wissen.

festgelegt habe, und das andere Mal waren sie, wenn sie mit ihren Remonstrationen keinen Erfolg hatten, bestrebt, die auf die Meistbegünstigung bezüglichen Stellen aus den Verträgen auszumerzen.

Wir wollen solche Fälle näher ins Auge fassen.

Im Jahre 1803 trat Frankreich sein amerikanisches Kolonialgebiet an die Vereinigten Staaten ab. In dem dabei aufgenommenen Vertrage wurde für die spanische und französische Schiffahrt ein sehr wichtiges Vorrecht geschaffen, insofern die spanischen und französischen Schiffe in den Häfen des abgetretenen Louisiana-Territoriums den amerikanischen Schiffen vollständig gleichgestellt wurden, und zwar für die Dauer von zwölf Jahren. Die Amerikaner verpflichteten sich außerdem, dieses Vorrecht während der Dauer des Vertrages keiner anderen Nation einzuräumen,[1] und endlich, nach Ablauf der zwölf Jahre, die französische Schiffahrt in den Häfen des abgetretenen Territoriums auf dem Fuß „der meistbegünstigten Nation“ zu behandeln.

Jeder, der heute den Text des französisch-amerikanischen Vertrages vom Jahre 1803 durchliest, möchte glauben, daß in Art. VII und VIII die schrankenlose Meistbegünstigung festgelegt war.

Der Art. VII besagte:

As it is reciprocally advantageous to the commerce of France and the United States to encourage the communication of both nations for a limited time in the country ceded by the present treaty, until general arrangements relative to the commerce of both nations may be agreed on; it has been agreed between the contracting parties, that the French ships coming directly from France or any of her colonies, loaded only with the produce and manufactures of France or her said colonies; and the ships of Spain coming directly from Spain or any of her colonies, loaded only with the produce or manufactures of Spain or her colonies, shall be admitted during the space of twelve years in the port of New Orleans, and in all other legal ports of entry within the ceded territory, in the same manner as the ships of the United States coming directly from France or Spain, or any of their colonies, without being subject to any other or greater duty on merchandise,

---

[1]) Dabei galt damals der Vertrag mit Preußen vom Jahre 1799, welcher in Art. II besagte: The subjects of his Majesty the King of Prussia shall enjoy in navigation ... all the rights, ... which the most favoured nation does or shall enjoy (vollständigen Text s. S. 37) und Art. XXVI: If either party shall hereafter grant ... any particular favour in navigation ... it shall immediately become common to the other party usw.

or other or greater tonnage than that paid by the citizens of the United States.

During the space of time above mentioned, no other nation shall have a right to the same privileges in the ports of the ceded territory.

Und Art. VIII lautete:

In future and forever after the expiration of the twelve years, the ships of France shall be treated upon the footing of the most favoured nations in the ports above mentioned.

Als die zwölf Jahre um waren, glaubte Frankreich ohne weiteres aller Vorteile teilhaftig zu werden, die andere Schiffahrtsnationen in der Union erlangten. Diese aber bekannte sich nicht zu dieser Auffassung; sie gebe die an dritte Nationen gewährten Vorteile nur gegen Entgelt an Frankreich. Ein langer Streit entbrannte, der im Vertrage vom Jahre 1831 seine Erledigung dahin fand, daß Frankreich auf die Ansprüche aus Art. VIII des Vertrages vom Jahre 1803 verzichtete und dafür einen Zollnachlaß auf seine Weine für zehn Jahre erhielt.[1])

Die Union ist also anscheinend mit ihrer Anschauung bei Frankreich nicht durchgedrungen; sie mußte zugeben, daß die „most favored nation" ohne Klausel eben die unbedingte Meistbegünstigung bedeutet. Und sie wendet sich dieser Praxis jetzt auch zu, insofern manche Verträge (s. S. 184 u. 185), in denen offenbar die Union für sich

[1]) Art. VII. The wines of France, from and after the exchange of the ratifications of the present convention, shall be admitted to consumption in the States of the Union at duties which shall not exceed the following rates, by the gallon, (such as it is used at present for wines in the United States), to wit: six cents for red wines in casks; ten cents for white wines in casks; and twenty-two cents for wines of all sorts in bottles. The proportion existing between the duties on French wines thus reduced, and the general rates of the tariff which went into operation the first of January, 1829, shall be maintained, in case the Government of the United States should think proper to diminish those general rates in a new tariff.

In consideration of this stipulation, which shall be binding on the United States for ten years, the French Government abandons the reclamations which it had formed in relation to the 8th article of the treaty of cession of Louisiana. It engages, moreover, to establish on the long staple cottons of the United States, which, after the exchange of the ratifications of the present convention, shall be brought directly thence to France by vessels of the United States, or by French vessels, the same duties as on short staple cottons.

die unbedingte Meistbegünstigung stipulieren wollte, einfach von einer most favored nation sprechen.

Der Vorgang aber zeigt, wie eifrig die Amerikaner schon damals bestrebt waren, allen unbedingten Meistbegünstigungsansprüchen aus dem Wege zu gehen, wie sie selbst scheinbar glatte Meistbegünstigungsverträge in Reziprozitätsverträge umzudeuten suchten; wie sie sich nie durch eine unbedingte Meistbegünstigung die Rückendeckung rauben lassen wollten. Die Amerikaner sprachen im Louisiana-Vertrag von einer „most favoured nation“ — ohne weiteren Zusatz. Jedermann glaubte, damit sei die unbedingte Meistbegünstigung gemeint gewesen. Nein, auch wenn kein besonderer Zusatz vorhanden, so sei, sagten die Amerikaner, damit die Meistbegünstigung mit der Klausel gemeint. Man müßte also nach der Auffassung der Union nicht die bedingte Meistbegünstigung als solche besonders festlegen, sondern die unbedingte.

Einen anderen recht interessanten Fall der Handhabung der Meistbegünstigung pro praeterito lernten wir oben im Abschnitt VII kennen, wo wir darlegten, wie die Amerikaner im portugiesischen Vertrag die Vereinbarung, daß auf die gegenseitige Einfuhr keine höheren Zölle erhoben werden dürften als auf die Einfuhr aus „any other foreign country“, d. i. die angebliche „glatte Meistbegünstigung pro praeterito“ expressis verbis zu dem machten, was sie unseres Erachtens immer bedeutet hat: zum Generaltarif.

Infolge dieser Virtuosität der Amerikaner in der Interpretation der Verträge, infolge der von ihnen speziell beim Streit über den französischen Vertrag vom Jahre 1803 verlautbarten Doktrin, „most favoured nation“ auch ohne besonderen Zusatz bedeute nicht die unbedingte, sondern die bedingte Meistbegünstigung, infolge dieser Interpretationskunst, die bestrebt ist, das scheinbar Gesicherte und Unzweifelhafte wieder in Zweifel zu ziehen, hält es einigermaßen schwer, Verträge der Union zu finden, in denen der Anspruch auf die Behandlung als unbedingt meistbegünstigte Nation in den Vereinigten Staaten so klar und unzweideutig festgelegt ist, daß die amerikanische Interpretationswissenschaft daran zu schanden wird.

Ganz hieb- und stichfest in dieser Hinsicht sind unter allen amerikanischen Verträgen, die fürs erste als unbedingte Meistbegünstigungsverträge gelten möchten, wohl nur drei; bei den anderen würde, — auf Grund der anderwärts gesammelten Erfahrungen kann man das ruhig behaupten, — die amerikanische Regierung jedesmal die Reziprozität hineindeuten. Die Verträge, wo derartige Künste versagen dürften, sind seitens der Union mit der Schweiz (1850), mit dem Oranjefreistaat (1871) und mit Serbien geschlossen worden.

1. Der letztgenannte Vertrag, der vom 14. Oktober 1881 datiert, besagte in Art. VI:

„Was den Betrag, die Sicherung und Erhebung von Zöllen auf Ein-, Aus- und Durchfuhr, Einlagerung, örtliche Abgaben und Zollförmlichkeiten betrifft, so verpflichtet sich ein jeder der hohen kontrahierenden Teile, den anderen jeder Begünstigung, jeden Vorrechts und jeder Herabsetzung in den Tarifen auf Ein- und Ausfuhr der in der gegenwärtigen Übereinkunft erwähnten und nicht erwähnten Artikel teilhaftig werden zu lassen, welche er einer dritten Macht zugestanden haben wird. Auch soll eine jede Begünstigung oder Immunität, welche später einer dritten Macht eingeräumt werden wird, unverzüglich und bedingungslos, lediglich durch eben diese Tatsache auf den anderen kontrahierenden Teil erstreckt werden."

Art. VII. „Die Boden- und Industrieerzeugnisse Serbiens, welche nach den Vereinigten Staaten von Amerika, und die Boden- und Industrieerzeugnisse der Vereinigten Staaten, welche nach Serbien zur Einfuhr gelangen, und welche zum Verbrauch im Lande, zur Einlagerung, zur Wiederausfuhr oder zur Durchfuhr bestimmt sind, sollen die nämliche Behandlung erfahren und keinen anderen oder höheren Zöllen unterliegen, als die Erzeugnisse der meistbegünstigten Nation." [1])

---

[1]) Im Originaltext lautete:

Art. VI. As to the amount, the guarantee and the collection of duties on imports and exports, as well as regards transit, re-exportation, warehousing, local dues, and custom-house formalities, each of the two High Contracting Parties binds itself to give to the other the advantage of every favour, privilege or diminution in the tariffs on the import or export of the articles mentioned or not in the present convention, that it shall have granted to a third power. Also every favour or immunity which shall be later granted to a third power shall be immediately extended and without condition, and by this very fact to the other Contracting Party.

Art. VII. The products of the soil or of the industry of Serbia which shall be imported into the United States of America, and the products of the

Es kann wohl nicht gut einem Zweifel unterliegen, daß wir hier einen Vertrag vorliegen haben, welcher die Meistbegünstigung in dem uns Deutschen jetzt geläufigen Sinne, d. i. uneingeschränkt und unbedingt, enthält. Die Anwendung der Worte „unverzüglich und bedingungslos" sowie die Gewährung der Meistbegünstigung „durch eben diese Tatsache" (d. i. durch die Gewährung einer Vergünstigung an eine dritte Nation), lassen darüber keinen Zweifel aufkommen. Der Umstand allein aber, daß der Vertrag von einer Unterscheidung zwischen umsonst oder nur gegen Anbietung eines Äquivalentes zu gewährender Meistbegünstigung kein Wort enthält, zusammen mit dem, daß glattweg von den Zöllen die Rede ist, die bei der Einfuhr von den Waren der meistbegünstigten Nation zu entrichten sind, wäre — man erinnere sich der amerikanischen Interpretation des französischen Vertrages vom Jahre 1803 — wohl nicht beweiskräftig genug, diesen Vertrag zu einem unbedingten und unverklausulierten Meistbegünstigungsvertrag der Amerikaner — wohl aber anderer Nationen — zu stempeln.

2. Der zweite, besonders interessante, glatte Meistbegünstigungsvertrag der Union kam im Jahre 1850 mit der Schweiz zustande, interessant vor allem wegen der Vorgänge und Kontroversen, die schon sein Zustandekommen begleiteten, sowie wegen der Ursachen, derenthalber man aus diesem Vertrage die Bestimmungen über die unbedingte Meistbegünstigung herausbrach.

Die uns hier interessierenden Artikel des Vertrages lauteten:

Art. VIII. „Bezüglich der Einfuhr, Ausfuhr und Durchfuhr ihrer respektiven Erzeugnisse werden sich die Vereinigten Staaten von Amerika und die Schweizerische Eidgenossenschaft gegenseitig behandeln, wie die Nationen, Nationenvereine, Staaten und Gesellschaften, die am meisten begünstigt sind, wie in den folgenden Artikeln **erläutert** ist."

Art. IX. „Keiner der kontrahierenden Teile kann für die Einfuhr, Ausfuhr und Durchfuhr der natürlichen oder industriellen Erzeugnisse des

soil or of the industry of the United States which shall be imported into Serbia, and which shall be destined for consumption in the country, for warehousing, for re-exportation or for transit, shall be subjected to the same treatment, and shall not be liable to other or higher duties than the products of the most favoured nation.

anderen höhere Zölle noch andere Gebühren erheben als solche, die aus irgend einem Lande außerhalb seiner gegenwärtigen Grenzen kommen, gelegt sind oder gelegt werden."

Art. X. „Um den in Art. VIII vorgesetzten Zweck besser zu erreichen, verpflichtet sich jeder der kontrahierenden Teile, keiner Nation, keinem Nationenvereine, keinem Staate und keiner Gesellschaft bezüglich des Handels eine Vergünstigung zu gestatten, ohne daß der andere Teil nicht auch unmittelbar in den Genuß derselben gesetzt würde.[1])"

Nirgends finden wir in diesem Vertrage eine Unterscheidung zwischen bedingungslos und bedingt zu gewährenden Vergünstigungen.

Diese Tatsache wäre aber, wie oben schon erwähnt, schwerlich von durchschlagender Bedeutung für die Interpretation dieses Vertrages als eines glatten und unbedingten Meistbegünstigungsvertrages gewesen. Ausschlaggebend war vielmehr, daß man in den Vertrag eine Begriffserklärung der meistbegünstigten Nation hineingeschrieben hatte: meistbegünstigte Nation bedeutet hier, daß man unmittelbar [d. i. ohne Gegenleistung] in den Genuß der Vergünstigungen kommt, die dritten Staaten zustehen. Hier, wo eine Erläuterung der Wendung „meistbegünstigte Nation" gegeben war, konnten die Amerikaner nicht mit der ihnen geläufigen Definition operieren. Hier lagen sie fest, genau so wie oben beim Vertrag mit Serbien.

Daß nun in dem schweizerisch-amerikanischen Vertrage die Meistbegünstigung diese Gestalt bekam, war natürlich nicht die Schuld der Union; sie wollte auch hier wie anderwärts die ver-

---

[1]) Der englische Text lautete wie folgt:

Art. VIII. In all that relates to the importation, exportation and transit of their respective products, the United States of America and the Swiss Confederation shall treat each other, reciprocally, as the most favored Nation, Union of Nations, State, or Society, as is explained in the following articles:

Art. IX. Neither of the contracting parties shall impose any higher or other duties upon the importation, exportation or transit of the natural or industrial products of the other, than are or shall be payable upon the like articles, being the produce of any other country, not embraced within its present limits.

Art. X. In order the more effectually to attain the object contemplated in Article VIII, each of the contracting parties hereby engages not to grant any favor in commerce to any Nation, Union of Nations, State, or Society, which shall not immediately be enjoyed by the other party.

klausulierte Meistbegünstigung stipulieren, stand aber davon ab, als die Schweizer hartköpfig zu werden begannen. Solches ergibt sich aus den interessanten Darlegungen des schweizerischen Bundesrates, welche dieser dem Wortlaut des Vertrages bei der Publikation mit auf den Weg gab. Sie gewähren einen Einblick in den Gang der Vertragsverhandlungen und zeigen, wie die Schweiz den Unterhändler der Vereinigten Staaten dazu brachte, die Reziprozität, die man, wie schon bemerkt, amerikanischerseits auch hier einzufügen bestrebt war, fallen zu lassen. Die gedachte schweizerische Botschaft besagt u. a. folgendes:

„In den Verträgen der Vereinigten Staaten mit anderen Nationen ist diese Stipulation [der Gewährung der Meistbegünstigung] unter dem Vorbehalt gemacht worden, daß, wenn diese Vergünstigungen einer anderen Nation freiwillig zugestanden werden, die Ausdehnung derselben auf den kontrahierenden Teil ohne Schadloshaltung stattfinden soll; wenn sie aber der Gegenstand einer Bedingung wären, die Ausdehnung nur gegen eine angemessene Gegenleistung geschehen könne.

Obgleich man auf diese Klausel in den Vereinigten Staaten großes Gewicht legt, hat doch Herr Mann (A. Dudley Mann war der mit den schweizerischen Vertragsverhandlungen betraute amerikanische Spezialagent), aus besonderer Rücksicht für die Schweiz darauf verzichtet. Dagegen schlug er vor, einen Artikel in den Vertrag aufzunehmen des Inhalts: „In Anbetracht des bedeutenden und zunehmenden Verbrauches schweizerischer Erzeugnisse in den Vereinigten Staaten verpflichtet sich die Eidgenossenschaft, die Einfuhrzölle, welche sie gegenwärtig auf den Rohtabak, den Reis, Fischtran, die Baumwolle und Pottasche, welche die Vereinigten Staaten produzieren, erhebt, nicht zu erhöhen."

Die Abgeordneten des Bundesrates haben nachgewiesen, daß diese Klausel unnötig sei, weil, der Bundesverfassung gemäß, diese Artikel, da sie für die inländische Industrie und zum Lebensbedarf notwendige Stoffe seien, möglichst gering taxiert werden müssen und es auch wirklich sind; daß eine bessere Garantie, daß diese Zölle nicht erhöht werden können, darin liege, daß die Schweiz ihrer bedürfe; daß die vorgeschlagene Klausel der Eidgenossenschaft sehr hinderlich sein könnte, wenn sie infolge einer Revision ihres Tarifes sich in dem Fall befinde, den Zoll auf einen dieser Gegenstände um etwas Weniges zu erhöhen, um ihn auf einen anderen herabzusetzen; daß die Eidgenossenschaft eine Bestimmung nicht unterzeichnen könne, die sie allein verpflichten würde, ohne daß die Vereinigten Staaten an einen Gegenersatz gebunden wären; daß der ausgedehnte Markt, welchen die Vereinigten Staaten den schweizerischen Erzeugnissen darbieten, nicht als Gegenersatz angesehen werden könne, weil diese Produkte nicht allein auf diesem Markt erscheinen; und daß die Schweiz mehr Waren aus den Vereinigten Staaten einführe und verzehre, als diese schweizerische Erzeugnisse. Wenn daher Herr Mann auf der Annahme der Klausel beharre, könnte der schweizerische Bund sie nur unter zwei Bedingungen zulassen:

1. daß die Zölle auf die fraglichen Artikel durch die Eidgenossenschaft um nicht mehr erhöht werden sollen, als insoweit es notwendig sein werde, in den Tarifen die unbedeutenden Differenzen, welche sich aus dem Übergang des gegenwärtigen Münzsystems der Schweiz zum französischen Dezimalsystem ergeben, auszugleichen;

2. daß als Gegenersatz die Vereinigten Staaten von Amerika sich verpflichten, ihre Einfuhrzölle auf Seidenwaren, Baumwollwaren, Käse, Uhren und Bijouterien, welche sie aus der Schweiz beziehen, nicht zu erhöhen.

Da Herr Mann erklärte, daß der Senat der Vereinigten Staaten diese zweite Bedingung nicht ratifizieren werde, indem man sich in dieser Beziehung die Hände nicht binden lassen wolle, und daß übrigens Tariffragen vor den Kongreß gehören, zeigten die eidgenössischen Abgeordneten auch ihrerseits an, daß die Bundesversammlung den durch den amerikanischen Agenten vorgeschlagenen Zusatz sicherlich nicht genehmigen werde.“

So die Botschaft des schweizerischen Bundesrates.

Der schweizerisch-amerikanische Vertrag, der die glatte Meistbegünstigung enthielt und so aus dem System der amerikanischen Handelspolitik herausfiel, war also ursprünglich auch als Reziprozitätsvertrag gedacht; daß er kein Reziprozitätsvertrag wurde, scheiterte an der Haltung der Schweiz.

Und das Geschick dieses unbedingten Meistbegünstigungsvertrages? Der Staatssekretär Hay erklärte in der unzweideutigsten Weise, daß dieser glatte Meistbegünstigungsvertrag unvereinbar sei mit der von der amerikanischen Regierung sonst befolgten Handelspolitik, daß er nicht in ihr System passe, und daß man daher die Bestimmungen über die glatte und uneingeschränkte Meistbegünstigung kündigen müsse.

Das kam so.

Die Amerikaner hatten Frankreich durch Vertrag vom 28. Mai 1898 einige — später auch auf Deutschland ausgedehnte — Zollkonzessionen auf Weinstein, Wein, Spirituosen, Bilder und Bildhauerarbeiten gemacht. Die Schweiz, gestützt auf Art. X ihres Abkommens, verlangte dieselben Konzessionen, und zwar unbedingt, ohne Amerika eine Gegenleistung anzubieten. Die Amerikaner waren, — das geht aus der sogleich zu zitierenden Note des Staatssekretärs klar hervor, — erstaunt, daß man von ihnen eine Zollkonzession fordere, ohne gleichzeitig eine solche zu bieten, daß man heische, ohne zu geben. Sie hatten ganz vergessen, daß sie mit der Schweiz einen glatten, unbedingten — unamerikanischen — Meistbegünstigungsvertrag abgeschlossen hatten. Vorerst machten sie gute Miene zu der unangenehmen Forderung;[1]) alsbald aber korrigierten sie den Fehler des Herrn Mann, den s. Z. ein wenig zielbewußter, unsystematischer und unaufmerksamer Dezernent im State Office hatte durchgehen lassen, und kündigten den Vertrag. Es dünkte lästig, geben zu müssen, ohne nehmen zu können.

„Unter diesen Umständen halten wir es — so führte Staatssekretär Hay in einer Note an den schweizerischen Gesandten aus — für unsere Pflicht, die Billigkeit der von Ihrer (d. i. der schweizerischen) Regierung gestellten Forderung anzuerkennen. Die Gerechtigkeit und Ehre bedingen es, daß das gemeinschaftliche Übereinkommen der hohen kontrahierenden Parteien durch die Ausführung des Vertrages zur Geltung komme. Es ist ferner meine Pflicht, Sie zu benachrichtigen, daß die Anerkennung des Anspruches Ihrer Regierung uns zwingt, die Art. VIII bis XII in der Folge als eine Aus-

[1]) Sie mußten es, weil der Vertrag (Art. XVIII) eine einjährige Kündigungsfrist vorsah.

nahme von der sonst einheitlichen Politik der Vereinigten Staaten zu betrachten. Diese Politik bestand in der gleichmäßigen Behandlung des Handels aller befreundeten Nationen, denen außergewöhnliche Begünstigungen [man merke wohl: die Ansprüche auf Grund der glatten, uneingeschränkten, unbedingten Meistbegünstigung, wie Deutschland sie auch Amerika gegenüber übt, wird von den Amerikanern selbst als außergewöhnliche Begünstigung bezeichnet!] nicht gewährt werden. Sollte unsere Regierung fernerhin den schweizerischen Produkten unentgeltlich alle Vorteile einräumen, die andere Nationen nur gegen eine entsprechende Gegenleistung erhalten, so würde sie sich den berechtigten Vorstellungen anderer Regierungen wegen dieser außergewöhnlichen Begünstigung aussetzen. Wir wünschen, daß unsere freundschaftliche internationale Politik den Charakter einer gleichmäßigen Behandlung unserer sämtlichen Handelsbeziehungen [sc. auf der Grundlage der bedingten Meistbegünstigung] bewahre. Sollten die Regierungen der Vereinigten Staaten und der Schweiz in dieser Angelegenheit kein praktisches Übereinkommen erzielen können, so dürfte der Präsident genötigt sein, Ihrer Regierung seine Absicht kundzutun, den Vertrag von 1850 oder die Art. VIII—XII dieses Vertrags außer Wirkung zu setzen."

Was tat nun die Schweiz? Als ihr die Union die obigen Artikel des Handels- Niederlassungs- und Auslieferungs-Vertrages vom 25. November 1850 kündigte, als die Amerikaner auf die aus der Schweiz kommenden Kunstwerke usw. den Generaltarif anwandten, legte auch die Schweiz konsequent und ruhig auf die sämtlichen Waren amerikanischer Herkunft die Zölle ihres Generaltarifes. Offen und ehrlich gestanden: diese Haltung der Schweiz hat uns immer imponiert. Man bedenke nur, daß nach schweizerischen Anschreibungen nach der Union Waren schweizerischer Provenienz ausgeführt wurden im Jahre

1890	für	82,7	Millionen	Frcs.	1897	für	71,0	Millionen	Frcs.
1891	„	71,7	„	„	1898	„	73,7	„	„
1892	„	76,3	„	„	1899	„	91,7	„	„
1893	„	80,1	„	„	1900	„	95,7	„	„
1894	„	71,8	„	„	1901	„	87,8	„	„
1895	„	90,1	„	„	1902	„	105,1	„	„
1896	„	70,5	„	„	1903	„	116,9	„	„

Das will sagen, daß die Ausfuhr der Schweiz nach den Vereinigten Staaten betrug im Jahre

1890	10,8	p. c.	der	Gesamtausfuhr	1897	10,3	p. c.	der	Gesamtausfuhr
1891	10,7	„	„	„	1898	10,2	„	„	„
1892	11,6	„	„	„	1899	10,6	„	„	„
1893	12,4	„	„	„	1900	10,8	„	„	„
1894	13,2	„	„	„	1901	10,5	„	„	„
1895	13,7	„	„	„	1902	12,5	„	„	„
1896	10,3	„	„	„	1903	14,3	„	„	„

Wenn man ferner bedenkt, daß gewisse Industrien und Industrieplätze der Schweiz sozusagen von dem Absatz ihrer Produkte nach den Vereinigten Staaten leben, und daß trotzdem die Schweiz sich nicht besann, auf die amerikanischen Waren in Erwiderung des Vorgehens der Washingtoner Regierung die Sätze ihres Generaltarifes zu legen, so kann man vor dem Selbstbewußtsein, das die Eidgenossenschaft an den Tag legte, nur den Hut abziehen.

Dafür aber, daß die amerikanischen Waren in der Schweiz differenziert werden, ist seitens der Union noch keine Vergeltung in Gestalt von Zuschlagszöllen geübt worden.

3. Der dritte bedingungslose Meistbegünstigungsvertrag bestand zwischen den Vereinigten Staaten und dem Oranje-Freistaat (22. Dezember 1871). Er bestimmte im Art. VI:

„Keiner der vertragsschließenden Teile soll höhere oder andere Zölle auf Ein-, Aus- und Durchfuhr von Natur- oder Industrieerzeugnissen des anderen legen, als für die gleichen, aus einem anderen Lande stammenden Artikel jetzt und künftig zu entrichten sind.“

Art. VII. „Jeder der vertragsschließenden Teile verpflichtet sich hierdurch keiner Nation eine Handelsbegünstigung zu gewähren, auf die der andere Teil nicht ohne weiteres Anspruch hätte.“ [1])

---

[1]) Der Originaltext lautete:

Art. VI. Neither of the contracting parties shall impose any higher or other duties upon the importation, exportation or transit of the natural or industrial products of the other, than are or shall be payable upon the like articles being the produce of any other country.

Art. VII. Each of the contracting parties hereby engages not to grant any favor in commerce to any nation, which shall not immediately be enjoyed by the other party.

Man beachte die auch hier zum Ausdruck kommende Doppelnatur des Begriffes „Meistbegünstigung“.

Dieser Vertrag ist durch die Angliederung des Oranje-Freistaates an England hinfällig geworden. Von allzu großer Bedeutung dürfte er kaum je gewesen sein. Hätte aber einmal ein Staat versucht, ihn praktisch werden zu lassen, so hätte man ihn eben gekündigt. Staatssekretär Hay hat ja gesagt, daß bedingungslose Meistbegünstigungsverträge nicht in das System der Handelspolitik der Vereinigten Staaten passen.

* * *

Wir haben vorstehend gezeigt, wie ablehnend die Vereinigten Staaten gegen alles sind und waren, was wie eine unbedingte Meistbegünstigung in Zollsachen aussieht. Sie wollen nun einmal nichts von einem Generalisieren von Zollvorteilen wissen; sie sträuben sich, Zollminderungen umsonst wegzugeben; sie erklären, wenn sie von „most favoured nation" sprechen, die Meistbegünstigung mit der Klausel darunter zu verstehen.

Danach mag man die Tragweite der Vereinbarungen in folgenden Verträgen beurteilen:

a) Zwischen den Niederlanden und der Union kam am 8. Oktober 1782 ein Vertrag mit folgendem Artikel zustande:

Art. II. The subjects of the said States General of the United Netherlands shall pay in the ports, havens, roads, countries, islands, cities, or places of the United States of America, or any of them, no other nor greater duties or imposts, of whatever nature or denomination they may be, than those which the nations the most favoured are or shall be obliged to pay; and they shall enjoy all the rights, liberties, privileges, immunities, and exemptions in trade, navigation, and commerce which the said nations do or shall enjoy, whether in passing from one port to another in the said States, or in going from any of those ports to any foreign port of the world, or from any foreign port of the world to any of those ports.

Art. III bestimmte das Gleiche für die Bürger der Vereinigten Staaten.

Eine Reziprozitätsklausel enthielt dieser zweite Handelsvertrag der Union nicht. War also die glatte Meistbegünstigung verabredet worden? Wir möchten glauben, daß die Amerikaner dies verneint hätten, wenn die Frage praktisch geworden wäre. Sie würden auf den französischen Vertrag vom Jahre 1768 und Art. II dortselbst hingewiesen und gesagt haben: die dort definierte Meistbegünstigung ist unsere Meistbegünstigung. Sie würden die Preamble des Vertrages mit den Niederlanden selbst angezogen haben, wo sich folgender Passus findet: ... that the said end cannot be better obtained than by establishing the most perfect equality and reciprocity for the basis of their agreement ... Und wir müssen sagen: diese Argumentation hätte ausgereicht. Denn wenn die reciprocity zum Grundgedanken eines Vertrages erhoben wird, so ist eben für die unbedingte Meistbegünstigung, mindestens in Zollsachen, in der betreffenden Abmachung kein Platz.

b) Zwischen der Union und Großbritannien wurde im Vertrag vom Jahre 1794 folgender Art. XV vereinbart:

It is agreed that no other or higher duties shall be paid by the ships or merchandize of the one party in the ports of the other than such as are paid by the like vessels or merchandize of all other nations. Nor shall any other or higher duty be imposed in one country on the importation of any article the growth, produce or manufacture of the other, than are or shall be payable on the importation of the like articles being of the growth, produce or manufacture of any other foreign country. Nor shall any prohibition be imposed on the exportation or importation of any articles to or from the territories of the two parties respectively, which shall not equally extend to all other nations.

c) Im Vertrag zwischen der Union und Großbritannien vom Jahre 1815 kam folgender Art. II zustande:

No higher or other duties shall be imposed on the importation into the United States of any articles the growth, produce or manufacture of His Britannick Majesty's territories in Europe, and no higher or other duties shall be imposed on the importation into the territories of His Britannick Majesty in Europe of any articles the growth, produce or manufacture of the United States, than are or shall be payable on the like articles being the growth, produce or manufacture of any other foreign country; nor shall any higher or other duties or charges be imposed in either of the two countries, on the exportation of any articles to the United States, or to His Britannick Majesty's territories in Europe, respectively, than such as are payable on the exportation of the like articles to any other foreign country; nor shall any prohibition be imposed on the exportation or importation of any articles the growth, produce or manufacture of the United States, or of His Britannick Majesty's territories in Europe, or to or from the said territories of His Britannick Majesty in Europe, or to or from the said United States, which shall not equally extend to all other nations.

Wir behaupten, daß weder die Vereinbarung unter b noch die unter c die volle Meistbegünstigung festlegte, sondern nur besagen wollte, daß von der gegenseitigen Einfuhr keine höheren

Sätze als die des für „alle anderen Nationen“ geltenden Generaltarifes erhoben würden. Tatsache ist, daß die Amerikaner den Engländern die Vergünstigungen vorenthalten, die sie anderen Nationen gewähren, weil England keine Äquivalente biete, was ihm auch mit Rücksicht auf den derzeitigen Charakter seines Tarifes schwer fallen dürfte.

d) Mit Frankreich kam im Jahre 1800 ein Vertrag mit folgendem Artikel zustande:

Art. XI. The citizens of French Republic shall pay in the ports, havens, roads, countries, islands, cities, and towns of the United States, no other or greater duties or imposts, of what nature soever they may be, or by what name soever called, than those which the nations, most favoured are or shall be obliged to pay; and they shall enjoy all the rights liberties, privileges, immunities, and exemptions in trade, navigation, and commerce, whether in passing frome one port in the said States to another, or in going to and from the same from and to any part of the world, which the said nations do or shall enjoy. And the citizens of the United States shall reciprocally enjoy, in the territories of the French Republic in Europe, the same privileges and immunities, as well for their property and persons as for what concerns trade, navigation, and commerce.

Eine Reziprozitätsklausel enthielt dieser Vertrag so wenig wie der mit den Niederlanden sub a. War es also ein glatter Meistbegünstigungsvertrag? Wir möchten es nicht glauben, wenn wir uns der Haltung der Union anläßlich der Streitigkeiten beim Vertrage vom Jahre 1803 und der dort erfolgten Interpretation erinnern.

e) Mit Hannover vereinbarte die Union im Vertrag vom Jahre 1840 (Art. III) No higher or other duties shall be imposed usw., während der Vertrag vom Jahre 1846 die Reziprozitätsklausel enthielt.

f) Mit Peru war im Jahre 1870 ein Reziprozitätsvertrag zustande gekommen (s. S. 41 und 90), der für 1886 gekündigt wurde. Der Vertrag vom Jahre 1887 enthielt nur mehr (Art. V) die Abmachung: No higher or other duties or charges shall be imposed usw., aber keine Reziprozitätsklausel. War er deshalb ein glatter Meistbegünstigungsvertrag? Nach unserem Dafürhalten war es ebenso wenig ein solcher wie der erste Vertrag mit Hannover (1840) oder die Verträge mit England.

XII.

Die Tarifverträge der Union.[1]

Die Amerikaner offenbarten der Welt in ihren Handelsverträgen eine Reihe großer Gedanken, außer dem der Reziprozität z. B. den der Neutralität feindlichen Gutes unter neutraler Flagge („free ships make free goods"),[2] daß eine Blockade effektiv sein müsse, wenn sie als Blockade gelten solle, daß ein einem blockierten Hafen in

---

[1]) Wir behandeln in dieser Untersuchung zwar eigentlich nur die Entwickelung der Meistbegünstigung. Wenn wir, über diesen Rahmen hinausgehend, hier auch den Tarifverträge der Union einige Erörterungen widmen, so geschieht solches

1. um einige Beispiele dafür zu geben, wie die Amerikaner die Reziprozität praktisch geübt haben, und so das anderweitig von ihrer Handelspolitik gezeichnete Bild zu vervollständigen;

2. um angesichts der Notwendigkeit, deutscherseits demnächst mit der Union wieder ein neues Abkommen zu treffen, dem Leser einen Überblick darüber zu ermöglichen, was die Amerikaner bisher auf dem Gebiete der Tarifverträge geleistet haben;

3. um die Erörterungen in Abschnitt XIV über den Streit um die Meistbegünstigung Deutschlands in der Union an Klarheit gewinnen zu lassen.

[2]) Zum ersten Male u. W. verlautbart im Vertrag mit Preußen vom Jahre 1785 Art. XII:

If one of the contracting parties should be engaged in war with any other Power, the free intercourse and commerce of the subjects or citizens of the party remaining neuter with the belligerent Powers shall not be interrupted. On the contrary, in that case, as in full peace, the vessels of the neutral party may navigate freely to and from the ports and on the coasts of the belligerent parties, free vessels making free goods, insomuch that all things shall be adjudged free which shall be on board any vessels belonging to the neutral party, although such things belong to an enemy of the other; and the same freedom shall be extended to persons who shall be on board a free vessel, although they should be enemies to the other party, unless they be soldiers in actual service of such enemy.

Es ist ein ewiger Ruhmestitel für die Union, die erste gewesen zu sein, die diesen jetzt zum Gemeingut aller Nationen gewordenen Satz proklamierte.

Unkenntnis der Blockade sich nahendes Schiff gewarnt, und daß ihm, sofern es nicht Kontrebande führt, die Weiterreise freigegeben werden müsse, usw. Kurzum: die Amerikaner haben in mancher Hinsicht in ihren Handelsverträgen Ideen niedergelegt, mit denen sie Pfadfinder des Völkerrechtes geworden sind. An der Ausgestaltung des internationalen Handelsverkehrs in der Richtung der Tarifverträge aber haben sie sich bisher fast jeglicher Mitwirkung enthalten. Diese Ausgestaltung hat die alte Welt besorgt.

Das, was den Reiz der Handelspolitik europäischer Länder ausmacht, fehlt der der Union bis auf wenige Ausnahmen: Tarifverträge. So bunt und rasch wechselnd die Bilder sind, welche die Zollpolitik Nordamerikas bietet, ebenso eintönig, öde und abwechselungslos ist die Geschichte der äußeren amerikanischen Handelspolitik.

Wir stoßen da auf keine Marksteine. Wir begegnen keinen Männern, welche die Entwicklung in neue Bahnen gelenkt. Wir gelangen an keine Zeitpunkte, von wo ab das Steuer von der einen auf die andere Seite gelegt worden wäre. Nichts findet sich, was ein Gegenstück zu dem englisch-französischen Handelsvertrag vom Jahre 1860 abgäbe. Man vollführt keine Schwenkungen, wie sie in der deutschen Handelspolitik in den Jahren 1891—94 vorkommen.

An und für sich hat die amerikanische Diplomatie gewiß fleißig gearbeitet und, wie in den Abschnitten IV—VII gezeigt, eine große Anzahl von Handelsverträgen zustande gebracht. Aber diese Verträge sind von einer seltenen Gleichheit und ermüdenden Monotonität. Wer ein Handelsvertragsinstrument durchliest, das England im Jahre 1840, und eines, das es 1870 unterzeichnete, oder wer gar die Handelsverträge studiert, die in den fünfziger Jahren namens des Zollvereins und in den neunziger Jahren namens des Deutschen Reiches geschlossen wurden, gewahrt einen ungeheuren Wandel. Die Amerikaner aber haben sich im wesentlichen darauf beschränkt, die Verträge abzuschreiben, die Henry Clay und John Quincy Adams im achtzehnten Jahrhundert konzipierten. Der schematische Charakter haftet den Handelsverträgen der Union mehr als denen irgend einer anderen Nation an.

Aber auch wo wir auf Tarifverträge der Union stoßen, begegnen wir immer einem Schema: Bindung der Zollfreiheit für gewisse Artikel. Das Abhandeln an den einzelnen Positionen des Generaltarifs, Minderung der Zölle nach Maßgabe der Bedeutung der einzelnen Artikel für Ein- und Ausfuhr usw., ist den Amerikanern selbst heute noch fast unbekannt. Wenn schon einmal eine Herabsetzung der Zölle stattfindet, dann greift man zur pauschalen Minderung: Sätze des Generaltarifs weniger so und so viel Prozent. In den Konzessionen zu individualisieren, wie solches in den deutschen, österreichischen, italienischen usw. Tarifverträgen geschieht, dazu haben sich die Amerikaner bisher nicht verstanden.

* * *

Die Tarifverträge der Union, die sich alle als spezifizierte Reziprozitätsverträge (s. Anm. S. 25) darstellen, kann man auf drei Perioden verteilen:

I. Die Periode bis 1890.

II. Die Periode des Mac Kinley-Tarifs.

III. Die Periode des Dingley-Tarifs.

Die **erste Periode** wird repräsentiert durch drei Verträge:

1. Durch den amerikanisch-kanadischen Vertrag vom Jahre 1855. Kanada und die Union gewähren sich beiderseitig für die gleichen Artikel, die im einzelnen aufgezählt werden, die denkbar günstigste Behandlung, nämlich die Zollfreiheit;

2. durch den Vertrag mit Hawai vom Jahre 1875;

3. durch den Vertrag mit Mexiko vom Jahre 1883.

Der für Deutschland interessanteste Vertrag aus dieser Periode war zweifellos der mit Hawai wegen der darin enthaltenen Festlegung der Zollfreiheit für Zucker.

Betrachten wir nunmehr die Verträge im Einzelnen!

1. Der Artikel III des „Vertrages zwischen den Vereinigten Staaten und Großbritannien, betr. die Ausübung der Fischerei an den Küsten von Britisch-Nordamerika und die Handels- und Schifffahrtsverhältnisse zwischen Britisch-Nordamerika und den Vereinigten Staaten, vom 5. Juli 1854“ bestimmte:

„Man ist übereingekommen, daß die in dem hier beigefügten Verzeichnis namentlich aufgeführten Waren, sofern sie das Erzeugnis der vorgedachten britischen Kolonie oder der Vereinigten Staaten sind, gegenseitig zollfrei eingelassen werden.“

Die in dem Verzeichnis aufgezählten Waren umfaßten:

Getreide, Mehl und Brotfrüchte aller Art, Tiere aller Art, frisches, gesalzenes oder geräuchertes Fleisch; Baumwolle, Wolle; Sämereien und Gemüse; ungetrocknete und getrocknete Früchte; Fische aller Art; Erzeugnisse von Fischen und allen anderen Wassertieren; Geflügel, Eier; Häute, Rauchwerk und Schwänze, unbearbeitet; Steine oder Marmor im rohen oder unbearbeiteten Zustande, Schiefer; Butter, Käse, Talg, Speck; Hörner, Dünger; Erze aller Art, Kohlen, Pech, Teer, Terpentin, Asche; Bau- und Nutzholz aller Art, rund, behauen und gesägt, ganz oder teilweise bearbeitet; Brennholz, Pflanzen, Sträucher und Bäume; Pelzwerk; Fischthran; Darrgras und Borke; Gips, gemahlen und ungemahlen; behauene und unbehauene Mühl- oder Schleifsteine; Farbmaterialien; Flachs, Hanf und Hede, unbearbeitet; unfabrizierter Tabak; Lumpen.

Die Zollfreiheit wurde beiderseits denselben Artikeln gewährt; es war also insofern der Gegenseitigkeit und Billigkeit (reciprocity and equity) in weitgehendster Weise Rechnung getragen.

Dieser Reziprozitätsvertrag mit Kanada blieb bis 1866 in Kraft. Allgemein behauptete man in der Union, daß Kanada die größeren Vorteile eingeheimst habe; hauptsächlich aber rügte man, „daß Kanada nach Abschluß des Vertrages die Zölle, die auf unseren Fabrikaten ruhten, beträchtlich erhöhte". (Forum, August 1898). Für die Einfuhr seiner Rohprodukte nach der Union hatte Kanada die Zollfreiheit erlangt, aber nach Abschluß des Vertrages sich nicht gescheut, die amerikanischen Industrieprodukte mit höheren Zöllen zu belasten.

Die Regierung der Union kündigte deshalb den Vertrag. Da entsteht die Frage: Ist vielleicht der Washingtoner Regierung ein Fall bekannt, wo — in den neunziger Jahren — eine europäische Macht, die mit Amerika einen Vertrag laufen hatte, ihre Zölle herabsetzte und diese Zollermäßigung auch den amerikanischen Rohprodukten zugute kommen ließ, während die Amerikaner ihre Zölle auf Fabrikate fortgesetzt erhöhten? Was würde die amerikanische Regierung gesagt haben, wenn diese europäische Macht, dem Beispiel der Union vom Jahre 1866 folgend, ebenfalls ihren Vertrag gekündigt hätte? Würde sie darin einen feindseligen Akt erblickt haben? Nach ihrem eigenen Vorgehen Kanada gegenüber hätte sie der betreffenden europäischen Macht, — wir meinen Deutschland, — Recht geben müssen.

Der kanadisch-amerikanische Vertrag war nun eigentlich kein Postulat der kommerziellen, sondern der politischen Interessen gewesen. Die Engländer hatten allgemach die Bahnen des Freihandels beschritten; 1846 fiel dort der Getreidezoll; Kanada hatte die Vorzugsbehandlung für seine Hauptprodukte verloren. Die Handelspolitik des Mutterlandes schlug eine der Kolonie schadenbringende Richtung ein; infolgedessen zog man in Kanada die Angliederung an die Union in Erwägung.[1])

Kanada bekam in der Folge die Zollautonomie; für kurze Zeit schlummerte daher der Gedanke der Lostrennung von England wieder ein. Aber der Vorteil wies alsbald wieder auf die Angliederung an die Union hin. Im Jahre 1849 meinte Lord Elgin, der Statthalter von Kanada, in einem Brief an Lord Grey: wenn die Sache so weiter ginge, so sehe er nur heftige Agitation voraus, endend mit der Annexion . . . „Ich muß befürchten, daß nur die Herstellung des „reciprocal trade" zwischen Kanada und der Union dem Einhalt tut, oder die Auferlegung eines Zolles auf die [Agrar-] Produkte der Union bei ihrer Einfuhr in England," — und daran anschließend eine erneute Vorzugsbehandlung kanadischer Erzeugnisse dortselbst.

Offen erklärte man in Washington im Jahre 1853, daß Kanada über kurzem der Union einverleibt werden würde.[2])

Es wäre höchst wahrscheinlich damals auch zu einer Annexion Kanadas durch die Union gekommen, wenn nicht die Sklavenfrage ihren Schatten auf die Angelegenheit geworfen hätte. Der

---

[1]) Treffend ist die Gegenüberstellung im „Journal of Political Economy", September 1904, S. 497: „Unlike the Americans, who rebelled because they were taxed without representation, the Canadians threatened to revolt unleß the British people were taxed for the benefit of the colony.".

[2]) So sagte Hill aus Ohio im Repräsentantenhaus:

There is a country, and there is a people competent for self-government, that are prepared to take upon themselves the responsibilities of freedom, and which we may find for our interest to receive among us ...... and allow them to become part and parcel of this country. I refer to the whole British possessions upon the north ...... Great Britain can have no object in holding the rule over these northern colonies, except national pride. The annexation of that territory to this union Destiny, [bekanntlich saß auch bei der Gründung der Republik Panama die Vorsehung in Washington], has ordained, and it will ere long take place.

Süden hatte das Gefühl, daß mit dem Augenblick, da Kanada dem Gebiete der Union einverleibt würde, das Zünglein der Entscheidung sich dem Norden zuwenden, daß dieser die Politik machen würde, und daß es alsdann mit der Herrschaft der Sklavenstaaten und mit dem Sklavenhalten selbst zu Ende sei. Infolgedessen machte sich vom Süden her plötzlich eine Bewegung gegen die Annexion Kanadas geltend; man schlug vor, sich einstweilen mit einem Handelsvertrag zu begnügen, der die beiden Völker inniger verflechten und so schließlich ganz von selbst zur Einverleibung führen würde. Allerseits gab man sich damit zufrieden und so kam der Vertrag mit Kanada zustande.

Das drohende Gespenst der Annexion Kanadas und der Verlust der politischen Macht hatten aber die Sklavenstaaten zur Vorsicht gemahnt; sie waren infolgedessen darauf bedacht, einen starken Gegenzug zu führen in Gestalt einer Expansion der Union nach dem Süden zu. Als Juarez in Vera Cruz eingeschlossen war, deutete ihm Präsident Buchanan an, man wolle ihm helfen, wenn er mexikanisches Gebiet an die Union abträte. Der Süden hätte dann die Zahl seiner Vertreter im Kongreß erhöhen lassen können. Mexiko aber weigerte sich, dem Ansinnen zu entsprechen. So begnügte man sich auch hier vorläufig mit einem Handelsvertrag, von dem man hoffte, er werde die „Kolonisation Mexikos durch die Amerikaner", wie s. Z. die von Texas, ermöglichen. Der Norden aber roch Lunte; der Handelsvertrag kam im Senate zu Fall.

Bei den zwei ersten Versuchen der Union auf dem Gebiete der Tarifverträge, von denen der eine ein Versuch blieb, waren also politische Momente die ausschlaggebenden gewesen.

2. Ebenso hatte auch der Vertrag mit Hawai (1875) einen starken politischen Beigeschmack. Es gingen in der ersten Hälfte des vorigen Jahrhunderts viele amerikanische Missionäre nach den Hawaiischen Inseln, deren Bewohner nach und nach die Geschicke ihres Landes fast vollständig in die Hände der amerikanischen Prediger legten. So erklärt es sich auch, daß zahlreiche Handelsverträge der Sandwichinsulaner die Namen von Predigern der Presbyterkirche als die der hawaiischen Unterhändler tragen. Die Missionäre predigten aber nicht nur das Evangelium von den anspruchslosen Lilien auf dem

Felde, sondern sammelten auch in ihre Scheunen. Die Vorschrift, daß sie bei Landkäufen immer um 50 Cents unter der Taxe für die Laien bleiben konnten und doch den Zuschlag erhielten, bewirkte, daß die armen Sendboten des Evangeliums schließlich reiche Großgrundbesitzer wurden. Die Prediger zogen aber fortgesetzt Amerikaner ins Land, und so kam es, daß nach und nach der Hauptteil der Zuckerrohrplantagen — im Jahre 1876 unter den 32 größten nicht weniger als 26 — amerikanischen Bürgern gehörten.

Das Moment nun, welches die Prosperität der Inseln und ihrer Plantagenbesitzer sicherte, war die Möglichkeit der zollfreien Einfuhr von hawaiischem Zucker in die Union; und diese Möglichkeit hinwieder schien nur gesichert, wenn die Sandwichinseln amerikanisches Gebiet wurden. Verschiedene Verträge, die als Vorarbeiten diesem Zwecke dienen mochten, fielen im Senate durch. Als aber die Engländer und Franzosen im Jahre 1874 dem König der Hawaiinseln zusetzten, um sich dessen „good will" zu sichern, waren die Amerikaner sogleich zur Hand, einen Reziprozitätsvertrag abzuschließen. Es war ganz klar, daß dieser Reziprozitätsvertrag nichts anderes war, als ein Vorbote der Annexion;[1]) man konnte und wollte nicht ostentativ zu dieser schreiten, wollte aber auch die Engländer und Franzosen keinen Boden gewinnen lassen.

Der Vertrag selbst bestimmte:

Art. I. For and in consideration of the rights, and privileges granted by His Majesty the King of the Hawaiian Islands in the next succeding article of this convention and as an equivalent therefor, the United States of America hereby agree to admit all the articles named in the following schedule[2]), the same being the growth and manufacture or produce of the Hawaiian Islands, into all the ports of the United States free of Duty.

---

[1]) Senator Sargent meinte bei der Beratung des Vertrages:

„My idea is that our influence will be strengthened there, that we never shall have to pay one dollar, but they (the Hawaiian Islands) will fall naturally to us..... The effect of the treaty is to encourage Americans to go there to make it an American colony, and, therefore, it will cost us nothing to buy it by and by, because it will be in our possession as Texas was in our possession by the American population supplanting in influence and numbers the Mexicans and Spaniards."

[2]) Schedule. Arrow-root; castor oil; bananas, nuts, vegetables, dried and undried, preserved and unpreserved; hides and skins undressed; rice; pulu; seeds; plants, shrubs or trees; muscovado, brown, and all other unrefi-

Art. II. For and in consideration of the rights and privileges granted by the United States of America in the preceding article and as an equivalent therefor, His Majesty, the King of the Hawaiian Islands hereby agrees to admit all the articles named in the following schedule [1]), the same being the growth or produce of the United States of America, into all the ports of the Hawaiian Islands, free of Duty.

Wenn wir den Inhalt des Vertrages kurz zusammenfassen, so ergibt sich Folgendes:

Dafür, daß die Amerikaner alle landwirtschaftlichen Geräte, Vieh, Schuhzeug, Getreide und alle Produkte daraus, Kohle, Peche und Öle, alle möglichen Produkte der Eisen-, Metall- und Textilindustrie, Fische, Früchte, Leder, Holz und Holzfabrikate, Maschinen aller Art, Papier und Papierwaren, Zucker, Reis, Soda, Seife, Tabak in aller Form, also alles, was der Hawaianer eben brauchte, zollfrei nach Hawai bringen konnten, ließen die Ame-

---

ned sugar, meaning hereby the grades of sugar heretofore commonly imported from the Hawaiian Islands and now known in the markets of San Francisco and Portland as „Sandwich Island sugar"; syrups of sugar-cane, melado, and molasses; tallow.

[1] Schedule. Agricultural implements; animals; beef, bacon, pork, ham and all fresh, smocked or preserved meats; boots and shoes; grain, flour, meal, and bran, bread and breadstuffs, of all kinds; bricks, lime and cement; butter, cheese, lard, tallow; bullion; coal; cordage, naval stores including tar, pitch, resin, turpentine raw and rectified; coppern and composition sheathing; nails and bolts;- cotton and manufactures of cotton bleached, and unbleached, and whether or not colored, stained, painted or printed; eggs; fish and oysters, and all other creatures living in the water, and the products thereof; fruits, nuts, and vegetables, green, dried or undried, preserved or unpreserved; hardware; hides, furs, skins and pelts, dressed or undressed; hoop iron, and rivets, nails, spikes and bolts, tacks, brads or sprigs; ice; iron and steel and manufactures thereof; leather; lumber and timber of all kinds, round, hewed, sawed, and manufactured in whole or in part; doorsashes and blinds; machinery of all kinds, engines, and parts thereof; oats and hay; paper, stationery and books, and all manufactures of paper or of paper and wood; petroleum and all oils for lubricating or illuminating purposes; plants, shrubs, trees and seeds; rice; sugar, refined or unrefined; salt; soap; shooks, staves and headings; wool and manufactures of wool, other than ready-made clothing; wagons and carts for the purposes of agriculture or of drayage; wood and manufactures of wood, or of wood and metal except furniture either upholstered or carved and carriages; textile manufactures, made of a combination of wool, cotton, silk or linen, or of any two or more of them other than when ready-made clothing; harness and all manufactures of leather; starch; and tobacco, whether in leaf or manufactured.

rikaner das, was Hawai produzierte, vor allem Zucker, „Muskovaden, braun und allen anderen unraffinierten Zucker, der bis jetzt gewöhnlich von den Hawaischen Inseln eingeführt und auf dem Markt von San Francisco und Portland als „Sandwich-Insel-Zucker“ bekannt ist“, zollfrei herein.

Was Hawai brauchte, kam aus Amerika zollfrei herein; was Hawai erzeugte, ging zollfrei in der Union ein. Die Zollfreiheit auf der einen Seite wurde — for and in consideration for the rights and privileges granted — mit der Zollfreiheit auf der anderen bezahlt; Gegenseitigkeit in der reinsten Form.

Der Vertrag hatte schließlich auch die erhoffte Wirkung. Hawai ist wirklich eine amerikanische Kolonie geworden.

3. Der dritte Reziprozitätsvertrag aus der ersten Periode kam im Jahre 1883 mit Mexiko zustande. Er enthielt die Zollfreiheit für fast die ganze amerikanische Ausfuhr nach diesem Lande, (ausgenommen waren nur die Textilprodukte), wie umgekehrt auch das Gros der mexikanischen Ausfuhr nach der Union zollfrei geblieben wäre.

In dem Vertrag befand sich aber eine Klausel, die seitens der Vertragsteile nicht erfüllt wurde. Die beiden Staaten mußten nämlich gewärtig sein, daß, angesichts der Zollfreiheit so vieler Artikel, manche Ware, die nicht in den Ländern der Vertragsteile produziert war, unter ihrer Flagge segeln würde. Deshalb sollten noch besondere Gesetze erlassen werden, um Schmuggel und Betrügereien tunlichst hintanzuhalten. Diese Gesetze aber kamen trotz zweimaliger Fristverlängerung nicht zustande, und so blieb der Vertrag, dessen Inkrafttreten an das Zustandekommen dieser Gesetze geknüpft war, ein toter Buchstabe; er wurde nie praktisch. Wäre er es geworden, so wäre Mexikos Ein- und Ausfuhrhandel zum größten Teil in die Hände der Union gelegt worden. Die weitere Folge aber wäre gewesen: „to encourage Americans to go there to make it an American colony“, wie Senator Sargent das so offen bei der Beratung des Hawaischen Vertrages ausgeführt hatte.

Annexion! Das war der Grundgedanke für alle Tarifverträge, welche die Union vor 1890 schloß. Die Politik gab den Ausschlag bei ihrem Abschluß; der Handel war nur der Vorspann und Vorwand.

Die **zweite Periode** der spezifizierten Reziprozitätsverträge beginnt mit dem Jahre 1891. Man hatte zwar in der Mac Kinley-Tarif-Bill eigentlich die Zollfreiheit von Zucker usw. festgelegt, aber unter dem Eindruck der Beschlüsse des von Staatssekretär Blaine einberufenen panamerikanischen Kongresses eine Bestimmung aufgenommen folgenden Inhalts:

(Abschnitt 3.) Um mit den die folgenden Artikel erzeugenden Ländern Gegenseitigkeit der Behandlung zu sichern, soll der Präsident nach dem 1. Januar 1892, falls er überzeugt ist, daß die Regierung eines derjenigen Länder, welche Zucker, Melasse, Kaffee, Thee, rohe Häute oder andere derartige Artikel ausführen, auf die landwirtschaftlichen oder anderen Produkte der Vereinigten Staaten Zölle oder andere Abgaben erhebt, welche er [der Präsident] mit Rücksicht auf die freie Einfuhr von Zucker, Melasse, Thee, Kaffee und Häute [in die Union] für gegenseitig ungleich und unbillig hält, befugt und verpflichtet sein, durch Proklamation die Bestimmungen dieses Gesetzes, so weit sie sich auf die freie Einfuhr obiger, von dem betr. Lande erzeugter Gegenstände beziehen, für einen von ihm zu bestimmenden Zeitraum auszusetzen; und während solcher Suspension sollen genannte Artikel der betr. Länder folgenden Zöllen unterworfen sein:

Zucker	$\frac{7}{10}$—2	Cents pro Pfund, je nach Standardtype,
Kaffee	3	„ „ „
Thee	3	„ „ „
Häute	$1\frac{1}{2}$	„ „ „

Ursprünglich und nach der eigentlichen Absicht des Gesetzgebers war also die Einfuhr von Zucker und Melasse (Position 726), Thee (Position 732), Kaffee (Position 543) und Häuten (Position 605) frei gegeben. Die Reziprozitätsabkommen, welche auf Grund des Abschnittes III des Tarifes abgeschlossen werden sollten, beruhten also auf dem Gedanken: zwar sind die fraglichen Artikel zollfrei, aber sie werden, wenn wir nicht mit den Produktionsländern zu Reziprozitätsverträgen gelangen, mit einem Zoll belegt in dem Augenblick, da die Zucker usw. produzierenden Länder unsere Waren nur zu unbilligen Zöllen einlassen wollen.

In der Tat verstanden sich eine Reihe von amerikanischen Staaten dazu, mit der Union auf Grund des Abschnitts III des Tarifgesetzes Reziprozitätsabkommen abzuschließen. Es waren dies im großen und ganzen — außer Brasilien — meist kleinere Staaten, so Guatemala, Honduras, Nicaragua, Salvador. Columbien,

Venezuela und Haiti waren zu keinem Vertragsabschluß zu bewegen, ebenso nicht, (und die Amerikaner hätten darauf den größten Wert gelegt, denn die Lederindustrie mußte nun ihre ursprünglich zollfreien Häute verzollen; einer großen Industrie wurden die Rohstoffe verteuert,) Argentinien.

Der wichtigste Vertrag war zweifellos der mit Brasilien, vom Präsidenten Harrison proklamiert am 5. Februar 1891. Gegen freie Einfuhr von Zucker und vor allem Kaffee nach den Vereinigten Staaten gab Brasilien die Einfuhr frei für folgende amerikanische Produkte: Weizen, Weizenmehl, Mais und Erzeugnisse daraus, Heu, Schweinefleisch, gesalzene Fische, Baumwollsamenöl, Teer, landwirtschaftliche Werkzeuge, Geräte und Maschinen, Material für den Bergbau, während es eine 25prozentige Ermäßigung der Sätze seines Generaltarifes gewährte für Schweineschmalz, Butter und Käse, Baumwollwaren, Leder und Lederwaren außer Stiefeln, Waren aus Eisen und Stahl, Holzsägewaren, Holzwaren und Kautschuckwaren.

Die mit den kleinen mittelamerikanischen Republiken vereinbarten Zollermäßigungen zugunsten der Vereinigten Staaten waren im wesentlichen dieselben wie bei Brasilien. Salvador z. B. ließ frei eingehen: Zement und hydraulischen Kalk, Ziegel, Teer, Pflüge und sonstige landwirtschaftliche Geräte, Maschinen jeder Art, Eisenbahn-Telegraphen- und Telephonmaterial, Holz zu Bauzwecken, Lastwagen, eiserne Röhren, Stacheldraht, Zeitungsdruckpapier.

Aber auch vier europäische Mächte schlossen Reziprozitätsverträge mit den Vereinigten Staaten. Es waren das Großbritannien (1. Februar 1892) für seine westindischen Besitzungen[1]), Frankreich, welches durch Dekret des Präsidenten vom 15. März 1892 den Amerikanern seinen Minimaltarif einräumte für Fleischkonserven in Blechbüchsen, für Tafelobst mit Ausnahme von Rosinen, für rohes und bearbeitetes Holz und für Hopfen; und Spanien für

[1]) Und zwar ließ der Vertrag für Britisch-Guyana, Trinidad, Tabago, Barbados und die Inseln unter und über dem Wind 58 Positionen völlig zollfrei, während er für sieben Positionen eine Ermäßigung von 50 p. c. und für acht Positionen eine solche von 25 p. c. vorsah. Für Jamaika wurde Zollfreiheit für 63 Positionen, eine Ermäßigung von 50 p. c. für sechs und von 25 p. c. für sieben Positionen vereinbart.

seine Kolonien in Westindien. Wir Deutsche endlich schlossen damals mit der Union die Konvention von Saratoga, worüber an einer anderen Stelle noch einiges zu sagen sein wird.

Man könnte geneigt sein, diese Abkommen als Tarifverträge zu bezeichnen, wie die europäischen Staaten solche zu schließen pflegen. Sie waren das; man wich hier aber doch in einem sehr wichtigen Punkte von jenen ab. Man nahm nämlich keine Meistbegünstigungsklausel in diese Verträge auf. (S. auch die Ausführungen auf S. 219.) Geschlossen aber wurden sie mit der Reziprozität als dem leitenden Gesichtspunkt. Die Proklamation vom 5. Februar 1891, womit der Vertrag mit Brasilien bekannt gegeben wurde, besagt z. B.: „Nachdem der Staatssekretär auf meine Weisung dem außerordentlichen Gesandten und bevollmächtigten Minister Brasiliens in Washington die Zusicherung erteilt hat, daß die Gewährung solcher Vergünstigungen für die Erzeugnisse und Waren der Vereinigten Staaten von Amerika von seiten der brasilianischen Regierung als eine gehörige Gegenleistung gemäß den Bestimmungen des Abschnittes III der gedachten Akte angenommen werden sollen, wird hiermit bekannt gemacht" usw.

Diese Reziprozitätsherrlichkeit jedoch war nur von kurzer Dauer. Die Gegenkontrahenten hatten, wie schon bemerkt, den Amerikanern dafür Vergünstigungen gewährt, daß sie Gegenstände, deren Zollfreiheit an und für sich im Tarif festgesetzt war, auch wirklich zollfrei einführen durften. Im Wilson-Gorman-Tarif aber fehlte die Reziprozitätsklausel; es waren im Generaltarif für alle diejenigen Artikel, die früher zollfrei gelassen und den süd- und mittelamerikanischen Staaten gegenüber als Köder benutzt worden waren, Zölle vorgesehen. Die Amerikaner hätten sich also diesesmal bei etwaigen Vertragsverhandlungen vom Generaltarif wirklich etwas abhandeln lassen müssen. Das wollten sie aber nicht. So ward den bestehenden Reziprozitätsverträgen der Boden entzogen; sie wurden samt und sonders am 27. August 1894 gekündigt.

Die **dritte Periode** der Reziprozitätsverträge begann mit Erlaß des Dingley-Tarifes. Die im Wilson-Gorman-Tarif ausgeschaltete Klausel wurde wieder hervorgesucht und in folgender Form in das Tarifgesetz aufgenommen:

Abschnitt III. „Zur Ausgleichung des Handels der Vereinigten Staaten mit fremden Ländern und ihren Kolonien, welche die folgenden Artikel oder einen derselben erzeugen und nach diesem Lande ausführen: Weinstein oder rohen Weinstein oder rohe Weinhefe, Branntwein (brandies) oder andere aus Körnerfrüchten oder anderen Materialien hergestellte oder destillierte Spirituosen, Champagner und alle anderen Schaumweine, nicht moussierende Weine und Wermut, Gemälde und Statuen, wird der Präsident ermächtigt, nach Inkrafttreten dieses Gesetzes und danach von Zeit zu Zeit mit den Regierungen jener Länder, welche die obengenannten Artikel oder einen derselben nach den Vereinigten Staaten ausführen, zum Zweck des Abschlusses von Handelsverträgen, in welchen gegenseitige und gleichwertige Zugeständnisse zugunsten der Erzeugnisse und Fabrikate der Vereinigten Staaten zugestanden werden, in Unterhandlungen zu treten; wenn die Regierung eines Landes oder einer Kolonie, welche die obengenannten Artikel oder einen derselben erzeugt und nach den Vereinigten Staaten ausführt, ein Handelsübereinkommen mit den Vereinigten Staaten abschließt, oder Zugeständnisse zugunsten der Erzeugnisse oder Fabrikate derselben macht, welche nach Ansicht des Präsidenten gegenseitig und gleichwertig sind, so ist der Präsident ermächtigt, während der Dauer eines solchen Übereinkommens oder Zugeständnisses durch Proklamation die Erhebung der in diesem Gesetz erwähnten Zölle von den genannten Artikeln, welche aus einem solchen Lande oder aus einer solchen Kolonie nach den Vereinigten Staaten ausgeführt werden, außer Kraft zu setzen, und sollen sodann von den genannten Artikeln folgende Zölle erhoben werden:“ (folgen die Ermäßigungen; s. darüber S. 214).

Abschnitt IV. „Wenn der Präsident der Vereinigten Staaten auf den Rat und mit Zustimmung des Senats behufs Sicherung eines auf Reziprozität beruhenden Verkehrs mit fremden Ländern innerhalb eines Zeitraumes von zwei Jahren nach dem Inkrafttreten dieses Gesetzes einen Handelsvertrag oder Handelsverträge mit einem anderen Lande oder mit anderen Ländern wegen Zulassung der Waren der Vereinigten Staaten, deren Verwendung und Absatz in diesen Ländern im Interesse der Vereinigten Staaten liegt, abschließt, so soll er in einem solchen Vertrage oder in solchen Verträgen in Anbetracht der Vorteile, welche den Vereinigten Staaten daraus erwachsen, für einen bestimmten, fünf Jahre nicht übersteigenden Zeitraum eine Ermäßigung der durch dieses Gesetz vorgeschriebenen Zölle bis um 20 p. c. für Waren des anderen Landes oder der anderen Länder, mit welchen ein derartiger Vertrag oder derartige Verträge vereinbart werden, vorsehen und die in Betracht kommenden Waren darin bezeichnen; oder er soll für die Dauer dieses

Zeitraumes die Übertragung solcher Waren, welche Naturerzeugnisse des betreffenden fremden Landes oder der betreffenden fremden Länder und nicht der Vereinigten Staaten sind, aus der Liste der zollpflichtigen Artikel in die Freiliste verfügen; oder er soll die Bestimmung aufnehmen, daß während eines bestimmten, fünf Jahre nicht übersteigenden Zeitraumes näher zu bezeichnende Waren, welche auf der Freiliste stehen, auf derselben beizubehalten seien. Wenn ein solcher Vertrag vom Senate in gehöriger Form ratifiziert und vom Kongresse genehmigt und eine entsprechende öffentliche Verlautbarung erflossen ist, sollen die Zölle, welche in den Vereinigten Staaten von den bezeichneten Waren aus dem fremden Lande, mit welchem ein derartiger Vertrag abgeschlossen wurde, erhoben werden, während des vorgesehenen Zeitraumes die in diesem Vertrage festgesetzten und vorgesehenen Zölle und keine anderen sein."

Die Möglichkeiten, Tarifverträge auf Grund des Dingley-Tarif-Gesetzes mit anderen Staaten zu schließen, faßt Borgius (Deutschland und die Vereinigten Staaten, Berlin 1899) wie folgt zusammen:

I. Für einige Artikel — alkoholische Getränke und Kunstwerke — können einzelnen Ländern gegen gleichwertige Zugeständnisse ihrerseits die Zollsätze um ein bestimmtes Maß — etwa 25 p. c. — ermäßigt werden (Sec. III).

II. Einige Kolonial-Artikel der Freiliste (Kaffee, Thee, Tonka- und Vanille-Bohnen) können Ländern ihrer Produktion gegenüber mit bestimmten Zöllen belegt werden, wenn deren Zölle auf amerikanische Provenienzen „unbillig und unverhältnismäßig" erscheinen.[1])

III. Gegen gleichwertige Zugeständnisse kann der Präsident — vorbehaltlich der Genehmigung des Kongresses[2]) und der Ratifizierung durch den Senat — anderen Ländern nachstehende Vergünstigungen gewähren, jedoch nur innerhalb zweier Jahre nach Inkrafttreten des Gesetzes und nur mit Geltung für einen höchstens fünf Jahre betragenden Zeitraum:

1. Zollermäßigung auf beliebige Artikel bis zum Maximalbetrag von 20 p. c.
2. Bindung der Zollfreiheit für beliebige Artikel der Freiliste.
3. Versetzung neuer Artikel auf die Freiliste, falls dieselben Naturerzeugnisse des betreffenden Landes, nicht aber der Vereinigten Staaten sind.

---

[1]) Wir haben die entsprechenden Vorschriften der Sec. III aus dem Gesetzestext weggelassen, weil sie für uns hier ohne besonderes Interesse sind.

[2]) Erschwerendes Moment für den Abschluß solcher Verträge! Sonst genügt in der Union zu Staatsverträgen die Zustimmung des Senats.

Auf Grund der Klausel im Dingley-Tarif nun sind bisher 6 Reziprozitätsverträge der Union zustande gekommen, und zwar

1. mit Frankreich,
2. mit Portugal,
3. mit Italien,
4. mit Deutschland,
5. mit Kuba,
6. mit Brasilien.

Im einzelnen sei dazu folgendes bemerkt:

1. Im Abkommen mit Frankreich (datiert vom 28. Mai 1898) gewährt Amerika Frankreich die Vergünstigungen aus Section III des Dingley-Tarifgesetzes, so daß die französischen Erzeugnisse im einzelnen an Zöllen zu bezahlen haben:

Roher Weinstein oder rohe Weinhefe	5 p. c. vom Wert[1])
Branntwein oder anderer aus Getreide oder anderem Material hergestellter oder destillierter Spiritus pro Gallone Normalstärke	1 Doll. 75 Cents.[2])
Gemälde in Öl- oder Wasserfarben, Pastellmalereien, Feder- und Tintezeichnungen, sowie Bildhauerarbeiten . .	15 p. c. vom Wert[3])
Nicht schäumender Wein und Wermut, in Fässern pro Gallone	0,35 Doll.[4])
Desgl. in Flaschen oder Krügen, die Kiste ein Dutzend Flaschen oder Krüge von mehr als Pint- bis Quartgehalt enthaltend oder 24 Flaschen oder Krüge bis zu Pintgehalt, pro Kiste	1,25 Doll.[5])

In solchen Flaschen oder Krügen gefundene größere Mengen sollen einem Zolle von 4 Cents für 1 Pint oder einen Bruchteil davon unterworfen werden, jedoch soll auf Flaschen oder Krüge kein besonderer oder Zuschlagszoll gelegt werden.

Dafür kann Amerika für folgende Artikel die Sätze des französischen Minimaltarifes beanspruchen:

	Francs	für 100 kg
Büchsenfleisch	15.—	(20.—)[6])
Früchte, frisch, Zitronen, Orangen, Cedra-Früchte und deren Abarten	5.—	(8.—)

[1]) Gegen 4 bezw. 5 Cents pro Pfund im Generaltarif.

[2]) Gegen 2.25 Dollar pro Gallone im Generaltarif.

[3]) Gegen 20 p. c. ad val. im Generaltarif.

[4]) Gegen 40 und 50 Cents pro Gallone im Generaltarif.

[5]) Gegen 1.60 Dollar im Generaltarif.

[6]) Die in Klammern gegebenen Ziffern bedeuten die Sätze des französischen Maximaltarifes.

	Francs für 100 kg	
Mandarinen	10.—	(15.—)
Gewöhnliche Tafeltrauben	8.—	(12.—)
Äpfel und Birnen für die Tafel	2.—	(3.—)
Desgl. für Obstwein-Fabrikation	1.50	(2.—)
Andere Früchte mit Ausnahme von Treibhaustrauben	3.—	(5.—)
Getrocknete Äpfel und Birnen für die Tafel	10.—	(15.—)
Desgl. für Obstwein-Fabrikation	4.—	(6.—)
Pflaumen	10.—	(15.—)
Andere Früchte	5.—	(15.—)
Gewöhnliches Holz in Stämmen	0.65	(1.—)
Desgleichen gesägt oder behauen, 80 mm oder stärker	1.—	(1.50)
Desgleichen behauen oder gesägt, über 35 bis 80 mm Stärke	1.25	(1.75)
Desgleichen gesägt, 35 mm oder weniger dick	1.75	(2.50)
Pflaster-Holzblöcke	1.75	(2.50)
Dauben	0.75	(1.25)
Hopfen	30.—	(45.—)
Zerquetschte oder zerschnittene und getrocknete Äpfel und Birnen	1.50	(2.—)
Verarbeitetes und zugerichtetes Schweinefleisch	50.—	(100.—)
Schweineschmalz und Schweineschmalzgemische	25.—	(40.—)

Frankreich erhielt also seitens Amerikas *Vergünstigungen* vor allem für Produkte des *Weinbaues* und für Liköre; *Amerika* solche für *Obst*, *Holz*, *Hopfen*, *Fleischkonserven* und *Schweineschmalz*.

Damit ist aber auch die Sache erledigt; von einer *allgemeinen Meistbegünstigung* steht *kein* Wort im Vertrag. Amerika hat gegen einige Konzessionen an Frankreich nur *einige* Sätze des französischen Minimaltarifes erhalten. Wir Deutsche aber haben, das sei hier schon festgestellt, den Amerikanern unseren *ganzen Konventionaltarif* gegeben, vor allem auch die Sätze für Getreide, und haben — *auch nicht mehr erhalten als die Franzosen.*

2. Das *zweite* Abkommen der Union auf Grund der Dingley-Tarifklausel wurde mit *Portugal* abgeschlossen (22. Mai 1899). *Amerika* machte an Portugal (Art. I) im wesentlichen die gleichen Zugeständnisse wie an Frankreich. Art. II legte die *portugiesischen* Zugeständnisse wie folgt fest:

„Im Wege der Gegenseitigkeit und mit Rücksicht auf die vorstehenden Zugeständnisse sollen für die folgenden Handelsartikel, sofern sie Boden- oder Gewerbeerzeugnis der Vereinigten Staaten von Amerika sind, bei der Einfuhr nach dem Königreich Portugal, den Azoren und der Insel Madeira die Zölle ebenso niedrig sein wie die irgend einem anderen Lande (mit Ausnahme Spaniens und Brasiliens) gewährten, nämlich: für Mehl aus Cerealien, Weizen ausgenommen, Mais in Körnern, Weizen in Körnern, Schweineschmalz und Fett, Mineralöle und im Tarif nicht besonders benannten Produkte daraus, sodann für Ernte-, Mäh- und Dreschmaschinen, Maschinen zum Pressen von Heu und Stroh (Pos. 373), Dampfpflüge, einzelne Teile dieser Maschinen, Pflugscharen, endlich für Instrumente, Apparate und Werkzeuge für Künste, Gewerbe, Landwirtschaft und Gartenbau (Pos. 386)."

Also zwar Meistbegünstigung, aber keine allgemeine, sondern nur für bestimmte Artikel! Dabei wurden aber für einige der vorstehend aufgeführten Waren die Zölle nach oben hin gebunden.

Art. II fuhr fort:

„Auf die folgenden Artikel sollen die Zölle die nachfolgend angegebenen Sätze nicht übersteigen, nämlich:

für die vorstehenden in No. 373 bezeichneten Maschinen und Artikel	5 Reïs pro kg
für die vorstehend in No. 386 aufgeführten Instrumente, Apparate und Werkzeuge für den Gebrauch der Landwirtschaft und des Gartenbaues	60 Reïs pro kg
für leichtere Mineralöle zu Beleuchtungszwecken (Dichtigkeit 0.780 bis 0.820, Entzündungspunkt von 37 bis 49 Grad)	46 Reïs pro l
für mittlere Mineralöle (Dichtigkeit über 0.820 bis 0.860, Entzündungspunkt 50—150 Grad)	52 Reïs pro l
für Teer und mineralisches Pech	10 Reïs pro t

Art. III endlich lautete:

„Es versteht sich gegenseitig, daß die Regierung Seiner allergetreuesten Majestät sich das Recht vorbehält, drei Monate nach der an die Regierung der Vereinigten Staaten von Amerika gerichteten Anzeige die Wirksamkeit dieses Vertrages aufhören zu lassen, falls die Vereinigten Staaten von Amerika Rohkork oder Kaffee, wenn dies Erzeugnisse Portugals oder der portugiesischen Besitzungen sind, in Zukunft mit einem Zoll belegen, —

also Bindung der Zollfreiheit für gewisse Artikel!

oder den folgenden Artikeln, wenn sie Erzeugnisse Portugals oder seiner Besitzungen sind, eine minder günstige Behandlung als den gleichartigen Erzeugnissen irgend eines anderen, nicht unter der Verwaltung der Vereinigten Staaten von Amerika befindlichen Landes angedeihen lassen sollten,

also Meistbegünstigung für gewisse Artikel!

nämlich: Roher Weinstein oder Weinhefe, Kaffee, Kakao, Wein, Branntwein, roher oder unbearbeiteter Kork, konservierte Sardinen und Sardellen; nicht konservierte Früchte . . . . .“

Portugal bekam also die Zollvergünstigungen auf Produkte seines Weinbaues, auf Branntwein usw., die auch Frankreich bekommen hatte; außerdem sicherte es sich noch die *Zollfreiheit* für seinen Rohkork und Kaffee, und schließlich noch die unbedingte *Meistbegünstigung* für eine Reihe von Artikeln.

Wir Deutsche, — ein zweiter Fall —, *gaben* den Amerikanern *mehr* als die Portugiesen; wir *erhielten* aber *weniger* von den Amerikanern als diese.

3. Das *dritte* Reziprozitätsabkommen wurde mit *Italien* geschlossen (8. Februar 1900). Dieses Land erhielt dieselben Konzessionen von Amerika zugebilligt wie Frankreich. Es hat (Art. II)

„in Anbetracht der im vorstehenden Artikel enthaltenen Bestimmungen als *Gegenleistung* zugestanden, daß, so lange das gegenwärtige Abkommen in Kraft ist, die von den nachstehend bezeichneten Boden- und Industrieerzeugnissen der Vereinigten Staaten von Amerika bei der Einfuhr nach Italien zu erhebenden Zölle die *daneben angegebenen Sätze nicht übersteigen* werden:

	für 100 kg	
Baumwollsamenöl	21.50	Lire
Fische, mariniert oder in Öl, mit Ausnahme des Thunfisches, in Büchsen oder Fässern, Sardinen oder Anchovis	15.—	„
Andere Fische, konserviert.	25.—	„
Landwirtschaftliche Maschinen	9.—	„
Einzelne Teile landwirtschaftlicher Maschinen aus Gußeisen . . .	10.—	„
Einzelne Teile landwirtschaftlicher Maschinen von Eisen oder Stahl	11.—	„
Wissenschaftliche Instrumente:		
a) aus Kupfer, Bronze, Messing oder Stahl		
1. mit Ferngläsern oder Mikroskopen oder in Graden abgeteilten Stäben oder Kreisen versehen, terrestrische Fernrohre, einröhrige oder zweiröhrige Ferngläser, Linsen, lose oder gefaßt	30.—	„
2. ohne optische Vorrichtung oder in Grade abgeteilte Stäbe oder Kreise	30.—	„
b) jeder Art, zu deren Herstellung augenscheinlich überwiegend Eisen verwendet ist.	30.—	„
Dynamo-elektrische Maschinen:		
1. von mehr als 1000 kg Gewicht	15.—	„
2. von 1000 kg oder geringerem Gewicht	25.—	„
Einzelne Teile von dynamo-elektrischen Maschinen	25.—	„

Nähmaschinen:		für 100 kg
1. ohne Gestell	25.—	„
2. mit Gestell	30.—	„
Firnis, weder Spiritus noch Mineralöl enthaltend	20.—	„

Die folgenden Artikel sollen zollfrei eingelassen werden: Terpentinöl, natürlicher Dünger jeder Art; rohe Häute, frisch oder getrocknet, zu Rauchwaren nicht geeignet, sowie Pelzhäute."

Italien gewährte also den Amerikanern nur für einige Artikel Zollermäßigungen und bekam die gleichen Konzessionen wie wir. Zum drittenmal stellen wir fest, daß ein Land nur einen Teil seines Minimaltarifes gewährte, um von den Amerikanern jene Zugeständnisse zu erhalten, die wir Deutsche mit unserem ganzen Konventionaltarif erkauft haben.

4. Das deutsche Abkommen datiert vom 10. Juli 1900 und hat folgenden Wortlaut:

„I. In Übereinstimmung mit der dem Präsidenten durch Section III des Zollgesetzes der Vereinigten Staaten vom 24. Juli 1897 erteilten Ermächtigung wird seitens der Vereinigten Staaten zugestanden, daß vom Tage des Inkrafttretens dieses Abkommens an die folgenden Boden- und Industrieerzeugnisse Deutschlands bei ihrer Einfuhr nach den Vereinigten Staaten den in gedachter Section III erwähnten ermäßigten Zollsätzen unterworfen werden, nämlich:

Roher Weinstein und rohe Weinhefe: 5 p. c. vom Wert.

Branntwein oder andere aus Getreide oder anderen Materialien hergestellte oder destillierte Spirituosen: für eine Gallone von Normalstärke 1 Dollar und 75 Cents.

Nicht schäumende Weine und Wermut in Fässern: für eine Gallone 35 Cents; desgleichen in Flaschen oder Krügen: für die Kiste von einem Dutzend Flaschen oder Krügen von mehr als Pint- bis zu Quartgehalt oder von 24 Flaschen oder Krügen bis zu Pintgehalt für eine Kiste 1 Dollar und 25 Cents. In solchen Flaschen oder Krügen gefundene größere Mengen sollen einem Zoll von 4 Cents für ein Pint oder einen Bruchteil davon unterworfen werden, jedoch soll auf Flaschen oder Krüge kein besonderer oder Zuschlagszoll gelegt werden.

Gemälde in Öl- oder Wasserfarben, Pastellmalereien, Feder- und Tintezeichnungen, sowie Bildhauerarbeiten: 15 p. c. vom Wert.

II. Als Gegenleistung sichert die Kaiserlich Deutsche Regierung den Erzeugnissen der Vereinigten Staaten bei der Einfuhr nach Deutschland diejenigen Zollsätze zu, welche durch die in den Jahren 1891—1894 zwischen Deutschland einerseits und Belgien, Italien, Österreich-Ungarn, Rumänien, Rußland, Schweiz und Serbien andererseits abgeschlossenen Handelsverträge diesen Ländern zugestanden worden sind.

Außerdem wird die Kaiserlich Deutsche Regierung, sobald dieses Abkommen in Kraft tritt, diejenigen Anordnungen aufheben, nach welchen aus den Vereinigten Staaten eingehendes getrocknetes und gedörrtes Obst einer Untersuchung auf San José-Schildlaus unterzogen wird. Dieses Obst wird während der Geltung dieses Abkommens keinen anderen Lasten unterworfen werden, als den gesetzmäßig darauf ruhenden oder darauf zu legenden Zollsätzen.

III. Dieses Abkommen tritt mit dem Tage des Erlasses der Proklamation des Präsidenten der Vereinigten Staaten, durch welche es Giltigkeit erhält, in Kraft und bleibt in Kraft bis zum Ablauf von drei Monaten nach dem Tage, an welchem eine der Parteien die andere von ihrer Absicht, dasselbe zu beendigen, in Kenntnis setzt."

5. Das fünfte Abkommen der Union, das mit Kuba, übergehen wir hier, um darauf an einer anderen Stelle zurückzukommen.

6. Das sechste Abkommen der Union wurde mit Brasilien (April 1904) getroffen. Amerikanische Farbwaren, kondensierte Milch, Uhren und Kautschukwaren zahlen um 20 p. c. niedrigere Zölle als die im brasilianischen Generaltarif enthaltenen.

* * *

Weniger aufmerksame Leser werden wieder sagen: Das sind Verträge von genau derselben Beschaffenheit, wie sie Deutschland mit Österreich-Ungarn, Rußland etc. abgeschlossen. Es sind eben Tarifabkommen.

Wir glauben indes, daß man einen großen Unterschied zwischen beiden Sorten von Verträgen machen muß. Bei unseren Tarifverträgen werden nicht nur Tarifsätze gebunden und erniedrigt, sondern es wird auch die allgemeine Meistbegünstigung stipuliert. In den amerikanischen Tarifverträgen, die auf Grund der Section III des Dingleytarifes abgeschlossen worden sind, spielt die „Most favoured Nation" fast keine Rolle. Das ist ein fundamentaler Unterschied zwischen unseren Tarifverträgen und den amerikanischen. Diese messen Leistung und Gegenleistung ganz genau gegeneinander ab. Sie rechnen mit ganz festen Größen; sie kennen nicht das schwankende Element der Meistbegünstigung, deren Inhalt doch eigentlich erst ein dritter Staat bestimmt.

* * *

Was können wir nun aus diesen Verträgen der Union für unsere Stellung zu den Vereinigten Staaten entnehmen?

Es ist unbegreiflich, wie angesichts dessen, daß andere Länder immer nur Teile ihres Minimaltarifes weggaben, — bevor wir Deutsche das Abkommen vom 10. Juli 1900 schlossen, waren die Amerikaner bereits zu Verträgen mit Frankreich, Portugal und Italien gelangt, — und daß diese Länder für Teile ihres Minimaltarifs alle Vergünstigungen aus Section III des Dingley-Tarifes erhielten; es ist unbegreiflich, wie angesichts dessen die deutsche Regierung dazu kam, unseren ganzen Konventionaltarif als Entgelt für jene doch recht nebensächlichen seitens der Union eingeräumten Vergünstigungen hinzugeben. Ein flüchtiger Vergleich hätte gezeigt, daß die Art. V und IX des preußischen Vertrages vom Jahre 1828 mit Art. VI und Art. XXIV des amerikanisch-italienischen Vertrages vom Jahre 1871 fast wörtlich übereinstimmen. Wenn aber dieser Staat, um der Vorteile aus Section III des Dingley-Tarifes teilhaftig zu werden, nur einige seiner Minimalzölle hinzugeben brauchte, wenn hier in concreto gezeigt wurde, daß dieser Staat absolut nicht zur glatten Hergabe seines ganzen Minimaltarifs verpflichtet war, so brauchte auch die deutsche Regierung nicht den ganzen Konventionaltarif zu spenden, um die amerikanischerseits an Frankreich bezw. Italien gewährten Vorteile uns zu erwerben.

Angesichts der weitgehenden Übereinstimmung der Texte des deutsch-amerikanischen Vertrages mit den entsprechenden Stellen des amerikanisch-italienischen Vertrages, angesichts der weiteren Tatsache, daß Amerika von Italien nicht alle an dritte Staaten gewährten, sondern nur einige dieser Zollkonzessionen verlangte, daß also **offensichtlich** ein glattes Meistbegünstigungsverhältnis zwischen der Union und Italien nicht bestand, konnte auch die deutsche Regierung nicht mehr glauben, daß zwischen uns und der Union ein glattes Meistbegünstigungsverhältnis obwaltete; sie mußte sich vielmehr sagen: wenn Italien, dessen amerikanischer Vertrag mit dem deutschen übereinstimmt, nur einen Teil seiner Minimalzölle für die aus Section III fließenden Vorteile wegzugeben braucht, haben auch wir nicht nötig, unseren ganzen Konventionaltarif zu gewähren, muß auch für uns die Darbietung eines Teiles genügen.

Durch die in diesem Falle entwickelte geringe Wachsamkeit ist Deutschland böse zu Schaden gekommen. Wir haben auf der einen Seite das Interesse unserer Landwirtschaft neuerdings stark preisgegeben, ohne dazu verpflichtet zu sein, und haben auf der anderen Seite viel zu geringe Zugeständnisse für unsere Industrie erlangt.

Das Blut unserer Landwirtschaft haben wir, um ein in Österreich geprägtes Schlagwort zu gebrauchen, verspritzt, und unsere Industrie hat keinen Nutzen davon gehabt.

XIII.

Die Meistbegünstigungsklausel seit 1860.

Wir haben in den Abschnitten III, VI, VII, VIII und X eine allgemeine Übersicht über die Entwickelung der Meistbegünstigung bis zum Jahre 1860 zu geben getrachtet. Auf Grund dieser Darlegungen können wir folgendes feststellen:

Das 18. Jahrhundert und ebenso die ersten Jahrzehnte des 19. Jahrhunderts standen unter der Herrschaft der unbedingten Meistbegünstigung.

Mit dem Augenblick, da die nordamerikanische Union in den Kreis der vertragschließenden Staaten eintrat, begann ein fürs erste langsamer, dann aber (etwa seit 1825) ein um so stärker einsetzender Umschwung zugunsten der bedingten Meistbegünstigung, die alsbald zum Gemeingut aller Nationen wurde. Die Union riß sowohl die südamerikanischen wie die europäischen Staaten mit sich fort. Alle Staaten wurden Anhänger des Reziprozitätsprinzips, wenngleich die bedingte Meistbegünstigung die unbedingte nicht vollständig zu verdrängen vermochte.

Mit dem Jahre 1860 nun begann wieder die Periode der unbedingten Meistbegünstigung. Zwar hat nicht der Cobden-Vertrag vom 23. Januar 1860 die allgemeine Meistbegünstigung, sondern nur eine partielle, schon früher geübte, gebracht, indem im Handelsvertrag zwischen England und Frankreich — nach dem Muster der belgisch-sardinischen und belgisch-niederländischen Verträge vom Jahre 1851 (s. S. 140; 162; 163) — die Meistbegünstigung in Art. XIX wie folgt gefaßt wurde:

„Eine jede der beiden hohen kontrahierenden Mächte verpflichtet sich, der anderen jede Begünstigung, Bevorrechtung oder Ermäßigung des Tarifes bei der Einfuhr von den in dem gegenwärtigen Vertrag erwähnten Artikeln zuteil werden zu lassen, welchen die besagte Macht irgend welcher dritten Macht zugestehen möchte."

Erst in der Convention complimentaire vom 16. November 1860 wurde vereinbart, daß die Meistbegünstigung sich auf sämtliche Einfuhrartikel erstrecken solle.

Von einer bedingungsweisen Überlassung der dritten Staaten gewährten Zollermäßigungen ist in dem Vertrag nichts verlautbart; und so werden wir die Zusatzkonvention vom 16. November 1860 als den Beginn der neuen Ära der Meistbegünstigungsklausel ansehen können.

England hat bekanntermaßen die den Franzosen zugestandenen Zollermäßigungen sogleich zum Bestandteil seines Generaltarifes gemacht und hat sie allen Nationen, auch solchen, die gar keine Verträge mit ihm schlossen, zugute kommen lassen. „Durch dieses Vorgehen Englands entstand eine bis dahin unbekannte Form und Wirkung des Handelsvertrages, indem diese Verträge sonst in der Hauptsache direkt auf den Austausch gegenseitiger spezieller Vergünstigungen hinausliefen und ihre Wirkungen sich auf die vertragschließenden Staaten beschränkten." (Schraut, System der Handelsverträge und der Meistbegünstigung, Leipzig 1884, Seite 51.) Angesichts dessen, daß England damals das industriell am weitesten fortgeschrittene Land war, läßt sich seine Haltung ohne weiteres verstehen. Daß aber diese Generalisierung der Zugeständnisse und die Aufhebung aller und jeder Zölle (mit Ausnahme der Finanzzölle) auch einmal gegen England wirken könnte, daran haben natürlich die Väter des Freihandels, welche die ganze Welt zu ihrem Evangelium bekehren zu können glaubten, nicht gedacht. Heute laboriert das freihändlerische England daran, daß alle Welt es als quantité negligeable in der Handelspolitik behandelt und keinen Unterschied macht zwischen England mit seinen 0% Zöllen und einem anderen Land, das 40% Zölle erhebt. So hat sich die allgemeine Meistbegünstigung im Laufe der Zeit gegen England, gegen die Mutter, gekehrt. Wir stehen vor der absonderlichen Tatsache, daß das erste Handelsland der Welt alles und jedes Einflusses auf die Ausgestaltung der Handelspolitik in anderen Ländern bar ist, daß es, seiner Bedeutung nach bestimmt, die erste Violine im handelspolitischen Konzert der

Völker zu spielen, sozusagen überhaupt kein Engagement hat. Unter diesem Gesichtspunkte finden wir es ganz begreiflich, wenn die Engländer danach trachten, auch wieder einmal an ein Notenpult zu kommen, und wenn sie daher auf ihre Zollvioline wieder ein paar Saiten mehr zu spannen gedenken, als z. Z. darauf sind.

Die eigentlichen Apostel nun der durch die nachträgliche Konvention zum Cobden-Vertrag neuerdings inaugurierten unbedingten Meistbegünstigung sind aber nicht die Engländer gewesen, sondern die Belgier. Diese haben am eifrigsten zur Nivellierung der Zölle beigetragen und sind damit die entschiedensten Vorkämpfer der allgemeinen, unbedingten Meistbegünstigung in Europa geworden.

I. Belgien schloß in den sechziger Jahren Verträge:

a) mit Frankreich vom 1. Mai 1861; der Art. I besagte:

„Jeder der beiden hohen vertragenden Teile verpflichtet sich, dem anderen jede Begünstigung, jede Bevorrechtigung oder Ermäßigung in den Zolltarifen für die Einfuhr und Ausfuhr der in dem gegenwärtigen Vertrage erwähnten oder nicht erwähnten Artikel zuteil werden zu lassen, welche der eine oder andere von ihnen irgend einer dritten Macht zugesteht."

b) Mit Großbritannien vom 23. Juli 1862. Hier lautete die Meistbegünstigungsformel:

„In allem, was die Schiffahrt und den Handel angeht, können die hohen vertragenden Teile einem dritten Staat keine Vorrechte, Begünstigungen oder Sonderstellungen einräumen, die nicht ebenfalls und augenblicklich auf ihre beiderseitigen Untertanen Ausdehnung finden."

Ebenso lautete auch Art. XV des Vertrages mit Lübeck vom 11. Mai 1863.

c) Mit der Schweiz vom 11. November 1862:

„Keiner der beiden kontrahierenden Teile wird von der Einfuhr, der Niederlage, dem Transit oder der Ausfuhr aller Artikel, welche Boden- oder Gewerbeerzeugnisse der Gebiete des anderen Teiles sind, höhere Gebühren erheben, als diejenigen, mit welchen die gleichen Artikel, wenn sie die Boden- oder Gewerbeerzeugnisse irgend eines anderen fremden Landes sind, belegt sind oder belegt werden sollen. Die in Belgien zu zahlenden Eingangszölle von schweizerischen Produkten und Manufakturerzeugnissen werden daher mit dem Inkrafttreten des gegenwärtigen Vertrages auf diejenigen Ansätze ermäßigt, den die am meisten begünstigte Nation zu bezahlen hat.

Beide kontrahierenden Teile verpflichten sich ferner, daß im Falle der eine von ihnen von nun an einer dritten Macht in Handels- und Zollsachen irgend welche Begünstigungen gewähren sollte, er diese Begünstigungen in gleicher Weise und mit vollem Recht auch dem andern kontrahierenden Teile gestattet."

d) Mit Italien vom 9. April 1863:

Art. XIX. „Weder der eine noch der andere der beiden vertragenden Teile darf auf Waren, welche dem Boden oder der Industrie oder den Entrepôts des anderen Teiles entstammen, andere oder höhere Einfuhr- oder Wiederausfuhrzölle legen, als diejenigen, welche jetzt oder künftig auf dieselben Waren, wenn sie irgend einem anderen Lande entstammen, gelegt sind oder gelegt werden. . . . .[1])

Die hohen vertragenden Teile dürfen in Ansehung des Handels oder der Schiffahrt keinem anderen Teile irgend eine Bevorrechtung, Begünstigung oder Befreiung zugestehen, die nicht ebenfalls und sofort auf ihre beiderseitigen Untertanen ausgedehnt würde."[2])

e) Mit den Niederlanden vom 12. Mai 1863. Hier gab man der Meistbegünstigungsklausel eine sehr schlichte Form:

Art. I. „In den Niederlanden und in deren Kolonien wird der belgischen Flagge und den Belgien entstammenden oder dorthin bestimmten Waren die Behandlung der meistbegünstigten Nation gewährleistet."

Art. II. „Umgekehrt wird in Belgien der niederländischen Flagge und den den Niederlanden entstammenden oder dorthin bestimmten Waren die Behandlung der meistbegünstigten Nation gewährleistet."

f) Mit Hamburg vom 21. Juni 1863. Art. XV stimmte wörtlich mit dem Art. XV des Vertrages Belgiens mit Lübeck überein. (Siehe unter b).

g) Mit Dänemark vom 17. August 1863 und

h) mit Schweden-Norwegen vom 26. Juni 1863:

Art. XXV. „Weder der eine noch der andere der beiden hohen vertragenden Teile darf auf Waren, Erzeugnisse des Bodens oder der Industrie des anderen Teiles usw. wie unter d.[3])

Jeder der beiden Teile verpflichtet sich, den anderen an jeder Begünstigung, Bevorrechtung oder Herabsetzung in den Ein- oder Ausfuhr-

---

[1]) Negative Seite der Meistbegünstigungsklausel! Gleichbenachteiligungszwang!

[2]) Positive Seite der Meistbegünstigungsklausel! Gleichbegünstigungszwang!

[3]) Negative Seite der Meistbegünstigungsklausel! Gleichbenachteiligungszwang!

zöllen der in dem gegenwärtigen Vertrag erwähnten und nicht erwähnten Artikel" usw. wie unter a.[1])

i) Mit dem Zollverein vom 22. Mai 1865. In der hier beliebten Fassung der Meistbegünstigung wurde zum ersten Male in den neuen belgischen Verträgen das Moment der Bedingungslosigkeit betont:

Art. V. „Jede Begünstigung, jedes Vorrecht und jede Ermäßigung in dem Tarif der Eingangs- oder Ausgangsabgaben, welche einer der hohen vertragenden Teile einer dritten Macht zugestehen möchte, wird gleichzeitig und ohne Bedingung dem anderen zuteil werden." [2])

---

[1]) Positive Seite der Meistbegünstigungsklausel! Gleichbegünstigungszwang!

[2]) Dieser Vertrag beendete einen zwölfjährigen vertragslosen Zustand. Der Vertrag vom 1. September 1844 (s. S. 153) lief nach nochmaliger Verlängerung am 31. Dezember 1853 ab. Bis 1865 war keine Rechtsgrundlage für den Verkehr zwischen dem Zollverein und Belgien vorhanden, wenngleich man sich bezüglich der Erleichterungen der Durchfuhr und der Schiffahrtsabgaben noch an die Bestimmungen der alten Verträge hielt. Die Tarifvereinbarungen aber entfielen. Die Denkschrift betr. die Verträge zwischen Preußen und Belgien vom 28. März 1863 führt nun aus: „Beide Länder wendeten zwar auf ihre gegenseitigen Einfuhren und Ausfuhren ihren allgemeinen Tarif an; aber der Zollverein fand auf dem Belgischen Markte bei dem Absatz eines Teiles seiner Stapelartikel einen bei der Einfuhr dieser Artikel begünstigten Konkurrenten [Frankreich], während Belgien auf dem vereinsländischen Markte einer durch Zollerleichterungen begünstigten Konkurrenz für seine Stapelartikel nicht begegnete; denn gerade für diese Artikel waren die durch den Vertrag vom 19. Februar 1853 an Österreich gewährten Zollerleichterungen teils nach der Natur der Sache, teils nach der gemachten Erfahrung ohne fühlbare Bedeutung.

Dieses, der handelspolitischen Stellung des Zollvereins so wenig als dem Interesse der vereinsländischen Gewerbsamkeit entsprechende Verhältnis erhielt durch den Abschluß des Handelsvertrages zwischen Frankreich und Belgien vom 1. Mai 1861 eine für den Zollverein noch nachteiligere Gestaltung. Während die früheren Verträge nur die Einfuhr einzelner, wenngleich wichtigerer Erzeugnisse Frankreichs erleichtert hatten, gewährte der neue Vertrag Zollermäßigungen für beinahe alle französischen Erzeugnisse. . . . . Belgien reformierte durch diesen Vertrag den überwiegend größten Teil seines Tarifes im Sinne der Verkehrsfreiheit zugunsten Frankreichs. Durch den Vertrag vom 23. Juli 1862 dehnt es diese Reform . . . . auf seinen Verkehr mit Großbritannien aus, und der gegenwärtig zur Ratifikation vorliegende Vertrag vom 11. Dezember 1862 wird dieselbe unter den gleichen Beschränkungen auch auf den Verkehr mit der Schweiz erstrecken. Die Lage, welche hierdurch für den Zollverein geschaffen ist, bedarf keiner Beleuchtung . . . .

k) Mit Österreich vom 23. Februar 1867.

l) Mit Spanien vom 12. Februar 1870.

Art. XVI. „Jede Herabsetzung des Tarifes der Eingangs- und Ausgangszölle, jede Begünstigung und jede Befreiung, welche einer der hohen kontrahierenden Teile einer dritten Macht in Handels- und Schiffahrtsangelegenheiten zugestehen wird, soll sofort und ohne weitere Bedingung auf den anderen ausgedehnt werden.“

II. Der zweite Staat, der sich für die glatte Meistbegünstigung besonders begeisterte, war Italien. Dieses schloß Verträge:

a) Mit Schweden am 14. Juni 1862:

„Wenn in Verfolg eines Vertrages, einer Übereinkunft oder irgend einer anderen Vereinbarung zwischen Sr. Majestät dem König von Schweden und Norwegen und einer anderen Regierung in Handel oder Schiffahrt dieser letzteren in Schweden oder Norwegen späterhin neue Erleichterungen oder neue Vorteile zugestanden werden sollten, dann ist hierdurch allein und kraft des gegenwärtigen Vertrages Italien zur Teilnahme an diesen nämlichen Erleichterungen und Vorteilen zugelassen.“

b) Mit Frankreich am 17. Januar 1863.

Belgien hatte den Zollverein nicht darüber im Zweifel gelassen, daß es bereit sei, seinen neuen Tarif unter entsprechenden Gegenleistungen auch auf vereinsländische Erzeugnisse in Anwendung zu bringen. . . . Wie die Staatsregierung bei ihren Verhandlungen mit Frankreich überhaupt davon ausgegangen war, daß die diesem Lande zu machenden Zugeständnisse zu verallgemeinern seien, so hatte sie diese Generalisierung insbesondere auch Belgien gegenüber vom ersten Augenblicke an ins Auge gefaßt und sich nur vorbehalten, dieselbe von entsprechenden Gegenzugeständnissen Belgiens abhängig zu machen. Die Gleichstellung des Zollvereins mit den in Belgien begünstigten Ländern ohne Zugeständnisse von seiner Seite konnte nach Lage der Verhältnisse ebensowenig in Aussicht genommen werden, als eine Verständigung mit den vereinigten Regierungen über Art und Weise solcher Zugeständnisse.“

Damals, im größten Freihandelstaumel, hat sich also das freihändlerische Belgien nicht dazu verstanden, den Deutschen im Wege eines einfachen Meistbegünstigungsvertrages ohne Gegenleistungen das zu geben, was es Frankreich usw. an Konzessionen gewährt hatte; und umgekehrt.

Man muß sich diese Tatsache vor Augen halten, um zu verstehen, was wir taten, als wir die immer hochschutzzöllnerischer werdenden Amerikaner in den neunziger Jahren ohne irgendwie nennenswerte Gegenleistungen in den Mitgenuß derjenigen Konzessionen setzten, die wir Österreich-Ungarn, Rußland usw. gemacht hatten. Selbst im großen Nivellierungsrausch der sechziger Jahre hätte man das kaum fertiggebracht.

c) Mit Großbritannien am 6. August 1863:

Art. X. „Die vertragenden Teile kommen überein, daß in allen auf Handel und Schiffahrt bezüglichen Angelegenheiten alle Vorrechte, Begünstigungen oder Befreiungen jeglicher Art, welche der eine vertragende Teil den Untertanen oder Bürgern irgend eines anderen Staates gegenwärtig zugesteht oder in der Folgezeit zugestehen möchte, auf die Untertanen oder Bürger des anderen vertragenden Teiles sofort und bedingungslos ausgedehnt werden, indem es die Absicht ist, daß der Handel und die Schiffahrt des einen Landes in dem anderen in allen Beziehungen auf dem Fuße der meistbegünstigten Nation behandelt werden soll."[1])

d) Mit dem Zollverein am 31. Dezember 1865:

Art. V. „Jede Begünstigung, jedes Vorrecht und jede Ermäßigung in dem Tarif der Eingangs- und Ausgangsabgaben, welche einer der hohen vertragenden Teile einer dritten Macht zugestehen möchte, wird gleichzeitig und ohne Bedingung dem anderen zuteil werden."

e) Mit Österreich-Ungarn am 23. April 1867:

Art. VII. „Hinsichtlich des Betrages, der Sicherung und der Eingangs- oder Ausgangsabgaben, sowie hinsichtlich der Durchfuhr, dürfen von keinem der beiden vertragenden Teile dritte Staaten günstiger als der andere Vertragsteil behandelt werden. Jede dritten Staaten in dieser Beziehung eingeräumte Begünstigung ist daher ohne Gegenleistung dem anderen vertragenden Teile gleichzeitig einzuräumen."

f) Mit der Schweiz am 22. Juli 1868.

g) Mit Spanien am 22. Februar 1870.

III. Frankreich trat uns bisher als Vertragsteil entgegen als Partner bei drei Abmachungen (Großbritannien, Belgien und Italien). Es schloß außerdem Verträge mit dem Zollverein vom 2. August 1862, mit Spanien vom 18. Juni 1865, mit Österreich vom 11. Dezember 1866 und mit Portugal vom 11. Juli 1866.

* * *

Es kann nun nicht unser Streben sein, die Meistbegünstigungsverträge seit 1860 alle hier aufzuzählen und sie auf den größeren oder geringeren Umfang der der Meistbegünstigung unterstellten Materien

---

[1]) Man halte dagegen die Auszüge aus Verträgen Großbritanniens in einer früheren Zeit (Seite 64), wo auch dieses Land glaubte, daß das Setzen einer Bedingung zum Begriff Meistbegünstigung gehöre.

zu prüfen. Wir begnügen uns vielmehr, einige Typen für die Fassung der Meistbegünstigungsklausel hier zum Abdruck zu bringen und zur gleichen Zeit einige Verträge anzugeben, in denen das betreffende Schema zur Anwendung gelangte. Da es sich, wie schon erwähnt, um die Aufstellung von Typen handelt, ist natürlich manche Feinheit in der Stilisierung unberücksichtigt geblieben.

A.

„Die beiden vertragenden Teile geben sich die Zusicherung, in bezug auf Eingangs- und Ausgangsabgaben sich wechselseitig auf dem Fuße der meistbegünstigten Nation zu behandeln.“

So wurde die Meistbegünstigungsklausel vereinbart in den Verträgen u. a. zwischen folgenden Staaten:

Niederlande und Belgien, 12. Mai 1863.
Frankreich und Schweden-Norwegen, 14. Februar 1865.
Schweiz und Österreich-Ungarn, 14. Juli 1868.
Österreich-Ungarn und Spanien, 24. März 1870.
Frankreich und Großbritannien, 28. Juni 1873.
Schweiz und Portugal, 6. Dezember 1873.
Schweiz und Deutschland, 23. Mai 1881.
Frankreich und Portugal, 19. Dezember 1881.
Frankreich und Schweden, 30. Dezember 1881.
Frankreich und Österreich-Ungarn, 18. Februar 1884.
Frankreich und Niederlande, 19. April 1884.
Niederlande und Spanien, 8. Juli 1887.
Schweiz und Italien, 23. Januar 1889.

B.

„Ein jeder der hohen kontrahierenden Teile verpflichtet sich, den anderen Teil an jeder Vergünstigung, an jedem Privileg und an jeder Ermäßigung in den Tarifen der Ein- und Ausfuhrabgaben [der in dem gegenwärtigen Vertrage erwähnten und nicht erwähnten Artikel] teilnehmen zu lassen, welche einer derselben einer dritten Macht bewilligt hat oder künftig bewilligen möchte.“

Diese Fassung trägt die Meistbegünstigungsklausel u. a. in den Verträgen, die zustande kamen zwischen

Frankreich und dem Zollverein, 2. August 1862.
Frankreich und Italien, 17. Januar 1863.
Belgien und Lübeck, 11. Mai 1863.

Belgien und Schweden-Norwegen, 26. Juni 1863.
Belgien und Dänemark, 17. August 1863.
Frankreich und Schweden-Norwegen, 14. Februar 1865.
Spanien und dem Norddeutschen Bund, 30. März 1868.
der Schweiz und Österreich-Ungarn, 14. Juli 1868.
Spanien und Österreich-Ungarn, 24. März 1870.
der Schweiz und Portugal, 6. Dezember 1873.
Frankreich und Italien, 6. Juli 1877.
Griechenland und Italien, 17. November 1877.
Spanien und Österreich-Ungarn, 3. Juni 1880.
Rumänien und den Niederlanden, 17. Juni 1881.
Frankreich und Belgien, 31. Oktober 1881.
Frankreich und Italien, 3. November 1881.
Frankreich und Portugal, 19. Dezember 1881.
Frankreich und Schweden-Norwegen, 30. Dezember 1881.
Frankreich und Spanien, 6. Februar 1882.
Frankreich und der Schweiz, 23. Februar 1882.
Frankreich und Serbien, 18. Januar 1883.

C.

„Die Boden- und Gewerbeerzeugnisse . . . . . , welche in . . . . . . , und die Boden- und Gewerbeerzeugnisse . . . . . , welche in . . . . . . eingeführt werden, sollen daselbst, sie mögen zum Verbrauch, zur Lagerung, zur Wiederausfuhr oder zur Durchfuhr bestimmt sein, der nämlichen Behandlung unterliegen, und keinen höheren oder anderen Abgaben unterworfen werden als die Erzeugnisse des in diesen Beziehungen am meisten begünstigten dritten Landes.“

Diese Formulierung findet sich in den Verträgen u. a. zwischen

den Niederlanden und Italien, 24. November 1863.
dem Zollverein und dem Kirchenstaat, 8. Mai 1869.
Portugal und Deutschland, 2. März 1872.
Österreich-Ungarn und Schweden-Norwegen, 3. November 1873.
Portugal und Oranjefreistaat, 1874.
den Niederlanden und Portugal, 9. Januar 1875.
den Niederlande und der Schweiz, 19. August 1875.
Großbritannien und Österreich-Ungarn, 15. Dezember 1876.
Großbritannien und Serbien, 7. Februar 1880.
Großbritannien und Rumänien, 5. April 1880.
Österreich-Ungarn und Spanien, 3. Juni 1880.
Großbritannien und Ecuador, 18. Oktober 1880.
Frankreich und San Domingo, 9. September 1882.
Portugal und San Domingo, 1. Mai 1883.

der Schweiz und Salvador, 30. Oktober, 1883.
Frankreich und der Südafrikanischen Republik, 10. Juli 1885.
Frankreich und Mexiko, 27. November 1886.
der Schweiz und dem Kongo-Staat, 16. November 1889.

D.

„Hinsichtlich des Betrages, der Sicherstellung und der Erhebung der Ein- und Ausfuhrzölle, (der zollamtlichen Niederlagen, der Nebengebühren, der Zollformalitäten, ferner in Bezug auf die für Rechnung des Staates, einer Gemeinde oder Korporation zu erhebenden Inlandsabgaben und Akzisengebühren jeder Art,) verpflichtet sich jeder der vertragschließenden Teile, den andern an jeder Begünstigung, jedem Vorrecht und jeder Herabsetzung in den Tarifen teilnehmen zu lassen, welche einer von ihnen einer dritten Macht zugestanden haben sollte. Ebenso soll jede späterhin einer dritten Macht zugestandene Begünstigung oder Befreiung sofort, bedingungslos und ohne weiteres dem andern vertragschließenden Teile zu statten kommen."

In dieser Fassung wurde die Meistbegünstigung u. a. vereinbart zwischen

der Schweiz und Frankreich, 30. Juni 1864.
Österreich-Ungarn und dem Zollverein, 11. April 1865.
Portugal und Belgien, 23. Februar 1874.
Österreich-Ungarn und Rumänien, 22. Juni 1875.
Österreich-Ungarn und Italien, 27. Dezember 1878.
Belgien und Rumänien, 14. August 1880.
Österreich-Ungarn und Deutschland, 23. Mai 1881.
Griechenland und Serbien, 19. Mai 1882.
Deutschland und Spanien, 12. Juli 1883.
Deutschland und Serbien, 6. Januar 1883.
Deutschland und Griechenland, 9. Juli 1884.
Deutschland und der Südafrikanischen Republik, 22. Januar 1885.
Portugal und Dänemark, 20. Dezember 1887.
Österreich-Ungarn und der Schweiz, 23. November 1888.
Deutschland und Serbien, 21. August 1892.
Serbien und Bulgarien, 16. Februar 1897.

E.

„Die hohen vertragschließenden Teile verpflichten sich gegenseitig, keinerlei Abgabenermäßigungen, Vorrechte, Begünstigungen oder Befreiungen, welcher Art immer, den Angehörigen oder Erzeugnissen irgend eines anderen Staates in betreff der Zollgebühren, bei der Ein- oder Ausfuhr zu Lande oder zu Meer, der Einfuhr-, Ausfuhr- oder sonstigen Abgaben zuzugestehen, die nicht auch, und zwar sofort und bedingungslos, auf die Angehörigen und gleichartigen Erzeugnisse ihrer Gebiete ausgedehnt würden, da es der Wille der hohen vertragschließenden Teile ist, daß in betreff all dessen, was sich auf die Einfuhr, Ausfuhr, Durchfuhr, Lagerung, Wiederausfuhr, örtlichen Abgaben, Vermittelung, Zollgebühren und Zollförmlichkeiten, sowie ferner auf die Ausübung von Handel und Gewerbe, auf Schiffahrt und Erwerbung und Besitz von Eigentum aller Art bezieht, die (Österreicher und Ungarn in Rußland) und die (Russen in der österreichisch-ungarischen Monarchie) die Behandlung auf dem Fuße der meistbegünstigten Nation genießen sollen." [1])

Eine derartige Formulierung der Meistbegüngstigungsklausel findet sich in den Verträgen zwischen

Großbritannien und Frankreich, 28. Juni 1873.
Rußland und Frankreich, 1. April 1874.
Rußland und Peru, 16. Mai 1874.
Rußland und Rumänien, 27. März 1876.
Rumänien und Italien, 23. März 1878.
Rumänien und Griechenland, 18. April 1878.
Rußland und Rumänien, 16. Dezember 1886.
Rußland und Österreich-Ungarn, 18. Mai 1894.

* * *

Wie stellte sich nun Amerika zu diesem Wandel in der Meistbegünstigungsklausel?

Die Union blieb bei ihrem Reziprozitätsprinzip. Sie ließ sich durch den Wandel in Europas Anschauungen über den Wert der Reziprozität nicht im mindesten irre machen. (S. S. 44 und 83.)

Und die süd- und mittelamerikanischen Staaten? Diese hielten zum Teil am alten Prinzip der Reziprozität fest; zum Teil schwenkten sie davon ab.

---

[1]) Bei dieser Formulierung tritt die Entwickelung der unbedingten Meistbegünstigung aus der bedingten besonders anschaulich zu Tage. Man vergleiche damit die Formulierung der Meistbegünstigung in den Verträgen der Union auf S. 29, 31, 45 und 88, sowie in den Verträgen verschiedener süd- und mittelamerikanischer Staaten mit europäischen Staaten.

Geben wir Stichproben für die einzelnen Länder![1])

1. Mexiko hat von 1860 ab bis heute meistenteils die unbedingte Meistbegünstigung vereinbart. Es hat glatte Meistbegünstigungsverträge geschlossen mit Belgien (1861), mit dem Zollverein am 28. August 1869, mit Schweden-Norwegen (1885), mit Großbritannien am 27. Nov. 1888, mit Italien am 16. April 1890, mit Belgien am 7. Juni 1895, mit den Niederlanden am 22. September 1897.

Von besonderem Interesse ist der Vertrag mit dem Zollverein. Dortselbst lautet Art. VII:

„Es sollen weder in den Gebieten des Norddeutschen Bundes und des Zollvereins auf die Einfuhr, Wiederausfuhr und Durchfuhr der Erzeugnisse des Bodens und des Gewerbefleißes des Norddeutschen Bundes und des Zollvereins andere oder höhere Abgaben entrichtet werden, als diejenigen, welche die gleichen Produkte irgend einer anderen Nation zahlen oder in Zukunft zahlen sollten. Ebenso sollen in keinem der kontrahierenden Staaten bei der von dem einen nach dem anderen stattfindenden Ausfuhr von Handelsgegenständen andere oder höhere Abgaben entrichtet werden, als diejenigen, welche jetzt oder künftig bei der Ausfuhr derselben Gegenstände nach irgend welchem fremden Lande zu zahlen sind."

Im Zusatzprotokoll vom 26. November 1869 nun heißt es:

„Im Art. VII.. verstehe es sich, daß die Worte „irgend einer anderen Nation" soviel bedeuten, wie der „meistbegünstigten Nation."

Diese Vereinbarung ist sehr bezeichnend. Der Art. VII deckt sich hier fast wörtlich mit dem Art. V des preußisch-amerikanischen Vertrages, und man könnte auf Grund dieser Erklärung glauben, daß auch dort, in Art. V des preußisch-amerikanischen Vertrages im vollen Umfange die Behandlung auf dem Fuße der meistbegünstigten Nation vereinbart worden ist.

Unseres Erachtens spricht aber gerade die Vereinbarung in diesem Schlußprotokoll zum deutsch-mexikanischen Vertrag gegen diese Auffassung. Wenn „irgend eine andere Nation" in Art. V des preußisch-amerikanischen Reziprozitätsvertrages so ohne weiteres die meistbegünstigte Nation bedeutet haben würde, so hätte man, nachdem in Dutzenden und aber Dutzenden von Verträgen in der Zeit von 1828 bis 1860 diese „irgend eine andere Nation" aufmarschiert war, im Jahre 1869 nicht mehr nötig gehabt, eine Erläuterung dieser „irgend einer anderen Nation" zu geben. Eine solche war aber jetzt geboten, da eben in diesem mexikanischen Vertrag nach Wegfall der Reziprozitätsklausel „irgend eine andere Nation" einen anderen Sinn haben konnte. Und weil eben mit Wegfall der Reziprozitätsklausel dieser Art. VII des deutsch-mexikanischen Vertrages umzudeuten war, deswegen ist hier eine Erläuterung für notwendig erachtet worden.

[1]) Eine vollständigere Übersicht gewinnt man aus der „Chronologie".

Früher, in den Reziprozitätsverträgen, konnte die Vereinbarung, daß die gegenseitigen Einfuhren keine höheren Zölle zu bezahlen brauchten als die Einfuhr aus „irgend einem anderen Lande“ deshalb nicht die Einfuhr zu den niedrigsten Zöllen bedeuten, weil die Zollkonzessionen besonders erkauft werden mußten. Wenn man aber heute, im Zeitalter der unbedingten Meistbegünstigung, vereinbart, daß die gegenseitige Einfuhr mit keinen höheren Zöllen als mit denen belegt werden darf, welche auf der Einfuhr „aus irgend einem Lande“ ruhen, so fallen die Zollkonzessionen darunter, weil sie eben nicht mehr besonders erkauft zu werden brauchen, weil sie ohne Entgelt jeder meistbegünstigten Nation zukommen. Es hat also in neueren Verträgen die Wendung: keine höhere Zölle denn irgend eine andere Nation bezahlt, eine andere Bedeutung erhalten; und so kommt es auch, daß man heute vielfach die Formel, die ehedem den Gleichbenachteiligungszwang festlegte, (fälschlicherweise) benutzt, um den Gleichbegünstigungszwang zu vereinbaren.

2. Venezuela ist seit 1860 ebenfalls ins Lager der unbedingten Meistbegünstigung abgeschwenkt. Es schloß glatte Meistbegünstigungsverträge mit Italien am 19. Juni 1861, mit Dänemark am 19. Dezember 1862, mit Spanien am 20. Mai 1882, mit Belgien am 1. März 1894.

3. Kolumbien kam zu unbedingten Meistbegünstigungsverträgen mit Frankreich (30. Mai 1892), Deutschland (23. Juli 1892), Italien (27. Oktober 1892).

4. Argentinien vereinbarte die glatte Meistbegünstigung mit Italien im Vertrag vom 1. Juni 1894. Der alte Vertrag zwischen Frankreich und Argentinien vom 10. Juli 1851 erhielt am 19. August 1892 einen Zusatz, welcher ebenfalls die glatte Meistbegünstigung normierte.

5. Paraguay schloß glatte Meistbegünstigungsverträge mit Spanien (10. Dezember 1880), mit Großbritannien (16. Oktober 1884), mit Frankreich (21. Juli 1892).

6. Uruguay vereinbarte die glatte Meistbegünstigung mit Italien (Vertrag vom 19. September 1885) und mit Großbritannien (Vertrag vom 13. November 1885). Mit Deutschland schloß es unterm 20. Juli 1892 einen Vertrag, der ebenfalls in Art. III die glatte Meistbegünstigung (beschränkt durch Art. IV) vereinbarte; desgl. mit Frankreich unterm 4. Juli 1892.

7. Peru bekannte sich zur glatten Meistbegünstigung im Vertrage mit Rußland vom 16. (4.) Mai 1874:

Art. XVI. „Die Waren aller Art, als Erzeugnisse des Gewerbefleißes oder des Ackerbaues eines der beiden Staaten, welche in den anderen Staat zu Lande oder zur See gesetzlich eingeführt oder aus demselben ausgeführt werden können, sollen keinen anderen Ein- oder Ausgangsabgaben als denjenigen unterworfen werden, welche auch von ähnlichen Erzeugnissen jeder anderen meistbegünstigten Nation zu entrichten sind."

Art. XVII. „In allem, was die Zollabgaben beim Ein- und Ausgange über die Land- und Seegrenze, der Eingangs- und Ausgangszölle und andere Abgaben betrifft, versprechen die hohen kontrahierenden Teile sich gegenseitig, den Untertanen oder Erzeugnissen eines anderen Staates keine Abgabenvergünstigungen, keine Privilegien, keine Begünstigungen oder Befreiungen irgend einer Art zu bewilligen, die nicht auch und sofort unbedingt auf die Nationen und auf die Erzeugnisse der beiden Länder ausgedehnt werden sollten, indem die Absicht der hohen kontrahierenden Teile dahin geht, daß in allem, was die Einfuhr, die Ausfuhr, die Durchfuhr, die unverzollte Lagerung, die Wiederausfuhr, die Lokalabgaben, die Maklergebühren, die Tarif- und die Zollformalitäten, sowie in allem, was den Handels- und Gewerbebetrieb betrifft, die Russen in Peru und die Peruaner in Rußland die Behandlung der meistbegünstigten Nation genießen sollen." [1])

Ebenso kam eine Vereinbarung über die glatte Meistbegünstigung zustande im Vertrag zwischen Italien und Peru (23. Dezember 1874).

* * *

Trotzdem sich die glatte Meistbegünstigung, wie aus den bisherigen Darlegungen hervorgeht, auch in Süd- und Mittelamerika Bahn gebrochen hat, ist doch die bedingte Meistbegünstigung dort nicht völlig verschwunden. In einer stattlichen Anzahl von Verträgen selbst neueren Datums wird immer noch die Reziprozität vereinbart.

1. Die Reziprozität hat sich vor allem erhalten im Verkehr der amerikanischen Staaten unter einander. Sie findet sich z. B. in dem Vertrage Perus mit Argentinien vom 9. März 1874:

Art. XVIII. „Die beiden vertragschließenden Republiken verpflichten sich, in bezug auf Handel und Schiffahrt keiner anderen Nation Begünstigungen, Vorrechte oder sonstige Ausnahmen zu gewähren, ohne sie auf die Bürger [1]) des anderen Teiles auszudehnen; sie sollen den letzteren, wenn die Gewährung ohne Gegenleistung erfolgt ist, unentgeltlich, und gegen eine gleiche Gegenleistung und gegen ein anderes, durch gegenseitiges Einvernehmen zu bestimmendes Äquivalent zuteil werden, wenn das Zugeständnis unter gewissen Bedingungen erfolgt ist."

Ebenso heißt es im Vertrag zwischen Costa Rica und Nicaragua vom 14. August 1868:

Art. IV. „Es wird insgemein festgesetzt, daß die Angehörigen[1]) Costa Ricas in Nicaragua und die Nicaraguaner in Costa Rica in Beziehung des

---

[1]) Den „Bürgern" werden die Vergünstigungen zugesprochen, nicht den Waren und Schiffen.

dortigen Handels zur See oder zu Lande, sowohl hinsichtlich der Zölle und Abgaben jeder Gattung, wie hinsichtlich aller Vergünstigungen, Exemtionen und Privilegien als meistbegünstigte Nation betrachtet werden sollen; in der Art, daß alle Begünstigungen, welche von einem der kontrahierenden Teile in der Folge anderen Nationen eingeräumt werden, auch sofort dem anderen zuteil werden, und zwar unentgeltlich, wenn das Zugeständnis unentgeltlich ist, oder gegen eine entsprechende Kompensation, wenn das Zugeständnis ein bedingtes ist."

Im Vertrag zwischen Mexiko und Ecuador vom 10. Juli 1888 wird vereinbart:

Art. II. „Den Mexikanischen Staatsangehörigen in Ecuador und den ecuadorianischen Staatsangehörigen in Mexiko werden die Rechte und Vergünstigungen, welche die Staatsangehörigen oder Untertanen[1]) der meistbegünstigten Nation genießen, unter denselben Bedingungen [d. h. also unbedingt oder bedingt], bezüglich folgender Punkte gewährt: ....

c) Bezüglich der Entrichtung von Einfuhr-, Ausfuhr- und Durchfuhrzöllen."

Ebenso heißt es im Vertrag zwischen Ecuador und Salvador vom 29. März 1890:

Art. XV. „Ebenso genießen die Handelsschiffe der einen oder anderen Republik die Vorrechte und Vergünstigungen, welche der meistbegünstigten Nation zugestanden sind oder zugestanden werden, sofern nicht die beregten Vorrechte und Begünstigungen als Ausgleich für besondere Vorteile gewährt sind oder gewährt werden."

2. Die Reziprozität hat sich auch erhalten im Verkehr zwischen Südamerika einerseits und Europa und Asien andererseits. Sie findet sich z. B. im Vertrag Perus mit Belgien vom 14. August 1874:

Art. XVI. „Die beiden hohen kontrahierenden Teile kommen dahin überein, daß jedes Privileg, jede Begünstigung und jede Befreiung, welche einer von ihnen in Sachen der Zölle oder der Schiffahrt den Untertanen[1]) eines anderen Staates bewilligt hat oder bewilligen sollte, unmittelbar auf die Untertanen des anderen Teiles ausgedehnt werden soll, und zwar unentgeltlich, wenn das Zugeständnis zugunsten des anderen Staates unentgeltlich gewesen ist, oder gegen eine Kompensation von möglichst gleichem Werte, welche noch festzustellen ist, wenn das Zugeständnis bedingungsweise erfolgt ist.

---

[1]) Den Bürgern werden die Vergünstigungen zugesprochen, nicht den Waren oder den Schiffen.

Keiner der kontrahierenden Teile wird die Boden- und die Gewerbeerzeugnisse des anderen Teiles bei der Einfuhr oder Ausfuhr mit Differenzial oder höheren Abgaben belegen als mit denjenigen, welche bei der Einfuhr oder Wiederausfuhr gleichartiger, aus irgend einem [jedem] anderen fremden Lande eingehender Waren erhoben werden."

Ebenso in dem Vertrag Perus mit Japan vom 20. März 1895:

Art. XIV. „Die hohen vertragschließenden Teile kommen darin überein, daß in allen auf Handel und Schiffahrt bezüglichen Angelegenheiten jede Art von Vorrecht, Begünstigung oder Befreiung, welche der eine hohe vertragschließende Teil der Regierung, den Schiffen, den Bürgern oder den Angehörigen irgend eines anderen Staates gegenwärtig eingeräumt hat oder in Zukunft einräumen wird, auf die Regierung, die Schiffe, die Bürger oder die Angehörigen des anderen hohen vertragschließenden Teiles ausgedehnt werden soll, und zwar unentgeltlich, wenn die Begünstigung eines anderen Staates unentgeltlich gewährt worden, und unter denselben oder gleichwertigen Bedingungen, wenn das Zugeständnis bedingungsweise erfolgt ist, da es ihre Absicht ist, daß Handel und Schiffahrt eines jeden Landes von dem anderen in allen Beziehungen auf den Fuß der meistbegünstigten Nation gestellt werden soll." [1])

In den Verträgen Portugals mit Paraguay (9. November 1878) sowohl als mit Bolivien (10. Mai 1879) wird jedesmal die bedingte Meistbegünstigung vereinbart:

Art. XXVII. „Da die Portugiesische und die Bolivische Nation sich gegenseitig in jeder Beziehung in ihren Gebieten als meistbegünstigte betrachten müssen, so versprechen die hohen kontrahierenden Teile auch, daß

---

[1]) Ein halbes Jahr später (am 19. Oktober 1895) kam ein Vertrag zwischen Japan und Dänemark zustande, in welchem Japan glaubte, daß zum Wesen der Meistbegünstigung das Setzen einer Bedingung nicht gehöre.

Art. IV. „Die vertragschließenden Teile kommen darin überein, daß in allen auf Handel und Schiffahrt bezüglichen Angelegenheiten jede Art von Vorrecht, Begünstigung oder Befreiung, welche der eine vertragschließende Teil der Regierung, den Schiffen oder den Angehörigen oder Bürgern irgend eines anderen Staates gegenwärtig eingeräumt hat oder in Zukunft einräumen wird, sofort und bedingungslos auf die Regierung, die Schiffe oder die Angehörigen des anderen vertragschließenden Teiles ausgedehnt werden soll, da es ihre Absicht ist, daß Handel und Schiffahrt eines jeden Landes von dem anderen in allen Beziehungen auf den Fuß der meistbegünstigten Nation gestellt werden soll."

Siehe auch den Vertrag Japans mit der Union vom 22. November 1894 (S. 31).

keiner von beiden in Zukunft einer anderen Nation irgend eine Begünstigung, ein Privilegium oder eine Befreiung im Handel, in der Schiffahrt oder in den Konsularverordnungen einräumen wird, welche nicht sofort auf die Untertanen oder Staatsbürger (s. Anm. S. 236) des anderen Teiles ausgedehnt werden; unentgeltlich, wenn die Bewilligung eine unentgeltliche ist usw."

Argentinien hat unterm 9. August 1892 einen Vertrag mit Portugal geschlossen, der ebenso wie der mit Schweden-Norwegen (am 14. Januar 1896 ratifiziert) die bedingte Meistbegünstigung enthält.

Brasilien und Japan verabredeten dieselbe im Vertrag vom 3. Nov. 1895; Uruguay und Italien im Vertrag v. 7. Mai 1866;[1]) Columbien und Spanien im Vertrag vom 30. Januar 1881; Venezuela und Dänemark im Vertrag vom 19. Dezember 1862. Mexiko und Italien im Vertrag vom 14. Dezember 1876;[2]) Japan und Mexiko im Vertrag vom 30. November 1888; Guatemala und Österreich-Ungarn im Vertrag vom 22. Februar 1870; Nicaragua und Italien im Vertrage vom Jahre 1868.

3. Außer in Südamerika war die Idee der Reziprozität nach 1860 noch lebendig im Vertrag Portugals mit der südafrikanischen Republik vom 29. Juli 1869 und Belgiens mit dem Oranje-Freistaat vom 1. August 1874:

Art. X. „Die beiden hohen kontrahierenden Teile kommen dahin überein, daß jede Begünstigung, jedes Privileg und jede Befreiung, welche

---

[1]) Art. VIII. „In der orientalischen Republik von Uruguay werden die Natur- und Gewerbeerzeugnisse des Königreichs Italien mit keinen höheren Eingangsabgaben als denjenigen belegt werden, welche von gleichnamigen aus irgend einem [jedem] anderen Lande herkommenden Artikeln zu entrichten sind."

Art. XV. „Die beiden hohen kontrahierenden Teile kommen dahin überein, daß alle Begünstigungen, Ausnahmen, Vorrechte und Befreiungen in Beziehung auf Handel und Schiffahrt und die Befugnisse der Konsuln, welche einer derselben den Bürgern oder Untertanen irgend einer anderen Nation zugestanden hat oder künftig zugestehen sollte, im gleichen Falle und unter gleichen Umständen auch auf die Bürger oder Untertanen des anderen kontrahierenden Teiles ausgedehnt werden sollen und zwar unentgeltlich usw.

Es muß dieses jedoch von seiten des Teiles, der es wünscht, beantragt und die Reziprozität mittels eines zu dem Ende aufzunehmenden Protokolles konstatiert werden."

[2]) Art. VII. „Alle Handelsgegenstände, sie mögen Natur- oder Gewerbeerzeugnisse eines der beiden kontrahierenden Staaten, oder auch Erzeugnisse irgend eines anderen Landes sein, deren Einfuhr in Schiffen anderer Länder

einer derselben in Zollangelegenheiten den Untertanen eines anderen Staates zugestanden haben sollte oder künftig zugestehen würde, auch auf die Bürger des anderen Teiles ausgedehnt werden soll, und zwar unentgeltlich, wenn das Zugeständnis zugunsten des anderen Staates unentgeltlich ist, oder vermittelst einer Kompensation von gleichem Werte, wenn das Zugeständnis bedingungsweise gemacht worden ist."

Ferner galt die Reziprozität im Vertrag zwischen Portugal und Transvaal vom 10. Juli 1875, und im Vertrag zwischen Österreich-Ungarn und Hawai vom 18. Juni 1875:

Art. XIII. „Die beiden vertragschließenden Teile kommen hiermit überein, daß jede Begünstigung, jedes Privileg und jede Immunität was immer für einer Art in Handels- oder Schiffahrtsangelegenheiten, welche einer der beiden vertragschließenden Teile den Untertanen oder Angehörigen irgend eines anderen Staates gewährt hat oder in Zukunft gewähren wird, auch für die Untertanen oder Staatsangehörigen des anderen vertragschließenden Teiles gelten solle; und zwar ohne Gegenleistung, wenn die Gewährung zugunsten des dritten Staates unentgeltlich erfolgt ist, wenn aber diese Gewährung eine bedingungsweise war, gegen eine durch gegenseitiges Übereinkommen zu bestimmende Kompensation von möglichst verhältnismäßigem Wert und Wirkung."

Die Reziprozität fand endlich auch Platz im Vertrag zwischen Deutschland und Hawai vom 25. März 1879. Text s. S. 254.

Zur bedingten Meistbegünstigung stand während der sechziger Jahre ununterbrochen auch noch Liberia in den Verträgen mit

---

gesetzlich in den Häfen des einen oder anderen der kontrahierenden Staaten gestattet ist, können ebenso und gegenseitig in italienischen oder mexikanischen Schiffen eingeführt werden, ohne andere oder höhere Abgaben als diejenigen zu entrichten, welche von den in Schiffen der meistbegünstigten Nation eingeführten zu zahlen sind. Diese Regel findet ohne Unterschied auf die Handelsgegenstände Anwendung, sie mögen direkt aus den Häfen der kontrahierenden Staaten oder überhaupt irgend eines anderen Landes kommen.

Die nämliche Gleichmäßigkeit und Gegenseitigkeit in der Behandlung als meistbegünstigte Nation soll zwischen den kontrahierenden Staaten auch bei der Einfuhr, Wiederausfuhr und Durchfuhr aller Handelsgegenstände ohne Unterschied des Ursprungs oder der Bestimmung beobachtet werden.

Als nicht in dem gegenwärtigen Artikel begriffen sind jedoch diejenigen Meistbegünstigungen und Privilegien zu betrachten, welche in Sachen des Handels und der Schiffahrt von einem der kontrahierenden Staaten auf Grund von Kompensationen oder anderen Konzessionen gegenwärtig zugestanden sind oder künftig zugestanden werden möchten."

Dänemark (ratifiziert am 29. März 1865), den Niederlanden vom 20. Dezember 1862, mit Schweden-Norwegen vom 7. September 1863, mit Österreich-Ungarn vom 1. September 1866, und dem Norddeutschen Bund vom 31. Oktober 1867.

„Da in der Absicht der vertragenden Teile liegt, sich durch den gegenwärtigen Vertrag zu verpflichten, einander auf dem Fuße der meistbegünstigten Nation zu behandeln, so wird hiermit unter ihnen verabredet, daß jede Begünstigung, jedes Vorrecht und jede Befreiung, welche einer der kontrahierenden Teile in Handels- oder Schiffahrtsangelegenheiten den Untertanen oder Bürgern irgend eines anderen Staates gegenwärtig oder künftig gewähren sollte, auf die Angehörigen des anderen vertragenden Teiles ausgedehnt werden solle, und zwar unentgeltlich usw. usw."

4. In Europa ist die Idee der Reziprozität nach 1860 sehr schnell ausgestorben. Sie flackerte nur noch ab und zu auf. So z. B. im Vertrag zwischen Griechenland und Spanien vom 21. August 1875, dessen Art. VI besagte:

„Die Boden- und Industrieerzeugnisse der Staaten eines jeden der hohen kontrahierenden Teile, deren Einfuhr in die Staaten des anderen Teiles gesetzlich gestattet ist, sollen ohne Unterschied ihrer Benennung keinen anderen oder höheren Abgaben als denjenigen unterliegen, welchen die Erzeugnisse derselben Art unterworfen sind, die aus einem anderen Lande eingehen, ausgenommen den Fall, in welchem in dem einen oder dem anderen Staat die Abgaben auf rohe und verarbeitete Erzeugnisse eines anderen Landes in Erwiderung einer ähnlichen Abgabenverminderung ermäßigt werden sollten. In diesem letzteren Fall kann die andere Regierung dieselbe Abgabenermäßigung nur beanspruchen, wenn sie eine ähnliche Kompensation bietet."

Auch Rußland hielt noch längere Zeit am Reziprozitätsgedanken fest; so z. B. im Vertrag mit Italien vom 16. (28.) September 1863:

Art. VIII. „Weder andere, noch höhere Zölle sollen, ohne Unterschied des Herkunftsortes, bei der Einfuhr irgend eines dem Boden oder der Industrie der Staaten und Besitzungen Seiner Majestät des Kaisers aller Reußen entstammenden Artikels in die Staaten Seiner Majestät des Königs von Italien erhoben werden [und umgekehrt], als diejenigen, welche für den nämlichen Artikel, wenn derselbe dem Boden oder der Industrie irgend eines [wird wohl heißen sollen: eines jeden] anderen fremden Landes entstammt, zu zahlen sind."

Art. XXII. „In allem, was den Handel und die Schiffahrt betrifft, versprechen die beiden hohen vertragenden Teile einander wechselseitig, keinem Staat ein Vorrecht, eine Begünstigung oder Befreiung zuzugestehen, die nicht gleichfalls und augenblicklich auf ihre beiderseitigen Untertanen ausgedehnt wird, und zwar ohne Gegenleistung, wenn das Zugeständnis zugunsten des anderen Staates ein freiwilliges ist, oder vermittelst der nämlichen Gegenleistung oder eines in gemeinsamer Übereinstimmung festgesetzten Equivalentes, wenn jenes Zugeständnis ein bedingtes gewesen ist."

Ebenso im Vertrag mit der Schweiz vom 14. (26.) Dezember 1872:

Art. VII. „In allen Beziehungen des Handels, der Niederlassung und des Betriebes industrieller Gewerbe verpflichten sich die hohen vertragenden Teile gegenseitig, keine Privilegien, keine Vergünstigungen oder Befreiungen einem anderen Staate zu bewilligen, die nicht ebenso und sofort auf ihre respektiven Untertanen und Angehörigen ausgedehnt würden, und zwar ohne Gegenleistung, wenn die Konzession zugunsten des anderen Staates ohne Gegenleistung erfolgt; und wenn die Konzession eine bedingte ist, gegen die gleiche Vergütung oder ein mit gegenseitiger Übereinstimmung festgesetztes Äquivalent."

Gegenwärtig muß allerdings die Reziprozität als ein im Verkehr der europäischen Staaten unter sich fast völlig ausgestorbenes Prinzip gelten.[1]) Eine Reihe von Verträgen der Union mit europäischen Mächten aber (s. S. 82) fußt noch auf dieser Grundlage. Desgleichen hält eine Anzahl von Handelsverträgen der Union mit süd- und mittelamerikanischen Staaten daran fest (s. S. 43 und 44), wie auch die südamerikanischen Staaten selbst noch heute den Gedanken der Gegenseitigkeit pflegen (s. S. 235 bis 238).

Ist nun Aussicht vorhanden, daß der Reziprozitätsgedanke wieder einmal stärker erwacht? Unseres Erachtens wird die Frage brennend werden, wenn England zum Schutzzoll und einer Vorzugsbehandlung seiner Kolonien schreiten wollte. Ebenso dürfte dieses Prinzip demnächst wieder schärfer betont werden im Verkehr zwischen europäischen Staaten und der Union. Näheres darüber in Abschnitt XVII.

[1]) Siehe auch den Abschnitt „Chronologie", wo wir, soweit möglich, vermerkt haben, welche Reziprozitätsverträge noch gelten.

XIV.

Die Interpretation unseres amerikanischen und unseres argentinischen Vertrages.

In den Abschnitten IV—VIII haben wir eine große Anzahl von Verträgen aus der Zeit vor 1860 gegeben und getrachtet, daraus möglichst viel Material für die Erkenntnis des Wesens der früher geübten Meistbegünstigung und der Modalitäten ihrer Anwendung herauszuschälen. Wir glauben auf diese Weise eine ausreichende Grundlage zur Interpretation unseres amerikanischen und argentinischen Vertrages gewonnen zu haben. Fassen wir nunmehr das Ergebnis unserer Erörterungen zusammen!

Im Vertrag zwischen der Union und Preußen vom Jahre 1828 lautet im Originaltext:

Artikel V.

No higher or other duties shall be imposed on the importation into the United States of any article the produce, or manufacture of Prussia; and no higher or other duties shall be imposed on the importation into the Kingdom of Prussia of any article the produce or manufacture of the United States, than are or shall be payable on the like article being the produce or manufacture of any other foreign country. Nor shall any prohibition be imposed on the importation or exportation of any article the produce or manufacture of the United States or of Prussia, to or from the

Il ne sera imposé d'autres ni de plus forts droits sur l'importation dans les Etats-Unis, des articles provenant du sol ou de l'industrie du Royaume de Prusse; il ne sera imposé d'autres ni de plus forts droits sur l'importation dans le Royaume de Prusse des articles provenant du sol ou de l'industrie des Etats-Unis, que ceux qui sont ou seront imposés sur les mêmes articles provenant du sol ou de l'industrie de tout autre pays étranger. De même, il ne sera imposé sur l'importation ou sur l'exportation des articles provenant du sol ou de l'industrie des Etats-Unis ou du Royaume de Prusse,

ports of the United States, or to or from the ports of Prussia, which shall not equally extend to all other nations.

à l'entrée ou à la sortie des ports des Etats-Unis, ou de ceux du Royaume de Prusse, aucune prohibition qui ne soit pas également applicable à toute autre nation.

Artikel IX.

If either Party shall, hereafter, grant to any other nation any particular favor in navigation or commerce, it shall immediately become common to the other Party, freely, where it is freely granted to such other nation, or on yielding the same compensation, when the grant is conditional.

Si l'une des Parties contractantes accorde par la suite, à d'autres nations quelque faveur particulière en fait de commerce ou de navigation, cette faveur deviendra aussitôt commune à l'autre Partie, qui en jouira gratuitement, si la concession est gratuite, ou en accordant la même compensation si la concession est conditionelle.

Übersetzt ist diese Abmachung in der Gesetzessammlung für die Preußischen Staaten wie folgt:

Art. V. „Auf den Eingang der Erzeugnisse des Bodens oder des Kunstfleißes des Königreiches Preußen in die Vereinigten Staaten und auf den Eingang der Erzeugnisse des Bodens oder Kunstfleisses der Vereinigten Staaten in das Königreich Preußen sollen weder andere noch höhere Abgaben gelegt werden als diejenigen, welche auf dieselben Artikel, wenn sie Erzeugnisse des Bodens oder des Kunstfleisses irgend eines anderen fremden Landes [genauer: eines jeden anderen fremden Landes], gelegt sind oder gelegt werden möchten."

Art. IX. „Wenn von einem der kontrahierenden Teile in der Folge anderen Nationen irgend eine besondere Begünstigung in betreff des Handels oder der Schiffahrt zugestanden werden sollte, so soll diese Begünstigung sofort auch dem anderen Teile mit zugute kommen, welcher dieselbe, wenn sie ohne Gegenleistung zugestanden ist, ebenfalls ohne eine solche, wenn sie aber an die Bedingung einer Vergeltung geknüpft ist, gegen Bewilligung derselben Vergeltung genießen wird."

I. Staatssekretär Freiherr von Marschall erklärte im Reichstage: dieser Vertrag (von 1828) enthält in Art. V und IX nach unserer Auffassung die unbedingte Meistbegünstigung.

Der Wortlaut des Art. IX mußte es immer als eine Sisiphusarbeit erscheinen lassen, in unseren Vertrag mit der Union die schrankenlose, unbedingte Meistbegünstigung für die deutsche Einfuhr in die Vereinigten Staaten hineinzudeuten; und mit Recht konnte der amerikanische Staatssekretär der deutschen Regierung gegenüber sein Bedauern darüber zum Ausdruck bringen, daß diese „dem Art. IX jede Kraft und Wirkung neben (?) dem Art. V abspreche“. Die deutsche Regierung konnte darauf wenig erwidern. Es stehen allerdings zwischen Art. V und IX drei andere Artikel; und es wäre vielleicht besser gewesen, den Art. IX zum Art. VI zu machen. Es kann aber trotzdem mit dem besten Willen nicht angezweifelt werden, daß Art. IX mit dem Art. V im Zusammenhang steht, und daß wir auf Grund des Vertrages vom Jahre 1828 die schrankenlose Meistbegünstigung von den Vereinigten Staaten nie beanspruchen konnten.

Völlig außer Zweifel aber wird dieses gestellt, wenn man das Milieu und den Charakter des Zeitalters sich vor Augen hält, in welchem der Vertrag entstanden ist. Man kannte ja gegen Ende der zwanziger Jahre des vorigen Jahrhunderts die unbedingte Meistbegünstigung fast gar nicht mehr. Die Union völlig hat sie so gut wie nie gekannt. Hierüber noch viele Worte zu machen, dürfte nach den in Kapitel III—VII und XI gemachten Darlegungen überflüssig sein. In den preußisch-amerikanischen Vertrag die unbedingte Meistbegünstigung hineinzulegen, heißt nicht nur dem Wortlaut des Vertrages Gewalt antun, sondern auch Entwickelungsgeschichte und Inhalt des Meistbegünstigungsbegriffes ganz außer acht lassen.

Richtig ist, daß Art. V und IX zusammen die Meistbegünstigung enthalten, insofern Art. V den Gleichbenachteiligungszwang gegenüber anderen Staaten enthält, Art. IX den Gleichbegünstigungszwang, daß also die beiden Momente des Begriffes Meistbegünstigung in diesen Artikeln niedergelegt sind; aber der dort vereinbarte Gleichbegünstigungszwang ist kein unbedingter, sondern ein bedingter.

Auch die Reichsregierung, die sich früher in dem Glauben an unser Recht auf glatte Meistbegünstigung in der Union gewiegt, hat inzwischen den Rückzug angetreten, einen Rückzug, der teuer erkauft ist, der kein Ruhmesblatt in der Geschichte unserer Handelspolitik darstellt, der uns hätte erspart bleiben können, wenn man das gewiß ausgiebige Material an alten Reziprozitätsverträgen auch nur des Zollvereins, Preußens, Sachsens und der Hansastädte zu studieren Veranlassung genommen hätte.

Das jahrelange starre Festhalten der Reichsregierung an der Meinung, der Vertrag vom Jahre 1828 sei ein glatter Meistbegünstigungsvertrag, muß um so mehr auffallen, als man auch schon aus der Lektüre von beliebigen Verträgen der achtziger und neunziger Jahre hätte erkennen müssen, daß jener Vertrag kein glatter, sondern ein bedingter Meistbegünstigungsvertrag war.

Heute wird nämlich vielfach in der Meistbegünstigungsklausel vorgesagt, daß alle einem dritten Staate gewährten Begünstigungen, Vorrechte und Befreiungen dem Gegenkontrahenten „sofort und bedingungslos“, oder „sofort und ohne besondere Gegenleistung“, oder „sofort und von Rechts wegen“, oder „von selbst und unentgeltlich“, zugestanden werden müssen.

So heißt es z. B. im Handelsvertrag zwischen Großbritannien und Österreich-Ungarn vom 16. Dezember 1865:

Art. VII. „Die kontrahierenden Mächte kommen überein, daß jede Ermäßigung ihres Ein- und Ausfuhrzolltarifes, sowie jedes Privilegium, jede Begünstigung oder Befreiung, welche einer der vertragschließenden Teile den Untertanen oder dem Handel einer dritten Macht zugestehen würde, gleichzeitig und unbedingt dem anderen Teil zukommen soll.“

Im Vertrag zwischen Österreich-Ungarn und Dänemark vom 14. März 1887 lautete Art. II:

„Die hohen vertragenden Teile gewähren sich gegenseitig die Behandlung der meistbegünstigten Nation sowohl rücksichtlich der Einfuhr, der Ausfuhr, des Transits und überhaupt in allem, was sich auf Handelsvorteile, die Schiffahrt, die Ausübung des Handels oder der Industrie und die Zahlung von Gebühren von denselben bezieht.

Ebenso wird jede Herabsetzung, jedes Privilegium, jede Befreiung, Immunität oder Ausnahme, was immer für einer Art, welche sich auf die Erhebung von Eingangsabgaben im Gebiete eines der hohen vertragenden Teile beziehen, welche einer anderen Nation eingeräumt wurden oder künftig eingeräumt würden, ipso facto und unentgeltlich den Angehörigen des anderen Teiles gegenüber angewendet werden.“

Ein Jahr später vereinbarten Italien und Spanien unterm 26. Februar 1888:

Art. VIII „Jeder der hohen vertragschließenden Teile verpflichtet sich, den anderen unverzüglich und ohne Gegenleistung an jeder

Begünstigung, jedem Vorrecht oder jeder Herabsetzung in den Einfuhr- und Ausfuhrabgaben teilnehmen zu lassen, welche einer von ihnen einer dritten Macht eingeräumt hat oder noch einräumen möchte."

Aus den neunziger Jahren gedenken wir des Vertrages zwischen Deutschland und Rußland vom 10. Februar (29. Januar) 1894:

Art. VI. „Die russischen Boden- und Gewerbeerzeugnisse, welche in Deutschland, und die deutschen Boden- oder Gewerbeerzeugnisse, welche in Rußland eingeführt werden, sollen dort, sie mögen zum Verbrauch, zur Lagerung, zur Wiederausfuhr oder zur Durchfuhr bestimmt sein, der nämlichen Behandlung unterliegen und keinen höheren oder anderen Abgaben unterworfen werden, als die Erzeugnisse des in dieser Beziehung meistbegünstigten Landes. Insbesondere wird jede Begünstigung, jede Befreiung und jede Ermäßigung der in dem Generaltarif oder in den Vertragstarifen enthaltenen Eingangszölle, welche einer der vertragschließenden Teile einer dritten Macht dauernd oder zeitweise zugesteht, ohne weiteres und bedingungslos auf die Boden- oder Gewerbeerzeugnisse des anderen ausgedehnt werden";

sowie des Vertrages zwischen den Niederlanden und dem Oranje-Freistaat vom 9. April 1895:

Art. III. „Jede Herabsetzung des Tarifes, jedes Vorrecht, jede Freiheit, welche einer der hohen vertragschließenden Teile den Untertanen, dem Handel, den Boden- oder Gewerbeerzeugnissen einer dritten Macht gewähren wird, soll sofort und bedingungslos dem anderen vertragschließenden Teile zugestanden werden;"

und endlich des Vertrages zwischen Belgien und Japan vom 22. Juni 1896:

Art. XIV. „Die hohen vertragschließenden Teile kommen darin überein, daß in allen auf Handel und Schiffahrt bezüglichen Angelegenheiten jede Art von Vorrecht, Begünstigung oder Befreiung, welche der eine vertragschließende Teil der Regierung, den Schiffen, oder den Angehörigen oder Bürgern irgend eines anderen Staates gegenwärtig eingeräumt hat oder in Zukunft einräumen wird, sofort und bedingungslos auf die Regierung, die Schiffe oder die Angehörigen oder Bürger des anderen vertragschließenden Teiles ausgedehnt werden soll, da es ihre Absicht ist, daß Handel und Schiffahrt eines jeden Landes von dem anderen in allen Beziehungen auf den Fuß der begünstigtsten Nation gestellt werden sollen." [1])

---

[1]) Ebenso lauteten Art. XVI des Vertrages zwischen Deutschland und Japan vom 4. April 1896, Art. XIV des Vertrages zwischen Japan und den Niederlanden vom 8. September 1896, Art. X des Vertrages zwischen der

Die Worte „bedingungslos“, „unentgeltlich“ usw. in der jetzt gebräuchlichen Formulierung der Meistbegünstigungsklausel sind ein Memento an jene Zeiten, wo die unbedingte Meistbegünstigung eine große Seltenheit war. Diese Zusätze deuten darauf hin, daß man einmal eine Meistbegünstigung kannte und übte, die nicht von selbst und nicht unentgeltlich, nicht ohne besondere Gegenleistungen, nicht bedingungslos den Gegenkontrahenten in den Besitz der Begünstigungen setzte, welche dritten Staaten zugestanden worden waren. Und das war eben die Meistbegünstigung, die im Vertrag zwischen Preußen und der Union vom Jahre 1828 vereinbart worden ist.

Selbst aus neueren Verträgen heraus hätte man also zur richtigen Deutung des Vertrages vom Jahre 1828 kommen können. Denn die neueren Verträge tragen in der Formulierung der Meistbegünstigungsklausel noch die Eierschalen der Entwickelung der unbedingten Meistbegünstigung aus der bedingten Meistbegünstigung heraus an sich.

Nachdem man nun neuestens dem Art. IX des preußisch-amerikanischen Vertrages auch regierungsseitig die ihm gebührende Würdigung zukommen läßt, erübrigt noch, eine Erklärung des Zusammenhanges zwischen Art. V und IX zu geben.

II. Staatssekretär v. Bülow versuchte eine solche in der Reichstagssitzung vom 11. Februar 1899:

„Aus diesen Abmachungen (Art. V und IX) haben wir stets gefolgert, daß uns hinsichtlich aller Zollfragen die unbeschränkte Meistbegünstigung zusteht, daß wir dagegen auf etwaige besondere Begünstigungen anderer Art, die von seiten der Union dem Handel und der Schiffahrt eines dritten Staates gegen Entgelt gewährt werden, nur dann Anspruch machen können, wenn auch wir uns zu entsprechenden Gegenleistungen an die Vereinigten Staaten verstehen. Dieser Auffassung haben wir durch unser zollpolitisches Verhalten tatsächlich Rechnung getragen.

Im Gegensatz hierzu vertritt die amerikanische Regierung die Ansicht, daß die im Art. IX des Vertrages enthaltene Einschränkung allgemein gedacht und also auch in Zollfragen maßgebend sei, der Art. V also durch Art. IX eingeschränkt werde.

Schweiz und Japan vom 10. November 1896. Ein andermal glaubt Japan, wie schon erwähnt, daß das Setzen einer Bedingung zum Begriff Meistbegünstigung gehöre. S. S. 31 und S. 237.

Die verbündeten Regierungen vermögen nicht von der ihrerseits stets festgehaltenen Anschauung abzugehen, zu der sie sich nach dem wohl erwogenen Sinne und Wortlaut des Vertrages für berechtigt erachten."

Von allen Versuchen, die unstimmigen Art. V und IX in Übereinstimmung zu bringen, ist dieser wohl derjenige, den man am leichtesten widerlegen kann.

Staatssekretär v. Bülow sagte: Die Frage der Zölle ist in Art. V erschöpfend geregelt. Wenn nun Art. IX von Begünstigungen betreffend Handel und Schiffahrt spricht, so fallen die Zölle, deren Regelung schon im Art. V zustande kam, nicht mehr darunter. Die Abmachung in Art. IX, daß der Mitgenuß von Vergünstigungen „in Handels- und Schiffahrtssachen" an die Gewährung von Gegenleistungen gebunden sei, erleidet also auf die Zölle keine Anwendung; hier (Art. V) gilt keinerlei Bedingung; es besteht keinerlei Zusammenhang zwischen Art. V und IX.

Diese Argumentation ist hinfällig,

1. weil Art. V. die Meistbegünstigung nur nach der negativen Seite hin festlegte. Staatssekretär v. Bülow, bezw. der betreffende Referent, hat eine falsche Brille aufgesetzt, als er den Art. V studierte. Er las ihn sozusagen mit der neumodischen Brille, während er die altmodische hätte hervorholen müssen, jene Brille, mit der Verträge vor 1860 zu lesen sind. Und dann hätte er, (namentlich unter Heranziehung des französischen Textes, wo von einem tout autre pays étranger die Rede ist), gefunden, daß die Frage der Zölle in Art. V nur dahin geregelt ist, daß man den Gleichbenachteilungszwang gegenüber anderen Staaten vereinbarte. Näheres darüber unter Z. III dieses Abschnittes. Der Umstand, daß heute die Formel in Art. V des preußisch-amerikanischen Vertrages fälschlicherweise oft zur Vereinbarung der „Meistbegünstigung" benutzt wird (s. S. 234), verleitete den Staatssekretär zu glauben, solches sei auch im preußisch-amerikanischen Vertrag der Fall gewesen.

2. Die Argumentation ist aber auch unangängig im Hinblick auf analoge Bestimmungen in anderen Verträgen.

Um einige Beispiele anzuführen, verweisen wir auf den Handelsvertrag zwischen Portugal und Preußen vom 20. Februar 1844 (s. S. 125), wo in Art. XII von Privilegien in Beziehung auf „Handel und die Schiffahrt“ gesprochen und daran folgende Bemerkung geknüpft wird: „Insbesondere ist man darüber einverstanden, daß in dem Falle des Zugeständnisses an dritte Staaten die Gegenkontrahenten auch ihrerseits sich gegenseitig die Ermäßigungen der Abgaben auf die gegenseitigen Erzeugnisse des Bodens- oder des Kunstfleißes bewilligen, desgleichen **andere** Vorteile oder besondere Begünstigungen in Beziehung auf Handel und Schiffahrt“ usw. Der Mitgenuß an den Zollvergünstigungen wird hier also unter dem Gesichtspunkt der Reziprozität geregelt; die Ermäßigung der Zölle wird als Teil der Privilegien von „Handel und Schiffahrt“ angesehen.

In Art. XXXIII des Vertrages zwischen dem Zollverein und den Niederlanden vom 31. Dezember 1851 (s. S. 117) ist die Rede von Konzessionen in Beziehung „auf Handel und Zölle“.

Im Vertrag zwischen Sardinien und Oldenburg vom 21. April 1846 (s. S. 127) ist die Rede von „faveurs en matière de douane et de navigation“.

Um auch Verträge anderer Nationen heranzuziehen, verweisen wir darauf, daß in den in Abschnitt VII gedachten russischen Verträgen die Reziprozität vereinbart wird „in Sachen des Handels, der Zölle und der Schiffahrt“, (Vertrag mit den Niederlanden, S. 97) und „was Zoll- und Schiffahrtsabgaben betrifft“, (Vertrag mit Frankreich, S. 98).

Der sardinische Vertrag mit Großbritannien (s. S. 110) spricht von der Reziprozität in „Zoll- und Schiffahrtsabgaben“.

Daß Portugal und Sardinien, nachdem sie im Vertrage vom Jahre 1850 (s. S. 108) die Reziprozität für Handel und Schiffahrt festgelegt hatten (Art. X, Absatz I), im zweiten Abschnitt es als „ausdrücklich verabredet“ bezeichneten, daß „die Zollermäßigungen“ auch unter die Reziprozität fallen, sowie der Umstand, daß dieser Abschnitt von Zollermäßigungen und **anderen** besonderen Vorteilen oder Begünstigungen des „Handels oder der Schiffahrt“ redet, ist nur geeignet, eine weitere Stütze für unsere Auffassung abzugeben, daß unter Sachen des „Handels und der Schiffahrt“ nach damaliger Auffassung (ebenso wie nach der heutigen) die Zölle mit verstanden waren.

Der Vertrag zwischen Bolivien und Belgien vom Jahre 1860 (Art. XXI) stipuliert die Reziprozität für „alle Begünstigungen oder Befreiungen, die von einem der vertragenden Teile den Untertanen eines anderen Staates in Zollsachen eingeräumt sind oder zugestanden werden möchten."

Der Vertrag zwischen Uruguay und Belgien (1853) legt die Reziprozität fest, „hinsichtlich aller Zoll- und Schiffahrtsabgaben".

In Art. XXV des Vertrages zwischen Belgien und Guatemala wird die Reziprozität wieder vereinbart für „tout ce qui concerne les droits de douane et de navigation". (Text s. S. 55 Anm. 1.)

Im Vertrag zwischen Peru und Belgien (1850) lautete Art. XXI:

„In allem, was die Zoll- und Schiffahrtsabgaben betrifft, versprechen sich die hohen vertragenden Teile gegenseitig, keinem anderen Staate irgend eine Begünstigung, ein Vorrecht oder eine Befreiung zu bewilligen, welche nicht auch augenblicklich auf ihre Untertanen übergehen, und zwar unentgeltlich, wenn die Begünstigung unentgeltlich war, und gegen dieselbe Gegenleistung oder dasselbe Äquivalent, wenn die Bewilligung eine bedingte war.

Weder der eine noch der andere der beiden vertragenden Teile wird den in seinen Häfen eingeführten Boden- oder Gewerbeerzeugnissen des andern Teiles andere oder höhere Eingangs- oder Wiederausfuhrabgaben als diejenigen auferlegen, welche der Einfuhr oder Wiederausfuhr derselben Waren jedes anderen fremden Landes (tout autre pays étranger; cualquier otro pais estrangero) auferlegt werden".

Im Vertrag zwischen Österreich und Griechenland vom Jahre 1835 Art. VIII (und ebenso im Vertrag zwischen Griechenland und Schweden-Norwegen vom Jahre 1836) heißt es:

Art. VIII. „Die rohen und verarbeiteten Produkte der Staaten eines jeden der hohen kontrahierenden Teile, deren Einfuhr in die Staaten des anderen gesetzlich gestattet ist, sollen keinen höheren oder anderen, was immer für einen Namen führenden Abgaben unterliegen, als von den Erzeugnissen der nämlichen Gattung, welche aus einem anderen Lande kommen, gegenwärtig oder künftig gefordert werden, den Fall ausgenommen, wo in den Staaten der einen der beider Regierungen die Abgaben von den rohen und verarbeiteten Erzeugnissen eines anderen Landes infolge eines formellen Traktats und nach Zusicherung besonderer Handelsvorteile oder einer gegenseitigen Verminderung der Abgaben herabgesetzt würden; in diesem Falle wird die andere Regierung nur dann die gleiche Verminderung der Abgaben ansprechen können, wenn sie gleiche Vorteile anbietet, und erst in dem Augenblicke in den Genuß derselben treten, da sie diese Gegenvorteile oder ein angemessenes Äquivalent zugesichert hätte, sofern sie keine vom nämlichen Umfange und von gleicher Art anbieten könnte. In jedem Falle werden dann die beiden Regierungen ein besonderes Übereinkommen in dieser Hinsicht treffen müssen."[1])

Dieser Art. VIII besagt bei näherem Hinsehen nichts anderes als die Art. V und IX des Vertrages zwischen Preußen und der Union vom Jahre 1828 zusammengenommen. Er tut in bündigster Weise dar, daß

1. die Reziprozität sich auch auf die Zölle erstreckt,

2. daß der Art. V des preußisch-amerikanischen Vertrages sich nicht auch auf die Zollermäßigungen bezieht, welche einem dritten Staate zugestanden werden; und endlich

3. daß der Art. V des preußischen Vertrages demnach nur die gegenseitige Zusicherung des Generaltarifes zum Gegenstand haben kann. Denn von einer „glatten Meistbegünstigung" in Zollsachen bleibt, wenn die einem dritten Staate vertraglich zugestandenen Zollermäßigungen nicht ohne weiteres in Anspruch genommen werden können, sondern besonders erkauft werden müssen, eben nichts anderes übrig als der Generaltarif.

Im Vertrag zwischen Griechenland und Belgien vom Jahre 1840 (Art. IX) und im Vertrag zwischen Frankreich und Belgien vom Jahre 1849 (Art. XII) (s. S. 120) wird die Reziprozität vereinbart für „les droits de douane et de navigation", desgleichen im Vertrag zwischen Portugal und Frankreich (s. S. 122).

[1]) Ein zwischen Griechenland und Dänemark am 1. Oktober 1846 vereinbarter Vertrag besagte folgendes:

Artikel XIII: „Es ist festgesetzt worden, daß in dem Fall, wo die eine der beiden Regierungen eine Herabsetzung der Abgaben von rohen oder verarbeiteten Erzeugnissen eines anderen Teiles eintreten lassen, oder demselben infolge einer förmlichen, besondere Handelsbegünstigungen verheißenden Akte andere Vorteile zugestehen möchte, die andere der den gegenwärtigen Vertrag abschließenden Regierungen verpflichtet sein wird, solange selbige nicht ausdrücklich auf den Genuß solcher Vorteile verzichtet hat, der mitkontrahierenden Regierung entsprechende Begünstigungen einzuräumen, so daß der Austausch den Staaten der beiden kontrahierenden Regierungen gleich vorteilhaft werde."

In einer sehr großen Anzahl von Verträgen findet sich also eine ausdrückliche Abmachung, daß die Reziprozität auch in Zollsachen gelte.

In den gleichen Verträgen aber geht der Abmachung, daß die Reziprozität auch für Zölle gilt, daß also jede Zollminderung besonders erkauft werden muß, eine Vereinbarung voraus, daß die gegenseitige Einfuhr mit keinen höheren Zöllen belegt werden darf, als die Waren aus „irgend einem anderen Lande"; besser „aus jedem anderen Lande".[1]) Wenn nun aber ausgesprochen wird, daß Zollvergünstigungen besonders zu erkaufen sind, so ist es ganz klar, daß die Vereinbarung: die gegenseitige Einfuhr darf mit keinen höheren Zöllen belastet werden als die Einfuhr aus „irgend einem anderen Lande", (besser aus jedem anderen Lande), **nicht die glatte Meistbegünstigung enthalten kann.**

In den Verträgen Deutschlands mit der Union (und mit Argentinien) ist nun bei der Vereinbarung der Reziprozität nicht direkt von Zöllen die Rede, sondern von „particular favor in navigation or commerce". Wir dächten aber, daß Zölle an und für sich mit zu den Angelegenheiten des Handels gehörten, sogar deren Hauptbestandteil bildeten; und außerdem haben wir an mehreren Beispielen dergetan, daß man die Zölle auch wirklich unter die Angelegenheiten „des Handels und der Schiffahrt" rechnete.

Es wäre auch eine Anomalie gewesen, das Prinzip strenger Abwägung von Leistung und Gegenleistung im Verkehr zweier Nationen bezüglich der Konsuln und diplomatischen Vertreter aufzustellen, es aber für die Zölle, den wichtigsten Punkt des Verkehrs, nicht gelten zu lassen. Es wäre höchst sonderbar gewesen, wenn man die staats- und steuerrechtliche Stellung der gegenseitigen Untertanen unter die Geltung der Reziprozität gestellt hätte, die Einfuhrzölle hingegen, das Wichtigste am ganzen Vertrag, nicht darunter hätte begreifen wollen. Einfuhrzölle, Flaggenzölle, Tonnengebühren

[1]) Oder eine dem Art. V des preußisch-amerikanischen Vertrages entsprechende Abmachung fehlt gänzlich, woraus sich ohne Weiteres der Schluß ziehen läßt, daß diese Formel die glatte Meistbegünstigung nicht enthielt; sonst hätte man sie schwerlich weggelassen. (S. S. 100 und 110.)

etc., das waren ja die Materien, für welche man sozusagen die Reziprozität direkt erfand.

Die Regelung der Zölle war also zweifellos, soweit Zollminderungen in Betracht kamen, in Art. IX unseres Vertrages mit der Union mitbeabsichtigt worden. Der Versuch des Staatssekretärs v. Bülow, die Art. V und IX dadurch übereinstimmen zu machen, daß man sagt, Art. IX beziehe sich nicht mehr auf die Zölle, diese Materie sei bereits in Art. V vollständig geregelt, dürfte also aus mehr denn einem Grund als gescheitert zu betrachten sein.

Wie sehr diese Auslegung an Äußerlichkeiten haftet, zeigt insbesondere auch der Vertrag der Union mit Venezuela (1860). Dieser besagt in dem einem Art. IX das, was in den zwei Art. V und IX des preußischen Vertrages festgelegt ist, und tut also auf das Deutlichste klar, daß auch zwischen Art. V und IX des preußischen Vertrages ein Zusammenhang besteht, im Gegensatz zu den Erklärungen des Staatssekretärs v. Bülow. Der Art. IX lautet:

No higher or other duties shall be imposed on the importation of any article the growth, produce or manufacture of the United States or their fisheries, or of Venezuela and her fisheries, from or to the ports of the United States or Venezuela, which shall not equally extend to every, [das „any“ in anderen Verträgen ist im Sinne von „every“ gebraucht,] other foreign country. If, however, either party shall herafter grant to any other nation any particular favour in navigation or commerce it shall immediately become common to the other party, freely, etc.

Ähnlich lautete der Vertrag zwischen der Union und Sizilien vom Jahre 1845, Art. I:

No duty of customs, or other impost, shall be charged upon any good the produce or manufacture of one country, upon importation by sea or by land from such country into the other, other or higher than the duty or impost charged upon goods of the same kind, the produce or manufacture of, or imported from, any other country; and the United States of America and His Majesty the King of the Kingdom of the Two Sicilies do hereby engage that the subjects or citizens of any other State shall not enjoy any favour, privilege, or immunity whatever, in matters of commerce and navigation, which shall not also and at the same time be extended to the subjects or citizens of the other high contracting party, gratuitously if the concession in favour of that other State shall have been gratuitous, and in return for a compensation, as nearly as possible of proportionate value and effect, to be adjusted by mutual agreement, if the concession shall have been conditional.

Staatssekretär v. Bülows Interpretation wäre zur Not haltbar gewesen, wenn der Art. V im preußisch-amerikanischen Vertrag so gefaßt wäre wie die Art. III und IV im Vertrag zwischen Deutschland und Haiwai vom 25. März 1879:

Art. III. „Die hohen vertragenden Teile kommen ausdrücklich dahin überein, daß jede Vergünstigung, jedes Vorrecht oder jede Befreiung, welcher Art sie auch sei, welche in betreff des Handels und Verkehrs und der Schiffahrt (unbeschadet des vorhin erwähnten Küsten- oder solchen anderen Handels, welchen sie durch Gesetze ausschließlich ihren beiderseitigen Angehörigen oder Bürgern vorbehalten können,) einer von ihnen den Angehörigen oder Bürgern ihres eigenen oder irgend eines dritten Landes gegenwärtig gewährt hat oder künftig gewähren möchte, den Angehörigen oder Bürgern des andern Teiles unter denselben Bedingungen und Vorschriften zu Teil werden soll. Und zwar ohne Entgelt, wenn eine solche Gewährung unentgeltlich erfolgt sein sollte, oder (unbeschadet der in den folgenden Artikeln behandelten Fragen der Zollabgaben), wenn die Bewilligung eine bedingte gewesen sein sollte, gegen eine Entschädigung usw."

Art. IV. „Bei der Einfuhr nach den hawaischen Inseln sollen auf keine im Deutschen Reich hervorgebrachten Erzeugnisse oder verfertigten Gegenstände und bei der Einfuhr in das Deutsche Reich sollen auf keine auf den hawaischen Inseln hervorgebrachten Erzeugnisse oder verfertigten Gegenstände andere oder höhere Zölle gelegt werden, als von dem gleichartigen Gegenstande zu entrichten sind, welche in einem anderen fremden Lande hervorgebracht, erzeugt oder verfertigt werden." [1])

---

[1]) Welcher Art ist die Meistbegünstigung, die hier vereinbart wurde? Ist die volle Meistbegünstigung vereinbart worden? Streng genommen: nein!

Die eine Seite der Meistbegünstigung, der Gleichbegünstigungszwang, ist in Art. III geregelt; die Zölle sind hier expressis verbis nicht einbegriffen. Ihre Regelung ist vielmehr dem Art. IV vorbehalten worden, und dieser stipulirt nur den Gleichbenachteiligungszwang gegenüber anderen Staaten.

Diese Unterscheidung der beiden Elemente ist keine Spielerei; das Bewußtsein dieser Doppelnatur der Meistbegünstigung ist vielmehr heute noch lebendig, z. B. im Vertrag zwischen Japan und Siam vom 25. Februar 1898:

Art. VI. „Bei der Einfuhr in die Gebiete und Besitzungen Seiner Majestät des Königs von Siam sollen auf die Gegenstände, welche in den Gebieten und Besitzungen Seiner Majestät des Kaisers von Japan erzeugt und verfertigt sind, von welchem Platze sie auch kommen mögen, und bei der Einfuhr in die

In diesem Vertrag vom Jahre 1879 wurde ausdrücklich gesagt, daß die Reziprozität auf die Zollabgaben keine Anwendung findet. Man hielt es der Mühe wert, diese Ausnahme von der Anwendung der Reziprozität auf Handel und Schiffahrt festzulegen; und dies beweist eben, daß ohne ausdrückliche Ausnahme die Geltung der Reziprozität auf die Eingangszölle mit zu erstrecken gewesen wäre.

In Summa: Es besteht, entgegen den Erklärungen des Staatssekretärs v. Bülow, ein Zusammenhang zwischen Art. V und IX des Vertrages vom Jahre 1828; in **beiden** Artikeln haben die **Zölle** eine **Regelung** erfahren. Es ist ein Irrtum, wenn Staatssekretär v. Bülow annahm, unter den Angelegenheiten „des Handels und der Schiffahrt“ in Art. IX seien die Zölle nicht inbegriffen. (S. auch die Erörterungen auf S. 37.)

Eine andere Frage ist aber die, ob Art. IX den Art. V einschränkt. Wir glauben, daß solches nicht der Fall ist, weil die beiden Artikel zwar dieselbe Materie, die Meistbegünstigung, aber verschiedene Seiten des Begriffes behandeln.

III. Der Artikel V des preußischen Vertrages vom Jahre 1828 gilt nämlich nur für den Generaltarif und besagt: im **General-**

Gebiete und Besitzungen Seiner Majestät des Kaisers von Japan sollen auf die Gegenstände, welche in den Gebieten und Besitzungen Seiner Majestät des Königs von Siam erzeugt oder verfertigt sind, von welchem Platze sie auch kommen mögen, keine anderen oder höheren Zölle gelegt werden, als auf die gleichartigen Gegenstände, welche in irgend einem fremden Lande erzeugt oder verfertigt sind; auch soll bezüglich eines in den Gebieten und Besitzungen des einen der hohen vertragsschließenden Teile erzeugten oder verfertigten Gegenstandes, von welchem Platze derselbe auch kommen mag, kein Verbot der Einfuhr in die Gebiete und Besitzungen des anderen aufrechterhalten und erlassen werden, welches nicht ebenso die Einfuhr des gleichartigen Gegenstandes aus irgend einem anderen Lande trifft.“

Art. XIII. „Die hohen vertragsschließenden Teile kommen darin überein, daß in allen auf Handel, Gewerbe und Schiffahrt bezüglichen Angelegenheiten jede Art von Vorrecht, Begünstigung oder Befreiung, welche der eine vertragsschließende Teil der Regierung, den Angehörigen, Bürgern, Schiffen oder Waren irgend eines anderen Staates gegenwärtig eingeräumt hat oder in Zukunft einräumen wird, sofort und bedingungslos auf die Regierung, die Angehörigen, die Schiffe oder die Waren des anderen vertragsschließenden Teiles ausgedehnt werden soll, da es ihre Absicht ist, daß Handel, Gewerbe und Schiffahrt eines jeden Landes von dem anderen in allen Beziehungen auf den Fuß der meistbegünstigten Nation gestellt werden soll.“ (S. auch Anm. 1 S. 246.)

tarif darf nicht differenziert werden. Der Art. V enthält nur die Vereinbarung des Gleichbenachteiligungszwanges im Verkehr mit anderen Nationen, nicht auch das Prinzip des Gleichbegünstigungszwanges. Das erhellt vor allem aus dem Material, das kein anderer als Staatssekretär Graf Posadowsky zu der Frage geliefert hat. Dieser erklärte in der Sitzung des Reichstags vom 11. Februar 1899:

„Insbesondere auf Grund des Vertrages von 1828 mit Preußen halten wir prinzipiell daran fest, daß uns die unbeschränkte Meistbegünstigung in Amerika zusteht.[1])

In Amerika selbst ist man in Beziehung auf die Bedeutung der Meistbegünstigungsklausel früher anderer Ansicht gewesen. Es liegt hier z. B. ein recht interessantes Schriftstück vor, ein Zirkularschreiben des Schatzsekretärs der Vereinigten Staaten vom 5. August 1844. Durch eine Akte(!) des amerikanischen Kongresses vom Jahre 1842 Sektion 8 § 5 war österreichischer Wein in Flaschen in Amerika höher tarifiert worden als die sizilianischen Weine in Flaschen; dagegen erhob die österreichische Regierung Einspruch. In einem mir hier allerdings nur im Druck vorliegenden Zirkularerlaß des amerikanischen Schatzsekretärs wird ausgeführt, daß dieses Vorgehen Amerikas, den österreichischen Flaschenwein höher zu tarifieren als den sizilianischen, dem § 5 des Handelsvertrages [man merke wohl: es handelt sich um Art. V des österreichisch-amerikanischen Vertrages, der mit Art. V unseres Vertrages wörtlich übereinstimmt; nicht um Art. IX!] nicht entspreche, der zwischen Österreich und den Vereinigten Staaten am 27. August 1829 abgeschlossen sei.

..... Das Rundschreiben [des amerikanischen Schatzsekretärs] fährt fort:

Die vertragsmäßigen Abreden müssen mit der größten Gewissenhaftigkeit ausgeführt werden. Die politische Loyalität der Vereinigten Staaten steht über jeder Handelsfrage und jedem Preise. Der Kongreß der Vereinigten Staaten, als er den Akt von 1842 annahm, hat ausdrücklich erklärt, daß keine Interpretation beliebt werden soll und keine Anwendung dieser Akte stattfinden darf, welche geeignet wäre, die vertragsmäßigen Abmachungen, die mit fremden Staaten existieren, irgendwie zu verschieben.

Meine Herren, es ist interessant, daß dieser § 5 des im Jahre 1829 von der österreichischen Regierung mit den Vereinigten Staaten ab-

[1]) Aus Abschnitt VI und VII dieser Schrift, dächten wir, geht als ständige Praxis der Union hervor, daß sie die bedingte, nicht die unbedingte, also auch nicht die unbeschränkte Meistbegünstigung stipuliert.

geschlossenen Handelsvertrages wörtlich übereinstimmt mit dem § 5 des zwischen Preußen und den Vereinigten Staaten im Jahre 1828 abgeschlossenen Handelsvertrages, und daß der österreichische Handelsvertrag einen § 9 hat, der wörtlich übereinstimmt mit dem § 9 des preußischen Vertrages mit Amerika. Die §§ 5 und 9 der beiden Verträge stipulieren aber die gegenseitige [bedingte!!] Meistbegünstigung.

Hier war also in einem amtlichen Aktenstück anerkannt, daß eine Differenzierung österreichischer Produkte gegenüber irgend einem anderen Staate auf Grund des § 5 des Vertrages zwischen Österreich und den Vereinigten Staaten nicht für zulässig zu erachten ist. Da aber beide Verträge in ihrem Wortlaut über die Meistbegünstigung identisch sind, glaube ich allerdings, daß die verbündeten Regierungen in ihrem Rechte sind, wenn sie grundsätzlich daran festhalten, daß auch deutsche Produkte gegenüber Amerika die allgemeine Meistbegünstigung besitzen."

Mit Verlaub, — so ist es nicht! Staatssekretär Graf Posadowsky traf mit diesen Erklärungen nur den Busch, aber nicht den dort sitzenden Hasen. Er wollte beweisen, daß Österreich-Ungarn (und damit auch Deutschland) in den Vereinigten Staaten glattweg meistbegünstigt sei; er hat aber nur bewiesen, daß man im amerikanischen Generaltarif nicht Sonderzölle gegen Österreich-Ungarn zugunsten Siziliens aufrichten dürfe. Er legte nur dar, daß der Kongreß im Hinblick auf Art. V nicht in den allgemeinen Tarif hineinschreiben könne: österreichisch-ungarischer Wein zahlt soviel Zoll, sizilischer aber einen geringeren Betrag. Er legte nur dar, daß Art. V im Bezug auf die Sätze des Generaltarifes den Gleichbenachteiligungszwang gegenüber anderen Staaten normierte.

Wie aber steht es mit dem Gleichbegünstigungszwang? mit „besonderen Begünstigungen in betreff des Handels oder der Schiffahrt", welche die Amerikaner im Wege von Verträgen dritten Nationen im Austausch von Gegenleistungen gewähren (Art. IX)? Hat die Wiener Regierung diesen Art. IX angezogen, um gegen die Differenzierung österreichischer Weine in dem betreffenden amerikanischen Gesetze anzugehen? Mit nichten! Die ganze Beweisführung des Staatssekretärs Graf Posadowsky hat also nicht dargelegt, daß wir auf Grund des Art. IX die glatte Meistbegünstigung beanspruchen können, was er eigentlich beweisen wollte, sondern daß man im Hinblick auf Art. V im amerikanischen Generaltarif nicht differenzieren darf.

Bezüglich des Generaltarifes sind wir, — wenn man so sagen darf, — in der Union glattweg meistbegünstigt; aber nicht bezüglich „besonderer Begünstigungen“, die gegen Entgelt an dritte Nationen weggegeben werden. Die müssen wir besonders erkaufen. Wenn also Graf Posadowsky mit seiner Bezugnahme auf den österreichisch-ungarischen Streitfall aus dem Jahre 1842 beweisen wollte, daß wir ohne weiteres im Jahre 1898 die seitens der Union vertraglich an Frankreich gewährten entgeltlichen Vergünstigungen (s. S. 214) beanspruchen konnten, so ist er diesen Beweis schuldig geblieben; denn diese Vergünstigungen fielen eben nicht unter Art. V, sondern unter Art. IX. Und bis zu diesem Artikel trug die Büchse des Staatssekretärs des Reichsamtes des Innern nicht.

Der Art. V unseres Vertrages mit der Union legt fest, daß die beiden Kontrahenten im Generaltarif nicht differenzieren dürfen. Den bündigsten Beweis dafür hat, wie vorstehend gezeigt, der Staatssekretär des Innern erbracht. Die Richtigkeit dieser unserer Anschauungen ergibt sich ferner auch aus dem Parallelismus der Bestimmungen des Art. V, der in seinem zweiten Teil bestimmt: Ausfuhr- und Einfuhrverbote müssen generell ergehen, dürfen nicht speziell gegen den anderen Vertragsteil erlassen werden. Und ebenso sagt der erste Teil: Tariffestsetzungen haben generell zu erfolgen; im Generaltarif können auf die gegenseitige Einfuhr keine höheren Zölle normiert werden als die für die sonstige Einfuhr geltenden. Art. V hat zum Inhalt die Stipulierung, daß no discrimination in duties on account of nationality of imports stattfinden dürfe (s. S. 31), d. h. daß die Einfuhr aus Preußen nach der Union und umgekehrt fürs erste den Zöllen unterliege, die auf die Einfuhr aller Nationen erhoben würden. Er besagt nichts anderes als z. B. Art. VIII des Vertrages zwischen dem Zollverein und den Niederlanden vom Jahre 1839, durch den sich die Kontrahenten verpflichteten:

a) „kein Ein- oder Ausfuhrverbot anzuordnen, welches die Ein- oder Ausfuhr der Staaten des anderen Teiles treffen würde, während diejenigen dritter Länder bei Gegenständen derselben Gattung davon unberührt blieben;

b) die gegenseitigen Ein- oder Ausfuhren, ohne Unterschied des Landes, woher sie kommen, oder wohin sie bestimmt sind, zu Gunsten der Regierungen, noch der Kommunen mit anderen oder höheren Zöllen, Abgaben oder Lasten irgend einer Art zu belegen, als mit denjenigen, welche in den in Kraft stehenden Tarifen und Gesetzen **allgemein** festgesetzt sein werden".

Er hat den gleichen Inhalt wie der erste Teil des Art. V des Vertrages zwischen Frankreich und Toscana (s. S. 13), wo gesagt wird, daß die Parteien sich das Recht vorbehielten, ihre allgemeinen Tarife zu ordnen, wie ihnen dies gut dünke, und daß die gegenseitige Einfuhr keine höheren Zölle zu zahlen brauche als eben die für die Einfuhr „aus irgend einem (im Originaltext hieß es vermutlich: jedem) anderen europäischen Staate" geltenden Sätze — des Generaltarifs. Er besagt genau dasselbe wie Abs. 2 des Art. XVI des Vertrages zwischen Peru und Belgien vom 18. August 1874 (s. S. 237), nämlich daß keine „Differenzial- oder höheren Zölle" auf die gegenseitige Einfuhr gelegt werden dürften als auf die Waren aus irgend einem (besser: jedem) anderen Lande. Die Zölle auf die gegenseitige Einfuhr dürften sich als keine besonderen Lasten (s. Vertrag zw. Peru und Guatemala S. 52) darstellen.

Daß man mit Art. V des Vertrages vom Jahre 1828 nur den Generaltarif im Auge hatte, ergibt sich auch ohne weiteres aus den analogen Bestimmungen des Vertrages Griechenlands mit Preußen und Sachsen (s. S. 124), wo gesagt wurde: Einfuhr- und Ausfuhrverbote und primär auch die Eingangsabgaben haben generell zu gelten; ebenso des Vertrages Sardiniens mit Oldenburg und den Hansastädten (S. 127); des preußisch-brasilianischen Vertrages (S. 56); und endlich aus der Haltung der Union beim Vertrag mit Portugal (S. 85).

Hier wurde direkt gesagt, daß die meistbegünstigte Nation fürs erste nur Anspruch auf den Generaltarif hat; daß die Formel: die gegenseitige Einfuhr ist zu behandeln wie die aus „irgend einem anderen" [jedem anderen] Land, keine Ansprüche auf Tarifabschläge begründe.

Deutlicher als in Art. V des preußischen Vertrages mit der Union kommt die mit der betreffenden Stipulierung verfolgte Absicht zum Ausdruck in Art. XV des Vertrages Großbritanniens mit der Union (1794), der von „all other nations“ spricht (s. S. 198). Ebenso im Vertrag Venezuelas mit der Union (s. S. 253).

Daß das Handelsarchiv oftmals tout autre pays étranger ungenau übersetzt, daß es in vielen Verträgen „jedes andere Land“ heißen muß, wo im Handelsarchiv „irgend ein anderes fremdes Land“ aufmarschiert, haben wir des öfteren festzustellen Veranlassung genommen.

Wie schon mehrfach auseinandergesetzt (s. Abschnitt II, ferner S. 62 und ff.) stecken im Begriff der Meistbegünstigung zwei Momente: der Gleichbegünstigungszwang und der Gleichbenachteiligungszwang gegenüber anderen Staaten. Den letzteren regelt Art. V unseres Vertrages mit der Union.

Dieser Parallelismus, diese Festlegung der zwei Seiten der Meistbegünstigung, findet sich, nebenbei gesagt, auch noch in Verträgen neueren und neuesten Datums. So z. B. im Vertrag zwischen Japan und Siam (s. S. 254) und im Vertrag zwischen Ägypten und Italien vom 1. Februar 1892.

Art. II. „Die Ägyptischen Boden- und Industrieerzeugnisse jeder Art sollen bei der Einfuhr in Italien, und umgekehrt die Italienischen Boden- und Industrieerzeugnisse jeder Art bei der Einfuhr in Ägypten ohne Rücksicht auf die Herkunft keinen anderen oder höheren Abgaben unterliegen als denjenigen, welche seitens eines jeden (!) anderen fremden Landes für die Einfuhr gleichartiger Boden- und Industrieerzeugnisse zu entrichten sind; ebenso wird gegen die Boden- und Industrieerzeugnisse des einen oder des anderen der vertragschließenden Teile ohne Rücksicht auf Herkunft keinerlei Einfuhrverbot aufrecht erhalten oder erlassen werden, welches sich nicht in gleicher Weise auf die Einfuhr des nämlichen Boden- oder Industrieerzeugnisses eines jeden anderen fremden Landes erstrecken würde.“

Art. IV. „Die vertragschließenden Teile vereinbaren, daß in bezug auf alles, was den Handel, die Schiffahrt, die Höhe, die Sicherstellung und die Erhebung der Ein- und Ausfuhrzölle sowie die Durchfuhr betrifft, alle Vorrechte, Begünstigungen oder Befreiungen jeder Art, welche einer der vertragschließenden Teile irgend einem anderen Lande bereits eingeräumt hat oder später einräumen sollte, unverzüglich und ohne Gegenleistung oder irgend eine andere Bedingung auf die Angehörigen, den Handel und die Schiffahrt des anderen vertragsschließenden Teiles ausgedehnt werden, welcher seinerseits hinsichtlich der Zollverwaltungsvorschriften, der Küstenbewachung und der Polizei alle Verpflichtungen übernimmt, welche jener

Macht, der er in bezug auf die begünstigte Behandlung gleichgestellt wird, obliegen."

Wie anderwärts in Reziprozitätsverträgen (s. S. 32), so steckt auch in dem Vertrage der Union mit Preußen die eigentliche Meistbegünstigungsberedung nicht dort, wo man sie zu suchen geneigt ist.

Daß Art. V nur den Generaltarif ins Auge hatte, nicht aber auch etwaige Abschläge davon, ergibt sich ferner

1. daraus, daß nach dem Sinn und Geist der Reziprozitätsverträge durch Gegenleistungen erkaufte Tarifkonzessionen, wie in verschiedenen Verträgen ausdrücklich gesagt wird (s. S. 139, S. 156 Anm., S. 164), nicht umsonst weggegeben werden dürfen, sondern nur auf Grund von entsprechenden Äquivalenten;

2. aus den Darlegungen, die wir an der Hand eines Vergleiches der Verträge Argentiniens mit dem Zollverein und mit der Union, des Vertrages Nicaraguas mit der Union usw. gegeben haben (s. S. 46 und 49; s. auch S. 102; 105; 112);

3. daraus, daß die alten Verträge ganz deutlich von einer „meistbegünstigten Nation" sprachen, wo sie dieselbe meinten (s. S. 100, 118, 120, 121). Während die Reziprozitätsverträge bei verschiedenen Materien, z. B. bei Abmachungen über die staats- und steuerrechtliche Stellung der beiderseitigen Untertanen den Ausdruck „meistbegünstigte Nation" ruhig gebrauchen, ebenso in den Abmachungen bezüglich der Funktionen der Konsuln usw., gehen sie diesem Ausdruck bei den Zöllen fast immer scheu aus dem Wege. Die Verabredung: „auf den Eingang der Erzeugnisse aus dem einen Staat in den anderen sollen weder andere noch höhere Abgaben gelegt werden, als diejenigen, welche auf dieselben Erzeugnisse aus irgend einem anderen (die Verträge sagen eigentlich: aus jedem anderen)[1]) Staate gelegt sind", enthält aber in einem Reziprozitätsvertrag noch nicht den Anspruch auf vertragliche Tarifherabsetzungen gegenüber dritten Staaten. Und weil eben die Tarifherabsetzungen besonders zu erkaufen waren, weil also die Meistbegünstigung nach dieser Richtung hin

[1]) Auch im Vertrag zwischen Preußen und der Union vom Jahre 1828 heißt es im französischem Text: tout autre pays étranger.

eine bedingte war, deshalb vermied man hier den Ausdruck „meistbegünstigte Nation“. Wo man ihn aber anwandte, erklärte man ihn sogleich dahin, daß der Mitgenuß an den einem dritten Staate gemachten Zugeständnissen von Gegenleistungen abhängig sei.

In Summa: Art. V unseres amerikanischen Vertrages kann sich niemals auf **Zollzugeständnisse** bezogen haben; er hatte nur den **Generaltarif** im Auge, wollte nur die **negative** Seite des Begriffes „Meistbegünstigung“ regeln, den Gleichbenachteiligungszwang gegenüber anderen Staaten.

IV. Graf Posadowsky hat im Reichstag erklärt, daß die abweichende staatsrechtliche Auffassung der Regierung der Vereinigten Staaten von der Meistbegünstigung zu unserer Kenntnis gelangte, als wir die Vergünstigungen in Anspruch nahmen, welche die Union an Frankreich gewährt hatte (s. S. 214). Diese Kenntnis wurde uns, wie schon bemerkt, reichlich spät (s. S. 81 und 128). Inwiefern nun weicht die amerikanische Auffassung von der Meistbegünstigung von der unserigen ab? Graf Posadowsky sagte, daß

> „Konzessionen, welche von der amerikanischen Regierung auf Grund der Meistbegünstigungsklausel eingeräumt werden, sich immer nur auf die Konzessionen pro praeterito bezögen, daß aber Konzessionen, die später einem dritten Staat gegen Gegenkonzessionen seitens der amerikanischen Regierung eingeräumt seien, auch durch neue Konzessionen seitens des anderen Vertragsstaates erworben werden müßten.“

Wir glauben, daß sich diese Auffassung nicht halten läßt,

1. weil die Union fast immer vereinbarte (s. S. 88 ff.), daß alle Vergünstigungen, sowohl die pro praeterito als pro futuro, besonders zu erkaufen seien; sie gibt keine Vergünstigung umsonst weg;

2. weil in den Verträgen, laut denen nur die Vergünstigungen pro futuro besonders zu erkaufen sind, über die Vergünstigungen pro praeterito gewöhnlich kein Wort steht (Ausnahmen s. Absch. V und S. 107 und 108).

Findet sich denn irgend eine auf die Meistbegünstigung pro praeterito bezügliche Abmachung im preußischen Vertrag von 1828? Sie könnte nur in Art. V enthalten sein.

Auf die vor Abschluß des Vertrages vom Jahre 1828 seitens der Union einem dritten Staat eingeräumten Vergünstigungen kann sich Art. V nicht beziehen, weil er sich überhaupt nicht auf Vergünstigungen bezieht.

In Art. IX wurde die — bedingte — Meistbegünstigung nur pro futuro vereinbart. Wie steht es also mit der Meistbegünstigung pro praeterito, mit den Vergünstigungen, die aus früheren Verträgen der Union Preußen zufließen konnten?

Von denen steht kein Wort im Vertrag.

Und warum nicht?

Man entsinne sich des Streites, der zwischen der Union und Frankreich wegen Auslegung des Art. VIII des Louisiana Cession Vertrages entbrannte (s. S. 187). Es war im Jahre 1828 noch in der Schwebe, wer mit seiner Meinung durchdringen würde; erst im Jahre 1831 verzichtete Frankreich auf seine Ansprüche. Wenn die Union im Jahre 1828 Preußen die glatte Meistbegünstigung pro praeterito zugestanden hätte, dann wäre also Preußen möglicherweise in den unentgeltlichen Genuß der Rechte aus Art. VIII des Vertrages zwischen Frankreich und der Union vom Jahre 1803 gelangt. Die Union aber wehrte sich mit Händen und Füßen dagegen, selbst Frankreichs, des Nächstbeteiligten, Rechte aus Art. VIII anzuerkennen! Und da sollte es Preußen zum unentgeltlichen Genuß der Vorteile des Art. VIII des Louisiana Vertrages zugelassen haben? Kaum anzunehmen!

Dieser Streit um den Art. VIII des Louisiana Cession Vertrages dürfte der Grund gewesen sein, warum man im Vertrag vom Jahre 1828 die Vergünstigungen pro praeterito völlig aus den Abmachungen wegließ, kein Wort darüber sagte, und sich in den Vereinbarungen nur auf die Beredung der (bedingten) Meistbegünstigung pro futuro beschränkte.

V. Die Reichsregierung hätte auch auf die richtige Fährte kommen müssen, wenn sie verschiedenen Darlegungen im Reichstag anläßlich der zwei Interpellationen des Grafen Kanitz (16. Jan. 1896 und 3. Mai 1897) schärfer nachgegangen wäre.

Der Abgeordnete Dr. Lieber erklärte allerdings in der Sitzung des Reichstags vom 3. Mai 1897:

„Ich glaube wohl, der ganze Deutsche Reichstag wird in der Auslegung des Art. IX des preußisch-amerikanischen Meistbegünstigungsvertrages vom Jahre 1828 mit den verbündeten Regierungen übereinstimmen. (Sehr richtig! Rechts.)

Ich glaube nicht, daß auch außerhalb des Reichstages es irgend jemanden in Deutschland gibt, der nicht in dieser Auslegung hinter den verbündeten Regierungen des Deutschen Reiches stände. (Bravo auf allen Seiten!)

Wir müssen lebhaft wünschen, daß dies zum allgemeinsten, klarsten und unzweifelhaftesten Bewußtsein auf amerikanischer Seite komme. Wir halten die Auslegung des Art. IX, wie sie amerikanischerseits beliebt wird, und die, wie soeben mitgeteilt worden ist, als die Quelle aller einzelner Differenzen betrachtet werden muß, für falsch,[1]) für eine solche, die nicht einmal in der Absicht der vertragsschließenden Teile beim Zustandekommen dieses Artikels gelegen haben kann,[2]) die aber als völlig ausgeschlossen gelten muß, nach der sogenannten Konvention von Saratoga vom Jahre 1891, wo wir unsererseits trotz mancher üblen Erfahrung die Meistbegünstigung (?) als auch für das Deutsche Reich bestehend ausdrücklich anerkannt haben."

Wenn Dr. Lieber nach dieser Rede den Text der Saratoga-Konvention durchlas, mag er wohl selbst über die von ihm ausgesprochene Behauptung erstaunt gewesen sein, daß die Saratoga-Konvention für Deutschland die „Meistbegünstigung" in der Union festlegte. Nicht ein Wort davon stand in dieser Abmachung! Unsere „Meistbegünstigung" beschränkte sich einzig und allein auf die in Sect. III des Mc Kinley-Tarifgesetzes genannten Produkte und war von den ebenda gestellten Bedingungen abhängig.

Mag sein, daß sich damals mancher Abgeordnete gesagt hat: was die Regierung uns vortrug, stimmt nicht ganz. Aber er glaubte schweigen zu müssen, um der Einmütigkeit in der Anschauung der Vertretung des deutschen Volkes nicht Abbruch zu tun und den Eindruck der Kundgebung auf die Washingtoner Regierung nicht abzuschwächen. Aber diese Einmütigkeit machte dort gar keinen Eindruck; die Amerikaner blieben die Alten; stützten sich immer auf den Art. IX und — gaben den Deutschen, trotzdem diese ihnen

---

[1]) Und was besagte der klare Wortlaut des Art. IX? Doch nur, daß die Vertragsteile die volle Meistbegünstigung erst nach voraufgegangenem Anerbieten von Gegenleistungen beanspruchen können!

[2]) Dabei waren die Ver. Staaten immer und Preußen und der Zollverein in den Jahren 1825—1860 stramme Gegner der glatten Meistbegünstigung; sie waren Anhänger der Reziprozität.

weiterhin die glatte Meistbegünstigung gewährten, diese selbst im Jahre 1900 noch nicht.

Auch der Abgeordnete Eugen Richter meinte:

„Wenn der Vertrag von 1828 sich noch in Geltung befindet, so ist es einfach Pflicht und Schuldigkeit, alle Tarifermäßigungen gegenüber Österreich-Ungarn und jedem anderen Staate auch Amerika, ohne jede weitere Kompensation(?), zuteil werden zu lassen, ebenso, wie wir ohne weiteres der Ermäßigungen im Wilson-Tarif gegenüber dem MacKinley-Tarif auch ohne weitere Kompensation teilhaftig geworden sind.“

Richter warf da zweierlei durcheinander. Die Sätze des Wilsontarifes, des amerikanischen Generaltarifes, kamen uns zu auf Grund des Art. V; die Tarifermäßigungen, die wir Österreich-Ungarn usw. gewährt hatten, aber waren particular favours im Sinn von Art. IX und mußten von der Union besonders erkauft werden.

Wenn Freiherr Heyl zu Hernsheim sagte: „Ich stelle die Behauptung auf, daß er (Richter) den Artikel IX des Meistbegünstigungsvertrages mit Amerika überhaupt nicht gelesen hat“, so bekommt man fast den Eindruck, v. Heyl habe Recht gehabt. Denn wenn Richter sich die Mühe nahm, die Vertragsbestimmungen nachzulesen, so hätte er gefunden, daß von Meistbegünstigung „ohne weiteres“ kein Wort im Vertrag stand; wohl aber das Gegenteil!

Nahe kam den tatsächlichen Verhältnissen Graf Bismarck, welcher meinte:

„Entweder bleibt das Saratogaabkommen maßgebend, obgleich allerhand dagegen eingewandt wird, — also die Abmachung von 1891, daß wir die volle Meistbegünstigung gewähren [wo stand denn dies im Saratoga-Abkommen?] und alle (?) Begünstigungen, die wir in den Tarifverträgen anderen Staaten gegenüber gemacht haben, auch den Amerikanern zu bewilligen haben; — gut, dann müssen wir, da wir nur auf dem Fuß der Gleichheit von Großmacht zu Großmacht verkehren und verhandeln können, auch das Gleiche von Amerika zugebilligt erhalten; (sehr richtig!) oder aber, wenn die Amerikaner das nicht wollen, sondern sich neuerdings auf den Standpunkt stellen, den sie im vorigen Jahre deklariert haben, daß sie Art. IX so auffassen, als ob er den Art. V des Vertrages vom Jahre 1828 derogire;[1]) — well and good, wie man drüben sagt, dann

---

[1]) Graf Posadowsky erklärte, daß sich die abweichende Anschauung der Amerikaner über die Natur und den Inhalt der Meistbegünstigung in unserem Vertrag mit der Union erst damals herausstellte, als wir im Jahre 1898 die

müssen wir das Gleiche tun; aber wir müssen verlangen, daß mit gleichem Maß gemessen wird."

Mit dem zweiten Teil dieser Darlegungen wurde Graf Bismarck der Lage gerecht; aber der erste Teil? Wo stand im Saratogaabkommen nur, daß wir einen Rechtsanspruch hatten, als meistbegünstigte Nation in der Union behandelt zu werden? Wir hatten nur einen Rechtsanspruch auf die Vergünstigungen aus Sektion III des Mac Kinley-Tarifgesetzes. Dadurch, daß wir dieser Vergünstigungen teilhaftig wurden, gelangten wir allerdings in eine Stellung, daß wir sagen konnten, es gab damals tatsächlich keine Nation, die in den Vereinigten Staaten besser behandelt wurde als Deutschland. Wir waren aber deswegen noch nicht meistbegünstigt in dem Sinne, daß wir Anspruch gehabt hätten auf alle Vergünstigungen, die die Union in einem weiteren Abkommen einer anderen Nation gemacht hätte. Wir waren also zwar so gestellt, daß wir tatsächlich als meistbegünstigte Nation gelten konnten, insofern keine andere Nation günstiger behandelt wurde als die deutsche. Wir hatten aber kein Anrecht auf die dritten Staaten seitens der Union zu machenden, weitergehenden Vergünstigungen.[1])

---

seitens der Union an Fankreich gemachten Zuständnisse für uns verlangten. (S. S. 70.) Die deutsche Regierung aber war davon, nach diesen Äußerungen des Grafen Bismarck zu schließen, schon im Jahre 1896 verständigt worden! Wie reimt sich das zusammen? S. auch Dr. Liebers Ausführungen S. 264.

[1]) In der Reichstagssitzung vom 15. Januar 1903 erklärte der Staatssekretär des Innern: „Die Vereinigten Staaten sind nicht mehr meistbegünstigt in Deutschland".

Wir wollen gleich hier dieser Verlautbarung näher treten, da die Lage der Union in Deutschland jetzt ähnlich der ist, in welcher früher, beim Saratogaabkommen, sich Deutschland gegenüber der Union befand.

Die Erklärung des Staatssekretärs kann u. E. nur besagen, daß Deutschland keinen allgemeinen Rechtsanspruch der Union mehr anerkenne, bei uns als meistbegünstigte Nation behandelt zu werden in dem Sinne, daß die Union einen uneingeschränkten Anspruch auf künftige Minderungen unseres Generaltarifes habe. Die Erklärung war wohl die Folge der Erkenntnis der Reziprozitätsnatur unseres Vertrages mit der Union aus dem Jahre 1828.

De facto sind heute die Vereinigten Staaten bei uns in vollem Umfange meistbegünstigt. Es besteht nicht eine einzige Zollposition, bei der die Amerikaner nicht ebenso behandelt würden wie Österreich-Ungarn, Rußland usw. Graf Posadowsky kann also nur angedeutet haben, daß wir den Amerikanern keinen Rechtsanspruch mehr geben wollen auf Vergünstigungen, die nach

Behandelten denn wir die Union als in Deutschland allgemein meistbegünstigte Nation? Nein! Wir gestanden ihr den Konventionaltarif nur für landwirtschaftliche Erzeugnisse zu!

Und dann eine dritte Frage!

Galt denn überhaupt im Jahre 1897 dieses Abkommen noch? War es nicht durch die Abschaffung des Mac Kinley-Tarifes hinfällig geworden? Wurden nicht alle anderen Verträge der Union aus Sekt. III des Mac Kinley-Tarifes im Jahre 1894 gekündigt? Erhellte daraus nicht ohne weiteres, daß auch das auf Sekt. III beruhende Saratogaabkommen hinfällig geworden war?

Am besten hat Dr. Barth die Lage dargestellt. Er sah in der Saratoga-Konvention „eine Deklaration des Gedankens der Meistbegünstigung, wie er niedergelegt ist in dem bekannten Vertrage von 1828 zwischen Preußen und den Vereinigten Staaten." Er sagte weiter: „Die Saratoga-Konvention hat ihren wesentlichen Inhalt inzwischen [durch den Erlaß des Wilson-Tarifes, der die Sektion III des McKinley-Tarifgesetzes nicht herübernahm,] verloren. Es sind ganz andere tatsächliche Verhältnisse geschaffen".

Das war zutreffend. Aber wie stand es denn damit, daß Deutschland auch weiterhin der Union die niedrigen Getreidezölle gewährte? Warum monierte Dr. Barth das nicht? „Für die gegenwärtigen

---

der Neuregelung unserer handelspolitischen Beziehungen der meistbegünstigten Nation zufallen. Er hat nur sagen wollen: wir erkennen keinen Anspruch der Union auf glatte Meistbegünstigung künftig mehr an. Wörtlich genommen und an die Zustände von heute gehalten wäre der Ausspruch des Herrn Staatssekretärs ein offenkundiger Widerspruch mit den Tatsachen und mit der Abmachung des Jahres 1900.

Wir werden in unserer Ansicht bestärkt durch eine Äußerung des Staatssekretärs Graf Posadowsky in der gleichen Reichstagssitznng: „Den Irrtum möchte ich aber schon jetzt berichtigen, daß etwa die Vereinigten Staaten von Amerika, wenn wir jetzt mit einer Anzahl europäischer Staaten zu neuen Handelsverträgen gelangen, ohne weiteres in den Besitz der hierin vereinbarten Konzessionen kämen. Das würde der Fall sein, wenn wir mit den Vereinigten Staaten ein allgemeines Meistbegünstigungsverhältnis hätten. Das ist aber nicht der Fall. . . . Davon kann also gar keine Rede sein, daß den Vereinigten Staaten von Amerika ipso facto eines Vertragsabschlusses mit anderen Staaten neue Konzessionen zufallen könnten."

handelspolitischen Verhältnisse zwischen den Vereinigten Staaten und Deutschland kommt darnach allein in Frage der Vertrag von 1828". Richtig! Aber mußten wir dann den Weizenzoll von M. 3,50 den Amerikanern gewähren, ohne daß diese Gegenleistungen boten?[1])

VI. Der Art. IX unseres Vertrages mit der Union spricht davon, daß wir unserem Gegenkontrahenten diejenigen Zugeständnisse umsonst gewähren müßten, die wir dritten Staaten „umsonst" gewähren. Dieses Wörtchen „umsonst" in unserem amerikanischen Vertrag spielt in den Erörterungen unserer Handelsbeziehungen zur Union eine große Rolle. Indem wir uns den wichtigeren, den praktischen Teil der von uns zu machenden einschlägigen Bemerkungen für später vorbehalten, bemerken wir hier in theoretischer Beziehung folgendes:

Das „umsonst" der Reziprozitätsverträge ist nicht dahin zu deuten, daß der Gegenkontrahent auf jede einem dritten Staate gewährte Vergünstigung einen unentgeltlichen Anspruch hat, weil sie im Einzelfalle „umsonst" zuteil wird. Das „umsonst" bezieht sich vielmehr nur auf jene Fälle, wo der eine vertragende Teil spontan einen dritten Staat in den Genuß einer Vergünstigung setzt.

Wenn der Staat A mit dem Staate B einen Reziprozitätsvertrag, mit dem Staate C einen glatten Meistbegünstigungsvertrag abgeschlossen hat; wenn A dann dem Staate D eine Zollminderung gewährt, so kommt diese Zollminderung kraft der glatten Meistbegünstigung, ohne daß in diesem Falle eine spezielle Gegenleistung zu erfolgen

---

[1]) Weniger glücklich war Dr. Barth in seinen Ausführungen über die Schutzzollpolitik Amerikas. Er prophezeite (im Jahre 1897) deren baldiges Ende (!), sah den Verderb, den der damals zur Beratung stehende Dingley-Tarif, dem nach Dr. Barth auch nur wenig Jahre Geltungskraft beschieden waren, anrichten würde, voraus und rühmte besonders die Großmut und Einsicht der Engländer, die sich nicht vom Geiste der Vergeltung erfassen ließen.

Der Dingley-Tarif gilt nun schon über 7 Jahre und wird wohl angesichts der derzeitigen Besetzung der Exekutive und der Parteikonstellation im Senat und Repräsentantenhaus noch weitere vier Jahre gelten.

Noch nie hat die Union eine derartige Prosperität gesehen wie unter der Geltung dieses Tarifes, den wir aber nicht für jene verantwortlich machen wollen.

Und die großmütigen Engländer vollends rufen heute nach Vergeltungszöllen, weil sie es satt haben, immer nur Amboß zu sein! Von der Entwickelung ist Dr. Barth auf der ganzen Linie widerlegt worden.

hat, auch dem Staate C zugute; dagegen aber noch nicht „umsonst“ im Sinne der Reziprozitätsklausel dem Staate B. Das glatte Meistbegünstigungsverhältnis zwischen A und C ist vielmehr in seiner Totalität zu beurteilen; ob auf Grund eines glatten Meistbegünstigungsvertrages einmal einem dritten Staat Vergünstigungen ohne besondere Gegenleistung zu teil werden, ist für den Begriff „umsonst“ in den Reziprozitätsverträgen ohne Bedeutung.

Einige Beispiele werden das dem Leser klarer machen als lange Darlegungen. In den Verträgen des Zollvereins mit den Niederlanden aus den Jahren 1839 sowohl wie 1851 wurde jeweils dem Zollverein das Recht der unbedingten Meistbegünstigung in den niederländischen Kolonien eingeräumt. „Ohne anderweite Gegenleistung“ kamen den Erzeugnissen des Bodens und des Kunstfleißes der Staaten des Zollvereins diejenigen Vergünstigungen zugute, „welche den Erzeugnissen des Bodens und des Kunstfleißes irgend der begünstigtsten Nation jetzt zugestanden sind oder in Zukunft zugestanden werden.“ Wenn nun Holland den Staaten des Zollvereins irgend eine Vergünstigung im Handel mit den niederländischen Kolonien „umsonst“ zu teil werden ließ, so hätten diejenigen Staaten, welche mit den Niederlanden im Reziprozitätsverhältnis standen, diese Vergünstigungen auf den ersten Blick auch „umsonst“ einfordern können, weil sie eben dem Zollverein „umsonst“ zukamen. Das konnten sie aber in Wirklichkeit nicht; denn es wurden „die im gegenwärtigen Vertrag gegenseitig gemachten Zugeständnisse als verabredet betrachtet, um in deren ganzem Zusammenhang als Vergeltung für die durch solche Verträge erworbenen Vorteile zu dienen“. Mit anderen Worten: alle Vergünstigungen, sowohl die pro praeterito wie pro futuro, galten als Ganzes. Ob im einzelnen Falle der Leistung auf der einen Seite eine Gegenleistung auf der anderen Seite entsprach, hatte nichts zu sagen. Die von dem einen Vertragsteil dem anderen pro praeterito sowohl wie pro futuro zu gewährenden Vergünstigungen bildeten vielmehr ein einziges Stück, aus dem einen Teil herauszureißen laut Beredung als unstatthaft zu gelten hatte.

Wenn also der Staat B daraus, daß der Staat C von dem Staat A auf Grund eines unbedingten Meistbegünstigungsvertrages in den unentgeltlichen Genuß einer dem Staate D gewährten Vergünstigung zu setzen ist, im Hinblick auf sein Reziprozitätsverhältnis mit dem Staat A diese Vorteile, weil dem Staate C „umsonst" gewährt, auch für sich beanspruchen wollte, so ist dies nicht angängig, weil eben das glatte Meistbegünstigungsverhältnis zwischen dem Staat A und C in seiner Totalität zu beurteilen ist, nicht in seine einzelnen Teile zerlegt werden darf.

Ganz anders liegt die Sache, wenn der Staat A spontan dem Staat E eine Zollvergünstigung zu teil werden läßt.

Als Beispiel hierfür diene folgender Fall:

Durch eine Verordnung des Königreichs Belgien vom 30. Juni 1863, welche in Anlehnung an das Gesetz vom 30. Mai 1863 erlassen wurde, und welche lautete:

„Die nach dem Vertrag vom 23. Juli 1862 auf das Vereinigte Königreich von Großbritannien und Irland in Anwendung kommenden Zollvorschriften bezüglich der Schiffahrt und des Zollwesens werden auf Spanien ausgedehnt;"

wurde Spanien wirklich „umsonst" in den Genuß von Vergünstigungen gesetzt, die einer dritten Macht zuflossen. In diesem Fall konnte ein Staat, welcher mit Belgien im Reziprozitätsverhältnis stand, dieses Zugeständnis auch „umsonst" für sich in Anspruch nehmen.

Das „umsonst" der Reziprozitätsklausel muß so ausgelegt werden, wie wir vorstehend dargelegt haben. Man wird anzunehmen haben, daß die Regierungen der vierziger, fünfziger und späteren Jahre des verflossenen Jahrhunderts nichts Unsinniges und Unlogisches vereinbart haben. Würde man aber der Reziprozitätsklausel die Auslegung, die wir ihr geben, nicht zuteil werden lassen, so würde sie eben widersinnig werden.

Geben wir abermals ein paar Beispiele!

Rußland vereinbarte mit Großbritannien im Jahre 1858 die unbedingte Meistbegünstigung; mit Österreich im Jahre 1860 die bedingte Meistbegünstigung. Machte Rußland z. B. Belgien Zugeständnisse, so kamen diese ohne Entgelt auch den Engländern zugute. Österreich-Ungarn aber konnte sie deshalb noch nicht „umsonst" beanspruchen, aus dem einfachen Grunde, weil das Verhältnis zwischen Großbritannien und Rußland in seiner Totalität aufzufassen war. Hätten die Begünstigungen, die Großbritannien von Rußland auf Grund seiner unbedingten Meistbegünstigung anzusprechen hatte, als „umsonst“ gemachte im Sinne der Reziprozitätsklausel gegolten, so wäre es ein Widersinn gewesen, daß Rußland mit Österreich-Ungarn im Jahre 1860 die Reziprozität vereinbarte, weil ja dann Österreich-Ungarn **immer** und grundsätzlich „umsonst“ in den Genuß aller Vergünstigungen, die Rußland einem dritten Staate machte, gelangt wäre. Großbritannien konnte ja diese Vergünstigungen von Rußland auf Grund seiner unbedingten Meistbegünstigung „unentgeltlich“ beanspruchen; ergo hätte sie auch Österreich immer „umsonst“, weil „umsonst“ an Großbritannien gewährt, beanspruchen können. Die Reziprozität wäre niemals praktisch geworden. Und um sie niemals praktisch werden zu lassen, dazu hat man sie kaum vereinbart.

Genau so stand es bei Sardinien. Dieser Staat schrieb in seine Tarifverträge mit Frankreich, England, Belgien und mit dem Zollverein die Reziprozitätsklausel hinein, während er mit der Schweiz und mit Österreich die unbedingte Meittbegünstigung vereinbarte. (Einzelheiten siehe im Abschnitt IX.) Wenn nun Sardinien z. B. mit Spanien oder mit Portugal oder mit den Beiden Sizilien nach dem Jahre 1851 einen Tarifvertrag abgeschlossen hätte, so wären die daraus fließenden Zollzugeständnisse Sardiniens auch der Schweiz und Österreich ohne besondere Gegenleistung zugute gekommen. Wäre dadurch Sardinien auch die Pflicht erwachsen, sie ohne weiteres und ohne besondere Gegenleistungen seinen Reziprozitätspartnern zuzugestehen, weil die Schweiz und Österreich sie „ohne Gegenleistung“ erhielten? Wenn dieser Anspruch mit Fug und Recht zu erheben gewesen wäre, so wäre das ganze sardinische Reziprozitätssystem über den Haufen geworfen worden. Denn nun hätte es ja zwei Staaten gegeben, denen sardinischerseits die Bewilligungen immer „umsonst“ zukamen, und so hätten auch der Zollverein, Belgien, Frankreich usw. diese immer „umsonst“ verlangen können. Mit einem Wort: das ganze sardinische Reziprozitätssystem wäre durchlöchert worden. Und um sein Reziprozitätssystem bei der nächsten Gelegenheit zu durchlöchern, dazu hat es Cavour doch wohl nicht geschaffen.

Um auch ein Beispiel aus allerjüngster Zeit zu geben, erwähnen wir noch Japan. Dieses schloß mit der Union im Jahre 1894 und mit Peru und Brasilien im Jahre 1895 Reziprozitätsverträge und vereinbarte mit diesen Staaten, daß ihnen alle Vergünstigungen „umsonst" zugute kämen, die seitens Japans einem dritten Staate „umsonst" gewährt würden. Das gleiche Japan vereinbarte mit Rußland und Dänemark im Jahre 1895, mit Deutschland, der Schweiz und den Niederlanden im Jahre 1896 die unbedingte Meistbegünstigung. Würden die aus diesen unbedingten Meistbegünstigungsverträgen fließenden, an Rußland, Dänemark, Deutschland, Schweiz und Holland „umsonst" zu gewährenden Vorteile als „umsonst" gewährt im Sinne der Reziprozitätsklausel zu gelten haben, so wären die Verträge mit der Union, mit Brasilien und Peru die offenkundigste Benachteiligung Japans. Denn nun würden alle von Japan an Rußland, Deutschland usw. gewährten Vergünstigungen, welche diese Staaten von Japan auf Grund der unbedingten Meistbegünstigung „umsonst" für sich beanspruchen können, immer ohne die geringste Gegenleistung auch an die Union usw., gewährt werden müssen. Die in den Verträgen mit der Union, Peru und Brasilien vereinbarte Reziprozität würde niemals für, wohl aber immer gegen Japan praktisch werden.

In Summa: Die aus unbedingten Meistbegünstigungsverträgen fließenden Vorteile kommen für die Reziprozitätsklausel nicht in Betracht, weil die aus den unbedingten Meistbegünstigungsverträgen fließenden Rechte und Pflichten in ihrer Totalität zu betrachten sind und nicht aus dem System gerissen werden dürfen.

Gekünstelte Auffassung! — So wird mancher Leser ausrufen. Sie ist nicht gekünstelt; sie ist praktische Übung gerade desjenigen Staatswesens, welches die Reziprozität erfunden und ausgebildet hat, der Union. Im folgenden Abschnitt werden wir dieses näher darzulegen Gelegenheit haben.

VII. In den Reziprozitätsverträgen heißt es immer, es soll die Vergünstigung dem anderen Teil sofort zugute kommen, und zwar unentgeltlich, wenn einem dritten Staate unentgeltlich verstattet usw.

Wie paßt dieses „sofort“ zu der im Wesen der Reziprozität begründeten Notwendigkeit, daß man in einem speziellen Abkommen die Leistungen festsetzen muß, mit denen die einem dritten Staat gemachten Konzessionen zu erkaufen sind? Wie können die Vergünstigungen dem anderen Teil „sofort“ zukommen, wenn ihr Kaufpreis noch festgesetzt werden muß? Wie ist dieses „unverzüglich“ praktisch zu handhaben?

Sardinien und Belgien schlossen den (bereits ausführlich behandelten) Handels- und Schiffahrtsvertrag vom 24. Januar 1851. Die Niederlande und Sardinien nun hatten in einem Vertrage vom Jahre 1842 die Reziprozität verabredet; die Zollvergünstigungen Belgiens in Sardinien waren demgemäß „sofort“ gegen Entgelt an die Niederlande auszufolgen. Wie machte man das?

Der niederländische Staatskourant vom 20. Juni 1851 teilte eine Bekanntmachung der Regierung vom 19. desselben Monats mit, wonach die sardinische Regierung den niederländischen Produkten bei der Einfuhr in das Königreich Sardinien dieselben Verminderungen der Eingangszölle zuteil werden ließ, welche den belgischen oder großbritannischen Erzeugnissen gewährt worden waren, mit der Maßnahme jedoch, daß für den Mehrbetrag bis zum erfolgten Abschluß des Vertrages, über welchem damals zwischen den Niederlanden und Sardinien verhandelt wurde, eine entsprechende Bürgschaft geleistet werde. Der Vertrag selbst wurde dann am 24. Juni 1851 perfekt. Mit dem gleichen Tage, mit dem die belgisch-sardinischen und britannisch-sardinischen Verträge in Kraft traten, wurden also auch die Niederländer in den Genuß der daraus folgenden Vergünstigungen gesetzt; sie gelangten „sofort“ in den Besitz der Vorteile des dritten Staates.

VIII. Oftmals wurde der Vorwurf gegen die Union erhoben, daß sie ihre Vertragspflichten nicht erfülle; wir hätten einen glatten Meistbegünstigungsanspruch gegen sie, dem gerecht zu werden sie sich beharrlich weigere.

Wir hatten keinen glatten Meistbegünstigungsanspruch gegen sie. Infolgedessen sind die einschlägigen Anschuldigungen hinfällig. [1]) Wir sind überzeugt, daß die Union keinen Augenblick

[1]) Bei dieser Gelegenheit müssen wir auch Stellung nehmen zu den

gezögert hätte, den durch den Vertrag vom Jahre 1828 begründeten Verbindlichkeiten nachzukommen, wenn solche vorgelegen hätten. Wir basieren diese Ansicht auf mehrere Fälle, welche zeigen, daß die Amerikaner ihren Vertragspflichten loyal und gewissenhaft nach-

---

Darlegungen von Dr. Borgius, der (Deutschland und die Vereinigten Staaten, Berlin 1899, S. 51) folgendes ausführt:

„Unter Berufung auf Artikel IX erklärt nun die Regierung der Vereinigten Staaten, die neueren vertragsmäßigen Tarifreduktionen [die sie Frankreich gewährte, s. S. 214] seien lediglich solche „besondere Vergünstigungen" [aus Art. IX] und an gewisse „Vergeltungen" geknüpft; sie erklärt deshalb nur solche Länder zum Mitgenusse derselben berechtigt, welche ihr gleichwertige Zugeständnisse wie die betreffenden Vertragsländer machen.

Daß diese Auslegung durchaus gekünstelt(?) ist, läßt sich wohl kaum bestreiten, um so mehr als sie neu und ohne Präzedenzfall (??) dasteht. Wenn der Begriff der Meistbegünstigung dermaßen restriktiv interpretiert wird, so hat die Meistbegünstigungsklausel überhaupt fast keinen Sinn, Zweck und Inhalt mehr(?). Denn daß ein Land einem anderen ohne jeden Entgelt Zollermäßigungen gewährt, dürfte wohl nur in der Form vorkommen, daß die Zollsätze des autonomen Tarifs überhaupt durch die innere wirtschaftspolitische Gesetzgebung herabgesetzt werden. In diesem Falle kommt die Reduktion aber ohne weiteres auch allen vertragslosen Ländern und nicht bloß den meistbegünstigten zugute. Die [glatte!] Meistbegünstigungsklausel ist nachweisbar in der Absicht in die Handelsvertragspolitik eingeführt und den einzelnen Verträgen eingefügt worden, um zu verhüten, daß das zurzeit vertragsschließende Land, das sich jetzt unter bestimmten Gesichtspunkten und gegen entsprechende Zugeständnisse gewisse ihm wünschenswerte Zollermäßigungen ausbedingt, infolge späterer nicht vorauszusehender Verträge anderer Konkurrenzländer von neuem in eine nachteilige Lage gerät. Wenn die Meistbegünstigung der jetzt von Amerika eingeführten Auffassung unterliegt, so bedeutet sie überhaupt nicht mehr, als daß das einen Handelsvertrag abschließende Land bereit ist, auch noch mit anderen Ländern gleich günstige Handelsverträge abzuschließen [stimmt!], eine Bereitwilligkeit, die ziemlich selbstverständlich ist, und deren vertragsmäßige Beglaubigung kaum noch irgend welchen Wert haben dürfte."

Borgius ist hier in dem Fehler verfallen, an die Meistbegünstigungsklausel der alten Verträge den neuen Meistbegünstigungsbegriff zu legen. Er scheint vergessen zu haben, daß man vor 1860 eine andere Meistbegünstigung übte als heute. Er wird doch nicht im Ernste behaupten wollen, daß die Unterhändler der fast drei Dutzend deutscher Handelsverträge vor 1860 immer und immer wieder etwas verabredet hätten, was „keinen Sinn, Zweck und Inhalt" hat. Die Meistbegünstigungsklausel der alten Verträge muß restrictiv interpretiert werden, wenn sie einen Sinn haben soll. Und daß man sie in der Tat restriktiv interpretierte, dafür haben wir in Absch. IX mehrere Belege gegeben. Präzedenzfälle sind also genug vorhanden.

zukommen bestrebt sind. Indem wir auf die verschiedenen Stellen im Laufe unserer bisherigen Darstellung hinweisen (s. S. 194 und 256), wo die Amerikaner selbst erklärt haben, daß sie die Verpflichtungen aus Handelsverträgen stets aufs Gewissenhafteste zu erfüllen im Interesse der Ehre ihrer Nation für geboten erachten, führen wir noch folgenden Fall an, welcher dartut, daß die Amerikaner in der Erfüllung ihrer Vertragspflichten loyal zu Werke gehen.

Art. IV des belgisch-amerikanischen Vertrages vom 17. Juli 1858 sagte:

Steam-vessels of the United States and of Belgium engaged in regular navigation between the United States and Belgium, shall be exempt in both countries from the payment of duties of tonnage, anchorage, buoys and light-houses.

Nun bestimmte aber Art. VIII des Vertrages der Union mit Schweden-Norwegen vom 24. Juli 1827:

The two high contracting parties engage not to impose upon the navigation between their respective territories, in the vessels of either, any tonnage or other duties, of any kind or denomination, which shall be higher or other than those which shall be imposed on every other navigation etc.[1])

Auf Grund der vorstehenden Bestimmungen und des durch Art. XVII des Vertrages vom Jahre 1827 aufrecht erhaltenen Art. II des Vertrages vom Jahre 1783,[2]) wurden nun den

---

Wenn B. schließlich meint:

„Wir stehen also zur Zeit der schlauen Finte wehrlos gegenüber und müssen uns darauf beschränken, bei der bevorstehenden Erneuerung der Handelsverträge auch mit der Union ein geordnetes Vertragsverhältnis zu vereinbaren, wobei es denn wohl geraten wäre, ihr ebenfalls nicht die Meistbegünstigung zu gewähren,“

so ist darauf zu erwidern, daß die Haltung der Union uns gegenüber im Jahre 1898 keine „schlaue Finte“ war, sondern als korrekt gelten muß. Daß wir „wehrlos“ sind, hat seinen Grund in der Verkennung der Klausel durch unsere Regierung, darin, daß wir der Union alles gaben, während wir ihr nur einiges zu geben verpflichtet waren; nicht aber in der Vertragslage und in der Auslegung der Vertragsbestimmungen durch den Gegenkontrahenten.

[1]) Ein Beitrag zu Punkt III dieses Abschnittes.

[2]) The King and the United States engage mutually not to grant hereafter any particular favour to other nations in respect to commerce and navigation which shall not immediately become common to the other party, who shall enjoy the same favour freely, if the concession was freely made, or on allowing the same compensation, if the concession was conditional.

Dampfern der schwedisch-norwegischen Norse-American-Line, einer Dampfergesellschaft mit regelmäßigem Dienst (engaged in regular navigation sagt der Art. IV des belgischen Vertrages) die Tonnengelder erlassen. Dafür bekamen die Amerikaner eigentlich kein Entgelt, insofern nämlich keine amerikanische Linie in regelmäßiger Fahrt zwischen der Union und Schweden-Norwegen verkehrte, und also eine Befreiung von Tonnengebühren für amerikanische Schiffe in Schweden nicht stattfand. Dieser Umstand wurde fürs erste geltend gemacht, und der Norse-American-Line wurden die Befreiungen von den Tonnengeldern vorenthalten. Aber der Attorney-General vertrat in seinem Gutachten die Ansicht, daß eintretendenfalls einer amerikanischen Linie in Schweden die Tonnengelder erlassen würden, und diese Vermutung genüge.

„It is stated by the honorable Secretary of State that as yet there has been no line of steamvessels of the United States engaged in regular navigation between the United States and Sweden and Norway. It cannot, therefore, be certainly stated wether tonnage duties would or would not be required of such vessels belonging to this country in the ports of Sweden and Norway. It is to be presumed that they (Schweden und Norwegen) will, when the occasion shall arise, faithfully perform their duty under the treaties; for the obligations imposed by them are reciprocal. But either of the contracting parties may claim the benefit of them, even if the other should never inaugurate regular steam-navigation between the two nations."

Ebenso wurden die Schiffe des Norddeutschen Lloyd auf Grund Art. IV des vorgenannten Vertrages mit Belgien und des Art. IX des Vertrages der Union mit den hanseatischen Republiken vom 20. Dezbr. 1827 von den Tonnengeldern befreit.[1])

---

[1]) Dabei ergab sich wieder eine Komplikation, die von der Union in loyaler Weise gelöst wurde.

Bremen hatte die Freiheit von Tonnengeldern für seine Schiffe nicht eingefordert. Ergo, so sagte man fürs Erste in der Union, brauche man die gezahlten Tonnengelder nicht zurückzuerstatten. Später aber wurde man anderer Ansicht. Aus dem Gutachten des Attorney-General sei folgender Passus hier gegeben: „Now, Bremen was not a party to the treaty with Belgium, and was not necessarily cognizant of the provisions thereof in which she was collaterally interested; but the United States had that knowledge, and if formal notice from either the United States or Bremen of the provision aforesaid, and of compliance therewith, was necessary, it would seem

Aber dieser Art. IV des Vertrages mit Belgien war nachgerade den Amerikanern verleidet, weil nun schon zwei Staaten die Gleichstellung mit Belgien verlangt hatten; und so wurde er am 1. Juli 1874 gekündigt, ein Vorläufer zu dem schweizerisch-amerikanischen Vorfall vom Jahre 1898.[1])

* * *

Und wie steht es mit unserem argentinischen Vertrag? Ist das ein glatter Meistbegünstigungsvertrag?

---

that notice should have been first given by the United States to Bremen. The government of Bremen would then, probably, have answered, giving the facts and the assurances contained in the paper above quoted. However this may be, when the essential fact is unquestioned (which could not have escaped the knowledge of the United States) that Bremen has all along been conceding the exemption, it hardly comports with that scrupulous regard for the obligation of treaties which this nation has always cherished to stand upon a point so technical, not to say so trivial, as that of the want of formal notice from Bremen. The condition having been fully performed on her part, her regular steam-navigation is entitled to reciprocal performance in the ports of United States. In other words, the steam-vessels of Bremen from and after the ratification of the treaty with Belgium were, by the provisions of the 9th article of the treaty of December 20, 1827, exempt from tonnage dues and similar taxes in the ports of the United States; and if in contravention of that article such taxes have been exacted, it is not a valid objection to their being refunded that Bremen did not give formal notice to the United States that the regular steam-navigation of the later was in like manner exempt in the ports of the former".

Die Amerikaner haben also, hier über ihre Verpflichtung vielleicht hinausgehend, die Holschuld in eine Bringschuld umgewandelt.

[1]) Die Schweiz geriet, wie auf S. 194ff. des näheren dargelegt, just um dieselbe Zeit wie wir in einen Konflikt mit der Union wegen des Mitgenusses der an Frankreich gegebenen Konzessionen. Daraus hat man vielfach ganz falsche Schlüsse gezogen. So meinte z. B. Dr. Rösicke-Kaiserslautern in der Sitzung des Deutschen Reichstages vom 11. Februar 1899: „Während Amerika der Schweiz anfangs nicht das Zugeständnis gemacht hatte, daß sie gleich behandelt werden sollte, wie Frankreich, haben nachher die Vereinigten Staaten der Schweiz die Meistbegünstigung gegeben auf der Basis von Frankreich und haben sogar zurückgezahlt, was die schweizer Exporteure zu viel an Zöllen gezahlt hatten."

Der Redner übersah, daß der schweizer Vertrag in der Tat die glatte Meistbegünstigung stipulierte, was von unserem nicht gesagt werden kann.

Der Art. III besagt:

Die beiden Teile kommen dahin überein, „daß jede Begünstigung und Befreiung, sowie jedes Vorrecht und jede Immunität in Handels- und Schiffahrtsangelegenheiten, welche einer derselben den Untertanen oder Bürgern einer anderen Regierung, eines anderen Volkes oder Staates gegenwärtig bereits zugestanden hat oder künftig zugestehen möchte, bei Gleichheit des Falles und der Umstäude auf die Untertanen und Bürger des anderen Teils ausgedehnt werden soll, und zwar unentgeltlich, wenn das Zugeständnis an jene andere Regierung, Volk oder Staat unentgeltlich gemacht worden, oder gegen Leistung einer entsprechenden Ausgleichung, wenn das Zugeständnis bedingungsweise erfolgt ist".

Und Art. IV lautet:

„Es sollen auf die Einfuhr von Natur- und Gewerbeerzeugnissen der Länder eines der vertragenden Teile in die des anderen Teiles keine höheren oder anderen Abgaben als diejenigen gelegt werden, welche von gleichartigen Natur- oder Gewerbeerzeugnissen anderer Länder gegenwärtig oder künftig zu entrichten sind."

Worauf bezieht sich nun Art. III? Etwa auf die staats- und steuerrechtliche Stellung der gegenseitigen Untertanen? Nein! Denn diese ist geregelt in den Art. VIII, IX, X und XIII des Vertrages.

Worauf bezieht er sich dann? Er spricht von Begünstigungen und Befreiungen, Vorrechten und Immunitäten in „Handels- und Schiffahrtsangelegenheiten", und zwar bezieht er sich auf jede Begünstigung in dieser Richtung; er hat also offenbar, — wir verweisen auf die Ausführungen auf S. 248ff., — die Zölle mit einbegreifen wollen. Der Einwand, daß er die „Vergünstigungen" an die Bürger knüpfte, daß sie also einen persönlichen Charakter hatten, hat im Hinblick auf den Sprachgebrauch in alten Verträgen nichts zu sagen. [1])

Genau so, wie im preußisch-amerikanischen Vertrag ein Zusammenhang zwischen Art. V und IX besteht, genau so besteht im deutsch-argentinischen Vertrag ein Zusammenhang zwischen Art. III und IV. Dort ist der Gleichbegünstigungszwang, und zwar der bedingte, hier der Gleichbenachteiligungszwang geregelt. Nachdem aber regierungsseitig nunmehr anerkannt ist, daß Art. V des

---

[1]) S. Anm. S. 37; 64; 174 und in vielen Vertragstexten S. 71ff., 97, 120 und 121; 124ff.

preußisch-amerikanischen Vertrages durch Art. IX derogiert wird,[1]) bleibt nichts anderes mehr übrig, als das Gleiche für den argentinischen Vertrag gelten zu lassen. Nachdem die Regierung im Reichstag erklärt hat, die Vereinigten Staaten seien in Deutschland nicht mehr meistbegünstigt, wird diese Erklärung bei der verwandten Struktur der Verträge vom Jahre 1828 und 1857 auch für Argentinien gelten müssen.

Wir haben also mit Argentinien einen bedingten Meistbegünstigungsvertrag laufen, keinen unbedingten. Ein Zusatzabkommen zum Vertrag vom Jahre 1857, das eine gesetzliche Handhabe dafür böte, in den alten Vertrag die glatte Meistbegünstigung hineinzulegen, ist nicht vorhanden. Die „ständige Praxis" aber reicht nicht hin, um das Verhalten der Regierung zu rechtfertigen, die genau so wie bei dem Vertrag vom Jahre 1828 auch hier die Reziprozität verkannt hat, Argentinien alles **gratis** an den Kopf warf, was dieses von rechtswegen durch Gegenleistungen hätte erkaufen sollen.

---

[1]) Eine Ansicht, die u. E. deshalb irrig, weil Art. V eine andere Seite der Meistbegünstigung regelt als der Art. IX.

XV.

Die praktische Handhabung des preussisch-amerikanischen Handelsvertrags vom Jahre 1828.

Der eigentliche Streit um die Auslegung des preußisch-amerikanischen Handelsvertrags datiert aus dem Beginn der neunziger Jahre. Gelegentlich bildete sich auch schon früher eine Kontroverse über den Inhalt und die Tragweite desselben heraus. Im Jahre 1883 z. B. forderten die Amerikaner im Hinblick auf den Schlußsatz des Art. V die Aufhebung des deutschen Einfuhrverbotes für amerikanisches Schweinefleisch, wozu sie u. E. berechtigt waren, da laut der angezogenen Bestimmung alle Einfuhrverbote generell zu erlassen sind und von der Möglichkeit eines speziellen Verbotes aus hygienischen Gründen im Vertrage nichts gesagt war. Ein Jahr später verlangte der amerikanische Botschafter am Berliner Hofe, Mr. Kasson, daß der Art. V nicht allein auf die Zolltarife, sondern auch auf die Eisenbahntarife Anwendung finden solle. Deutschland gewähre dem russischen Petroleum einen günstigeren Frachtsatz als dem amerikanischen; solches sei im Hinblick auf Art. V unstatthaft. Bismarck fertigte dieses Begehren vor allem mit dem Hinweis darauf ab, daß im Jahre 1828 noch keine Eisenbahnen existierten, daß man also bei den „Tarifen“ nicht wohl an die Eisenbahntarife habe denken können, sondern nur die Zolltarife im Auge gehabt habe.

Sonst machte aber der Vertrag der Diplomatie früher nicht viel zu schaffen. Deutschland verlegte sich in den siebziger und achtziger Jahren nicht auf den Abschluß von Tarifverträgen; es ließ sich wenig von seinen autonomen Zöllen abhandeln; der Generaltarif war beim Verzollungsgeschäft die Regel; Ansprüche auf Grund der Meistbegünstigungsklausel waren also in dieser Richtung nicht viele zu erheben.

Anders gestaltete sich die Sache, als das Deutsche Reich zu Beginn der Neunziger in ein Netz von Tarifverträgen sich einzuspinnen begann. Nun bekam die Meistbegünstigungsklausel — dank der stattlichen Anzahl von bis dahin ziemlich bedeutungslos gebliebenen Meistbegünstigungsverträgen — für uns eine kaum geahnte Wichtigkeit; vor allem in Hinblick auf die in den Tarifverträgen erfolgte Herabsetzung der Getreidezölle und auf das „Meistbegünstigungsverhältnis" Deutschlands zu zwei großen überseeischen Agrarstaaten, zu den Vereinigten Staaten von Amerika und zu Argentinien. Dabei ergaben sich verschiedene Komplikationen.

Es sei zuvörderst erinnert an den Art. IX des Vertrages zwischen Preußen und der Union vom Jahre 1828, welcher besagt:

„Wenn von einem der kontrahierenden Teile in der Folge anderen Nationen irgend eine besondere Begünstigung in betreff des Handels oder der Schiffahrt zugestanden werden sollte, so soll diese Begünstigung sofort auch dem anderen Teile mit zugute kommen, welcher dieselbe, wenn sie ohne Gegenleistung zugestanden ist, ebenfalls ohne eine solche, wenn sie aber an die Bedingung einer Vergeltung geknüpft ist, gegen Bewilligung derselben Vergeltung genießen wird."

Dieser Art. IX nun macht unser Vertragsverhältnis zur Union nach der Auffassung weiter Kreise zu einem ganz besonders prekären. Man kombiniert ihn nämlich mit Art. XI des Frankfurter Friedensvertrages[1]) und gelangt auf diesem Wege zu der Schlußfolgerung, daß Deutschland der Union gegenüber zu einer völligen Ohnmacht in der Handelspolitik verurteilt sei.

Deutschland steht für ewige Zeiten mit Frankreich im Verhältnis der unbedingten Meistbegünstigung. Die beiden Länder

---

[1]) Der Artikel XI des Frankfurter Friedens besagt u. A.:

„Da die Handelsverträge mit den verschiedenen Staaten Deutschlands durch den Krieg aufgehoben sind, so werden die deutschen Regierungen und die französische Regierung den Grundsatz der gegenseitigen Behandlung auf dem Fuß der meistbegünstigten Nation ihren Handelsbeziehungen zugrunde legen.

Diese Regel umfaßt die Eingangs- und Ausgangsabgaben, den Durchgangsverkehr, die Zollförmlichkeiten, die Zulassung und Behandlung der Angehörigen beider Nationen und der Vertreter derselben.

Jedoch sind ausgenommen von der vorgedachten Regel die Begünstigungen, welche einer der vertragsschließenden Teile durch Handelsvertrag andern Ländern gewährt hat oder gewähren wird als den folgenden: England, Belgien, Niederlande, Schweiz, Österreich und Rußland."

müssen sich gegenseitig die Konzessionen gewähren, die sie auf zollpolitischem Gebiete England, Belgien, Holland, Rußland, Österreich-Ungarn und der Schweiz machen. Nun heißt es im preußisch-amerikanischen Vertrag, daß Alles, was Deutschland dritten Staaten „ohne Gegenleistung“ gewähre, auch der Union unentgeltlich zu gewähren sei; und daraus wird gefolgert, daß Deutschland alle Vergünstigungen aus den Handelsverträgen der Jahre 1891 bis 1894, weil es diese Frankreich „umsonst“ geben müsse, ebenso der an und für sich nur bedingt meistbegünstigten Union (erste Alternative des Art. IX des Vertrages von 1828) ohne Gegenleistung auszufolgen habe, genau so, wie anderen unbedingt meistbegünstigten Staaten.[1])

In Parenthese sei erwähnt, daß wir mit Argentinien in dem gleichen Vertragsverhältnis stehen wie mit Nordamerika. Aus

---

[1]) Neuerdings hat insbesondere Graf v. Schwerin-Loewitz in den Verhandlungen des Deutschen Landwirtschaftsrates (9. Februar 1904) die Anschauung vertreten, wir seien der Union mit gebundenen Händen ausgeliefert. Unter Hinweis auf Art. IX des amerikanischen Vertrages führte er aus:

„Hier also handelte es sich, wie von Amerika später mit vollem Recht geltend gemacht wurde, jedenfalls nicht um eine unbedingte, sondern um eine bedingte Meistbegünstigung, und wir wären also, wenn es sich nur um unsere Tarifverträge mit Österreich usw. gehandelt hätte, unzweifelhaft in der Lage gewesen, der Union die in diesen Verträgen vorgesehenen Begünstigungen auch nur gegen Bewilligung derselben Vergeltungen einzuräumen, wie wir sie von Österreich empfingen. Diese Vergeltungen würde uns Amerika niemals zugestanden haben, und wir wären also wohl schon damals zu einer Differenzierung amerikanischer und europäischer Erzeugnisse gelangt.

Ganz anders lag die Sache aber, — wie später ebenfalls mit Recht(?) von Amerika geltend gemacht worden ist, — nachdem wir auf Grund der von mir dargelegten Interpretation unseres Vertrages mit Frankreich, die von Österreich, Rußland, Italien usw. durch Gegenleistungen erkauften Vergünstigungen an Frankreich ohne Gegenleistung zugestanden hatten. Lediglich weil wir diese in unseren Tarifverträgen zwar nur für Gegenleistungen zugestandenen Vergünstigungen an Frankreich ohne Gegenleistung zugestanden hatten, wurden wir hierdurch verpflichtet, sie auch Amerika ohne Gegenleistung einzuräumen.

Ich weiß nicht, ob Ihnen dieser Zusammenhang vollkommen klar geworden ist, und darum möchte ich ihn, weil er den springendsten Punkt meiner ganzen Ausführungen bildet, noch einmal rückwärts rekapitulieren.

Also unser alter, sogen. Meistbegünstigungsvertrag mit Amerika ist in Wirklichkeit nur ein bedingter Meistbegünstigungsvertrag oder, wie die Amerikaner es nennen, ein Reziprozitätsvertrag, und wir wären auf Grund desselben

diesem Vertrag mit Argentinien werden aber jene Schlüsse gewöhnlich nicht gezogen. Die betreffenden Kreise exemplifizieren immer nur auf Nordamerika und scheinen des Glaubens zu sein, daß wir mit Argentinien einen unbedingten Meistbegünstigungsvertrag laufen haben.

Wie stellt sich die deutsche Regierung zu dieser Verkoppelung des Frankfurter Friedensvertrages mit Art. IX unseres amerikanischen Handelsvertrages? Eine offizielle Verlautbarung ist u. W. noch nicht erfolgt. Praktisch aber kam sie immer zu demselben Ergebnis, wie die Kreise, welche glauben, wir müßten den Amerikanern auf dem Umweg über Art. XI des Frankfurter Friedens alle Zollkonzessionen umsonst einräumen, die wir anderen Ländern gewähren, weil sie eben grundsätzlich die Anschauung vertrat, Deutschland stünde mit der Union im Verhältnis der unbedingten Meistbegünstigung.

Unseres Erachtens nun ist jene Verkoppelung des Art. IX des Vertrages vom Jahre 1828 mit Art. XI des Frankfurter Friedensvertrages unstatthaft.

Erstens gewähren wir den Franzosen die Zollzugeständnisse aus den Handelsverträgen der Jahre 1891—1894 nicht ohne Gegenleistung im Sinne der Reziprozitätsklausel. Die Franzosen behandeln uns als meistbegünstigte Nation im gleichen Umfang wie wir sie. Unsere Zollermäßigungen werden mit französischen Zollermäßigungen erwidert; dem Anspruch Deutschlands auf Meistbegünstigung in Frankreich entspricht der Anspruch Frankreichs auf Meistbegünstigung

---

ebenso wenig, wie die Amerikaner uns gegenüber, verpflichtet gewesen, Amerika unsere Handelsvertragstarife ohne gleiche Gegenleistungen zu gewähren, wie sie uns von Österreich, Rußland und Italien gewährt wurden. Weil wir aber durch den Frankfurter Frieden verpflichtet waren oder uns doch für verpflichtet hielten, Frankreich unseren Vertragstarif ohne Gegenleistung einzuräumen, wurden wir hierdurch verpflichtet, ihn auch Amerika ohne Gegenleistung zu gewähren, und hieraus entstand das bekannte, vollkommen ungleiche Rechtsverhältnis, wonach Amerika uns Zollermäßigungen, die es beispielsweise Frankreich einräumte, versagen oder doch von gleichen Gegenleistungen abhängig machen konnte, wie Frankreich sie gewährte, während bei uns die Forderung jeder Gegenleistung für Einräumung unserer weitgehendsten Zollherabsetzungen ausgeschlossen(?) war.“

in Deutschland; es stehen sich Anspruch und Verpflichtung, Leistung und Gegenleistung gegenüber. Davon, daß die Begünstigung ohne Gegenleistung zugestanden wird, kann keine Rede sein; die Auslegung des Art. IX des Vertrages von 1828 ist mithin falsch.

Ein paar Beispiele dafür, daß die Zollermäßigungen, die wir Frankreich einräumen, von Frankreich mit Vergünstigungen erwidert werden![1])

Angenommen: deutsches Gießereiroheisen geht nach Frankreich, so zahlt es einen Zoll von Frcs. 1.50 pro 100 kg; amerikanisches muß 2 Frcs. bezahlen; amerikanische Schienen gehen nach Frankreich zu einem Zolle von 7 Frcs. ein; deutsche können schon für 6 Frcs. eingeführt werden.

Setzen wir den Fall, die Amerikaner führen alkoholische Firnisse nach Frankreich aus, so müssen sie 40 Frcs. Zoll entrichten, unsere Firnisse zahlen nur 30 Frcs.

Ein deutscher Herrensattel zahlt in Frankreich einen Zoll von 10 Frcs., ein amerikanischer 15 Frcs.

Deutsche Hufnägel zahlen 15 Frcs. Zoll pro 100 kg, amerikanische 20 Frcs.

Amerikanische Schuhwaren aus Kautschuk zahlen 150 Frcs. pro 100 kg; deutsche nur 100 Frcs.

Was ist durch diese Gegenüberstelluugen bewiesen? Daß wir Deutsche für weitaus die meisten Artikel in Frankreich zollpolitisch viel besser gestellt sind als die Amerikaner. Wir genießen den französischen Minimaltarif in seinem ganzen Umfang, während Amerika in weitaus den meisten Fällen die Sätze des Generaltarifes — Ausnahmen s. S. 214 — zu zahlen hat. Die Franzosen genießen unsere niedrigsten Tarife; wir genießen auch bei ihnen die niedrigsten. Wir bekommen die französischen Minimalsätze nicht „umsonst"; ebensowenig wie die Franzosen die unsrigen „umsonst" bekommen. Das haben wir an sechs auf gut Glück herausgegriffenen Artikeln ad oculos demonstriert.

---

[1]) Wir begehen mit den nachfolgenden Darlegungen bewußt einen Fehler, den wir sogleich zu rügen Veranlassung nehmen werden.

Wohl könnte man den Fall konstruieren, daß Frankreich nur einen einzigen Tarif hätte, zu dem alle Waren ohne Unterschied des Ursprungs, ohne Unterschied, ob das betreffende Land meistbegünstigt ist oder nicht, ob das betreffende Land überhaupt in Vertragsbeziehungen zu Frankreich steht oder nicht, verzollt werden müßten. Dieser Fall aber ist bisher noch nicht praktisch geworden. Und wenn er eintreten würde, so könnte er auch nicht, wie sogleich dargelegt werden wird, gegen uns ins Feld geführt werden. Wir haben aber bisher in der Verzollung immer noch in Frankreich einen Vorteil vor der Union gehabt. Wenn man also daraus, daß wir Frankreich „unentgeltlich" unseren Konventionaltarif gewähren, folgert, wir müßten Amerika gegenüber ein Gleiches tun, so ist dieser Schluß falsch, weil die Prämisse nicht zutrifft.

Ein zweiter Fehler, der bei den einschlägigen Erörterungen gemacht wird, ist der, daß das Wörtchen „umsonst" in der Klausel des Art. IX unseres Vertrages mit der Union falsch gedeutet wird. Verpflichtungen aus glatten Meistbegünstigungsverträgen werden von der Reziprozitätsklausel nicht betroffen; sie bilden vielmehr ein Ganzes für sich. Die aus unbedingten Meistbegünstigungsverträgen fließenden Vorteile bilden „in ihrem ganzen Zusammenhange die Vergeltung für durch solche Verträge erworbene Vorteile". Die Folgeerscheinungen eines unbedingten Meistbegünstigungsvertrages sozusagen zu sezieren und die Vergünstigungen in jedem einzelnen Falle darauf zu prüfen, ob sie ohne Entgelt oder gegen Entgelt erfolgen, ist unstatthaft. Das haben wir unter Z. VI des Abschn. XIV dargelegt; der diesen Darlegungen conformen Übung der Union selbst werden wir sogleich Erwähnung tun müssen.

Theoretisch ist die Verkoppelung von Art. XI des Frankfurter Friedensvertrages mit Art. IX des amerikanisch-preußischen Vertrages nicht haltbar; und ebenso wenig in praxi.

Wir heben auch schon an dieser Stelle hervor, daß die Verkoppelung des Art. XI des Frankfurter Friedensvertrages mit Art. IX unseres amerikanischen Vertrages im Wesentlichen ein deutsches Geistesprodukt ist und von den Amerikanern bisher noch nicht praktiziert wurde. Sie haben immer andere Gründe und Mittel gefunden, um uns unsere niedrigen Getreidezölle usw. abzulocken.

Soviel vorläufig zu diesem Punkte. Wenden wir uns nunmehr der Darstellung des Streites über die Bestimmungen des amerikanischen Handelsvertrages selbst zu!

Wir glauben im Laufe unserer bisherigen Untersuchungen, insbesondere in Abschnitt XIV, Material genug zusammengetragen zu haben, um den Leser die ursprüngliche aus dem Vertrag vom Jahre 1828 fliessende Situation klar überblicken zu lassen. Preußen-Deutschland steht, um das nochmals kurz zu präzisieren, auf Grund des besagten Vertrages mit den Vereinigten Staaten nicht im Verhältnis der unbedingten, sondern der bedingten Meistbegünstigung. Maßgebend für den Mitgenuß der dritten Staaten zugewendeten Zollminderungen ist Art. IX des Vertrages, welcher ausdrücklich besagt, daß dereine Kontrahent die einem dritten Staate auf Grund von Gegenleistungen gewährten Konzessionen dem anderen Vertragsteil nur dann zuzugestehen braucht, wenn dieser Äquivalente anbietet, daß also eine Leistung Zug um Zug stattzufinden hat.

Was hat man nun aus dieser doch ziemlich klaren Rechtslage[1]) im Laufe der neunziger Jahre in Deutschland gemacht?

Sozusagen der erste Schuß in dem langen Kampf fiel beim Saratoga-Abkommen.

Die Amerikaner drohten in Sektion III des McKinley-Tarifgesetzes — Text s. oben S. 209 — denjenigen Staaten, welche Zucker produzieren, an, dieses Erzeugnis mit einem Strafzoll zu belegen, wenn die betreffenden Länder die Produkte der amerikanischen Landwirtschaft „unbilligen" Zöllen unterwarfen. Das war der langen Klausel kurzer Sinn. Für uns Deutsche kamen unter den landwirtschaftlichen Produkten Amerikas, die den Prüfstein der „Billigkeit" der Zölle abgeben sollten, hauptsächlich Fleisch und Weizen in Betracht.

Konnte nun unser Zucker diesem Strafzoll unterworfen werden, wenn wir die genannten amerikanischen Produkte mit Zöllen, die nach Ansicht der Amerikaner „unbillig" waren, belegten?

---

[1]) Den folgenden Ausführungen liegt die Annahme zugrunde, daß der Vertrag vom Jahre 1828 überhaupt noch Geltung hat, — eine Frage, über die man geteilter Meinung sein kann. (Siehe S. 305).

Wenn wir mit den Vereinigten Staaten im Verhältnis der unbedingten Meistbegünstigung gelebt hätten (was nach der zeitweisen Anschauung der deutschen Reichsregierung der Fall war, was aber laut Art. IX des Vertrages vom Jahre 1828 nicht der Fall sein konnte), so mußten die Amerikaner unabhängig von der Höhe unserer Getreidezölle unseren Zucker frei einlassen, aus dem einfachen Grunde, weil auch hawaiischer (unraffinirter) Zucker immer noch frei eingelassen wurde. Durch amerikanisches Spezialgesetz vom 3. März 1891 wurde nämlich ausgesprochen, daß das mit Hawai getroffene Abkommen vom Jahre 1875 (s. oben S. 205) durch die Klausel des McKinley-Tarifes nicht berührt werde, d. h. daß hawaiischer Zucker nach wie vor zollfrei blieb.

Wenn wir aber mit den Amerikanern im Verhältnis der bedingten Meistbegünstigung lebten, — und das war der Fall, — konnten sie dann unseren Zucker mit Strafzöllen belegen? Wir konnten uns in diesem Falle nicht mehr auf die Tatsache der zollfreien Einfuhr von hawaiischem Zucker stützen. Hätte Hawai diese Zollfreiheit seines Zuckers „umsonst" von den Amerikanern erhalten, dann hätten wir dieses Recht auch für uns beanspruchen können. (Erste Alternative des Art. IX.) Hawai hatte aber seinerzeit die Zollfreiheit seines Zuckers mit weitgehenden Gegenleistungen erkauft (s. S. 207); die erste Alternative des Art. IX, die unentgeltliche Gewährung von Vorteilen, lag also nicht vor. Es war vielmehr die zweite Alternative gegeben; wir mußten Gegenleistungen anbieten, wenn wir unseren Zucker zollfrei in die Union einführen wollten.

Anders lag die Sache natürlich wieder für jene, die den Art. XI des Frankfurter Friedensvertrages immer mit Art. IX unseres amerikanischen Vertrages in Verbindung bringen. Nach dieser Auffassung konnten wir die Zollfreiheit unseres Zuckers auf Grund der ersten Alternative des Art. IX ansprechen, und zwar durch folgende Deduktion: Die Schweiz, Serbien und der Oranje-Freistaat hatten ein Anrecht, die Zollfreiheit für Zucker zu beanspruchen, und zwar ohne Gegenleistung, weil sie unbedingte Meistbegünstigungsverträge mit der Union laufen hatten. Die Schweiz usw. gelangte mithin „unentgeltlich" [1]) in den

[1]) Wir begehen hier bewußt den Fehler, den Begriff „unentgeltlich" in Reziprozitätsverträgen falsch auszulegen.

Genuß der Zollfreiheit für Zucker. Ob sie solchen tatsächlich ausführte oder nicht, war für die Rechtslage gleichgültig; die Hauptsache war, daß sie ein absolutes Anrecht auf die Zollfreiheit des Zuckers, die

1. prinzipiell im McKinley-Tarif ausgesprochen war,
2. Hawai tatsächlich gewährt wurde,

bei der Einfuhr in die Union hatten.

Also konnten auch wir die Zollfreiheit unseres Zuckers unentgeltlich beanspruchen, da jetzt — erste Alternative des Art. IX — „einer anderen Nation eine besondere Vergünstigung in betreff des Handels zugestanden worden war“, die sofort dem anderen Teil mit zugute kommen mußte, „welcher dieselbe, wenn sie ohne Gegenleistung zugestanden ist, ebenfalls ohne eine solche .... genießen wird“.

Die Amerikaner würden Augen gemacht haben, wenn wir ihnen mit dieser Deduktion, die sich in genau dem gleichen Gedankengang bewegt, wie die Auffassung jener Kreise, die unsere völlige Ohnmacht in der Handelspolitik der Union gegenüber darlegen zu können glauben, gekommen wären. Die Amerikaner würden uns belehrt haben, daß die Wendung „ohne Gegenleistung“ in Art. IX unseres Vertrages nicht so gemeint ist, wie wir sie nunmehr interpretierten.

Schon aus diesen Darlegungen kann man ersehen, daß man mit jener Theorie der Verkoppelung des Art. XI des Frankfurter Friedensvertrages mit Art. IX unseres amerikanischen Vertrages behutsamer umgehen muß, als dies gewöhnlich geschieht; für keinen Fall aber soll man sie immer einseitig gegen Deutschland kehren.

Auf der anderen Seite aber sieht man, was man im Jahre 1891 aus dem vielgeschmähten Vertrage vom Jahre 1828 hätte herausholen können, wenn man ihm die Deutungen gegeben hätte, die bei uns Cours hatten und noch haben, womit wir aber nicht sagen wollen, daß diese Auslegungen richtig gewesen wären.

*   *
*

Unserem Zucker die Zollfreiheit bei der Einfuhr in die Union zu sichern, die wir anderweitig nicht ansprechen konnten, war Zweck und Gegenstand des Saratoga-Abkommens, das in der Form eines Notenwechsels niedergelegt ist.

Der deutsche Geschäftsträger, v. Mumm, richtete an den außerordentlichen Bevollmächtigten der Union, Mr. Foster, von Saratoga-Springs aus unterm 22. August 1891 folgende Note:

Nachdem durch das Gesetz vom 3. März d. J. und die dazu erlassenen Ausführungsbestimmungen vom 25. desselben Monats und Jahres die obligatorische Untersuchung des für den zwischenstaatlichen Verkehr in Nordamerika und den Export nach dem Auslande bestimmten Fleisches in den Vereinigten Staaten von Amerika vorgeschrieben worden ist, gereicht es der kaiserlichen Regierung zur Befriedigung, die Erklärung abgeben zu können, daß die Veranlassung für eine fernere Aufrechterhaltung des im Jahre 1883 aus sanitären Gründen erlassenen Verbots der Einfuhr von Schweinen, Schweinefleisch und Würsten amerikanischen Ursprungs, sofern dieselben den Bestimmungen des Regulativs vom 25. März d. J. entsprechend amtlich untersucht und mit der vorgeschriebenen Bescheinigung versehen sind, weggefallen ist. Sobald daher die Regierung der Vereinigten Staaten von Amerika in der Lage ist, der kaiserlichen Regierung amtlich den Zeitpunkt bezeichnen zu können, bis zu welchem das Gesetz vom 3. März d. J. in der durch das Regulativ vom 25. desselben Monats und Jahres vorgeschriebenen Weise tatsächlich zur Durchführung gelangt sein wird, dergestalt, daß die durch das erwähnte Gesetz beabsichtigte Garantie gegen die Ausfuhr von gesundheitsgefährdenden Fleischwaren gewährleistet erscheint, wird die kaiserliche Regierung zur Aufhebung des unter dem 6. März 1883 erlassenen deutschen Einfuhrverbots die erforderlichen Einleitungen treffen. Die kaiserliche Regierung geht bei Abgabe dieser Erklärung von der Voraussetzung aus, daß nach Aufhebung des gedachten deutschen Einfuhrverbots für den Herrn Präsidenten keine Veranlassung mehr vorliegt, die ihm durch den 51. Bundeskongreß verliehenen diskretionären Befugnisse dem Deutschen Reiche gegenüber in Anwendung zu bringen.[1]) Die kaiserliche Regierung glaubt sich zu dieser Annahme um so mehr berechtigt, als dieselbe bereit ist, den Vereinigten Staaten von Amerika diejenigen Zollermäßigungen für landwirtschaftliche Erzeugnisse einzuräumen, welche von ihr bei den gegenwärtig deutscherseits geführten Handelsvertragsverhandlungen Österreich-Ungarn und anderen Staaten gewährt worden sind bezw. noch gewährt werden.

---

[1]) Darunter fiel auch die Befugnis des Präsidenten, den an und für sich zollfreien Zucker (s. S. 209) mit einem Zoll zu belegen.

Indem ich Sie bitte, mich in Ihrer Erwiderung auf diese Note davon in Kenntnis setzen zu wollen, ob die im vorstehenden zum Ausdruck gebrachte Auffassung der kaiserlichen Regierung bezüglich der Handhabung der Section III des Zolltarifgesetzes vom 1. Oktober v. J. und der Section V des Fleischbeschaugesetzes vom 30. August v. J. zutrifft, werde ich zugleich Ihrer Mitteilung über den Zeitpunkt der auf Grund des Regulativs vom 25. März d. J. erfolgenden vollen Durchführung des Gesetzes vom 3. März d. J. entgegensehen dürfen."

In der an demselben Tage erfolgten Antwort Mr. Fosters wurde ausgeführt:

„Es gereicht mir zur Genugtuung, Sie benachrichtigen zu können, daß die im Gesetz vom 3. März d. J. und der Ausführungsverordnung vom 25. desselben Monats vorgesehene Fleischbeschau unter Aufsicht und auf Kosten der Regierung der Vereinigten Staaten bereits seit einigen Wochen zur Durchführung gelangt ist, dergestalt, daß auf diese Weise untersuchtes Fleisch spätestens am ersten nächsten Monats zur Ausfuhr nach Deutschland bereit sein wird. Ebenso angenehm ist es mir, Ihnen im Auftrage des Präsidenten die Zusicherung geben zu können, daß durch die von der kaiserlichen Regierung beabsichtigte Aufhebung der Verordnung vom 6. März 1883, betreffend das Verbot der Einfuhr von Schweinen, Schweinefleisch und Würsten amerikanischen Ursprungs, für den Präsidenten jede Veranlassung beseitigt sein wird, seinerseits gegen das Deutsche Reich die ihm von dem Kongreß der Vereinigten Staaten durch Section V des Fleischbeschaugesetzes vom 30. August 1890 übertragenen diskretionären Befugnisse in Anwendung zu bringen. Der Präsident hat mich ferner zu der Mitteilung beauftragt, daß er die Bereitwilligkeit der kaiserlichen Regierung, den landwirtschaftlichen Erzeugnissen der Vereinigten Staaten bei der Einfuhr nach Deutschland diejenigen Zollermäßigungen zu gewähren, welche den gleichen Erzeugnissen Österreich-Ungarns in dem mit diesem Lande neuerdings vereinbarten Handelsvertrag gewährt worden sind oder die von Deutschland anderen Ländern etwa noch gewährt werden, als ein genügendes Entgegenkommen für die Gewährung der von dem Kongreß der Vereinigten Staaten in Section III des Zolltarifgesetzes vorgesehenen Vergünstigungen betrachtet" — usw.

Was ist der kurze Inhalt dieses Notenwechsels?

a) Deutschland verspricht:

1. das Einfuhrverbot auf amerikanisches Fleisch usw. aufzuheben, weil nunmehr das Fleisch in der Union einer amtlichen Kontrolle auf seine Gesundheit unterworfen würde; und

2. den Erzeugnissen der amerikanischen Landwirtschaft[1]) die Zollvergünstigungen zu gewähren, welche den landwirtschaftlichen Erzeugnissen österreich-ungarischen und sonstigen Ursprungs verstattet werden.

b) Dafür nimmt Deutschland vor allem die Zollfreiheit für Zucker bei der Einfuhr nach den Vereinigten Staaten in Anspruch.

c) Amerika gewährt dem deutschen Zucker Zollfreiheit.

d) Amerika nimmt als Entgelt die deutschen Zollermäßigungen für seine landwirtschaftlichen Erzeugnisse entgegen.

Und die Aufhebung des deutschen Einfuhrverbotes auf amerikanisches Fleisch? Die Note des amerikanischen Bevollmächtigten läßt dieselbe anscheinend nicht als Gegenleistung für die Gewährung der Zollfreiheit des deutschen Zuckers gelten. Als Gegenleistung für die Zollfreiheit des deutschen Zuckers wird in der amerikanischen Note vielmehr ausdrücklich nur die Gewährung des deutschen Konventionaltarifes für landwirtschaftliche Produkte erachtet. Diese gilt „als ein genügendes Entgegenkommen für die Gewährung der von dem Kongreß der Vereinigten Staaten in Section III des Zolltarifgesetzes vorgesehenen Vergünstigungen“.

Wie paßte dieses Abkommen in die durch den Vertrag vom Jahre 1828 begründete Rechtslage hinein? Veranlaßt werden wir zu einer derartigen Fragestellung vor Allem dadurch, daß die deutsche Regierung das Saratoga-Abkommen als eine „Deklaration“ des Vertrages vom Jahre 1828 auffaßte.

Die deutsche Regierung vertrat eine Zeit lang, wie schon bemerkt (s. S. 243 und 257), die Meinung, wir seien auf Grund des Vertrages vom Jahre 1828 in den Vereinigten Staaten von Amerika unbedingt meistbegünstigt und umgekehrt. Ihre Taten stimmten aber nicht zu dieser Ansicht. Wäre Deutschland in den Ver-

[1]) Damit ist auch die Behauptung des Grafen Bismarck (s. S. 265) widerlegt, daß wir den Amerikanern kraft der Saratogakonvention alle Vergünstigungen, die wir in den Tarifverträgen anderen Staaten eingeräumt haben, bewilligen müssen.

einigten Staaten von Amerika unbedingt meistbegünstigt gewesen, dann brauchte es

1. wegen der diskretionären Befugnisse des Präsidenten keine Angst um den deutschen Zucker zu haben. Die Union konnte den deutschen Zucker mit gar keinem Zoll belegen, weil ja hawaiischer Zucker noch zollfrei blieb, und also auch der unsere auf Grund der — angeblichen — unbedingten Meistbegünstigung zollfrei bleiben mußte. Wir hatten dann einen glatten Meistbegünstigungsanspruch, gleichgiltig, ob unsere Getreidezölle billige oder unbillige waren.

2. Umgekehrt aber durfte sie auch den Amerikanern nicht die Minderung der Zölle nur auf landwirtschaftliche Artikel einräumen. Wenn die Amerikaner bei uns unbedingt meistbegünstigt waren, so war diese Einschränkung ihres Meistbegünstigungsanspruches auf landwirtschaftliche Artikel unstatthaft.

3. Wenn zwischen den beiden Ländern das Verhältnis der unbedingten Meistbegünstigung obwaltete, wie konnte völlig die deutsche Note sagen, daß die deutsche Regierung „bereit" sei, der Union Zollermäßigungen „einzuräumen"? Von „bereit sein" konnte da doch keine Rede sein; nur von einer Pflicht!

Und was sagte die amerikanische Note? Diese nahm den Ausdruck „Bereitwilligkeit" aus der deutschen Note herüber, sprach von einem „genügenden Entgegenkommen" Deutschlands und schloß mit der „Gewährung" der „in Section III des Zolltarifgesetzes (man beachte die Einschränkung!) vorgesehenen Vergünstigungen".

Kurzum: wenn Deutschland in der Union unbedingt meistbegünstigt gewesen wäre, und umgekehrt, was ja nach Anschauung der deutschen Reichsregierung der Fall war, so handelten die beiden Staaten der Rechtslage in mehr denn einer Beziehung zuwider, als sie das Saratoga-Abkommen abschlossen.

Deutschland war nun aber in der Union nicht unbedingt meistbegünstigt, sondern nur bedingt. Stimmte das Abkommen zu dieser durch den Vertrag vom Jahre 1828 geschaffenen Rechtslage? Wir glauben diese Frage bejahen zu können. Indem wir die Frage, ob sich Section III des McKinley-Tarifgesetzes mit Art. V unseres amerikanischen Vertrages vereinbaren ließ, offen lassen, weil die Frage hier praktisch ohne Bedeutung geblieben sein dürfte, uns vielmehr auf eine Erörterung der Übereinstimmung des Saratogaabkommens mit Art. IX beschränken, stellen wir folgendes fest:

Die Zollfreiheit des Zuckers war offenbar eine Vergünstigung, welche die Amerikaner den Zucker produzierenden Ländern zukommen lassen wollten, — auf grund entsprechender Gegenleistungen. Der Zucker konnte in der Union einem Zoll unterworfen werden oder zollfrei bleiben, je nach der Haltung der Zuckerländer. Bezüglich der Vergünstigung selbst aber, womit die Zollfreiheit des Zuckers der Union abzukaufen war, hatte die amerikanische Regierung laut Klausel im Tarifgesetz eine bestimmte Marschroute innezuhalten: es mußten die Zölle der Zuckerländer auf landwirtschaftliche Produkte der Vereinigten Staaten „billige" sein, wenn der Zucker der ersteren zollfrei bleiben sollte.

Die deutschen Getreidezölle im Handelsvertrag mit Österreich-Ungarn entsprachen, wie die Note Mr. Fosters erklärt, in den Augen des Präsidenten diesem von der Klausel aufgestellten Postulat der „Billigkeit". Diese „billigen" Getreidezölle nun wurden der Union gewährt; ergo konnte deutscher Zucker in der Union zollfrei bleiben. Vergünstigung stand gegen Vergünstigung; die zweite Alternative des Art. IX war gegeben. Unbewußt und ungewollt hat die deutsche Regierung, die immer glaubte, die unbedingte Meistbegünstigung in Amerika ansprechen zu können, gemäß den Vorschriften des bedingten Meistbegünstigungs-Vertrages vom Jahre 1828 gehandelt; sie hat Leistung um Leistung eingetauscht; sie hat die zweite Alternative des Art. IX praktisch werden lassen, **bedingte** Meistbegünstigung geübt.

Welches Licht aber wirft das Saratoga-Abkommen auf die Richtigkeit jener Theorie, daß wir gemäß Art. IX unseres amerikanischen Vertrages zusammen mit Art. XI des Frankfurter Friedensvertrages den Amerikanern ohne weiteres unseren Konventionaltarif einräumen müßten, dass also die Amerikaner bei uns die unbedingte Meistbegünstigung anzusprechen ein Recht haben; aber nicht umgekehrt? Das Saratoga-Abkommen tut dar, daß die Amerikaner diese Theorie nicht zu der ihrigen machen.

Die Union begnügte sich mit den Zollermäßigungen auf landwirtschaftliche Erzeugnisse und erbot sich dafür zu einer

Gegenleistung. Hätte die Union die Auffassung, daß wir ihr alle unsere Zollkonzessionen aus dem österreichischen, schweizerischen usw. Handelsvertrag auf dem Umwege über Art. XI des Frankfurter Friedensvertrages umsonst zugestehen müßten, als richtig anerkannt und zu der ihrigen gemacht, so hätte sie

1. uns Deutschen gegenüber gar kein Entgegenkommen üben müssen. Sie hätte einfach deduzieren können: Deutschland läßt dem österreich-ungarischen Weizen eine Zollermäßigung zuteil werden; Frankreich hat laut Art. XI des Friedensvertrages ein Recht, diesen Zollnachlaß „ohne Gegenleistung"[1]) auch für sich zu beanspruchen; ergo ist die erste Alternative des Art. IX des Vertrages vom Jahre 1828 praktisch geworden; man muß auch unseren Weizen, ohne daß wir Deutschland irgend eine Gegenleistung machen, zu 3 ½ Mark einlassen.

Die Amerikaner enthielten sich dieser Schlußfolgerung. Sie verlangten den Zollnachlaß als Entgelt dafür, daß sie unseren Zucker in Ruhe ließen. Leistung und Gegenleistung standen sich gegenüber. Von „Umsonstgewähren" war keine Rede.

2. Die Union begnügte sich mit der Einräumung der Zollnachlässe auf landwirtschaftliche Erzeugnisse; sie verlangte nicht alle Zollkonzessionen, die wir Österreich-Ungarn und anderen Mächten gemacht hatten und noch machen würden. Wenn sie sich auf den Standpunkt gestellt hätte, wir Deutsche müßten ihr auf dem Umwege über Art. XI des Frankfurter Friedens alle Zollkonzessionen gratis gewähren, weil wir sie „umsonst" an Frankreich gewähren müssen, so hätte sie eben alle Konzessionen, nicht nur die auf landwirtschaftliche, sondern auch die auf Industrieprodukte, einfordern können.

Wenn die obige Theorie richtig wäre, so hätte aber auch

3. die Union uns (und den Österreichern und Ungarn und den Russen) die Zollfreiheit des Zuckers unter keinen Umständen vorenthalten können, gleichgiltig ob unsere Getreidezölle billige oder unbillige gewesen wären. Denn wir hätten genau, so wie die Amerikaner (angeblich) uns gegenüber deduzieren können, daß wir ihnen

---

[1]) S. Anmerkung auf S. 287.

auf dem Umwege über den Frankfurter Frieden umsonst alle Zollermäßigungen einräumen müßten, ihnen gegenüber deduzieren können: ihr habt einen glatten Meistbegünstigungsvertrag mit der Schweiz, Serbien usw. laufen. Diese Staaten haben einen unbedingten, von der Anbietung eines Entgeltes unabhängigen Anspruch darauf, daß ihr Zucker zollfrei bei euch eingehen darf. Ihnen kommt die Zollfreiheit des Zuckers „umsonst" zu; ergo muß sie auch dem deutschen, österreich-ungarischen, russischen Zucker ohne Entgelt zugewendet werden. (Erste Alternative des Art. IX der Verträge der Union mit Preußen, Österreich-Ungarn, Rußland.)

Haben die Amerikaner der Gewährung der Zollfreiheit für unseren Zucker eine derartige Argumentation zugrunde gelegt? Nein! Sie prüften unsere Getreidezölle auf ihre „Billigkeit"; von einer unentgeltlichen Gewährung der Zollfreiheit für unsere Zucker war nichts zu spüren.

Wenn aber die Amerikaner damals diese Argumentation unterließen, als sie uns zum Vorteil gereichte, können sie sich ihrer billigerweise bedienen, wenn es gegen uns geht?

Die Amerikaner haben unsere unbedingten Meistbegünstigungsverträge für die Auslegung des Wörtchens „umsonst" beim Abschluß der Saratoga-Konvention völlig unbeachtet gelassen; ebensowenig haben sie ihre eigenen unbedingten Meistbegünstigungsverträge für die Interpretation herangezogen. — Sie haben in praxi unsere Darlegungen über die Auslegung des Begriffes „umsonst" in Reziprozitätsverträgen (S. 268—272) bestätigt.

Wir haben, wie vorstehend dargelegt, nicht ohne weiteres den Amerikanern unseren Konventionaltarif für Getreide einräumen müssen. Der Hinweis auf unsere Verpflichtung, ihn den Franzosen „umsonst" zu überlassen, und die daraus konstruierte weitere Verpflichtung, ihn deshalb auch der Union „umsonst" zu gewähren, ist, wie an einem konkreten Fall gezeigt, nicht angängig. Die Amerikaner hätten in dieser Hinsicht nach anderen Tatsachen suchen müssen, um die „unentgeltliche" Gewährung unseres Konventionaltarifes an dritte Länder darzutun.

Nun aber ein anderer Gesichtspunkt! Wenn wir ihnen unseren Konventionaltarif für ihre landwirtschaftlichen Erzeugnisse nicht gaben, — was dann? Wäre die Beibehaltung unseres 5 M. Zolles für amerikanischen Weizen „unbillig" gewesen? Die Amerikaner würden solches wohl behauptet haben. Sie gewährten aber auch dem Zucker aus Frankreich die Zollfreiheit, d. i. dem Zucker aus einem Lande, das einen Zoll von 5, dann 7 Fr. (5,60 M.) auf amerikanischen Weizen erhob. An diese Tatsache gehalten, war unser 5. M. Zoll kaum als unbillig zu bezeichnen. Wir hätten genug Entgegenkommen gezeigt, wenn wir der Union die Sätze unseres Konventionaltarifes für andere landwirtschaftliche Produkte zugebilligt hätten. Bezüglich des Weizens aber hätten wir hart bleiben sollen wie die Franzosen. Taußig: (Quarterly Journal of Economics 1893 S. 27) meint allerdings: „Sobald ungarischer Weizen gegen niedrige Zölle zugelassen wurde, war es das Beste, auch amerikanischen Weizen zu denselben Sätzen zuzulassen." Aber diese Argumentation richtet sich selbst im Hinblick darauf, daß die Union sich im Jahre 1898 hartnäckig weigerte, uns die Konzessionen zuzugestehen, die es Frankreich gemacht hatte!

Hier Konzessionen auf ein Objekt von höchstens 6 Mill. Mark; dort auf ein solches von 60—160 Millionen Mark!

* * *

Die Zollfreiheit des Zuckers auf Grund der Sec. III des Mc. Kinley-Tarifgesetzes auszusprechen lag in der diskretionären Gewalt des Präsidenten. Es war klar, daß diese diskretionäre Gewalt in dem Augenblicke zu Ende ging, da das Mc. Kinley-Tarifgesetz außer Kraft gesetzt wurde.

Im Jahre 1894 trat dieser Fall ein. Der Wilson-Gorman-Tarif kannte keine Reziprozitätsklausel mehr; Zucker wurde einem allgemein gültigen Zoll unterworfen. Den auf die Zollfreiheit des Zuckers bezüglichen Zusicherungen der Amerikaner im Saratoga-Abkommen war also der Boden entzogen. Auch für den deutschen Zucker war damit der Tag gekommen, wo er in der Union Zoll zahlen mußte. Wie verhielt man sich nun deutscherseits dazu?

Das Unbegreifliche wurde Ereignis! Wir hatten den Amerikanern dafür, daß sie unseren Zucker zollfrei ließen, die Minimalzölle auf landwirtschaftliche Produkte eingeräumt. Unser

Zucker wurde jetzt amerikanischerseits mit einem Zoll belastet; und wir Deutsche ließen — weiterhin die Minimalzölle auf amerikanisches Getreide gelten. Statt die Aufhebung der Zollfreiheit unseres Zuckers mit der Aufhebung unseres Minimalzolles für amerikanisches Getreide zu beantworten, was eigentlich im Hinblick auf den Wortlaut des Saratoga-Abkommens selbstverständlich war, verhielten wir uns mäuschenstill.

„Der ganze Inhalt jenes Notenaustausches (von Saratoga) war begrenzt durch die Dauer der beiderseitigen Gesetzgebung." So sagte Freiherr v. Marschall in der Sitzung des Reichstags vom 16. Januar 1896. Wenn nun aber das Mc. Kinley-Tarifgesetz, das zusammen mit der Erklärung des Präsidenten die Zollfreiheit unseres Zuckers aussprach, durch den Wilson-Gorman-Tarif aufgehoben worden war, warum haben wir denn dann nicht auch unsere Minimalzölle auf amerikanisches Getreide aufgehoben? Waren unsere Beziehungen zur Union nun nicht wieder ganz allein auf den Vertrag von 1828 gestellt? (Siehe Dr. Barths Äußerungen auf S. 267.) Und mußten nun die Amerikaner laut Art. IX, zweite Alternative, uns nicht besondere Gegenleistungen bieten, um neuerdings in den Genuß unserer ermäßigten Getreidezölle zu gelangen?

Freiherr v. Marschall meinte zwar in der gleichen Sitzung des Reichstags:

„Die Vereinigten Staaten von Nordamerika hatten die Verpflichtung, uns die Zollfreiheit des Zuckers zu gewähren, solange sie irgend einem Staate auf der Welt dieses Privileg einräumten, und wir hatten die Verpflichtung, den Vereinigten Staaten solange den Weizenzoll von M. 3.50 usw. zukommen zu lassen, als wir irgend einem anderen Staate diesen remäßigten Zoll gewährten!"

Aber so war es nicht! Wir konnten die Zollfreiheit auf Zucker nur so lange beanspruchen, als die Klausel im Mc. Kinley-Tarif galt; man hatte im Saratoga-Abkommen ausdrücklich auf dieses Gesetz Bezug genommen als auf die Quelle, aus der die Zollfreiheit unseres Zuckers floß. Auf der anderen Seite brauchten wir den Amerikanern den 3½ M.-Zoll auf Weizen nur so lange zu gewähren, als sie unseren Zucker zollfrei einließen. „Der ganze Inhalt jenes Notenaustausches (von Saratoga) war", so hatte doch

Freiherr von Marschall selbst erklärt, „begrenzt durch die Dauer der beiderseitigen Gesetzgebung.“ Wie kam er da nur auf einmal dazu, zu sagen, daß wir den Amerikanern unseren ermäßigten Weizenzoll so lange zuteil werden lassen müßten, als wir ihn einer dritten Nation gewährten, und daß wir auch die Zollfreiheit unseres Zuckers so lange in Amerika beanspruchen könnten, als Zucker aus irgend einem Lande zollfrei einging?

Mit seinen eigenen Worten geriet also der Herr Staatssekretär in Widerspruch.

Daß Weizen aus der Union zum Satz von $3^1/_2$ M. bei uns eingehen könne, solange „wir irgend einem anderen Staate diesen ermäßigten Zoll gewähren“, hätten die Amerikaner doch nur dann verlangen können, wenn sie auf die unbedingte Meistbegünstigung in Deutschland einen Anspruch hatten. Und das war nicht der Fall; solches zu behaupten ist auch den Amerikanern nie in den Sinn gekommen.

Wenn dann aber Staatssekretär v. Marschall in der Reichstagssitzung vom 3. Mai 1897 erklärte:

> „Ich lese eine Note der deutschen Regierung vom 5. April 1897,[1]) in der es u. a. heißt: Die deutsche Regierung würde in einem solchen Falle die Voraussetzungen, auf welche die deutschen Erklärungen in jenem Schriftwechsel vom August 1891 beruhten, als hinfällig betrachten müssen, und sie würde sich ferner vor die Frage gestellt sehen, ob die Vergünstigungen den Vereinigten Staaten noch länger zu gewähren seien, welche sie den Vereinigten Staaten bisher durch Anwendung der niedrigen Zollsätze aus den zwischen dem Deutschen Reich einerseits und Österreich-Ungarn sowie verschiedenen anderen Staaten andererseits abgeschlossenen Zollverträgen auf die Einfuhr aus den Vereinigten Staaten namentlich hinsichtlich der landwirtschaftlichen Erzeugnisse geboten hat“,

so haben wir zu dieser Erklärung nur Eines zu bemerken: sie war unnötig und völlig unangebracht, nachdem von der gleichen Stelle aus früher die Erklärung abgegeben worden war: „Der ganze Inhalt jenes Abkommens (von Saratoga) war begrenzt durch die Dauer der beiderseitigen Gesetzgebung“. Amerika hatte die Zollfreiheit des Zuckers abgeschafft, einen Zuckerzoll eingeführt;

---

[1]) Aus dem Jahre 1897! Im Jahre 1894 war die Zollfreiheit für unseren Zucker zu Ende gegangen! Das nennt man prompte Arbeit.

der Vergünstigungen, die Freiherr v. Marschall den Amerikanern jetzt zu entziehen drohte, waren sie also de jure schon längst verlustig gegangen. Man drohte mithin, (es blieb bei der Drohung; zur Tat kam es nicht,) den Amerikanern etwas zu entziehen, worauf sie überhaupt keinen Anspruch mehr besaßen, ihnen eine Vergünstigung zu nehmen, die sie durch Aufhebung der Zollfreiheit auf deutschen Zucker schon längst verwirkt hatten.

Die Politik der deutschen Regierung war um so unverständlicher, wenn man sie gegen das Vorgehen anderer Länder hält. Spanien hob, als die Zollfreiheit für Zucker in der Union durch das Inkrafttreten des Wilson-Gorman-Tarifes entfiel, und kubanischer Zucker einen Zoll bezahlen mußte, sogleich die Vergünstigungen auf, deren sich die Union in Kuba erfreute. Ein königlich spanisches Dekret vom 27. August 1894 besagte:

„Nachdem vom Kongreß der Vereinigten Staaten von Amerika jenes Zollgesetz vom 1. Oktober 1890 abgeändert worden ist, in Gemäßheit dessen und einer Erklärung, die der Präsident der Vereinigten Staaten in Ausführung der ihm in Sektion III desselben Gesetzes erteilten Vollmacht abgab, der Zucker sowie andere Erzeugnisse von Kuba und Puerto Rico sich der Zollfreiheit und anderer Vergünstigungen [in der Union] erfreuten, wird nunmehr das Dekret vom 28. Juli 1891, [welches die Vergünstigungen der Amerikaner in Kuba normiert hatte], mit der Maßgabe außer Kraft gesetzt, daß die Wirkungen dieser Außerkraftsetzung mit dem Augenblick beginnen, wo in den Zollämtern der Vereinigten Staaten die Erzeugnisse von Kuba und Puerto Rico einer Zollbehandlung unterworfen werden, die von derjenigen abweicht, welche dem bezeichneten Dekret als Grundlage gedient hat.“

Spanien besann sich also keinen Augenblick, der durch den Wilson-Gorman-Tarif in der Union geschaffenen neuen Lage Rechnung zu tragen. Kubanischer und portoricanischer Zucker mußten bei der Einfuhr nach der Union jetzt einen Zoll bezahlen; ergo strich man spanischerseits die Vergünstigungen, welche die Union bei der Einfuhr nach Kuba und Puerto Rico genossen hatte. Die deutsche Regierung aber begnügte sich mit Noten und mit Drohungen und ließ den amerikanischen Weizen weiterhin ruhig zu $3^1/_2$ M. eingehen.

England fragte in Washington an, wie sich die amerikanische Regierung nach Inkrafttreten des Wilson-Gorman-Tarifes zu den

Abkommen stellen würde, die bezüglich der amerikanischen Einfuhr in die britischen Besitzungen in Westindien seinerzeit abgeschlossen worden waren (s. S. 210). Der Geschäftsträger in Washington telegraphierte, daß nach seiner Information das Inkrafttreten des neuen Tarifgesetzes die Aufhebung der Vereinbarungen in bezug auf Westindien zur Folge haben werde. Über die Schlüsse, die England daraus zog, konnten wir leider nichts in Erfahrung bringen. Wahrscheinlich wird man die Vergünstigungen gestrichen haben, die man der Einfuhr der Union nach Jamaika usw. gewährt hatte. Zum mindesten hat man diese Streichung erwogen; sonst hätte man bei der Washingtoner Regierung nicht angefragt, wie sie sich zu der Sache stelle. Wir Deutsche aber blieben dabei, daß wir den amerikanischen Weizen für $3^1/_2$ M. einlassen müßten.[1])

Als Entschuldigung wird man anführen, die deutsche Regierung sei der Meinung gewesen, wir ständen mit der Union im Verhältnis der unbedingten Meistbegünstigung. Freiherr Marschall v. Biberstein erklärte ja: die Vereinigten Staaten müßten uns die Zollfreiheit auf Zucker gewähren, und wir ihnen unseren ermäßigten Weizenzoll, solange irgend ein Staat sich der Zollfreiheit für seinen Zucker in der Union und des ermäßigten Weizenzolles in Deutschland erfreue.

Diese Entschuldigung kann man aber nicht gelten lassen.

1. Es sprach doch unser Vertrag mit der Union aus dem Jahre 1828 von allem anderen eher als von der glatten Meistbegünstigung. Die Lektüre ferner und das Studium des so reichlich vorhandenen Vertragsmaterials auch nur des Zollvereins hätten bei der Regierung auch nicht einen Augenblick Zweifel über die Natur und Bedeutung der Bestimmungen in Art. IX unseres amerikanischen Vertrages aufkommen lassen dürfen. Wenn man auch nur die Verträge der fünfziger Jahre durchzulesen Veranlassung nahm, hätte man sich sagen müssen, daß unser Vertrag mit der Union nicht die unbedingte, sondern die bedingte Meistbegünstigung enthielt. Wenn außerdem völlige Klarheit über den Begriff „Meistbegünstigung“

---

[1]) Darüber, wann die Abkommen mit Brasilien usw. erloschen, s. den Abschnitt Chronologie.

obwaltet hätte, so hätte man erkannt, daß Art. V nur die eine Seite dieses Begriffes behandelte, den Gleichbenachteiligungszwang, daß aber die andere, wichtigere Seite, das Moment, auf das es hier ankam, die Minderung der Zölle, der Gleichbegünstigungszwang, in Art. IX seine Regelung erfahren hatte. Und dann wäre man auch darauf gekommen, daß die Amerikaner, die früher sich dadurch den Mitgenuß des 3½ M.-Zolles auf Weizen verschafft hatten, daß sie unserem Zucker die Zollfreiheit gewährten, jetzt, nach Aufhebung dieser Zollfreiheit, den 3½ M.-Zoll nicht mehr ohne weiteres beanspruchen konnten. Solches ging klar und deutlich aus dem IX. Artikel des preußisch-amerikanischen Vertrages hervor, welcher besagte: wenn von einem der kontrahierenden Teile, — Deutschland, — in der Folge anderen Nationen, — Österreich-Ungarn, Rumänien, Rußland, — irgend eine besondere Vergünstigung in betreff des Handels oder der Schiffahrt zugestanden werden sollte, (der 3½ M.-Zoll auf Weizen statt des Satzes von 5 M. im Generaltarif war eine derartige besondere Vergünstigung,) so soll diese Begünstigung sofort auch dem anderen Teile, — den Vereinigten Staaten von Amerika, — mit zugute kommen, welcher dieselbe . ., wenn sie an die Bedingung einer Vergeltung geknüpft ist, — und das war bei Österreich-Ungarn usw. der Fall; diese Länder machten uns für die Herabsetzung unserer Getreidezölle niedrigere Zölle auf Produkte unserer Textilindustrie usw.; umsonst bekamen also die Tarifvertragsstaaten unseren 3½ M.-Zoll nicht, — gegen Bewilligung derselben Vergeltung genießen wird.

Amerika mußte uns für den weiteren Mitgenuß des 3½ M.-Zolles neue Konzessionen machen, nachdem es die alte Konzession, die Zollfreiheit auf Zucker, aufgehoben hatte. Das war so klar im Art. IX niedergelegt, daß es schwer war, es nicht herauszufinden.

2. Selbst aber angenommen, die Reichsregierung hätte sich entschuldbarer Weise über die Natur und Bedeutung der Art. V und IX unseres Vertrages im Irrtum befunden, so mußte sie stutzig werden angesichts des Umstandes, daß Amerika den Mitgenuß der deutschen Zollermäßigung auf Weizen gegen die Zollfreiheit für deutschen Zucker eingetauscht hatte. Ausdrücklich wird in der Ant-

wort Mr. Fosters auf v. Mumms Note gesagt: „Der Präsident hat mich ferner zu der Mitteilung beauftragt, daß er die „Bereitwilligkeit" der Kaiserlichen Regierung, den landwirtschaftlichen Erzeugnissen der Vereinigten Staaten bei der Einfuhr nach Deutschland diejenigen Zollermäßigungen zu gewähren, welche den gleichen Erzeugnissen Österreich-Ungarns . . . . gewährt worden sind . . . . oder gewährt werden," als ein genügendes Entgegenkommen für die Gewährung der . . . . . in Sektion III des Zolltarifgesetzes vorgesehenen Vergünstigungen betrachtet". Da entsteht doch die Frage: Wurde die deutsche Regierung durch diese Wendungen nicht förmlich auf den Tatbestand gestoßen? Führen Nationen, die im Verhältnis der glatten Meistbegünstigung stehen, eine derartige Sprache? Darf in solchem Falle von „Bereitwilligkeit", von „genügendem Entgegenkommen", von einer „entgeltlichen" Gewährung von Vergünstigungen die Rede sein? Mit nichten! Wenn eine glatte Meistbegünstigung obwaltet hätte, so war die Frage der „Bereitwilligkeit" sowie eine Prüfung, ob ein „genügendes Entgegenkommen" vorlag, ausgeschlossen.

Selbt wenn die deutsche Regierung unter Außerachtlassung des Wortlautes des Art. IX glauben konnte, wir hätten einen Anspruch auf die unbedingte Meistbegünstigung in der Union, so war der Text der Noten wie nur irgend etwas geeignet, sie von ihrer irrtümlichen Ansicht gründlich zu bekehren.

3. Wenn wir uns nicht irren, ging auch noch nach Inkrafttreten des Wilson-Gorman-Tarifs hawaiischer Zucker zollfrei nach der Union ein, während unser Zucker den Zoll des Generaltarifs und (als Prämienzucker) noch einen Strafzoll bezahlen mußte. Da durfte doch — unsere Annahme als richtig vorausgesetzt — die deutsche Regierung diese offenkundige Verletzung der von ihr behaupteten glatten Meistbegünstigung nicht mit Weitergewährung unseres $3^1/_2$-Mk.-Zolles für amerikanischen Weizen beantworten, sondern damit, daß sie die Erfüllung des Vertrages erzwang. Und wenn sie das nicht wollte, (es wäre auch nicht der Mühe wert gewesen), dann damit, daß sie den Vertrag zerriß.

* * *

Die Saratoga-Konvention fand ihr Ende, als das McKinley-Tarifgesetz durch den Wilson-Tarif ersetzt wurde. Zucker wurde hier von allem Anfang an auf die Liste der zollpflichtigen Gegenstände gesetzt. Dazu aber wurde der Zucker aus Prämienländern noch mit einem Zuschlagszoll bedacht. Eine derartige Maßregel widersprach zweifellos dem Art. V des Vertrages vom Jahre 1828. Denn dortselbst war, wie schon mehrfach auseinandergesetzt, vereinbart, daß im Generaltarif keine Differenzierungen vorgenommen werden dürfen. Dort war ausgesprochen, daß die Union allen Zucker so schlecht behandeln müsse wie den deutschen, daß, wenn sie einen Zuschlagszoll erhebe, sie diesen nicht nur auf den Zucker aus Prämienländern, sondern aus allen Ländern erheben müsse. Wenn nun die Amerikaner, über den eigentlichen Satz des Generaltarifes hinausgehend, noch $^1/_{10}$ Cent pro Pfund Zuschlag auf unseren Zucker erhoben, so wurde damit in der offenkundigsten Weise die Vorschrift in Art. V übertreten.

Um dieselbe Zeit nun erwachte eine andere Streitfrage, nämlich die: In welchem Umfang ist der im Jahre 1828 von Preußen geschlossene Vertrag auf das Deutsche Reich anzuwenden?

Die Amerikaner ließen den Vertrag nur für Preußen gelten. Staatssekretär Gresham sagte: „Die Bestimmungen dieser beiden Artikel (V und IX) stellen den Handelsverkehr zwischen den Vereinigten Staaten und Preußen, nicht dem gesamten Deutschen Reich, auf die Grundlage der Meistbegünstigung.“ Und Schatzsekretär Olney erklärte: „Man soll nicht außer acht lassen, daß, obgleich dieser Vertrag in Hinsicht auf denjenigen Teil des Deutschen Reiches, welcher das Königreich Preußen bildet, als zu Kraft bestehend anzusehen ist, keine Tatsache oder Erwägung, die mir zur Kenntnis unterbreitet wurde, die Annahme rechtfertigt, daß derselbe als wirksam für andere Teile des Reiches aufgefaßt werden muß.“

Nach Ansicht der Amerikaner gilt also der Vertrag vom Jahre 1828 nur für Preußen. Daß dieser Staat seit dem Jahre 1871 ein Glied des Deutschen Reiches ist, daß er keine selbständige Handelspolitik mehr treiben kann, daß er für sich keine Zölle zu normieren und auch keine Meistbegünstigung mehr zu gewähren vermag, mit einem Worte: daß Preußen als Staat für sich nicht mehr imstande ist, die Rechte aus dem Vertrag vom Jahre 1828 zugenießen und die dort übernommenen Pflichten zu erfüllen, das alles ist den Amerikanern eine noch unbekannte Tatsache oder wurde mindestens von ihnen als solche geltend gemacht. Für sie gab es im Jahre 1894 noch einen handelspolitisch selbständigen Staat Preußen.

Für jene Kreise, welche immer glauben, Art. IX des Vertrages mit der Union und Art. XI des Frankfurter Friedensvertrages in Zusammenhang bringen zu sollen, muß diese Erklärung von höchstem Interesse sein. Da die Amerikaner so scharfe Unterschiede zwischen dem handelspolitisch unselbständigen Preußen und Deutschland machen und dem preußischen Vertrag vom Jahre 1828 mit seinem Art. IX die Anwendbarkeit für ganz Deutschland absprechen, so können sie auch Art. XI des Frankfurter Friedensvertrages, welcher ja nicht von Preußen, sondern von Deutschland abgeschlossen wurde, nicht heranziehen. Die Amerikaner trennen Preußen und Deutschland in der äußeren Handelspolitik noch so scharf. Dann müssen auch wir scharf zwischen der Handelspolitik Preußens und Deutschlands unterscheiden! Da es nach amerikanischer Anschauung noch ein handelspolitisch selbständiges Preußen gibt, kann der Art. XI des von Deutschland, nicht von Preußen abgeschlossenen Friedensvertrages nicht mit Art. IX des von Preußen abgeschlossenen amerikanischen Vertrages verkoppelt werden.

Wenn die Amerikaner den Art. IV der Reichsverfassung und seinen Einfluß auf die handelspolitische Gebundenheit der deutschen Einzelstaaten nicht kennen wollen, wenn für sie noch ein in bezug auf Handelspolitik souveränes Preußen existiert, neben und im Gegensatz zum Deutschen Reich, so werden sie auch von dem handelspolitischen Inhalt des Frankfurter Friedens, der ja nicht von Preußen, sondern vom Deutschen Reiche, einem ganz anderen Rechtssubjekt, abgeschlossen ist, nicht Notiz nehmen dürfen.

Die Erklärungen Greshams und Olneys sind Spitzfindigkeiten, die man sich deutscherseits nicht bieten lassen durfte.

Wenn die Amerikaner vollends ihre Autoritäten des Völkerrechtes zu befragen Veranlassung nehmen wollten, so würden sie hören, daß ein Vertrag hinfällig ist, welcher von dem einen Vertragsteil auf Grund staatsrechtlicher Änderungen nicht mehr erfüllt werden kann.[1])

Und daß der ganze Vertrag vom Jahre 1828 längst hinfällig geworden ist, nicht mehr gilt, das ist auch unsere Überzeugung.

In der Reichstagssitzung vom 14. Januar 1903 hat Staatssekretär Graf Posadowsky allerdings erklärt, daß die Rechtsgiltigkeit des preußischen Vertrages vom Jahre 1828 im Jahre 1885 für das Deutsche Reich anerkannt worden sei. Wir vermuten, daß er damit den Bundesratbeschluß vom 20. Februar 1885 im Auge hatte, welcher in Anlehnung an das Ges. vom 10. Sept. 1882 erging, laut dessen durch Verordnung gewissen Staaten die Behandlung als meistbegünstigte Nation zuteil werden kann, ohne daß sie einen vertragsmäßigen Anspruch darauf haben. Dazu ist nun folgendes zu bemerken:

Zu einem Vertragsabschluß gehört die Willensübereinstimmung zweier Teile. Das Gleiche ist erforderlich für eine Einengung oder Erweiterung der Giltigkeit des Vertrages. Wenn nun Deutschland den Vereinigten Staaten im Jahre 1885 die Behandlung als ohne weiteres meistbegünstigte Nation zusprach, so ist damit noch nicht gesagt, daß auch die Amerikaner uns als schrankenlos meistbegünstigte Nation behandeln müssen. Der Bundesratsbeschluß ist eine einseitige Erklärung, durch welche die Union in keiner Weise gebunden wird. Sie hat auch im Jahre 1894 ganz ruhig erklärt, daß sie den Vertrag aus dem

---

[1]) The obligations of Treaties, even where some of their stipulations are in their terms perpetual, expire in case either of the contracting parties loses its existence as an independant state, or in case its internal constitution is so changed as to render the Treaty inapplicable to the new condition of things. So Hallecks Internat. Law 899. (S. auch Whartons Elem., p. 3, ch. 2, § 10; Wildmans Internat. Law V. 1, ch. 4.) Die Internal Constitution Preußens ist aber doch durch die Deutsche Reichsverfassung derart eingeschränkt, daß Preußen keine eigene Handelspolitik, die für die Erfüllung des Vertrages vom Jahre 1828 Voraussetzung ist, mehr machen kann. Also muß der Vertrag entfallen.

Jahre 1828 nur für Preußen gelten lassen wolle. (Siehe Seite 303.) Wenn Staatssekretär Graf Posadowsky also die Erklärung abgab, daß die Reichsregierung der Ansicht gewesen sei,

1. daß der Vertrag vom Jahre 1828 im Zusammenhalt mit dem zitierten Bundesratsbeschluß ein unbedingtes Meistbegünstigungsverhältnis begründe, so war sie damit, wie zur Genüge dargelegt, in einem großen Irrtum befangen. Wenn sie dann ferner glaubte,

2. daß dieses unbedingte Meistbegünstigungsverhältnis sich auf den Verkehr von Deutschland nach der Union erstrecke, und daß wir die Vergünstigungen, welche die Union im Jahre 1898 an Frankreich eingeräumt hatte, ohne weiteres beanspruchen könnten, so war das ein ebenso großer Irrtum, weil der Bundesratsbeschluß vom Jahre 1885 nicht auch die Union binden konnte. Die Auslassungen des Staatssekretärs waren aber im Jahre 1903

3. völlig unhaltbar im Hinblick auf die im Jahre 1894 (!) abgegebene klare Erklärung der Union, daß sie den Vertrag nur für Preußen, aber nicht für Deutschland gelten lassen wolle.

Diese Erklärung der Union war wieder unhaltbar, weil Preußen keine eigene Handelspolitik mehr treiben, aus dem Vertrag keine Rechte mehr geltend zu machen und daraus sich ergebende Pflichten nicht mehr erfüllen kann.

Man sieht aus diesen kurzen Darlegungen, was für ein Rattenkönig von Widersprüchen schon zu Tage kommt, wenn man nur die staatsrechtliche Seite des Vertrages ins Auge faßt; von der praktischen Anwendung desselben ganz abgesehen.

Die Notwendigkeit ist unabweisbar, ein neues Vertragsinstrument aufzusetzen. Und die Zeit, solches zu tun, ist jetzt, da wir an eine Neuordnung unserer handelspolitischen Beziehungen herantreten, gekommen. Vielleicht entschließt man sich, ganz allgemein mit den Verträgen vor 1860 aufzuräumen und neue Urkunden an die Stelle der alten, vergilbten zu setzen.

Unsere Erwägungen führen zu dem Schlusse, daß für die Ausdehnung des alten Vertrages vom Jahre 1828 auf das ganze Deutsche Reich eigentlich keine feste Unterlage vorhanden, daß der Vertrag als obsolet zu betrachten ist. Weder die Autorität

Bismarcks, der für den Weiterbestand des Vertrages eintrat, noch die „jahrzehntelange Übung“, die deswegen keine Rechtsgrundlage schaffen kann, weil die deutsche Reichsverfassung kein Gewohnheitsrecht kennt, vermögen darüber hinwegzutäuschen, daß der Rechtsboden für unsere Handelsbeziehungen zur Union wankt, daß wir eigentlich kein Recht haben, den preußischen Vertrag vom Jahre 1828 (anders läge vielleicht die Sache, wenn es ein Vertrag des Zollvereins wäre), als deutschen Vertrag gelten zu lassen. Und solches um so weniger, als ihn auch die Union nicht für ganz Deutschland gelten lassen will.

Doch sei dem, wie ihm wolle. Wir stehen der Tatsache gegenüber, daß die Deutsche Reichsregierung den Vertrag als noch zu Recht bestehend ansieht. Weit mehr als an der Klärung der staatsrechtlichen Frage, liegt uns an einer Klärung der Frage unseres Meistbegünstigungsverhältnisses zur Union, und diese wollen wir hier wieder aufnehmen.

* * *

Wir standen nach Erlaß des Wilson-Tarifes vor der nichts weniger als erbaulichen Tatsache, daß wir den Amerikanern weiterhin die Vergünstigungen aus dem Vertrag mit Österreich-Ungarn usw. gewährten, daß wir vor allem ihren Weizen zu $3^1/_2$ Mark hereinließen, während die Amerikaner uns vom Inkrafttreten des Wilson-Tarifes ab auch nicht einen einzigen Cent Zollnachlaß auf irgend ein Produkt gewährten, wohl aber deutschen Zucker einer besonders unliebenswürdigen Behandlung insofern zuteil werden ließen, als sie einen Zuschlagszoll auf denselben erhoben. So weit hatten wir es mit unserer „Meistbegünstigung“ der Union gegenüber glücklich gebracht, daß wir die Amerikaner als meistbegünstigte Nation behandelten, während sie uns differenzierten.

Dem Wilson-Tarif folgte im Jahre 1897 der Dingley-Tarif. Er erhöhte die Zölle auf Textilprodukte ganz bedeutend, und wir Deutsche mußten sehen, wie seit sieben Jahren eine ständige Steigerung in den amerikanischen Zöllen eingetreten war. Diese fortgesetzte Erschwerung des deutschen Exports, von der Verzollungspraxis ganz abgesehen, erwiderte man deutscherseits damit, daß man die Amerikaner auch jetzt noch ohne weiteres im Genuß der Meistbegünstigung beließ.

Der Dingley-Tarif enthielt nun wieder eine Reziprozitätsklausel und ließ so der Regierung der Union wieder einen Spielraum für Tarifverträge. Auf Grund dessen schloß die Union im Jahre 1898 das Abkommen mit Frankreich (s. S. 214); und nun waren wir, die wir den Amerikanern unseren ganzen Konventionaltarif gaben, die wir die Union als schlankweg meistbegünstigt behandelten, in der Union wiederum differenziert. Die französischen Weine usw. zahlten jetzt weniger Zoll als die deutschen. Auf die deutsche Forderung, uns ohne weiteres in den Genuß der an Frankreich gewährten Vergünstigungen zu setzen, entgegnete die Union mit Recht, daß diese Zollermäßigungen durch besondere Konzessionen erkauft werden müßten. Wir hatten aber nichts mehr zu vergeben, denn wir gewährten den Amerikanern schon alles was wir ihnen gewähren konnten. Gnädigst ließen sich diese herbei, mit uns das Abkommen vom Jahre 1900 zu schließen, das uns die Vergünstigungen verschaffte, welche die Union Frankreich gewährt hatte, während wir uns zur Weitergewährung des de facto bereits in seiner ganzen Ausdehnung gewährten Konventionaltarifes bereit fanden. (Abkommen vom 10. Juli 1900. S. 218.)

Wir haben oben bereits der Tatsache gedacht, daß man deutscherseits vielfach die Anschauung vertritt, wir müßten den Amerikanern auf dem Umwege über Art. XI des Frankfurter Friedensvertrages alle Konzessionen, die wir dritten Staaten machen, „umsonst" gewähren, weil wir sie Frankreich „umsonst" zuteil werden lassen. Wir haben diese Anschauung bereits an der Hand des Saratoga-Abkommens einer kritischen Prüfung unterworfen und gefunden, daß sie nicht stichhaltig ist. Wie wenig haltbar sie ist, zeigt nun auch das Abkommen von 1900. Dieses besagt:

„In Übereinstimmung mit der dem Präsidenten durch Section III des Zollgesetzes der Vereinigten Staaten vom 24. Juli 1897 erteilten Ermäßigung wird seitens der Vereinigten Staaten zugestanden, daß vom Tage des Inkrafttretens dieses Abkommens an die folgenden Boden- und Industrieerzeugnisse Deutschlands bei ihrer Einfuhr nach den Vereinigten Staaten den in gedachter Section III (man beachte diese Einschränkung!) erwähnten ermäßigten Zollsätzen unterworfen werden, nämlich: usw.

Als Gegenleistung sichert die Kaiserlich Deutsche Regierung den Erzeugnissen der Vereinigten Staaten bei der Einfuhr nach Deutschland diejenigen Zollsätze zu, welche durch die in den Jahren 1891—1894 zwischen Deutschland einerseits und Belgien, Italien, Österreich-Ungarn, Rumänien, Rußland, Schweiz und Serbien andererseits abgeschlossenen Handelsverträge diesen Ländern zugestanden worden sind."

Amerika macht uns Zugeständnisse; es gibt uns Ermäßigungen seines Tarifes als Entgelt dafür, daß wir ihm unsere Ermäßigungen zuteil werden lassen. Wie kann da von einer unentgeltlichen Inanspruchnahme unserer Zugeständnisse die Rede sein? Ist anzunehmen, daß die Amerikaner uns auch nur einen Cent Zollnachlaß gewähren würden, wenn sie einen begründeten Anspruch auf unentgeltlichen Mitgenuß unserer an dritte Staaten gewährten Zollvergünstigungen hätten?

An der Hand von theoretischen Erwägungen sowohl (s. S. 283ff.) wie an der Hand von praktischen Beispielen (Saratoga-Konvention und Abkommen aus dem Jahre 1900), sehen wir also, daß die Auffassung, wir müßten der Union auf dem Umwege über Art. XI des Frankfurter Friedensvertrages alle Zollvergünstigungen ohne weiteres ausliefern, hinfällig ist und auch in der Union nicht Fuß gefaßt hat.

Nun aber auch einmal wieder die andere Seite der Medaille! Mußten uns die Amerikaner nicht „umsonst" der Vorteile aus ihrem Abkommen mit Frankreich teilhaftig werden lassen? Dem Gedankengang derer folgend, die auf dem Umwege über Art. XI des Frankfurter Friedens die Pflicht für Deutschland konstruieren, die Union an allen Zollermäßigungen teilnehmen zu lassen, mußte uns die Union ohne weiteres in den Genuß der an Frankreich gewährten Vergünstigungen setzen. Denn diese Vergünstigungen fielen „umsonst"[1]) an die Schweiz, an Serbien und an den Oranjefreistaat, die mit der Union unbedingte Meistbegünstigungsverträge laufen hatten; also mußten sie auch uns „umsonst" zuteil werden.

Haben die Amerikaner sie uns umsonst gegeben? Wie eben gezeigt, nur gegen Zugeständnisse. Wenn nun aber die Amerikaner, von denen doch anzunehmen ist, daß sie ihre Verträge

---

[1]) S. Anmerkung S. 287.

auszulegen wissen, auch in diesem Falle, ebenso wie beim Saratogaabkommen, von einer Gratisgewährung absahen, dann soll man auch in Deutschland diese Theorie fallen lassen.

Die Frage, ob wir die Union auf dem Umweg über den Frankfurter Frieden ohne weiteres an den Vergünstigungen teilnehmen lassen müssen, die wir Österreich usw. gewähren, hat die Union selbst immer im negativen Sinne beantwortet; desgleichen die Frage, ob uns umsonst der Mitgenuß an amerikanischen Vergünstigungen zustehe, die „umsonst" an die Schweiz usw. fielen. Die Amerikaner haben durch die Tat bewiesen, daß sie ihre unbedingten Meistbegünstigungsverträge für die Interpretation des „umsonst" der Reziprozitätsklausel nicht heranziehen; dann brauchen wir dies auch nicht zu tun. Die Frage, ob die Amerikaner auf dem Umwege über Art. XI des Frankfurter Friedensvertrages unseren Konventionaltarif beanspruchen können, ist damit auch für uns erledigt.

* * *

Wir haben im Laufe unserer Darstellungen mehrfach Veranlassung genommen, darauf hinzuweisen, daß die deutsche Regierung über die Natur des Vertrages vom Jahre 1828 im unklaren war.

Leider hat es fast den Anschein, als ob man sich regierungsseitig auch jetzt noch nicht der vollen Tragweite des Art. IX des Vertrages vom Jahre 1828 bewußt sei. Staatssekretär Graf Posadowsky erklärte in der Reichstagssitzung vom 15. Januar 1903:

„Im Hinblick auf diese Sachlage (d. i. die Erklärung der amerikanischen Regierung, wir müßten ihr die an Frankreich gewährten Konzessionen als besondere Vergünstigungen im Sinne des Art. IX des Vertrages vom Jahre 1828 durch entsprechende Konzessionen abkaufen s. S. 70) verhandelten wir mit der amerikanischen Regierung, und wir glaubten, daß es im Interesse Deutschlands läge, diese Meinungsverschiedenheit bis auf weiteres dadurch zu beseitigen, daß wir den status quo Amerika gegenüber aufrecht erhielten, unter der Voraussetzung und Bedingung, daß uns auch Amerika die Konzessionen gewährte, die es Frankreich im ersten Abkommen auf Grund der Sektion III des Dingley-Tarifes eingeräumt hatte. Das gestand die amerikanische Regierung zu. Wir glaubten allerdings, daß es nicht nötig sei, dieses Abkommen dem Hohen Hause vorzulegen, weil nach demselben der amerikanischen Regierung unsererseits nicht neues eingeräumt wurde, wir aber gleichzeitig in den Genuß der Konzessionen gelangt waren, die Amerika anderen

Staaten eingeräumt hatte. [Und künftige Konzessionen?] Tatsächlich wurde also der Zustand hergestellt, den wir auf Grund unserer Auffassung von der allgemeinen Meistbegünstigung glaubten eo ipso beanspruchen zu können. Es wurde also an den bestehenden Verhältnissen nichts geändert, nur hatte sich bei jener Gelegenheit die grundsätzlich verschiedene Auffassung zwischen den Vereinigten Staaten und Deutschland über die rechtliche Bedeutung der allgemeinen Meistbegünstigung herausgestellt."

Zu diesen Darlegungen des Staatssekretärs sei folgendes bemerkt:

1. Daß sich die Verschiedenheit über die Auffassung der Meistbegünstigung erst im Jahre 1898 herausgestellt hat, daß die deutsche Regierung sich ihrer nicht von vornherein bewußt war, daß wir uns vielmehr darüber erst belehren lassen mußten, bleibt im Hinblick auf die ständige Praxis der Amerikaner und im Hinblick darauf, daß auch die heute im Deutschen Reich vereinten Gebiete bis zum Jahre 1860 fast nur Reziprozitätsverträge abschlossen, eine befremdliche Tatsache.

2. Sie ist es ferner im Hinblick darauf, daß die Deutsche Regierung im Jahre 1896 schon gewarnt worden war. (S. die Ausführungen des Grafen Bismarck auf S. 265).

3. Der Staatssekretär des Reichsamts des Innern irrt, wenn er glaubt, durch den Vertrag vom Jahre 1900 sei tatsächlich der Zustand hergestellt, den wir Deutsche auf Grund unserer Auffassung von der allgemeinen Meistbegünstigung beanspruchen können. Wir sind auch heute noch nicht in Amerika eine allgemein meistbegünstigte Nation. Abgesehen davon, daß die Konzessionen, die Amerika an Portugal in dem Vertrage vom Jahre 1899 machte, — und zwar nicht gegen Hingabe der allgemeinen, sondern nur einer teilweisen Meistbegünstigung, — weitergehende sind als die uns gemachten, wäre unsere Verlegenheit nicht gering, wenn z. B. der Kongreß eines Tages beschließen wollte, bei einem dritten Staat mit den Zöllen auf Weinstein, Weine, Gemälde usw. unter die Sätze in Sect. III des Tarifgesetzes herunterzugehen. Wir könnten diese Minderung nicht beanspruchen; wir müßten vielmehr gewärtigen, daß die Amerikaner kommen würden mit der Behauptung, daß wir diese weiteren „besonderen Vergünstigungen" durch neue Konzessionen zu erkaufen

haben; und das könnten wir nicht, weil wir den Amerikanern schon alles konzediert haben, was wir ihnen konzedieren können. Uns sind nur die Zollermäßigungen zugestanden worden, die sich aus Sect. III des Zolltarifgesetzes ergeben (s. S. 308); weder von einer allgemeinen noch teilweisen Meistbegünstigung der deutschen Einfuhr von Weinen, Gemälden usw. in die Vereinigten Staaten steht etwas in dem Abkommen vom Jahre 1900; ebensowenig wie im französischen vom Jahre 1898. De jure sind wir nach keiner Richtung in der Union glattweg meistbegünstigt.

Und de facto? Auch nicht! Erfreuen wir uns denn der Vorteile, welcher die kubanische Einfuhr, insbesondere der kubanische Zucker, neuerdings in der Union teilhaftig geworden ist? Wir stehen trotz der Erklärung des Herrn Staatssekretärs, „daß tatsächlich der Zustand hergestellt sei, den wir auf Grund unserer Auffassung von der allgemeinen Meistbegünstigung glaubten eo ipso beanspruchen zu können", vor der bedauerlichen Tatsache, daß unser Zucker bei der Einfuhr in die Union 20 p. c. mehr Zoll zahlen muß, als der kubanische. Wir, die wir den Vereinigten Staaten Alles gaben, was wir ihnen geben konnten, müssen trotzdem sehen, wie wir in den Vereinigten Staaten wieder differenziert werden. Daß die deutsche Reichsregierung in dem Augenblick, da der Vertrag zwischen der Union und Kuba ratifiziert wurde, nicht zur Kündigung des Abkommens vom Jahre 1900 schritt, ist eine Fortsetzung des ewigen Entgegenkommens gegenüber der Union, das uns von dieser in wenig freundlicher Weise vergolten wird. Es scheint sich wahrhaftig in den Amerikanern der Glaube festgesetzt zu haben, — und die Reichsregierung trug das ihre dazu bei, um diesen Glauben zu stärken, — daß wir ihnen die glatte Meistbegünstigung gewähren müßten, während sie unsere Waren ungeniert differenzieren können.

Gehen wir mit einigen Worten auf den beregten kubanisch-amerikanischen Vertrag selbst ein!

Der Art. I legt für die Waren, die im Augenblick des Vertragsabschlusses auf beiden Seiten zollfrei waren, diese Zollfreiheit für die Dauer des Vertrages (5 Jahre) fest.[1])

[1]) During the term of this convention all articles of merchandise being the

Art. II sichert den sämtlichen zollpflichtigen Waren kubanischen Ursprungs bei der Einfuhr in den Vereinigten Staaten eine Zollermäßigung von 20 p. c. auf die Sätze des jeweiligen Tarifes.[1])

Art. III gewährt generell den zollpflichtigen Produkten der Vereinigten Staaten (außer den späterhin spezifizierten Zöllen) bei der Einfuhr nach Kuba einen Zollnachlaß von 20 p. c.[2])

Art. IV führt eine Reihe amerikanischer Waren auf, die bei der Einfuhr nach Kuba eines Zollnachlasses teilhaftig werden von 25 p. c. (darunter Gießerei- und bearbeitetes Eisen und Waren daraus, Glas, Spirituosen, Fischkonserven, Ton- und Porzellanwaren); von 30 p. c. (darunter Butter, Weizenmehl, Chemikalien, Farben, Artikel aus Flachs und Hanf, einige Papiersorten, Baumwollwaren, kleine Eisenwaren, Schuhe, Seifen, Weine); und von 40 p. c. (darunter Käse, Parfümerien, Schirme, Dextrin, Uhren, Woll- und Seidenwaren, Vieh).[3])

---

product of the soil or industry of the United States which are now imported into the Republic of Cuba free of duty, and all articles of merchandise being the product of the soil or industry of the Republic of Cuba which are now imported into the United States free of duty, shall continue to be so admitted by the respective countries free of duty.

[1]) During the term of this convention all articles of merchandise not included in the foregoing Article I, and being the product of the soil or industry of the Republic of Cuba imported into the United States, shall be admitted at a reduction of twenty per centum of the rates of duty thereon as provided by the tariff act of the United States approved July 24, 1897, or as may be provided by any tariff law of the United States subsequently enacted.

[2]) During the term of this convention all articles of merchandise not included in the foregoing Article I and not hereinafter enumerated, being the product of the soil or industry of the United States, imported into the Republic of Cuba shall be admitted at a reduction of twenty per centum of the rates of duty thereon as now provided or as may hereafter be provided in the customs tariff of the said Republic of Cuba.

[3]) During the term of this convention the following articles of merchandise as enumerated and described in the existing customs tariff of the Republic of Cuba, being the product of the soil or industry of the United States imported into Cuba shall be admitted at the following respective reductions of the rates of duty thereon as now provided or as may hereafter be provided in the customs tariff of the Republic of Cuba:

Schedule A.

To be admitted at a reduction of twenty five (25) per centum:

Machinery and apparatus of copper or its alloys or machines and apparatus in which copper or its alloys enter as the component of chief value;

Diese Bestimmungen des Vertrages aber, welche den Amerikanern und Kubanern bei der gegenseitigen Einfuhr Zollnachlässe von 20—40 p. c. gewähren, erhalten ihren wirklichen Wert erst durch den Art. VIII, welcher bestimmt, daß die von den Vereinigten Staaten an Kuba und von Kuba an die Vereinigten Staaten gewährten Zollvorteile **keiner dritten Macht gewährt werden dürfen.**

---

cast iron, wrought iron, and steel, and manufactures thereof; articles of crystal and glass, except window glass; ships and water borne vessels of all kinds of iron, or steel; whiskies and brandies; fish, salted, pickled, smoked or marinated; fish or shellfish, preserved in oil or otherwise in tins; articles of pottery or earthenware now classified under § 21 and 22 of the customs tariff of the Republic of Cuba.

Schedule B.

To be admitted at a reduction of thirty (30) per centum:

Butter; flour of wheat; corn; flour of corn or corn meal; chemical and pharmaceutical products and simple drugs; malt liquors in bottles; nonalcoholic beverages; cider; mineral waters; colors and dyes; window glass; complete or partly made up articles of hemp, flax, pita, jute, henequen, ramie, and other vegetable fibers now classified under the §§ of group 2 Class V, of the customs tariff of the Republic of Cuba; musical instruments; writing and printing paper, except for newspapers; cotton and manufactures thereof, except knitted goods (see Schedule C); all articles of cutlery; boots, shoes, and slippers, now classified under §§ 197 and 198 of the customs tariff of the Republic of Cuba; gold and silver plated ware; drawings, photographs, engravings, lithographs, chromolithographs, oleographs, etc., printed from stone, zinc, aluminium, or other material, used as labels, flaps, bands and wrappers for tobacco or other purposes, and all the other papers (except paper for cigarettes and excepting maps and charts), pasteboard and manufactures thereof, now classified under §§ 157 to 164, inclusive, of the customs tariff of the Republic of Cuba; common or ordinary soaps, now classified under § 105, letters „A“ and „B“ of the customs tariff of the Republic of Cuba; vegetables, pickled or preserved in any manner: all wines, except those now classified under § 279 (a) of the customs tariff of the Republic of Cuba.

Schedule C.

To be admitted at a reduction of forty (40) per centum:

Manufactures of cotton, knitted, and all manufactures of cotton not included in the preceding schedules; cheese; fruits; preserved; paper pulp; parfumery and essences; articles of pottery and earthenware now classified under § 105 of the customs tariff of the Republic of Cuba; umbrellas and parasols; dextrine and glucose; watches; wool, and manufactures thereof; silk and manufactures thereof; rice; cattle.

Die Differenzierung ist damit zum Prinzip des ganzen Vertrages erhoben. Insbesondere wird ausdrücklich festgelegt, daß in die Vereinigten Staaten Zucker aus irgend einem Land während der Vertragsdauer zu keinem niedrigeren Satz als zu dem des Generaltarifes hereingelassen, also dem von Cuba nicht gleichgestellt werden darf. Dieser kritische Art. VIII des Vertrages lautet wörtlich wie folgt:

The rates of duty herein granted by the United States to the Republic of Cuba are and shall continue during the term of this convention **preferential** in respect to all like imports from other countries, and in return for said **preferential** rates of duty granted to the Republic of Cuba by the United States, it is agreed that the concession herein granted on the part of the said Republic of Cuba to the products of the United States shall likewise be, and shall continue, during the term of this convention, **preferential** in respect to all like imports from other countries. Provided, that while this convention is in force, no sugar imported from the Republic of Cuba, and being the product of the soil or industry of the Republic of Cuba, shall be admitted into the United States at a reduction of duty greater than twenty per centum of the rates of duty thereon as provided by the tariff act of the United States approved July 24, 1897, and **no sugar**, the product of any other foreign country, shall be admitted by treaty or convention into the United States, while this convention is in force, **at a lower rate** of duty than that provided by the **tarif act** of the United States approved July 24, 1897.

Die allgemeine Meistbegünstigung Deutschlands in der Union läuft also darauf hinaus, daß der deutsche Zucker in den Vereinigten Staaten ungünstiger behandelt wird als der kubanische. Wenn man bedenkt, daß die Zuckerernte von Kuba im Jahre 1904 über eine Million Tons betrug,[1]) so kann man sich keiner Täuschung über die Tragweite dieser Festlegungen des Vertrages und die dadurch bewirkte Benachteiligung unserer deutschen Zuckerindustrie hingeben.

---

[1]) Die kubanische Zuckerproduktion wird angegeben (in 1000 tons) für das Jahr

1890:	632	1898:	306
1891:	820	1899:	336
1892:	977	1900:	300
1893:	816	1901:	636
1894:	1054	1902:	850
1895:	1004	1903:	998
1896:	225 (Kriegswirren)	1904:	1130
1897:	212		

Wie stellte sich nun die deutsche Reichsregierung zu diesem Abkommen der Vereinigten Staaten mit Kuba, das unserer Zuckerausfuhr so böse mitzuspielen geeignet ist?

Sie schwieg.

Sie hätte mindestens den Amerikanern das Abkommen vom Jahre 1900 kündigen müssen. Daß die Union in Deutschland weiterhin auf dem Fuße der meistbegünstigten Nation behandelt wurde, jener Staat, welcher

1. unsere Einfuhr differenziert und

2. uns den Markt Kubas, das zwar von der Union wirtschaftlich abhängig, aber doch de jure ein souveräner Staat ist, dadurch zu versperren sucht, daß er der amerikanischen Ausfuhr ausschließliche Zollvergünstigungen von 20—40 p. c. erwirkt,

daß eine Nation mit einer so ausgeprägten handelspolitisch-feindlichen Haltung gegen Deutschland dort weiterhin als meistbegünstigt behandelt wurde, dürfte, soweit Länder mit Schutzzolltarifen in Betracht kommen, ein in der Geschichte der Handelspolitik einziges Vorkommnis sein.

Die deutsche Reichsregierung hätte aber auch, wenn ihre Haltung der Union gegenüber immer mit dem Vertrag vom Jahre 1828 übereingestimmt hätte, gegen diesen Vertrag angehen können, und zwar auf Grund des Art. IX. Daß ihr die Waffe dazu fehlte, daß sie sich diese selbst aus der Hand geschlagen hatte, ist eben ein Beweis dafür, daß man auch im Jahre 1900 und 1903 den Geist dieses Artikels noch nicht erfaßt hatte.

„Wenn von einem der kontrahierenden Teile (von der Union) in der Folge anderen Nationen (Kuba) irgend eine besondere Begünstigung in betreff des Handels oder der Schiffahrt (die Zollvergünstigungen der Union an Kuba stellen eine solche dar), zugestanden werden sollte, so soll diese Begünstigung sofort auch dem anderen Teile mit zugute kommen.“

Damit ist festgelegt, und wir haben uns darüber schon (auf S. 50) des Näheren verbreitet, daß die Vereinigten Staaten uns ebenfalls die Zollkonzession, die sie dem kubanischen Zucker machten, zukommen lassen **mußten.** Sie **mußten** uns Gelegenheit geben, dieser Zollvergünstigung uns teilhaftig zu machen. Und zwar — so fährt Art. IX fort — „gegen Bewilligung derselben [oder einer äquivalenten] Vergeltung, wenn die Begünstigung an die Bedingung einer Vergeltung geknüpft ist“.

Gerade diese Klausel nun zeigt, wie Deutschland selbst das Schiff seiner Handelspolitik durch das Abkommen vom Jahre 1900 auf den Strand gesetzt hatte. Wir konnten uns diese Zollermäßigung, deren sich der kubanische Zucker in der Union erfreut, gar nicht mehr verschaffen, weil wir den Amerikanern schon alles bewilligt hatten, was wir ihnen bewilligen konnten. Wir hatten nichts mehr wegzugeben, weil die Union ohnehin schon seit 1900 bei uns meistbegünstigt war, und wir konnten infolgedessen auch die an Kuba gewährten Konzessionen durch Gegenofferten nicht mehr erwerben.

Das war die Folge unserer Noblesse. Hätten wir den Amerikanern gegenüber im Jahre 1900 vorsichtiger operiert, hätten wir ihnen, (genau so wie Frankreich, Portugal und Italien,) nur auf einige Artikel unseren ermäßigten Tarif gewährt, statt unseren ganzen Konventionaltarif ihnen nachzuwerfen, so hätten wir im Jahre 1903 auch die Möglichkeit gehabt, ihnen Äquivalente für jene Zollvergünstigungen zu gewähren, die sie den Kubanern gewährten, und die uns ebenfalls anzubieten laut Art. IX ihre Pflicht war. Wir hatten ein formelles Anrecht auf die gleiche Behandlung wie Cuba. Wie die Dinge aber durch uns geführt worden sind, stehen wir den Amerikanern mit leeren Händen gegenüber. Wenn heute Amerika einem anderen Lande, das mit uns dort konkurriert, wieder Zollvergünstigungen einräumt, uns noch mehr differenziert, so müssen wir wieder stille halten, — dank der Munifizenz unserer Regierung, die den ganzen Konventionaltarif für etwas gab, wofür sie nur ein Zwanzigstel desselben zu gewähren brauchte.

Im Hinblick auf das, was die Amerikaner durch die Verträge mit Frankreich usw. gewannen, und was ihnen, gegen dieselben Konzessionen von ihrer Seite, der Vertrag mit Deutschland gebracht hat, sowie auf unsere Verlegenheit nach Abschluß des kubanisch-amerikanischen Vertrages darf das Abkommen vom Jahre 1900 klar und rund als der allergrößte Bock bezeichnet werden,

den wir im Verkehr mit der Union haben schießen können. Wenn man völlig offiziöserseits den Versuch macht, das Abkommen mit der Union aus dem Jahre 1900 als einen großen Erfolg der deutschen Diplomatie hinzustellen, so hat der Deutsche Reichstag, wo Freiherr Heyl von Herrnheim dieses Versuches gedachte, diesem Versuch die allein richtige Zensur erteilt: „Heiterkeit".

Jenen aber, die glauben, wir sollten mit der Union das alte Meistbegünstigungsverhältnis erneuern, legen wir schon hier die Frage vor: wie soll das gemacht werden, nachdem die Union und Cuba sich gegenseitig eine Vorzugsbehandlung zugesichert haben?

* * *

Unsere handelspolitische Haltung der Union gegenüber war seit mehr als einem Jahrzehnt nichts anderes als eine Kette von Unklarheiten und Widersprüchen. Man halte sich folgende Wandelungen vor Augen:

1. Ein Bundesratsbeschluß vom 25. Oktober 1883 (Centralblatt für das Deutsche Reich, Seite 296) sprach von Staaten, welche einen „vertragsmäßigen Anspruch" auf Zollermäßigungen haben. In einer Anmerkung dazu wurden 18 Staaten als hier in Betracht kommend aufgezählt. Die Vereinigten Staaten waren nicht darunter.

2. Ein Bundesratsbeschluß vom 20. Februar 1885 ordnete an, daß der Zoll auf Roggen, „welcher in Spanien oder in einem der vertragsmäßig meistbegünstigten Staaten nachweislich produziert worden ist", 1 Mark betragen solle. Das Centralblatt (1885, S. 47) zählt im Anschluß daran 24 Staaten als meistbegünstigt auf, darunter auch die Vereinigten Staaten.

Das Bild hatte sich vom Jahre 1883 auf 1885 wie folgt verschoben: es galten als vertragsmäßig meistbegünstigte Staaten in Deutschland im Jahre

1883	1885
Argentinische Konföderation	Argentinische Konföderation
Belgien	Belgien
Chile	Chile
Costa Rica	Costa Rica

1883	1885
Frankreich	Frankreich
—	Griechenland
Großbritannien	Großbritannien
Hawaiische Inseln	Hawaiische Inseln
Italien	Italien
—	Corea
Liberia	Liberia
Mexiko	Mexiko
Niederlande	Niederlande
Österreich-Ungarn	Österreich-Ungarn
Persien	Persien
Portugal	Portugal
Rumänien	Rumänien
—	Schweden und Norwegen
Schweiz	Schweiz
Serbien	Serbien
Spanien	Spanien
—	Türkei
—	Vereinigte Staaten.

Daß vom Jahre 1883 bis zum Jahre 1885 eine neue Abmachung handelspolitischen Inhalts zwischen der Union und dem Deutschen Reich erfolgt wäre, ist uns nicht bekannt geworden. Trotzdem rückten aber die Vereinigten Staaten, deren vertragsmäßigen Anspruch auf die Meistbegünstigung aus dem Vertrag vom Jahre 1828 wir im Jahre 1883 nicht anerkannten, mit einem Male zu einem in Deutschland vertragsmäßig meistbegünstigten Staat auf.

3. Im Jahre 1891 hinwieder erkannte man deutscherseits eine Pflicht, die Vereinigten Staaten als vertragsmäßig meistbegünstigten Staat zu behandeln, nicht an. Man war im Saratogaabkommen „bereit“, der Union die den Tarifvertragsstaaten gemachten Zollzugeständnisse einzuräumen, aber nicht im ganzen Umfange, sondern nur bezüglich der landwirtschaftlichen Erzeugnisse. Der Text der Note v. Mumms und die Einschränkung der Meistbegünstigung bezeugen in der offenkundigsten Weise, daß man im Jahre 1891 von einem vertragsmäßigen Anspruch der Union (aus dem Vertrag vom Jahre 1828) auf Behandlung als in Deutschland bedingungslos meistbegünstigte Nation nichts wissen wollte.

4. Alsbald (1896) aber schwur man deutscherseits wieder darauf, daß der Vertrag vom Jahre 1828 den unbedingten (!) Meistbegünstigungsanspruch der Union in Deutschland und Deutschlands in der Union begründe (s. die Erklärungen der Staatssekretäre v. Marschall, Graf Posadowsky und v. Bülow auf S. 243, 256 und 324).

5. Im Jahre 1900 räumten wir den Amerikanern unsern Konventionaltarif auf der ganzen Linie ein, behandeln sie also als meistbegünstigte Nation. Die Amerikaner tun solches nicht.

6. Am 15. Januar 1903 erklärte Graf Posadowsky im Reichstag: „Die Vereinigten Staaten sind nicht mehr allgemein meistbegünstigt in Deutschland.“

Kann man seine Auffassungen und Anschauungen über den Inhalt eines Vertrages öfters ändern, als man solches deutscherseits bezüglich des Vertrages Preußens mit der Union vom Jahre 1828 getan hat?

Diese Irrungen aber müssen um so eigenartiger berühren angesichts der Tatsache, daß Deutschland im Jahre 1892 einen leibhaftigen Reziprozitätsvertrag mit Uruguay abgeschlossen hat. Die gleiche Regierung, welche immer dafür eintrat, daß Art. V und IX des preußischen Vertrages mit der Union aus dem Jahre 1828 die unbedingte Meistbegünstigung festlegen, vereinbarte im Vertrag mit Uruguay vom 20. Juni 1892 (Text s. S. 322) die bedingte Meistbegünstigung, dieselbe Meistbegünstigung, die man im amerikanischen Vertrag vom Jahre 1828 nicht herauszufinden vermochte, die man für die unbedingte Meistbegünstigung hielt.

Im Jahre 1895 aber wußte man bei den verschiedenen Ressorts schon wieder nicht mehr, daß es neben der unbedingten Meistbegünstigung auch eine bedingte gebe. An den beteiligten Stellen war drei Jahre später das Bewußtsein von dem Vorhandensein einer Modifikation der Meistbegünstigung durch die Reziprozitität schon wieder verloren gegangen. Auf Seite 434ff. des Deutschen Handelsarchivs vom Jahre 1895, einer amtlichen Veröffentlichung, findet sich eine Zusammenstellung der Meistbegünstigungsklausel in Betreff der Zölle und Steuern in den Handelsverträgen Deutschlands mit dem Auslande, deren Durchsicht folgende Tatsachen ergibt:

1. Aus dem Vertrag vom 19. September 1857 zwischen dem Zollverein und Argentinien ist der Art. IV aufgeführt (Text s. S. 47), der u. E. nur den Gleichbenachteiligungszwang enthält. Der Art. III aber, welcher die Reziprozität festlegt, den eigentlichen Gleichbegünstigungszwang stipuliert, ist unter den Tisch gefallen. Das erweckt den Eindruck, als stünden wir mit Argentinien im Verhältnis der unbedingten Meistbegünstigung, während doch das Gegenteil der Fall ist. (S. auch S. 47 und 278.)

2. Das Gleiche gilt von dem Vertrag mit Chile vom 1. Februar 1862. Auch hier ist nur Art. III (Text s. S. 72) angezogen, während der Art. VI, der die eigentliche — bedingte — Meistbegünstigungsklausel enthält, weggelassen ist.

3. Aus dem Vertrag mit Hawai vom 25. März 1879 wurde ebenfalls nur Art. IV der Sammlung einverleibt (Text s. S. 254). Eine Feststellung, daß hier die Meistbegünstigung nach der territorialen Seite hin beschränkt[1]) ist, hat man nicht vorgenommen. (S. auch Art. III dieses Vertrages S. 254.)

4. Aus dem Vertrag mit Liberia vom 31. Oktober 1867 fand nur der Art. IV in der Übersicht Aufnahme. Derjenige Art. aber, welcher expressis verbis die Meistbegünstigung stipulierte (s. S. 240), und zwar die bedingte, ist sorgfältig ausgemerzt worden.

5. Aus dem Vertrag mit den Niederlanden vom 31. Dezember 1851 gedachte man der Art. XXVIII, XXIX, XXXII Abs. 1 und 2 (Text s. S. 117), nicht aber auch des Reziprozitätsartikels, des Art. XXXIII (s. S. 118).

6. Aus dem Vertrag der Union mit Preußen vom 1. Mai

---

[1]) „Da es wegen gewisser Nachbarverhältnisse und anderer Erwägungen für die hawaiische Regierung von Bedeutung gewesen ist, mit der Regierung der Vereinigten Staaten von Amerika durch eine zu Washington am 30. Januar 1875 geschlossene Übereinkunft in wechselseitige Beziehungen zu treten, so sind die hohen vertragenden Teile übereingekommen, daß in keinem Falle die besonderen Vorteile, welche durch die gedachte Übereinkunft den Vereinigten Staaten von Amerika in Anbetracht entsprechender Vorteile gewährt worden sind, zugunsten derjenigen Beziehungen beansprucht werden sollen, welche zwischen den beiden hohen vertragenden Teilen durch den gegenwärtigen Vertrag begründet worden sind."

1828[1]) ist nur angeführt der Art. V; der böse Art. IX ist auch hier unter den Tisch gefallen.

7. Das Auffallendste aber ist folgende Erscheinung: am 20. Juni 1892, also genau 3 Jahre, bevor diese Zusammenstellung der Meistbegünstigungsklauseln im amtlichen Handelsarchiv erschien, kam, wie schon erwähnt, der Vertrag zwischen Uruguay und Deutschland zustande, der fürs erste in Art. III Abs. 1—3 die unbedingte Meistbegünstigung verabredete. Der Art. IV aber brachte eine Einschränkung dieser allgemeinen Meistbegünstigung und zwar nach der territorialen Richtung. Es wurde folgendes verabredet:

„Die in dem gegenwärtigen Vertrage enthaltenen Bestimmungen umfassen nicht die Fälle, in welchen die Regierung des Freistaates Uruguay den Bürgern oder Erzeugnissen der Vereinigten Staaten von Brasilien, der Argentinischen Republik, und der Republik Paraguay in Angelegenheiten des Handels besondere Begünstigungen, Befreiungen und Privilegien gewähren sollte. Diese Begünstigungen können deutscherseits auf Grund des Rechts der meistbegünstigten Nation nicht beansprucht werden, so lange sie nicht auf andere dritte Nationen ausgedehnt werden."

Nachdem man sich so auf

1. eine territoriale Einengung der Meistbegünstigung geeinigt hatte, vereinbarte man aber

2. auch noch die Reziprozität. Der Art. IV fuhr nämlich fort:

„In diesem letzteren Falle sollen jene Zugeständnisse in der gleichen Form erfolgen, d. h. unentgeltlich, wenn das Zugeständnis ein unentgeltliches war, und gegen Gewährung einer Entschädigung vom gleichen Werte, wenn das Zugeständnis ein bedingtes war. Dabei versteht es sich jedoch, daß die erwähnten besonderen Vergünstigungen, Befreiungen und Privilegien keine Anwendung finden können auf Erzeugnisse, welche den deutschen Erzeugnissen gleichartig sind, und daß sie auf die Schifffahrt nicht ausgedehnt werden können."

Wir haben in diesem Vertrag sogar zwei Einschränkungen

---

[1]) Laut Erklärung des Staatssekretärs v. Bülow gilt heute noch nicht nur der Vertrag der Union mit Preußen, sondern es haben auch die Verträge der Union mit den Seeuferstaaten noch Gültigkeit. Die Verträge mit den Seeuferstaaten zu erwähnen, hat die amtliche Zusammenstellung unterlassen.

der Meistbegünstigung. Die Nivellierungswalze des Handelsarchivs aber ging über diese sowohl im Vertrage mit Paraguay wie anderwärts ruhig hinweg; es existierten für das Handelsarchiv nur deutsche Verträge, welche die allgemeine, unbedingte, uneingeschränkte Meistbegünstigung enthielten. Daß die Meistbegünstigung auch einer Modifikation fähig ist, war der Redaktion des Handelsarchivs ein Buch mit sieben Siegeln. Alle Vorschriften, welche eine Einschränkung der allgemeinen Meistbegünstigung enthielten, hat man gewissenhaft ausgemerzt. Und dabei ist noch ein Malheur passiert. Die Artikel, in denen der eigentliche Begünstigungszwang in den Reziprozitätsverträgen ausgesprochen war, diese Artikel hat man nicht aufgeführt, sondern nur jene Stellen herausgehoben, die den Gleichbenachteiligungszwang stipulierten. Man hat diese beiden Momente, die Entwickelungsgeschichte der Meistbegünstigung außer acht lassend, verwechselt.

Angesichts dieser Zusammenstellung auf grund amtlicher Aktenstücke darf es nicht Wunder nehmen, daß die Regierung im Reichstag immer und immer wieder versicherte: Deutschland und die Union stehen im Verhältnis der unbedingten Meistbegünstigung, — bis wir dann im Jahre 1903 vom Regierungstisch aus hören konnten: die Union ist nicht mehr meistbegünstigt in Deutschland.

Im Reichstag (15. Januar 1903) hat Staatssekretär Graf Posadowsky erklärt: „Ich glaube im allgemeinen, daß es notwendig sein wird, bei künftigen Vertragsabschlüssen die Frage der Meistbegünstigung wesentlich mehr zu individualisieren, individueller zu prüfen, als das bisher geschehen ist.“ Diese Worte eröffnen die Aussicht, daß man sich regierungsseitig zu einer Wertschätzung auch der Modifikationen der allgemeinen Meistbegünstigung durchringt. Und so darf man wohl auch hoffen, daß man auch bei einer neuerlichen Zusammenstellung der Meistbegünstigungsklauseln in unseren Verträgen den Modifikationen der Meistbegünstigung mehr Verständnis entgegenbringt, als dies im Jahre 1895 der Fall war.

XVI.

Über die künftige Regelung unserer Handelsbeziehungen zur Union und zu Argentinien.

Staatssekretär v. Bülow erklärte in der Reichstagssitzung vom 11. Februar 1899:

„In dieser Verschiedenheit der Auffassungen über die Tragweite der Meistbegünstigungsklausel liegt der Grund für unsere Beschwerde [im Streit wegen Auslegung des Vertrages vom Jahre 1828]. Wir geben uns deshalb der Anschauung hin, daß in nicht zu ferner Zeit eine für beide Teile annehmbare und befriedigende Lösung der bestehenden Schwierigkeiten erzielt werden wird."

Diese angeblich für beide Teile befriedigende Lösung liegt in Gestalt des Abkommens vom 10. Juli 1900 vor. Wenn man eine Umfrage darüber veranstalten wollte, ob das Abkommen wirklich für beide Teile befriedigend ist, so würden wohl unter 100 Antworten 99 lauten: Für Amerika ja, für Deutschland aber ist es so unbefriedigend wie nur möglich.

Wir haben die Gründe, aus denen wir dieses Abkommen für den größten Fehler halten, den wir in der Regelung unserer Handelsbeziehungen zu der Union machen konnten, oben dargelegt. Ein Lächeln muß es allerwärts auslösen, bei uns in Deutschland ein solches der Verlegenheit, bei den Amerikanern das der Genugtuung, wenn man sich gegenwärtig hält, daß in der Preamble zum preußisch-amerikanischen Vertrag vom Jahre 1828 gesagt ist: daß die Kontrahenten überzeugt sind, ihren Handelsbeziehungen nicht besser dienen zu können, „als durch Annahme eines Systems vollkommener Gegenseitigkeit, gegründet auf Prinzipien der Billigkeit, die beiden Ländern in gleichem Maße zugute kommen". Wenn das Abkommen vom Jahre 1900 den Prinzipien der Billigkeit entspricht, dann wird die Unbilligkeit zur Voraussetzung der Billigkeit.

Daß unser jetziges Verhältnis zu der Union ein unbefriedigendes ist, wird allseitig zugegeben. Auch Angehörige linksstehender Parteien machen aus ihrer Auffassung kein Hehl.[1]) Wenn nun aber das jetzige Verhältnis ein so unbefriedigendes ist, so wird man darnach trachten müssen, es umzugestalten. Welche Wege eröffnen sich uns da?

---

[1]) Calwer (Die Meistbegünstigung der Vereinigten Staaten von Nordamerika, Berlin-Bern 1902 S. 34) sagt:

„Die Meistbegünstigung, wie sie von den Vereinigten Staaten Deutschland gegenüber geübt wird, schrumpft auf eine bloße schön klingende Formel zusammen, deren Inhalt fast gleich Null ist. Denn hätten wir die sogenannte Meistbegünstigung nicht, würden wir vielmehr nach dem Dingley-Tarif ohne jede Reziprozität behandelt, so würde die Zollbelastung unseres Exportes nach den Vereinigten Staaten keineswegs höher sein, als es so der Fall ist. Ganz anders dagegen sind die Vorteile der Meistbegünstigung, die die Vereinigten Staaten seitens Deutschlands haben. Wir räumen ihnen weitgehende Vergünstigungen, nämlich den Konventionaltarif, und diesen auf die Dauer von zwölf Jahren, ein. Und wenn wir heute den Tarif einem dritten Lande gegenüber weiter herabsetzen, die Vereinigten Staaten ihre Zölle dagegen völlig bis zu Einfuhrverboten steigern würden, so träten die Vereinigten Staaten alsbald in den Genuß unserer die Einfuhr erleichternden Zölle, während unser Export vom amerikanischen Markte auf Grund der Meistbegünstigung ausgeschlossen bliebe. Daß ein derartiges Verhältnis der Meistbegünstigung zwischen zwei Staaten, deren Handelspolitik geradezu entgegengesetzte Tendenzen verfolgt, nicht nur unzweckmäßig, schädlich, sondern direkt unsinnig ist, geht aus der zuletzt angedeuteten Konsequenz unabweisbar hervor."

Wir stimmen dem Prinzip dieser Darlegungen bei. Im Detail aber hat sich Calwer geirrt. Wenn wir im Jahre 1901 einen Tarifvertrag mit Portugal oder Spanien geschloßen oder anderwärts unseren Konventionaltarif erweitert hätten, so würden die Amerikaner keinen Anspruch darauf gehabt haben. Sie können nur die Zölle der Verträge aus den Jahren 1891—94 einfordern. Weiterhin ist es eine Ungenauigkeit Calwers, in seiner im Jahre 1902 publizierten Schrift zu sagen: wir räumen der Union „unseren Konventionaltarif" auf die „Dauer von 12 Jahren" ein. Wir räumten

1. der Union im Saratogaabkommen den Konventionaltarif nur für Erzeugnisse der Landwirtschaft ein;
2. von einer Frist von 12 Jahren ist weder dort noch im Abkommen vom Jahre 1900 die Rede.

Wenn wir im Folgenden daran gehen, die Möglichkeiten der handelspolitischen Abmachungen zwischen Deutschland und der Union zu erörtern, so tun wir dies unter Befolgung des Winkes, den Staatssekretär Graf Posadowsky s. Z. im Reichstag (14. Januar) gab:

„Es ist vielleicht sogar während der Verhandlungen des hohen Hauses und der Kommission manche Frage gestellt und manches Wort gesagt worden, die besser im verschwiegenen Busen geblieben wären. Denn die Zuhörer außerhalb des hohen Hauses sind, wie ich Ihnen versichern kann, viel aufmerksamer als Sie glauben."

Das Abkommen von Saratoga wurde im Jahre 1894 gegenstandslos; das Abkommen von 1900 kann vierteljährlich gekündigt werden. Mit den 12 Jahren ist es also nichts.

An einer anderen Stelle der gedachten Schrift (Seite 120) führt der Autor aus:

„Wenn also die Aufrechterhaltung der Meistbegünstigung zu den Vereinigten Staaten in der Tat geeignet ist, die handelspolitische Zukunft Deutschlands in hohem Grade zu gefährden, die Abschließungsbestrebungen in Deutschland zu stärken, so ist es meines Erachtens Aufgabe derjenigen, die eine Fortführung der Handelsvertragspolitik in der Richtung weiterer Verkehrsfreiheit wollen, [wohlgemerkt: Calwer wendet sich hier an die Freihandels-interessenten!] auf ein angeblich unentbehrliches, aber sachlich schädliches, dem Fortschritt hinderliches Verhältnis der Handelsbeziehungen, wie es die unumschränkte Meistbegünstigung den Vereinigten Staaten gegenüber darstellt, nicht nur Verzicht zu leisten, sondern die Initiative zu ergreifen, um diesen Hemmschuh einer fortschrittlichen Handelspolitik zu beseitigen. Sobald man dieses Verhältnis als formell unhaltbar, als wirtschaftlich nachteilig, als dem Prinzip der Tarifverträge widerstrebend und widerstreitend erkannt hat, muß man auch den Weg suchen, auf dem man von diesem Verhältnis loskommen kann."

„Genosse" Bernstein wollte diese Ausführungen seines Parteifreundes nicht wahr haben, als er am 15. Januar 1903 zum Antrag des Freiherrn v. Heyl sprach. Wie der Abgeordnete Eugen Richter, der sich den Scherz leistete, den Gegensatz von „reinen" Meistbegünstigungsverträgen nicht zu kennen, über Meistbegünstigungsverträge denkt, darüber S. 331.

In mehr als einer Publikation der Zentralstelle für Vorbereitung von Handelsverträgen, die gewiß einer Neigung zu Zollkonflikten nicht verdächtig ist, wird verlangt, daß Deutschland künftighin die Union nicht als uneingeschränkt meistbegünstigte Nation behandle, wenn diese sich nicht zu einem Entgegenkommen entschließe. S. auch den Schluß der Darlegungen von Dr. Borgius auf S. 275.

A.

Sollen wir mit den Amerikanern ein beiderseitig (nicht einseitig) glattes Meistbegünstigungsverhältnis suchen? Selbst angenommen, die Amerikaner ließen sich herbei, einen glatten Meistbegünstigungsvertrag mit uns abzuschließen, — eine Annahme, die man mit äußerster Skepsis aufzunehmen hat (vgl. u. a. die Äußerungen des Staatssekretärs Hay auf S. 194), — so wäre durch eine derartige Möglichkeit für uns Deutsche sehr wenig gewonnen, weil die beiderseitigen Zölle derartig verschieden bemessen sind, daß schon die Billigkeit es verbietet, dem gegenseitigen Handelsverkehr die unbedingte Meistbegünstigung zugrunde zu legen.

Wir Deutsche fühlen z. Zt. den Beruf in uns, die Drähte der Handelsvertragspolitik zu ziehen. Kein Land der Welt, das im Besitz — nicht allein eines reinen Finanzzolltarifes, sondern — eines Schutzzolltarifes ist, läßt sich von seinem autonomen Tarif so viel abhandeln wie Deutschland. England, die erste Handelsmacht der Welt, kann heute keiner Nation Zugeständnisse machen. Die Union, jetzt wohl das zweitgrößte Handelsland der Welt, will keine großen Zugeständnisse machen. Deutschland hingegen, das drittgrößte Handelsland der Welt, kann und will Zugeständnisse machen; es schließt von allen Ländern der Welt die meisten Tarifverträge; die Summe seiner Konzessionen am Generaltarif ist die größte, vielseitigste und wertvollste. Das Anrecht eines Landes, die Summe dieser Zollzugeständnisse für seine Einfuhr nach Deutschland zu beanspruchen, d. h. glattweg als meistbegünstigte Nation in Deutschland behandelt zu werden, dieses Anrecht ist heute der höchste Preis, der in der ganzen Handelspolitik errungen werden kann.

Sollen wir nun diesen höchsten Preis den Amerikanern ausfolgen? Nein! „Es scheint mir eine ganz selbstverständliche und naturgemäße Voraussetzung der Meistbegünstigung zu sein, daß die Handels- und Zollpolitik in den beiden hier in Betracht kommenden Ländern nach annähernd gleichmäßigem Prinzip gehandhabt wird.[1]) ... Wird diese Voraussetzung nicht erfüllt, hindert das eine Land durch außerordentlich hohe Zölle die

[1]) S. auch den Schluß der Ausführungen Calwers (Anm. S. 326).

Einfuhr des anderen Landes, so kann man nicht verlangen, daß ihm die Einfuhr in das andere Land zu dessen niedrigen Zollsätzen ohne weiteres zugestanden wird. Das ist nach meiner Überzeugung eine ganz selbstverständliche Vorbedingung der Meistbegünstigung". (Graf Kanitz in der Reichstagssitzung vom 3. Mai 1897.)

Diese Anschauung hat sicher etwas Berechtigtes an sich. Untersuchen wir also unter diesem Gesichtspunkt die Anwendbarkeit der allgemeinen Meistbegünstigung auf den deutsch-amerikanischen Handel! Fragen wir uns, wie sich die Zollbelastung in der Union und in Deutschland stellt!

Die Amerikaner erhoben

	bei einer Gesamteinfuhr von Mill. Dollars	keinen Zoll auf Waren im Werte von Mill. Dollars	% der Einfuhr blieben zollfrei
1890	773	266	34,39
1891	854	388	45,41
1892	813	458	56,30
1893	844	444	52,60
1894	636	378	59,63
1895	731	376	51,55
1896	759	368	48,56
1897	789	382	48,39
1898	587	291	49,65
1899	685	300	43,72
1900	830	366	44,16
1901	807	339	41,98
1902	899	396	43,97
1903	1007	426	41,55

Wir Deutschen erhoben bei unserer Einfuhr einen Zoll auf Waren im Wert von

	Mill. Mark	Die Gesamteinfuhr betrug Mill. Mark	% des Gesamtwertes der Einfuhr blieben zollfrei
1893	2117	4134	49
1894	2160	4285	50
1895	2177	4246	49
1896	2318	4307	46
1897	2444	4680	48
1898	2767	5080	45
1899	2799	5483	49
1900	2870	5765	50
1901	2761	5421	49
1902	2832	5631	50
1903	2895	6002	52

Belastet wurde

	die zollpfl. Einf. (in Amerika)	die Gesamt-Einf. (in Amerika)	die zollpfl. Einf. (in Deutschland)	die Gesamt-Einf. (in Deutschland)
	mit Zöllen, die ... % des Wertes der Einfuhr ausmachten:			
1890	44	29	—	—
1891	46	25	—	—
1892	48	21	—	—
1893	49	23	17	9
1894	50	20	18	9
1895	41	20	19	9
1896	40	20	20	11
1897	42	21	19	10
1898	49	24	19	10
1899	50	29	18	9
1900	49	27	18	9
1901	49	28	19	10
1902	49	27	19	10
1903	49	27	19	9

Mit anderen Worten: Die **zollpflichtige** Einfuhr zahlt in Amerika eine Eingangsabgabe von **rund 50 % des Wertes;** in Deutschland eine solche von **rund 20 %**.

Die **Gesamteinfuhr** ist in Amerika mit einem Zoll von **rund 30 %** des Wertes belastet, in Deutschland von **rund 10 %**.

Dies ist die Grundlage, auf welcher sich ein unbedingtes Meistbegünstigungsverhältnis zwischen Deutschland und der Union aufbauen würde. Nehmen wir selbst an, durch den neuen Zolltarif würde in Deutschland die prozentuale Abgabe auf die zollpflichtige Einfuhr durchschnittlich von 20 auf 24 % erhöht, und auf die Gesamteinfuhr von durchschnittlich 10 auf 12 %, so ist immer noch, — selbst wenn man sich vor Augen hält, daß Deutschland eine große Rohstoffeinfuhr hat, und die prozentuale Zollbelastung bei der Notwendigkeit, Rohstoffe womöglich zollfrei eingehen zu lassen, von vornherein eine geringere sein muß [1]), — ein derart krasses Mißverhältnis vorhanden, daß u. E. ein glatter Meistbegünstigungsvertrag zwischen Deutschland und der Union von vornherein abgelehnt werden muß.

---

[1]) Im übrigen sei bemerkt, daß manche Rohstoffe, die bei uns heute frei eingehen, in Amerika mit Zöllen belegt sind. Beispiele s. S. 347.

Deutschland ist der Tarifvertragsstaat des letzten Jahrzehnts des 19. Jahrhunderts gewesen; es wird auch der Tarifvertragsstaat des ersten und zweiten Jahrzehnts des 20. Jahrhunderts sein. Die Union war der Schutzzollstaat der letzten 15 Jahre. Wenn zwei solche, ganz entgegengesetzte handelspolitische Tendenzen verfolgende Staaten einen glatten Meistbegünstigungsvertrag schließen, so ist von vorne herein einer der benachteiligte. Wer? das ist leicht herauszufinden.

Grundsätzlich die Bedingungen aufzustellen, unter denen der Abschluß glatter Meistbegünstigungsverträge erfolgen kann, ist schwer. Im Allgemeinen aber dürften die folgenden Fälle als sog. „glatte Meistbegünstigungsfälle" konstruiert werden können:

1. Man kann die allgemeine Meistbegünstigung, ohne Gegenleistungen zu heischen, jenen Staaten gewähren, die unsere Erzeugnisse im allgemeinen zollpolitisch „gnädig" behandeln, und bei denen ein krasser Umschwung in der Tendenz ihrer Handelspolitik nicht so leicht zu befürchten ist, bei denen also die Vergangenheit eine gewisse Garantie für die Zukunft bietet. Das ist aber bei den Vereinigten Staaten ganz gewiß nicht der Fall.

2. Die allgemeine Meistbegünstigung kann ferner vereinbart werden im Anschluß an einen größeren Tarifvertrag, wenngleich auch hier manchmal eine Einengung der Meistbegünstigung zugunsten der im Vertrag genannten Artikel angezeigt wäre. Selbst wenn wir aber mit der Union zu einem größeren Tarifvertrag kämen, was wir ernsthaft bezweifeln, so wäre u. E. gerade hier die allgemeine Meistbegünstigung auszuschließen, erstens weil die Union höchstwahrscheinlich sie uns vorenthalten würde, und zweitens weil unsere Leistungen viel größere wären als die des Partners.

3. Die Meistbegünstigung wird endlich vereinbart im Hinblick auf einen bereits anderweitig abgeschlossenen Tarifvertrag. Wenn ein Staat, der sich anderen Staaten gegenüber zu Tarifkonzessionen verstanden hat, uns Deutschen einen Meistbegünstigungsvertrag anbietet, so läßt sich gegen die Annahme der Offerte nichts einwenden, eine annähernde Gleichwertigkeit der Vorteile vorausgesetzt. Sind die Vorteile nicht annähernd gleichwertig, (und das wäre bei der Union der Fall), so ist es vorzuziehen, einen spezifizierten Vertrag abzuschließen und zu sagen: Wir gewähren auf diese

Erzeugnisse diese Zölle. Oder: wir gewähren für diese Artikel die Meistbegünstigung, wofür wir verlangen, daß diese Artikel unserer Provenienz nicht höher als mit diesen Zollsätzen belastet werden. Oder: (wenn schon Tarifverträge vorliegen) es muß diesen Artikeln die Meistbegünstigung gewährt werden.

Keiner der Fälle, der die Einräumung der glatten Meistbegünstigung rechtfertigt, liegt bei der Union vor; und deshalb muß — von der Gebundenheit der Union Kuba gegenüber (s. S. 318) ganz abgesehen — ein glatter Meistbegünstigungsvertrag mit dieser abgelehnt werden. (S. im übrigen auch die Erklärungen des Staatssekretärs Hay auf S. 195.)

B.

Die zweite Möglichkeit, mit der Union zu einer handelspolitischen Verständigung zu kommen, wäre ein größerer Tarifvertrag.

„Das haben wir doch allseitig anerkannt, daß die bestehenden Vertragsverhältnisse, mag man nun den Vertrag von 1828 oder das spätere Abkommen des Grafen Caprivi von 1891 beurteilen wie man will, nicht geeignet sind, sichere und dauernde Verhältnisse zu begründen; sie haben nicht verhindert, daß [in der Union] drei wechselnde Tarife gefolgt sind in der kürzesten Zeit, daß sich unsere Ausfuhrverhältnisse unsicher gestalteten. Wir müssen daraus lernen, daß das Meistbegünstigungsverhältnis nicht ausreicht, unsere Wünsche müssen dahin gehen, Tarifverträge an die Stelle zu setzen, Tarife, auf die sich die Industrie einrichten kann." (Eugen Richter in der Sitzung des Deutschen Reichstages vom 11. Februar 1899.)

Wäre es möglich, zu einem größeren Tarifvertrag mit der Union zu kommen, so wäre das sicher mit Freuden zu begrüßen. Eines wäre aber dabei zu bedenken: diesem Tarifvertrag wäre das Schema zugrunde zu legen, nach dem die Abkommen der Union mit Frankreich, Italien und Portugal gearbeitet sind (s. S. 214 ff.), d. h. es wäre ganz genau, Position für Position, das Maß des beiderseitigen Entgegenkommens festzulegen, die allgemeine Meistbegünstigungsklausel aber ausdrücklich zu vermeiden.

Wird es uns aber glücken, zu einem größeren Tarifvertrag — wir sagen zu einem größeren Tarifvertrag, der nicht nur eine zwanzigprozentige Minderung der Zölle für Weine und Kunstwerke bringt, sondern auch Tarifabmachungen für Textilprodukte usw. trifft, — mit der Union zu kommen? Die Erfahrungen, die Frankreich in dieser Hinsicht gemacht hat, lassen eine derartige Annahme als äußerst gewagt erscheinen.

Frankreich hat es nach dem Abschluß des Abkommens vom Jahre 1898 versucht, die dort mit den Vereinigten Staaten getroffenen Vereinbarungen zu erweitern und einen zweiten größeren Tarifvertrag mit der Union zustande zu bringen.

Der Tarif der Vereinigten Staaten enthält 705 Nummern. Von diesen wurden nach dem Vertragsentwurf 126 Nummern durch Zugeständnisse an Frankreich berührt, während 579 Nummern unberührt bleiben sollten. Der französische Tarif enthält 654 Nummern, und Frankreich entzog der Wirkung des Vertrages nur 19 Artikel. Das Maximum der Zollermäßigung, welches die Amerikaner nach der Dingley-Bill in einem Reziprozitätsvertrag zugestehen dürfen, beträgt 20%. Die amerikanische Einfuhr aus Frankreich, welche durch die Zugeständnisse in dem Vertragsentwurf berührt wurde, belief sich im Jahre 1898 auf 25504000 Doll. Es sollte eine

Zollermäßigung	von	20%	auf	Waren	im	Werte	von 1444000	Dollars
"	"	15%	"	"	"	"	" 969000	"
"	"	10%	"	"	"	"	" 5971000	"
"	"	5%	"	"	"	"	" 17120000	"

zugestanden werden.

Die von den Vereinigten Staaten bewilligte durchschnittliche Zollermäßigung erreichte also bei weitem nicht die im Tarifgesetz verstattete Grenze; denn sie betrug durchschnittlich nur 6,8%, während die von Frankreich zugestandenen Ermäßigungen mit Ausschluß der Mineral- und Pflanzenöle durchschnittlich 26,1%, mit Einschluß dieser Öle 48% ausmachten. In jedem einzelnen Falle, in dem die Union eine Zollermäßigung gewährte, verblieb dem betreffenden Artikel ein wirksamer Schutzzoll. Der Vertrag führte auf der anderen Seite fast allen Boden- und Industrieerzeugnissen der Vereinigten Staaten den Genuß des niedrigsten Zollsatzes, der überhaupt beim Eingang in Frankreich oder Algerien gezahlt wird, zu. Diese Ermäßigung der künftig von amerikanischen Waren bei der Einfuhr nach Frankreich zu zahlenden Zölle erreichte in einigen Fällen 100 % der für sie jetzt geltenden Maximalsätze des französischen Tarifes und bewegte sich im Durchschnitt zwischen 26 und 48 %.

Dieser Vertragsentwurf wurde amerikanischerseits nicht ratifiziert. Auf Wirkwaren sollte der amerikanische Zoll von 64 % vom Wert auf 51,5 % ermäßigt, der Zoll auf Seidenwaren, welcher durchschnittlich 53 % vom Wert ausmacht, sollte auf 48 % herabgesetzt werden. Derartige Zollminderungen hielt der Senat der Vereinigten Staaten für so exorbitant und ungerechtfertigt, daß er für die Ratifikation nicht zu haben war.

Nachdem die Franzosen Erfahrungen dieser Art gesammelt haben, nachdem nicht ein Reziprozitätsabkommen von 1899, welches der Einfuhr in die Union größere Zugeständnisse als die in den Abkommen mit Frankreich, Portugal usw. gewährten gebracht hätte, ratifiziert wurde, — derartige Abkommen waren außer mit Frankreich geschloßen mit Argentinien, Ecuador, Jamaica usw.[1]) — dünkt uns die Annahme, uns würde es besser gehen, wenn wir mit den Amerikanern in Unterhandlungen über einen größeren Tarifvertrag treten wollten, zu optimistisch, um sie zu hegen.

Nehmen wir nun aber immerhin an, wir kämen zu einem Tarifvertrag mit der Union, der die Zölle von, sagen wir, 100 Nummern ihres Tarifes um 10 % mindern würde, — hätten wir viel erreicht? Bei näherem Hinsehen würden wir erkennen, daß wir einen recht mageren Sperling gefangen haben. Die Union hat ja Wertzölle, und schon dieser eine Umstand läßt uns einen Tarifvertrag mit ihr als recht minderwertig erscheinen.[2])

Was war eine der Hauptkonzessionen Frankreichs im Vertrag mit Großbritannien vom Jahre 1860? Daß es die Überführung seiner Wertzölle in spezifische Zölle versprach.[3])

---

[1]) S. den Abschnitt Chronologie, Jahrgang 1899.

[2]) Wir wollen natürlich damit nicht generell behaupten, daß man mit einem Staat, der einen Wertzolltarif hat, nie zu einem befriedigenden Tarifvertrag kommen kann.

[3]) Art. XIII des französisch-englischen Vertrages lautete: „Die innerhalb der Grenzen der vorstehenden Artikel festgesetzten ad valorem-Zölle sollen in spezifische Zölle durch eine Supplement-Konvention umgewandelt werden, welcher vor dem 1. Juli 1860 geschlossen werden soll."

Die Verzollungspraxis in der Union würde den größten Teil der Zugeständnisse illusorisch machen. Die Appraisers würden „Marktwerte“ nach oben hin konstruieren mit einer Willkürlichkeit, die im Verhältnis zu den Zollminderungen stünde. „Gegenüber einem Staate mit mangelhafter, chikanöser Verwaltung nützen oft die besten vertragsmäßigen Tarifbestimmungen wenig, da dieselben im Einzelfalle durch administrative Willkür leicht umgangen werden.“ (Schraut S. 19). Man erinnere sich doch jenes amerikanischen Zollbeamten, der ganz ungeniert erklärte, er setze die Deklarationen auf deutsche Waren hinauf, wie es ihm gut dünke; die Deklarationen seien ihm nicht mehr als eine unangenehme Lektüre. Was dieser Mann in seinem undiplomatischen Ehrlichkeitsdrang sagte, das ist der Geist der amerikanischen Zollpraxis.

Zweifeln wir schon daran, ob wir mit der Union einen größeren Tarifvertrag zustande bringen, so steht vollends für uns fest: mit der an den Wertzöllen festhaltenden Union kommt kein auch nur halbwegs befriedigender Tarifvertrag zustande.

Worauf wir ferner bei Tarifverträgen dringen müssen, ist, daß der Gegenkontrahent sich zur Bindung der Zölle auf 10 oder 12 Jahre versteht. Das wäre ein weiterer Stein des Anstoßes bei der Union. Denn von langfristigen Tarifvereinbarungen will diese nichts wissen; sie will immer völlig freie Hand für die Ausgestaltung ihres Generaltarifes haben. Das sieht man auch bei dem Abkommen mit Kuba, das nur auf 5 Jahre bemessen ist. (S. auch S. 213 Z. III.)

C.

Wenn nun ein glatter Meistbegünstigungsvertrag als absolut unstatthaft zu bezeichnen ist, und wenn die Aussichten auf einen größeren Tarifvertrag so geringe sind, auf welche Basis sollen wir dann unsere Handelsbeziehungen mit der Union stellen?

Als Beispiel für unsere künftige Haltung der Union gegenüber schwebt uns das handelspolitische Verhältnis zwischen der Union und Frankreich vor. Dieses schloß im Jahre 1822 (24. Juni)[1]) einen

[1]) Der auf S. 199 erwähnte Vertrag zwischen der Union und Frankreich aus dem Jahre 1800 erlosch im Jahre 1809.

Vertrag, der kein Wort über Meistbegünstigung, weder über die unbedingte noch die bedingte enthielt. Man beschränkte sich darauf, die Frage der Tonnengelder und der Zahlung sonstiger Schiffahrtsgebühren zu regeln, und das Recht der Ernennung von Konsuln auszusprechen. Zölle anlangend wurde nur die surtaxe de pavillon geregelt derart, daß die auf amerikanischen Schiffen in Frankreich eingeführten amerikanischen Waren einen Zuschlag von nicht mehr als 20 Francs pro Tonne, die auf französischen Schiffen nach der Union eingeführten Waren französischen Ursprungs einen Zuschlag von nicht mehr als 3,75 Doll. zahlen sollten.[1])

Dieser Vertrag vom Jahre 1822, eigentlich mehr ein Schiffahrts- als ein Handelsvertrag, bildete bis 1891 die einzige Grundlage für den französisch-amerikanischen Handelsverkehr. Die gleiche Nation, welche seinerzeit den Vereinigten Staaten den Schutz ihrer Flotte lieh, zuerst unter den europäischen Mächten ihre Unabhängigkeit anerkannte, ihr Geld bis zum Betrag von 18 Millionen Livres vorschoß, mit einem Worte alles für das junge Gemeinwesen tat, um es zu unterstützen und auf eigene Füße zu stellen, — diese Nation kam von 1809 bis jetzt ohne jegliche größere Abmachung, ohne glatte oder beschränkte Meistbegünstigung mit der Union aus.

Von der auf S. 186 erwähnten Abmachung abgesehen, schloß man im Jahre 1891 ein kleines Abkommen, das den Franzosen

---

[1]) Art. I. Articles of the growth, produce, or manufacture, of the United States, imported into France in vessels of the United States, shall pay an additional duty, not exceeding twenty francs per ton of merchandise, over and above the duties paid on the like articles, also of the growth, produce, or manufacture, of the United States when imported in French vessels.

Art. II. Articles of the growth, produce, or manufacture of France, imported into the United States in French vessels, shall pay an additional duty not exceeding three dollars and seventy-five cents per ton of merchandise over and above the duties collected upon the like articles, also of the growth, produce or manufacture of France, when imported in vessels of the United States.

Art. III. No discriminating duty shall be levied upon the productions of the soil or industry of France, imported in French bottoms into the Ports of the United States for transit or re-exportation.

Nor shall any such duties be levied upon the productions of the soil or industry of the United States, imported in vessels of the United States into the ports of France for transit or re-exportation.

die Zollfreiheit ihres Zuckers bei der Einfuhr in die Union sicherte (s. S. 210). Im Jahre 1898 kam ein weiteres kleines Abkommen wegen der Zollminderung für Weine zustande (s. S. 214). Damit war die Sache aber erledigt.

* * *

Wir glauben jetzt auch schon unsern prinzipiellen Standpunkt in der Frage der Regelung unseres Verhältnisses zur Union dargelegt zu haben. Wir reden das Wort einer Handelspolitik, die neben dem Geben energischer als bisher auch das Nehmen betont. Wir wollen mit der Union in Frieden leben, sie kann behandelt werden wie eine meistbegünstigte Nation; aber wir sollten nicht **allein** die Kosten dieses handelspolitischen Friedens tragen müssen. Der Union muß zu Gemüte geführt werden:

Mann mit zugeknöpften Taschen,
Dir tut Niemand was zu lieb.
Hand wird nur von Hand gewaschen,
Wenn du nehmen willst, so gib.

Unser Grundsatz muß sein: Wenn die Amerikaner uns die ganze Wucht **ihres** Generaltarifes fühlen lassen, so sollen sie auch nach **unserem** Generaltarif gerichtet werden. Dieser, nicht der Konventionaltarif, muß die Basis eines Abkommens mit der Union bilden.

In einer Rede, in der sich s. Z. Chamberlain über das Verhältnis Englands zu Rußland verbreitete, meinte er: Wenn man mit dem Teufel aus einer Schüssel essen will, so muß man sich eines großen Löffels bedienen. Dieses derbe Wort muß für die künftige Gestaltung unseres Vertragsverhältnisses zur Union maßgebend sein. Wir müssen, wenn wir uns mit den Amerikanern an einen Tisch setzen wollen, nicht den kleinen Löffel des Konventionaltarifes, sondern den großen des Generaltarifes mitnehmen.

* * *

Wenn aber die Amerikaner unserer Grundforderung sich verschließen, daß das Nehmen durch das Geben bedingt sei, was dann? Dann wird ihr Getreide und Mehl und Holz usw. in Deutschland differenziert.

„Also Zollkrieg gegen Amerika! Die unendlich wichtigen Ausfuhrinteressen sollen geopfert werden!"

Welches sind denn unsere wichtigsten Ausfuhrartikel nach der Union? Textil- und chemische Produkte, Erden- und Steinwaren, Handschuhe, Spielwaren usw., alles Artikel, die jetzt schon in der Union dem Generaltarif unterworfen sind, die durch das Abkommen aus dem Jahre 1900 auch nicht im Geringsten berührt werden. Unseren Hauptartikeln wird in der Union von dem Augenblicke, da wir das Abkommen vom Jahre 1900 kündigen, die gleiche Zollbehandlung zuteil werden, die ihnen jetzt wird, — die Verzollung nach den Sätzen des Generaltarifes. Wir würden durch die Kündigung fast nichts verlieren, auf unsere Ausfuhr würde der gleiche Generaltarif angewendet, den wir jetzt schon zu fühlen bekommen. Grund zur Klage hätten nur die Weininteressenten.[1]) Diesen wird aber jetzt schon durch den rigoros gehandhabten Zwang des Ursprungsnachweises für ihre Produkte der Handel nach der Union ordentlich versalzen. Wohl aber würde vermutlich die Kündigung den Amerikanern wie ein Alp auf der Brust liegen.

Zur Frage eines Zollkrieges mit der Union bemerken wir im übrigen folgendes:

Die Vereinigten Staaten sind die allerletzten, die sich beschweren könnten, wenn wir bei der Verzollung einen Unterschied zwischen ihren Waren und denen anderer Länder machen wollten, weil sie es sind, die mit der Differenzierung begonnen haben. Die Amerikaner behandeln deutschen Zucker schlechter als den kubanischen.[2]) Es ist doch wohl keine Kleinig-

[1]) Der Wert unserer Weinausfuhr nach der Union ist im übrigen nicht groß; er beziffert sich im Durchschnitt der Jahre 1901—1903 auf 5,2 Millionen M.

[2]) Ausfuhr von Zucker aus Deutschland

	Total Mill. Mark	nach der Union Mill. Mark	die Ausfuhr nach der Union stellt % der Gesamtausfuhr dar
1895	192,9	16,3	8,4
1896	236,4	68,6	29,1
1897	229,9	67,3	28,0
1898	212,4	40,2	19,0
1899	203,5	36,5	18,0
1900	216,3	70,0	32,4
1901	202,8	20,1	10,0
1902	159,4	11,0	6,9
1903	186,7	0,5	0,3

keit, wenn die Amerikaner einen Artikel wie Zucker, von dem wir im Durchschnitt der Jahre 1895—1900 jährlich für 50 Millionen Mark nach der Union ausführten (d. i. rund 22 % unserer Gesamtausfuhr in Zucker), schlechter behandeln als das entsprechende Produkt aus einem anderen Lande.

Man komme uns da nicht mit dem Einwand, daß Kuba eine Dependenz der Union sei. Kuba ist völkerrechtlich ein selbständiges Gemeinwesen, und die engen Beziehungen zwischen ihm und der Union nehmen ihm nichts von dem Charakter eines souveränen Staates.[1])

Wenn also die Amerikaner unseren Zucker differenzieren, so können sie sich nicht beklagen, wenn wir mit ihrem Getreide ein Gleiches tun wollen.

Die Amerikaner unterwerfen heute mit ganz geringfügigen Ausnahmen (Wein und Kunstwerke; Details s. S. 218) unsere gesamte Einfuhr nach der Union ihrem Generaltarif, der durchschnittlich den Import doppelt so hoch mit Zöllen belegt, als unser Zolltarif. Wenn wir Gleiches mit Gleichem vergelten, — um etwas anderes handelt es sich nicht, — so können die Amerikaner wahrhaftig nicht Beschwerde führen.

Wir haben Dutzende von Handelsverträgen der Union in den Abschnitten III—VII auszugsweise mitgeteilt. Wenn man diese Vertragstexte durchliest und ebenso die amerikanische Literatur

---

[1]) Wir wollen nicht mißverstanden werden. Wenn die Union glaubt, das Band der Interessen, die sie mit Cuba und Cuba mit ihr verbinden, sei so stark, daß eine Ausnahmestellung Cubas in der Union gerechtfertigt ist, so mag sie Schritte tun, um eine solche ins Werk zu setzen; dann mag sie von Abmachungen loszukommen suchen, die für den gedachten Zweck hinderlich sind. Aber sie darf keine Vorzugsstellung für Cuba schaffen unter Verletzung bestehender Verträge. Weder im Abkommen vom Jahr 1900, noch im Vertrag vom Jahr 1828 aber findet sich eine Klausel, derzufolge die Union Cuba einen Preferentialtarif machen kann.

Staatssekretär Hay hat erklärt, daß die Union keiner Nation eine Ausnahmestellung einräumen wolle. Die Handelspolitik der Union bestehe „in der gleichmäßigen Behandlung des Handels aller befreundeten Nationen, denen außerordentliche Begünstigungen nicht gewährt werden“. Wenn nun die Union in so offenkundiger Weise diesem Prinzip und ihren Verträgen zuwiderhandelt, so darf sie sich nicht beschweren, wenn man darauf reagiert.

über Handelspolitik, so fließt alles von Equity und Reciprocity über. Können es uns diese Herolde der Billigkeit und Gegenseitigkeit dann verdenken, wenn wir ihre Waren dem Generaltarif unterwerfen, nachdem sie seit einem Jahrzehnt solches mit unserer Einfuhr bei ihnen getan haben und noch tun?

Es wäre ein Beitrag zur Komik in der Handelspolitik, wenn die Ver. Staaten sich darüber beschweren wollten, daß wir unseren Generaltarif auf ihre Erzeugnisse anwenden. Man vergleiche folgende Zölle:

Speck, Schinken, Würste:	Dingleytarif (5 Cts. pro Pfd.)	46.80 M. pro 100 kg
	Bisheriger deutscher Vertragstarif	15.00 „ „ „
	Neuer Generaltarif: Würste	70.00 „ „ „
	Schweinespeck	36.00 „ „ „
Schmalz:	Dingleytarif (2 Cts. pro Pfd.)	18.72 „ „ „
	Bisheriger deutscher Vertragstarif	10.00 „ „ „
	Neuer Generaltarif	12.50 „ „ „
Talg:	Dingleytarif (3/4 Cts. pro Pfd.)	9.36 „ „ „
	Bisheriger deutscher Vertragstarif	2.00 „ „ „
	Neuer Generaltarif	2.50 „ „ „
Äpfel, getrocknete:	Dingleytarif (2 Cts. pro Pfd.)	18.72 „ „ „
	Bisheriger deutscher Vertragstarif	4.00 „ „ „
	Neuer Generaltarif	10.00 „ „ „

Die Union, die größte Produzentin von tierischen Erzeugnissen und Obst legt Zölle auf diese, die höher sind als die im deutschen Generaltarif.

Die Union, die größte Produzentin von Cerealien, hat folgende Zölle:

Weizen:	pro Bushel	10 Cts.
Weizenmehl:		25% vom Wert!!
Mais:	pro Bushel (56 Pfd.)	15 Cts.
Gerste:	„ „ (48 Pfd.)	30 „
Roggen:	„ „	10 „

Wenn dieses Land mit seiner ungeheuren Landwirtschaft, mit seinem großen Export von Cerealien, solche Zölle macht, dann sind ja die Zölle von uns Deutschen, deren Landwirtschaft doch unter der amerikanischen Konkurrenz stark leidet, das reinste Kinderspiel.[1])

* * *

Wenn nun aber trotzdem die Union die Differenzierung ihres Getreides usw. als unfreundlichen Akt auffassen wollte?

Die Amerikaner werden es bedenken, einen Zollkrieg mit Deutschland zu beginnen und deutsche Waren mit Zuschlägen zu belegen. Wir sind viel zu gute Kunden der Union.[2]) Der Überschuß unserer Einfuhr aus der Union über unsere Ausfuhr nach dort nimmt geradezu beängstigende Dimensionen an.

Den deutschen Ausweisen zufolge betrug die deutsche

	Einfuhr von den Ver. Staaten	Ausfuhr nach den Ver. Staaten	der Einf.-Überschuß
1891	402	357 Mill. Mark	45 Mill. Mark
1892	534	346 „ „	188 „ „
1893	458	354 „ „	104 „ „
1894	532	271 „ „	261 „ „
1895	511	368 „ „	143 „ „
1896	584	383 „ „	201 „ „
1897	658	397 „ „	261 „ „
1898	877	334 „ „	463 „ „
1899	907	377 „ „	530 „ „
1900	1020	439 „ „	581 „ „
1901	1042	385 „ „	657 „ „
1902	911	449[3]) „ „	462 „ „
1903	943	469[3]) „ „	474 „ „

---

[1]) Einige sehr bezeichnende Unterschiede zwischen den deutschen und amerikanischen Zöllen geben wir noch auf S. 347.

[2]) „An einen Zollkrieg mit Amerika glaube ich nicht. Warum nicht? Nun, weil unsere Einfuhr drüben zolltechnisch schon so ungünstig behandelt wird, wie nur möglich .... vor allem aber, weil die herrlich entwickelte Ausfuhr nach Deutschland und ihr Vorteil zu leicht in die Augen springen und der Amerikaner ein viel zu guter Geschäftsmann ist, um dies etwa zu übersehen". (Dr. Vosberg-Rekow, Die Handelsverträge des Jahres 1903. Berlin 1900.)

[3]) Die ungewöhnliche Höhe unserer Ausfuhr nach der Union in den Jahren 1902 und 1903 erklärt sich vor allem aus dem dortigen ungeheuren Bedarf an Eisen während der gedachten Zeit, der trotz steigender Inlandsproduktion noch eine Einfuhr aus England und Deutschland zu seiner Deckung erheischte. Wir werden es in der Folgezeit nicht so leicht wieder erleben, daß unsere Ausfuhr nach der Union 470 Millionen Mark pro Jahr beträgt.

Den amerikanischen Ausweisen zufolge betrug die

	Einfuhr von Deutschland	Ausfuhr nach Deutschland				
1891	97,3	92,8	Mill. Doll.	Einf.-Überschuß	4,5	Mill. Doll.
1892	82,9	105,5	„ „	Ausf.- „	22,6	„ „
1893	96,2	83,6	„ „	Einf.- „	12,6	„ „
1894	69,8	92,4	„ „	Ausf.- „	22,6	„ „
1895	81,0	92,1	„ „	„ „	11,1	„ „
1896	94,2	97,9	„ „	„ „	3,7	„ „
1897	111,2	125,2	„ „	„ „	14,0	„ „
1898	69,7	155,0	„ „	„ „	85,3	„ „
1899	84,2	155,8	„ „	„ „	71,6	„ „
1900	97,4	187,3	„ „	„ „	89,9	„ „
1901	100,4	188,3	„ „	„ „	87,9	„ „
1902	102,0	170,3	„ „	„ „	67,7	„ „
1903	119,8	190,9	„ „	„ „	71,1	„ „
1904	109,1	213,7	„ „	„ „	104,6	„ „

Die Handelsstatistik beider Länder stimmt darin überein, daß der Überschuß der Ausfuhr Amerikas nach Deutschland über die Einfuhr aus Deutschland binnen der letzten zehn Jahre einen geradezu phänomenalen Umfang angenommen hat.

Man wird uns nun die bekannte Ansicht entgegenhalten, daß diese Differenz in den Auslagen der Amerikaner für Frachten, Zinszahlungen und Reisen in Europa begründet sei.

Wir können diese Erklärung nicht im vollen Umfange gelten lassen. Was insbesondere den Posten Zinszahlungen anlangt, so erscheint es uns ausgeschlossen, daß dieser von 1893 auf 1904 so zugenommen hat, daß er für seinen Teil eine Verneunfachung erlitt. Im Gegenteil! Die Amerikaner kauften viele Werte zurück. Und ebensowenig wahrscheinlich dünkt es uns, daß die Frachterlöse sich so horrent gemehrt und die Gewinne aus Europareisen der Amerikaner sich verneunfacht hätten. Man wird sich schon bemühen müssen, noch andere Ursachen zu suchen. Die drei gewöhnlich angeführten Gründe bieten u. E. für eine so ungewöhnliche Steigerung des Ausfuhrüberschusses keine ausreichende Erklärung.

Die Amerikaner haben also einen zu guten Grund, mit Deutschland keinen Zollkrieg zu beginnen. Ihre Ausfuhr nach Deutschland, die heute bei uns die Behandlung der meistbegünstigten Nation erfährt, liefert eine sehr breite Angriffsfläche, breiter als unsere Ausfuhr nach der Union[1]), der schon jetzt dort die denkbar schlechteste Behandlung zuteil wird.

[1]) Details zu geben müssen wir uns an dieser Stelle versagen.

Man wird uns nun einwenden, daß, wenn wir amerikanisches Getreide differenzieren, die Amerikaner uns bös in Verlegenheit dadurch bringen könnten, daß sie auf einige ihrer Produkte einen Ausfuhrzoll legten.

Welches wären diese Produkte? Vor allem Baumwolle und Mineralöl. Letzteres können wir zwar auch z. T. aus Rußland, Rumänien und Galizien beziehen, aber diese Bezüge würden nicht ausreichen, ganz abgesehen davon, daß für manchen Industriezweck das Öl von dorther nicht brauchbar ist. Da müssen wir unbedingt amerikanisches Öl haben. Ebenso sind wir bezüglich der Baumwolle noch von Amerika abhängig, — vorläufig noch! In zehn Jahren dürfte sich diese Abhängigkeit gemindert haben.

In fast allen anderen Artikeln, die wir jetzt aus Amerika beziehen, können wir uns aber größtenteils anderweitig decken. Vor allem ist es ein durch die Tatsachen längst widerlegter Glaube, daß wir auch den amerikanischen Mais haben müßten. Dieser irrigen Ansicht halten wir gegenüber, daß die deutsche Maiseinfuhr betrug im Jahre:

1899:	1626000	Tons,	darunter	aus	Amerika	1246508	Tons,
1900:	1384000	„	„	„	„	1124502	„
1901:	1193000	„	„	„	„	804234	„
1902:	900000	„	„	„	„	60145	„

Den großen Ausfall im amerikanischen Mais im Jahre 1902 deckten wir

1. aus Rußland; die Einfuhr von dorther betrug:

1899:	126000	Tons,	1901:	75000	Tons,
1900:	60000	„	1902:	333000	„

2. aus Rumänien; die Einfuhr von dorther betrug in den Jahren:

1899:	94000	Tons,	1901:	124900	Tons,
1900:	57000	„	1902:	232000	„

3. durch einen stärkeren Import von Futtergerste; dieser betrug:

1899:	1104000	Tons,	darunter	aus	Rußland:	576000	Tons,
1900:	781000	„	„	„	„	381000	„
1901:	899000	„	„	„	„	500000	„
1902:	1127000	„	„	„	„	718000	„

Mit der unbedingten Notwendigkeit des Bezuges aus Amerika ist es also nichts.

Wie wäre es aber, wenn die Amerikaner einen Ausfuhrzoll

auf Baumwolle legten? Die Frage ist schon des öfteren aufgeworfen worden; sogar im Reichstag wurde diese Gefahr heraufbeschworen.

Wir lehnen die Diskussion einer derartigen Möglichkeit ab, aus zwei Gründen:

1. Die Südstaaten würden alles aufbieten, eine derartige Maßregel im Kongreß zu hintertreiben. Denn ein Ausfuhrzoll auf die Baumwolle würde der bereits in die Wege geleiteten europäischen Agitation für Baumwollanbauversuche in Afrika, Asien usw. ungeheueren Vorschub leisten. Die Vorherrschaft der Südstaaten der Union auf dem Baumwollenmarkte würde in Frage gestellt werden; und dazu hilfreiche Hand zu bieten, werden sich die Vertreter der Südstaaten hüten.

2. Wir haben einen starken Verbündeten gegen einen Ausfuhrzoll auf Baumwolle in der Verfassung der Vereinigten Staaten, wo es in Art. I, Sektion 9, § 5 heißt: **„No tax or duty shall be laid on articles exported from any state,“** [1]) d. h. die Amerikaner können laut ihrer Verfassung gar keinen Exportzoll auf Baumwolle legen. Sie müßten erst ihre Konstitution ändern, um jene Maßregel gegen uns in die Wege zu leiten, von welcher schon so viel gesprochen und geschrieben worden ist. Und daß die Amerikaner wirklich wegen eines Ausfuhrzolles auf Baumwolle zu einer Verfassungsrevision schreiten, das ist so sehr von aller Wahrscheinlichkeit entfernt, daß wir auch darum uns nicht entschließen können, diese Annahme in unsere Rechnung einzustellen.

* * *

Wir stellen demnach fest:

1. daß die Vereinigten Staaten eine Differenzierung ihres Getreides unsererseits nur als eine Folge der von ihnen beliebten Differenzierung unseres Zuckers anzusehen haben würden;

2. daß der Überschuß der amerikanischen Ausfuhr nach Deutschland über die Einfuhr von dort ein derartig großer ist, daß die Union

---

[1]) Es heißt nicht aus dem einen Staat nach einem anderen; es ist also die Vorschrift nicht etwa auf den Interstate Commerce zu beziehen.

Grund hat, keine Komplikationen hervorzurufen. Sie hat umsomehr Veranlassung dazu, als in England die Schutzzollbewegung und die Idee einer Bevorzugung der kolonialen Erzeugnisse erwacht ist, ein Plan, der sich in allererster Linie gegen Amerika richtet;

3. daß die Frage eines Ausfuhrzolles auf Baumwolle usw. aus der Diskussion auszuscheiden hat.

Was wir als grundlegende Forderung aufstellen für den Fall, daß wir mit der Union keine billige Verständigung herbeiführen können, ist, daß wir primär genau so den Generaltarif auf die Einfuhr aus Amerika anwenden, wie die Amerikaner ihren Generaltarif auf unsere Ausfuhr zur Anwendung bringen. Und wir glauben, daß wir für diese unsere Forderung auch bei den Freihandelsinteressenten, auch in jenen Kreisen, welche an der Ausfuhr nach Amerika beteiligt sind, Anhänger finden werden. Denn diese Kreise werden zugeben müssen, daß die amerikanischen Einfuhrzölle vielfach jetzt schon dem Prohibitivpunkt nahe kommen, und daß unsere Ausfuhr fast nicht mehr schlechter behandelt werden kann; daß überdies die Amerikaner den Tarif uns noch besonders fühlbar werden lassen, indem sie eine Verzollungspraxis üben, die an Härte nicht zu übertreffen ist.

„Wir haben stets daran festgehalten: ...... daß für Vorteile, welche die diesseitigen Zollsätze den anderen Ländern gewähren, den deutschen Produkten entsprechende Vergünstigungen zugestanden werden müssen, die deutsche Zollpolitik daher nicht den Beruf habe, die Einfuhr fremder Erzeugnisse zu fördern, während uns die Ausfuhr nach ausländischen Gebieten durch verhältnismäßig hohe Zölle immer mehr erschwert wird.“ (Bericht der Barmer Handelskammer für 1889.)

Wenn es zu einem Konflikt mit der Union käme, so wären die Hamburger wohl diejenigen, die am meisten im Feuer stünden. Und was sagen diese? Die Handelskammer erklärte einmal, daß man, wenn die Amerikaner absolut nicht von ihrer Hochschutzzollpolitik lassen wollten, Zuschlagszölle erheben müsse. Während wir nur fordern, daß primär der Generaltarif auf die Erzeugnisse der Union Anwendung finde, rufen die Hamburger nach dem Zollkriegsparagraphen. Und ein andermal sagt der Hamburger Handelskammerbericht (1901, S. 9):

Allerdings werden die Amerikaner nicht beanspruchen dürfen, daß Deutschland ihre Waren gegen niedrige Zölle einlasse, während sie unseren gleichartigen, von den ihrigen scharf konkurrenzierten Waren durch annähernde prohibitive Zölle den Eingang versperren, und ebenso wenig, daß Deutschland sich ferner das System der Fakturenlegalisierung gefallen lasse, welche die Preisgabe der intimsten Geschäftsgeheimnisse verlangt, auch wegen seiner vielfachen fast unerfüllbaren Formvorschriften die Ausfuhr nach den Staaten in unleidlicher Weise erschwert und die deutschen Kaufleute zwingt, in Deutschland vor amerikanischen Beamten Eide abzulegen.

Wenn die Hamburger so sprechen, dann darf man uns wahrhaftig keiner Amerika-Scharfmacherei zeihen, sobald wir verlangen, daß auf Amerika der Generaltarif Anwendung finde, falls dieses Land sich zu keinen Zugeständnissen versteht.

* * *

Und nun noch ein Wort an den Deutschen Reichstag!

Er möge sich nicht mehr das Recht nehmen lassen, in der Regelung unserer Handelsbeziehungen zur Union ein Wörtchen mitzureden. Er möge sich nicht mehr damit bescheiden, daß man erklärt, das Saratoga-Abkommen habe „deklaratorischen Charakter" gehabt (s. S. 291). Er möge vielmehr auch an der „Deklaration" mitwirken.

Er möge sich skeptischer stellen zu Äußerungen wie: „Wir glaubten allerdings, daß es nicht nötig sei, dieses Abkommen (vom Jahre 1900) dem hohen Hause vorzulegen, weil nach demselben der amerikanischen Regierung nichts Neues eingeräumt wurde". Denn tatsächlich ging die Reichsregierung eben weit, sehr weit über Art. IX des Vertrages vom Jahre 1828 hinaus, da sie den Amerikanern die unbedingte, allgemeine Meistbegünstigung einräumte, während sie den Amerikanern nach dem Beispiele von Frankreich, Italien Portugal nur eine teilweise, den amerikanischen Zugeständnissen sprechende partielle Meistbegünstigung einräumen durfte. Sie gestand der Union etwas zu, was über die aus dem Vertrag sich ergebenden Pflichten hinausging.[1])

Endlich möge er der Regierung gegenwärtig halten, daß, wenn sie schon droht, sie auch zur Tat schreiten muß. Sonst diskreditiert sie sich selbst. Wenn Freiherr von Marschall angesichts des Dingleytarifes meinte: „Denn in internationalen Beziehungen gilt ein grausames und unerbittliches Gesetz; das: Wie Du mir, so ich Dir“ —, und an einer anderen Stelle: „Ich fürchte, daß drüben über dem Meere vielfach die Anschauung besteht, daß wir ein weit größeres Interesse an der Erhaltung guter Beziehungen hätten. Ich kann das nur als einen bedauernswerten Irrtum bezeichnen; und wenn auf dieser Grundlage gesetzgeberische Maßregeln getroffen werden würden, so könnte die Enttäuschung nicht ausbleiben“, — und wenn wir hernach doch alles ruhig hinnahmen, den Amerikanern unseren vollen Konventionaltarif gaben, während diese uns differenzieren, so trägt diese Inkonsequenz nicht zur Achtung unseres Namens bei.

* * *

Und wie sollen wir unser künftiges Verhältnis zu Argentinien gestalten? Sollen wir den alten Vertrag vom Jahre 1857 kündigen? Das ist vielleicht unnötig, sobald wir nur denselben richtig deuten und unter Zugrundelegung von Art. III versuchen, mit Argentinien zu einem Tarifabkommen zu gelangen.

---

[1]) „Das Abkommen selbst ist übrigens nicht mit Zustimmung des Reichstags abgeschlossen, obwohl Art. XI, Abs. 3 der Reichsverfassung im Zusammenhalt mit Art. IV Ziff. 2 bestimmt, daß solche Verträge zu ihrem Abschlusse die Zustimmung des Bundesrates und zu ihrer Gültigkeit die Genehmigung des Reichstages erfordern. Woher nimmt wohl die Reichsleitung das Recht, sich über diese gesetzlichen Bestimmungen hinwegzusetzen? Wie leicht fiele es Amerika, auch hieraus einmal die Gültigkeit des Abkommens ebenso zu bestreiten wie die des alten Vertrages von 1828.“ Osel in den histor. pol. Blättern CXXIII (1904) S. 783. Vergleiche auch die Reichstagsverhandlungen vom 15. Januar 1903.

Wir betonen nochmals: es ist ein Irrtum zu glauben, wir stünden mit Argentinien im Verhältnis der glatten Meistbegünstigung. Dieser Annahme dürfte durch unsere Darlegungen auf S. 277 ff. der Boden entzogen sein.

Können wir nun auf eine Bereitwilligkeit Argentiniens zu Handelsverträgen an und für sich hoffen? Argentinien hat schon einen Vertrag mit der Union vereinbart, der allerdings vom Senat nicht ratifiziert worden ist. Die Geneigtheit, ein kleines Abkommen zu schließen, dürfte also bei Argentinien im Prinzip vorauszusetzen sein.

Wie stellt sich nun unser Zolltarif zu den wichtigeren Produkten Argentiniens?

Wir lassen die argentinische Wolle zollfrei ein; in der Union muß sie mit 7—12 Cents verzollt werden.

Wir lassen die argentinischen Häute zollfrei ein; in der Union zahlen sie einen Zoll von 15 %.

Wir lassen Leinsamen für M. 0,75 pro Doppelzentner ein;[1]) in der Union zahlt er 25 Cents pro Bushel (56 Pfd.) d. i. etwa 4 Mk. pro Doppelzentner.

In Weizen ist Argentinien der Hauptkonkurrent der Union: dorthin kann Argentinien keine Tonne Weizen verkaufen; wir kaufen ihm Tausende von Tons ab.

Deutschland führte nach den Anschreibungen seiner Handelsstatistik

	ein aus Argentinien für Mill. Mark	aus nach Argentinien für Mill. Mark		
1895	118	37	Einfuhr-Übersch.	81
1896	108	44	„	64
1897	109	35	„	74
1898	145	44	„	101
1899	194	52	„	142
1900	234	64	„	170
1901	200	54	„	146
1902	201	47	„	154
1903	270	71	„	199

[1]) Im neuen Tarif; im alten war er zollfrei.

Die Union führte

	ein aus Argentinien für 1000 Dollars		aus nach Argentinien für 1000 Dollars		1000 Doll.
1894	3 497	(809)[1]	4 862	Ausf.-Übersch.	1 365
1895	7 675	(839)	4 456	Einf.- „	3 219
1896	9 313	(379)	5 979	Einf.- „	3 334
1897	10 772	(926)	6 384	Einf.- „	4 388
1898	5 915	(4 471)	6 429	Ausf.- „	514
1899	5 112	(3 131)	9 563	Ausf.- „	4 451
1900	8 114	(6 103)	11 558	Ausf.- „	3 444
1901	8 065	(6 625)	11 537	Ausf.- „	3 472

Wer ist der bessere Kunde Argentiniens, die Union oder Deutschland? Wer kauft ihm mehr ab? Deutschland. Und wenn man bedenkt, daß wir Häute, Wolle und Leinsamen bisher frei einliessen, während die Union Zölle auf diese Produkte erhebt; dass wir für Argentiniens Weizen Hauptabnehmer sind, während die Union keine Tonne davon kauft, — er wäre in der Union, dem größten Weizenland der Welt, mit 25 Cents pro Bushel zu verzollen —, so muß man sagen: Argentiniens Interesse gravitiert viel mehr nach Deutschland als nach der Union. Wenn also Argentinien s. Z. bereit war, mit der Union einen Vertrag abzuschliessen, so wird diese Bereitwilligkeit nicht weniger für einen Vertrag mit Deutschland anzunehmen sein.

Die Argentinische Republik selbst beziffert ihre

	Ausfuhr nach der Union (1000 Goldpesos)	Ausfuhr nach Deutschland (1000 Goldpesos)	Einfuhr aus der Union (1000 Goldpesos)	Einfuhr aus Deutschland (1000 Goldpesos)
1894	5 285	11 545	10 149	10 690
1895	8 947	13 323	6 687	11 163
1896	6 401	13 333	11 210	13 895
1897	8 322	14 047	10 102	11 114
1898	5 874	20 286	11 129	12 571
1899	7 668	29 434	15 467	12 980
1900	6 883	20 070	13 439	16 636
1901	9 296	21 480	15 534	16 724

Die argentinische Ausfuhr nach Deutschland betrug also immer das Doppelte, Drei- und Vierfache von der Ausfuhr nach der Union, (wobei zu bedenken ist, daß von den vier

[1]) Die in Klammern angegebenen Zahlen bedeuten den Wert der zollpflichtigen Einfuhr der Union aus Argentinien.

Hauptausfuhrgegenständen drei zollfrei nach Deutschland eingingen, während sie in der Union Zölle bezahlen mußten), während sich Argentiniens Einfuhr aus der Union und aus Deutschland immer die Wage hielten.

In Summa: Die Lage ist derartig, dass wir mit der Argentinischen Republik ganz gut zu einem Vertrag kommen könnten, zu einem solchen kommen müssen, wenn der Art. III des Vertrages vom Jahre 1857 richtig ausgelegt wird, und wenn der argentinische Weizen nicht differenziert werden soll.

XVII.

Ausblick auf die Zukunft der Meistbegünstigung.

Über die bisherige Entwickelung der Meistbegünstigung haben wir uns teilweise ausgiebigst verbreitet. In welcher Richtung mag wol ihre künftige Entwickelung gehen?

Wir glauben, daß die Reziprozität demnächst wieder mehr in den Vordergrund treten wird, als dies z. Z. der Fall ist.

Die Vereinigten Staaten sind trotz der seit 1860 vollzogenen Wandelung in der Anwendung der Meistbegünstigung ein Reziprozitätsstaat geblieben. Ihr ganzes Handelsvertragssystem ruht heute noch auf der Reziprozität; und es ist unseres Erachtens keine Aussicht vorhanden, daß die Union so schnell eine Revision ihrer diesbezüglichen Anschauungen vornehmen wird. Wenn man ab und zu liest, die Union werde ihre „ungewöhnliche", „ohne Präzedenzfall dastehende" Auffassung von der Meistbegünstigung fallen lassen, so ist das auf der einen Seite eine Verkennung der Geschichte der Meistbegünstigung; — denn die ganze Welt teilte einmal diese Auffassung; vielfach teilt man sie heute noch, (s. den Abschnitt Chronologie); — auf der anderen Seite ein arger Irrtum. Die Union bleibt ein Reziprozitätsstaat. (S. Hay's Erklärungen S. 195.)

Dies das eine Moment. Das andere ist der Übergang Englands zum Schutzzoll, der sich, wenn auch nicht von heute auf morgen, so doch eines Tages vollziehen wird. Nachgerade scheint das ewige Liebäugeln mit dem Freihandel den Engländern doch verleidet zu werden. Sie müssen sehen, wie die ganze Welt auf sie einhämmert; sie müssen sehen, wie das von ihnen durch den Vertrag vom 16. Nov. 1860 zu neuem Leben erweckte Prinzip der unbedingten Meistbegünstigung — das ist das komische Moment in der Tragödie — jetzt auch gegen sie wirkt. Sie müssen sehen, wie sie, die, von Finanzzöllen abgesehen, 0% Zoll vom Wert der Einfuhr erheben, in Deutschland und anderwärts ebenso gut — von ihrem Standpunkte aus gesprochen, ebenso schlecht — behandelt werden wie die Amerikaner, die 50% Zoll vom Wert der Einfuhr erheben. Sie müssen sogar sehen, daß sie, die 0% Zoll auf die Einfuhr legen, in manchen Ländern noch schlechter behandelt werden als die Länder, die sich in den Panzer des Schutzzolles gekleidet haben.

Das freihändlerische England, das erste Handelsland der Welt, ist in der Ausgestaltung der internationalen Handelspolitik eine Quantité negligeable geworden, dank der von ihm selbst wieder erweckten glatten Meistbegünstigung, die dazu geführt hat, daß man eben für England nichts anderes übrig hat als für die extremsten Schutzzollstaaten. Daß aber das erste Handelsland der Welt alles und jedes Einflusses auf die Gestaltung der Handelspolitik in anderen Ländern bar ist, das scheint uns ein Zustand zu sein, der sich auf die Dauer nicht aufrecht erhalten läßt. Schließlich werden eben die Engländer auch mit den Wölfen heulen müssen.

Man darf es also den Engländern nicht verdenken, wenn sie schließlich finden, daß an ihrer Freihandelsrose Dornen sitzen, und wenn sie schließlich werden, was alle großen Handelsstaaten sind: Schutzzöllner.[1]) Der Übergang Englands zum Schutzzoll aber

---

[1]) So viel übrigens in deutschen Zeitschriften über den Chamberlainismus geschrieben worden ist, ein Moment desselben hat u. E. so gut wie gar keine Beachtung gefunden: das finanzpolitische.

Ob wohl Bismarck je der starke Schutzzöllner geworden wäre, der er wurde, wenn sich im Reichstag eine Mehrheit für ein deutsches Tabak- oder Branntweinmonopol oder ein deutsches Reichseisenbahnsystem gefunden hätte? Ob unter Bismarck je der Getreidezoll von 0 M. auf 5 M. erhöht worden wäre, wenn sich ihm andere Steuerquellen erschlossen haben würden?

Daß in der Abkehr Deutschlands vom Freihandel zum Schutzzoll auch das finanzielle Moment eine Rolle spielte, dürfte nicht in Zweifel gezogen werden können. — Und in England? Öfter als einmal wurde in der verflossenen Session des

und eine sich daran schließende interbritische Vorzugsbehandlung wird die Handelspolitik der ganzen übrigen Welt vor Probleme stellen, die nur zu lösen sein werden auf dem Boden der Reziprozität.

Verschiedene englische Kolonien differenzieren heute schon zugunsten der Waren aus dem Mutterlande, und dieses System wird vermutlich eine weitere Ausbildung erfahren. Und da wollen die kontinentalen Staaten ruhig bei ihrer glatten Meistbegünstigung bleiben? Das hieße sich selbst ans Messer liefern!

Die glatte Meistbegünstigung hat sich zum Teil selbst diskreditiert; zum Teile wird sie von Jahr zu Jahr von jener Nation stärker in Mißkredit gebracht, welche wirtschaftlich immer mehr in den Vordergrund tritt, von der Union. Ob man da das Prinzip der Reziprozität verurteilen oder loben will, eines erscheint sicher: ihr gehört die Zukunft, weil sie besser in die Entwickelung und die Verhältnisse zu passen scheint als die unbedingte Meistbegünstigung. Vorgesehen also, daß wir den Anschluß nicht versäumen! Wenn man beim Zuknöpfen auch nur das erste Knopfloch verfehlt, so kommt man oft überhaupt zu kurz! Genau so wie ein großer Teil der Engländer heute daran zweifelt, ob sie fernerhin im Freihandelssystem ihr Heil zu suchen haben, genau so wie diese Männer in der Annahme, der Schutzzoll verdiene jetzt auch für England den Vorzug, keine Bedenken tragen, zu verbrennen, was sie früher angebetet, genau so darf Deutschland nicht Prinzipienreiterei treiben und an der glatten Meistbegünstigung kleben bleiben. Schön ist ja das Schmollersche Wort von der — glatten — Meistbegünstigung als dem „Eckpfeiler“ der Handelspolitik; aber der

---

Parlaments das riesige Anwachsen der Ausgaben für Heer und Marine betont. Die Expansion des britischen Reiches stellt immer höhere Ansprüche an den Steuerzahler. Sollte da nicht auch schon der Gedanke rege geworden sein, die Erhöhung der direkten Steuern und der inländischen Konsumsteuern durch Zölle auf Industrieartikel etwas hintanzuhalten, den Kreis der Konsumsteuern durch Einbeziehung von Getreide usw. zu erweitern, neue Einnahmen zu schaffen?

Steuerquellen! Das wird eines der treibenden Momente bei den Bestrebungen zur Wiedereinführung von Schutzzöllen in England ebenso sein, wie es das in Deutschland war. Recht charakteristisch redet man in England von einer Änderung der „Fiscal“ Policy.

Pfeiler fängt an morsch zu werden, und darum müssen wir uns um eine andere Stütze umsehen.

* *
*

Das Lob der Meistbegünstigung wurde gesungen vom Staatssekretär Frhr. v. Marschall in der Reichstagssitzung vom 16. Januar 1896:

„Die [uneingeschränkte!] Meistbegünstigung ist gewiß, wie alles, was Menschenwitz erfunden hat, recht unvollkommen; aber es hat sich im Laufe der Jahrzehnte herausgestellt, daß es kein anderes System gibt, um einen friedlichen Austausch mit fremden Nationen zu sichern, mit denen aus Rücksicht auf die Verschiedenheit der wirtschaftlichen, wie finanziellen Verhältnisse eine engere Verbindung unumgänglich ist. Dieser Kampf gegen die Meistbegünstigung, wie er heute geführt wird, ist um so absonderlicher angesichts der Tatsache, daß gerade Deutschland es gewesen ist, das unter Leitung seines großen Staatsmannes vor 25 Jahren diesem System den höchsten Tribut der Anerkennung gezollt hat, als es mit einem der reichsten und wirtschaftlich stärksten Staaten, mit Frankreich, im Friedensvertrage von Frankfurt, einen unkündbaren Meistvergünstigungsvertrag abgeschlossen hat."

Daß die Einfügung der Reziprozität in die Meistbegünstigungsklausel ihr viel von ihrer Unvollkommenheit nehmen kann, hat Freiherr v. Marschall vornehm ignoriert. Und ob die Einfügung der ewigen Meistbegünstigung in den Frankfurter Frieden der Weisheit höchster Schluß war, lassen wir dahingestellt. Es hat schon Momente gegeben, wo diese Fessel beiden Teilen recht fühlbar wurde.

In der Reichstagssitzung vom 22. Januar 1892 hatte Staatssekretär v. Marschall das Wesen der [glatten] Meistbegünstigung folgendermaßen erläutert:

„Die Meistbegünstigung an sich ist nur ein unbeschriebenes Blatt Papier, das seinen Inhalt erst bekommt durch Vertragstarife, die andere Staaten unter sich verabreden, und seinen Inhalt wieder verliert in dem Augenblick, wo solche Vertragstarife wieder außer Kraft treten. Ich kann mir von allen Staaten der Welt die Meistbegünstigung konzedieren lassen; bestehen keine Tarifverträge oder treten solche außer Kraft, so gelten überall nur die autonomen Generaltarife, mit anderen

Worten: Der Inhalt der Meistbegünstigungsverträge bestimmt sich **nicht durch meinen Vertragswillen**, sondern durch den Vertragswillen **anderer** Staaten."

Diese Erklärungen bilden u. E. das stärkste Argument gegen die unbedingte Meistbegünstigung. Die Tatsache, daß bei einem Meistbegünstigungsvertrag zwischen den Staaten A und B der Inhalt dieses Vertrages nicht durch die Kontrahenten unter sich bestimmt wird, sondern erst durch den Vertrag mit einem **dritten** Staat, auf dessen Abschluß der eine Vertragsteil absolut **keinen Einfluß** auszuüben vermag, das ist die eine böse Eigenschaft der glatten Meistbegünstigung. Die andere ist diese:

Wenn der Staat A mit dem Staate B einen glatten Meistbegünstigungsvertrag schließt, so ist für den Staat A an und für sich nichts gewonnen und nichts verloren. Schließt dann C einen Tarifvertrag mit B, so kommen die Vorteile, die der Staat B dem Staat C gewährt hat, auch dem Staat A zugute. C hat zwar Erleichterungen im Handel mit B erlangt, aber C muß diese mit A teilen. Die von B dem C gemachten Zugeständnisse werden wieder durch einen Vertrag **entwertet**, auf dessen Abschluß der Staat C **ohne Einfluß** ist.

Es ist eine im Wesen der Meistbegünstigung an und für sich begründete Erscheinung, daß fast immer ein dritter Staat tätig werden muß, um dem Begriff „Meistbegünstigung" Leben einzuhauchen. Aber soll man deswegen sich nicht bemühen, den Mängeln Abbruch zu tun? Die beste Handhabe dazu aber bietet eben die Reziprozität.

* * *

Wenn man seine Augen rasch über die Zollpolitik der einzelnen Staaten schweifen läßt, so gewahrt man, daß ein Zug zum Differenzieren durch die Handelspolitik geht. Die Union scheut sich schon seit langem nicht mehr, die Einfuhr aus dem einen Lande besser zu behandeln als die aus einem andern. Sie bevorzugt Kuba vor der ganzen Welt; sie schließt mit Brasilien ein Abkommen[1]) und erhält Zollminderungen um 20%, die bei dem Mangel von Verträgen Brasiliens mit Deutschland, England, Österreich-Ungarn usw. als Differentialzölle wirken. Im Jahre 1899 negoziierte die Union einen später nicht ratifizierten Vertrag, der die Zölle auf argentinische Häute und Wollen um 20% ermäßigte, wofür verschiedenen Produkten der Union die Zölle um 20 und 50% ermäßigt werden sollten.[2]) Wir haben keinen Zweifel, daß die Union diese Politik fortsetzen wird, wo sich dazu Gelegenheit bietet. Sie wird versuchen, den Reziprozitätsgedanken, der ja in Südamerika noch nicht erloschen ist,[3]) von neuem anzufachen und einen Gürtel von spezifizierten Reziprozitätsverträgen um Südamerika zu legen.

Es differenzieren Neuseeland,[4]) die Kapkolonie und Kanada zugunsten britischer Waren; und die Gefahr, daß eines Tages auch das kontinentale Australien dazu übergeht, einen Unterschied

---

[1]) Neuerlich wieder entfallen.

[2]) Es wäre interessant gewesen zu sehen, was bei dieser Gelegenheit die Argentinier aus dem Art. III des Vertrages vom Jahre 1857 gemacht hätten. Sie würden vermutlich dann gefunden haben, — und die Union hätte sie finden helfen, — daß Deutschland die von ihnen der Union gemachten Konzessionen nur gegen besondere Vergünstigungen in Anspruch nehmen könne. Sie würden mit einem Male entdeckt haben, daß zwischen Argentinien und Deutschland nicht das Verhältnis der unbedingten, sondern der bedingten Meistbegünstigung obwaltet, welche Wahrnehmung zu machen bisher nicht in ihrem Interesse lag, da sie bisher immer unsere Zollermäßigungen erhielten, selbst aber mangels aller Tarifverträge ihrerseits keine zu geben brauchten.

[3]) S. die Übersicht über die noch geltenden Reziprozitätsverträge zwischen der Union und den südamerikanischen Staaten auf S. 43 und 44, sowie den Abschnitt XIII (S. 235) und den Abschnitt Chronologie.

Die Union hat auch schon im Jahre 1899 ein spezifiziertes Reziprozitätsabkommen mit Ecuador geschlossen, aber nicht ratifiziert.

[4]) Es ist von Interesse, in diesem Zusammenhange daran zu erinnern, daß im Tarif von Neuseeland aus der ersten Hälfte der vierziger Jahre des vorigen Jahrhunderts folgende Position vorgesehen war:

„Alle anderweitig nicht besteuerten und nicht zollfreien Waren,

wenn sie im Vereinigten Königreiche oder in einer britischen Besitzung erzeugt oder verfertigt sind, von 100 Lstr. Wert 10 Lstr.,

wenn sie in fremden Ländern erzeugt oder verfertigt sind von 100 Lstr. Wert 12 Lstr. 10 sh."

zwischen britischen und nichtbritischen Waren zu machen, ist noch lange nicht beschworen. Daß schließlich auch einmal England selbst zur Differenzierung britischer und nicht britischer Waren schreiten möchte, ist ein Moment, das unter diesen Umständen jedenfalls mit in Rechnung gestellt werden muß.

Angesichts dieser Ausblicke aber wird man auch einräumen müssen, daß der Raum für die Anwendung der allgemeinen Meistbegünstigung immer enger wird.

Es ist zuzugeben, daß die unbedingte Meistbegünstigung, von anderen Staaten und an andere Staaten unter annähernd gleichen Voraussetzungen und mit annähernd gleichen Wirkungen gewährt, unseren ganzen Handelsbeziehungen eine große Elastizität gibt und unserer Ausfuhr von hohem Nutzen ist. Zu erwägen aber bleibt, ob diese Elastizität, diese generöse Weggabe der Früchte unserer Tarifvertragspolitik an alle Welt, immer so stark betont werden darf, angesichts der Tatsache, daß man mit einer schrankenlosen Meistbegünstigung im Zusammenhalt mit einer Tarifvertragspolitik der wirtschaftlichen Macht der Vereinigten Staaten und dem Wachstum ihrer Industrieausfuhr direkt das Wasser auf die Mühle treibt.

Wohin die glatte Meistbegünstigung speziell bei einem so ausgeprägten Tarifvertragsstaat wie Deutschland führt, zeigt folgende Tabelle:

Wir führten ein für ... Millionen Mark aus

	1895	1896	1897	1898	1899	1900	1901	1902	1903
der Union	511	584	658	877	907	1020	1042	911	943
Argentinien	118	108	109	145	194	234	200	201	270
	629	692	767	1022	1101	1254	1242	1112	1213

Die Einfuhr aus diesen beiden sogen. „Meistbegünstigungsstaaten“ hat sich also binnen 5 Jahren (1895—1900) verdoppelt.

Zollfrei waren sehr wenig Waren; „anderweitig“ bei der Einfuhr besteuert waren nur Branntweine, Zigarren und Tabak, Schießgewehre, Schießpulver und Kriegsmunition, Wein und Bier.

Mit anderen Worten: von ganz geringen Ausnahmen abgesehen genossen die britischen Waren einen Vorzugszoll von 25% gegenüber nichtbritischen Waren.

Wir führten aus für . . . Millionen Mark nach

	1895	1896	1897	1898	1899	1900	1901	1902	1903
der Union	368	383	397	334	377	439	385	449[1]	469[1]
Argentinien	37	44	35	44	52	64	54	47	71
	405	427	432	378	429	503	439	496[1]	540[1]

Unsere Ausfuhr nach den beiden Staaten ist also von 1895 bis 1903 von 405 auf 540 Millionen gestiegen, wobei allerdings zu bedenken ist, daß der Ausfuhr Deutschlands nach der Union im Jahre 1903 treibende Kräfte innewohnten, die bereits wieder eliminiert sind, und daß wir es demnächst nicht so leicht wieder auf eine Ausfuhr nach der Union von 470 Millionen Mark bringen werden. Das Jahr 1903 hat also als exceptionelles für die Erörterung auszuscheiden, und so können wir sagen: die deutsche Ausfuhr nach Argentinien und der Union ist von 1895 bis 1903 um 100 Millionen Mark gestiegen.

Beide Länder nun haben uns gar keinen Zollnachlaß auf unsere Ausfuhr gewährt (die Vergünstigungen Deutschlands aus dem Abkommen vom Jahre 1900 spielen keine Rolle)[2]; im Gegenteil, sie haben ihre Zölle ständig erhöht. Umgekehrt aber nahmen sie ohne weiteres teil an allen Zollminderungen aus unseren Tarifverträgen mit Österreich-Ungarn usw.

Wie stehen wir denn unseren Tarifvertragsstaaten gegenüber da? Was müßen sich denn diese denken, wenn wir alles wegschenken, was sie bezahlen mußten? „Jeder Staat bemißt den Wert der ihm in Aussicht gestellten Zugeständnisse nur nach dem Anteil seines eigenen Interesses. Daß auch andere Staaten die ihm einzuräumenden Vorteile mitgenießen, kann ihm unter Umständen unerwünscht sein und den Wert der Zugeständnisse in seinen Augen wesentlich herabmindern.“ (Schraut, Seite 32.)

Wir möchten fast sagen: unsere Tarifvertragspolitik der neunziger Jahre wurde gemacht hauptsächlich für die Staaten, mit denen wir keine Tarifverträge abschlossen. Zahlen beweisen.

---

[1]) Über diese Ziffern s. Anmerkung 3 auf S. 340.

[2]) S. Anmerkung 1 S. 337.

Wir führten aus Waren im Werte von . . . Mill. Mark nach

	1895	1896	1897	1898	1899	1900	1901	1902	1903
Belgien	159	168	189	187	207	253	236	260	268
Italien	83	85	90	94	116	127	127	130	136
Österr.-Ung.	435	477	435	453	466	510	491	533	530
Rumänien	34	32	33	37	36	25	34	49	37
Rußland	220	364	372	440	437	359	346	373	414
Schweiz	219	244	254	255	284	292	264	285	304
Ges.-Ausf. n. d.Tar.Vert.St.	1150	1370	1373	1466	1546	1566	1498	1630	1689
Ausf.n.Frkr.[1]	202	201	210	205	217	279	251	253	272
Summa	1352	1571	1583	1671	1763	1845	1749	1883	1961
% d.Ges.-Ausf.	39	40	41	40	40	39	39	39	38
Ausf. n. d. Ver. St. u. Argent.	405	427	432	378	429	503	439	496	540
% d.Ges.-Ausf.	12	11	11	9	10	10	10	10	11

Wir führten ein aus den Staaten, mit denen wir größere Tarifverträge haben, und zwar für . . . Mill. Mark aus

	1895	1896	1897	1898	1899	1900	1901	1902	1903
Belgien	179	175	186	201	246	220	186	196	207
Italien	146	137	153	170	197	186	182	192	200
Österr.-Ung.	525	578	600	661	730	724	693	719	754
Rumänien	36	69	52	34	27	35	47	84	63
Rußland	568	634	708	736	715	729	729	773	841
Schweiz	144	146	158	173	176	170	154	168	171
Einf. a. d. Tar. Vertr. St.	1598	1739	1857	1975	2091	2064	1991	2132	2236
Einf. a. Frkr.	229	233	246	265	303	305	281	306	348
Summa	1827	1972	2103	2240	2394	2369	2272	2438	2584
% d. Ges.-Einf.	43	43	43	41	42	39	40	41	41
Einf. a. d. Union und Argent.	629	692	767	1022	1101	1254	1242	1112	1213
% d. Ges.-Einf.	15	15	16	19	20	21	22	19	19

Der Anteil unserer **Ausfuhr** nach der **Union** und **Argentinien** an unserem Gesamtexport bleibt also im großen und ganzen **stabil**, zeigt eher eine fallende, denn steigende Tendenz.[2])

[1]) Wir rechnen hier Frankreich zu den „Tarifvertragstaaten“, weil wir mit Frankreich für ewige Zeiten auf dem Fuße der glatten Meistbegünstigung stehen, weil Frankreich uns seinen ganzen Minimaltarif gewährt, der ganz bedeutende Minderungen gegenüber dem Maximaltarif bietet, und uns so formell die größten Zollzugeständnisse macht, welche es machen kann; und umgekehrt.

[2]) Wenn im Jahre 1903 11% unserer Ausfuhr nach der Union und Argentinien gingen gegen 10% in den Vorjahren, so verweisen wir auf Anm. 3 auf S. 340.

Unsere **Einfuhr** aus den **Vertragsstaaten** zeigt im Rahmen unserer Gesamteinfuhr eine leise **Tendenz** zum **Sinken**; hingegen die aus der **Union** und aus **Argentinien** eine ganz entschiedene **Tendenz** zum **Steigen**.

Summarisch beurteilt haben die beiden letztgenannten Länder aus den deutschen Handelsverträgen mindestens ebensoviel Nutzen gezogen als unsere Tarifvertragspartner, ohne uns auch nur im allerentferntesten das zuzugestehen, was diese uns zugestanden! Im Gegenteil: sie haben ihre Zölle fortgesetzt erhöht und so unserer Ausfuhr ständig und steigend Hindernisse bereitet.

Wahrhaftig! Staudt[1]), ein Praktiker, Inhaber einer Exportfirma mit Filialen in einem halben Dutzend der größten Welthandelsplätze, also einer, der es wissen kann, hat Recht, wenn er sagt, daß wohl noch niemals eine Vertragsformel bei dem heutigen Stande der Wechselbeziehungen von einem Lande zum andern soviel Ungerechtigkeiten und Verheerungen für den einen Vertragsteil angerichtet hat als die [glatte] Meistbegünstigung.

Nun drängt man darauf (siehe die Äußerungen des Abgeordneten Eugen Richter auf S. 331), die Meistbegünstigungsverträge durch Tarifverträge zu ersetzen.

Das ist auch unser Wunsch. Voraussetzung dafür aber ist, daß man deutscherseits unzweideutig zu verstehen gibt, daß man unseren großen überseeischen Einfuhrländern die unbedingte Meistbegünstigung nicht mehr so ohne weiteres gewähren wolle. Denn, so paradox es klingt, wahr ist's dennoch: die glatte Meistbegünstigung ist eine Feindin der Tarifverträge. Abgesehen davon, daß sie die Tarifvertragsfeindlichkeit an und für sich nährt, weil sich eben der Gegenkontrahent sagt: Wozu mich mit Verträgen plagen? Mir fallen ja die Errungenschaften dritter Staaten im Wege der Meistbegünstigung in den Schoß![2]) — scheut oft der eine Kontrahent

---

[1]) Die Handelsverträge, deren Bedeutung und Wirkung für Deutschland. Berlin 1901.

[2]) Die Frankfurter Zeitung vom 21. Juli 1904, Erstes Morgenblatt, brachte eine Korrespondenz aus Bukarest über die Handelsvertragsverhandlungen, wo gesagt war: „Die Verschleppung der Verhandlungen ist in den Verhältnissen selbst begründet. Die rumänische Regierung steht auf dem Standpunkte, daß

nur deswegen vor einer Minderung und Bindung der Zollsätze zurück, weil er sich sagen muß: Dem Staat A könnte man ja einen niedrigeren Zoll auf diesen und jenen Artikel einräumen; aber diese Konnivenz hat die unangenehme Folge, daß diese Ermäßigung auch dem Staate B zugute kommt, der sie auf Grund der Meistbegünstigung beanspruchen kann. Der Staat B darf aber diese Ware nicht zu dem niedrigen Zollsatze hereinbringen, wenn nicht ein wichtiges inländisches Produktionsinteresse leiden soll, und so kann ich die Konzession auch dem Staate A nicht gewähren.

Freihändlerische Interessenten sollten dieses Moment nicht aus dem Auge verlieren.

* * *

Dem Reziprozitätssystem mit unserem allgemeinen Meistbegünstigungssystem entgegentreten zu wollen, ist von vornherein eine systematische Benachteiligung unserer eigenen Interessen.

Es stehen sich hier zwei grundverschiedene handelspolitische Systeme gegenüber. Wir Deutsche schließen mit sechs Staaten Tarifverträge ab und schaffen so die Grundlage für einen, unseren eigentlichen allgemeinen Tarif durchbrechenden Konventionaltarif. Nun stehen wir aber sozusagen mit der ganzen Welt im Meistbegünstigungsverhältnis. Das, was wir dem einen Lande zugestanden haben, kommt ohne weiteres auch zwanzig anderen zugute. Wir generalisieren im Wege der Meistbegünstigung den ursprünglichen Ausnahmetarif und wenden ihn überall an, gleichgültig, ob die anderen Länder ebenfalls ihre Zölle herabsetzen oder hinaufschrauben. Wir machen den ursprünglichen Ausnahmetarif zur Regel und lassen weitaus den größten Teil unserer Einfuhr zu den ermäßigten Sätzen ein-

---

die Meistbegünstigung keine eigentliche Konzession darstellt, da sie selbstverständlich (!) die Basis eines jeden Handelsvertrages bilden muß. Über diese hinaus, im Konventionaltarif, sollen die Konzessionen und Kompensationen gesucht werden."

Rumänien soll auch Blättermeldungen zufolge Deutschland zuerst den Abschluß eines bloßen Meistbegünstigungsvertrages vorgeschlagen haben, — angesichts des Umstandes, daß Deutschland der Tarifvertragsstaat dieses Jahrzehnts ist, ein probates Mittel, um nichts zu geben und doch alles zu erhalten.

gehen. Wenn alle Länder sich so wie wir in ein Netz von Tarifverträgen einspinnen wollten, so wäre gegen das jetzt von uns geübte Verfahren nichts einzuwenden. Da dieses aber nur bei einigen Staaten zutrifft, so geben wir mehr weg, als wir bekommen.

Anders der Reziprozitätsstaat. Der sagt: wer sich an meiner Einfuhr beteiligt, hat im Grunde nur Anspruch auf den Generaltarif; dieser bildet die Grundlage der Verzollung; zu seinen Sätzen muß die Mehrheit der Waren verzollt werden. Wo ich mich zu einem Tarifvertrag verstehe und Abschläge am Generaltarif vornehme, müssen die Konzessionen auch von anderen Staaten besonders erkauft werden; ein Generalisieren von Vertragstarifen im Wege der Meistbegünstigung gibt es bei mir nicht. Einem derartigen System darf man, wie schon bemerkt, nicht mit der unbedingten Meistbegünstigung gegenübertreten, wenn man sich nicht von vornherein selbst benachteiligen will.

* * *

Die Union verfolgt eine Hemdärmelzollpolitik. Dabei legt sie auf einen immer größeren Teil des Welthandels Beschlag. Nach einer Übersicht in der „Deutschen Wirtschafts-Zeitung" 1905 No. 1 betrug die Beteiligung der Vereinigten Staaten am Welthandel

1890/92: 10.0% 1893/95: 9.4% 1896/98: 9.7%
1899/1901: 10.0% 1902: 10.4%

Dabei nimmt die Ausfuhr der Vereinigten Staaten immer mehr den Charakter einer Industrieausfuhr an.

Es betrug in den Vereinigten Staaten von Amerika

	der Durchschnitt					der Anteil der Ausfuhr von landwirtschaftl. und industriellen Erzeugnissen an der Gesamtausfuhr stellte sich auf	
	des Gesamthandels	der Einfuhr	der Ausfuhr	der Ausfuhr landwirtschaftlicher Erzeugnisse	der Ausfuhr von Industrie-Produkten	landwirtschaftl.	industriellen
	Millionen Dollars						
1853—62	536	299	237	188	30	78.81 %	13.32 %
1863—72	771	398	373	279	61	71.50 %	15.58 %
1873—82	1222	539	683	544	110	76.99 %	16.31 %
1883—92	1501	724	777	642	144	74.41 %	19.66 %
1893—98	1878	736	1142	786	220	69.81 %	23.49 %
1899—03	2181	824	1357	858	399	63.27 %	29.41 %

Dies bedeutet vom ersten hier berücksichtigten Dezennium an bis zum Quinquennium 1899—1903 eine Steigerung

der amerikanischen Ausfuhr	im allgemeinen	um das	5,7 fache
„ „ „	an landw. Erzeugn.	„ „	4,6 „
„ „ „	„ industr. „	„ „	13 „

Was speziell die Entwicklung seit 1900 anbetrifft, so notifiziert der offizielle Monatsbericht für Handel und Finanzen der Vereinigten Staaten mit unverhohlener Genugtuung, daß das eben abgelaufene Handelsjahr 1903/4 die größte und nachhaltigste Aufmerksamkeit des Volkswirts darum verdiene, weil in demselben ein erstes Mal in der Geschichte der amerikanischen Ausfuhr der Wert der ausgeführten Fabrikate 450 Millionen Dollars überschritten habe, und landwirtschaftliche Produkte ein erstes Mal unter 60 % der gesamten Ausfuhr gefallen seien:

The chief characteristics of the year's commerce have been a marked increase in the exportation of manufactures and a decrease in the exportation of agricultural products. Manufactures formed a larger total in the exports than ever before, and agricultural products were less than in any year since 1899, and formed the smallest percentage of the total in the history of our domestic exports. For the first time in the history of the export trade of the United States manufactures exceeded $ 450000000, and agricultural products for the first time fell below 60 per cent of the total domestic exports.[1])

Es wird weiter ausgeführt, daß die Ausfuhr industrieller Produkte im Jahre 1904 mit 452446000 Dollars gegen 183718000 Dollars in 1894 eine Vermehrung binnen nur zehn Jahren um 196,24 % bedeute. In den zwei letzten Monaten des Rechnungsjahres 1903/4 habe zum ersten Male die Ausfuhr an Industrieerzeugnissen die an Erzeugnissen der Landwirtschaft sogar hinter sich gelassen, — ein Triumph der industriellen Kraft der Union, der einen Ausblick in die Zukunft gestattet. Auch der amtliche Berichterstatter entnimmt diesen Daten den Schluß, „daß die Fabrikate eine stetig steigende Quote in der Ausfuhr des Landes darstellen werden."

---

[1]) Monthly summary of commerce and finance of the United States, July 1904.

Wenn es verstattet ist, einige recht prägnante Ziffern für das Steigen der amerikanischen Industrieausfuhr zu geben, so sei folgendes bemerkt:

Die Ausfuhr betrug in

	1880 Millionen Dollar	1890 Millionen Dollar	1900 Millionen Dollar
1. landwirtschaftlichen Maschinen	2,2	3,8	16,1
2. Wagen und Wagenteilen	1,4	4,7	9,9
3. Chemikalien und Farben	3,6	5,4	12,1
4. Baumwollfabrikaten	9,9	10,0	24,0
5. Kautschukwaren	0,3	1,1	3,1
6. Eisen und Stahl	14,7	25,5	121,9
7. Lederwaren	8,1	12,4	27,3
8. Papier und Papierwaren	1,2	1,2	6,2
9. Holzwaren	4,0	6,5	11,2
10. Wollwaren	0,2	0,4	1,3

Die Amerikaner rechnen unter die „Fabrikate“ auch Produkte, welche wir als Halbfabrikate oder Rohprodukte bezeichnen würden. In diese Kategorie gehören vor allem:

11. Kupfer und -Waren	0,8	2,3	57,9
12. Öl, raffiniert	34,3	44,7	68,2

Es besteht in der Tat eine „amerikanische Gefahr“; es handelt sich nur darum, in welchem Sinne man den Ausdruck gebraucht. Wenn man damit sagen will, daß wir Deutsche *hinter* unseren Zollgrenzen einen großen Kampf mit den Amerikanern würden auszufechten haben, so trifft das für jetzt vielleicht noch nicht zu; daß uns aber auf den *Weltmärkten* die Amerikaner immer öfter und intensiver den Rang streitig machen, darüber kann angesichts der oben gegebenen Ziffern gar kein Zweifel sein. Wenn wir die Warengruppen unter Ziffer 1—10 zusammenfassen, so finden wir, daß die amerikanische Ausfuhr hierin betrug:

1880 45,6 Millionen Dollar
1890 71,0 „ „
1900 233,1 „ „

Eine derartig aufstrebende Handelsmacht drückt der Handelspolitik im allgemeinen in steigendem Maße den Stempel ihres Geistes auf; und dies ist der *Geist der Reziprozität.*

* * *

Aber auch andere als die vorstehend berührten Gründe werden die europäischen Staaten zwingen, der Reziprozität wieder mehr Aufmerksamkeit zu schenken.

Die Politik der Reziprozität, die unter Ausschluß der unbedingten Meistbegünstigung ganz genau die gegenseitigen Konzessionen fixiert, gibt den Handelsbeziehungen der Staaten, die sie befolgen, vor allem denen der Vereinigten Staaten, eine äußerst sichere Grundlage. Ihre Handelspolitik erhält eine große Übersichtlichkeit. Die Amerikaner können mit jedem beliebigen Staate verhandeln, können ein handelspolitisches Abkommen welcher Art immer treffen, sie müssen niemals fürchten, wegen der Konsequenzen aus diesem Abkommen in die Enge zu geraten. Sie haben immer die erforderliche Rückendeckung und brauchen nicht zu fürchten, daß andere Mächte aus dem betreffenden Vertrage für sich ohne weiteres unbequeme, nicht vorauszusehende Rechte ableiten.

Vermögen wir, überhaupt die mitteleuropäischen Staaten, das Gleiche von der durch sie geübten Handelspolitik zu sagen? Schwerlich!

Unsere Handelsbeziehungen sind dank der Gewährung der unbedingten Meistbegünstigung so flüssig, die Verträge sind so in einander geschoben und geschachtelt, daß man beim Abschluß des einen Vertrages sich fragen muß: welche Konsequenzen ergeben sich aus dieser und jener Zollermäßigung? Mit ein paar dutzend Staaten stehen wir im Verhältnis der Meistbegünstigung. Wer hat denn eigentlich den Hauptvorteil von diesem Zugeständnis?

Der Elastizität unserer Handelspolitik opfern wir die Exaktheit, Übersichtlichkeit und Geschlossenheit. Auf ein Jahrzehnt an die Zollherabsetzungen gebunden, können wir im Augenblick des Abschlusses eines Tarifvertrages oft mit dem besten Willen nicht übersehen, welche Wirkungen die dem einen Lande direkt gewährten, infolge der Meistbegünstigung zwanzig anderen Staaten indirekt zukommenden Zollermäßigungen auf diesen und jenen Artikel haben werden. Wir müssen immer gewärtigen, daß mit einem Male ein ungebetener Gast mit dem langstieligen Löffel der glatten Meistbegünstigung in unsere Schüssel fährt und die

Suppe mitzuessen beginnt, die wir eigentlich für Andere gekocht haben.

Diese Momente werden dem Reziprozitätsgedanken eine neue Bahn eröffnen. Das bisher bei uns mißverstandene und nicht richtig gehandhabte Prinzip können wir, die wir seit einem Jahrzehnt und für ein weiteres Jahrzehnt der Tarifvertragsstaat der Welt sind, um so ruhiger mitanwenden, als es sich mit dem Gedanken der Tarifverträge so gut wie eines vereinigen läßt. Mit der Reziprozität kommt man in dieser Hinsicht vielleicht weiter als mit der unbedingten Meistbegünstigung. Kein Anderer als der Schöpfer der Einheit Italiens, Cavour, hat, auf dem Boden der Reziprozität stehend, als Erster ein Netz von Tarifverträgen gesponnen, wie dies des Näheren in Abschnitt IX dargelegt wurde.

Der Gedanke der Reziprozität ist zweifellos ein gesunder. Wenn er das nicht wäre, so hätte er nicht seinerzeit die ganze Welt für sich erobern können. Das Reziprozitätsprinzip fiel damit, daß England die an Frankreich gemachten Konzessionen zum Bestandteil seines Generaltarifes erhob und der ganzen Welt umsonst, ohne Gegenleistung, zugänglich machte. Damit war das Prinzip des „do ut des“, auf dem der Gedanke der Reziprozität fußt, durchbrochen; an seiner Stelle wurde das Prinzip des „do ne des“ gesetzt. Hätte England seinen Generaltarif nur gewissen Staaten gegenüber außer Kraft gesetzt, sich ihn im Prinzip reserviert, um ihn widerspenstigen Ländern gegenüber zur Anwendung bringen zu können, dann hätten wir vermutlich heute auch in Europa noch viele Verträge mit der Reziprozitätsklausel; und ein ordentliches Stück handelspolitischer Misere wäre uns erspart geblieben.

Die bedingte Meistbegünstigung entspricht ferner mehr der Gerechtigkeit als die unbedingte. Es ist ein Hohn auf die Billigkeit, wenn die Staaten A und B einen glatten Meistbegünstigungsvertrag schließen, B dann seine Tarife hinaufschraubt, nichtsdestoweniger aber die Vorteile einstreicht, welche A an C für wertvolle Konzessionen gewährt. A und C haben sich gegenseitig nach mannigfachen Verhandlungen zu gewissen Abtragungen ihrer Tarife verstanden. Lachend und mühelos erfreut sich B desselben Gewinnes, und erhöht dabei etwa noch seine Zölle auf die Produkte des A. Das ist das Gegenteil von Gerechtigkeit, aber eine unvermeidliche Folgeerscheinung der unbedingten Meistbegünstigung. Die Reziprozität betont dem gegenüber, daß unter lästigem Titel gewährte Konzessionen von meistbegünstigten Staaten nicht umsonst in Anspruch genommen werden dürfen; sie belastet die zwei Schalen der handelspolitischen Wage mit gleichen Gewichten.

Die Reziprozität bietet endlich die beste Wehr gegenüber handelsvertragsfeindlichen, ultraschutzzöllnerischen Staaten, während sie handelsvertragsfreundlichen Staaten gegenüber keine Belästigung bildet, da man ja ihnen gegenüber die Höhe der zu machenden Gegenleistung jeweils abstufen und sich ihnen gegenüber auch bei Abwägung der Vorteile mit einer geringeren Konzession von ihrer Seite zufrieden geben kann.

Die Reziprozität ermöglicht endlich eine größere Individualisierung als die unbedingte Meistbegünstigung, die blindlings generalisiert und alle Staaten über einen Kamm schert.

Wenn man vielfach das System der Reziprozität lästert, und wenn man es insbesondere verdammt hat, daß man unter Zugrundelegung dieses Systems sich ausschließliche Zollvorteile sichern könne, so ist demgegenüber zu bemerken, daß **diese Ausschließlichkeit durchaus nicht zum System der Reziprozität gehört.** Die Reziprozitätsklausel besagt nur, daß man einen speziellen Vorteil durch eine Gegenleistung erkaufen müsse; von Ausschließlichkeit ist aber keine Rede.

Wenn also z. B. eine Exportzeitschrift ausführt:

„Während die glatte Meistbegünstigung dritte Staaten an den gewährten Zollerleichterungen teilnehmen läßt, also den internationalen Güteraustausch fördert, beschränkt das System der Reziprozität, wie es der Egoismus der Amerikaner ausgeheckt hat, [und wie die ganze Welt es von 1830—1860 anwandte!], die Erleichterungen auf ein bestimmtes Land. . . . . . Die Meistbegünstigung wirkt ausgleichend, beruhigend auf den Verkehr, die Reziprozität im amerikanischen Sinne bedeutet, allgemein angewendet, endlos schwankende Differenziernng und Zollkriege;"

so ist das auf der einen Seite eine Übertreibung, auf der anderen eine Verkennung des Begriffes. Nach dem Gedankengang, der der Reziprozität zugrunde liegt, und den jene Auslassung nicht kennt, kann sich vielmehr, wie bereits dargelegt (s. S. 50), **jeder** Staat den „besonderen" Vorteil erkaufen; von einer Beschränkung auf ein bestimmtes Land ist keine Rede.

Auch Südamerika ist, wie in Abschnitt VI gezeigt, ehedem ein Hort des Reziprozitätsgedankens gewesen, ist es zum Teil heute noch, und wird es wieder in verstärktem Grade werden durch die Politik der Vereinigten Staaten.[1]) Diese schließen nur Reziprozitätsverträge ab, suchen dem Handel jedes einzelnen Landes tunlichst gerecht zu werden, generalisieren nicht und treiben damit die Südamerikaner wieder stärker dem alten Prinzip zu.[2])

---

[1]) Aus der Volkswirtschaftlichen Chronik für das Jahr 1903:

Der italienischen Deputiertenkammer ist, wie in den „Nachrichten für Handel und Industrie" (vom 5. April 1904) mitgeteilt wird, am 20. Februar 1904 ein am 12. August 1900 zwischen Italien und Ecuador abgeschlossener Freundschafts-, Handels- und Schiffahrtsvertrag, in dem die gegenseitige Meistbegünstigung in bezug auf die Niederlassung der beiderseitigen Angehörigen sowie den Handel und die Schiffahrt, mit Ausnahme der Küstenschiffahrt, vereinbart ist, vorgelegt werden. Wie in der Denkschrift ausgeführt wird, ist die späte Vorlage dadurch veranlaßt, daß der Kongreß von Ecuador ein nach dem Abschluß des Vertrages erlassenes Gesetz, wonach in den von Ecuador abgeschlossenen Verträgen die Meistbegünstigungsklausel dahin auszulegen ist, daß Begünstigungen, die einem der vertragschließenden Teile seitens einer dritten Macht gegen Entgelt zugebilligt sind, nur in gleicher Weise auch dem anderen Teile gewährt werden dürfen, schon auf den vorliegenden Vertrag angewendet wissen wollte. Erst im September 1902 ist der Vertrag ohne diesen Vorbehalt von dem Kongreß von Ecuador genehmigt worden.

Die Wochenausgabe der La Plata Post vom 25. Mai 1904 berichtet, daß der Deputierte Demaria die Regierung zur Kündigung sämtlicher Handelsverträge auffordern will, da in den neu abzuschließenden die glatte Meistbegünstigung nicht mehr enthalten sein soll.

[2]) Ein sehr interessantes Stimmungsbild enthält auch die La Plata Post vom 7. Dezember 1904. Unter dem Titel „Handelsverträge" liest man dort folgendes:

„Wenn man dem Regierungsorgan „El Diario" Glauben schenken darf, so liegt schon seit einigen Tagen das vom Minister Dr. Rodriguez Larreta ausgefertigte Dekret über die Kündigung des Handelsvertrages mit den Vereinigten Staaten zur Unterzeichnung vor, ebenso der Entwurf eines neuen Handelsvertrages zwischen Argentinien und der großen nordamerikanischen Republik. Demnach scheint die Regierung von der Voraussetzung auszugehen, daß die Unterhandlungen über den Abschluß eines neuen Vertrages

Dieser Reziprozitätspolitik der Nordamerikaner mit der unbedingten

---

in Washington nicht auf so große Schwierigkeiten stoßen werden, wie dies bei früheren Gelegenheiten der Fall war."

Es handelt sich hier offenbar um die Kündigung des nicht ratifizierten Reziprozitätsabkommens vom Jahre 1899. Interessant ist daran vor allem, daß man in Argentinien prinzipiell zum Abschluß eines neuen Vertrages bereit ist, daß sich also Argentinien überhaupt zu Tarifabschlägen verstehen will. Ob es nun so leicht ist, in den Vereinigten Staaten einen Tarifvertrag durchzusetzen, möchten wir bezweifeln. Jedes Tarifabkommen mit den Vereinigten Staaten erfordert dort jetzt ein ganz neues Spezialgesetz, während man im Jahre 1899 derartige Verträge in Anlehnung an das Dingley-Tarifgesetz abschließen konnte. Hier war vorgesehen, daß innerhalb zweier Jahre nach Inkrafttreten des Gesetzes Reziprozitätsverträge mit Zollermäßigungen auf beliebige Artikel bis zu einem Maximalbetrag von 20 % abgeschlossen werden können (s. S. 213.) Diese Frist ist aber schon längst abgelaufen, und es dürfte heute schwerer sein denn je, einen Reziprozitätsvertrag im Kongreß durchzusetzen.

Die La Plata Post fährt fort:

„Interessant wäre es zu erfahren, wie der Minister des Äußeren sich die Bedingungen vorstellt, unter denen die Vereinigten Staaten geneigt wären, Argentinien größere Handelsvorteile zu gewähren als bisher. Hat Herr Dr. Rodriguez Larretta sich mit dem Präsidenten der Republik, mit seinen Kollegen Drs. Terry und Torino dahin verständigt, daß ein ablehnendes Verhalten der nordamerikanischen Regierung mit einer diesseitigen Verschärfung des Zollkrieges (?) beantwortet werden soll? ..... Soll das Dekret einen Akt kommerzieller Herausforderung bedeuten?

Unwahrscheinlich ist es allerdings nicht, was „Diario" über die Absichten des Ministers des Äußeren hinsichtlich des Handelsvertrages mit Deutschland sagt: Argentinien wünscht darnach diesen Vertrag nicht zu kündigen, denn derselbe ist so vorteilhaft, wie er nur sein kann. Keineswegs sicher ist aber, ob Deutschland nicht zur Kündigung des Vertrages schreiten wird. .... Deutschland gilt in der Casa Rosada als der beste Abnehmer von hier ausgeführten Landesprodukten. Es ist klar, daß Herr Dr. Rodriguez Larretta daher alles daran setzen will, die Handelsbeziehungen zu Deutschland gleich lebendig zu erhalten wie bisher, wobei es sich vornehmlich um die Zugeständnisse handeln muß, welche Argentinien der Einfuhr deutscher Industrieerzeugnisse gewähren will. Von der Größe dieser Zugeständnisse wird es zweifelsohne abhängen, wie die Gestaltung der Handelsbeziehungen mit Deutschland in Zukunft zu denken ist."

Aus diesen Darlegungen läßt sich der Schluß ziehen, daß man sich in offiziellen argentinischen Kreisen mit dem Gedanken bereits vertraut gemacht hat, daß Deutschland auch Argentinien gegenüber den Konventionaltarif nicht so ohne weiteres mehr zur Anwendung bringen, sondern Zugeständnisse fordern wird.

Meistbegünstigung entgegentreten wollen, heißt — wir müssen das immer wiederholen — vom Anfang an die Schlacht verlieren.

* * *

In Summa: die unbedingte Meistbegünstigung wankt.

Sie wankt in Deutschland.

Vom Grafen Posadowsky wurde im Reichstag erklärt: wir müssen dieses Instrument der Handelspolitik vorsichtiger gebrauchen, als es bisher geschah; wir müssen individualisieren, nicht mehr nivellieren. Und der derzeitige preußische Minister für Handel und Gewerbe hat als Abgeordneter auf dem Parteitag der Nationalliberalen (1898) erklärt:

„Von 1903 ab kann man die Meistbegünstigung in der bisherigen Weise nicht fortgehen lassen. Wo mehr als ein halbes Dutzend Handelsverträge abgeschlossen werden müssen, wird es unmöglich, weil bei den Verhandlungen dem einen Staat eine Konzession gewährt ist, sie auch jedem andern Staat zu gewähren. Jedem Staat gegenüber muß jede einzelne Position wieder verwertet werden. Das Gleiche tut auch jeder verständige Kaufmann.

Die großen Parteien stehen dem Prinzip der unbedingten Meistbegünstigung fast alle skeptisch gegenüber. Die Konservativen haben die Regierung schon mehrmals wegen unseres handelspolitischen Verhältnisses zur Union und zu Argentinien interpelliert. Das Zentrum (Speck) hat der Regierung in der unzweideutigsten Weise zu erkennen gegeben, daß es für eine Fortsetzung der unentgeltlichen Meistbegünstigungspolitik nicht mehr zu haben ist. Von der nationalliberalen Partei nennen wir den einen Namen Freiherr Heyl von Herrnsheim, dessen Träger seit einem Jahrzehnt Sturm läuft gegen die unbedingte Meistbegünstigung. Daß sich auch auf der Linken ein Widerwille gegen die glatte Meistbegünstigung im Verkehr mit Amerika regt, wurde bereits (Calwer) erwähnt. Wie z. B. Eugen Richter über den Fall denkt, kann man aus seinen Äußerungen in der Reichstagssitzung vom 11. Februar 1899 (S. 331) ersehen.

Als warme Befürworter der Beibehaltung des bisherigen Systems der unbedingten Meistbegünstigung auf der ganzen

Linie ist, abgesehen von E. Bernstein und der hinter ihm stehenden Fraktion (mit Ausnahme von Calwer) nur der Abgeordnete Gothein (und seine Fraktion) aufgetreten, der die Rückkehr zum Reziprozitätssystem bezeichnete als „einen Rückfall in längst vergangene und, wie wir leider vergeblich gehofft haben, überwundene Zeiten, einen Atavismus". Daß die Amerikaner dieser atavistischen Idee seit hundert Jahren treu geblieben sind, nicht zu ihrem Nachteil, scheint der Abgeordnete Gothein außer acht gelassen zu haben.

Daß die Praktiker ebenso ihrer steigenden Abneigung gegen die Fortsetzung der glatten Meistbegünstigungspolitik Ausdruck verleihen, ist im Laufe dieser Schrift mehrmals erwähnt worden.

Daß endlich auch in der Wissenschaft die Überzeugung von der Notwendigkeit einer Reform sich Bahn bricht, dafür haben wir erst in allerjüngster Zeit wieder einen Beweis erhalten.[1])

Kurzum: in Deutschland hat sich ein Wandel in der Anschauung und Wertschätzung der Meistbegünstigung vollzogen; und es ist begründete Aussicht vorhanden, daß Vereinbarungen wie die

---

[1]) Schmoller, Grundriß, zweiter Teil S. 620 und 652.

„Seit der neuen schutzzöllnerischen Strömung (von 1875 an) hat sich ein gewisses steigendes Mißtrauen gegen die Meistbegünstigungsverträge ausgebildet, das für mancherlei Fälle nicht ohne Berechtigung ist. Wo zwei Staaten sich formell die Meistbegünstigung zugesichert haben, wovon der eine hohe, ja extreme Schutzzölle beibehält, der andere seine Zölle nach und nach ermäßigt, muß sich der letztere übervorteilt fühlen. Ebenso ist klar, daß die europäische Gewohnheit und Formulierung der Meistbegünstigung von der amerikanischen, welche für jede künftige [nein! überhaupt für jede!] Konzession Gegenleistungen fordert, soweit abweicht, daß Verträge auf dieser verschiedenen Basis nur schwer möglich sind, und, wenn trotzdem ohne genaue Bestimmungen über das abweichende Prinzip geschlossen, nur zu Hader und Streit führen müssen.

. . . . . Das Versprechen, jede anderen Staaten gemachte Konzession auch künftig sofort nnd ohne Gegenleistung den Meistbegünstigten einzuräumen, werden die Vereinigten Staaten nach ihren Reziprozitätsgrundsätzen nicht geben. Und dann müssen ihnen die europäischen Staaten dasselbe weigern. . . . . . . Daß [Differentialzölle] aber zwischen im ganzen gleichstehenden benachbarten, durch regen Verkehr verbundenen Staaten der alten Welt Platz greifen, ist nicht erwünscht. Hier ist die Erhaltung der Rechtsgleichheit von überwiegendem Vorteil. Es fragt sich, wie zwischen diesen beiden Systemen die Grenzlinie zu ziehen sei, bis wohin die 1860—1900 in Europa hergestellte Art der Meistbegünstigung gehen, wo an ihre Stelle das

im Vertrage zwischen Deutschland und Nicaragua vom 4. Februar 1896:

Art. XXX. „Die beiden hohen kontrahierenden Teile sind einverstanden, daß sie sich gegenseitig in Handel, Schiffahrt und Konsulatssachen alle die Vorrechte und Privilegien zugestehen wollen, die der meistbegünstigten Nation eingeräumt sind oder in Zukunft eingeräumt werden mögen; und es werden unter Privilegien, Befreiungen, Rechten etc. der „meistbegünstigten Nation" dieselben Privilegien, Befreiungen und Rechte etc. verstanden, welche durch irgend welchen Vertrag oder durch durch irgend welche Konvention, unter welchem Namen dieses auch sein mag, — wie Meistbegünstigungs-, Friedens-, Freundschafts-, Handels-, Konsular-, Reziprozitäts-Vertrag, Tarif-Konvention — einer anderen Nation, gewährt worden sind oder gewährt werden sollten, welches auch immer die Ursachen solcher Privilegien, Konzessionen oder Ermäßigungen in den Zolltarifen usw. usw. sein sollten, und welches auch immer die von einem oder von beiden vertragsschließenden Teilen zu dem Zwecke gewährten Konzessionen sein sollten, um diese Vertrags- oder Konventionsabmachungen zu erhalten";

von nun ab seltener werden.

Die glatte Meistbegünstigung wankt aber nicht nur in Deutschland; auch in Österreich-Ungarn bereitet sich eine Sinnesänderung vor.[1])

Und die ganze Konstellation in der Handelspolitik kommt dieser von Zentraleuropa ausgehenden Reformbestrebung zu Hilfe.

Insbesondere vermerken wir

1. die Tatsache, daß England zum Schutzzoll übergehen will, daß eine Agitation zu einer Vorzugsbehandlung von kolonialen Produkten in England eingesetzt hat, daß Ansätze zu einer Vorzugsbehandlung von englischen Produkten in den Kolonien schon vorhanden sind, und daß diese Entwicklung immer weitere Kreise zu ziehen droht.[2])

Reziprozitätsprinzip mit Differentialzöllen treten solle, ob und inwieweit größere Ausnahmen als bisher in das europäische System der Meistbegünstigung kommen sollen."

Die Frage ist gestellt; aber nicht beantwortet.

[1]) S. Mitteilungen des Industriellen Club. (Vereins österreichischer Großindustrieller. X. Jahrgang No. 80ff. [„Die Meistbegünstigung" von A. G. Raunig].

[2]) Melbourne, 18. Novbr. 1904 (Reuter.) Eine Versammlung von Bürgern Melbournes nahm einen Beschlußantrag zugunsten des Vorzugshandels

Die Engländer wurden Freihändler, nicht aus Liebe zur Doktrin,[1] sondern weil es ihr Vorteil war. Wenn sie sich darüber klar sind, daß es nicht mehr ihr Vorteil ist, Freihändler zu sein, werden sie morgen wieder Schutzzöllner.

Wenn heute Cobden und Bright aus dem Grabe aufstünden, wenn sie sehen müßten, wie die großen Staaten samt und sonders sich ihre Industrien herangezogen haben und heranzuziehen bemühen, und zwar mit Hilfe des verfehmten Schutzzolls, wenn sie gewahr würden, daß es jetzt nicht mehr einen workshop of the world gibt, sondern ein halb Dutzend davon, wenn sie inne würden, wie kümmerliche Früchte das schöne Beispiel vom Übergang Englands

---

mit England an. Regierung und Parlament werden aufgefordert, die Angelegenheit sofort zu erwägen. Der Sekretär des protektionistischen Verbandes erklärte, es sei notwendig, die Zölle gegen das Ausland zu erhöhen und einige Zölle zugunsten Englands herabzusetzen. Der frühere Premierminister Deaken sagte, alle Nationen schützten den eigenen Handel und erweiterten ihre Märkte auf Grund von Verträgen. Der beste Markt für Australien sei die Nation, mit der man vereinigt zu werden wünsche. Der Wortführer der Arbeiterpartei erklärte, daß Freihandel und Protektionismus gemeinsam für Vorzugstarife sein könnten. Der Handel Deutschlands und Amerikas mit den englischen Kolonien sei in 10 Jahren von 11 $1/2$ auf 30 Millionen gestiegen. Auch er sei für Herabsetzung gewisser Zölle auf englische Waren und Erhöhung anderer Zölle auf ausländische Waren.

Nebenbei bemerkt haben selbst die englischen Liberalen manchmal so etwas wie Anfälle von Protektionismus.

London, 18. Novbr. (Voss. Ztg.) Im Laufe einer gestern anläßlich einer liberalen Kundgebung in Dundee gehaltenen Rede gab Campbell Bannermann, der Führer der Opposition im Unterhause, folgende bemerkenswerte Erklärung ab: Die liberale Partei habe den freien Handel niemals als das Alpha und Omega ihrer Politik erachtet und sich stets gegen die Ansicht verwahrt, daß der Freihandel an sich eine hinreichende endgültige Bürgschaft für das Volkswohl biete.

[1]) Das Preußische Handelsarchiv vom Jahre 1860 (Seite 170) schrieb:

„Indem England mit seinen Reformen weit über die Grenzen des Vertrages vom 23. d. J. hinausschreitet, indem es mit Konsequenz die letzten Spuren protektionistischer und Differenz-Bestrebungen aus seinem Tarif tilgt und mit vollen Händen allen Völkern seine Gaben austeilt, zeigt es der Welt ein leuchtendes Vorbild von Vertrauen auf die Grundsätze (?) des Freihandels und auf die Tüchtigkeit der eigenen Nation.“

Heute glaubt wohl kein Mensch mehr daran, daß die Grundsätze des Freihandels das ausschlaggebende Moment der Reform waren.

zum Freihandel heute trägt, wie keine einzige, selbst ihre eigene Nation nicht mehr so recht an dieses Evangelium glaubt, so würden vielleicht diese Erzväter des Freihandels selbst sagen: Jetzt ist eine Zeit gekommen, wo wir wieder einen anderen Rock anziehen müssen.

Geht aber England zum Schutzzoll über, vollends zu einer Vorzugsbehandlung seiner Kolonien, so wird damit ganz von selbst auch wieder das Prinzip fallen, das, von England und für England wiedererweckt, in die neue Zeit nicht mehr hineinpaßt.

2. Die Union beansprucht einen immer breiteren Raum im Welthandel, sie bekennt sich aber nicht zur unbedingten Meistbegünstigung, vertritt vielmehr den Standpunkt einer bedingten und partiellen Meistbegünstigung und wird durch ihre Macht und die steigende Wucht ihrer wirtschaftlichen Kraft diesem Prinzip, ihrem Prinzip, erneut größere Anerkennung verschaffen.

Wir geben gerne zu, daß die Einfügung von Einschränkungen in die Meistbegünstigungsklausel den Abschluß von Handelsverträgen erschwert; aber dieser Einwand kann nicht stichhaltig sein.

Mit den „höheren Zwecken" müssen auch die Vorbereitungen und die Vorstudien zu den Handelsverträgen wachsen. Das ist ein Erfordernis, das sich allerwärts geltend macht. Wir gelangen zu einer immer feineren Erfassung der Handelsnachweise. Wir sind bestrebt, in den Eisenbahntarifen eine immer subtilere Behandlung und Berücksichtigung der Erzeugnisse, der Örtlichkeit, temporärer Erscheinungen (Notstandstarife) usw. eintreten zu lassen. In steuertechnischer Hinsicht kommen wir zu einer immer eingehenderen und gerechteren Würdigung der Verhältnisse des einzelnen Steuerzahlers. Und wir werden nicht umhin können, auch auf zollpolitischem Gebiete eine immer subtilere Behandlung der einzelnen Länder und der einzelnen Artikel eintreten zu lassen.

Die generelle, uneingeschränkte und unbedingte Meistbegünstigung war so lange angängig, als in der Mehrzahl der Länder ein und dieselbe handelspolitische Richtung herrschte. Das ist anders geworden. Wenn alle Staaten der Welt sich handelspolitisch in der gleichen Richtung bewegen wollten, so wären gegen die unbeschränkte Meistbegünstigung weniger Einwendungen zu erheben. Wenn aber die Entwicklung in den einzelnen Ländern verschieden geht, wenn Deutschland auf dem Standpunkte der Tarifverträge steht, wenn von England eine Vorzugsbehandlung der Kolonien droht, und die Union binnen 6 Jahren 3 immer schutzzöllnerischere Tarife fertig gestellt hat, wenn in Nord- und Südamerika das Reziprozitätsprinzip immer entschiedener betont wird, wenn auf diese Weise die divergierendsten Richtungen in der Zoll- und Handelspolitik sich durchsetzen, so ist eben im Verkehr der betreffenden Länder kein Platz mehr für die unbedingte Meistbegünstigung vorhanden.

* * *

„Also keine unbedingte Meistbegünstigung mehr in unseren künftigen Handelsverträgen stipulieren? Wieder die Reziprozität zu Ehren bringen? Ist sie denn wirklich so empfehlenswert?

Wenn die Reziprozitätsklausel gesund, billig und gerecht, auch kein Hemmnis für einen Tarifvertrag ist, warum haben wir an dem Vertrag mit der Union vom Jahre 1828, der doch die Reziprozität statuiert, so wenig Freude erlebt?“

Auf den zweiten Teil dieser Frage Folgendes zur Antwort:

Wir haben an dem besagten Vertrage mit der Union (und ebenso am argentinischen) deshalb so wenig Freude erlebt, weil man in Verkennung der Natur dieser Verträge, — unsere Reichsregierung hielt sie ja für glatte Meistbegünstigungsverträge, — deutscherseits den Amerikanern alles **gratis** nachwarf, was man dritten Staaten an Konzessionen einräumte, während die Amerikaner die Taschen zuhielten. Hätte man sich stramm auf den Standpunkt des Art. IX gestellt: „Wenn von einem der kontrahierenden Teile in der Folge anderen Nationen irgend eine besondere Begünstigung in betreff des Handels oder der Schiffahrt zugestanden werden sollte, so soll diese Begünstigung sofort auch dem anderen Teile mit zugute kommen, welcher dieselbe, wenn sie ohne Gegenleistung zugestanden ist, ebenfalls ohne eine solche, wenn sie aber an die Bedingung einer Vergeltung geknüpft ist, gegen Bewilligung derselben Vergeltung genießen wird," — wäre man weniger freigebig verfahren, so hätte man aus dem Vertrage statt Schaden Nutzen gezogen und die Interessen der deutschen Landwirtschaft nicht geopfert, ohne wenigstens für die Industrie Vorteile zu erzielen.

Nicht die Reziprozitätsklausel ist an den unbefriedigenden Folgen dieses Vertrages schuld, sondern der Umstand, daß wir — im Widerspruch zu den Bestimmungen des Vertrages — der Reziprozität mit der glatten Meistbegünstigung gegenübertraten.

Wenn man vom Regierungstische aus im Reichstag erklärte: „Die verbündeten Regierungen konnten, als sie 1891 den Handelsvertrag mit Österreich-Ungarn geschlossen hatten, keinen Zweifel darüber haben, daß sie verpflichtet waren, die Österreich-Ungarn gewährten Zollermäßigungen ohne Weiteres auch den Vereinigten Staaten von Amerika zukommen zu lassen", so war das eben ein Irrtum. Die verbündeten Regierungen waren keineswegs dazu verpflichtet, den Amerikanern „ohne Weiteres" die Zollkonzessionen, die man Österreich-Ungarn gemacht hatte, zu gewähren. Diese Vergünstigungen in den Einfuhrzöllen hatte Österreich-Ungarn mit Gegenkonzessionen erkauft; es traf also die zweite Alternative des Art. IX zu: sie waren an die Bedingung einer Vergeltung geknüpft, und Amerika konnte sie nur gegen Bewilligung einer gleichwertigen Vergeltung beanspruchen.

Man hat deutscherseits die Reziprozitätsklausel verkannt; und aus diesem Irrtum, nicht aus der Reziprozitätsklausel, ist der unbefriedigende Zustand unserer Handelsbeziehungen zu der Union erwachsen.

Den ersten Teil der Frage aber beantworten wir wie folgt:

Es handelt sich nicht darum, die unbedingte Meistbegünstigung völlig abzuschaffen. Sie kann bleiben in den Tarifverträgen, vor Allem in denen mit unseren Nachbarstaaten. Aber sie muß heraus aus Verträgen mit Staaten, die unserer Ausfuhr in Gestalt von extremen Schutzzöllen und einer willkürlichen Verzollungspraxis Hindernisse in den Weg legen, heraus aus Verträgen mit Staaten, wo man uns prinzipiell differenziert.

XVIII.

Versuch einer Chronologie der Meistbegünstigungsklausel.

Verschiedentlich haben wir in dieser Schrift die Reziprozitätsverträge, welche von einzelnen Staaten und Staatengruppen abgeschlossen wurden, übersichtlich zusammengestellt. Solches geschah z. B. auf S. 43 für die der süd- und mittelamerikanischen Staaten mit der Union, auf S. 82 für die der Union mit europäischen Staaten, auf S. 97 und 98 für die Rußlands, auf S. 106 für die Sardiniens, auf S. 113 für die des Zollvereins mit europäischen Staaten. Auf S. 70ff. und S. 124ff. haben wir eine Übersicht über die Reziprozitätsverträge gegeben, welche heute zum deutschen Reich gehörige Gebiete mit amerikanischen und europäischen Staaten abgeschlossen haben usw. Es dürfte nun des Interesses nicht entbehren, auch eine chronologisch geordnete Übersicht über die Verbreitung der Meistbegünstigung, zuerst in unbedingter Form, dann in bedingter Form, und schließlich wieder in unbedingter Form vor sich zu haben. Diesem Wunsche soll in der folgenden Zusammenstellung Rechnung getragen werden.

Wir haben in unserer Tabelle (wie in unserer Studie überhaupt) mit dem 18. Jahrhundert eingesetzt. Über die Verbreitung der Meistbegünstigungsklausel in diesem Jahrhundert und in den ersten Jahrzehnten des 19. Jahrhunderts gibt die nachfolgende Tabelle kein ganz vollständiges Bild. Für diese erste Periode der unbedingten Meistbegünstigung wurden in die Tabelle nur jene Verträge eingestellt, auf welche im Laufe unserer Untersuchungen an irgend einer Stelle Bezug genommen worden ist.

Die Verträge aus der Periode der bedingten Meistbegünstigungsverträge hingegen möchten eine ziemlich vollständige Wiedergabe gefunden haben.

Was endlich die Periode der wiedererwachten unbedingten Meistbegünstigung angeht, das ist die Zeit von 1860 ab, so sind die Verträge der sechziger und siebziger Jahre, soweit sie eine Meistbegünstigungsklausel enthielten, ziemlich vollständig gegeben worden, während vom Jahre 1880 ab die Aufzählung nicht mehr so vollständig sein dürfte. Es fehlte die Zeit, um so genau und sorgfältig zu Werke gehen zu können, als notwendig gewesen wäre.

Unberücksichtigt geblieben sind in der Tabelle gewöhnlich alle Nachtragskonventionen zu Verträgen; ebenso die Notenwechsel, welche die Verlängerung von Verträgen aussprachen usw.

Mit der Benennung der Abmachungen selbst haben wir es nicht genau genommen. Ob „Friedens-, Freundschafts-, Handels- und Auslieferungsvertrag" oder „Abkommen" oder „Handels- und Zollvertrag" oder „Provisorium" oder „Übereinkunft", war uns für den vorliegenden Fall gleichgiltig. Für uns war bis auf weiteres alles ein „Vertrag".

Wir haben in der nachfolgenden Tabelle jene Vereinbarungen, welche die unbedingte Meistbegünstigung bezüglich der Zölle, — um diese handelt es sich hier vor allem, — enthielten, mit

U. M. gekennzeichnet, während

Rez. andeutet, daß in dem betreffenden Vertrag die Meistbegünstigung in bedingter Form verabredet wurde. Das Zeichen

M. zeigt an, daß in dem betreffenden Vertrag die Meistbegünstigung nicht nach allen Richtungen hin, sondern nur teilweise festgelegt wurde.

Pr. kennzeichnet den Vertrag als einen, in welchem die Meistbegünstigung eine Einschränkung dadurch erfuhr, daß gewisse Staaten als privilegierte, sozusagen als meistbegünstigte Länder erster Ordnung zu charakterisieren sind dergestalt, daß die ihnen gemachten Konzessionen auf Grund des Meistbegünstigungsanspruches von dem Gegenkontrahenten nicht geltend gemacht werden können. Einzelheiten anlangend verweisen wir auf das demnächst erscheinende Heft III der Veröffentlichungen des Mitteleuropäischen Wirtschaftsvereins. Das Zeichen

Tar. endlich wurde vor Verträge gesetzt, die Festsetzungen über Zölle, Tarifbindungen oder Tarifherabsetzungen, ohne Unterschied des Umfanges der einschlägigen Abmachungen, enthielten.

✱ bedeutet, daß der betreffende Vertrag noch in Kraft ist.

Daß die Einreihung der einzelnen Verträge in die verschiedenen Kategorien manchmal Schwierigkeiten bereitete, darf nicht unerwähnt bleiben.

Bei einer Anzahl von Verträgen haben wir vermerkt, ob und wann sie gekündigt wurden. Daß wir in dieser Hinsicht in unserer Tabelle, namentlich bei alten Verträgen, manchmal unvollständig bleiben mußten, bedarf keiner näheren Begründung. Immerhin dürfte der Leser überrascht sein zu sehen, daß noch eine sehr große Anzahl alter Verträge bis in die achtziger und neunziger Jahre hinein Geltung hatten, ja heute noch in Kraft sind; daß diese alten Verträge gewöhnlich die Reziprozitätsklausel enthalten; daß die Reziprozität auch heute noch die Grundlage für die Handelsbeziehungen zwischen einer ganzen Reihe von Staaten abgibt.

Bei manchem Vertrag konnten wir nur der Tatsache des Abschlusses und des Datums, nicht aber auch des Textes selbst habhaft werden, sodaß wir die Frage nach der Natur der in der betreffenden Abmachung vereinbarten Meistbegünstigung offen lassen mußten, bezw. nur eine Vermutung aussprechen konnten.

Die Aufnahme dieses Abschnittes war vom Anfang an nicht vorgesehen. Erst im Laufe der Darstellung kamen wir zu der Überzeugung, daß die Einfügung einer Chronologie im Interesse der Vollständigkeit geboten sei; und so gingen wir, als die Drucklegung der vorliegenden Arbeit schon begonnen hatte, daran, das Material für diesen Abschnitt zusammenzustellen. Da aber der Termin des Erscheinens des Buches festgelegt war, so erklärt es sich ohne weiteres, daß, von der Schwierigkeit der Beschaffung des Materials ganz abgesehen, die nachfolgende tabellarische Übersicht unmöglich eine vollständige sein konnte.

Was der Autor selbst von der nachfolgenden Tabelle als Ganzem hält, sagt die Überschrift.

Trotz der erwähnten Mängel und Lücken dürfte die nachfolgende Übersicht immerhin des Interesses nicht entbehren als unseres Wissens erster Versuch, eine gedrängte, einigermaßen vollständige, chronologisch geordnete Übersicht über die Meistbegünstigungsklausel und deren Modifikation zu geben.

I. Periode (1703—1800).

1703.

Pr. Tar. Dezbr. 27. Vertrag zwischen Portugal und Großbritannien (Methuen-Vertrag).

1706.

Tar. U. M. Oktbr. 23. Vertrag zwischen Großbritannien und Danzig.

1715.

U. M. Dezbr. 14. Vertrag zwischen Großbritannien und Spanien.

1719.

Tar. Febr. 8. Vertrag zwischen Großbritannien und Hamburg.

1731.

Tar. Oktbr. 17. Vertrag zwischen Großbritannien und Bremen.

1740.

*Tar. Mai 25. Vertrag zwischen der Türkei und Frankreich.

1742.

*U. M. August 23. Vertrag zwischen Dänemark und Frankreich.

1766.

Pr.[1]) U. M. Febr. 5. Vertrag zwischen Großbritannien und Schweden.
U. M. Juni 20. Vertrag zwischen Großbritannien und Rußland.
U. M. Septbr. 26. Vertrag zwischen Portugal und Dänemark.

---

[1]) S. S. 173.

1767.

U. M. Juli 25. Vertrag zwischen Dänemark und Marocco.

1769.

U. M. April 1. Vertrag zwischen Hamburg und Frankreich.

1778.

Rez. Febr. 6. Vertrag zwischen der Union und Frankreich.

1779.

U. M. Septbr. 18. Vertrag zwischen Frankreich und Mecklenburg.

1782.

Rez. Oktbr. 8. Vertrag zwischen der Union und den Niederlanden.

1783.

Rez. April 3. Vertrag zwischen der Union und Schweden.

1785.

Rez. Septbr. 10. Vertrag zwischen der Union und Preußen.[1]

M. Novbr. 19. Vertrag zwischen der Union und Großbritannien.[2]

1786.

Pr. Tar. Septbr. 26. Vertrag zwischen Frankreich und Großbritannien (Eden-Vertrag).

1787.

M.[3] Jan. 11. Vertrag zwischen Rußland und Frankreich.

Tar. M. Jan. 17. Vertrag zwischen Rußland und Beiden Sizilien.

U. M.[4] Jan. 25. Vertrag zwischen Union und Marocco.[5]

M. Dezbr. 20. Vertrag zwischen Rußland und Portugal.

1792.

U. M. April 17. Verordnung des Königs von Spanien betr. den spanisch-dänischen Handel.

---

[1] Im Jahre 1795 abgelaufen.

[2] Dieser Vertrag ging wohl 1794 zu Ende.

[3] Text s. S. 93.

[4] Einseitige zu gunsten der Union.

[5] Wohl ersetzt durch Vertrag vom Jahre 1836.

1793.

Tar.	März 25.	Vertrag zwischen Rußland und Großbritannien.

1794.

M.	Novbr. 19.	Vertrag zwischen der Union und Großbritannien.

1799.

Tar.	März 1.	Vertrag zwischen Spanien und Marokko.
Rez.	Juli 11.	Vertrag zwischen Preußen und der Union.

1800.

Rez. (?)	Septbr. 30.	Vertrag zwischen der Union und Frankreich.[1]

* * *

Aus dem 18. Jahrhundert haben wir vorstehende 30 Verträge aufgeführt, in denen wir nach irgend einer Richtung hin Spuren der Meistbegünstigung finden konnten.

Unsere Liste ist natürlich auch nicht im entferntesten eine erschöpfende. Wir gaben im wesentlichen nur solche Verträge, auf welche im Heft II oder III an irgend einer Stelle Bezug genommen wird. Man könnte vielleicht für die Zeit von 1703—1800 noch ebenso viele und mehr handelspolitische Abmachungen finden, als hier erwähnt sind.[2] Aber auch schon die vorstehend aufgeführten Abmachungen dürften den in Abschnitt III und X ausgesprochenen Schluß rechtfertigen, daß das 18. Jahrhundert das Jahrhundert der unbedingten Meistbegünstigung war. Die Union war das einzige Staatswesen, welches prinzipiell die unbedingte Meistbegünstigung ablehnte und nur Reziprozitätsverträge schloß.

Daß wir im Vorstehenden auch acht Tarifverträge aufzählen konnten, dürfte selbst für Kreise, welche sich mit der Handelspolitik intimer befassen, überraschend sein.

---

[1]) Außer Kraft getreten im Jahre 1809.

[2]) So sind uns z. B. noch bekannt geworden handelspolitische Abmachungen folgender Staaten Spanien und Großbritannien 1707; Niederlande und Tunis 1712; Großbritannien und Sizilien 1713; Niederlande und Tripolis 1713; Großbritannien und Tripolis, Tunis, Algier 1716; Niederlande und Frankreich 1739: Spanien und Hamburg 1752; Österreich und Kirchenstaat 1757; Preußen und Schweden 1762; Dänemark und Genua 1789 u. a. m.; von den Kapitulationen der Türkei ganz abgesehen.

Die Verteilung der Verträge auf die verschiedenen Staaten anlangend, so ergeben 30 Abmachungen 60 Vertragspartien. Begreiflich marschiert Großbritannien weit an der Spitze. Es ist an 13 Verträgen beteiligt. Dann folgt die Union mit 9. Ob hier ein wirkliches Bedürfnis vorlag, oder ob das junge Staatswesen den Ehrgeiz besaß, tunlichst viele Urkunden zu sammeln und sich so möglichst oft schwarz auf weiß die völkerrechtliche Anerkennung seiner Souveränität zu verschaffen, wollen wir nicht entscheiden. An dritter Stelle folgt Frankreich mit 8, an vierter Rußland mit 6, an fünfter Dänemark mit 4 Abmachungen.

II. Periode (1803—1830).

1803.

U. M.[1] April 30. Vertrag zwischen der Union und Frankreich über die Abtretung von Louisiana (Louisiana-Cession-Vertrag).

1805.

Rez. Juni 4. Vertrag zwischen Tripolis und der Union.

1810.

Rez. Febr. 19. Vertrag zwischen Portugal und Großbritannien.[2]

1815.

Rez. Juli 3. Vertrag zwischen der Union und Algier.

M. Juli 3. Vertrag zwischen der Union und Großbritannien.

1816.

Rez. Septbr. 4. Vertrag zwischen Schweden-Norwegen und der Union.

Tar. (?) U. M. Septbr. 26. Vertrag zwischen Großbritannien und Beiden Sizilien.[3]

Rez. Dezbr. 22. Vertrag zwischen der Union und Algier.[4]

1817.

Tar. (?) Febr. 28. Vertrag zwischen Frankreich und Beiden Sizilien.[5]

1818.

*U. M. Juni 17. Handelstractat zwischen Preußen und Dänemark.

1822.

Tar. Juni 24. Schiffahrtsvertrag zwischen Frankreich und der Union.

---

[1]) Von der Union nicht als unbedingter Meistbegünstigungsvertrag anerkannt. S. S. 186.

[2]) Erster Reziprozitätsvertrag zwischen europäischen Staaten.

[3]) Ersetzt durch den Vertrag vom Jahre 1845.

[4]) Mit der Annexion Algiers durch Frankreich gegenstandslos geworden.

[5]) Ersetzt durch den Vertrag vom Jahre 1845.

1824.

Rez.	April 2.	Schiffahrtsvertrag zwischen Preußen und Großbritannien.
*U. M. (?)	Juni 16.	Vertrag zwischen Großbritannien und Dänemark.
Rez.	Oktbr. 3.	Vertrag zwischen Columbien und der Union.[1]

1825.

M.	Febr. 2.	Vertrag zwischen Großbritannien und den vereinigten Provinzen am Rio de la Plata.
M.	März 11.	Vertrag zwischen Rußland und Preußen.[2]
M.	April 18.	Vertrag zwischen Großbritannien und Columbien.[3]
Rez.	Dezbr. 5.	Vertrag zwischen der Union und der Konföderation von Zentralamerika.[4]

1826.

*Pr. M.	Jan. 8.	Vertrag zwischen Brasilien und Frankreich.[5]
*U. M.	März 18.	Vertrag zwischen Großbritannien und Schweden.
*Rez.	April 26.	Vertrag zwischen Dänemark und der Union.
*U. M. (?)	Novbr. 2.	Vertrag zwischen Schweden-Norwegen und Dänemark.
M.	Dezbr. 26.	Vertrag zwischen Großbritannien und Mexiko.
?	Dezember 26.	Vertrag zwischen Württemberg und der Schweiz.[6]

---

[1]) Abgelaufen im Jahre 1836.

[2]) Text s. S. 94.

[3]) Ersetzt durch den Vertrag vom Jahre 1866?

[4]) Abgelaufen im Jahre 1838.

[5]) Die in diesem Vertrag stipulierte Vorzugsbehandlung Portugals in Brasilien ist fast in alle brasilianischen Verträge übergegangen. Selbst wenn also bei einem brasilianischen Vertrag kein * angegeben ist, kann man in dubio vermuten, daß er eine Einschränkung der Meistbegünstigung in territorialer Hinsicht enthielt.

Gleiches gilt für die portugiesischen Verträge.

Es existiert ein Zusatzartikel vom 7. Juni zum französisch-brasilianischen Vertrag vom 8. Januar 1826, der uns aber nicht erreichbar war. Enthielt er die Reziprozitätsklausel?

[6]) Art. XX. „Beide kontrahierende Regierungen geben sich die Zusicherung, mit keinem anderen Staat Verbindungen einzugehen, durch welche den Bestimmungen des gegenwärtigen Vertrages mittelbar oder unmittelbar entgegengehandelt würde".

Also exklusive Vergünstigungen.

1827.

M.	März 14. Vertrag zwischen Preußen und Schweden-Norwegen.
Rez.	Juni 15. Vertrag zwischen den Niederlanden und Mexiko.
Pr. M. U. M.[1])	Juni 17. Vertrag zwischen Österreich und Brasilien.
M.	Juni 20. Vertrag zwischen Mexiko und Hannover.
Pr. M.	Juli 9. Vertrag zwischen Preußen und Brasilien.[2])
*M.	Juli 19. Vertrag zwischen Mexiko und Dänemark.
Rez.	Novbr. 17. Vertrag zwischen Brasilien und den Hansastädten.
*Rez.	Dezbr. 20. Vertrag zwischen der Union und den Hansastädten.

1828.

Rez.	April 18. Additionalvertrag zum Vertrag vom 9. Juli 1827 zwischen Brasilien und Preußen.
*Rez. (?)	April 26. Vertrag zwischen Brasilien und Dänemark.
*Rez.	Mai 1. Vertrag zwischen Preußen und Union.
Rez.	Dezbr. 12. Vertrag zwischen Brasilien und der Union.[3])
Pr. Rez.	Dezbr. 20. Vertrag zwischen Brasilien und den Niederlanden.

1829.

Rez.	Mai 1. Vertrag zwischen Columbien und den Niederlanden.
*Rez.	Aug. 27. Vertrag zwischen den Vereinigten Staaten und Österreich.

1830.

U. M.[4])	Mai 7. Vertrag zwischen der Union und der Hohen Pforte.

* * *

Die Jahre von 1803—1830 bilden den Übergang zur Reziprozitätsperiode.

Die unbedingte Meistbegünstigung tritt seltener auf; wo sie vereinbart wird, erstreckt sie sich gewöhnlich nur auf die negative Seite Insbesondere legen die eben souverän gewordenen südamerikanischen Staatswesen nur fest, daß die gegenseitige Einfuhr nicht höher verzollt werden

---

[1]) Für Österreich in Brasilien M., für Brasilien in Österreich U. M.

[2]) S. S. 56.

[3]) Die Bemerkung auf S. 42, daß dieser Vertrag noch gilt, beruht auf einem Irrtum.

[4]) Einseitige zugunsten der Union.

darf als zu den Sätzen des Generaltarifs. Von der Einräumung von Begünstigungen ist in den Verträgen dieser Staaten meist noch keine Rede.

Tritt so die unbedingte Meistbegünstigung mehr zurück, so gewinnt dafür die bedingte an Boden. Die Reziprozität springt von Nordamerika nach Südamerika hinüber; und von dort sowohl wie von hier spinnen sich die Fäden der Reziprozität schon stark nach Europa hinüber.

Soweit uns eine Feststellung möglich, sind fünf Reziprozitätsverträge aus dieser Zeit als heute noch in Geltung befindlich anzusehen, desgleichen sechs andere Verträge, insgesamt also elf Verträge, darunter zwei, die Deutschland betreffen. Wäre es nicht angezeigt, mit diesen urkundlichen Überbleibseln aus Deutschlands Zerrissenheit aufzuräumen?

III. Periode (1831—1844).

1831.

Rez.	Febr. 18.	Vertrag zwischen Preußen und Mexiko.
Pr. U. M.	März 7.	Vertrag zwischen Mexiko und Chile.
Rez.	April 5.	Vertrag zwischen Mexiko und der Union.[1]
Tar.	Juli 4.	Vertrag zwischen Union und Frankreich.[2]
Rez.	Oktbr. 4.	Vertrag zwischen Kgr. Sachsen und Mexico.

1832.

Rez.	April 7.	Vertrag zwischen den Hansastädten und Mexiko.
Pr. Rez.	Mai 16.	Vertrag zwischen der Union und Chile.[3]
Rez.	Novbr. 14.	Vertrag zwischen Frankreich und Neu-Granada.
*Rez. (?)	Dezbr. 8.	Vertrag zwischen Columbien und Ecuador.
*Pr. Rez.	Dezbr. 18.	Vertrag zwischen Rußland und der Union.

1833.

Rez.	März 11.	Vertrag zwischen Frankreich und Venezuela.
U. M.[4]	Septbr. 21.	Vertrag zwischen der Union und Muscat.

1835.

Rez.	März 4.	Vertrag zwischen Österreich und Griechenland.

1836.

Rez.	Jan. 20.	Vertrag zwischen Venezuela und der Union.[5]
Rez.	April 8.	Provisorium zwischen Frankreich und Paraguay.[6]
M.	Juli 19.	Vertrag zwischen Frankreich und Mecklenburg.[7]

---

[1] Gekündigt im Jahre 1881.

[2] Im Jahre 1841 abgelaufen.

[3] Im Jahre 1890 von Chile gekündigt.

[4] Einseitige.

[5] Gekündigt im Jahre 1851.

[6] Erneuert am 7. Juli 1863.

[7] Gekündigt für Februar 1850.

Art. II. „Die Produkte des Bodens und der Manufakturen Frankreichs, dafern sie direkt nach Mecklenburg eingeführt werden, sollen von jeder Mehrabgabe (surtaxe) und namentlich von der um 50 p. c. erhöhten Accise, welche

*U. M.[1])	Septbr. 16. Vertrag zwischen der Union und Marocco.
Rez.	Novbr. 30. Vertrag zwischen der Peru-Bolivianischen Konföderation und der Union.[2])
Rez.	Dezbr. 4. Vertrag zwischen Schweden-Norwegen und Griechenland.
Rez. (?)	Dezbr. 28. Vertrag zwischen Spanien und Mexiko.

1837.

?	März 16. Vertrag zwischen Schweden-Norwegen und Hannover.
Rez.	Mai 27. Vertrag zwischen den Hansastädten und Venezuela.[3])
Rez.	Juni 3. Vertrag zwischen den Niederlanden und Preußen.[4])
?	Juli 8. Vertrag zwischen Belgien und Mecklenburg-Schwerin.
*U. M. (?)	Oktbr. 27. Vertrag zwischen Großbritannien und den Niederlanden.[5])
*M.	Dezbr. 10. Vertrag zwischen Griechenland und der Union.

auf die für fremde Rechnung in Mecklenburg eingeführten Waren gleichförmig gelegt ist [Rostocker Accise-Rolle vom 28. Juni 1748], entfreiet seyn."

Art. III. „Die Ausfrachtungen ... sollen ... von jeder Mehrabgabe und insbesondere von der in Mecklenburg auf die durch fremde Schiffe bewirkten Ausfrachten ruhenden Abgabe von 16 Schill. à Last befreiet seyn."

Ein Beleg dafür, daß es früher Brauch war, festzulegen, daß die meistbegünstigte Nation nur die Sätze des Generaltarifes zu bezahlen brauche.

[1]) Einseitige.

[2]) Mit Auflösung der Konförderation im Jahre 1839 erloschen.

[3]) Hanseatischerseits gekündigt für Anfang 1853.

[4]) Gekündigt für 1. Januar 1850.

[5]) Nach einer Übersetzung im Handelsarchiv 1903 (S. 1085) hat die Meistbegünstigungsklausel im Vertrag zwischen Holland und Großbritannien vom Jahre 1837 eine andere Fassung, als wir auf Seite 178 angegeben haben.

„Und Ihre Majestät die Königin des Vereinigten Königreichs von Großbritannien und Irland und Seine Majestät der König der Niederlande verbinden sich hierdurch und verpflichten sich, keinerlei Vergünstigungen, Vorrechte oder Befreiungen in Handels- und Schiffahrtsangelegenheiten den Angehörigen irgend eines anderen Staates zu gewähren, die nicht ebenfalls und zugleich auf die Untertanen des anderen hohen vertragschließenden Teiles ausgedehnt werden sollen, und zwar ohne Gegenleistung, wenn das Zugeständnis zu Gunsten jenes anderen Staates ohne Ausbedingung einer Gegenleistung gemacht worden ist, und möglichst gegen dieselbe Vergeltung oder denselben Gegenwert für den Fall, daß das Zugeständnis bedingungsweise gemacht ist."

Danach wäre der Vertrag ebenfalls ein Reziprozitätsvertrag gewesen, während wir ihn als unbedingten Meistbegünstigungsvertrag registrierten.

1838.

Rez. Febr. 12. Provisorium zwischen Haiti und Frankreich.
Rez. März 26. Vertrag zwischen Dänemark und Venezuela.[1]
*Pr. M. (?) Mai 8. Vertrag zwischen Schweden-Norwegen und Rußland.
Rez. Juli 3. Vertrag zwischen Großbritannien und Österreich.[2]
*U. M. (?) August 3. Vertrag zwischen Türkei und Belgien.
Tar. August 16. Vertrag zwischen Türkei und Großbritannien.
Tar. Novbr. 25. Vertrag zwischen Türkei und Frankreich.
Rez. Novbr. 26. Vertrag zwischen Sardinien und der Union.[3]

1839.

* Jan. 19. Vertrag zwischen der Union und den Niederlanden.[4]
Tar. U. M. Rez.[5] Jan. 21. Vertrag zwischen den Niederlanden und dem Zollverein.

---

[1] Wohl ersetzt worden durch den Vertrag vom Jahre 1862.

[2] Art. XI. Les vaisseaux et sujets des Hautes Parties contractantes, jouiront, par le présent traité, réciproquement de tous les avantages, immunités et privilèges, dans les ports de leurs Etats respectifs et leurs possessions, dont jouissent présentement la navigation et le commerce des nations les plus favorisées; l'objet en étant d'assurer, dans le royaume uni et les possessions britanniques, aux vaisseaux et sujets autrichiens, les avantages pleins et entiers de navigation, passé le 28 août 1833 à Londres et par un autre acte de la même date, réglant le commerce des possessions britanniques d'outre mer, ou qui pourraient être accordées par des ordres du Conseil de Sa Majesté Britannique, ou par traité à d'autres puissances; et de même, les vaisseaux et sujets britanniques jouiront, dans les ports des Etats et possessions de Sa Majesté Impériale et Royale Apostolique, des avantages pleins et entiers de navigation et de commerce accordés par les lois existantes, réglemens, ordonnances, ou par traités, à des puissances étrangères; et Leurs Majestés la Reine du royaume uni de la Grande-Bretagne et d'Irlande, et l'Empereur d'Autriche, Roi de Hongrie et de Bohême, s'engagent réciproquement à n'accorder aucunes faveurs, privilèges ou immunités quelconques, en matière de commerce et de navigation, aux sujets d'aucun autre Etat, qui ne soient en même temps accordés aux sujets de l'une ou de l'autre des Hautes Parties contractantes, gratuitement, si la concession en faveur de l'autre Etat a été gratuite, ou en donnant, en autant qu'il sera possible de le faire la même compensation ou le même équivalent, dans le cas où la concession aura été conditionnelle.

[3] Gegenstandslos geworden durch den Vertrag mit Italien im Jahre 1870.

[4] Ein Schiffahrtsvertrag.

[5] U. M. bezüglich der Kolonien; im übrigen Rez. Text s. S. 113.

Rez. Juni 13. Vertrag zwischen der Union und Ecuador.[1])

Rez. August 12. Vertrag zwischen Griechenland und Preußen.

Rez. (?) Novbr. 19. Vertrag zwischen Belgien und Mexico.

Rez. Novbr. 28. Vertrag zwischen Schweden-Norwegen und Sardinien.

1840.

Rez. (?) Febr. 16. Vertrag zwischen Ecuador und Spanien.

Rez. April 11. Vertrag zwischen Belgien und dem Kirchenstaat.

Rez. (?) April 18. Vertrag zwischen Frankreich und Neu-Granada.

Rez. April 23. Vertrag zwischen Venezuela und Schweden.[2])

M. Mai 20. Vertrag zwischen Hannover und der Union.[3])

Tar. Rez. Juli 25. Vertrag zwischen Frankreich und den Niederlanden.

Rez. August 26. Vertrag zwischen der Union und Portugal.[4])

Tar. Sept. 21. Vertrag zwischen der Schweiz und den Niederlanden.[5])

Rez. Septbr. 25. Vertrag zwischen Belgien und Griechenland.

U. M.[6]) Oktbr. 22. Vertrag zwischen dem Zollverein und der Hohen Pforte.

1841.

U. M. März 2. Vertrag zwischen dem Zollverein und Großbritannien.[7])

*U. M. Mai 1. Vertrag zwischen Schweden und Bremen und Hamburg.

Rez. Mai 24. Vertrag zwischen dem Königreich Sachsen und Griechenland.

Rez. (?) Juni 13. Vertrag zwischen Belgien und Dänemark.

U. M.[6]) Septbr. 1. Vertrag zwischen der Ottomanischen Pforte und den Hansastädten.

Rez. (?) Oktbr. 25. Vertrag zwischen Österreich und Belgien.

---

[1]) Gekündigt im Jahre 1891.

[2]) Am 15. Februar 1853 außer Wirkung getreten.

[3]) Ersetzt durch den Vertrag vom Jahre 1846.

[4]) Gekündigt für 31. Januar 1892.

[5]) Gekündigt für 10. April 1895.

[6]) Einseitige.

[7]) Art. II. „Seine Majestät der König von Preußen willigt sowohl für sich als im Namen der vorgedachten Staaten ein, den Handel und die Schiffahrt der Untertanen ihrer großbritannischen Majestät hinsichtlich der Einfuhr von Zucker und Reis, in jeder Beziehung stets dem Handel und der Schiffahrt der meistbegünstigten Nation mit diesen Artikeln gleich zu stellen.“

1842.

Rez. (?)	Jan. 15. Vertrag zwischen Hannover und Belgien.
Rez.	Jan. 24. Vertrag zwischen Sardinien und den Niederlanden.
Rez.	Juni 30. Vertrag zwischen Mexiko und Österreich.
Tar.	Juli 16. Vertrag zwischen Frankreich und Belgien.
Tar. U. M.[1]	Oktbr. 25. Vertrag zwischen Spanien und Belgien.

1843.

Rez.	Jan. 11. Vertrag zwischen Rußland und Großbritannien.[2]
***Rez.**	Febr. 22. Vertrag zwischen Griechenland und den Niederlanden.
Rez.	März 25. Vertrag zwischen Frankreich und Venezuela.
Rez.	März 20. Vertrag zwischen der Türkei und Portugal.
U. M. (?)	April 1. Vertrag zwischen Schweden-Norwegen und Oldenburg.
Rez.	Mai 31. Vertrag zwischen Griechenland und den Hansastädten.
U. M. (?)	Juni 6. Vertrag zwischen Frankreich und Ecuador.[3]
Rez.	Aug. 14. Vertrag zwischen Sardinien und Dänemark.
Tar. Rez.	Aug. 28. Vertrag zwischen Frankreich und Sardinien.[4]

1844.

Rez. (?)	Febr. 16. Vertrag zwischen Chile und Kolumbien.[5]
Rez.	Febr. 20. Vertrag zwischen Preußen und Portugal.
Tar. U. M.	Juli 3. Vertrag zwischen China und der Union.[6]
Rez.	Juli 18. Vertrag zwischen Sardinien und den Hansastädten.

---

[1]) Für bestimmte Artikel (S. S. 150).

[2]) Ersetzt durch den Vertrag vom Jahre 1858.

[3]) Gekündigt auf 5. September 1892.

[4]) Ersetzt durch Vertrag vom 5. Novbr. 1850.

[5]) Gekündigt auf 11. September 1896.

[6]) Art. II. Citizens of the United States resorting to China for the purposes of commerce will pay the duties of import and export prescribed in the tariff, which is fixed by and made a part of this treaty. They shall, in no case, be subject to other or higher duties than are or shall be required of the people of any other nation whatever.

Es ist übersehen worden, diesen Vertrag unter den auf S. 184 und 185 aufgezählten einseitigen unbedingten Meistbegünstigungsverträgen der Union anzuführen.

U. M.	Juli 22.	Vertrag zwischen Hannover und Großbritannien.
Tar. Rez.	Septbr. 1.	Vertrag zwischen Belgien und Zollverein.[1])
Rez.	Oktbr. 28.	Vertrag zwischen Neu-Granada und Frankreich.

* * *

Wenn wir mit dem Jahre 1844 in dieser Übersicht die dritte Periode abschließen lassen, so geschieht es deswegen, weil mit diesem Jahre ein neues Moment in die Meistbegünstigung hineinkommt.

Bis 1844 war die bedingte Meistbegünstigung ein ziemlich unbeschriebenes Blatt gewesen. Jetzt aber begann sie praktisch zu werden. Das Königreich Beider Sizilien baute im Jahre 1845 so etwas wie ein Tarifvertragssystem auf (näheres s. S. 164 ff.) und nun kam Leben in den bisher ziemlich starr gebliebenen Begriff.

Bis zum Jahre 1844 einschließlich verzeichnete man in Europa schon 8 Tarifverträge. Nun kam im Jahre 1845 hinzu das Königreich Beider Sizilien mit 2 Tarifverträgen (Großbritannien, Frankreich), im Jahre 1846 mit 3 Tarifverträgen (Dänemark, Holland, Zollverein). Die bedingte Meistbegünstigung betrat den Boden praktischer Wirklichkeit.

Unseren Feststellungen zufolge gelten aus dieser Periode noch 8 Verträge, darunter 2 mit der Reziprozitätsklausel.

---

[1]) Gekündigt auf 31. Dezember 1850; am 31. Dezember 1853 nach mehrmaligen Verlängerungen abgelaufen.

IV. Periode (1845—1860).

1845.

Tar. U. M.	April 29. Vertrag zwischen Großbritannien und Beiden Sizilien.
Tar. Rez.	Juni 14. Vertrag zwischen Frankreich und Beiden Sizilien.
Rez.	Juni 23. Vertrag zwischen Sardinien und dem Zollverein.
Rez.	Aug. 11. Vertrag zwischen Hannover und Sardinien.
Rez.	Septbr. 25. Vertrag zwischen Rußland und Beiden Sizilien.
Rez.	Oktbr. 13. Vertrag zwischen Portugal und Württemberg.
Rez.	Novbr. 10. Vertrag zwischen Belgien und der Union.[1]
Rez.	Dezbr. 1. Vertrag zwischen der Union und Beiden Sizilien.[2]
?	Dezbr. 10. Vertrag zwischen Salvador und Costa Rica.[3]
Rez.	Dezbr. 12. Vertrag zwischen Rußland und Sardinien.

1846.

Tar.	Jan. 13. Vertrag zwischen Dänemark und Beiden Sizilien.
Rez.	Febr. 7. Vertrag zwischen Sardinien und Beiden Sizilien.
Rez.	Mai 14. Vertrag zwischen Oldenburg und Sardinien.
Rez.	Juni 10. Vertrag zwischen der Union und Hannover.[4]
Tar. Rez.	Juli 4. Vertrag zwischen Österreich und Beiden Sizilien.
Tar. U. M. Rez.	Juli 29. Vertrag zwischen Belgien und den Niederlanden.[5]
*Pr. Rez.	Septbr. 13. Vertrag zwischen den Niederlanden und Rußland.

[1] Ersetzt durch Vertrag vom Jahre 1858.
[2] Ersetzt durch den Vertrag vom Jahre 1855.
[3] Aufgehoben durch Vertrag vom 12. Juni 1895.
[4] Gegenstandslos geworden im Jahre 1866.
[5] Gekündigt für 1. Januar 1852.

Rez.[1] Septbr. 15. Vertrag zwischen Chile[2] und Frankreich.[3]
Pr. Rez. Septbr. 16. Vertrag zwischen Frankreich und Rußland.
*U. M. Oktbr. 10. Vertrag zwischen Mecklenburg-Schwerin und Schweden-Norwegen.
*Rez. Oktbr. 31. Vertrag zwischen Griechenland und Dänemark.
*Rez. Dezbr. 12. Vertrag zwischen der Union und Neu-Granada.

1847.

Rez. Jan. 27. Vertrag zwischen dem Zollverein und Beiden Sizilien.
Tar. Rez. April 15. Vertrag zwischen Belgien und Beiden Sizilien.[4]
Rez. Mai 17. Vertrag zwischen dem Zollverein und Sardinien.
Rez. Juni 5. Vertrag zwischen Sardinien und Toskana.
Rez. Juni 25. Vertrag zwischen den Hansestädten und Guatemala.
Tar. Rez. Juli 3. Vertrag zwischen dem Kirchenstaat und Sardinien.[5]
Rez. (?) Aug. 18. Vertrag zwischen Sardinien und Neu-Granada.

---

[1] Im Zusatzvertrag vom 30. Juni 1852 wurde eine territoriale Einschränkung vorgenommen.

[2] Chile schloß Reziprozitätsverträge mit Frankreich 1846, Belgien 1858 und mit dem Zollverein 1861, war also ein Reziprozitätsstaat. Dies zu erwähnen, ist auf S. 53 übersehen worden.

[3] Auf 31. Mai 1896 gekündigt, dann aber verlängert.

[4] Ersetzt durch den Vertrag vom Jahre 1857. Die Tarifkonzessionen wurden nicht mit herübergenommen.

[5] Art. VIII. „In Gemäßheit der vorhergehenden Artikel erklären S. M. der König von Sardinien, daß alle Differenzialzölle, welche durch das Edikt vom 1. Januar 1825 mit dem dritten Teil der Eingangsabgaben auf Branntwein, Wein, Getreide, Öl, Kastanienmehl, Sämereien, Reis und ungeschälte Hülsenfrüchte, sowie bei der Ausfuhr auf Öl gelegt sind, in Gleichheit alle anderen Differenzialzölle, welche zu Gunsten der eigenen und zum Nachteil der päpstlichen Flagge, bei der Einfuhr oder Ausfuhr in anderen Bestimmungen festgesetzt sein möchten, während der ganzen Dauer des gegenwärtigen Vertrages aufgehoben sein und bleiben sollen.

In Erwiderung der von S. M. dem König von Sardinien ausgesprochenen Entsagung auf die Differenzialzölle zu Gunsten der päpstlichen Flagge erklärt seinerseits der heilige Stuhl, daß, während der Dauer des gegenwärtigen Vertrages, die gegenwärtig von den nachbenannten Gegenständen zu entrichtenden Abgaben zu Gunsten der sardinischen Flagge auf folgende Weise ermäßigt werden sollen: von Bleiweiß und getrockneten Pilzen um 25 % pro 100 Pfund, von frischen Pflanzen jeder Art, Blumen-, Gras- und Ölsamen um 30 % pro 100 Pfund.

*U. M. (?) Septbr. 25. Vertrag zwischen Schweden-Norwegen und den Niederlanden.

(?) Oktbr. 15. Vertrag zwischen Schweden-Norwegen und Toscana.

Tar. Rez. Novbr. 17. Vertrag zwischen den Niederlanden und Beiden Sizilien.

*Rez. Dezbr. 9. Vertrag zwischen Mecklenburg-Schwerin und der Union.

1848.

Rez. März 8. Vertrag zwischen Guatemala und Frankreich.

Rez. März 10. Vertrag zwischen den Hansastädten und Costa Rica.

Rez. März 12. Vertrag zwischen Costa Rica und Frankreich.

Rez. Aug. 18. Vertrag zwischen Neu-Granada und Sardinien.

Rez. Novbr. 21. Vertrag zwischen Großbritannien und Liberia.

1849.

Rez. März 3. Vertrag zwischen der Union und Guatemala.[1])

Rez. März 27. Vertrag zwischen Belgien und Nicaragua.

Rez. April 12. Vertrag zwischen Guatemala und Belgien.[2])

U. M.[3]) Novbr. 2. Vertrag zwischen Abessinien und Großbritannien.

Rez. Novbr. 17. Vertrag zwischen Belgien und Frankreich.

Rez. Novbr. 27. Vertrag zwischen Großbritannien und Costa Rica.[4])

1850.

Rez. Jan. 2. Vertrag zwischen der Union und San Salvador.[5])

Rez. Febr. 7. Vertrag zwischen Frankreich und Belgien.

Rez. Febr. 14. Vertrag zwischen Rußland und Belgien.

Rez. März 6. Vertrag zwischen der Dominikanischen Republik und Großbritannien.[6])

Rez. März 31. Vertrag zwischeu Bolivien und Belgien.[7])

*Rez. April 10. Vertrag zwischen Peru und Großbritannien.

*Rez. Mai 10. Vertrag zwischen Spanien und Costa Rica.

Rez. Mai 16. Vertrag zwischen Belgien und Peru.

---

[1]) Gekündigt im Jahre 1873.

[2]) Gekündigt für 21. Novbr. 1874.

[3]) Einseitige zugunsten Großbritanniens.

[4]) Gekündigt im Jahre 1897.

[5]) Ersetzt durch den Vertrag vom Jahre 1870.

[6]) Gekündigt auf 14. Juli 1897.

[7]) Ersetzt durch Vertrag vom Jahre 1860.

*Rez.	Juni 12.	Vertrag zwischen Rußland und Griechenland.
Rez.	Juli 10.	Vertrag zwischen Großbritannien und Hawai.[1]
*Rez.	Juli 25.	Vertrag zwischen Spanien und Nicaragua.
Rez.	Oktbr. 31.	Vertrag zwischen Belgien und Bolivien.
Tar. Rez.	Novbr. 5.	Vertrag zwischen Sardinien und Frankreich.
*U. M.	Novbr. 25.	Vertrag zwischen der Schweiz und der Union.[2]
Rez.	Dezbr. 17.	Vertrag zwischen Sardinien und Portugal.

1851.

Tar. U. M. Rez.	Jan. 24.	Vertrag zwischen Belgien und Sardinien.[3]
Tar. Rez.	Febr. 27.	Vertrag zwischen Großbritannien und Sardinien.
Rez.	Febr. 28.	Vertrag zwischen Rußland und Portugal.[4]
U. M.	März 5.	Vertrag zwischen Neapel und der Hohen Pforte.
Rez.	April 29.	Vertrag zwischen Sardinien und den Hansastädten.
Tar.	Mai 20.	Vertrag zwischen Sardinien und dem Zollverein.
Tar.	Mai 20.	Nachtragskonvention zum Vertrag vom 5. November 1850 zwischen Sardinien und Frankreich.
Rez.	Mai 31.	Vertrag zwischen Griechenland und Sardinien.
Tar. U. M.	Juni 8.	Vertrag zwischen der Schweiz und Sardinien.
Tar. U. M. Rez.	Juni 24.	Vertrag zwischen den Niederlanden und Sardinien.[5]
*Rez.	Juli 10.	Vertrag zwischen der Union und Costa Rica.
Rez.	Juli 26.	Vertrag zwischen der Union und Peru.[6]
	Juli 31.	Bekanntmachung, die Außerwirkungsetzung der bisher der Schweiz im Zollverein eingeräumten Zollbegünstigungen betreffend.
Tar. U. M. Rez.	Septbr. 20.	Vertrag zwischen Belgien und den Niederlanden.[7]
*Rez.	Oktbr. 12.	Vertrag zwischen Uruguay und Brasilien.

[1] Durch die Einverleibung Hawais in die Union wohl gegenstandslos geworden.

[2] Die auf die Meistbegünstigung bezüglichen Artikel sind im Jahre 1899 gekündigt worden.

[3] Ersetzt durch den Vertrag vom Jahre 1857. Die Tarifkonzessionen wurden nicht mit herübergenommen.

[4] Gekündigt 28. Januar 1902.

[5] S. S. 145.

[6] Gekündigt im Jahre 1863.

[7] Gekündigt auf 1. Januar 1858.

Tar. U. M. Oktbr. 18. Vertrag zwischen Sardinien und Österreich.
***U.M.Rez.** Dezbr. 31. Vertrag zwischen dem Zollverein und den Niederlanden.

1852.

Tar.U.M.Rez. Jan. 25. Vertrag zwischen Sardinien und Schweden.
U. M.[1] Febr. 25. Vertrag zwischen den Niederlanden und der Türkei.
***Rez.** April 17. Vertrag zwischen Frankreich und Liberia.
Rez. Mai 8. Vertrag zwischen der Dominikanischen Republik und den Niederlanden.
Pr. Rez. Mai 8. Vertrag zwischen der Dominikanischen Republik und Frankreich.
Pr. Juni. 30. Zusatz zum Vertrag zwischen Chile und Frankreich vom 15. Septbr. 1846.
Rez. Juli 1. Vertrag zwischen Schweden-Norwegen und dem Königreich der Hawai-Inseln.[2]
Rez. Juli 12. Vertrag zwischen den Niederlanden und Costa Rica.[3]
***U. M.** Juli 12. Vertrag zwischen Frankreich und Persien.
Rez. Juli 26. Vertrag zwischen Dänemark und San Domingo.
Rez. August 9. Vertrag zwischen Argentinien und Portugal.[4]
***U. M.** Septbr. 14. Vertrag zwischen Lübeck und Schweden und Norwegen.
***Rez.**(?) Oktbr. 27. Vertrag zwischen Schweden-Norwegen und Griechenland.

1853.

Rez. Jan. 28. Vertrag zwischen Mecklenburg-Schwerin und Sardinien.
Rez. Jan. 29. Vertrag zwischen Großbritannien und Ecuador.
U. M. Febr. 15. Vertrag zwischen Frankreich und Toskana.
Pr. Tar. U. M. Febr. 19. Vertrag zwischen Preußen und Österreich.
Rez. März 4. Vertrag zwischen Großbritannien und Paraguay.
Rez. März 4. Vertrag zwischen Frankreich und Paraguay.[5]
Rez. März 4. Vertrag zwischen Sardinien und Paraguay.
Rez. März 9. Vertrag zwischen Portugal und Frankreich.

---

[1] Einseitige.
[2] Wohl gegenstandslos geworden.
[3] Am 4. November 1897 außer Kraft getreten.
[4] Wurde bei der Aufzählung auf S. 54 übersehen.
[5] Erneuert im Jahre 1862.

Rez.	März 10.	Vertrag zwischen Toskana und Sizilien.
Rez.	Juni 28.	Vertrag zwischen Chile und Sardinien.[1]
Rez.	Juli 10.	Vertrag zwischen Frankreich und Argentinien.[2]
*Rez.	Juli 21.	Vertrag zwischen der Argentinischen Konföderation und der Union.
*Pr. Rez.	Septbr. 16.	Vertrag zwischen Belgien und Uruguay.

1854.

Rez.	März 22.	Vertrag zwischen Sardinien und San Domingo.
U. M.[3]	März 31.	Vertrag zwischen Japan und der Union.
Rez.	Juni 3.	Vertrag zwischen den Hansastädten und Neu-Granada.
Tar.	Juli 5.	Vertrag zwischen der Union und Großbritannien (wegen Kanada).[4]
M.[5]	Oktbr. 4.	Vertrag zwischen Chile und Großbritannien.[6]

1855.

Rez. (?)	Febr. 18.	Vertrag zwischen Spanien und Domingo.[7]
*U. M.[3]	April 18.	Vertrag zwischen Großbritannien und Siam.
Rez.	Mai 12.	Vertrag zwischen Bremen und der Dominikanischen Republik.
Rez.	Mai 29.	Vertrag zwischen den Hansastädten und Liberia.
Pr. Rez.	Juli 10.	Vertrag zwischen dem Zollverein und Mexiko.
Rez. (?)	Juli 17.	Vertrag zwischen der Argentinischen Konföderation und Schweden-Norwegen.[2]
Tar.	Juli 26.	Vertrag zwischen Japan nnd Rußland.
?	Aug. 30.	Vertrag zwischen Brasilien und Chile.
*Tar.	Aug. 30.	Vertrag zwischen Chile und Argentinien.
*U. M.	Septbr. 6.	Vertrag zwischen der Schweiz und Großbritannien.[8]
Rez.	Septbr. 22.	Vertrag zwischen Sardinien und der Argentinischen Konföderation.
Rez.	Oktbr. 1.	Vertrag zwischen den Vereinigten Staaten und Beiden Sizilien.[9]

---

[1] Gekündigt auf 4. Juni 1896.

[2] Ist auf S. 54 anzuführen vergessen worden.

[3] Einseitige. [4] Abgelaufen am 17. März 1866.

[5] Am 3. September 1896 außer Kraft getreten.

[6] Enthielt nur den Gleichbenachteiligungszwang.

[7] Zum Teil gekündigt am 10. Juni 1892.

[8] Es wurde übersehen, diesen Vertrag in Abschnitt X aufzuführen.

[9] Gegenstandslos geworden durch die Einverleibung Neapels in das Königreich Italien.

Rez.	Dezbr. 27. Vertrag zwischen den Hansastädten und Beiden Sizilien.
Rez.	Dezbr. 29. Vertrag zwischen den Niederlanden und Österreich.

1856.

*Rez.	März 7. Vertrag zwischen Brasilien und der Argentinischen Konföderation.
*Rez.	Febr. 22. Vertrag zwischen Frankreich und Honduras.
Rez.	März 22. Vertrag zwischen den Niederlanden und Guatemala.[1])
Tar. Rez.	März 26. Vertrag zwischen Spanien und Beiden Sizilien.
Rez.	April 6. Vertrag zwischen Peru und Brasilien.
Rez. (?)	Mai? Vertrag zwischen Paraguay und Brasilien.[2])
Rez.	Mai 15. Vertrag zwischen Frankreich und Neu-Granada.
*Tar.	Mai 29. Vertrag zwischen Siam und den Vereinigten Staaten.
Rez.	Juni 5. Vertrag zwischen Belgien und Griechenland.
Pr. Rez.	Juni 23. Vertrag zwischen dem Zollverein und Uruguay.[3])
Rez.	Juni 28. Vertrag zwischen Chile und Sardinien.[4])
Tar.	Juni 30. Vertrag zwischen Japan und den Niederlanden.
Rez.	Juli 9. Vertrag zwischen Ecuador und Neu-Granada.
Rez. (?)	Juli 24. Vertrag zwischen den Niederlanden und San Domingo.
Tar.	Aug. 15. Vertrag zwischen Siam und Frankreich.
U. M.	Aug. 27. Vertrag zwischen Großbritannien und Honduras.

---

[1]) Am 3. September 1873 gekündigt worden.

[2]) Gekündigt auf 10. April 1875.

[3]) Für 15. Oktober 1874 gekündigt.

[4]) Am 12. März 1897 gekündigt.

Art. VI. „Die Natur- oder Kunstprodukte aus den Besitzungen Seiner Majestät des Königs von Sardinien, welche in das chilenische Gebiet eingeführt werden, und die Natur- oder Kunstprodukte der Republik Chile, welche zur Einfuhr in das Königreich Sardinien gelangen, unterliegen weder anderen noch höheren Abgaben, als diejenigen sind, welche jetzt oder künftig von den nämlichen Natur- oder Kunsterzeugnissen irgend eines anderen fremden Landes erhoben werden. Ganz das Nämliche gilt auch von den Einfuhrzöllen."

Art. XXVII. „Die beiden vertragenden Teile sind übereingekommen, daß unabhängig von den vorausgegangenen Abreden, die diplomatischen Agenten . . . die Ladungen und die Waren des einen Staates die Vergünstigungen . . . aller Art genießen sollen, welche zum Vorteil der meistbegünstigten Nation eingeräumt sind oder noch eingeräumt werden, und zwar unentgeltlich usw."

U. M.[1]) Dezbr. 9. Vertrag zwischen Großbritannien und Marocco.
U. M. Dezbr. 13. Vertrag zwischen der Union und Persien.[2])

1857.

*Rez. April 20. Vertrag zwischen Peru und Guatemala.
*U. M. April 26. Vertrag zwischen Sardinien und Persien.
*U. M. Mai 17. Vertrag zwischen Österreich und Persien.
Rez. Juni 2. (14.) Vertrag zwischen Frankreich und Rußland.
U. M. Juni 25. Vertrag zwischen dem Zollverein und Persien.[3])
*U. M. Juli 31. Vertrag zwischen Belgien und Persien.
*Rez. Septbr. 19. Vertrag zwischen dem Zollverein und der Argentinischen Konföderation.
Rez. Oktbr. 29. Vertrag zwischen Frankreich und Sandwich-Inseln.[4])
*U. M. Novbr. 30. Vertrag zwischen Dänemark und Persien.
Rez. Dezbr. 10. Vertrag zwischen Belgien und Sardinien.
Rez. Dezbr. 31. Vertrag zwischen Mecklenburg-Schwerin und Beiden Sizilien.

1858.

Rez. Febr. 8. Vertrag zwischen Belgien und Venezuela.[5])
Rez. Febr. 15. Vertrag zwischen Belgien und Salvador.[6])
Rez. März 27. Vertrag zwischen Belgien und Honduras.
*Rez. Mai 8. Vertrag zwischen Belgien und Nicaragua.
*Rez. Mai 13. Vertrag zwischen Bolivien und der Union.
*Pr. Rez. Juni 9. Vertrag zwischen Belgien und Rußland.
*Tar. U. M.[1]) Juni 18. Vertrag zwischen der Union und China.
U. M.[1]) Juni 1. Vertrag zwischen Rußland und China.
Rez. Juli 17. Vertrag zwischen Belgien und der Union.[7])

---

[1]) Einseitig (?).

[2]) Art. IV. The merchandise imported or exported by the respective citizens or subjects of the two high contracting parties shall not pay in either country, on their arrival or departure, other duties than those which are charged in either of the countries on the merchandise or products imported or exported by the merchants and subjects of the most favored nation, and no exceptional tax, under any name or pretext whatever, shall be collected on them in either of the two countries.

[3]) Ersetzt durch Vertrag vom Jahre 1873.

[4]) Gegenstandslos geworden.

[5]) Abgelaufen am 2. Oktober 1870.

[6]) Gekündigt anf 25. März 1881.

[7]) Ersetzt durch den Vertrag vom Jahre 1875.

U. M.[1]) Aug. 19. Vertrag zwischen Japan und Rußland.
*Rez. August 31. Vertrag zwischen Belgien und Costa Rica.
Pr. Rez. August 31. Vertrag zwischen Belgien und Chile.[2])
U. M.[1]) Novbr. 24. Vertrag zwischen Frankreich und China.
U. M. Februar 5. Vertrag zwischen Türkei und Brasilien.
U. M. Mai 18. Vertrag zwischen Marocco und den Niederlanden.
Tar. Juni 26. Vertrag zwischen Großbritannien und China.
Tar. Juni 27. Vertrag zwischen Frankreich und China.
Tar. August 26. Vertrag zwischen Japan und Großbritannien.
Tar. Oktbr. 9. Vertrag zwischen Frankreich und Japan.

1859.

*U. M. Jan. 12. Vertrag zwischen Großbritannien und Rußland.
*Rez. Febr. 4. Vertrag zwischen Paraguay und der Union.
Rez. März 29. Vertrag zwischen Belgien und Liberia.
*Rez. (?) April 11. Vertrag zwischen Frankreich und Nicaragua.[3])
U. M.[1]) Sept. 15. Vertrag zwischen Siam und Dänemark.
Tar. Febr. 10. Vertrag zwischen Siam und Portugal.

1860.

Tar. U. M. Jan. 23. Vertrag zwischen Frankreich und Großbritannien.[4])
Rez. (?) Febr. 11. Vertrag zwischen Großbritannien und Nicaragua.[5])
*Rez. Mai 21. Vertrag zwischen Liberia und Dänemark.
Rez. August 1. Vertrag zwischen Paraguay und dem Zollverein.
U. M.[1]) August 3. Vertrag zwischen Japan und Portugal.
*Rez. Tar. Pr. August 17. Vertrag zwischen Belgien und Bolivien.
Rez. August 27. Vertrag zwischen Venezuela und der Union.[6])

---

[1]) Einseitig.

[2]) Erloschen am 9. Januar 1897.

[3]) Gekündigt am 7. Mai 1887.

[4]) Gekündigt auf 15. März 1873.

[5]) Am 7. Mai 1887 gekündigt.

[6]) Gekündigt im Jahre 1870.

Art. XX. „Waffen und Kriegsmunition aller Art, eiserne Maschinen und eiserne Gerätschaften aller Art, oder solche, in denen das Eisen den Hauptbestandteil bildet, Nägel, Fensterglas und Bücher Belgischen Ursprungs genießen bei dem Eingange nach Bolivien eine Ermäßigung von einem Viertel an den Eingangszöllen des allgemeinen Tarifes."

*Rez. Septbr. 14. (2.) Vertrag zwischen Rußland und Österreich.
*U. M.[1]) Dezbr. 17. Vertrag zwischen den Niederlanden und Siam.

* * *

Die Zeit von 1831—1859 gehört ausgesprochen der Reziprozität. Die unbedingte Meistbegünstigung zu vereinbaren wird eine Seltenheit. Wo sie vereinbart wird, ist die Gewährung gewöhnlich eine einseitige.

Die Beiden Sizilien beginnen, wie schon auf Seite 164 dargelegt, ein Tarifvertragssystem aufzubauen, daß sich natürlich nicht mit dem von Frankreich aus den 60er oder 80er Jahren oder dem Deutschlands aus den 90er Jahren vergleichen läßt, da jenes Land nicht entfernt die wirtschaftliche Macht dieser Staaten inne hatte.

Hingegen verdient das sardinische System von Tarifverträgen alle Beachtung. Cavour war bei seinem Aufenthalte in England mit den Ideen der Freihandelslehre bekannt geworden und trug ihnen als Erster in den Jahren 1850—52 in Gestalt von 8 Tarifverträgen Rechnung.

Was manchen Leser ganz besonders überraschen dürfte, ist der Umstand, daß noch eine ganze Anzahl von Verträgen aus dieser Periode in Kraft besteht; und zwar nicht nur Verträge der Union, sondern auch anderer Staaten.

Die Reziprozität lebt also noch heute. Sobald ein Staat auch diesseits des großen Wassers das Prinzip energisch betonen und sich in dieser Hinsicht der Union, die sich prinzipiell nur für die Reziprozität entscheidet, anschließen wollte, würden vermutlich anch viele andere Staaten sich darauf besinnen, daß sie noch Verträge mit der bedingten und nicht mit der unbedingten Meistbegünstigung laufen haben. Es würde mit der Gewährung der Meistbegünstigung etwas kritischer zu Werke gegangen werden; und Deutschland, der Tarifvertragsstaat für die letzten und kommenden zehn Jahre würde nicht schlecht dabei fahren. Denn Deutschland ist heute derjenige Staat in der ganzen Welt, welcher an seinem autonomen Tarif die meisten Abschläge vornimmt, welcher am meisten austeilen will. Er hätte am allerwenigsten ein Wiedererwachen des Reziprozitätsgedankens zu fürchten; wohl aber würde er aller Voraussicht nach sehr viel gewinnen.

[1]) Einseitige.

V. Periode (1861–1870).

1861.

Rez. März 9. Vertrag zwischen Frankreich und Peru.
*U. M.[4]) April 29. Vertrag zwischen Großbritannien und der Türkei.
*U. M.[4]) April 29. Vertrag zwischen Frankreich und der Türkei.[1])
Tar. U. M. Mai 1. Vertrag zwischen Belgien und Frankreich.[2])
*Rez. Juni 19. Vertrag zwischen Venezuela und Italien.
*U. M.[4]) Juli 10. Vertrag zwischen Italien und der Türkei.[1])
Rez. Juli 20. Vertrag zwischen Mexiko und Belgien.[3])
*U. M.[4]) Septbr 2. Vertrag zwischen dem Zollverein und China.
U. M.[4]) Oktbr. 10. Vertrag zwischen Belgien und der Türkei.

1862.

*U. M. Jan. 4. Vertrag zwischen Belgien und Marocco.
*U. M.[4]) Jan. 22. Vertrag zwischen Rußland und der Türkei.

---

[1]) Eigentlich erloschen; de facto noch gehandhabt.

[2]) Erneuert durch Vertrag vom 23. Juli 1876; gekündigt am 31. Dez. 1879.

[3]) Art. XIX. „Weder der eine noch der andere der vertragenden Teile wird auf Waren, die von einem Erzeugnis des Bodens oder der Industrie oder aus den Entrepots des anderen Teiles herrühren, andere oder höhere Eingangs- oder Wiederausgangsabgaben legen, als diejenigen, welche auf dieselben Waren, wenn sie von irgend einem anderen fremden Staate herrühren, gelegt sind."

Art. XXVIII. „Zwischen den beiden vertragenden Teilen ist formell vereinbart, daß die diplomatischen Agenten, die Landesangehörigen jeder Klasse, die Schiffe und Waren des einen der beiden Staaten die Begünstigungen, Abgabenermäßigungen, Vorrechte und Freiheiten aller Art genießen sollen, welche zum Vorteile der meistbegünstigten Nation eingeräumt sind oder noch eingeräumt werden, und zwar unentgeltlich, ...

Überdies ist wohl verstanden, daß diese allgemeine Verabredung den Bestimmungen der früheren Artikel nicht präjudiziert, welche aus eigenem Recht und bedingungslos die Behandlung der meistbegünstigten Nation festsetzen."

Diesen Vertrag auf S. 53 anzuführen, ist übersehen worden.

[4]) Einseitige Meistbegünstigung.

Rez.	Febr. 1.	Vertrag zwischen Chile und dem Zollverein.[1]
*Tar.	Febr. 7.	Vertrag zwischen Siam und dem Zollverein.
*U. M.[2]	Febr. 21.	Vertrag zwischen Schweden-Norwegen und der Türkei.
U. M.[2]	Febr. 25.	Vertrag zwischen den Niederlanden und der Türkei.
*U. M.[2]	Febr. 25.	Vertrag zwischen Dänemark und der Türkei.
U. M.[2]	Febr. 25.	Vertrag zwischen der Union und der Türkei.
*U. M.[2]	März 19.	Vertrag zwischen Türkei und Spanien.
U. M.[2]	März 20.	Vertrag zwischen Zollverein und der Türkei.
*U. M.[2]	Mai 22.	Vertrag zwischen Österreich und der Türkei.[3]
*U. M.	Juni 14.	Vertrag zwischen Schweden und Italien.
*Tar. U. M.	Juli 23.	Vertrag zwischen Belgien und Großbritannien.[4]
Tar. U. M.	Aug. 2.	Vertrag zwischen Frankreich und dem Zollverein.[5]
Rez.	Aug. 9.	Vertrag zwischen Frankreich und Paraguay.
?	Septbr. 12.	Vertrag zwischen Frankreich und Madagaskar.[6]
U. M.[2]	Septbr. 27.	Vertrag zwischen den Hansastädten und der Türkei.
U. M. (?)	Oktbr. 4.	Vertrag zwischen Belgien und Hawai.[7]
Rez.	Oktbr. 16.	Vertrag zwischen den Niederlanden und Hawai.
*Rez.	Oktbr. 22.	Vertrag zwischen Liberia und der Union.
*U. M.	Oktbr. 24.	Vertrag zwischen Großbritannien und Salvador.[7]
Tar. U. M.	Dezbr. 11.	Vertrag zwischen der Schweiz und Belgien.[8]
Rez.	Dezbr. 19.	Vertrag zwischen Dänemark und Venezuela.[9]
Rez.	Dezbr. 20.	Vertrag zwischen den Niederlanden und Liberia.[10]
Pr.	Dezbr. 20.	Vertrag zwischen Frankreich und San Domingo.

---

[1] Für 27. August 1895 gekündigt; am 31. Mai 1897 außer Kraft getreten.

[2] Einseitige Meistbegünstigung.

[3] Eigentlich erloschen; de facto noch gehandhabt.

[4] Abgelaufen am 29. Juli 1898. Dann wieder verlängert.

[5] Beendet durch den Krieg 1870/71 und den Vertrag vom 10. Mai 1871.

[6] Gegenstandslos geworden durch die Annexion.

[7] Dürfte durch die Einverleibung Hawais in die Union gegenstandslos geworden sein.

[8] Für 18. Novbr. 1878 gekündigt.

[9] Im Laufe des Jahres 1882 außer Kraft getreten.

[10] Gekündigt am 9. Novbr. 1899.

1863.

Tar. U. M. Jan. 17. Vertrag zwischen Frankreich und Italien.
U. M. März 28. Abkommen zwischen Belgien und Preußen.[1]
Tar. U. M. April 9. Vertrag zwischen Belgien und Italien.[2]
? April 14. Vertrag zwischen Italien und Costa Rica.[3]
U. M. Mai 11. Vertrag zwischen Belgien und Lübeck.
***Pr. Tar. U. M.** Mai 12. Vertrag zwischen Belgien und den Niederlanden.
U. M. Juni 21. Vertrag zwischen Belgien und Hamburg.
Tar. U. M. Juni 26. Vertrag zwischen Belgien und Schweden-Norwegen.[4]
Tar. Juli 13. Vertrag zwischen Dänemark und China.
***Rez.** (?) Juli 13. Vertrag zwischen Dänemark und Domingo.
Rez. (?) Juli 22. Vertrag zwischen Hawai und Italien.[5]
U. M. August 3. Vertrag zwischen Italien und Großbritannien.[6]
Tar. U. M. Aug. 17. Vertrag zwischen Belgien und Dänemark.[7]
***Rez.** Septbr. 1. Vertrag zwischen Liberia und Schweden-Norwegen.
Pr. Rez. Septbr. 16. Vertrag zwischen Rußland und Italien.
U. M.[8] Oktbr. 6. Vertrag zwischen China und den Niederlanden.
U. M. (?) Okt. 29. Vertrag zwischen Hawai und Spanien.[9]
***U. M.** Novbr. 24. Vertrag zwischen Italien und Niederlande.[10]
***M.** (?) Dezbr. 31. Vertrag zwischen Brasilien und Belgien.

1864.

U. M.[8] Februar 6. Vertrag zwischen der Schweiz und Japan.
U. M. Mai 1. Vertrag zwischen Italien und Dänemark.
Tar. U. M. Juni 30. Vertrag zwischen der Schweiz und Frankreich.
***Rez.** Juli 4. Vertrag zwischen der Union und Honduras.
U. M. (?) Juli 20. Vertrag zwischen Hawai und der Schweiz.[5]
Tar. Oktbr. 10. Vertrag zwischen Spanien und China.
***Rez.** Novbr. 3. Vertrag zwischen Haiti und der Union.

---

[1] Vorläufige Vereinbarung der unbedingten Meistbegünstigung.
[2] Am 25. Juni. 1876 gekündigt.
[3] Am 27. Novbr. 1897 außer Kraft getreten.
[4] Für 26. Juni 1895 gekündigt.
[5] Durch die Annexion Hawais seitens der Union gegenstandslos geworden.
[6] Am 26. Juni 1876 gekündigt.
[7] Am 27. Juni 1895 erloschen.
[8] Einseitig.
[9] Wohl gegenstandslos geworden.
[10] Am 26. Juni 1875 gekündigt.

1865.

Tar. U. M. Febr. 14. Vertrag zwischen Frankreich und Schweden-Norwegen.
Tar. U. M. April 11. Vertrag zwischen Österreich und dem Zollverein.
Tar. U. M. Mai 22. Vertrag zwischen dem Zollverein und Belgien.[1]
U. M. Mai 30. Vertrag zwischen dem Zollverein und Großbritannien.[2]
Tar. U. M.[3] Juni 18. Vertrag zwischen Spanien und Frankreich.
* Juni 24. Vertrag zwischen Spanien und Salvador.
Tar. U. M. Juli 7. Vertrag zwischen den Niederlanden und Frankreich.[4]
Oktbr. 29. Vertrag zwischen Hawai und Spanien.[5]
U. M. Dezbr. 16. Vertrag zwischen Großbritannien und Österreich.[6]
U. M. Dezbr. 31. Vertrag zwischen Italien und dem Zollverein.[7]

1866.

*U. M. Februar 16. Vertrag zwischen Columbien und Großbritannien.
U. M. (?) März 8. Vertrag zwischen Frankreich und Guatemala.
Pr. Rez. Mai 7. Vertrag zwischen Italien und Uruguay.
Tar. Juni 25. Vertrag zwischen Japan und den Niederlanden.
Tar. Juni 25. Vertrag zwischen Frankreich und Japan.
U. M. Juli 11. Vertrag zwischen Portugal und Frankreich.
U. M. August 1. Vertrag zwischen Belgien und Japan.
*U. M. (?) August 10. Vertrag zwischen Chile und Bolivien.
Tar. August 25. Vertrag zwischen Japan und Italien.
*Pr. Rez. Septbr. 1. Vertrag zwischen Liberia und Österreich-Ungarn.
U. M. Dezbr. 11. Vertrag zwischen Frankreich und Österreich-Ungarn.

1867.

Rez. Febr. 2. Vertrag zwischen der Union und der Dominikanischen Republik.[8]

---

[1] Im Jahre 1879 gekündigt.
[2] Abgelaufen am 30. Juli 1898.
[3] Nur für die im Vertrag genannten Artikel.
[4] Am 26. Juni 1875 gekündigt.
[5] Gegenstandslos geworden.
[6] Am 3. Dezember 1880 abgelaufen.
[7] Von Italien zum 25. Juni 1876 gekündigt, aber immer wieder verlängert.
[8] Gekündigt im Jahre 1898.

U. M.	Febr. 23. Vertrag zwischen Belgien und Österreich-Ungarn.
*Pr. U. M.	März 26. Vertrag zwischen Österreich-Ungarn und den Niederlanden.
Rez. (?)	März 27. Vertrag zwischen Bolivien und Brasilien.[1]
Tar. U. M.	April 23. Vertrag zwischen Italien und Österreich-Ungarn.
?	Mai 28. Vertrag zwischen Frankreich und Marocco.
Tar.	Juni 12. Vertrag zwischen Dänemark und Japan.
Rez.	Juni 21. Vertrag zwischen Nicaragua und der Union.[2]
Tar. U. M.	Juli 29. Vertrag zwischen dem Kirchenstaat und Frankreich.
Rez. (?)	Septbr. 10. Vertrag zwischen Uruguay und Italien.[3]
*Rez.	Oktbr. 31. Vertrag zwischen dem Norddeutschen Bund und Liberia.

1868.

U. M.	Februar 16. Vertrag zwischen Großbritannien und Columbien.
*U. M.	Febr. 23. Vertrag zwischen Portugal und der Türkei.
U. M.	März 4. Vertrag zwischen Frankreich und den Hansastädten.
Rez.	März 6. Vertrag zwischen Italien und Nicaragua.[4]
U. M.	März 9. Vertrag zwischen dem Zollverein und Österreich-Ungarn.
U. M.	März 30. Vertrag zwischen Spanien und dem Norddeutschen Bund.[5]
Pr. U. M.	Juli 14. Vertrag zwischen der Schweiz und Österreich-Ungarn.
Tar. U. M.	Juli 22. Vertrag zwischen der Schweiz und Italien.
U. M.	Juli 29. Dekret des Kirchenstaates, das der Schweiz die Rechte der meistbegünstigten Nation verleiht.
Pr. Tar.	August 14. Vertrag zwischen Costa Rica und Nicaragua.
*U. M. (?)[6]	August 29. Vertrag zwischen Belgien und Siam.
U. M.	Septbr. 8. Vertrag zwischen Italien und Tunis.
*Tar.	Oktbr. 3. Vertrag zwischen Italien und Siam.

---

[1]) Am 6. September 1884 außer Kraft getreten.

[2]) Am 24. Oktober 1892 außer Kraft getreten.

[3]) Im Jahre 1880 außer Kraft getreten.

[4]) Gekündigt am 22. Oktober 1887.

[5]) Am 30. März 1882 außer Kraft getreten.

[6]) Einseitige.

U*. M.	Dezbr. 31.	Vertrag zwischen Italien und Honduras.
U. M.	Dezbr. 31.	Vertrag zwischen Italien und Guatemala.[1]

1869.

Rez.	Febr. 20.	Vertrag zwischen Japan und dem Zollverein.[2]
U. M.	Mai 8.	Vertrag zwischen dem Zollverein und dem Kirchenstaat.
Tar. U. M.	Mai 13.	Vertrag zwischen der Schweiz und dem Zollverein.[3]
Tar.	Mai 17.	Vertrag zwischen Siam und Österreich-Ungarn.
Rez. (?)	Juni 19.	Vertrag zwischen Rußland und Hawai.
Rez.	Juli 29.	Vertrag zwischen Portugal und der Südafrikanischen Republik.
U. M.	August 28.	Vertrag zwischen Mexiko und dem Zollverein.[4]
*U. M.[5]	Septbr. 2.	Vertrag zwischen China und Österreich-Ungarn.

1870.

U. M.	Febr. 12.	Vertrag zwischen Spanien und Belgien.
U. M.	Febr. 22.	Vertrag zwischen Spanien und Italien.[6]
Rez.	Febr. 28.	Vertrag zwischen Österreich-Ungarn und Guatemala.[7]
	Febr. 28.	Vertrag zwischen Spanien und Norwegen.
U. M.	März 24.	Vertrag zwischen Spanien und Österreich-Ungarn.
*U. M.	Juni 13.	Vertrag zwischen dem Norddeutschen Bund und San Salvador.[8]
Rez.	Septbr. 6.	Vertrag zwischen Peru und der Union.[9]
Rez.	Dezbr. 4.	Vertrag zwischen Italien und Mexiko.
*Rez.	Dezbr. 6.	Vertrag zwischen der Union und San Salvador.

Das Dezennium 1861—1870 war wohl das vertragsfreudigste aller Zeiten. Es regnete Tarifverträge. Daneben pflegte man aber auch das

[1]) Am 28. August 1884 abgelaufen.

[2]) Wohl außer Kraft getreten nach Abschluß des Vertrages vom Jahre 1896.

[3]) Ende 1879 abgelaufen.

[4]) Trat am 22. Dezember 1881 außer Kraft.

[5]) Einseitige.

[6]) Am 20. Oktober 1882 abgelaufen.

[7]) Nicht ratifiziert worden.

[8]) Gekündigt auf 1. April 1881; erneuert durch Konvention vom 12. Januar 1888.

[9]) Gekündigt im Jahre 1886.

Correlat, den Meistbegünstigungsvertrag. Und zwar wandte man sich nunmehr der unbedingten, unentgeltlichen Meistbegünstigung zu. Die Reziprozität gelangte nur mehr in Verträgen mit überseeischen Staaten zur Anwendung.

Insgesamt schlossen in dieser Periode Verträge

die Italiener (incl. Kirchenstaat)	24
die Belgier	19
die Franzosen	19
die Deutschen (Zollverein, Hansa usw.)	18
die Österreicher-Ungarn	14

Und die Engländer wird mancher fragen?

Großbritannien schloß Verträge:

im Jahre 1861 mit 1 Staat,
im Jahre 1862 mit 2 Staaten,
im Jahre 1863 mit 1 Staat,
im Jahre 1865 mit 2 Staaten,
im Jahre 1866 mit 1 Staat,
im Jahre 1868 mit 1 Staat.

Großbritannien generalisierte seine Zugeständnisse an Frankreich; Großbritannien warf der ganzen Welt umsonst die Zollminderungen zu, die Frankreich hatte erkaufen müssen, — eine Tat, welche bewirkte, daß England damals schon zu keinen Verträgen mit Spanien und Portugal gelangen konnte, welche zwar die generelle Minderung der englischen Zölle für Weine, herbeigeführt durch den Vertrag mit Frankreich, ruhig einstrichen, aber als wirklichen Entgelt für von ihnen zu machende Konzessionen eine weitere, besondere Reduktion verlangten und, als sie eine solche nicht erhielten, England differenzierten.

VI. Periode (1871—1879).

1871.

*Rez.	Febr. 26. Vertrag zwischen Italien und der Union.
*U. M.	Mai 10. Frankfurter Frieden zwischen Deutschland und Frankreich.
U. M.	Novbr. 18. Vertrag zwischen den Niederlanden und Spanien.
U. M.	Dezbr. 22. Vertrag zwischen dem Oranje-Freistaat und der Union.

1872.

Pr. U. M.	Jan. 13. Vertrag zwischen Portugal und Österreich-Ungarn.[1]
Pr. U. M.	März 2. Vertrag zwischen Portugal und Deutschland.[2]
Pr. U. M.	Juli 15. Vertrag zwischen Portugal und Italien.[3]
U. M.	Septbr. 8. Vertrag zwischen Spanien und Dänemark.
*Rez.	Dezbr. 14. Vertrag zwischen Rußland und der Schweiz.
Pr. U. M.	Dezbr. 20. Vertrag zwischen Spanien und Portugal.

1873.

*U. M.	Juni 11. Vertrag zwischen Deutschland und Persien.
*U. M.	Juli 23. Vertrag zwischen Persien und der Schweiz.
U. M.	Juli 23. Vertrag zwischen Belgien und Frankreich.[4]
U. M.	Juli 28. Vertrag zwischen Großbritannien und Frankreich.[5]
*Pr. U. M.	Novbr. 3. Vertrag zwischen Österreich-Ungarn und Schweden-Norwegen.
Pr. U. M.	Dezbr. 6. Vertrag zwischen der Schweiz und Portugal.[2]

1874.

Tar. Pr. U. M.	Febr. 23. Vertrag zwischen Portugal und Belgien.[1]
Rez.	März 9. Vertrag zwischen Peru und Argentinien.
U. M. (?)	April 1. Vertrag zwischen Rußland und Frankreich.
Rez.	April 1. Vertrag zwischen Belgien und dem Oranje-Freistaat.[6]

---

[1] Gekündigt auf 30. Januar 1892.
[2] Gekündigt auf 1. Februar 1892.
[3] Gekündigt auf 24. Januar 1892.
[4] Ende 1879 außer Kraft getreten.
[5] Verlängerung des Vertrages vom Jahre 1860.
[6] Am 30. April 1895 außer Kraft getreten.

*U. M.	Mai 16. Vertrag zwischen Rußland und Peru.
*U. M.	Juni 26. Vertrag zwischen China und Peru.
U. M.	Juli 23. Vertrag zwischen Persien und der Schweiz.
Rez.	August 14. Vertrag zwischen Belgien und Peru.[1]
Tar.	Novbr. 9. Vertrag zwischen Haiti und Domingo.[2]
U. M.	Novbr. 14. Vertrag zwischen den Niederlanden und dem Oranje-Freistaat.
*U. M.	Dezbr. 23. Vertrag zwischen Italien und Peru.[3]

1875.

Pr. U. M.	Jan. 9. Vertrag zwischen Portugal und den Niederlanden.
Pr. Tar.	Jan. 30. Vertrag zwischen Hawai und der Union.[4]
*U. M.	Febr. 10. Vertrag zwischen der Schweiz und Dänemark.
*Rez.	März 8. Vertrag zwischen Belgien und den Vereinigten Staaten.
Pr. U. M.	Mai 18. Vertrag zwischen Deutschland und Costa Rica.[5]
Rez.	Juni 18. Vertrag zwischen Österreich-Ungarn und Hawai.[6]
Tar. U. M.	Juni 22. Vertrag zwischen Rumänien und Österreich-Ungarn.[7]
*U. M.	August 19. Vertrag zwischen der Schweiz und den Niederlanden.
*Rez.	August 21. Vertrag zwischen Griechenland und Spanien.
Pr. Rez.	Dezbr. 11. Vertrag zwischen Portugal und der südafrikanischen Republik.

1876.

U. M.[8]	Vertrag zwischen der Union und Samoa.[9]
Pr. Rez.	Febr. 3. Vertrag zwischen Belgien und der südafrikanischen Republik.

---

[1] Gekündigt auf 24. April 1886. [2] Anfang 1900 abgelaufen.

[3] Gekündigt auf 31. Januar 1892. [4] Gegenstandslos geworden.

[5] Im Jahre 1897 außer Kraft getreten.

[6] Wohl gegenstandslos geworden.

[7] Gekündigt am 1. Juni 1885. [8] Einseitige.

[9] Art. VI. The Government of Samoa agrees to allow to the Government and citizens of the United States free and equal participation in any privileges that may have been or may hereafter be granted to the Government, citizens, or subjects of any other nation.

Dieser Vertrag ist auf S. 185 unter die einseitigen unbedingten Meistbegünstigungsverträge der Union einzuschalten.

Pr. U. M. Februar 23. Vertrag zwischen Spanien und Rußland.
(?) Febr. 26. Vertrag zwischen Japan und Korea.
Pr. Rez. März 10. Vertrag zwischen Portugal und dem Oranje-Freistaat.[1])
Pr. U. M. März 27. Vertrag zwischen Rußland und Rumänien.[2])
*U. M. Dezbr. 5. Vertrag zwischen Österreich-Ungarn und Großbritannien.
Rez. Dezbr. 14. Vertrag zwischen Mexiko und Italien.

1877.

Pr. U. M. Jan. 12. Vertrag zwischen Portugal und Griechenland.[3])
Tar. U. M. Juli 6. Vertrag zwischen Frankreich und Italien.
Tar. U. M. Novbr. 11. Vertrag zwischen Rumänien und Deutschland.[4])
U. M. Novbr. 17. Vertrag zwischen Griechenland und Italien.[5])

1878.

U. M. März 30. Vertrag zwischen Rumänien und der Schweiz.[6])
U. M. März 31. Vertrag zwischen Honduras und Salvador.
Tar. Mai 4. Vertrag zwischen Spanien und Belgien.[3])
Tar. Mai 13. Vertrag zwischen Honduras und Nicaragua.
Rez. (?) Novbr. 9. Vertrag zwischen Portugal und Paraguay.[7])
U. M. Dezbr. 16. Vertrag zwischen Österreich-Ungarn und Deutschland.[8])
Tar. U. M. Dezbr. 27. Vertrag zwischen Italien und Österreich-Ungarn.

1879.

U. M. Januar 15. Provisorium zwischen Italien und Österreich-Ungarn.[8])
U. M. Januar 20. Vertrag zwischen Österreich-Ungarn und Frankreich.[8])
U. M. Januar 28. Provisorium zwischen Italien und der Schweiz.[8])
Pr. Rez. M. März 25. Vertrag zwischen Deutschland und Hawai.[9])

---

[1]) Am 7. Februar 1899 außer Kraft getreten.
[2]) Gekündigt am 2. Novbr. 1885.
[3]) Gekündigt auf 1. Februar 1892. [4]) Gekündigt am 21. Juni 1890.
[5]) Gekündigt auf 19. Mai 1889. [6]) Auf 13. Januar 1886 gekündigt.
[7]) Am 7. September 1893 außer Kraft getreten.
[8]) Geschlossen für das Jahr 1879.
[9]) Gegenstandslos geworden.

Pr. Rez.	Mai 10.	Vertrag zwischen Bolivien und Portugal.[1]
*U. M.	Juni 24.	Vertrag zwischen Deutschland und Samoa.
*	Aug. 14.	Vertrag zwischen Spanien und Peru.
U. M.	Oktbr. 25.	Vertrag zwischen Zanzibar und Portugal.

* * *

Wenn wir mit 1871 eine neue Epoche der Handelspolitik beginnen lassen, so geschieht dies im Hinblick auf den Frankfurter Friedensvertrag, welcher für Frankreich und Deutschland unkündbar das Verhältnis der unbedingten Meistbegünstigung begründete. Diese Tatsache ist unseres Erachtens von so weittragender Bedeutung für die Geschichte und Weiterentwicklunng der Handelspolitik gewesen, daß man hier einen neuen Abschnitt beginnen lassen muß.

Im Übrigen war diese Periode ohne besondere Ereignisse. Die Zahl der Verträge ist nicht sonderlich groß.

Die Reziprozität verliert auch bei den süd- und mittelamerikanischen Staaten an Boden.

Die Hauptvertragsmacht in dieser Periode ist Portugal, welches nicht weniger als 11 Verträge schließt. Ihm reihen sich Österreich-Ungarn mit 8, Belgien und Italien mit je 7, die Schweiz, Spanien und Deutschland mit je 6 Verträgen an.

Das eben geschaffene Königreich Rumänien schließt, um sich bei den Staaten einzuführen und um auch so seine Souveränitat zu bekunden 4 Verträge, denen in dem Zeitraum von 1880—1881 weitere 4 folgen.

[1]) Gekündigt auf 18. März 1892.

VII. Periode (1880—1890).

1880.

U. M. Febr. 7. Vertrag zwischen Großbritannien und Serbien.[1])
Tar. U. M. März 23. Vertrag zwischen Italien und Rumänien.[2])
U. M. März 28. Vertrag zwischen Belgien und Rumänien.[3])
U. M. April 5. Vertrag zwischen Großbritannien und Rumänien.
Tar. U. M. April 18. Vertrag zwischen Griechenland und Rumänien.[4])
U. M. Mai 10. Vertrag zwischen Serbien und Italien.
Tar. U. M. Juni 3. Vertrag zwischen Österreich-Ungarn und Spanien.[5])
*Tar. U. M. Juni 10. Vertrag zwischen der Schweiz und Serbien.
Tar. Juli 17. Vertrag zwischen Guatemala und Honduras.
U. M. Oktb. 18. Vertrag zwischen Großbritannien und Ecuador.[6])

1881.

*Rez. Januar 30. Vertrag zwischen Columbien und Spanien.
Tar. U. M. Mai 6. Vertrag zwischen Österreich-Ungarn und Serbien.
Tar. U. M. Mai 23. Vertrag zwischen Deutschland und Österreich-Ungarn.
U. M. Mai 23. Vertrag zwischen Schweiz und Deutschland.[7])
U. M. Juni 17. Vertrag zwischen Rumänien und den Niederlanden.
*U. M. Oktbr. 13. Vertrag zwischen China und Brasilien.
*U. M. Oktbr. 14. Vertrag zwischen der Union und Serbien.
*U. M. Oktbr. 17. Vertrag zwischen den Niederlanden und Serbien.
Tar. U. M. Oktbr. 31. Vertrag zwischen Frankreich und Belgien.[8])
Tar. U. M. Novbr. 3. Vertrag zwischen Frankreich und Italien.[9])
U. M. Dezbr. 19. Vertrag zwischen Frankreich und Portugal.[10])
U. M. Dezbr. 30. Vertrag zwischen Frankreich und Schweden-Norwegen.[10])

---

[1]) Für 18. Mai 1900 gekündigt.
[2]) Gekündigt für 1. März 1891.
[3]) Gekündigt für 1. März 1891.
[4]) Abgelaufen am 27. April 1887.
[5]) Gekündigt auf 1. Februar 1892.
[6]) Am 30. März 1899 abgelaufen.
[7]) Gekündigt auf 1. Febr. 1892.
[8]) Gekündigt auf 1. Februar 1892; verlängert durch Konvention vom 13. Januar 1892.
[9]) Gekündigt auf 1. Januar 1888.
[10]) Gekündigt auf 1. Febr. 1892.

1882.

*U. M. Januar 21. Vertrag zwischen Großbritannien und Montenegro.[1])

Tar. U. M. Febr. 6. Vertrag zwischen Frankreich und Spanien.[2])

Tar. U. M. Febr. 23. Vertrag zwischen Frankreich und der Schweiz.[2])

U. M. Febr. 28. Vertrag zwischen Frankreich und Großbritannien.

Pr. U. M. Mai 5. Vertrag zwischen Hawai und Portugal.[3])

U. M. Mai 19. Vertrag zwischen Griechenland und Serbien.

*U. M. Mai 20. Vertrag zwischen Spanien und Venezuela.

Rez. Mai 22. Vertrag zwischen Union und Korea.[4])

*U. M. Septbr. 9. Vertrag zwischen Frankreich und San Domingo.

*U. M. Dezember 5. Vertrag zwischen Mexiko und Deutschland.

*U. M. Dezember 11. Vertrag zwischen Italien und Belgien.

1883.

Tar. U. M. Januar 6. Vertrag zwischen Deutschland und Serbien.

U. M. Jan. 18. Vertrag zwischen Frankreich und Serbien.

Tar. Jan. 20. Vertrag zwischen der Union und Mexico.

Tar. U. M. März 14. Vertrag zwischen der Schweiz und Spanien.[5])

Tar. U. M. März 15. Vertrag zwischen Schweden-Norwegen und Spanien.[6])

Tar. U. M. März 22. Vertrag zwischen Italien nnd Schweiz.

*U. M. März 28. Vertrag zwischen Italien und Montenegro.[7])

---

[1]) Am 13. Juni 1900 außer Kraft getreten; aber de facto weiter gehandhabt.

[2]) Gekündigt auf 1. Febr. 1892. [3]) Gekündigt auf 4. März 1892.

[4]) Art. XIV. The High Contracting Powers hereby agree that, should at any time the King of Chosen grant to any or to the merchants or citizens of any nation, any right, privilege or favor, connected either with navigation, commerce, political or other intercourse, which is not conferred by this Treaty, such right, privilege and favor shall freely inure to the benefit of the United States, its public officers, merchants and citizens, provided always, that whenever such right, privilege or favor is accompanied by any condition, or equivalent concession granted by the other nation interested, the United Staates its officers and people shall only be entitled to the benefit of such right, privilege or favor upon complying with the conditions or concession connected therewith.

[5]) Am 1. Februar 1892 abgelaufen.

[6]) Gekündigt auf 1. Februar 1892; nachträglich aber erneuert.

[7]) Am 13. Juni 1900 außer Kraft getreten.

Pr. U. M. Mai 1. Vertrag zwischen Portugal und San Domingo.[1])
Tar. U. M. Mai 4. Vertrag zwischen Deutschland und Italien.
? Juni 7. Vertrag zwischen Brasilien und Paraguay.[2])
*U. M. Juni 15. Vertrag zwischen Italien und Großbritannien.
Tar. U. M. Juli 12. Vertrag zwischen Deutschland und Spanien.[3])
*Pr. U. M. August 27. Vertrag zwischen Salvador und Venezuela.
*U. M. Oktbr. 30. Vertrag zwischen Schweiz und Salvador.
*U. M. Novbr. 26. Vertrag zwischen Deutschland und Corea.
Pr. U. M. Dezbr. 12. Vertrag zwischen Portugal und Spanien.
Pr. U. M. Dezbr. 12. Vertrag zwischen Spanien und Portugal.[4])
Tar. Dezbr. 27. Vertrag zwischen Guatemala und Nicaragua.

1884.

*U. M. Febr. 18. Vertrag zwischen Frankreich und Österreich-Ungarn.[5])
*U. M. Februar 27. Vertrag zwischen Großbritannien und der südafrikanischen Republik.
*U. M. März 1. Vertrag zwischen Belgien und Venezuela.
Tar. U. M. März 3. Vertrag zwischen Griechenland und Ägypten.
U. M.[6]) März 3. Vertrag zwischen Großbritannien und Ägypten.
U. M. April 19. Vertrag zwischen Frankreich und den Niederlanden.[3])
*Tar. April 22. Vertrag zwischen der Union und der internationalen Kongogesellschaft.[7])
*Tar. Juni 26. Vertrag zwischen Italien und Korea.
*Tar. Juli 7. Vertrag zwischen Rußland und Korea.
*U. M. Oktbr. 16. Vertrag zwischen Großbritannien und Paraguay.
*U. M. Novbr. 8. Vertrag zwischen Deutschland und dem Kongostaat.[7])
U. M. Novbr. 16. Vertrag zwischen der Union und Egypten.
*Tar. Dezbr. 16. Vertrag zwischen Großbritannien und der internationalen Kongogesellschaft.[7])
*Tar. Dezbr. 19. Vertrag zwischen Italien und der internationalen Kongogesellschaft.[7])

---

[1]) Am 28. Novbr. 1894 außer Kraft getreten.
[2]) Am 15. September 1899 außer Kraft getreten.
[3]) Gekündigt für 1. Februar 1892.
[4]) Am 30. Juni 1887 außer Kraft getreten.
[5]) Gekündigt auf 1. Februar 1892; nachträglich erneuert.
[6]) Einseitig.
[7]) Diese Übereinkommen des Kongostaates sind unkündbar.

*Tar. Dezbr. 24. Vertrag zwischen Österreich-Ungarn und der internationalen Kongogesellschaft.[1])

*Tar. Dezbr. 27. Vertrag zwischen den Niederlanden und der internationalen Kongogesellschaft.[1])

1885.

Tar. U. M. Jan. 17. Vertrag zwischen Belgien und Serbien.[2])

U. M. Januar 22. Vertrag zwischen Deutschland und der südafrikanischen Republik.[3])

U. M. Januar 30. Vertrag zwischen Deutschland und der dominikanischen Republik.[4])

*Tar. Februar 5. Vertrag zwitchen Frankreich und der internationalen Kongogesellschaft.[1])

*Tar. Februar 5. Vertrag zwischen Rußland und der internationalen Kongogesellschaft.[1])

*Tar. Februar 10. Vertrag zwischen Schweden-Norwegen und der internationalen Kongogesellschaft.[1])

*Tar. Februar 14. Vertrag zwischen Portugal und der internationalen Kongogesellschaft.[1])

*Tar. Februar 23. Vertrag zwischen Dänemark und der internationalen Kongogesellschaft.[1])

U. M. Priv. April 10. Vertrag zwischen Portugal und Schweden-Norwegen.

*U. M. Mai 1. Vertrag zwischen Belgien und Liberia.

*Tar. Juni 7. Vertrag zwischen Spanien und der internationalen Kongogesellschaft.[1])

*Tar. Juni 9. Vertrag zwischen Frankreich und China.

*Rez. Juni 17. Vertrag zwischen Schweden-Norwegen und Argentinien.

U. M. Juli 10. Vertrag zwischen Frankreich und der südafrikanischen Republik.[3])

*U. M. Juli 29. Vertrag zwischen Mexico und Schweden-Norwegen.

U. M. Septbr. 19. Vertrag zwischen Italien und Uruguay.[5])

U. M. Novbr. 6. Vertrag zwischen der Schweiz und Transvaal.[3])

*U. M. Novbr. 13. Vertrag zwischen Großbritannien und Uruguay.

*U. M. Dezbr. 20. Vertrag zwischen Deutschland und Zanzibar.

---

[1]) Diese Übereinkommen des Kongostaates sind unkündbar.

[2]) Gekündigt auf 29. Juni 1893.

[3]) Gegenstandslos geworden.

[4]) Am 26. Januar 1897 außer Kraft getreten.

[5]) Gekündigt auf 6. Juni 1897.

1886.

U. M. (?) April 26. Vertrag zwischen Großbritannien und Spanien.[1])
* ? Vertrag zwischen Frankreich und Korea.
Tar. U. M. Juni 7. Vertrag zwischen der Schweiz und Rumänien.[2])
*U. M. Oktbr. 2. Vertrag zwischen der Union und den Tonga-Inseln.[3])
Pr. U. M. Oktbr. 18. Vertrag zwischen Italien und der südafrikanischen Republik.
*U. M. Oktbr. 18. Vertrag zwischen Italien und Domingo.
Tar. U. M. Novbr. 10. Vertrag zwischen Großbritannien und Griechenland.
U. M. Novb. 26. Vertrag zwischen Großbritannien u. Rumänien.[4])
*U. M. Novbr. 27. Vertrag zwischen Frankreich und Mexico.
U. M. Dezbr. 16. Vertrag zwischen Rumänien und Rußland.[4])

1887.

U. M. (?) Januar 21. Vertrag zwischen Großbritannien und Honduras.
*U. M. März 5. Vertrag zwischen Belgien und Ecuador.
*U. M. März 14. Vertrag zwischen Dänemark und Österreich-Ungarn.
*U. M. März 28. Vertrag zwischen Deutschland und Ecuador.
*U. M. April 11. Vertrag zwischen Österreich-Ungarn und Griechenland.
U. M. Mai 4. Vertrag zwischen Spanien und Belgien.[5])
Tar. Juli 2. Vertrag zwischen Spanien und Rußland.[6])
U. M. Juli 8. Vertrag zwischen Spanien und den Niederlanden.[7])
*U. M. Juli 10. Vertrag zwischen Griechenland und Schweiz.
*U. M. Juli 21. Vertrag zwischen Paraguay und Deutschland.
*M. August 31. Vertrag zwischen der Union und Peru.

---

[1]) Gekündigt auf 30. Juni 1892.

[2]) Gekündigt für 10. Juli 1891.

Art. I. „Für die Waren schweizerischen Ursprungs oder schweizerischer Fabrikation sind bei der Einfuhr in Rumänien die niedrigsten Zölle der jetzigen oder künftigen rumänischen Vertragstarife zu entrichten. Ausgenommen sind die Artikel, welche in Tableau A, das gegenwärtigem Vertrage beigefügt ist, aufgeführt sind. Für diese Artikel und für alle anderen, welche in den rumänischen Vertragstarifen nicht erwähnt sind, müssen die Zölle des rumänischen Generaltarifes entrichtet werden."

[3]) Einseitige Meistbegünstigung. [4]) Gekündigt auf 10. Juli 1891.

[5]) Gekündigt auf 1. Februar 1892; nachträglich aber erneuert.

[6]) Tarif nur bezüglich Finlands. [7]) Gekündigt auf 30. Juni 1892.

Pr.U.M.	Septbr. 20.	Vertrag zwischen Deutschland und Guatemala.[1]
U. M.	Novbr. 22.	Vertrag zwischen Rumänien und Türkei.
Tar.	Dezbr. 1.	Vertrag zwischen Portugal und China.
Tar. U. M.	Dezbr. 7.	Vertrag zwischen Österreich-Ungarn und Italien.
*Pr. U. M.	Dezbr. 12.	Vertrag zwischen Deutschland und Honduras.
Pr. U. M.	Dezbr. 20.	Vertrag zwischen Portugal und Dänemark.[2]

1888.

Tar. U. M.	Febr. 23.	Vertrag zwischen der Schweiz und Österreich-Ungarn.[3]
Tar. U. M.	Februar 26.	Vertrag zwischen Italien und Spanien.[4]
*U. M.	Juni 22.	Vertrag zwischen der Schweiz und Ecuador.
	Juni 25.	Vertrag zwischen Türkei und Serbien.
*Rez.	Juli 10.	Vertrag zwischen Mexiko nnd Ecuador.
Tar. U. M.	Novbr. 11.	Vertrag zwischen Deutschland und der Schweiz.
*U. M.	Novbr. 27.	Vertrag zwischen Großbritannien und Mexiko.
*Rez.	Novbr. 30.	Vertrag zwischen Japan und Mexiko.

1889.

Tar. U. M.	Jan. 23.	Vertrag zwischen der Schweiz und Italien.[5]
U. M.	März 9.	Vertrag zwischen dem Oranje-Freistaat und der südafrikanischen Republik.
	März 28.	(5. April) Zollvereinigungsvertrag zwischen dem Oranje-Freistaat und der Kap-Kolonie.
U. M.	April 1.	Vertrag zwischen Griechenland und Italien.[6]
*U. M.	Juli 3.	Vertrag zwischen Belgien und der Schweiz.
*Tar.	Oktbr. 29.	Vertrag zwischen Großbritannien und Ägypten.
*U. M.	November 16.	Vertrag zwischen Kongostaat und der Schweiz.

1890.

Pr. U. M.	Januar 9.	Vertrag zwischen Italien und dem Oranje-Freistaat.[7]
U. M.	Febr. 14.	Vertrag zwischen Großbritannien und Serbien.
U. M.	Febr. 19.	Vertrag zwischen Serbien und Rumänien.
*Tar. U. M.	März 28.	Vertrag zwischen Großbritannien und Griechenland.
*U. M.	März 29.	Vertrag zwischen Mexico und der Dominikanischen Republik.

---

[1] Abgelaufen am 22. Juni 1898.
[2] Gekündigt auf 7. Februar 1892.
[3] Abgelaufen am 2. Februar 1892.
[4] Gekündigt auf 1. Februar 1892.
[5] Gekündigt auf 1. Febr. 1892.
[6] Gekündigt auf 23. Mai 1899.
[7] Gegenstandslos geworden.

*Rez. März 29. Vertrag zwischen Salvador und Ecuador.
*U. M. April 16. Vertrag zwischen Italien und Mexiko.
*Tar. U. M. Juni 1. Vertrag zwischen Deutschland und Marokko.
Tar. U. M. Juni 1. Vertrag zwischen Italien und Marokko.
*Tar. August 16. Vertrag zwischen Österreich-Ungarn und Ägypten.
Tar. U. M. August 26. Vertrag zwischen Deutschland und der Türkei.[1])

* * *

Die Periode von 1880—1890 wird charakterisiert vor allem durch das Tarifvertragssystem Frankreichs.

Dieses schloß Tarifverträge mit Belgien, Italien, Spanien und der Schweiz, d. h. mit seinen 4 Nachbarstaaten; mit Deutschland stand es im Verhältnis der Meistbegünstigung, das auch vereinbart wurde mit Portugal, Schweden-Norwegen, San Domingo, Serbien, Österreich-Ungarn, den Niederlanden, der südafrikanischen Republik, Großbritannien, und Mexiko, — insgesamt also 12 Verträge.

Spanien schloß Tarifverträge mit der Schweiz, Italien, Schweden-Norwegen, Deutschland, Rußland (für Finnland) und Meistbegünstigungsverträge mit Venezuela, Portugal, Belgien, den Niederlanden.

Dazu gesellten sich Tarifverträge Italiens mit der Schweiz, Rumänien, Frankreich, Deutschland, Spanien, Österreich-Ungarn und Meistbegünstigungsverträge mit Großbritannien, Montenegro, Belgien, Griechenland, Oranjefreistaat, Transvaal, San Domingo, Mexiko.

Rumänien schloß Tarifverträge mit Italien, Griechenland, mit der Schweiz und Meistbegünstigungsverträge mit den Niederlanden, Serbien, Rußland.

Österreich-Ungarn schloß Tarifverträge mit Spanien, Schweiz Italien und Meistbegünstigungsverträge mit Frankreich und Dänemark.

Die Schweiz schloß Tarifverträge mit Serbien, Rumänien, Spanien und Meistbegünstigungsverträge mit Deutschland, Transvaal, Belgien.

Man hatte also wieder mehrere Tarifvertragssysteme, die allerdings nicht mehr so „gut" waren wie die der sechziger Jahre, da der Zug der Zeit dem Freihandel weniger günstig war als früher.

Frankreich hatte, — es brauchte Geld, — schon zu Anfang der Siebziger unter dem Regime Thiers wieder eine leise Zollerhöhung angebahnt; Österreich-Ungarn und Deutschland folgten Ende der Siebziger. Der Wind begann wieder von einer anderen Seite zu wehen.

---

[1]) Noch nicht praktisch.

Serbien stellte sich den Mächten als souveränes Staatswesen vor und schloß Verträge mit Großbritannien, der Schweiz, der Union, den Niederlanden, Griechenland, Deutschland, Frankreich, Rumänien, Belgien.

Deutschland hielt sich zurück. Seine Konzessionen am erhöhten Generaltarif waren gering. Es schloß Verträge mit Schweiz, Guatemala, Serbien, Honduras, Marokko, Türkei, der dominikanischen Republik, der südafrikanischen Republik, Honduras, Griechenland, Korea, Spanien und Italien, Ecuador, Paraguay, Honduras und der internationalen Kongogesellschaft, die sich, wie Serbien, bei den Mächten einführte.

Belgien schloß Tarifverträge mit Frankreich, Schweiz, Serbien und Meistbegünstigungsverträge mit Italien, Venezuela, Liberia, Ecuador.

Die Reziprozität verliert weiterhin an Boden.

VIII. Periode (1891—1893).

1891.

*U. M.[1]) Jan. 24. Vertrag zwischen der Union und dem Congostaat.

Tar. Februar 5. Proklamation des Reziprozitätsabkommens mit Brasilien (vom 31. Jan. 1891) durch den Präsidenten der Vereinigten Staaten.[2])

März 19. Vertrag zwischen Türkei und Persien.

Tar. U. M. März 23. Abkommen zwischen Bulgarien und Belgien.[3])

Tar. Juni 4. Reziprozitätsabkommen zwischen der Union und San Domingo.[4])

Tar. Juni 16. Reziprozitätsabkommen zwischen Spanien und der Union betr. Cubas und Porto Ricos.[5])

*U. M. Juli 24. Vertrag zwischen Ägypten und Belgien.

Tar. August 11. Proklamation des Reziprozitätsabkommens der Union mit der Dominikanischen Republik.[6])

U. M. Oktbr. 20. Notenaustausch zwischen Italien und Bulgarien.

*Tar. U. M. Dezbr. 6. Vertrag zwischen Deutschland und Belgien.

*Tar. U. M. Dezbr. 6. Vertrag zwischen Deutschland und Österreich-Ungarn.

*Tar. U. M. Dezbr. 6. Vertrag zwischen Deutschland und Italien.

*Tar. U. M. Dezbr. 6. Vertrag zwischen Italien und Österreich-Ungarn.[7])

*Tar. U. M. Dezbr. 6. Vertrag zwischen Österreich-Ungarn und Belgien.

*Tar. U. M. Dezbr. 10. Vertrag zwischen Schweiz und Deutschland.

---

[1]) Einseitige.

[2]) Am 27. August 1894 gekündigt und 1. Januar 1895 außer Wirkung getreten.

[3]) Giltig bis 1. Februar 1892.

[4]) Am 27. August 1894 gekündigt und am 28. September 1894 abgelaufen.

[5]) Aufgehoben durch spanisches Dekret vom 27. August 1894.

[6]) Abgelaufen am 27. August 1894.

[7]) Zum 31. Dezbr. 1903 gekündigt.

*Tar. U. M. Dezbr. 10. Vertrag zwischen Schweiz und Österreich-Ungarn.

*U. M.(?) Dezbr. 12. Vertrag zwischen Frankreich u. Griechenland.

Tar. Dezbr. 30. Reziprozitätsabkommen zwischen Guatemala und der Union.[1])

Tar. Dezbr. 31. Proklamation des Reziprozitätsabkommens mit Salvador vom 30. Dezember 1891 durch den Präsidenten der Vereinigten Staaten.[2])

1892.

Tar. Jan. 30. Reziprozitätsabkommen zwischen Deutschland und der Union (Saratogakonvention).[3])

*U. M. Jan. 30. Abkommen zwischen Belgien und Frankreich.

U. M. Febr. 1. Handelsabkommen zwischen Ägypten und Italien.

Tar. Febr. 1. Abkommen zwischen Großbritannien und der Union (wegen der westindischen Besitzungen).[2])

Tar. März 12. Proklamation des Reziprozitätsabkommens mit Nicaragua vom 11. März durch den Präsidenten der Vereinigten Staaten.[2])

Tar. März 15. Dekret des Präsidenten der Französischen Republik betr. Gewährung einiger Minimalzölle bei der Einfuhr aus der Union.

März 15. Proklamation des Präsidenten der Union, daß auf Zucker, Syrup, Kaffee und Häute aus Venezuela, Haiti und Columbien (und Argentinien?) Zölle gelegt werden sollen. (S. S. 209.)

---

[1]) 1894 außer Wirkung getreten. [2]) Abgelaufen am 27. August 1894.

[3]) Abgelaufen am 27. August 1894.

Die Saratoga-Konvention ist **wirklich** an diesem Tage abgelaufen. Daran ändern nichts die Erklärungen Dr. Liebers, des Grafen Bismarck (s. S. 264ff.) und ebensowenig die ewigen Wiederholungen in der Tagespresse, auf die man jetzt noch stößt, daß die Saratoga-Konvention heute noch gelte. Wenn Calwer meint (l. c. p. 25), die Saratoga-Konvention laufe Ende 1903 ab, (warum gerade mit diesem Zeitpunkt?) oder wenn Goldberger (Land d. unbegr. Möglichkeiten, S. 268) meint: die Unklarheiten (?) und Einseitigkeiten des sogen. Saratoga-Abkommens seien erst durch das Abkommen vom Jahre 1900 „im wesentlichen abgetan worden“, so können auch diese Autoritäten unsere Ansicht nicht erschüttern, die, abgesehen von den auf S. 296ff. dargelegten Gründen und den dort gegebenen tatsächlichen Feststellungen (s. das Verhalten Spaniens und Großbritanniens), noch eine Bestätigung dadurch erfährt, daß die Monthly Summary of Commerce and Finance, August 1904 uns im letzten Augenblick zugänglich geworden, auf S. 527 die Notiz bringt: Germany, agreement, signed January 30, 1892, terminated August 24, 1894.

*Tar. U. M. April 19. Handelsvertrag zwischen Italien und Schweiz.[1])
Tar. April 30. Proklamation des Reziprozitätsvertrages mit Honduras vom 29. April 1896 durch den Präsidenten der Vereinigten Staaten.[2])
Tar. Mai 25. Reziprozitätsabkommen zwischen Union und Österreich-Ungarn.[3])
*U. M. Mai 30. Vertrag zwischen Columbien und Frankreich.
Tar. Mai 30. Inkrafttreten des Reziprozitätsabkommens (vom 30. Dez. 1891?) zwischen Guatemala und der Union.
*Pr.Rez.U.M. Juni 20. Vertrag zwischen Deutschland und Uruguay.[4])
*Tar. Juni 23. Vertrag zwischen Österreich-Ungarn und Korea.
*Tar. U. M. Juni 27. Vertrag zwischen Spanien und Schweden-Norwegen.[5])
*U. M. Juni 30. Vertrag zwischen Frankreich und Montenegro.
*Pr. U. M. Juli 4. Vertrag zwischen Frankreich und Uruguay.
* Juli 10. Vertrag zwischen San Domingo und Belgien.
*U. M.[6]) Juli 12. Vertrag zwischen Spanien und den Niederlanden.
Pr. Tar. Juli 13. Vertrag zwischen Schweiz und Spanien.[7])
*U. M. Juli 19. Vertrag zwischen Deutschland und Ägypten. (Noch nicht in Kraft getreten.)
*U. M. Juli 21. Vertrag zwischen Frankreich und Paraguay.
*U. M. Juli 23. Vertrag zwischen Deutschland und Columbien.
*Rez. August 9. Vertrag zwischen der Argentinischen Konföderation und Portugal.
*Tar. U. M. August 9. Vertrag zwischen Österreich-Ungarn und Serbien.
*U. M. August 13. Vertrag zwischen Rumänien und Großbritannien.
*U. M. August 19. Vertrag zwischen Frankreich und Argentinien.
*Tar. U. M. August 21. Vertrag zwischen Deutschland und Serbien.
Pr. Rez. Septbr. 15. Vertrag zwischen Frankreich und Bolivien.[8])
*U. M. Oktbr. 27. Vertrag zwischen Italien und Kolumbien.
*U. M. Dezbr. 23. Vertrag zwischen Italien und Rumänien.

---

[1]) Am 17. September 1903 gekündigt.

[2]) Der Vertrag endigte am 27. August 1894.

[3]) Eigentlich am 27. Aug. 1894 abgelaufen. Öst.-Ung. gewährt aber den Amerikanern immer noch seinen Konventionaltarif und erhält von den Amerikanern — gar nichts.

[4]) Abgelaufen am 31. Juli 1897; durch Abkommen vom 5. Juli 1899 verlängert.

[5]) U. M. nur für bestimmte Artikel. [6]) Nur für bestimmte Artikel.

[7]) Im Jahre 1904 gekündigt. [8]) Im Mai 1901 gekündigt.

1893.

*Tar. Febr. 6. Vertrag zwischen Frankreich und Großbritannien (wegen Kanada).
*U. M. Febr. 19. Vertrag zwischen der Schweiz und Rumänien.
*U. M. Febr. 28. Vertrag zwischen Rumänien und Frankreich.
*Pr. Tar. M. März 27. Vertrag zwischen Portugal und Spanien.
*Pr. U. M. April 24. Vertrag zwischen Salvador und Mexiko.
*U. M. Juni 17. Vertrag zwischen Rußland und Frankreich.
*Pr. Tar. U. M.[1]) Juli 4. Vertrag zwischen Spanien und Dänemark.
*U. M. Juli 5. Vertrag zwischen Serbien und Frankreich.
*U. M. Juli 10. Vertrag zwischen Serbien und Belgien.
*U. M. Juli 10. Vertrag zwischen Serbien und Großbritannien.
*U. M. Aug. 22. Vertrag zwischen Italien und Paraguay.
*U. M. Oktbr. 5. Vertrag zwischen Rußland und Rumänien.
*Tar. U. M. Oktbr. 15. Vertrag zwischen Rußland und Serbien.
*Tar. U. M. Oktbr. 21. Vertrag zwischen Deutschland und Rumänien.
*U. M. Dezbr. 21. Vertrag zwischen Österreich-Ungarn und Rumänien.

* * *

Die Jahre 1891—1893 heißen die Kometenjahre der Handelspolitik. Wir glauben, daß der Ausdruck die Sache nicht erschöpft. Es waren handelspolitische Revolutionsjahre.

Sie brachten die Kündigungen folgender Verträge:

a) Rumänien kündigte auf 10. Juli 1891 die Verträge mit
Rußland vom 16. Dezember 1886
Großbritannien vom 26. November 1886.
der Schweiz vom 7. Juni 1886.
Deutschland vom 11. November 1877.
für 1. März 1891 die Verträge mit
Belgien vom 28. März 1880
Italien vom 23. März 1880.

b) Es wurden auf 1. Februar 1892 gekündigt die Verträge Frankreichs mit
Belgien vom 31. Oktober 1881
den Niederlanden vom 19. April 1884
Portugal vom 19. Dezember 1881
Schweden-Norwegen vom 30. Dezember 1881
der Schweiz vom 23. Februar 1882
Spanien vom 6. Februar 1882

[1]) Nur für bestimmte Artikel.

auf 5. September 1892 der Vertrag
Ecuador vom 6. Juni 1843.

c) Die Verträge Spaniens wurden gekündigt und zwar der mit
Belgien vom 4. Mai 1878 (23. Juli 1887) auf 1. Februar 1892
Italien vom 26. Februar 1888 auf 1. Februar 1892
Österreich-Ungarn vom 3. Juni 1880 (27. Dezember 1887) auf 1. Februar 1892
Schweden-Norwegen vom 15. März 1883 (18. Januar 1887) auf 1. Febr. 1892
der Schweiz vom 14. März 1883 (27. Juni 1887) auf 1. Februar 1892
Großbritannien vom 26. April 1886 auf 30. Juni 1892
den Niederlanden vom 8. Juli 1887 auf 30. Juni 1892
Deutschland vom 12. Juli 1883 auf 1. Februar 1892.

d) Dann wurden gekündigt die Verträge der Schweiz mit
Österreich vom 23. November 1888 auf 2. Februar 1892
Portugal vom 6. Dezember 1873 auf 1. Februar 1892
Italien vom 23. Januar 1889 auf 1. Februar 1892
Deutschland vom 23. Mai 1881 auf 1. Februar 1892.

e) Endlich erfolgte die Kündigung der Verträge Portugals mit
Belgien vom 23. Februar 1874 auf 30. Januar 1892
Dänemark vom 20. Dezember 1887 auf 7. Februar 1892
Griechenland vom 12. Januar 1877 auf 1. Februar 1892
Italien vom 15. Juli 1872 auf 24. Januar 1892
den Niederlanden vom 9. Januar 1875 auf 31. Januar 1892
Österreich-Ungarn vom 13. Januar 1872 auf 30. Januar 1892
Rußland vom 28. Februar 1851 auf 28. Januar 1892
der Schweiz vom 6. Dezember 1873 auf 30. Januar 1892
den Ver. Staaten v. Amerika vom 26. August 1840 auf 31. Januar 1892
Großbritannien vom 3. Juli 1842 auf 22. Juni 1892
Peru vom 26. März 1853 auf 15. April 1892
Liberia vom 26. März 1853 auf 9. März 1892
Bolivien vom 10. Mai 1879 auf 18. März 1892
Hawaii vom 5. Mai 1882 auf 4. März 1892
Deutschland vom 2. März 1872 auf 1. Februar 1892.

Das sind 40 Verträge, die in der kurzen Zeit von 3 Jahren ihr Ende erreichten. — Die Jahre 1894 und 1895 brachten als Nachzügler noch die Kündigung der belgischen Verträge mit

dem Oranje-Freistaat vom 1. April 1874 auf 30. April 1894
Griechenland vom 5. Juni 1856 auf 10. April 1895
Schweden-Norwegen vom 26. Juni 1863 auf 26. Juni 1895
Dänemark vom 17. August 1863 auf 27. Juni 1895.

Einen derartigen handelspolitischen Kehraus hat die Welt noch ein erlebt. Daß ein Land — Portugal — mit einem einzigen Ruck sich von allen seinen Verträgen trennte, 15 Staaten seine Abmachungen aufsagte, ist eine in der Geschichte der Handelspolitik einzig dastehende Erscheinung.

Die Kündigung eines derartigen Bündels von Handelsverträgen zeigt zur Genüge an, daß es in den Jahren 1891—93 in der Handelspolitik „toll hergegangen“ sein muß.

Frankreich wendet sich von der Handelsvertragspolitik ab. Es stellt einen Doppeltarif auf.

Zollkriege mit seinen ehemaligen Tarifvertragsparteien sind die Folge.

Deutschland ergreift die von Frankreich weggeworfene Fahne und stellt sich an die Spitze der Tarifvertragsstaaten: es stellt eine Entente mit den mitteleuropäischen Staaten (Schweiz, Österreich-Ungarn, Belgien) und mit Italien her, die sich hinwieder unter sich auf Tarifabschläge verständigen, Rußland will nicht in den von Deutschland gezogenen Kreis treten; ergo Zollkrieg.

Spanien und Portugal werden dem Tarifvertragsprinzip zwar nicht untreu, legen sich aber Beschränkungen auf, verbinden sich aber unter sich auf das Engste. Mit Deutschland beginnt Spanien in einen Zollkrieg zu geraten.

In Europa geht es also drunter und drüber; es vollzieht sich eine ganz neue Gruppierung der Mächte.

Über dem Ozean drüben aber setzt das Regime des rigorosesten Protektionismus ein. Daneben betritt die Union die Bahnen des handelspolitischen Panamerikanismus. Mit einer Reihe süd- und mittelamerikanischer Gebiete kommen Reziprozitätsabkommen zustande, bestimmt, der amerikanischen Industrie neue Absatzmärkte zu erschließen, — die Europäer aber langsam hinauszudrängen.

VIII. Periode.

1894.

*U. M. Januar 22. Vertrag zwischen Belgien und Rumänien.
*Tar. U. M. Febr. 10. Vertrag zwischen Rußland und Deutschland
*U. M. Febr. 15. Vertrag zwischen Belgien und Paraguay.
*Tar. U. M. März 22. Vertrag zwischen Schweiz und Norwegen.
*U. M. Mai 18. Vertrag zwischen Österreich-Ungarn und Rußland.
*U. M. Juni 1. Vertrag zwischen Argentinien und Italien.
*U. M. Juli 16. Vertrag zwischen Japan und Großbritannien.
U. M. Juni 14. Vertrag zwischen Bulgarien und Rußland.
*Pr. U. M. (?) Septbr. 15. Vertrag zwischen Frankreich und Bolivien.
*Rez. Novbr. 22. Vertrag zwischen Japan und der Union.
*U. M. Dezbr. 1. Vertrag zwischen Italien und Japan.
Pr. U. M. Dezbr. 27. Vertrag zwischen Belgien und dem Oranje-Freistaat.[1])

1895.

Tar. Januar 19. Vertrag zwischen Honduras und Salvador.[2])
* Februar 9. Vertrag zwischen den Niederlanden und Portugal.
*Pr. U. M. März 2. Vertrag zwischen Rußland und Dänemark.
*U. M. März 4. Vertrag zwischen Rumänien und Bulgarien.
*Tar. März 10. Vertrag zwischen Guatemala und Honduras.[3])
*Rez. März 20. Vertrag zwischen Japan und Peru.
Tar. März 27. Vertrag zwischen Guatemala und Salvador.
Pr. U. M. April 9. Vertrag zwischen den Niederlanden und dem Oranje-Freistaat.[1])
U. M. Mai 18. Vertrag zwischen Chile und Bolivien.
Tar. U. M. Mai 25. Vertrag zwischen Belgien und Griechenland.[4])
*U. M. Juni 7. Vertrag zwischen Belgien und Mexiko.
*U. M. Juni 8. Vertrag zwischen Rußland und Japan.
*Tar. U. M. Juni 11. Vertrag zwischen Belgien und Schweden und mit Norwegen.

---

[1]) Gegenstandslos geworden. [2]) Aufgehoben im Jahre 1899.
[3]) Läuft ab am 20. Januar 1906.
[4]) Am 20. Mai 1902 außer Kraft getreten.

Tar.	Juni 12.	Vertrag zwischen Costa Rica und Salvador.
*U. M.	Juni 17.	Vertrag zwischen Griechenland und Serbien.
*U. M.	Juni 18.	Vertrag zwischen Dänemark und Belgien.
*	Juni 25.	Vertrag zwischen Schweiz und Frankreich.
*U. M.	Juli 7.	Vertrag zwischen Belgien und Mexiko.
*Pr. M.	Juli 9.	Vertrag zwischen Rußland und Portugal.
*U. M.	Oktbr. 19.	Vertrag zwischen Japan und Dänemark.
	Novbr. 13.	Vertrag zwischen Uruguay und Großbritannien.[1]
*Rez.	Novbr. 5.	Vertrag zwischen Japan und Brasilien.
*U. M.	Dezbr. 12.	Vertrag zwischen Serbien und Montenegro.
*Pr. Tar. U. M.[2]	Dezbr. 31.	Vertrag zwischen Portugal und Norwegen.

1896.

*Pr. U. M.	Febr. 4.	Vertrag zwischen Deutschland und Nicaragua.
*Tar. U. M.	April 4.	Vertrag zwischen Deutschland und Japan.
*U. M.	Mai 2.	Vertrag zwischen Schweden-Norwegen und Japan.
*U. M.	Juni 22.	Vertrag zwischen Belgien und Japan.
	Juli 21.	Vertrag zwischen Japan und China.
*U. M.	August 4.	Vertrag zwischen Frankreich und Japan.
*U. M.	August 12.	Vertrag zwischen Schweiz und Argentinien.
*U. M.	Septbr. 1.	Vertrag zwischen Schweiz und Paraguay.
*U. M.	Septbr. 8.	Vertrag zwischen Japan und den Niederlanden.
*U. M.	Novbr. 10.	Vertrag zwischen Japan und der Schweiz.
*U. M.	Dezbr. 11.	Vertrag zwischen Griechenland und Montenegro.
*Pr. Ta. M.[3]	Dezbr. 14.	Vertrag zwischen Portugal und Dänemark.
*Tar. U. M.	Dezbr. 21.	Vertrag zwischen Bulgarien und Österreich-Ungarn.

1897.

*U. M.	Januar 2.	Vertrag zwischen Spanien und Japan.
*U. M.	Januar 21.	Vertrag zwischen Dänemark und Frankreich.
*Pr. U. M.	Januar 26.	Vertrag zwischen Portugal und Japan.
*U. M.	Febr. 13.	Vertrag zwischen Bulgarien und Belgien.
*Tar. U. M.	Febr. 16.	Vertrag zwischen Serbien und Bulgarien.
*U. M.	Febr. 28.	Notenaustausch zwischen Schweiz und Bulgarien.
*Tar. U. M.	Febr. 28.	Notenaustausch zwischen Italien und Bulgarien.

---

[1]) Am 22. Juni 1896 außer Kraft getreten.

[2]) Bezüglich bestimmter Artikel.

[3]) Für etwa 63 Tarifpositionen in Portugal; für alle in Dänemark,

*U. M. März 12. Vertrag zwischen Dänemark und Italien.
Tar. U. M. April 18. Vertrag zwischen Rumänien und der Türkei.
Pr. U. M. April 28. Vertrag zwischen dem Deutschen Reich und dem Oranje-Freistaat.[1]
*Tar. U. M. Mai 23. Vertrag zwischen Frankreich und Bulgarien.
*U. M. Juni 24. Notenaustausch zwischen Bulgarien und den Niederlanden.
*U. M. Juli 10. Vertrag zwischen den Niederlanden und Dänemark.
*Tar. U. M. Juli 14. Vertrag zwischen Bulgarien und Rußland.
*U. M. Juli 24. Vertrag zwischen Bulgarien und Großbritannien.
*U. M. Septbr. 22. Vertrag zwischen den Niederlanden und Mexiko.
*Pr. U. M. Oktbr. 31. Vertrag zwischen Chile und der Schweiz.
*U. M. Dezbr. 5. Vertrag zwischen Österreich-Ungarn und Japan.
* Dezbr. 11. Deklaration zwischen Portugal und Belgien.

1898.

*Rez. Febr. 3. Vertrag zwischen Japan und Argentinien.
*U. M. Febr. 25. Vertrag zwischen Siam und Japan.
*Tar. Mai 28. Vertrag zwischen Frankreich und der Union.
*U. M. Mai 30. Vertrag zwischen Ecuador und Frankreich.
U. M. Juni 23. Wiederinkrafttreten des Vertrages vom 4. Juli 1892 zwischen Frankreich und Uruguay.
*U. M. Novbr. 21. Notenaustausch zwischen Frankreich und Italien.

1899.

*U. M. März 15. Vertrag zwischen Rumänien und den Niederlanden.
U. M. Mai 1. Vertrag zwischen Türkei und Serbien.
*U. M. Mai 22. Vertrag zwischen Japan und Griechenland.
*U. M. Juni 30. Abkommen zwischen Deutschland und Spanien.
*Pr. Rez. U. M. Juni 5. Vertrag zwischen Deutschland und Uruguay.[2]
Tar. U. M.[3] Juni 16. Vertrag zwischen der Union und Großbritannien (wegen Barbados).[4]

---

[1]) Gegenstandslos geworden.

[2]) Wiederinkrafttreten des Vertrages vom Jahre 1892, der am 31. Juli 1897 außer Kraft getreten ist. [3]) Für gewisse Artikel; nicht ratifiziert.

[4]) Man beachte folgende Stellen des Abkommens:

It is further agreed that should said colony concede to any country upon the products of its soil or industry a lower rate of duty than that herein

Tar. U. M.[1]) Juli 10. Vertrag zwischen der Union und Argentinien.[2])
Tar. U. M.[1]) Juli 18. Vertrag zwischen der Union und Großbritannien (wegen Britisch Guinea).[3])
Tar. U. M.[1]) Juli 21. Vertrag zwischen der Union und Großbritannien (wegen der Turc- und Caicos-Inseln).[4])
Tar. U. M.[5]) Juli 22. Vertrag zwischen der Union und Großbritannien (wegen Jamaica).[6])

---

stipulated for the United States, such lower rate shall be immediately applied to the like products of the soil or industry of the United States imported into such colony.

Zucker (cane sugars and molasses) von Barbados sollte in den Vereinigten Staaten zu einem Satz zugelassen werden, der um 12½ % niedriger war, als im Tarifgesetz vom 24. Juli 1897 vorgesehen war. Art. IV bestimmte im Anschluß daran:

In return for the preferential rates of duty herein granted to the said colony by the United States it is agreed that the rates herein granted on the part of the said colony to the products of the United States shall continue during the terme of this convention preferential in respect to all like imports from other countries, with the exception of Great Britain and the British Possessions, and of such other countries as shall be entitled by convention with Great Britain to the benefit of the most-favoured-nation treatement. In the case of these last-mentioned countries such exceptions shall cease to apply when said conventional right shall be terminated.

[1]) Für gewisse Artikel. Bisher nicht ratifiziert worden.

[2]) Nicht ratifiziert. Argentinien gestand in Art. II Ermäßigung zu auf tierische Produkte, Obst, Konserven, Zwirn, Möbel, Holz, Baumwollsamenöl, die Union (Art. I) für Häute, Wolle, Zucker.

Art. IV. „It is further agreed that the duties mentioned in Article I of the products of the Argentine Republic shall at all times be as low as those imposed by the Government of the United Staates upon similar products of any other country, and it is also equally agreed that the duties and valuations (aforos) mentioned in Articles II and III of this convention on products of the United States shall at all times be as low as those imposed by the Government of Argentine Republic upon similar products of any other country.

[3]) Noch nicht ratifiziert. Stimmt mit dem Vertrag bezüglich Barbados überein.

[4]) Noch nicht ratifiziert.

Art. III. It is further agreed that all the products of the United States imported into said islands shall be admitted at the lowest rate of duty conceded to the like products of any country.

Die Preferential-Klausel fehlt hier.

[5]) Für gewisse Artikel.

[6]) Noch nicht ratifiziert. Bezüglich dieses Vertrages s. Anm. zum Vertrag wegen Barbados.

Tar. U. M.[1]) Juli 24. Vertrag zwischen der Union und Großbritannien (wegen Bermuda).[2])
Tar. U. M.[1]) Juli 24. Vertrag zwischen der Union und Frankreich.[3])
*U. M. Dezbr. 14. Vertrag zwischen Mexiko und China.
* Dezbr. 30. Vertrag zwischen Bulgarien und Spanien.

1900.

*Tar. Febr. 8. Vertrag zwischen Italien und der Union.
*(Pr.?) U. M. März 28. Vertrag zwischen Spanien und Italien.
*Pr. Tar. U. M.[4]) Mai 22. Vertrag zwischen Portugal und der Union.
Tar. Juni 30. Vertrag zwischen Brasilien und Frankreich.[5])
Tar. Juli 5. Vertrag zwischen Italien und Brasilien.[6])
*Tar. U. M.[7]) Juli 10. Abkommen zwischen Deutschland und den Vereinigten Staaten.
*Tar. Juli 31. Vertrag zwischen Frankreich und Haiti.
*U. M. August 28. Vertrag zwischen der Schweiz und der Türkei.
*U. M. Oktober 21. Notenwechsel zwischen Norwegen und Bulgarien.
*U. M. Oktbr. 22. Vertrag zwischen Serbien und der Türkei.[8])
*U. M. Novbr. 6. Vertrag zwischen Mexiko und Nicaragua.

1901.

*U. M. Januar 1. Vertrag zwischen Griechenland und Rumänien.
*Tar. U. M.[1]) Januar 9. Vertrag zwischen Frankreich und Salvador.
*U. M. März 23. Vertrag zwischen Belgien und Korea.
*U. M. Juni 7. Vertrag zwischen Frankreich und Costa Rica.
*U. M. Juli 19. Notenaustausch zwischen Japan und Italien.

1902.

*U. M. Febr. 19. Vertrag zwischen Frankreich und Venezuela.
*U. M. Mai 14. Vertrag zwischen Mexiko und Persien.

1903.

*Tar. U. M. April 12. Vertrag zwischen Griechenland und der Türkei.
*Pr. Tar. Dezbr. 4. Vertrag zwischen Kuba und der Union.

---

[1]) Für gewisse Artikel.
[2]) Noch nicht ratifiziert. S. Anm. zum Vertrag mit Barbados.
[3]) Nicht ratifiziert. [4]) Nur für gewisse Gegenstände.
[5]) Gekündigt auf 1. Januar 1904. [6]) Gekündigt am 8. November 1903.
[7]) Nur für die Amerikaner bei uns.
[8]) Eigentlich nur für ein Jahr abgeschlossen.

* * *

Diese letzte Periode wird eingeleitet durch den großen handelspolitischen Sieg Deutschlands über Rußland.

Spanien und Portugal schließen mehrere Tarifverträge, engen aber jetzt die Meistbegünstigung gewöhnlich auf bestimmte Artikel ein. Eine völlig uneingeschränkte Meistbegünstigung kennt man auf der iberischen Halbinsel nicht mehr.

Bulgarien tritt in den Kreis der Handelsvertragsstaaten, desgleichen Japan, welches, im Gegensatz zu früheren Zeiten, jetzt die Meistbegünstigung nicht nur gibt, sondern auch heischt. Es ist ein ebenbürtiges Mitglied der Völker geworden.

Die Union gibt einige magere Tarifzugeständnisse an Europa. Mit Kuba vereinbart es ausschließliche Zugeständnisse. Eine Reihe anderweitiger Tarifabmachungen werden nicht ratifiziert.

Der Reziprozitätsgedanke gewinnt wieder Boden.

Papier | Fördert gute Waldnutzung
FSC® C083411

Kolibri 360 GmbH
Ferdinand-Jühlke-Straße 7
99095 Erfurt, Deutschland
produktsicherheit@kolibri360.de